여러분의 합격을 응원하는
해커스소방의 특별 혜택!

JN397945

FREE 소방학개론 특강

해커스소방(fire.Hackers.com) 접속 후 로그인 ▶ 상단의 [무료강좌 → 소방 무료강의] 클릭하여 이용

해커스소방 온라인 단과강의 20% 할인쿠폰

2EFA63589DAF6BEC

해커스소방(fire.Hackers.com) 접속 후 로그인 ▶ 상단의 [마이페이지 → 쿠폰] 클릭 ▶
위 쿠폰번호 입력 후 이용

* 등록 후 7일간 사용 가능(ID당 1회에 한해 등록 가능)

소방 합격예측 온라인 모의고사 응시권 + 해설강의 수강권

BB5A6B642E3562BW

해커스소방(fire.Hackers.com) 접속 후 로그인 ▶ 상단의 [마이페이지 → 쿠폰] 클릭 ▶
위 쿠폰번호 입력 후 이용

* ID당 1회에 한해 등록 가능

쿠폰 이용 관련 문의 1588-4055

단기 합격을 위한 해커스소방 커리큘럼

입문
탄탄한 기본기와 핵심 개념 완성!
누구나 이해하기 쉬운 개념 설명과 풍부한 예시로 부담없이 쌩기초 다지기
TIP 베이스가 있다면 **기본** 단계부터!

기본+심화
필수 개념 학습으로 이론 완성!
반드시 알아야 할 기본 개념과 문제풀이 전략을 학습하고
심화 개념 학습으로 고득점을 위한 응용력 다지기

기출+예상 문제풀이
문제풀이로 집중 학습하고 실력 업그레이드!
기출문제의 유형과 출제 의도를 이해하고 최신 출제 경향을 반영한
예상문제를 풀어보며 본인의 취약영역을 파악 및 보완하기

동형모의고사
동형모의고사로 실전력 강화!
실제 시험과 같은 형태의 실전모의고사를 풀어보며 실전감각 극대화

마무리
시험 직전 실전 시뮬레이션!
각 과목별 시험에 출제되는 내용들을 최종 점검하며 실전 완성

PASS

* 커리큘럼 및 세부 일정은 상이할 수 있으며, 자세한 사항은 해커스소방 사이트에서 확인하세요.

단계별 교재 확인 및 수강신청은 여기서!
fire.Hackers.com

해커스소방
이영철
소방학개론 단원별 실전문제집

이영철

약력
서울시립대학교 방재공학 석사
서울시립대학교 재난과학과 박사수료

현 | 해커스소방 소방학개론, 소방관계법규 강의
현 | 서정대학교 소방안전관리과 겸임교수
현 | 서울시립대학교 소방방재학과 외래교수
현 | 세종사이버대학교 소방방재학과 외래교수
현 | 경희사이버대학교 소방방재학과 외래교수
현 | 서울소방학교 외래교수
현 | 한국소방안전원 외래교수
현 | 한국장애인 고용공단 BK 심사단
현 | 법무법인 정률 화재조사 위원

저서
해커스소방 이영철 소방학개론 기본서
해커스소방 이영철 소방관계법규 기본서
해커스소방 이영철 소방학개론 필기노트 + OX · 빈칸문제
해커스소방 이영철 소방학개론 단원별 기출문제집
해커스소방 이영철 소방관계법규 단원별 기출문제집
해커스소방 이영철 소방학개론 단원별 실전문제집
해커스소방 이영철 소방학개론 실전동형모의고사

서문

많은 수험생 여러분들이 소방학개론 과목의 낯선 용어와 개념에 막연한 두려움을 가지고 있을 것입니다. 하지만 소방학개론 시험은 유사한 지문이 재출제되거나 변형되어 다시 출제되는 비중이 높기 때문에 기출분석을 기반으로 최신 출제경향이 반영된 다양한 유형의 실전문제를 접해봄으로써 실전감각을 키우고 더 나아가 문제해결 능력까지 키우는 것이 필요합니다.

『해커스소방 이영철 소방학개론 단원별 실전문제집』은 실전 대비를 위한 문제들을 효과적으로 학습할 수 있도록 다음과 같은 특징을 가지고 있습니다.

첫째, 단원별로 최신 출제 경향 및 개정 법령을 반영한 실전문제를 수록하였습니다.
본 교재는 소방학개론을 효과적으로 학습할 수 있도록 단원별 내용에 따라 출제빈도가 높은 기출문제를 철저히 분석하여 기출문제와 유사한 실전문제를 수록하였습니다. 또한 기존에 출제되지 않았던 새로운 유형의 문제도 수록하여 출제가 예상되는 다양한 유형의 문제들을 폭넓게 학습함으로써 문제 풀이 능력을 향상시킬 수 있습니다.

둘째, 문제 풀이 과정에서 이론까지 학습할 수 있도록 상세한 해설을 수록하였습니다.
정답 지문에 대한 해설뿐만 아니라 정답 외 지문에 대한 해설 및 관련 개념까지 상세하게 제시하였습니다. 정답의 근거와 오답 포인트까지 알려주는 상세한 해설을 통해 모든 선지를 완벽하게 이해할 수 있으며, 이를 통해 본인의 취약점을 파악하여 빠르게 이론을 복습하는 효과를 얻을 수 있습니다.

셋째, 단원별 문제 풀이 후 실전 대비를 위한 3회분의 실전동형모의고사를 수록하였습니다.
실제 시험이 어떻게 출제되는지 파악하고 연습할 수 있도록 실전동형모의고사 3회분을 수록하였습니다. 학습 말미에 실전동형모의고사를 풀어봄으로써 앞으로의 출제 경향을 미리 확인하고, 시간 안배 등 실전을 미리 경험해볼 수 있습니다.

더불어, 공무원 시험 전문 사이트인 해커스소방(fire.Hackers.com)에서 교재 학습 중 궁금한 점을 나누고 다양한 무료 학습 자료를 함께 이용하여 학습 효과를 극대화할 수 있습니다.

부디『해커스소방 이영철 소방학개론 단원별 실전문제집』과 함께 소방공무원 소방학개론 시험의 고득점을 달성하고 합격을 향해 한걸음 더 나아가시기를 바랍니다.

이영철

차례

PART 1 연소론 및 화재론

01 연소 관련 기초이론　　12
02 연소의 과정과 특성　　17
03 연소의 형태　　26
04 자연발화　　33
05 폭발　　35
06 연소생성물　　47
07 화재론　　55
08 화재소화　　58
09 건축물 화재의 성상　　63
10 기타 연소　　75
11 건축방화계획　　76

PART 2 소화약제

01 물소화약제　　84
02 강화액소화약제　　89
03 포소화약제　　90
04 이산화탄소소화약제　　95
05 할론소화약제　　99
06 할로겐화합물 및 불활성기체 소화약제　　101
07 분말소화약제　　104

PART 3 위험물의 종류별 특성과 소화방법

01 제1류 위험물(산화성 고체)　　110
02 제2류 위험물(가연성 고체)　　113
03 제3류 위험물(금수성 및 자연발화성 물질)　　116
04 제4류 위험물(인화성 액체)　　120
05 제5류 위험물(자기반응성 물질)　　123
06 제6류 위험물(산화성 액체)　　125

PART 4 화재조사

01 화재조사의 개설　　130
02 소방의 화재조사에 관한 법률　　132
03 화재조사 및 보고규정상의 화재조사　　134

PART 5 재난 및 안전관리 기본법

01 재난관리 이론	142
02 재난 및 안전관리 기본법의 개설	145
03 안전관리기구 및 기능	150
04 안전관리계획	158
05 재난의 예방	160
06 재난의 대비	162
07 재난의 대응	166
08 긴급구조	170
09 재난의 복구	175
10 보칙 및 벌칙	178

PART 6 소방시설

01 소방시설의 개설	184
02 소화설비	187
03 경보설비	207
04 피난구조설비	214
05 소화활동설비 및 소화용수설비	217

PART 7 소방조직 및 역사

01 한국소방의 역사 및 소방조직	222
02 국가공무원법 및 소방공무원법	232

PART 8 구조 및 구급

01 119구조·구급에 관한 법률	242
02 응급의료에 관한 법률	246

부록 실전동형모의고사

제1회 실전동형모의고사	254
제2회 실전동형모의고사	259
제3회 실전동형모의고사	265

약점 보완 해설집 (책 속의 책)

책의 특징 및 구성

01 단계별 학습으로 문제해결 능력 향상

1단계 실전문제로 문제해결 능력 키우기

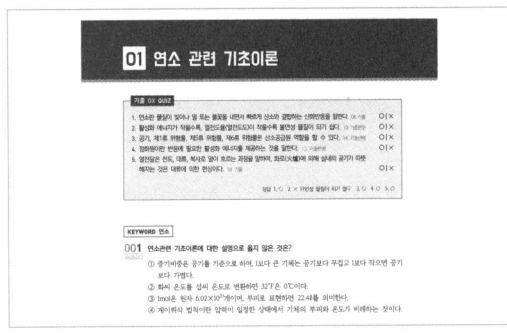

소방공무원 소방학개론 시험의 기출 및 기출복원문제의 출제경향을 분석하여 출제 가능성이 높은 키워드를 바탕으로 출제가 예상되는 문제를 단원별로 배치하였습니다. 문제 풀이 전 기출 OX QUIZ를 통해 중요 출제 포인트가 실제 어떠한 지문으로 출제되는지 확인할 수 있도록 하였으며, 문제 번호 하단에 O: 알고 푼 문제, △: 헷갈린 문제, X: 모르는 문제를 체크할 수 있는 박스를 수록하여 문제 풀이 시 학습 여부나 이해 정도를 표시하여 실력을 명확하게 파악할 수 있습니다.

2단계 상세한 해설로 개념 완성하기

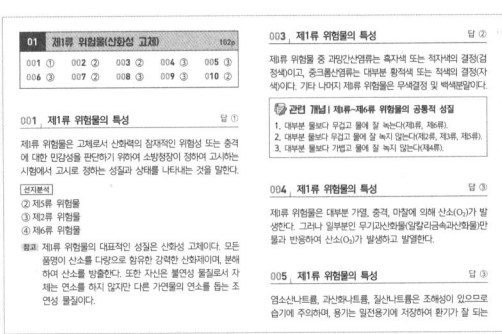

실전문제의 학습이 단순히 문제 풀이에서 끝나지 않고 이론 복습 및 개념 완성으로 이어질 수 있도록 모든 문제에 상세한 해설을 수록하였습니다. 해설을 통해 소방공무원 소방학개론 내용 중 시험에서 주로 묻는 핵심 이론들이 무엇인지 확인하고, 학습하였던 이론의 내용을 다시 한 번 복습할 수 있습니다. 더불어 모든 문제마다 출제 포인트를 제시하여 본인이 취약한 부분을 쉽게 파악하고 보완할 수 있습니다.

3단계 실전동형모의고사로 실전감각 키우기

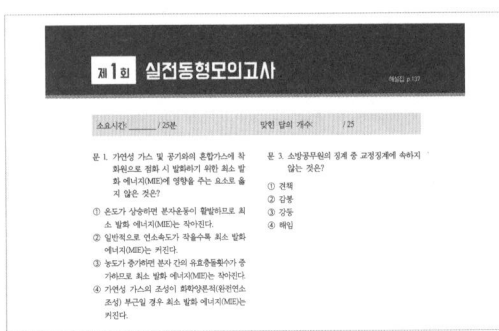

학습 마무리 단계에서 소방학개론 시험의 최신 출제경향을 파악하고, 실전과 같이 문제 풀이 연습을 할 수 있도록 실전동형모의고사 3회분을 부록으로 수록하였습니다. 단원별로 구성된 실전문제를 학습한 후 실전동형모의고사를 풀어보면서 소방학개론 시험에 대한 이해도를 높이고, 실전감각을 키울 수 있습니다.

해커스소방
이영철 소방학개론
단원별 실전문제집

02 정답의 근거와 오답의 원인, 핵심 이론까지 짚어주는 정답 및 해설

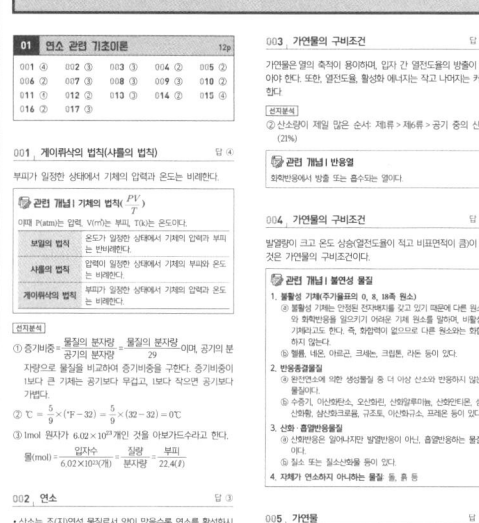

1. 빠른 정답 확인
각 중단원에 수록된 모든 문제의 정답을 한 번에 확인할 수 있도록 표로 정리하여 수록하였습니다. 이를 통하여 쉽고 빠르게 정답을 찾아 확인할 수 있습니다.

2. 상세한 해설
모든 문제에 자세한 해설을 수록함으로써 정답의 이유를 명확하게 학습할 수 있으며, '선지분석'을 통하여 오답 지문의 원인과 함정 요인까지 확인할 수 있습니다.

3. 관련 개념
문제와 관련된 핵심개념이나 알아두면 좋은 배경이론 등을 정리한 '관련 개념'을 수록하였습니다. 이를 통하여 주요 개념을 다양한 시각에서 폭넓게 학습할 수 있으며 쉽게 이론을 복습할 수 있습니다.

4. 문항별 출제 포인트 제시
각 문항마다 문제의 핵심이 되는 출제 포인트를 수록하였습니다. 이를 통하여 각 문제가 묻고 있는 내용을 한눈에 파악할 수 있으며, 본인의 취약점을 확인하여 보완할 수 있습니다.

200% 활용 TIP

1. 해설집에 있는 각 문제별 출제 포인트를 단원별로 묶어 정리해보기!
문제집을 1회독한 후 노트나 A4 용지 등에 해설집에 제시된 문제별 키워드를 정리합니다. 이를 통하여 방대한 이론에서 중점적으로 학습하여야 할 부분을 한눈에 확인하고, 본인이 추가로 학습하여야 할 부분을 체크해 볼 수 있습니다.

2. 문제를 풀면서 헷갈리거나 이해하기 어려운 지문들에 표시하기!
1회독 시 문제를 풀면서 정확히 알고 푼 문제에는 O, 헷갈린 문제에는 △, 모르는 문제에는 X를 문제집 번호 하단에 있는 체크박스에 표시합니다. 이후 해설집을 통하여 해당 지문을 정확히 이해하고 관련 내용까지 학습하며, 2~3회독 시에도 동일한 방법으로 각 지문에 접근하는 연습을 합니다. 이를 통하여 헷갈리는 지문이나 이해하기 어려운 지문의 양을 점차 줄여갈 수 있으며 모든 이론에 대하여 정확하게 짚고 넘어갈 수 있습니다.

3. 나만의 단권화 노트 만들기!
각 회독마다 해설집의 '관련 개념' 코너에 어려운 지문이나 부족한 이론에 대해 추가로 정리합니다. 이를 통하여 문제 풀이 학습이 다 끝난 후 본인의 실력에 맞는 학습을 용이하게 할 수 있으며, 이론을 복습하는 시간을 단축할 수 있습니다.

학습 플랜

효율적인 학습을 위하여 DAY별 권장 학습 분량을 제시하였으며, 이를 바탕으로 본인의 학습 진도나 수준에 따라 분량을 조절해 가며 학습하기 바랍니다. 또한 학습한 날은 표 우측의 각 회독 부분에 형광펜이나 색연필 등으로 표시하며 채워나가기 바랍니다.
* 1회독 때에는 40일 학습 플랜을, 2, 3회독 때에는 14일 학습 플랜을 활용하시면 좋습니다.

40일 플랜	14일 플랜	학습 플랜		1회독	2회독	3회독
DAY 1	DAY 1	PART 1	01	DAY 1	DAY 1	DAY 1
DAY 2			02	DAY 2		
DAY 3			02	DAY 3		
DAY 4	DAY 2		03 ~ 04	DAY 4	DAY 2	DAY 2
DAY 5			05	DAY 5		
DAY 6			05	DAY 6		
DAY 7	DAY 3		06	DAY 7	DAY 3	DAY 3
DAY 8			07 ~ 08	DAY 8		
DAY 9			09	DAY 9		
DAY 10	DAY 4		09	DAY 10	DAY 4	DAY 4
DAY 11			10 ~ 11	DAY 11		
DAY 12			PART 1 복습	DAY 12		
DAY 13	DAY 5	PART 2	01 ~ 02	DAY 13	DAY 5	DAY 5
DAY 14			03 ~ 04	DAY 14		
DAY 15			05 ~ 07	DAY 15		
DAY 16	DAY 6	PART 3	01 ~ 02	DAY 16	DAY 6	DAY 6
DAY 17			03 ~ 04	DAY 17		
DAY 18			05 ~ 06	DAY 18		
DAY 19	DAY 7	PART 4	01 ~ 03	DAY 19	DAY 7	DAY 7
DAY 20			PART 2 ~ 4 복습	DAY 20		

해커스소방
이영철 소방학개론
단원별 실전문제집

✓ 1회독 때에는 '내가 학습한 이론이 주로 이러한 형식의 문제로 출제되는구나!'를 익힌다는 생각으로 접근하는 것이 좋습니다.
✓ 2회독 때에는 실전과 동일한 마음으로 예상문제를 풀어보는 단계입니다. 단순히 문제를 풀어보는 것에 그치지 않고, 내가 이 문제를 정확히 알고 풀었는지 헷갈리거나 모르는 문제인지를 꼼꼼히 따져가며 학습하기 바랍니다.
✓ 3회독 때에는 체크박스에 'Δ: 헷갈리는 문제' 또는 'X: 모르는 문제'로 체크한 문제들을 다시 한 번 풀어보며 부족한 부분을 최종적으로 점검해 보는 것이 좋습니다.

40일 플랜	14일 플랜	학습 플랜		1회독	2회독	3회독
DAY 21	DAY 7	PART 5	01 ~ 02	DAY 21	DAY 7	DAY 7
DAY 22			03	DAY 22		
DAY 23	DAY 8		04 ~ 06	DAY 23	DAY 8	DAY 8
DAY 24			07 ~ 08	DAY 24		
DAY 25	DAY 9		09 ~ 10	DAY 25	DAY 9	DAY 9
DAY 26			PART 5 복습	DAY 26		
DAY 27		PART 6	01, 02	DAY 27		
DAY 28	DAY 10		02	DAY 28	DAY 10	DAY 10
DAY 29			02	DAY 29		
DAY 30			03	DAY 30		
DAY 31	DAY 11		04 ~ 05	DAY 31	DAY 11	DAY 11
DAY 32		PART 7	01	DAY 32		
DAY 33			02	DAY 33		
DAY 34	DAY 12	PART 8	01 ~ 02	DAY 34	DAY 12	DAY 12
DAY 35			PART 6 ~ 8 복습	DAY 35		
DAY 36	DAY 13	실전동형 모의고사	실전동형모의고사 1회	DAY 36	DAY 13	DAY 13
DAY 37			실전동형모의고사 2회	DAY 37		
DAY 38			실전동형모의고사 3회	DAY 38		
DAY 39			실전동형모의고사 복습	DAY 39		
DAY 40	DAY 14	총복습	총복습	DAY 40	DAY 14	DAY 14

해커스소방 학원·인강
fire.Hackers.com

PART 1
연소론 및 화재론

01 연소 관련 기초이론
02 연소의 과정과 특성
03 연소의 형태
04 자연발화
05 폭발
06 연소생성물
07 화재론
08 화재소화
09 건축물 화재의 성상
10 기타 연소
11 건축방화계획

01 연소 관련 기초이론

해설집 p.2

> **기출 OX QUIZ**
>
> 1. 연소란 물질이 빛이나 열 또는 불꽃을 내면서 빠르게 산소와 결합하는 산화반응을 말한다. 08. 기출 O | X
> 2. 활성화 에너지가 작을수록, 열전도율(열전도도)이 작을수록 불연성 물질이 되기 쉽다. 10. 기출변형 O | X
> 3. 공기, 제1류 위험물, 제5류 위험물, 제6류 위험물은 산소공급원 역할을 할 수 있다. 14. 기출변형 O | X
> 4. 점화원이란 반응에 필요한 활성화 에너지를 제공하는 것을 말한다. 12. 기출변형 O | X
> 5. 열전달은 전도, 대류, 복사로 열이 흐르는 과정을 말하며, 화로(火爐)에 의해 실내의 공기가 따뜻해지는 것은 대류에 의한 현상이다. 18. 기출 O | X
> 6. 푸리에의 열전도법칙에서의 열량은 물질의 두께에 비례한다. 25. 기출 O | X
>
> 정답 1. ○ 2. × 가연성 물질이 되기 쉽다. 3. ○ 4. ○ 5. ○ 6. × 푸리에의 열전도법칙에서의 열량은 물질의 두께에 반비례한다.

KEYWORD 연소

001 연소관련 기초이론에 대한 설명으로 옳지 않은 것은?

① 증기비중은 공기를 기준으로 하며, 1보다 큰 기체는 공기보다 무겁고 1보다 작으면 공기보다 가볍다. 또한 산소는 공기중에 체적비 21%, 중량비 23%가 존재하고 있다.
② 화씨 온도를 섭씨 온도로 변환하면 32°F은 0°C이다.
③ 1mol은 원자 6.02×10^{23}개이며, 부피로 표현하면 22.4ℓ를 의미한다.
④ 게이뤼삭 법칙이란 압력이 일정한 상태에서 기체의 부피와 온도가 비례하는 것이다.

002 연소에 대한 설명으로 옳지 않은 것은?

① 연소의 3요소란 적린, 과염소산암모늄, 성냥을 말하며, 불씨연소라고도 한다.
② 물질이 격렬한 산화반응을 함으로써 빛과 열이 발광하는 현상을 말하며, 분자구조가 변하는 화학변화이다.
③ 산소는 불활성 물질로서 그 양이 많을수록 연소를 활성화시킨다.
④ 가연물, 산소공급원, 점화원, 연쇄반응을 연소의 4요소라고 하며, 불꽃연소라고도 한다.

KEYWORD 가연물

003 연소의 3요소 중 가연물의 구비조건에 대한 설명으로 옳지 않은 것은?

① 반응열이 크고 비표면적이 커야 한다.
② 공기 중보다 산화제와 혼합 시 연소속도가 빠르다.
③ 열의 축적이 용이하며, 입자 간 열전도율의 방출이 커야 한다.
④ 화학적 활성도가 커야 한다.

004 다음 중 불연성 물질이 아닌 것은?

① 이미 산화반응이 완결된 산화물인 오산화인(P_2O_5), 산화알루미늄(Al_2O_3), 삼산화황(SO_3) 등의 물질
② 발열량이 크고 온도 상승이 큰 물질
③ 주기율표의 18족 원소에 해당하는 네온(Ne), 아르곤(Ar), 크세논(Xe), 크립톤(Kr) 등의 물질
④ 흡열반응하는 질소(N_2) 또는 질소의 산화물(N_x) 등의 물질

005 다음 중 고체 가연물이 덩어리 상태보다 잘게 부숴진 상태일 때 연소되기 쉬운 이유로 가장 적절한 것은?

① 발열량 및 열전도율이 커지기 때문이다.
② 공기와 접촉면은 커지고 열전도율은 작기 때문이다.
③ 활성화 에너지 및 열전도율이 커지기 때문이다.
④ 활성화 에너지는 커지고 공기와 접촉면은 작기 때문이다.

KEYWORD 산소공급원

006 다음 중 산소공급원이 아닌 것은?

① 제1류 위험물·제5류 위험물 및 제6류 위험물
② 공기 중 산소의 농도가 15% 이하
③ 산소(O_2), 이산화질소(NO_2), 산화질소(NO) 등 조연성 물질
④ 불소(F_2), 오존(O_3), 염소(Cl_2) 등 지연성 물질

007 다음 연소의 3요소 중 가연성 물질에 조연성 역할을 할 수 없는 물질은?

① 질산암모늄
② 나이트로셀룰로오스
③ 탄화칼슘
④ 과염소산

KEYWORD 열원과 점화원

008 연소의 4요소에 대한 설명으로 가장 옳은 것은?

① 활성화 에너지가 클수록 연소가 가능한 가연물이다.
② 질소는 산소공급원 역할을 할 수 있다.
③ 점화원과 밀접한 관계를 가지는 것은 활성화 에너지이다.
④ 연소가 어려운 중간체(Free radical)를 형성하여 연쇄반응을 촉진시킨다.

009 전기에너지에 의하여 발생되는 열원이 아닌 것은?

① 저항열, 유도열, 유전열
② 낙뢰열, 정전기열, 아크열
③ 마찰스파크열, 압축열, 마찰열
④ 유전열, 정전기열, 지락열

010 열에너지원의 종류 중 화학 열에너지가 아닌 것은?

① 분해열, 생성열
② 용해열, 융해열
③ 용해열, 자연발열
④ 연소열, 산화열

011 다음 중 열원의 종류가 아닌 것은?

① 정전기열, 저항열, 낙뢰에 의한 열
② 자연발열, 용해열, 마찰열
③ 단열압축열, 유도열, 유전열
④ 단열팽창열, 전기저항 증가, 잠열

012 다음 연소를 개시하기 위한 활성화 에너지를 제공하는 열원 중 <보기>를 대표적인 예로 가지는 것은?

<보기>
전열기, 가열로, 가스불꽃에 의한 절단부, 연통의 고온부 등

① 나화
② 고온표면
③ 단열압축
④ 충격·마찰

013 열전달 방식에 대한 설명으로 옳지 않은 것은?

① 전도는 하나의 물체가 다른 물체와 직접 접촉하여 분자의 진동, 자유전자의 이동 및 분자 간의 충돌에 의해 열이 전달되는 방식이다.
② 뉴턴의 냉각법칙은 대류와 관계가 있는 법칙이다.
③ 풍하측이 풍상측보다 공기가 맑아 복사에 의한 열전달이 더 잘 일어난다.
④ 진공상태 또는 매질이 없어도 복사열은 전달된다.

014 열전달방식 및 기체의 법칙에 대한 설명으로 옳지 않은 것은?

① 가연성 물질인 고체, 액체, 기체 중 열전도율의 크기는 고체 > 액체 > 기체 순서로 커진다.
② 자동차 공장에서 전자파로 인해 차동식스포트형 열 반도체식 감지기가 동작한 경우 열전달은 대류에 해당된다.
③ 화재 시 화염의 접촉 없이 연소가 확산되는 현상은 복사에 해당된다.
④ 분자수와 압력이 일정할 때 0[℃]에서 기체의 부피가 200[L]일 경우 273[℃]로 상승하면 부피는 400[L]가 된다.

015 열전달방식에 대한 설명으로 옳지 않은 것은?

① 전도의 열이동량은 접촉된 단면적 및 물체의 온도차에 비례하고, 물질의 두께에는 반비례한다.
② 전도는 매질의 유동이 없이 열이 전달되지만 대류는 매질의 유동으로 열이 전달된다.
③ 건축물화재발생 시 화재 초기의 열전달은 전도에 의해서, 감지기나 스프링클러헤드 동작은 대류에 의해서, 화재확대의 원인은 복사열에 기인한다.
④ 복사의 열이동량은 섭씨온도의 4승에 비례하고 열전달 면적에 비례한다.

016 대류는 뉴튼의 냉각법칙에 해당된다. 대류열전달계수의 단위로 옳은 것은?

① [W/m · K]
② [W/m^2 · K]
③ [W/m^2 · K^4]
④ [atm · ℓ/mol · K]

017 두께 5cm인 내열판의 한 쪽 면의 온도는 400℃, 다른 쪽 면의 온도는 300℃일 때, 이 판을 통해 일어나는 열유속(W/m^2)은? (단, 내열판의 열전도도는 0.1W/m · ℃이다)

① 2
② 20
③ 200
④ 2,000

02 연소의 과정과 특성

해설집 p.5

기출 OX QUIZ

1. 가연성 액체의 연소와 관련된 온도는 발화점, 연소점, 인화점 순으로 높다. 23. 기출 O│X
2. 인화점은 점화에너지에 의해 화염이 발생하기 시작하는 온도를 말하고, 연소점은 발생한 화염이 꺼지지 않고 자력으로 지속되는 온도를 말한다. 24. 기출 O│X
3. 외부로부터의 직접적인 에너지 공급에 의해 물질 자체의 열 축적에 의하여 착화가 되는 최저온도를 발화점이라 한다. 19. 기출변형 O│X
4. 일반적으로 직쇄탄화수소계열에서 탄소의 수가 증가할수록 발화점이 높아진다. 20. 기출 O│X
5. 열전도율이 낮아지면 최소발화에너지는 커진다. 23. 기출 O│X

정답 1. ○ 2. ○ 3. × 외부로부터의 직접적인 에너지 공급 없이 물질 자체의 열 축적에 의하여 착화가 되는 최저온도를 발화점이라 한다. 4. × 일반적으로 직쇄탄화수소계열에서 탄소의 수가 증가할수록 발화점이 낮아진다. 5. × 열전도율이 낮아지면 열 축적이 용이하여 최소발화에너지는 작아진다.

KEYWORD 인화점

001 다음 중 발화에 관한 설명으로 옳은 것을 <보기>에서 모두 고르면?

<보기>

ㄱ. 인화점이란 가연성 액체나 고체를 가열하여 증발 및 분해된 가스가 외부에너지의 접촉에 의해 연소가 시작되는 최저온도를 말한다.
ㄴ. 유도발화와 자연발화의 차이는 외부점화원과 직접적 접촉 유무에 따라 구분된다.
ㄷ. 대부분 고체인 경우 증기압력이 낮을수록 발화점은 낮아진다.
ㄹ. 직쇄탄화수소계열에서 탄소수가 증가할수록 연소하한계는 높다.

① ㄱ
② ㄱ, ㄴ
③ ㄱ, ㄴ, ㄷ
④ ㄱ, ㄴ, ㄷ, ㄹ

002 인화점(Flash point)에 대한 설명으로 옳지 않은 것은?

① 점화원을 제거하면 즉시 연소가 중지되는 온도이다.
② 연쇄반응을 동반한다.
③ 생성되는 열에 비해 흩어지는 열이 많다.
④ 인화점이 낮을수록 위험성은 증가한다.

003 다음 중 인화점이 가장 낮은 것은?
① 산화프로필렌　　　② 에틸에테르
③ 아세트알데히드　　④ 이황화탄소

004 다음 인화성 액체 중 인화점이 가장 낮은 액체는?
① 중유　　　　　　　② 경유
③ 메틸알코올　　　　④ 벤젠

005 발화의 구분에 따라 유도발화(인화점, 연소점)와 자연발화(발화점)가 있는데, 이에 대한 설명으로 옳은 것은?
① 발화점은 어느 온도에서 가열하기 시작하여 발화에 이르기까지의 시간을 말하며, 온도는 활성화에너지에 따라 영향을 받는다.
② 가연성 액체에서 외부 압력이 증가하면 인화점은 낮아지고, 외부 압력이 감소하면 인화점도 높아진다.
③ 연소점이란 가연물이 한 번 발화된 후 연소를 지속시킬 만한 충분한 증기를 발생시킬 수 있는 최저온도를 말한다.
④ 발화는 외부로부터 직접적인 점화에너지가 공급되어야만 연소가 된다.

006 인화점·연소점 및 발화점에 대한 설명으로 옳은 것은?
① 연소점은 가연성 액체로부터 발생한 증기가 액체표면에서 연소범위의 하한계와 상한계에 도달할 수 있는 최저온도를 의미한다.
② 가연성 증기의 발생속도가 연소속도보다 빠를 때 인화점이라고도 한다.
③ 유도발화는 인화점·연소점 및 발화점에 해당한다.
④ 발화점은 점화원의 직접적인 접촉 없이 가열된 열만으로 연소를 시작할 수 있는 최저온도를 말한다.

KEYWORD 발화점

007 가연혼합기(可燃混合氣)의 온도를 차츰 올릴 때, 외부로부터 불꽃이나 화염에 가까이 접근하지 않더라도 발화에 이르는 최저온도는?

① 인화온도
② 자연발화온도
③ 비점온도
④ 연소온도

008 발화점 및 발화에너지에 대한 설명으로 옳지 않은 것은?

① 가연물질이 내부 점화원의 접촉 없이 연소를 시작할 수 있는 최저온도를 발화점이라 한다.
② 가연물의 최소발화에너지가 작을수록 더 위험하다.
③ 가연물의 연소점은 발화점보다 낮다.
④ 발화점은 인화점보다 수백℃ 이상 높다.

009 가연물의 발화점에 대한 설명으로 옳지 않은 것은?

① 인화성 액체(제4류 위험물) 중 발화점이 가장 낮은 것은 이황화탄소이다.
② 탄화수소 계열의 분자량이 클수록 또는 탄소쇄의 길이가 길수록 발화점이 높아진다.
③ 열전도율이 클수록 발화점이 높아진다.
④ 화학적 활성도가 클수록 발화점이 낮아진다.

010 직쇄탄화수소 계열의 분자량·발화점 및 인화점과의 관계에 대한 설명으로 옳은 것은?

① 분자량과 발화점은 관계가 없다.
② 탄소수가 증가할수록 인화점은 높다.
③ 분자량이 크거나 탄소쇄의 길이가 길수록 발화점 온도는 높다.
④ 분자량이 어느 정도의 크기 이상이거나 이하이면 발화점은 일정해진다.

011 다음 중 발화점이 낮은 온도부터 높은 온도 순으로 옳게 나열한 것은?

ㄱ. 황린 ㄴ. 삼황화인
ㄷ. 적린 ㄹ. 셀룰로이드류

① ㄱ → ㄴ → ㄷ → ㄹ
② ㄱ → ㄴ → ㄹ → ㄷ
③ ㄴ → ㄱ → ㄹ → ㄷ
④ ㄹ → ㄱ → ㄴ → ㄷ

012 다음 중 발화점(Ignition point)이 가장 낮은 것은?

① 메탄(Methane)
② 프로판(Propane)
③ 부탄(Butane)
④ 헥산(Hexane)

013 다음 중 발화점(Ignition point)이 가장 낮은 것은?

① 적린
② 휘발유
③ 수소
④ 프로판

KEYWORD 연소과정 온도 비교

014 다음에서 설명하는 것은?

- 가연물의 연소과정 중 표면의 온도가 가장 낮다.
- 물적조건과 에너지조건이 만나는 최저온도이다.
- 포화증기압과 연소하한계가 만나는 최저온도이다.
- 가연성혼합기를 형성하는 최저온도이다.

① 인화점
② 연소점
③ 발화점
④ 비점

015 연소상태의 기준에서 높은 온도에서 낮은 온도의 순서로 옳게 나열한 것은?

① 연소점 > 발화점 > 인화점
② 발화점 > 연소점 > 인화점
③ 인화점 > 발화점 > 연소점
④ 인화점 > 연소점 > 발화점

KEYWORD 연소범위

016 다음 중 각 연료의 연소범위로 옳지 않은 것은?

① 일산화탄소: 12.5 ~ 75(74)%
② 메탄: 5 ~ 15%
③ 에틸에테르: 1.9 ~ 48%
④ 산화에틸렌: 1.2 ~ 44%

017 다음 중 각 연료의 연소범위로 옳지 않은 것은?

① 아세틸렌: 2.5 ~ 81%
② 시안화수소: 4.3 ~ 45%
③ 가솔린: 1.4 ~ 7.6%
④ 에틸렌: 2.7 ~ 36%

018 연소범위에 대한 설명으로 옳지 않은 것은?

① 화염전파방향을 상향전파로 할 경우에 연소범위가 가장 넓어진다.
② 가연성 가스와 공기가 혼합하여 혼합기체를 생성하였을 때 위험도가 가장 큰 것은 이황화탄소이다.
③ 가연성 가스와 공기가 혼합하여 혼합기체를 생성하였을 때 연소범위가 가장 넓은 것은 아세틸렌이다.
④ 공기 중의 산소농도에 비해 연소하한계는 가연성 기체가 많고, 연소상한계는 가연성 기체가 적다.

019 연소범위에 대한 설명으로 옳지 않은 것은?

① 온도가 높을수록 분자의 운동이 활발해져 연소하한계는 낮아지고 연소상한계는 높아지며, 연소범위는 넓어진다.
② 연소상한에서 화염의 전파속도는 최대이다.
③ 가연성 가스의 압력이 높아지면 연소하한계의 변화는 그다지 크지 않으나 연소상한계의 변화는 현저하게 나타난다.
④ 혼합기를 이루는 공기의 산소농도가 높을수록 연소상한은 넓어진다.

020 연소범위에 대한 설명으로 옳지 않은 것은?

① 가연물이 기체상태에서 공기와 혼합하여 연소를 일으킬 수 있는 범위, 즉 연소에 필요한 혼합가스의 농도를 말한다.
② 압력을 대기압 이상으로 증가시키면 연소범위가 일반적으로 낮아진다.
③ 가연성 가스의 연소범위가 넓을수록 위험도가 증가한다.
④ 르샤틀리에의 법칙은 2종류 이상의 가연성 가스가 혼합되었을 때 폭발한계값을 구하는 공식이다.

021 점화원의 존재하에 화염이 전파가 일어나는 가연성 증기 혹은 가연성 가스의 농도인 연소한계에 대한 설명으로 옳지 않은 것은?

① 연소하한계가 낮을수록 위험성은 증가한다.
② 압력이 상승하면 연소한계가 넓어져서 연소속도는 증가한다.
③ 연소한계에 가까이 갈수록 연소속도는 증가한다.
④ 일반적으로 화학반응은 온도가 상승하면 반응속도가 증가하고 폭발범위도 확대된다.

022 다음 <보기>를 보고 화학양론혼합비(C_{st})의 값과 연소하한계를 구하면? [단, 연소하한계는 존스(Jones)의 수식에 따라 구한다]

<보기>
- 가연물인 프로판의 몰수: 1
- 공기의 몰수: 23.8

	화학양론혼합비	연소하한계
①	24.8	14.1
②	23.8	10.7
③	12.6	7.07
④	4.03	2.22

KEYWORD 위험도

023 가연성 가스의 폭발범위에 대한 설명으로 옳지 않은 것은?

① 압력이 높아지면 연소범위는 넓어진다.
② 온도가 상승하면 연소범위는 넓어진다.
③ 폭발성 혼합가스를 압축해 압력을 상승시키면 열의 발생속도는 감소한다.
④ 가연성 가스의 농도가 너무 낮거나 또는 너무 높아도 연소현상이 발생하지 않는다.

024 폭발범위 및 위험성의 특성으로 옳지 않은 것은?

① 파라핀계 탄화수소화합물의 경우 탄소수가 많을수록 발화점이 낮아 위험성이 증가한다.
② 폭발하한계 값이 낮고 폭발범위가 넓을수록 위험성은 증가한다.
③ 표면장력, 증발열(기화열), 비열, 인화점, 발화점, 점성, 비중, 비점, 융점, 열전도율, 활성화에너지가 작을수록 위험성이 증가한다.
④ 아세틸렌의 폭발범위가 가장 넓으므로 가장 위험도가 크다.

025 가연물에는 고체, 액체, 기체의 물질이 있는데, 일반적으로 가연성 물질의 위험도 기준이 되는 것은?

① 연소점
② 연소범위
③ 인화점
④ 발화점

026 다음 중 위험도가 큰 것부터 작은 순서대로 옳게 나열한 것은?

| ㄱ. 산화에틸렌 | ㄴ. 수소 |
| ㄷ. 에틸렌 | ㄹ. 프로판 |

① ㄱ - ㄴ - ㄷ - ㄹ
② ㄱ - ㄷ - ㄹ - ㄴ
③ ㄱ - ㄹ - ㄴ - ㄷ
④ ㄱ - ㄹ - ㄷ - ㄴ

027 다음 중 위험도가 작은 것부터 큰 순서대로 옳게 나열한 것은?

| ㄱ. 메탄 | ㄴ. 에탄 |
| ㄷ. 프로판 | ㄹ. 부탄 |

① ㄱ - ㄴ - ㄷ - ㄹ
② ㄴ - ㄱ - ㄷ - ㄹ
③ ㄷ - ㄴ - ㄱ - ㄹ
④ ㄹ - ㄱ - ㄴ - ㄷ

KEYWORD 최소 산소농도

028 에테인(C_2H_6) 가스 2mol이 완전연소 시 필요로 하는 최소 산소농도(MOC)에 대한 설명으로 옳은 것은?

① 21% 이상으로 높이면 연소진행이 억제된다.
② 21% 이하로 낮추면 연소진행이 억제된다.
③ 10.5% 이상으로 높이면 연소진행이 억제된다.
④ 10.5% 이하로 낮추면 연소진행이 억제된다.

029 0℃, 1기압인 조건에서 프로페인(C_3H_8)의 완전연소조성식이다. 옳은 것을 모두 고르면? [단, 공기의 조성비는 질소(N_2) 79vol%, 산소(O_2) 21vol%이다]

> 가. 프로페인 1mol이 완전연소하면 약 72g의 물이 생성된다.
> 나. 프로페인 0.5mol이 완전연소하는 데 약 2.5mol의 산소가 필요하다.
> 다. 프로페인 44g이 완전연소하면 약 132g의 이산화탄소가 생성된다.
> 라. 프로페인 1mol이 완전연소하는 데 약 23.8mol의 공기가 필요하다.
> 마. 프로페인 0.5mol이 완전연소하는 데 필요한 공기 중 질소의 양은 약 18.8mol이다.

① 가, 나
② 가, 나, 다
③ 가, 나, 다, 라
④ 가, 나, 다, 라, 마

030 섬유류나 플라스틱과 같은 고분자 물질이 연소를 지속할 수 있는 한계산소지수(LOI)값의 의미로 옳은 것은?

> 연소방지 도료의 난연성 시험결과 생성된 산소가 3.8[ℓ/min], 질소가 6.2[ℓ/min]이다.

① 연소방지도료는 공기 중의 산소가 15% 이상일 때 연소가 가능하다는 의미이다.
② 연소방지도료는 공기 중의 산소가 15% 미만일 때 연소가 가능하다는 의미이다.
③ 연소방지도료는 공기 중의 산소가 38% 이상일 때 연소가 가능하다는 의미이다.
④ 연소방지도료는 공기 중의 산소가 38% 미만일 때 연소가 가능하다는 의미이다.

KEYWORD 최소발화에너지

031 최소발화에너지(MIE)에 영향을 주는 인자에 대한 설명으로 옳지 않은 것은?

① 온도가 높으면 최소발화에너지가 작아진다.
② 산소분압이 높아지면 최소발화에너지가 작아진다.
③ 가연성 가스의 조성이 화학양론적 조성 부근일 경우 최소발화에너지가 커진다.
④ 농도가 감소하면 최소발화에너지가 커진다.

032 연소속도에 영향을 미치는 요인으로 옳지 않은 것은?

① 질소, 수증기, 이산화탄소 등을 혼합기체 속에 첨가하면 연소속도는 감소한다.
② 층류와 비교하면 난류는 주름 잡힌 화염으로서 연소속도를 상승시킨다.
③ 가연성물질과 산화제의 당량비가 1일 경우 연소속도는 감소한다.
④ 정촉매를 첨가하면 연소속도는 증가한다.

033 다음 가연물 중 최소발화에너지(MIE) 값이 가장 작은 것은?

① 수소
② 아세틸렌
③ 이황화탄소
④ 프로판

03 연소의 형태

해설집 p.10

기출 OX QUIZ

1. 가연성 고체연소와 가연성 액체연소의 공통적인 연소형태는 분해연소, 증발연소이다. 12. 기출변형 O | X
2. 화염은 없지만 라디칼이 발생하는, 즉 연쇄반응이 일어나는 숯, 코크스, 금속분, 목탄분 등 가연성 고체는 표면연소(작열연소, 무염연소)에 해당한다. 24. 기출변형 O | X
3. 훈소란 낮은 산소분압에서 화재가 발생하였을 때 초기에 화염 없이 일어나는 연소로, 적열된 상태에서 불꽃을 내지 않고 서서히 타들어가는 현상을 말한다. 18. 기출 O | X
4. 연료의 분출속도가 연소속도보다 빠를 때 역화라고 한다. 22. 기출 O | X
5. 산소과잉상태를 불완전연소라 하며, 연소의 불꽃 색상 중 가장 온도가 높은 것은 적색이다. 24. 기출변형 O | X
6. 고체가연물인 피크린산의 연소형태는 자기연소에 해당된다. 25. 기출 O | X

정답 1. ○ 2. × 화염은 없지만 라디칼이 발생하지 않는 즉, 연쇄반응이 일어나지 않는 숯, 코크스, 금속분, 목탄분 등 가연성 고체는 표면연소(작열연소, 무염연소)에 해당한다. 3. ○ 4. × 연료의 분출속도가 연소속도보다 빠를 때 선화라고 한다. 5. × 산소과잉상태는 완전연소에 해당되며, 연소의 불꽃 색상 중 가장 온도가 높은 것은 휘백색이다. 6. ○

KEYWORD 연소형태

001 가연성 가스가 공기 중에서 연소할 때 산소농도에 따라 불완전연소의 원인이 되기도 하는데 이는 연소속도에 영향을 미친다. 다음 중 불완전연소의 원인이 아닌 것은?

① 노즐의 분무상태가 좋을 경우
② 공기 공급량이 부족할 경우
③ 주위온도가 너무 낮은 경우
④ 환기 또는 배기가 잘되지 않은 경우

002 불꽃연소(유염성 표면화재)의 특성에 대한 설명으로 가장 옳지 않은 것은?

① 작열연소에 비해 연소속도는 빠르지만, 단위 시간당 발생열량이 작다.
② 연쇄반응을 동반한다.
③ 화학적 소화대책이 적당하다.
④ 작열연소에 비해 이산화탄소는 증가하며, 일산화탄소는 감소한다.

003 작열연소에 대한 설명으로 옳은 것은?

① 불꽃연소에 비해 연소속도가 매우 빠르다.
② 불꽃과 열을 내며 연소하는 것을 말한다.
③ 불꽃연소에 비해 연기입자가 크고, 저에너지의 표면화재이다.
④ 연료의 표면에서 불꽃을 발생하지 않는 연소이므로 연쇄반응으로 발생하는 라디칼을 흡착하여 없애는 억제소화는 효과가 없다.

004 다음 중 연소의 형태에 대한 일반적인 설명으로 옳은 것을 모두 고른 것은?

> ㄱ. 가연성 기체의 대표적인 연소의 형태는 확산연소(불균질연소)이며, 가연성 기체가 연소할 때 화염의 위치나 그 모양이 변하지 않는다.
> ㄴ. 예혼합연소는 확산연소에 비해 화학반응속도가 빠르며 화염은 짧다.
> ㄷ. 가연성 고체는 열분해하는 증발, 표면연소가 있다.
> ㄹ. 가연성 액체는 증발연소와 자기연소가 있다.

① ㄱ, ㄴ
② ㄷ, ㄹ
③ ㄱ, ㄴ, ㄷ
④ ㄱ, ㄴ, ㄷ, ㄹ

005 가연성 가스와 공기를 인접한 2개의 분출구에서 분출·확산시켜 계면에 가연성 혼합기를 형성하여 연소시키는 것은?

① 증발연소
② 확산연소
③ 불꽃연소
④ 예혼합연소

006 물질상태에 따른 연소형태에 대한 설명으로 옳지 않은 것은?

① 증발연소는 중유, 벙커C유, 타르유와 같이 점도가 크고 비점이 높은 액체 가연물을 가열하면, 열분해를 일으켜 가연성 증기가 발생하며 이 증기에 착화되어 계속 분해를 일으켜 연소가 이루어지는 형태이다.
② 자기연소는 가연물이 물질의 분자 내에 산소를 함유하고 있어 열분해에 의해서 가연성 가스와 산소를 동시에 발생시키므로 공기 중의 산소 없이 연소하는 형태를 말한다.
③ 예혼합연소는 가연성 기체가 미리 산소와 혼합한 상태로 연소하는 형태로서 화염면의 전파가 수반되어 역화를 일으킬 위험이 큰 연소형태이다.
④ 확산연소는 메탄, 프로판, 수소, 아세틸렌 등의 가연성 가스가 공기 중으로 확산하여 연소하는 형태로서 역화의 위험이 없는 연소형태이다.

007 가연물 연소형태에 관한 설명으로 옳은 것을 모두 고르면?

> ㄱ. 연소의 상황에 따라 구분하는 방법은 발열과 방열의 관점으로, 열의 발생(발열)과 방산(방열)이 균형을 유지하면서 연소하는 정상연소와 균형이 깨져 연소속도가 급격히 감소하여 폭발적으로 연소하는 비정상연소가 있다.
> ㄴ. 가연성고체 중 표면연소는 가연성가스(증기)도 없이 산소와 직접반응하는 간접연소이다.
> ㄷ. 가연성(인화성)액체 가연물이 연소할 때 점도가 높고 휘발성이 낮은 중질유를 가열 등의 방법으로 점도를 높여서 분무기(버너)로 미세한 입자로 분무하고 공기와 혼합시켜 연소시키는 방법인 분무연소가 있다.
> ㄹ. 가연성(인화성)액체의 증발방법에 따른 연소형태는 액면연소, 등심연소, 액적연소이다.
> ㅁ. 가연성고체와 액체를 비교하면 인화에 필요한 에너지는 액체가 적다.

① ㄱ, ㄴ ② ㄱ, ㄹ
③ ㄴ, ㄷ ④ ㄹ, ㅁ

008 가연성 고체의 연소형태에 대한 설명으로 옳지 않은 것은?

① 나프탈렌, 양초, 황, 파라핀유 등은 증발연소한다.
② 가연성 고체가 열분해에 따른 가연성 증기발생 과정을 거치지 않고, 고체표면에서 산소와 반응하여 연소하는 현상으로서 무염연소가 특징인 연소형태는 표면화재이다.
③ 고체 가연물질을 가열하면 열분해를 일으켜 나온 분해가스 등이 연소하는 형태를 분해연소라 하며, 분해연소의 전형적인 특성을 보여줄 수 있는 것은 목재이다.
④ 가연성 액체를 외부에서 가열하거나 연소열이 미치면 액체 표면에서 가연성 증기가 증발하여 연소하는 형태를 증발연소라 하며, 증발연소의 전형적인 특성을 보여줄 수 있는 것은 가솔린이다.

009 표면연소(작열연소)에 대한 설명으로 옳지 않은 것은?

① 흑연, 목탄 등과 같이 휘발분이 거의 포함되지 않은 고체연료에서 주로 발생한다.
② 불꽃연소에 비해 일산화탄소가 발생할 가능성이 크다.
③ 화학적 소화만 소화효과가 있다.
④ 불꽃연소에 비해 연소속도가 느리고 단위시간당 방출열량이 적다.

010 적열된 상태에서 불꽃을 발생하지 않고 적열상태를 유지하며 열분해에 의한 연기 또는 가스를 발생하면서 연소하는 현상은?

① 자기연소
② 표면연소
③ 훈소연소
④ 분해연소

011 연소형태에 대한 설명으로 옳지 않은 것은?

① 고체 가연물인 훈소, 증발연소는 열분해하지 않는다.
② 가연성 액체와 가연성 고체의 공통적인 연소형태는 분해연소, 증발연소이다.
③ 분자 내에 산소를 가지고 있어 외부의 산소공급원 없이도 점화원이 존재하면 쉽게 폭발이 가능한 연소형태를 자기연소라 한다.
④ 고체 가연물이 열분해를 일으키지 않고 증발하여 증기가 연소되거나 먼저 융해된 액체가 기화하여 증기가 된 다음 연소하는 현상을 증발연소라 한다.

012 가연성 물질의 상태에 따른 연소형태에 대한 설명으로 옳지 않은 것은?

① 종이, 플라스틱, 고무, 석탄 등 주로 천연고분자물질이 분해연소를 한다.
② 숯, 목탄, 코크스, 알루미늄분은 표면연소를 한다.
③ 나프탈렌, 드라이아이스, 아이오딘, 장뇌 등은 승화연소를 한다.
④ 나이트로셀룰로오스, 무기과산화물은 자기연소를 한다.

013 가연성 고체의 연소형태에 대한 설명으로 옳은 것은?

① 숯, 석탄분, 금속분의 연소형태는 증발연소이다.
② 피크린산, 하이드라진유도체의 연소형태는 자기연소이다.
③ 목재, 섬유, 황의 연소형태는 분해연소이다.
④ 금속분, 파라핀(양초)의 연소형태는 표면연소이다.

014 가연성 물질의 연소형태에 대한 설명으로 옳지 않은 것은?

① 가연성액체 및 고체는 확산형 연소를 한다.
② 예혼합연소가 필요한 연소기는 분젠식 연소기이다.
③ 가연성 기체는 공기와 연료가 혼합되어 있는 예혼합형과 발화 직전에 혼합하는 확산형으로 나뉜다.
④ 예혼합연소는 균질연소라고도 하며, 확산연소와 비교하면 그을음이 크다.

015 다음 중 가연성 기체의 연소형태로 옳은 것을 <보기>에서 모두 고르면?

<보기>
ㄱ. 확산연소는 불균질연소라고도 한다.
ㄴ. 적화식버너(라이타)는 확산연소와 관련이 있고, 분젠버너, 가솔린엔진 등은 예혼합연소와 관련이 있다.
ㄷ. 예혼합연소는 예열대는 없고 반응대만 있으므로 확산연소에 비해 반응대가 두껍다.
ㄹ. 확산연소는 연속적인 자력전파로서 압축파가 중첩되어 폭연, 폭굉이 된다.

① ㄱ, ㄴ
② ㄱ, ㄹ
③ ㄴ, ㄷ
④ ㄷ, ㄹ

KEYWORD 연소 시 현상

016 역화(Back fire)현상에 대한 설명으로 옳지 않은 것은?

① 분출된 혼합가스의 압력이 낮을 경우
② 버너(연소기)가 과열 상태인 경우
③ 혼합 가스량 또는 1차 공기가 너무 적을 경우
④ 가스의 분출속도보다 연소속도가 빠른 경우

017 선화(Lifting) 현상에 대한 설명으로 옳지 않은 것은?

① 혼합가스량이 너무 적을 때 발생한다.
② 공급가스의 압력이 높은 경우에 발생한다.
③ 노즐의 구멍이 작거나 막혔을 경우(완전막힘은 아님)에 발생한다.
④ 혼합가스의 분출속도가 연소속도보다 빠를 때 발생한다.

018 다음 중 역화(Back fire)가 일어나는 원인으로 옳은 것을 <보기>에서 모두 고른 것은?

<보기>
ㄱ. 버너의 과열상태에서 일어날 수 있다.
ㄴ. 염공 안쪽으로 불꽃이 빨려 들어간다.
ㄷ. 염공이 크거나 부식에 의해 확대되었을 경우에 발생한다.
ㄹ. 연소속도보다 혼합가스의 분출속도가 느릴 때 발생한다.

① ㄱ
② ㄱ, ㄴ
③ ㄱ, ㄷ, ㄹ
④ ㄱ, ㄴ, ㄷ, ㄹ

019 다음 중 기체상 연료노즐에서의 연소에 대한 일반적인 설명으로 옳은 것을 모두 고른 것은?

ㄱ. 선화는 분출속도에 비해 연소속도가 평형점(반응점) 이하로 늦어질 때 불꽃이 버너에서 부상하여 공간에서 연소하는 현상이다.
ㄴ. 연료노즐에서 흐름이 층류(laminar flow)인 경우, 확산연소에서 화염의 높이는 분출 속도에 비례한다.
ㄷ. 연료노즐에서 흐름이 난류(turbulent)인 경우 화염의 높이(길이)는 일정하나 화염의 폭이 증가하므로 층류보다 난류가 열방출율이 크다.
ㄹ. 연료노즐에서 층류확산화염에서 난류확산화염으로 넘어가는 전이영역에서는 분출속도 증가 시 화염의 높이가 증가한다.
ㅁ. 블로우-다운(Blow-down)이란 가연성 가스가 연소하면서 바람을 타고 흘러가는 현상을 말한다.
ㅂ. 황염(Yellow Tip) 현상이란 퍼지(purge) 또는 방산이라고도 하며, 불필요한 가스를 대기 중으로 배출하는 것을 말한다.

① ㄱ, ㄴ
② ㄱ, ㄴ, ㄷ
③ ㄴ, ㄷ, ㄹ, ㅁ, ㅂ
④ ㄱ, ㄴ, ㄷ, ㄹ, ㅁ, ㅂ

020 연소 시 이상현상에 대한 설명으로 옳지 않은 것은?

① 연료의 분출속도가 연소속도보다 느릴 때 역화(Back fire) 현상이 발생한다.
② 공급가스의 압력이 높거나 버너의 염공이 작을 때 역화(Back fire) 현상이 발생한다.
③ 1차 공기가 너무 많은 경우 불꽃이 버너에서 부상하여 공간에서 연소하는 현상을 선화(Lifting)라 한다.
④ 불꽃 기저부에 대한 공기의 움직임이 세지면 불꽃이 노즐에서 정착하지 않고 떨어지게 되어 꺼져버리는 현상을 블로우 오프(Blow off)라 한다.

021 연료가스의 분출속도가 연소속도보다 클 때, 주위 공기의 움직임에 따라 불꽃이 노즐에서 정착하지 않고 떨어져 꺼지는 현상은?

① 불완전연소(Incomplete combustion)　② 선화(Lifting)
③ 블로우 오프(Blow off)　④ 역화(Back fire)

022 연소불꽃의 색상과 온도의 연결이 옳지 않은 것은?

① 암적색: 700℃　② 휘적색: 1,100℃
③ 백적색: 1,300℃　④ 휘백색: 1,500℃

04 자연발화

해설집 p.15

기출 OX QUIZ

1. 자연발화란 인위적으로 외부에서 점화에너지를 부여하지 않는데도 상온에서 물질이 공기 중 화학변화를 일으켜 오랜 시간에 걸쳐 열의 축적이 생겨 마침내 발화하는 현상이다. 05. 기출 　O | X
2. 자연발화의 발생은 고온다습, 방지는 저온건조이다. 18. 기출 　O | X
3. 황린은 중합열에 의해 자연발화한다. 07. 기출변형 　O | X
4. 활성탄, 유연탄, 목탄분 등은 산화열에 의해 자연발화한다. 07. 기출변형 　O | X

정답 1. O　2. O　3. X 황린은 산화열에 의해 자연발화한다.　4. X 활성탄, 유연탄, 목탄분 등은 흡착열에 의해 자연발화한다.

---

001 공기 중의 연료에서 느린 산화와 함께 시작될 수 있는 연소과정이며, 인위적으로 가열하지 않고 상온상태에서 물질이 공기 중에서 자연산화 또는 자연분해하여 발생된 열에 의하여 반응이 점차적으로 가속되어 열을 축적하므로 발화점에 도달하여 부분적으로 발화되는 현상은?

① 자기연소　　　　　　　② 유도발화
③ 자연발화　　　　　　　④ 분진폭발

002 자연발화 발생조건에 대한 설명으로 옳지 않은 것은?

① 공기가 정체될수록, 열전도율이 커야 한다.
② 공간에 열이 축적될 수 있어야 하며, 수분은 적당해야 한다.
③ 주위의 온도가 높아야 한다.
④ 발열량 및 비표면적이 커야 한다.

003 자연발화에 대한 설명으로 가장 옳지 않은 것은?

① 가연성 분말이나 섬유상의 물질이 내부에 다량의 공기를 포함하는 경우 자연발화가 일어날 가능성이 크다.
② 저장실의 밀폐도가 높을수록 열의 발생속도가 빨라진다.
③ 자연발화 방지를 위해서는 저장실을 저온·건조 상태로 유지하여야 한다.
④ 활성이 강한 황린은 물 속에 저장하고 알칼리금속류(칼륨, 나트륨 등)는 석유 속에 보관하여 자연발화를 방지한다.

004 자연발화 방지법에 대한 설명으로 옳은 것은?
① 저장실의 습도를 높게 하도록 한다.
② 저장실의 온도를 낮게 유지한다.
③ 저장실을 밀폐하여 환기를 방지한다.
④ 퇴적 수납 시 열 축적이 용이하도록 분말 형태로 저장한다.

005 자연발화를 일으키는 원인에 대한 설명으로 옳지 않은 것은?
① 분해열: 하이드라진, 나이트로셀룰로오스, 아세틸렌
② 산화열: 석탄분, 유지류, 금속분
③ 중합열: 시안화수소, 산화에틸렌
④ 흡착열: 유연탄, 목탄분, 고무조각

006 자연발화의 분류에 대한 설명으로 옳지 않은 것은?
① 산화열: 건성유, 금속분류, 원면, 표백분 등
② 흡착열: 활성탄, 유연탄, 목탄분 등
③ 분해열: 나이트로글리세린, 셀룰로이드류 등
④ 중합열: 액화시안화수소 등

007 자연발화에 대한 설명으로 옳지 않은 것은?
① 황린은 발화점이 상온에 가깝고 분해열에 의해 단시간 내에 자연발화가 일어난다.
② 활성이 강한 황린은 비교적 온도가 빨리 상승하는 자연발화에 해당한다.
③ 제5류 위험물인 자기반응성물질은 비교적 완만한 온도상승을 일으키는 분해열에 의한 자연발화에 해당한다.
④ 발열반응에 정촉매작용을 하는 물질이 존재하면 반응은 가속된다.

05 폭발

해설집 p.16

기출 OX QUIZ

1. 수증기폭발, 증기폭발(BLEVE), 고체폭발(전선폭발, 고상간전이폭발)은 기상폭발에 해당한다. 09. 기출 　O | X
2. 폭연은 화염면에서 온도, 압력, 밀도의 변화가 연속적으로 나타난다. 23. 기출 　O | X
3. 폭연에서 폭굉으로 전이되는 과정은 착화 → 화염전파 → 압축파 → 충격파 → 폭굉파이며, 관경이 작을수록 폭굉유도거리는 짧아진다. 24. 기출 　O | X
4. 분진폭발이란 가연성 액체가 미세한 분말상태로 공기 중에서 부유상태로 폭발하한계 이상의 농도로 유지되고 있을 때 점화원 존재하에 폭발하는 현상을 말한다. 22. 기출변형 　O | X
5. 블레비(BLEVE)는 외부 화재에 의해 가열되면 탱크 내 액체가 비등하고 증기가 팽창하면서 폭발을 일으키는 현상으로 물리적 폭발이고, 증기운(UVCE)은 대기(자유공간) 중에 대량의 가연성 가스가 유출되거나 대량의 가연성 액체가 유출되어 그것으로부터 발생하는 증기가 공기와 혼합해서 가연성 혼합기체를 형성하고 점화원에 의하여 발생하는 화학적 폭발이다. 그러나 블레비와 증기운 폭발의 공통점은 액화가스저장탱크에서 발생한다는 것이다. 22. 기출변형 　O | X
6. 내압방폭구조란 전기설비 용기 내부에 이산화탄소, 질소 등의 불활성 가스 등을 불어 넣어 용기 내부의 압력을 외부 압력보다 50Pa(5mmH$_2$O) 높게 유지하여 내부에 가연성 가스 또는 증기가 유입되지 못하도록 한 구조를 말한다. 18. 기출변형 　O | X
7. 분해폭발은 공기나 산소와 섞이지 않더라도 가연성 가스자체의 분해 반응열에 의해 폭발하는 현상이다. 23. 기출 　O | X

정답 1. × 수증기폭발, 증기폭발(BLEVE), 고체폭발(전선폭발, 고상간전이폭발)은 응상폭발에 속한다. 2. ○ 3. ○
4. × 분진폭발이란 가연성 고체가 미세한 분말상태로 공기 중에서 부유상태로 폭발하한계 이상의 농도로 유지되고 있을 때 점화원 존재하에 폭발하는 현상을 말한다. 5. ○ 6. × 압력방폭구조란 전기설비 용기 내부에 이산화탄소, 질소 등의 불활성 가스 등을 불어 넣어 용기 내부의 압력을 외부 압력보다 50Pa(5mmH$_2$O) 높게 유지하여 내부에 가연성 가스 또는 증기가 유입되지 못하도록 한 구조를 말한다. 7. ○

KEYWORD 폭굉과 폭연

001 다음과 같은 특징을 나타내는 현상은?

- 폭발 중에서도 특히 격렬한 경우로, 음속보다 화염 전파속도가 크다.
- 파동의 앞단에 충격파라고 하는 솟구치는 압력파가 발생하여 격렬한 파괴 작용을 하는 원인이 되는 현상이다.

① 폭연　　　　　　　　　　② 폭굉
③ 폭속　　　　　　　　　　④ 파열

002 폭굉 및 폭연에 대한 설명으로 옳지 않은 것은?

① 폭연과 폭굉을 나누는 기준은 복사에너지를 기준으로 한다.
② 폭연은 화염의 전파속도가 폭굉보다 느리다.
③ 폭굉의 속도는 약 1,000 ~ 3,500m/s 범위이다.
④ 폭연은 충격파가 아닌 열에 의해 이동한다.

003 폭굉(Detonation)에 대한 설명으로 옳지 않은 것은?

① 폭굉속도는 화약류보다 일반적인 가연성 가스의 폭굉속도가 빠르다.
② 물질 내 충격파가 발생하여 반응을 일으키고, 또 그 반응을 유지하는 현상이다.
③ 압력상승은 초기 압력의 약 20배 정도이며, 충격파에 의해 유지되는 화학반응현상이다.
④ 반응의 전파속도가 그 물질 내에서의 음속보다 빠른 것을 말한다.

004 최초의 완만한 연소가 격렬한 폭굉으로 발전할 때까지의 거리를 폭굉 유도거리라고 한다. 다음 중 폭굉 유도거리가 짧아지는 요인으로 옳지 않은 것은?

① 압력이 높은 경우
② 주위온도가 높은 경우
③ 관 속에 장애물이 없는 경우
④ 연소속도가 빠른 가스인 경우

005 랭킨-유고니어(Rankin-Hugoniot) 곡선이다. 각 구간별 설명으로 옳지 않은 것은?

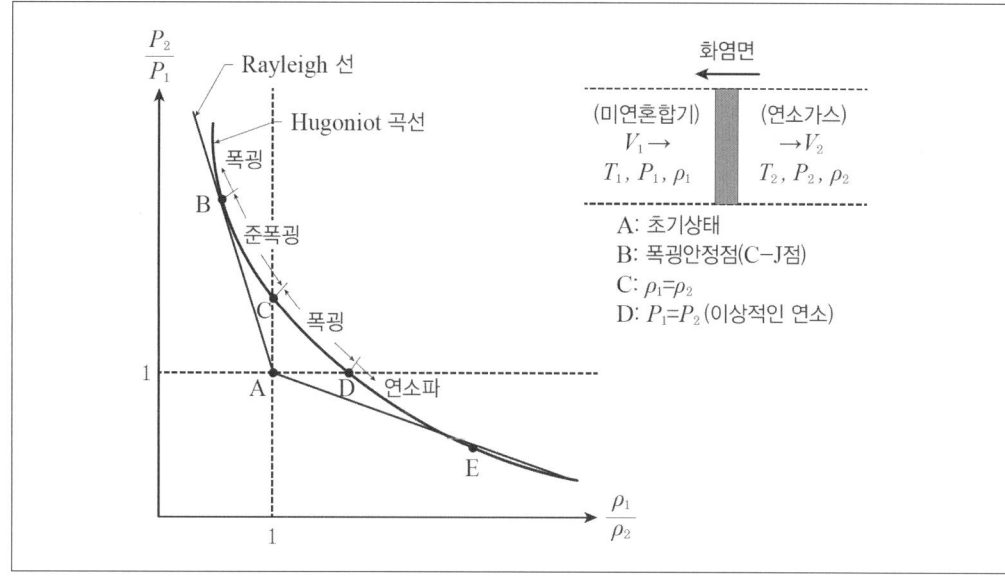

① D점: 이상상태연소, 온도증가, 압력일정, 밀도감소
② C-D 구간: 온도증가, 압력증가, 밀도감소
③ C점: 온도증가, 압력증가, 밀도증가
④ C-B 구간: 온도증가, 압력증가, 밀도증가

KEYWORD 폭발등급

006 화염일주한계에서 말하는 틈을 안전간격이라 하며, 안전간격에 따라 폭발등급을 분류한다. 다음 중 폭발등급이 3등급에 해당하는 물질은?

① 일산화탄소
② 암모니아
③ 에틸렌
④ 이황화탄소

KEYWORD 폭발의 종류

007 다음 중 물질상태에 따른 폭발분류로 옳은 것은?

① 기상폭발
② 화학적 폭발
③ 분리저 폭발
④ 핵폭발

008 다음 중 폭발에 대한 설명으로 옳은 것을 모두 고른 것은?

> ㄱ. 물리적 폭발은 양적변화 및 상변화에 따른 폭발로서 에너지 방출이 짧은 시간에 이루어지는 폭발이다. 예를 들면 증기폭발, 금속선폭발, 고상간전이폭발 등이 해당된다.
> ㄴ. 화학적 폭발은 질적변화 및 화학반응에 따른 폭발이다. 예를 들면 산화폭발, 분해폭발, 박막 폭굉 등이 해당된다.
> ㄷ. 화학반응기 내에서 반응속도가 증대함으로써 반응이 과격화되는 현상을 촉매폭발이라 한다.
> ㄹ. 수소와 산소, 수소와 염소 등에 빛이 쪼일 때 분해폭발이 발생한다.
> ㅁ. 혼합위험성 물질에 의한 폭발, 폭발성 화합물의 폭발은 응상폭발에 해당된다.

① ㄱ, ㄴ, ㅁ
② ㄴ, ㄷ, ㄹ
③ ㄴ, ㄷ, ㅁ
④ ㄷ, ㄹ, ㅁ

009 다음 중 기상폭발의 종류가 아닌 것은?

① 가스폭발
② 증기폭발
③ 분진폭발
④ 가스분해폭발

010 다음 중 응상폭발의 종류가 아닌 것은?

① 수증기폭발
② 전선폭발
③ 증기폭발
④ 분무폭발

011 폭발은 화학적 폭발과 물리적 폭발로 나눌 수 있다. 다음 중 물리적 폭발로만 옳게 묶은 것은?

① 증기폭발, 분무폭발, 가스폭발
② 분진폭발, 알루미늄 전선폭발, 분해폭발
③ 분해폭발, 가스폭발, 안티몬의 고상간전이폭발
④ 증기폭발, 알루미늄 전선폭발, 안티몬의 고상간전이폭발

012 다음 중 폭발에 대한 설명으로 <보기>에서 옳은 것을 모두 고르면?

<보기>
ㄱ. 가스폭발, 분해폭발, 분진폭발, 증기운폭발(UVCE)은 산화폭발에 해당된다.
ㄴ. 중합폭발은 응상폭발에 해당된다.
ㄷ. 공정별 분류는 핵폭발, 물리적 폭발, 화학적 폭발, 물리적 + 화학적 병립폭발이 있으며 핵폭발은 분해, 융합에 의한 폭발이다.
ㄹ. 블레비(BLEVE)는 공정별 분류에서는 물리적 + 화학적 병립폭발에 해당되며, 물질원인에 따른 분류에서는 물리적 폭발, 물질상태에 따른 분류에서는 응상폭발에 해당된다.

① ㄱ, ㄴ
② ㄱ, ㄹ
③ ㄴ, ㄷ
④ ㄷ, ㄹ

013 다음 화학적 폭발 중 분해폭발 물질과 가장 거리가 먼 것은?

① 초산비닐
② 아세틸렌
③ 산화에틸렌
④ 하이드라진 유도체

014 중합반응에 의해 생성된 반응열을 이용해서 폭발하는 연료는?

① 다이아조화합물
② 하이드라진
③ 시안화수소
④ 아세틸렌

015 다음 중 폭발에 관한 설명으로 옳지 않은 것은?

① 물리적 폭발은 고압생성의 전체과정이 반응물질이 가진 고유성질의 변화로 일어난다.
② 산화에틸렌은 분해, 중합, 산화폭발한다.
③ 분해, 중합폭발은 산소 없이도 폭발이 가능한 물질이다.
④ 중합폭발은 초산비닐, 염화비닐 등의 원료인 모노머가 폭발적으로 격렬하게 발열하여 압력이 급상승되고 용기가 파괴되는 폭발이다.

016 폭발에 대한 설명으로 옳은 것은?

① 수증기폭발이란 보일러 내부의 물이 비등점 이상으로 과열되어 있는 상태에서 보일러의 일부가 파손되어 액체의 물이 순식간에 대기압으로 방출되면 상변화를 일으켜 발생하는 폭발현상이다.
② 분진폭발이란 고압의 가연성 액체가 공기 중에 분출되어 미세한 액적이 된 후, 착화에너지가 주어지면 발생하는 폭발현상이다.
③ 화재의 파급효과는 폭연보다 폭굉이 크다.
④ 파면에서의 온도·압력 및 밀도는 폭연은 불연속적이며, 폭굉은 연속적이다.

017 분진폭발에 대한 설명으로 옳지 않은 것은?

① 가연성이면서 부유된 분진이어야 한다.
② 발열량이 큰 분진일수록 폭발성이 크다.
③ 휘발성분이 많을수록 폭발이 용이하다.
④ 점화원 없이 주위 온도에 의해 폭발이 일어난다.

018 다음 중 분진폭발 과정의 순서를 옳게 나열한 것은?

> ㄱ. 주위로부터 공기 중에 있는 열을 받아 입자표면의 온도가 상승한다.
> ㄴ. 분진입자 주위의 가연성 가스가 폭발범위를 형성한 후 점화원에 의해 폭발한다.
> ㄷ. 폭발로 인해 분진이 주위로 날려 연속적으로 폭발한다.
> ㄹ. 입자표면의 분자가 열분해 또는 건류작용을 일으켜 기체가 되어 입자의 주위에 방출한다.

① ㄱ → ㄹ → ㄴ → ㄷ
② ㄴ → ㄷ → ㄱ → ㄹ
③ ㄷ → ㄹ → ㄱ → ㄴ
④ ㄹ → ㄱ → ㄴ → ㄷ

019 다음 중 분진폭발이 일어날 수 없는 물질은?

① 알루미늄
② 밀가루
③ 시멘트
④ 사료

020 다음 중 분진폭발의 위험성이 가장 낮은 것은?

① 황
② 페놀
③ 이황화탄소
④ 전분

021 분진폭발과 가스폭발의 특징에 대한 설명으로 옳지 않은 것은?

① 분진폭발이 가스폭발보다 연소대의 길이가 길다.
② 분진폭발은 가스폭발보다 최소발화에너지 및 발생에너지가 크다.
③ 분진폭발이 가스폭발보다 불완전연소가 심하다.
④ 분진폭발이 가스폭발보다 폭발압력이 크다.

022 분진폭발에 영향을 미치는 요인으로 옳지 않은 것은?

① 산소와 반응성이 있는 분진의 경우 공기 중에서 산화피막을 형성할 수 있어 공기 중의 부유시간이 길수록 폭발성이 감소할 수 있다.
② 열의 발생속도가 열의 방산속도를 상회하게 되어 폭발이 용이하다.
③ 입자표면이 신선하고 공기 중 폭로시간이 길수록 폭발성이 크다.
④ 분진 중 부유성이 큰 쪽이 공기 중 체류시간이 길어 위험성이 증가한다.

023 분진폭발에 영향을 미치는 요인으로 옳지 않은 것은?

① 입자표면이 신선하고 공기 중 폭로시간이 짧을수록 폭발성이 크다.
② 분진의 최대폭발압력은 화학양론적 조성의 농도보다 낮은 온도에서 일어난다.
③ 분진 속에 존재하는 수분은 분진의 부유성을 억제한다.
④ 평균 입자경이 작고 밀도가 작을수록 비표면적과 표면에너지가 커져 폭발이 용이해진다.

KEYWORD 폭발 현상

024 블레비(BLEVE) 현상에 대한 설명으로 옳지 않은 것은?

① 블레비(BLEVE) 현상은 고압의 액화가스 저장탱크에서 외부화재에 의해 탱크 내 액체가 비등하고 증기가 팽창하면서 폭발을 일으키며 벽면 파괴를 동반하는 현상을 말한다.
② 블레비(BLEVE) 현상은 용기에 액체가 1/2에서 3/4까지 차있을 때 많이 발생한다.
③ 블레비(BLEVE) 현상은 내부화재에 의해 물리적 폭발이 일어난 후 대량의 분출되는 증기가 가연성이므로 화학적 폭발로 전이될 수 있는 폭발 현상을 말한다.
④ 액화가스 저장탱크에서 증기폭발(BLEVE) 및 증기운폭발(UVCE)이 발생한다.

025 저온 액화가스의 저장탱크나 고압의 가연성 액체의 용기가 파괴되어 다량의 가연성 증기가 대기 중으로 급격히 방출되어 공기 중에 분산·확산되어 있는 증기운에 점화원이 주어지면 폭발하는 현상은?

① 블레비 현상　　　　　　　　② 수증기폭발
③ 증기운폭발　　　　　　　　④ 파이어 볼

026 블레비(BLEVE) 현상에 대한 설명으로 옳지 않은 것은?

① 블레비 현상은 물리적 폭발이다.
② 블레비 현상의 진행과정은 액온상승 → 연성파괴 → 액격현상 → 압력증가 → 취성파괴 순이다.
③ 저온의 액화가스 탱크 등이 외부 화재에 의해 폭발하는 현상이다.
④ 블레비 현상이 증기운폭발로 이어져 거대한 화구가 형성되기도 한다.

027 액화가스 탱크폭발인 블레비(BLEVE; Boiling Liquid Expanding Vapor Explosion) 현상의 방지대책으로 옳지 않은 것은?

① 지하에 매립하거나 물분무소화설비 및 미분무소화설비를 설치한다.
② 탱크내벽에는 열전도도가 큰 알루미늄합금박판을 설치한다.
③ 탱크외벽에는 열전도도가 큰 것으로 단열(진공)한다.
④ 외부 화염으로부터 탱크의 입열을 방지하기 위하여 진공상태의 이중관을 설치한다.

028 고압의 LPG가 누출 시 주위의 점화원에 의하여 점화되어 불기둥을 이루는 것으로, 누출압력으로 인하여 화염이 굉장한 운동량을 가지고 있으며 화염의 직경은 작으나 길이는 긴 난류 화산형 화재는?

① 액면 화재(Pool fire)　　　　② 증기운 화재(Vapor cloud fire)
③ 플래시 화재(Flash fire)　　　④ 제트 화재(Jet fire)

029 폭발에 대한 설명으로 옳지 않은 것은?

① 산화에틸렌은 산화폭발, 분해폭발, 중합폭발이 발생하며, 아세틸렌은 산화폭발, 분해폭발이 발생한다.
② 분해폭발은 공기나 조연성 가스와 혼합되지 않더라도 일정한 조건이 충족되면 발열을 동반하여 급격한 압력팽창으로 인해 폭발하는 현상이다.
③ 증기운 폭발에서 증기운이 잘 형성되기 위해서는 증기비중의 값이 작아야 하며, 이 때 연소가 잘 되어 폭발력이 증가한다.
④ 화구(Fire ball)에 대한 대응절차로 밸브나 배관에서 누출되는 가스가 연소하는 화염은 소화하지 않고, 그 화염에 의해서 가열되는 면을 냉각한다.

KEYWORD 유류탱크 화재 시 이상현상

030 유류화재의 특수현상으로 다음 내용과 가장 관계가 있는 것은?

> 외부화재에 의해 저장탱크 내의 증기압에 의해 탱크가 파열되는 현상으로 위험성이 가장 높다.

① 보일오버(Boil over)
② 슬롭오버(Slop over)
③ 프로스오버(Froth over)
④ 오일오버(Oil over)

031 기름 아래의 물이 끓어 넘치는 현상으로 석유류가 혼합된 원유를 저장하는 탱크 내부에 물이 외부 또는 자체적으로 발생한 상태에서 탱크표면에 화재가 발생하여 원유 및 물이 함께 탱크 밖으로 흘러넘치는 현상은?

① 슬롭오버(Slop over)
② 보일오버(Boil over)
③ 오일오버(Oil over)
④ 프로스오버(Froth over)

032 유류저장탱크에 대한 설명으로 옳지 않은 것은?

① 보일오버, 슬롭오버는 지붕이 없는 탱크에서 발생한다.
② 탱크 저면이나 측면 하단에 배수관(드레인밸브)을 설치하여 수분을 배출하면 보일오버를 방지할 수 있다.
③ 위험성은 오일오버 > 보일오버 > 슬롭오버 > 프로스오버 순이다.
④ 보일오버·슬롭오버 및 프로스오버는 제4류 위험물(인화성 액체) 중 제1석유류(비수용성) 이상인 중유, 벙커C유, 타르인 고점도, 고비점, 다비점에서 잘 발생한다.

033 다음 내용이 설명하는 것으로 옳은 것은?

> 화재 시 고온의 열류층이 형성되어 있는 상태에서 표면에 물이 유입되면 열류의 교란에 의하여 고온의 열류층 아래의 찬 기름이 급히 열팽창하여 유면을 밀어 올려 유류는 불이 붙은 채로 탱크 벽을 넘치는 현상이다.

① 보일오버(Boil over)　　② 슬롭오버(Slop over)
③ 프로스오버(Froth over)　　④ 블레비(BLEVE)

034 뜨거운 식용유에 밀가루 반죽을 입힌 고기류로 튀김요리를 만들 때 끓는 소리를 내면서 뜨거운 기름방울이 밖으로 튀어나오는 것을 흔히 목격할 수 있는데 이러한 현상은?

① 오일오버(Oil over)　　② 보일오버(Boil over)
③ 슬롭오버(Slop over)　　④ 프로스오버(Froth over)

035 물이 약간 채워져 있는 탱크차에 뜨거운 아스팔트유나 폐유 등을 넣을 때 물과 기름이 거품과 같은 상태로 넘치는 현상은?

① 보일오버(Boil over)　　② 슬롭오버(Slop over)
③ 프로스오버(Froth over)　　④ 오일오버(Oil over)

036 유류 중 경질유 탱크화재와 중질유 탱크화재를 비교하여 설명한 것으로 옳지 않은 것은?

① 경질유의 종류는 휘발유, 등유이며 중질유의 종류는 중유, 원유이다.
② 경질유는 비점이 낮고 증기압이 높고, 중질유는 비점이 높고 증기압이 낮다.
③ 경질유의 연소형태는 예혼합형 전파이고, 중질유의 연소형태는 예열형 전파이다.
④ 경질유는 액온이 인화점보다 낮고, 중질유는 액온이 인화점보다 높다.

037 일반화재 및 유류화재의 각종 이상현상에 대한 설명으로 옳지 않은 것은?

① 오일오버: 탱크 내 화재동반인 경우 발생한다.
② 보일오버: 탱크 내 화재동반인 경우 발생한다.
③ 슬롭오버: 탱크 내 화재동반 및 화재가 아닌 경우에도 발생한다.
④ 프로스오버: 탱크 내 화재가 아닌 경우에 발생한다.

KEYWORD 방폭구조

038 전기기기의 점화원이 될 우려가 있는 부분을 주위의 위험 분위기에서 격리시키는 방폭구조의 종류가 아닌 것은?

① 압력 방폭구조
② 안전증 방폭구조
③ 유입 방폭구조
④ 내압 방폭구조

039 다음 내용에 알맞은 방폭구조의 종류는?

> 용기 내부에 신선한 공기, 질소 등의 불활성 가스 등을 불어 넣어 용기 내의 압력을 외부 압력보다 높게 유지하여 내부에 폭발성 가스 또는 증기가 유입되지 못하도록 한 구조이다.

① 내압 방폭구조
② 유입 방폭구조
③ 안전증 방폭구조
④ 압력 방폭구조

040 폭발성 가스설비 중 전기설비로 인한 화재 및 폭발을 방지하기 위한 안전설비로 방폭을 한다. 방폭에 대한 설명으로 옳지 않은 것은?

① 정상운전 중에 폭발성 가스 또는 증기에 점화원이 될 전기불꽃, 아크 또는 고온부분 등의 발생을 방지하기 위한 방폭구조를 안전증 방폭구조라 한다.
② 전기기기의 용기를 모래와 같은 성질의 가늘고 고른 고체 입자로 채워 운전 중 용기 내부에서 발생하는 아크에 의해서 용기 내·외부에 존재하는 가연성 가스 또는 증기가 점화되지 않도록 한 방폭구조를 몰드 방폭구조라 한다.
③ 스파크 등 전기적 점화원이 발생할 수 있는 스위치나 기타 전기기기 등을 절연유 속에 넣은 전기설비 방폭구조를 유입 방폭구조라 한다.
④ 폭발성 가스의 최소 점화에너지 미만의 범위 내에서 사용하도록 설계된 전기기기에서 단락, 단선 시 전기불꽃이 발생해도 폭발성 가스가 점화되지 않게 하는 원리의 방폭구조를 본질안전 방폭구조라 한다.

041 정상상태에서 위험분위기가 지속적·장기적으로 존재하는 배관 내부에 적합한 방폭구조는?

① 내압 방폭구조　　　　　　② 본질안전 방폭구조
③ 압력 방폭구조　　　　　　④ 안전증 방폭구조

042 폭발 방지에 대한 설명으로 옳지 않은 것은?

① 1종 위험장소에 설치 가능한 방폭구조는 내압 방폭구조, 압력 방폭구조, 유입 방폭구조에 해당된다.
② 압력퍼지란 용기를 진공으로 퍼지한 다음 불활성 가스를 주입하여 대기압상태로 만들고 원하는 산소농도가 될 때까지 반복하여 퍼지하는 방법이다.
③ 점화원의 실질적인 격리에 해당하는 것은 내압 방폭구조, 압력 방폭구조, 유입 방폭구조이다.
④ 폭발사고를 방지하기 위한 조치로는 예방, 억제, 방호가 있다.

06 연소생성물

해설집 p.23

기출 OX QUIZ

1. 불완전연소 시 발생하는 일산화탄소는 가장 유독한 연소 가스는 아니지만 양에 있어서는 가장 큰 독성가스 성분이며, 인체에 질식에 의한 해를 끼치는 영향이 가장 크다. 10. 기출변형   O | X
2. 시안화수소는 냉동시설의 냉매로 많이 쓰이고 있으므로 냉동 창고 화재 시 주의하여야 한다. 18. 기출   O | X
3. 연소 시 발생하는 황화수소는 계란 썩는 냄새가 나는 가연성가스이다. 25. 기출   O | X
4. 건물 내에서 수평방향 연기의 확산속도는 인간의 보행속도보다 빠르다. 18. 기출변형   O | X
5. 독성가스 허용농도는 불화수소, 시안화수소, 암모니아, 포스겐 순으로 높다. 23. 기출   O | X

정답 1. ○ 2. × 암모니아는 냉동시설의 냉매로 많이 쓰이고 있으므로 냉동 창고 화재 시 주의하여야 한다. 3. ○ 4. × 건물 내에서 수평방향 연기의 확산속도는 인간의 보행속도보다 느리다. 5. × 독성가스 허용농도는 암모니아, 시안화수소, 불화수소, 포스겐 순으로 높다.

KEYWORD 연소생성물

001 연소생성물 등에 관한 설명으로 옳은 것은?

① 연소생성물은 연소가스, 불꽃, 열, 연기를 말한다.
② 연소가스 중 압축가스는 상온에서 압축하여도 액화하기 어려운 가스로 임계온도가 상온보다 높아 상온에서 압축시켜도 액화되지 않고 단지 기체상태로 압축된 가스이다. 대표적인 압축가스에는 산소, 수소, 질소 등이 있다.
③ 이산화탄소의 저장용기 색깔은 적색이다.
④ 연기입자는 안개입자보다 크다.

KEYWORD 화상의 종류

002 화상에 대한 설명으로 옳은 것은?

① 1도 화상이란 가벼운 부음과 통증을 수반하는 화상으로 흉터가 생기면서 치료된다.
② 2도 화상이란 수포성 화상으로 물집이 터져 진물이 나고 감염의 위험이 있다.
③ 3도 화상이란 근육 또는 뼈까지 도달하는 화상이다.
④ 4도 화상이란 피부에 체액이 통하지 않아 화상부위는 건조하며 통증이 없다.

KEYWORD 연소 가스

003 일산화탄소와 이산화탄소에 관한 설명으로 옳지 않은 것은?
① 라디칼(수소기 및 수산기)은 일산화탄소의 산화에 결정적인 요소이다.
② 일산화탄소의 농도는 분해 생성물의 양에 반비례한다.
③ 이산화탄소는 연소 가스 중 화재 발생 시 사람의 호흡속도를 증가시키고 이로 인해 함께 존재하는 독성가스 흡입율이 증가되어 위험을 가속시키는 가스이다.
④ 이산화탄소의 농도가 9% 정도일 경우 인체에 미치는 영향은 구토, 감정둔화, 실신 등에 해당된다.

004 연소가스에 대한 설명으로 옳지 않은 것은?
① 페놀수지, 멜라민수지, 요소 등이 연소될 때 발생되며, 눈, 코, 인후 및 폐에 매우 자극성이 큰 유독성 가스는 아크릴로레인이다.
② 화재 시 발생되는 독성가스 중에서 계란 썩는 냄새가 나는 특징이 있는 것은 황화수소이다.
③ 질소가 함유된 물질 연소 시 발생하는 물질로, 헤모글로빈과 결합하지 않고 세포에 의한 산소의 이동을 막아 질식으로 사망에 이르게 하는 것은 시안화수소이다.
④ 화재발생 시 최악의 독성가스는 아니지만 혈액 속에서 헤모글로빈과 화합하여 친화력이 강하여 인체에 질식에 의한 해를 끼치는 영향이 가장 큰 연소 가스는 일산화탄소이다.

005 질소성분을 가지고 있는 합성수지, 동물의 털, 모직물, 인조견 등의 섬유가 불완전연소될 때 발생하는 독성 가스로서 공기보다 약간 가볍고 무색의 특이한 냄새를 가지며 중독되면 가슴이 조이는 듯한 통증과 함께 호흡곤란에 빠지게 되어 사망에 이르게 되는 연소생성물은?
① 시안화수소(HCN) ② 일산화탄소(CO)
③ 암모니아(NH_3) ④ 염화수소(HCl)

006 화재 시 연소생성물인 이산화질소(NO_2)에 대한 설명으로 옳지 않은 것은?

① 질산셀룰로이즈, 폴리우레탄이 연소 시 생성된다.
② 일산화질소가 산소와 결합하면 생성되는 푸른색의 기체로, 낮은 온도에서는 붉은 갈색(적갈색)의 액체로 변한다.
③ 이산화질소를 흡입하면 인후의 감각신경이 마비된다.
④ 이산화질소의 독성허용농도는 3ppm이다.

007 폴리염화비닐수지(PVC)가 연소될 때 생성되지 않는 연소가스는?

① 일산화탄소　　　　　　　② 염화수소
③ 시안화수소　　　　　　　④ 포스겐

008 다음 연소생성물 중 향료, 염료, 농약 등의 제조에 이용되고 있고, 인체독성허용농도가 5ppm이며, 눈 및 호흡기로 흡입되면 가공할 만큼 감각을 마비시키는 자극성 독성가스로 금속을 부식시킬 뿐만 아니라 호흡기도 부식시키며, 인간이 싫어하는 냄새가 나는 연소생성물은?

① 시안화수소　　　　　　　② 암모니아
③ 염화수소　　　　　　　　④ 황화수소

009 연소가스에 대한 설명으로 옳지 않은 것은?

① 염소(Cl) - 물질 자체는 폭발하지 않으나 수소와 혼합되면 가열 또는 자외선에 의해 폭발이 일어날 수도 있고 유독성 및 부식성이 상당히 큰 연소가스이다.
② 이산화질소(NO_2) - 건축물 내의 전선의 절연재 및 배관재료 등이 탈 때 생성되는 무색 기체의 연소가스이다.
③ 불화수소(HF) - 유리를 부식시킬 정도로 독성이 강하여 사람의 시력을 상실케 하는 연소가스이다.
④ 브로민화수소(HBr) - 방염수지류 등이 연소할 때 발생하며, 상온·상압에서 무색의 자극성 기체로 물에 잘 용해되는 연소가스이다.

010 다음 중 ㉠, ㉡이 각각 설명하는 연소가스를 옳게 짝지은 것은?

㉠ 열가소성 수지인 폴리염화비닐, 수지류 등이 연소할 때 발생되며, 맹독성 가스로서 허용농도가 0.1ppm(LC50 5ppm)인 연소가스
㉡ 독성이 매우 높은 가스로서 석유제품, 유지(油脂) 등이 연소할 때 생성되는 알데히드 계통의 연소가스

	㉠	㉡
①	시안화수소	염화수소
②	염화수소	시안화수소
③	이산화질소	포스겐
④	포스겐	아크롤레인

011 다음 중 연소물질과 연소생성가스의 연결이 옳지 않은 것은?

	연소물질	연소생성가스
①	폴리스티렌	벤젠
②	나무, 종이	아황산가스
③	셀룰로이드, 폴리우레탄	질소산화물
④	질소성분이 있는 모사, 비단, 피혁	암모니아

KEYWORD 반수치사농도

012 LC50(반수치사농도)에 따른 독성가스 분류 중 LC50 수치가 가장 낮은 독성가스는?

① 시안화수소   ② 포스겐
③ 포스핀   ④ 불소

KEYWORD 연기농도

013 건물 화재 시 발생한 연기가 인체에 미치는 유해성 중 가장 치명적인 것은?

① 물리적 유해성   ② 심리적 유해성
③ 생리적 유해성   ④ 시각적 유해성

014 다음 중 ㉠, ㉡에 들어갈 용어로 옳은 것은?

> 연기는 일종의 불완전연소를 말하며, (㉠) 액체 상태가 되어 연기의 농도가 진하고, 산소 공급이 불충분하게 되면 역시 탄소성분이 생성되어 (㉡) 연기가 된다.

	㉠	㉡
①	온도가 낮을 때	검은색
②	온도가 높을 때	검은색
③	환기가 잘될 때	백색
④	환기가 잘 안될 때	백색

015 연기농도 측정법에 대한 설명으로 옳지 않은 것은?

① 상대농도법 – 중량농도법 및 입자농도법으로 측정
② 입자농도법 – 단위 체적당의 연기입자수로 측정
③ 중량농도법 – 연기를 여과시켜 입자상 물질의 무게로서 측정
④ 투과율법 – 연기 속에서 투과되는 빛의 양에 관한 광학적 농도인 감광계수[m^{-1}]로 측정

KEYWORD 감광계수

016 연기에 대한 감광계수가 1.0, 가시거리가 1 ~ 2m일 경우의 상황으로 옳은 것은?

① 거의 앞이 보이지 않을 정도
② 어두침침한 것을 느낄 정도
③ 건물 내부에 익숙한 사람이 피난에 지장을 느낄 정도
④ 화재 최성기 때의 연기농도 또는 유도등이 보이지 않을 정도

017 화재상황에 따른 감광계수 및 가시거리에 대한 설명으로 옳은 것은?

① 감광계수 단위는 m이며, 단위 체적당 연기에 의한 빛의 흡수단면적이다.
② 감광계수 10은 거의 앞이 보이지 않을 정도이다.
③ 감광계수 0.5는 건물 내부에 익숙한 사람이 피난에 지장을 느낄 정도의 농도이다.
④ 감광계수 30은 출화실에서 연기가 분출될 때의 농도이다.

KEYWORD 연기유동

018 고층 건물에서 연기유동을 일으키는 요인으로 가장 옳지 않은 것은?

① 온도에 의한 가스팽창
② 화재실의 압력
③ 화재에 의해 직접 생성되는 부력
④ 건물 내의 공기 취급시스템(공기조화설비)

019 연기유동현상에 대한 설명으로 옳지 않은 것은?

① 건물 내·외 온도차에 의한 연기의 유동을 굴뚝효과라고 한다.
② 공기흐름과 화염확산의 방향이 같은 경우 풍조확산이라고 한다.
③ 연기의 제어방법으로는 희석, 배기, 차단이 있다.
④ 중성대의 하층부는 열과 연기로부터 생존할 수 없는 지역이 되고, 중성대의 상층부는 신선한 공기에 의해 생존할 수 있는 지역이 된다.

020 건축물 내 연기유동과 확산에 대한 설명으로 옳지 않은 것은?

① 중성대 아래로 신선한 공기가 유입되면 화세가 더욱 강해져 실내의 온도와 압력이 높아지므로 중성대의 위치는 낮아진다.
② 건물 내부의 온도가 건물 외부의 온도보다 높을 경우 굴뚝효과에 의한 연기의 흐름은 아래로 이동한다.
③ 계단실 등 수직방향으로의 연기속도는 화재초기 약 2~3m/s, 농연 시 약 3~5m/s로 인간의 보행속도보다 빠르다.
④ 연기의 비중은 공기보다 크지만 화재발생 직후의 연기는 온도가 높기 때문에 건물의 상층부로 이동한다.

021 건축물 화재 시 일반적인 계단실 내 수직방향의 연기상승속도의 범위는?

① 0.1 ~ 0.5m/s　　② 0.8 ~ 1.0m/s
③ 2 ~ 3m/s　　④ 3 ~ 5m/s

022 다음 중 인간의 보행속도 및 연기의 유동현상에 대하여 빠른 속도에서 늦은 속도로 옳게 나열한 것은?

① 수직 – 계단 – 수평 – 인간의 보행속도
② 수직 – 계단 – 복도 – 인간의 보행속도
③ 계단 – 수직 – 인간의 보행속도 – 수평
④ 수평 – 계단 – 인간의 보행속도 – 수직

023 다음 내용에서 건축물 화재와 관련된 연기 유동력은?

> 건축물 내부의 온도가 외부 온도보다 높고 밀도가 낮을 때 압력차로 인하여 건물 내부로 들어온 공기가 부력을 받아 아래쪽에서 위쪽으로 이동하는 현상이다.

① 굴뚝효과(연돌효과)
② 온도에 의한 가스팽창
③ 화재에 의해 직접 생성되는 부력
④ 외부 바람의 영향

024 화재 시 중립면에 대한 설명으로 옳지 않은 것은?

① 중립면이란 화재실 내 개구부를 경계로 어느 지점에 화재실 내·외의 정압이 같아지는 면을 말한다.
② 중립면이란 실내의 천장 쪽 고온가스와 바닥 쪽 찬 공기와의 경계선을 말한다.
③ 중립면 상부에서는 연기가 수평으로 이동한다.
④ 중립면 하부에서는 신선한 공기가 수평으로 이동한다.

025 화재진행에 따라서 연소에 필요한 신선한 공기는 화재실 쪽으로 향하고 공기의 전달방향과 반대 방향으로 연기가 흐른다. 즉, 화재 시 고농도에서 저농도로 이동하는 법칙은?

① 주울의 법칙
② 피크의 법칙
③ 쿨롱의 법칙
④ 스테판 – 볼츠만의 법칙

026 화재 시 발생하는 연기에 대한 설명으로 옳지 않은 것은?

① 화재실에서 유출된 연기는 일반적으로 화재실의 출구에서 복도, 계단 등을 통하여 위층으로 이동한다.
② 연기는 화재 직상층부터 충만해 간다.
③ 화재실로부터 멀어질수록 연기의 온도는 하강하고 두께는 거의 변하지 않는다.
④ 화재진행에 따라서 연소에 필요한 신선한 공기가 화재실 쪽으로 향한다.

027 연소생성물 등에 대한 다음 설명 중 <보기>에서 옳은 것은 모두 몇 개인가?

<보기>
ㄱ. 건축물 화재 시 인명손실의 주원인은 연소가스이다.
ㄴ. 비점이 낮기 때문에 액화하기 어려운 가스로서 산소, 수소, 질소 등은 압축가스에 해당된다.
ㄷ. 연기는 계단 등 수직방향 속도가 빠르므로 계단 앞에 제연경계벽을 설치한다.
ㄹ. 화재 시 안전하게 대피를 하기 위해서는 피난로(복도)의 온도가 40℃~66℃를 넘기지 않도록 설계하여야 한다. 대략 사람의 어깨 높이의 온도이다.
ㅁ. 화재 시 건물의 상부에 큰 개구부가 있다면 중성대는 올라가고, 건물의 하부에 큰 개구부가 있다면 중성대는 내려온다.

① 2개
② 3개
③ 4개
④ 5개

028 건축물 화재 시 연돌효과에 영향을 미치는 요인과 가장 관련이 적은 것은?

① 건물 높이
② 바닥면적
③ 건물의 층간 공기누설
④ 건축물 내·외 온도차

KEYWORD 제연방식

029 건축물 화재 발생 시 연소생성물에 대한 설명으로 옳지 않은 것은?

① 암모니아는 질소함유물이 연소할 때 발생하고, 냉동시설의 냉매로 많이 쓰이고 있으므로 냉동창고 화재 시 누출 가능성이 크며, 물에 잘 녹는다.
② 감광계수 값이 클수록 빛의 흡수단면적의 거리가 짧아진다.
③ 화재 시 열은 연소의 가장 큰 원인이 된다.
④ 중성대 위치를 높이는 방법은 화재실의 온도를 증가시키는 것이다.

07 화재론

해설집 p.28

> **기출 OX QUIZ**
>
> 1. 통전 중인 배전반에서 불이 난 경우는 전기화재에 해당되지만, 외출 시 전원이 차단된 콘센트에서 불이 난 경우는 일반화재에 해당된다. 24. 기출 ○│×
> 2. 금속화재(D급 화재)는 괴상보다 분말상으로 존재할 때 가연성이 현저하게 증가한다. 18. 기출변형 ○│×
> 3. 주방화재의 가연물 중 하나인 식용유의 발화점은 비점보다 낮다. 23. 기출 ○│×
> 4. 소실 정도에 따라 전소화재, 반소화재, 부분소화재로 구분한다. 20. 기출 ○│×
> 5. 부도체물질을 사용하면 정전기를 방지할 수 있다. 20. 기출 ○│×
>
> 정답 1. ○ 2. ○ 3. ○ 4. ○ 5. × 도체물질을 사용하면 정전기를 방지할 수 있다.

KEYWORD 화재분류

001 가연물의 종류·급수 또는 성상별 화재의 분류에 대한 설명으로 옳지 않은 것은?

① A급 화재는 휘발유, 등유, 경유, 중유 등 연소 후 재를 남기는 화재로서 냉각소화가 가장 효과적이므로 다량의 물(수계 소화약제) 또는 수용액으로 소화할 수 있다.

② B급 화재는 연소열이 크고 연소성이 크기 때문에 일반화재보다 위험하며, 연소 후 재가 남지 않는 화재로서 질식소화가 가장 효과적이므로 포 또는 가스계 소화약제로 소화할 수 있다.

③ C급 화재는 통전 중인 전기시설의 화재로서 소화 시 물 또는 포 등의 전기 전도성을 가진 약제를 사용하면 감전의 우려가 있으므로 주로 가스계 소화약제를 사용하여 소화한다.

④ D급 화재는 가연성 금속류가 가연물이 되는 화재로서, 괴상보다는 분말상으로 존재할 때 가연성이 현저히 증가하며 물과 반응하여 폭발성이 강한 가연성 가스를 발생시키므로 화재 시 수계 소화약제를 사용할 수 없기 때문에 마른 모래, 팽창질석, 팽창진주암 등에 의한 질식소화 또는 금속화재용 분말소화기(dry powder)에 의한 질식소화를 한다.

002 급수별 화재분류 및 소화방법에 대한 설명으로 옳지 않은 것은?

① 금속화재 – 질식소화
② 전기화재 – 질식소화
③ 유류화재 – 냉각소화
④ 일반화재 – 냉각소화

003 다음 중 C급 화재에 해당하는 것은?
① 변전실에서 발생한 화재
② 낙뢰에 의해 주택에서 발생한 화재
③ 진열된 가전제품에서 발생한 화재
④ 전기배선을 만드는 공장에서 발생한 화재

004 화재의 분류방법 중 식용유 화재에 대한 설명으로 옳은 것은?
① 연소 후 재를 남기지 않는 B급 화재로서 포에 의한 질식소화를 한다.
② 연소 후 재를 남기지 않는 B급 화재로서 냉각 및 비누화 작용에 의한 소화를 한다.
③ K급 화재로서 인화점과 발화점의 온도 차이가 적고 비점이 발화점 이하인 기름이 착온되면 유온이 상승하여 바로 재발화가 된다. 따라서 끓는 기름의 발화온도를 낮추어야만 소화할 수 있다.
④ K급 화재로서 인화점과 발화점의 온도 차이가 적고 발화점이 비점 이하인 기름이 착온되면 유온이 상승하여 바로 발화점 이상이 된다. 따라서 끓는 기름의 발화온도를 낮추어야만 소화할 수 있다.

> KEYWORD 정전기

005 정전기로 인한 피해의 방지대책이 아닌 것은?
① 대전하기 쉬운 금속부분에 접지시설을 한다.
② 공기를 이온화시킨다.
③ 접촉하는 전기의 전위차(전압)를 크게 한다.
④ 70% 이상으로 상대습도를 유지시킨다.

006 다음 내용이 설명하는 정전기 발생 원리는?

> 제지, 비닐, 면직물, 인쇄 공장에서 많이 발생되는 대전으로 상호 밀착되어 있는 물질이 서로 떨어질 때, 전하의 분리에 의해 정전기가 발생하는 현상이다.

① 마찰대전　　　　　　　　② 박리대전
③ 유동대전　　　　　　　　④ 분출대전

007 액체류가 파이프 등 내부에서 유동할 때 액체와 관벽 사이에 정전기가 발생하는 현상은?

① 분출대전
② 박리대전
③ 유동대전
④ 진동대전

008 정전기에 대한 설명으로 옳지 않은 것은?

① 정전기의 발생과정은 전하의 발생 → 전하의 축적 → 방전 → 발화 순이다.
② 대전서열상 두 물질이 서로 가깝게 있으면 정전기의 발생량이 적고, 반대로 먼 위치에 있으면 정전기의 발생량이 많게 된다.
③ 절연도가 높은 플라스틱류를 사용하면 정전기를 방지할 수 있다.
④ 전도체물질을 사용하면 정전기를 방지할 수 있다.

KEYWORD 화재분류

009 소실 정도에 의한 화재 분류에 대한 설명으로 옳지 않은 것은?

① 전소화재란 전체 대상물의 70% 이상이 소실된 화재를 말한다.
② 전체 대상물의 50%가 소실된 화재는 반소화재에 해당한다.
③ 반소화재란 전체 대상물의 30% 이상 70% 미만이 소실된 화재를 말한다.
④ 부분소화재란 20% 미만이 소실된 화재를 말한다.

KEYWORD 산불화재

010 산불화재에 대한 설명으로 옳지 않은 것은?

① 침엽수는 활엽수에 비해 수분함량이 적고, 레진(송진과 같은 기름성분)이 많이 포함되어 있어 발열량이 크고 연소속도가 빠르다. 즉, 활엽수에 비해 상대적으로 산불화재에 취약하다.
② 산불화재는 갑작스럽게 불길이 확 타오르는 플레어업(Flare-up) 현상이다.
③ 지표화(地表火)란 산불화재 중 땅 속에 썩은 유기질 층이 연소하는 현상을 말한다.
④ 비화로 인해 연소가 확대될 수 있으므로 인근주민들의 피해가 발생할 수 있다.

08 화재소화

해설집 p.30

기출 OX QUIZ

1. 산림화재 시 화재 진행방향의 나무를 벌목하는 것은 제거소화의 방법 중 하나이다. 23. 기출   O | X
2. 물리적 작용에 의한 소화는 연소에너지 한계에 의한 소화, 농도한계에 의한 소화, 화염의 불안정화에 의한 소화이고, 화학적 작용에 의한 소화는 라디칼(radical)의 생성을 억제하는 연쇄반응의 중단에 의한 소화이다. 20. 기출변형   O | X
3. 무상의 물은 냉각소화, 질식소화, 유화소화, 희석소화에 해당하며, A급, B급, C급 화재에 사용할 수 있다. 22. 기출변형   O | X
4. 황린, 황은 물을 이용하여 냉각소화하며, 탄화알루미늄, 알킬알루미늄은 건조사, 팽창질석, 팽창진주암 등을 이용한 질식소화한다. 24. 기출변형   O | X

정답 1. O 2. O 3. O 4. O

KEYWORD 물리적 소화

001 연소에너지 한계에 바탕을 둔 소화방법은?

① 제거소화   ② 질식소화
③ 냉각소화   ④ 억제소화

002 화재소화에 대한 설명으로 옳지 않은 것은?

① 식용유 화재 시 주변에 상온의 식용유를 이용하여 소화하는 방법은 냉각소화이다.
② 소화농도 한계에 바탕을 둔 소화방법은 질식소화이다.
③ 석유류용으로 두꺼운 포말 대신 새로운 얇은 피막을 사용하여 소화하는 방법은 유화소화이다.
④ 가스버너의 화염에 철망을 대면 망으로부터 상부의 불꽃이 차츰차츰 꺼지게 하는 소화방법은 희석소화이다.

003 다음 소화방법 중 제거소화에 해당하는 것은?

① 산불화재 시 진행방향의 반대편 나무를 제거하여 소화한다.
② 공기보다 무거운 물질로 가연물 주위를 덮어 산소의 공급을 차단하여 소화한다.
③ 전원차단, 연료이송, 강한 바람을 이용하여 소화한다.
④ 연소하는 가연물을 밀폐시켜 공기공급을 차단하여 소화한다.

004 다음 중 소화하는 방법으로 옳은 것은?

① 제거소화: 유전 화재 시 질소폭탄을 이용하여 순간적으로 폭풍을 일으켜 증기를 날려보냄으로써 소화한다.
② 냉각소화: 비중이 물보다 큰 비수용성 기름화재 시 물을 무상으로 방사하여 유류표면에 유화층이 막을 형성하여 유류의 증발능력을 떨어뜨려 소화한다.
③ 질식소화: 적상의 물을 이용하여 소화한다.
④ 억제소화: 가연성 기체, 액체, 고체에서 나오는 분해가스의 농도를 엷게 하여 소화한다.

005 다음 소화방법 중 가연성 증기나 산소의 농도를 연소범위 이하로 내려서 소화하는 방법은?

① 냉각소화
② 억제소화
③ 희석소화
④ 질식소화

006 소화원리에 대한 설명으로 옳지 않은 것은?

① 냉각소화: 물의 증발잠열에 의해 가연물의 온도를 저하시키는 소화방법
② 제거소화: 가연성 가스의 분출화재 시 연료공급을 차단시키는 소화방법
③ 억제소화: 수용성 물질에 물을 가하여 농도를 저하시켜 가스발생을 억제하는 소화방법
④ 질식소화: 포소화약제 또는 불연성가스를 이용해서 공기 중의 산소공급을 차단하는 소화방법

007 화재 발생 시 열의 균형을 깨뜨려서 온도를 낮춤으로써 연소에너지를 제거하여 소화하는 방법은?

① 냉각소화
② 희석소화
③ 제거소화
④ 억제소화

008 소화에 대한 설명으로 옳지 않은 것은?

① 산소를 차단하여 산소농도가 15% 이하가 되도록 하는 소화효과는 질식소화이다.
② 액체 연료탱크에서 화재가 발생하였을 경우 다른 빈 연료탱크로 연료를 이송하여 연료량을 줄이는 소화효과는 배유소화이다.
③ 질산에스터류, 나이트로셀룰로오스, 다이아조화합물 등의 화재 시 다량의 물을 뿌려 소화할 때 가장 큰 소화효과는 냉각소화이다.
④ 합성고분자인 폴리에스테르, 폴리아크릴, 폴리아미드 등의 화재 시 다량의 물을 뿌려 소화할 때 가장 큰 소화효과는 냉각소화이다.

009 질식소화 방법의 예로 옳은 것은?

① 열을 흡수할 수 있는 매체를 화염 속에 투입한다.
② 전기화재 시 전원을 차단한다.
③ 연소실을 밀폐하여 소화하는 방법이다.
④ 가연성 기체의 분출화재 시 주 밸브를 닫아서 연료공급을 차단한다.

010 무상의 물은 100°C에서 기화될 때 체적이 증가한다. 다음 중 이로 인해 기대할 수 있는 가장 큰 소화효과는?

① 타격소화　　　　　　　　　　② 부촉매소화
③ 제거소화　　　　　　　　　　④ 질식소화

011 드럼통 속의 이황화탄소가 타고 있는 경우 물로 소화가 가능하다. 이 때 주된 소화효과에 해당하는 것은?

① 냉각소화
② 질식소화
③ 촉매소화
④ 부촉매소화

012 다음 중 소화에 대한 설명으로 옳은 것을 <보기>에서 모두 고르면?

<보기>
ㄱ. 유류화재에 물을 무상의 형태로 방사하는 경우 증발하여 수증기로 되어 원래 물의 용적의 약 1,700배의 불연성 기체가 되어 냉각소화한다.
ㄴ. 폭탄을 이용하여 주변 공기를 일시에 소진하여 질식소화한다.
ㄷ. 스프링클러소화설비는 적상의 물을 방사하여 피복소화한다.
ㄹ. 주방에서 발생하는 화재는 제1종 분말소화기, 강화액소화기, K급소화기를 사용한다.

① ㄹ
② ㄱ, ㄴ
③ ㄴ, ㄹ
④ ㄷ, ㄹ

KEYWORD 화학적 소화

013 가연물이 유기화합물인 경우 불꽃연소가 개시되어 열을 발생할 경우, 발생된 열은 가연물의 연소 형태를 연소가 용이한 중간체(자유라디칼)를 형성하여 연소를 촉진시킨다. 이러한 진행을 차단하는 소화방법은?

① 질식소화
② 억제소화
③ 냉각소화
④ 제거소화

014 화학적 소화에 대한 설명으로 옳지 않은 것은?

① 화학적 소화는 불꽃연소에 효과적이다.
② 화학적 소화는 연쇄반응을 차단시켜 소화한다.
③ 화학적 소화는 심부화재에 효과적이다.
④ 화학적 소화에는 할로겐화합물 소화약제 또는 분말소화약제를 사용한다.

015 다음 중 물리적 작용에 의한 소화가 아닌 것은?

① 연소에너지 한계에 의한 소화
② 소화농도한계에 의한 소화
③ 연쇄반응의 중단에 의한 소화
④ 화염의 불안정화에 의한 소화

016 화재소화에 대한 설명으로 옳지 않은 것은?

① 가연물의 수분을 빼앗아 소화하는 방법은 냉각소화라 한다.
② 연쇄반응을 차단하는 소화방법은 화학적 소화방법이다.
③ 화재를 강풍으로 불어서 소화하는 방법은 희석소화이다.
④ 수소기(H^+), 수산기(OH^-)의 활성화를 차단하는 소화방법은 부촉매소화이다.

017 연소의 4요소 중 순조로운 연쇄반응을 억제하여 소화하는 소화약제가 아닌 것은?

① 강화액 소화약제
② 할로겐화합물 소화약제
③ 고체에어졸 소화약제
④ 산·알칼리 소화약제

09 건축물 화재의 성상

해설집 p.32

> **기출 OX QUIZ**
>
> 1. 환기가 잘 되지 않으면 환기지배형 화재에서 연료지배형 화재로 바뀌며 연기 발생이 줄어든다.
>   23.기출 O | X
> 2. 일반적으로 내화건축물화재는 플래시오버(Flash over) 전에는 연료지배형이고, 이후에는 환기지배형 화재의 성격을 띠며, 최성기에는 실내 화염이 최고조에 도달하나 실내 산소 부족으로 연소속도가 느려진다. 24. 기출 O | X
> 3. 백드래프트(Back draft)의 발생 징후는 화염은 보이지 않지만 창문과 문손잡이가 뜨거운 경우, 균열된 틈이나 작은 구멍을 통하여 건물 밖으로 연기가 밀려나오는 경우이다. 24. 기출 O | X
> 4. 준불연성이나 불연성의 내장재를 사용할 경우 플래시오버 발생까지의 소요시간이 길어진다.
>   23. 기출 O | X
> 5. 목재의 단위발열량은 4,500(kg/m²)이다. 25. 기출 O | X
>
> 정답 1. × 환기가 잘 되지 않으면 연료지배형 화재에서 환기지배형 화재로 바뀌며 연기 발생이 증가한다. 2. ○ 3. × 백드래프트(Back draft)의 발생 징후로는 화염은 보이지 않지만 창문과 문손잡이가 뜨거운 경우, 균열된 틈이나 작은 구멍을 통하여 건물 밖으로 연기가 밀려나오고 건물 안으로 연기가 빨려 들어가는 현상이 발생된 경우가 있다. 4. ○ 5. × 목재의 화재하중은 4,500(kcal/kg)이다.

KEYWORD 건축물 화재

001 건축물 구획화재에 대한 설명으로 옳지 않은 것은?

① 환기량에 따라 연료지배형 화재와 환기지배형 화재로 구분한다.
② 개구부가 많을수록 환기량이 많아진다.
③ 개구부의 면적과 높이에 비례하여 환기량이 많아진다.
④ 화재감지를 빨리 하기 위하여 폐쇄형 스프링클러헤드나 화재감지기는 천장제트흐름 안에 설치하여야 한다.

002 개구부의 면적이 8m²이고 개구부의 높이는 4m일 때 연소속도는 몇 kg/min인가? (단, 콘크리트건물의 계수는 10으로 한다)

① 100
② 160
③ 200
④ 320

003 건축물의 구획화재에서 화재현상에 대한 설명으로 옳지 않은 것은?

① 일반적으로 화재 초기에는 실내의 가연물에 의해 지배되는 연료지배형의 연소형태를 갖는다.
② 일반적으로 플래시오버 이전의 화재는 연료지배형 화재이며, 플래시오버 이후는 환기지배형 화재이다.
③ 환기지배형 화재는 연료지배형 화재보다 연소속도가 빠르고 연소시간이 짧다.
④ 연료지배형 화재의 발생장소는 개방된 공간(목조건물, 개방된 큰 창문 등)에서 발생한다.

004 건축물 실내화재 시 실내에 순간적으로 화염이 충만하는 시기는?

① 종기
② 제1성장기
③ 제2성장기
④ 최성기

005 내화건축물 화재성상단계에 대한 설명으로 옳은 것은?

① 초기: 일반적으로 연료지배형 화재이며, 연기는 발생하지만 훈소는 발생하지 않는다.
② 성장기: 화재실의 상부에 고열의 연기와 가스가 쌓이면서 실내에는 대체적으로 고온 상부층과 저온 하부층의 두 형상의 층이 형성된다.
③ 최성기: 최고온도의 시기이며 실내 산소 부족으로 연소속도가 느려지므로 콘크리트 폭열현상은 발생하지 않는다.
④ 종기: 감쇠기라고도 하며, 가연물의 양이 급속히 감소하지만 화세는 감소되지 않기 때문에 백드래프트가 발생하기도 한다.

006 목조건축물 화재성상단계에 대한 설명으로 옳지 않은 것은?

① 초기: 연기나 훈소가 발생하며, 개구부에서 하얀 연기가 나오는 시기이다.
② 중기: 온도가 급격하게 증가하며, 순간적으로 화염이 충만한 시기이다.
③ 최성기: 연기의 분출이 강해지고, 대들보나 기둥이 내려앉는 시기이다.
④ 감쇠기: 대들보나 기둥이 무너져 떨어지고, 백드래프트가 발생하지 않는 시기이다.

007 건축물 화재에서 성장기의 특징으로 옳지 않은 것은?

① 개구부에서 세력이 강한 검은 연기가 분출되며, 연기농도가 짙다.
② 가구 등에서 천장면까지 화재가 확대되며, 실내 전체의 화염이 확산된다.
③ 화염의 전파는 큰 개념으로는 전도 및 대류에 의존하며, 작은 개념으로는 대류에 의존한다.
④ 복사열로 인해 인근 건물로 화재가 번질 수 있다.

008 건축물 화재 성상에 대한 설명으로 옳은 것은?

① 화재 성상 중 최성기일 때 플래시오버가 발생한다.
② 연료지배형 화재일 때 백드래프트 현상이 일어난다.
③ 복사열의 강도가 클수록 플래시오버가 빨리 발생한다.
④ 환기지배형 화재일 때는 화재진행시간이 단시간이다.

009 건축물 화재 발생 시 목조건축물에 비해 내화건축물의 화재특징은?

① 고온 장시간형
② 저온 장시간형
③ 고온 단시간형
④ 저온 단시간형

010 다음 중 구획화재에 대한 설명으로 옳은 것을 모두 고른 것은?

> ㄱ. 연료지배형 화재는 환기요소에 지배를 받지 않고 환기지배형 화재는 환기요소에 지배를 받는다.
> ㄴ. 플래쉬-오버(Flash-over)의 원인은 천장에서의 복사열이지만 결과는 바닥에 있는 가연물이 일시에 소진된다.
> ㄷ. 천장제트흐름(Ceiling jet flow)이란 화재플럼의 부력으로 수직방향으로 상승하다가 천장 하면을 따라 수평으로 얇은 층을 형성하여 비교적 빠른 속도의 가스 흐름을 말한다.
> ㄹ. 목조건축물의 화재에서는 화재의 전기와 후기로 나누는 기준은 최성기에 해당된다.

① ㄱ, ㄴ
② ㄱ, ㄴ, ㄷ
③ ㄴ, ㄷ, ㄹ
④ ㄱ, ㄴ, ㄷ, ㄹ

011 실내화재에 대한 설명으로 옳은 것은?

① 당량비가 1보다 크면 산소가 부족하지 않으므로 연료지배형 화재의 성격을 띤다.
② 바람의 세기가 강할수록 풍상측으로 연소확대가 빠르다.
③ 백드래프트의 발생시간은 피난허용시간을 정하는 목표가 될 수 있다.
④ 내화건축물(연료지배형 화재)의 성상 단계 중 최성기에는 연기의 양은 적어지고 화염의 분출이 강해지며 유리가 파손된다.

KEYWORD 건축물 화재 시 현상

012 다음 내용이 설명하는 것은?

- 건축물에 화재가 발생하여 일정 시간이 경과하면 일정 공간 안에 열과 가연성 가스가 축적되어 한순간에 폭발적으로 화재가 확산되는 현상
- 실내화재 시 화염 주위 및 천장열류에서 방출되는 복사열에 의하여 실내에 있는 모든 가연물질이 분해되어 가연성 증기를 발생하게 됨으로써 실내 전체에 화재가 전파되는 상태

① 블레비
② 플래시오버
③ 패닉
④ 백드래프트

013 플래시오버에 대한 설명으로 옳지 않은 것은?

① 건축물 실내 화재 발생 시의 폭발적인 착화현상이다.
② 성장기에서 최성기로 넘어가는 분기점에서 발생한다.
③ 플래시오버의 발생원인은 일시적인 산소공급이다.
④ 폭풍이나 충격파는 발생하지 않는다.

014 건축물 화재 시 발생하는 플래시오버의 징후와 관련된 내용으로 옳은 것은?

① 일정 공간 내에서 전면적인 자유연소가 진행 중인 상태이다.
② 창문 등에서 타르와 같은 물질이 흘러내리고 있다.
③ 내부의 화염이 보이지 않으나 창문이나 출입문이 고열이다.
④ 계속적으로 화재가 진행되어 열이 집적되고 실내의 모든 가연물의 연소가 진행 중이다.

015 건축물 화재 시 발생하는 플래시오버 현상에 대한 설명으로 옳지 않은 것은?

① 복사열의 강도가 클수록 플래시오버는 빨리 일어난다.
② 내장재는 벽 재료보다 천장 재료가 발생시각에 큰 영향을 미친다.
③ 실내의 개구부가 아주 작으면 플래시오버는 빨리 일어난다.
④ 순간적인 연소 확대현상이다.

016 건축물 화재 시 플래시오버에 관한 사항과 가장 거리가 먼 것은?

① 순발연소, 복사열
② 복사열, 성장기
③ 폭발, 통로를 비가연성물질로 마감
④ 성장기에서 최성기로 넘어가는 분기점, 가연재료보다 불연재료를 사용하여 플래시오버 지연

017 다음 중 건축물 화재에 대한 설명으로 옳은 것을 모두 고른 것은?

> ㄱ. 내장재가 가연재일수록 또는 화원이 크면 플래시오버의 진행시각이 빨라진다.
> ㄴ. 플래시백(Flash back)과 백드래프트(Back draft)는 밀폐의 차이로서 플래시백은 환기가 잘 되지 않는 공간에서, 백드래프트는 밀폐된 공간에서 발생한다.
> ㄷ. 건물의 내화능력을 예측하는 시기는 최고온도인 최성기에 해당된다.
> ㄹ. 화재진행에 영향을 미치는 요인으로는 구획실의 크기, 형태, 천장높이 등이 해당된다.

① ㄱ, ㄴ
② ㄱ, ㄴ, ㄷ
③ ㄴ, ㄷ, ㄹ
④ ㄱ, ㄴ, ㄷ, ㄹ

018 건축물 화재 시 플래시오버 발생시각에 영향을 미치는 내용으로 옳지 않은 것은?

① 실내의 내장재를 천장, 벽, 바닥 순으로 불연화하여 플래시오버 발생시각을 지연한다.
② 바닥이나 벽의 재료보다 천장재의 열전도율이 낮을수록 더 빨라진다.
③ 내장재의 열전도율이 클수록 발생시각은 늦어진다.
④ 화원의 크기가 아주 클수록 플래시오버에 도달하는 시간이 느려진다.

019 화재 현장에서 사용하는 소방전술 중 플래시오버를 지연시키기 위한 방법으로 옳지 않은 것은?

① 공기차단 지연법은 배연과 반대로 개구부를 닫아 산소를 감소시킴으로써 연소속도를 줄이고 공간 내 열의 축적 현상도 늦추게 하는 방법을 말한다.
② 냉각 지연법은 분말소화기 등 이동식 소화기를 분사하여 화재를 완전하게 진압하기 위해 일시적으로 온도를 낮추는 방법을 말한다.
③ 배연 지연법은 창문 등을 개방하여 배연함으로써 공간 내부에 쌓인 열을 방출시키는 방법을 말한다.
④ 측면공격 지연법은 집중방수팀을 배치하고 출입구를 개방하는 즉시 바로 방수함으로써 폭발 직전의 기류를 급냉시키는 방법을 말한다.

020 연료지배형 화재온도곡선에 따른 화재성상 중 (ㄴ) 단계에서 나타나는 현상으로 옳지 않은 것은?

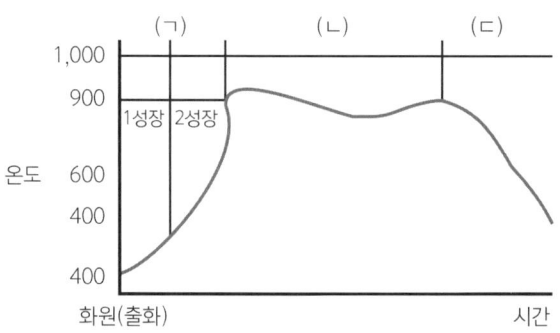

① 복사열에 의한 플래시오버가 발생한다.
② 연기의 양은 적어지고 화염이 분출하는 시기이다.
③ 강렬한 복사열로 인하여 인접 건물로 연소가 확산될 수 있다.
④ 실내 전체에 화염이 충만되고 연소가 최고조에 이른다.

021 다음 내용이 설명하는 것은?

> 산소가 부족하여 불완전연소 시에 생성된 일산화탄소와 아직 타지 않은 미분해 가스가 실내에 가득 채워진 상태에서 소화활동 등을 위하여 산소가 부족한 건물 내 실의 문을 개방할 때 신선한 산소가 유입되어 실내에 축적되었던 가연성 가스가 순식간에 폭발적으로 연소함으로써 화염이 실외로 분출하는 현상을 말한다.

① 플래시오버(Flash over) ② 백드래프트(Back draft)
③ 롤오버(Roll over) ④ 블레비(BLEVE)

022 다음 중 건축물 화재 시 백드래프트(Back draft) 현상과 가장 관련이 적은 것은?

① 훈소, 역화
② 성장기, 감퇴기
③ 산소 부족, 폭발
④ 완전연소, 불완전연소

023 내화건축물 화재 시 백드래프트(Back draft)에 관한 설명으로 옳지 않은 것은?

① 백드래프트의 발생시기는 감쇠기 또는 성장기이다.
② 출입문을 개방하기 전에 천장의 환기구를 개방함으로써 고온의 가스를 방출하여 폭밀력을 억제한다.
③ 백드래프트는 연료지배형 화재에서는 발생하지 않는다.
④ 충격파에 대한 피해는 크지만 열폭풍에 대한 피해는 크지 않다.

024 다음에서 설명하는 것은?

> 출입문 등을 개방할 때 산소유입으로 다시 연소가 시작하는 현상을 말한다. 폭발하는 것보다 파괴력은 크지 않지만 재산피해(건물손상 등)와 인명피해를 주기에는 충분하다. 주로 고무나 우레탄 등 합성수지류일 때 잘 발생한다.

① 플래시오버(Flash over)
② 플래시백(Flash back)
③ 백드래프트(Back draft)
④ 롤오버(Roll over)

025 백드래프트(Back draft) 징후에 대한 설명으로 옳지 않은 것은?

① 창문 안쪽으로 응축유기물인 타르성분과 유사한 기름성분의 물질이 흘러내리는 경우
② 산소공급이 원활하여 훈소상태에 있는 뜨거운 화재인 경우
③ 화염은 보이지 않으나 창문이나 문 손잡이가 뜨거운 경우
④ 연기가 건물 내로 되돌아가거나 맴도는 경우

026 백드래프트(Back draft)를 예방하거나 발생 가능성을 줄일 수 있는 소방전술에 해당하지 않는 것은?

① 배연법
② 공기차단법
③ 급냉법
④ 측면공격법

027 부산 해운대의 초고층 주상복합건물 및 의정부의 도시형 아파트 화재에서 건물 외벽을 타고 수십 층 위에까지 화재가 확산되는 현상과 가장 관련이 있는 것은?

① 플래시오버(Flash over)
② 백드래프트(Back draft)
③ 플레임오버(Flame over)
④ 롤오버(Roll over)

028 플레임오버(Flame over)에 대한 설명으로 옳지 않은 것은?

① 발생시기는 성장기이며 일반적으로 롤오버 발생 후에 일어난다.
② 건축물 복도와 같은 통로공간에 마감재로 폴리우레탄과 같은 가연성 재료를 사용하는 경우 나타나는 현상이다.
③ 화염이 연소되지 않은 가연성가스를 통해 전파되는 현상을 말하기도 한다.
④ 플레임오버를 방지하기 위해서는 통로상에 가연물을 놓으면 안 된다.

029 건축물 실내 화재현장에서 화재가 발생한 구획의 천장에 실내 가연물의 열분해 등에 의한 가연성 증기층이 형성되면 천장면을 따라 마치 파도 같이 빠른 속도로 화염의 확산이 이루어지는 현상은?

① 롤오버
② 플래시오버
③ 백드래프트
④ 플레임오버

030 건축물 화재 시 발생하는 플래시오버 현상과 롤오버 현상에 대한 설명으로 옳지 않은 것은?

① 롤오버 현상은 열의 복사가 플래시오버에 비하여 상대적으로 약하다.
② 롤오버 현상이 일어나면 공간 내 모든 가연물이 동시에 발화한다.
③ 롤오버 현상은 상층부의 고온의 가연성 가스에 의한 발화로 화재 확산이 일어난다.
④ 플래시오버의 확대범위는 일순간 전체 공간으로 발화 확대된다.

KEYWORD 목조건축물 화재

031 다음 중 목조건축물의 화재 진행단계를 옳게 나열한 것은?

① 무염착화 → 발염착화 → 맹화 → 발화 → 소각
② 발염착화 → 발화 → 연소낙하 → 맹화 → 감쇠기
③ 무염착화 → 출화 → 연소낙하 → 맹화 → 소각
④ 발염착화 → 발화 → 맹화 → 연소낙하 → 소각

032 출화는 화재를 말하는데, 옥외출화의 시기로 옳은 것은?

① 천장 속이나 벽에 발염착화한 때
② 건축물 외부 가연재료에 발염착화할 때
③ 화염이 외부를 완전히 뒤덮을 때
④ 화재가 건물의 외부에서 발생해서 내부로 번질 때

033 목조건축물 화재에 대한 설명으로 옳지 않은 것은?

① 목조건축물은 접염, 비화, 복사열에 의해 화재가 확대된다.
② 목조건축물 화재 시 천장까지 불이 번져 가옥 전체에 불기가 도는 시기는 무염착화에서 발염착화로 넘어가는 시기이다.
③ 목조건축물 화재 시 천장, 대들보 등이 내려앉는 시기이며 검은 연기가 개구부를 통해 분출하게 되는 시기는 발화에서 최성기(맹화)로 넘어가는 시기이다.
④ 목조건축물은 내화건축물에 비해 고온 단시간형이다.

034 목재의 형태에 따른 연소형태에 대한 설명으로 옳지 않은 것은?

① 물체의 형상이 사각인 것보다 둥근 것이 발화속도가 느리다.
② 페인트를 칠한 것보다 칠하지 않은 것이 발화속도가 빠르다.
③ 백색보다 검정색이 발화속도가 빠르다.
④ 수분이 적은 것보다 수분이 많은 목재가 발화속도가 느리다.

KEYWORD 화재변수

035 화재가 발생된 당해 건물과 그 내부의 수용재산 등을 파괴하거나 손상을 입히는 능력의 정도를 나타내는 화재 변수로 최고온도와 지속시간의 곱은?

① 화재하중 ② 화재저항
③ 화재강도 ④ 화재가혹도

036 건축물 화재 시 최고온도 및 화재지속시간에 따라 방호공간에서 화재의 세기를 나타내는 화재 변수는?

① 화재하중 ② 화재가혹도
③ 화재강도 ④ 화재저항

037 일반 건축물에서 예상 최대 가연물의 양을 말하며, 가연성의 구조체와 가연성 수용물의 양으로서 건물 화재 시 발열량 및 화재위험성을 나타내는 용어는?

① 연소하중 ② 화재강도
③ 화재하중 ④ 화재가혹도

038 화재강도(Fire intensity)의 크기에 영향을 끼치는 요소에 대한 설명으로 옳지 않은 것은?

① 가연물의 발열량이 클수록 열축적율이 크다.
② 가연물의 비표면적이 클수록 열축적율이 크다.
③ 화재실의 단열성이 작을수록 열축적율이 크다.
④ 공기 공급이 원활할수록 열축적율이 크다.

039 건축물 화재 시 화재변수에 대한 설명으로 옳지 않은 것은?

① 화재실 내에서 단위시간당 축적되는 열의 양(kcal/hr)을 화재강도라 한다.
② 화재가혹도의 주요소는 질적개념인 화재강도와 양적개념인 화재하중이 있다.
③ 화재하중은 통상 등가 가연물 중량의 최소값을 기준으로 한다.
④ 화재저항이란 화재 시 최고온도의 지속시간을 견디는 내력을 말한다.

040 다음 중 화재하중 산출과정에서 화재하중을 감소시키는 방법에 해당하지 않는 것은?

① 가연물의 양을 줄인다.
② 내장재 및 수용물에 대한 불연화율을 낮춘다.
③ 거실의 바닥면적을 크게 한다.
④ 방출열량을 작게 한다.

041 화재 진행시간 동안 건축물의 주요 구성요소들이 화재에 대항하여 제기능을 유지할 수 있는 능력을 나타내는 용어는?

① 화재온도
② 화재가혹도
③ 화재저항
④ 화재하중

042 구획화재에서 화재온도 상승곡선을 정하는 시간인자에 대한 설명으로 옳은 것은?

① 환기인자 및 화재실의 전 표면적에 비례한다.
② 환기인자에 비례하고, 화재실의 전 표면적에 반비례한다.
③ 화재실의 바닥면적에 비례하고, 환기인자에 반비례한다.
④ 화재실의 바닥면적 및 환기인자에 비례한다.

043 구획화재에서 화재온도 상승곡선을 정하는 온도인자에 대한 설명으로 옳은 것은?

① 개구부 크기, 개구부 높이의 제곱근 및 실내의 전체 표면적에 비례한다.
② 개구부 크기에 비례하고, 개구부 높이의 제곱근에 반비례한다.
③ 개구부 크기, 개구부 높이의 제곱근에 비례하고, 실내의 전체 표면적에 반비례한다.
④ 개구부 크기에 반비례하고, 개구부 높이의 제곱근에 비례한다.

044 구획화재에 대한 설명으로 옳지 않은 것은?

① 화재강도가 크다는 것은 화재 시 최고온도가 높아 열축적률이 큰 것을 의미하며, 주수율을 좌우하는 요소이다.
② 화재하중이 크다는 것은 가연물이 많아 지속시간이 긴 것을 의미하며, 주수시간을 결정하는 요소이다.
③ 화재가혹도는 주수량을 결정하는 요소이며 관련인자는 화재강도, 화재하중, 개구부의 크기, 가연물의 배열상태이다.
④ 화재가혹도는 화재실이나 화재구획의 방열에 영향을 받지 않는다.

045 화재변수에 대한 설명으로 옳지 않은 것은?

① 화재하중은 화재규모를 판단하는 척도로써 방화구획을 세분화하고 수용물에 대한 불연화를 함으로써 화재하중을 감소시킨다.
② 화재강도는 단위시간당 축적되는 열의 양으로 화재실의 단열성이 클수록, 방열이 적을수록 열축적율이 크다.
③ 개구부가 클수록 화재강도는 작아지고 개구부가 작을수록 지속시간이 길어져 화재하중이 커진다.
④ 화재가혹도는 화재의 세기이며, 화재저항은 주요 구성요소들이 화재에 대항하여 제 기능을 유지할 수 있는 능력을 말한다.

10 기타 연소

해설집 p.38

기출 OX QUIZ

1. 열을 가하여 재가공이 가능한지 여부에 따라 열가소성 수지와 열경화성 수지로 나눌 수 있다. O|X
2. 열경화성 수지의 종류는 폴리에틸렌(PE), 폴리스틸렌(PS), 폴리프로필렌(PP), 폴리염화비닐(PVC) 등이 있다. O|X

정답 1. O 2. × 열가소성 수지의 종류는 폴리에틸렌(PE), 폴리스틸렌(PS), 폴리프로필렌(PP), 폴리염화비닐(PVC) 등이 있다.

001 열가소성 수지와 열경화성 수지에 대한 설명으로 옳은 것은 모두 몇 개인가?

ㄱ. 열가소성 수지는 제품화시키면 본인의 성질이 변하지 않으므로 열을 가하면 쉽게 녹아 재성형이 가능하다.
ㄴ. 열경화성 수지는 제품화시키면 본인의 성질이 변하므로 열을 가하면 쉽게 녹지않아 재성형이 가능하지 않다.
ㄷ. 열가소성 수지의 종류에는 폴리에틸렌, 폴리스틸렌, 폴리프로필렌, 폴리염화비닐 등이 있다.
ㄹ. 열경화성 수지의 종류에는 페놀수지, 멜라민수지, 에폭시수지, 폴리우레탄, 불포화 폴리에스테르수지 등이 있다.

① 1개 ② 2개
③ 3개 ④ 4개

002 플라스틱 재료의 특징에 관한 대비로 옳은 것은?

① 폴리우레탄 수지 - 열경화성 수지
② 페놀 수지 - 열가소성 수지
③ 폴리염화비닐 수지 - 열경화성 수지
④ 에폭시 수지 - 열가소성 수지

003 다음 중 식물성 섬유와 비슷한 발화온도를 가지는 합성섬유는?

① 나일론
② 올레핀 수지
③ 불소계 탄화수소 수지
④ 아크릴 수지

11 건축방화계획

해설집 p.39

> **기출 OX QUIZ**
>
> 1. 피난시설 계획 시 Fool proof, Fail safe를 기본원칙으로 한다. 16. 기출 O | ×
> 2. Fool proof의 예시로는 그림과 색채를 이용한 유도등이 있으며, Fail safe의 예시로는 2방향 이상의 피난계단을 설치하여 안전율을 높이는 방법이 있다. 08. 기출변형 O | ×
> 3. 화재 시 정전 또는 검은 연기의 유동으로 주위가 어두워지면 사람들은 밝은 곳으로 피난하고자 하는 본능을 퇴피본능이라고 한다. 09. 기출 O | ×
>
> 정답 1. ○ 2. ○ 3. × 화재 시 정전 또는 검은 연기의 유동으로 주위가 어두워지면 사람들은 밝은 곳으로 피난하고자 하는 본능을 지광본능이라고 한다.

KEYWORD 피난계획

001 건축물의 피난계획과 안전한 공간으로 벗어나게 하기 위한 대응방법에 대한 설명으로 옳은 것은?

① 어느 곳에서도 2개 이상의 방향으로 피난할 수 있으며, 그 말단은 화재로부터 안전한 장소가 아니어도 된다.
② 소화설비, 경보기기 위치, 유도표지에 쉬운 판별을 위한 문자를 사용한다.
③ 공간적 대응은 대항성, 회피성, 도피성이 있다.
④ 모든 피난동선은 건물 중심부 한 곳으로 향하고, 중심부에서 지면 등 안전한 장소로 피난할 수 있도록 하여야 한다.

002 피난계획을 설계할 때의 일반원칙으로 옳지 않은 것은?

① 2개 방향의 피난로를 항시 확보한다.
② 피난경로는 간단 명료하여야 한다.
③ 피난구조설비는 피난 시 쉽게 설치할 수 있는 가반식의 기구나 장치에 의한다.
④ 피난대책은 Fool proof와 Fail safe의 원칙을 중시하여야 한다.

003 피난계획의 일반원칙 중 Fool proof 원칙에 해당하는 것은?

① 피난방향으로 문을 열 수 있게 하고 문 손잡이는 회전식이 아닌 레버식으로 한다.
② 시스템의 여분 또는 병렬화를 확보한다.
③ 한 가지 피난기구가 고장이 나도 다른 수단을 이용할 수 있도록 고려한다.
④ 피난구조설비를 첨단화된 전자식으로 한다.

004 피난계획의 일반원칙 중 Fail safe 원칙에 해당하는 것은?

① 소화설비, 경보기기 위치, 유도표지에 쉬운 판별을 위한 색채를 사용한다.
② 피난방향으로 문을 열 수 있게 해준다.
③ 피난계단의 위치 및 스위치의 높이를 적절하게 설계한다.
④ 재해 초기부터 서브시스템 일부를 적극적으로 붕괴되도록 하고 여분의 서브시스템으로 동작한다. 즉, 이상사태의 전체파급을 방지한다.

005 건축물의 피난계획에 대한 설명으로 옳지 않은 것은?

① 피난경로의 내장재 불연화
② 초고층 건축물의 경우 체류 공간 확보
③ 2방향 피난 경로의 확보
④ 비상용 엘리베이터 는섭 설지 빛 적극적 휠용

006 건물의 피난계획 및 피난동선에 대한 설명으로 옳지 않은 것은?

① 피난동선을 일상생활 동선과 같이 계획한다.
② 평면계획은 복잡성을 지양해야 한다.
③ 상호 반대 방향으로 다수의 출구와 연결되는 것은 지양해야 한다.
④ 수평동선과 수직동선으로 구분한다.

007 피난 복도 계획 시 고려해야 할 일반적인 사항에 해당하지 않는 것은?

① 피난 복도의 폭은 재실자가 빠른 시간 내에 안전한 피난처로 갈 수 있도록 하는 것이 좋다.
② 피난 복도의 천장은 가능한 낮게 하고 천장에는 불연재를 사용한다.
③ 피난 복도에는 피난에 방해가 되는 시설물을 설치하지 않아야 한다.
④ 피난 복도에는 피난방향 및 계단위치를 알 수 있는 표식을 한다.

KEYWORD 피난특성

008 인간의 행동을 지배하는 본능에 대한 설명으로 옳지 않은 것은?

① 지광본능: 화재 시에 밝은 곳을 찾아 외부로 달아나는 본능을 말한다.
② 퇴피본능: 건물의 중심부에서 연기와 불꽃이 상승하면 외주 방향으로, 외주부에서 상승하면 중앙 방향으로 움직인다. 즉, 화재 발생 시 인간의 피난특성 중 위험을 확인하고 위험으로부터 멀어지려 하는 본능을 말한다.
③ 귀소본능: 자신이 왔었던 길로 되돌아가려는 경향으로, 항상 사용하는 복도와 계단, 엘리베이터 부근에 모이는 본능을 이용하여 그 주변에 피난계단 또는 출구를 멀리 떨어진 곳에 설치하는 본능을 말한다.
④ 추종본능: 최초로 행동을 개시한 사람을 따라 움직이는 본능을 말한다.

009 화재 발생 시 인간의 기본적 피난본능 및 피난방향에 대한 설명으로 옳지 않은 것은?

① 인간의 기본적 피난본능은 귀소본능, 퇴피본능, 지광본능, 좌회본능, 추종본능으로 구분한다.
② 피난자가 시계방향으로 빠져나가려는 본능을 좌회본능이라 한다.
③ 방향을 확실하게 분간하기 가장 쉬운 피난로는 T형과 I형이다.
④ 가장 확실한 피난로가 보장되는 피난로는 X형과 Y형이다.

KEYWORD 피난형태

010 다음 중 중앙코너방식으로 피난자가 집중되어 패닉현상이 일어날 우려가 있는 피난형태는?

① T형
② X형
③ Z형
④ H형

011 건축물 화재에서 인간의 피난 행동 시에 수평피난에서의 속도의 기준은?

① 자유보행속도
② 군집보행속도
③ 계단보행속도
④ 군집유동계수

012 다음 중 건축방화계획에 대한 설명으로 <보기>에서 옳은 것은 모두 몇 개인가?

<보기>
ㄱ. 방화구획은 면적별, 층별, 용도별로 구분한다.
ㄴ. 30분 방화문은 열 및 연기를 차단할 수 있는 시간이 30분 이상 60분 미만인 방화문이다.
ㄷ. 화재 시 피난상태에서 평균 군집보행속도는 약 3~5m/s이다.
ㄹ. 고층건축물에는 피난용 승강기를 1대 이상 설치해야 한다.

① 1개
② 2개
③ 3개
④ 4개

KEYWORD 안전구획

013 다음 중 일시적인 안전도모를 위한 1차 안전구획에 해당하는 것은?

① 복도
② 복도에 연결된 계단
③ 특별피난계단의 계단실
④ 피난층에서 외부와 직면한 현관로비

014 피난 안전구획을 설정할 때 장시간 피난 대기가 가능한 안전구획은?

① 복도 통로
② 복도에 연결된 부속실
③ 거실
④ 특별피난계단의 계단실

015 피난 안전구획 중 제3차 안전구획은?

① 발코니
② 복도에 연결된 계단실
③ 노대
④ 특별피난계단의 계단실

해커스소방 학원·인강
fire.Hackers.com

PART 2
소화약제

01 물소화약제

02 강화액소화약제

03 포소화약제

04 이산화탄소소화약제

05 할론소화약제

06 할로겐화합물 및 불활성기체 소화약제

07 분말소화약제

01 물소화약제

해설집 p.42

> **기출 OX QUIZ**
>
> 1. 융해열(용융열)은 80cal/g, 기화열(증발열)은 539cal/g을 말한다. 13. 기출변형 O | X
> 2. 물은 비열, 증발잠열의 값이 작아서 주로 냉각소화에 사용된다. 23. 기출 O | X
> 3. 분무상으로 방사 시 A급, B급, C급 화재에 적응성이 있다. 21. 기출변형 O | X
> 4. 물에 침투제를 첨가하는 이유는 표면장력을 증가시켜 소화능력을 향상하기 위함이다. 23. 기출 O | X
> 5. 물의 어는점(1기압, 0℃) 이하에서 동파 및 응고현상을 방지하기 위하여 첨가하는 물질은 폴리에틸렌옥사이드이다. 25. 기출 O | X
>
> 정답 1. O 2. × 물은 비열, 증발잠열의 값이 커서 주로 냉각소화에 사용된다. 3. O 4. × 물에 침투제를 첨가하는 이유는 표면장력을 감소시켜 소화능력을 향상하기 위함이다. 5. × 폴리에틸렌옥사이드는 물의 마찰손실을 줄여 방사량을 증가시키는 첨가제이다.

KEYWORD 물소화약제의 소화원리

001 화재발생 시 소화 작업에 주로 물을 이용한다. 물소화약제에 대한 설명으로 옳은 것은?

① 적상주수의 대표적인 설비는 물분무 및 미분무소화설비이다.
② 물의 융해열은 539cal/g이며, 기화열은 80cal/g이다.
③ 증발잠열은 물보다 얼음이 크다.
④ 증발잠열·비열 및 열용량이 커서 냉각효과에 우수하다.

002 물소화약제에 대한 설명으로 옳지 않은 것은?

① 물은 수소 2원자와 산소 1원자로 이루어져 있으며, 이들 사이의 화학 결합은 극성 이온결합이다. 즉, 분자 내에서는 극성이온결합을, 분자 간에는 수소결합을 한다.
② 2g 얼음 0℃가 수증기 100℃로 변할 때 열용량은 1438cal이다.
③ 무상주수 시 일반화재·유류화재·가스화재 및 전기화재에 적응성이 있다.
④ 물의 비열이 1 일 때 물의 질량이 증가하면 물의 온도는 감소한다.

003 다음 중 물의 특성에 대한 설명으로 옳은 것은 모두 몇 개인가?

ㄱ. 물질의 상의 변화는 없고 온도의 변화만 있을 때 필요한 열을 현열이라고 한다.
ㄴ. 물질의 온도 변화는 없고 상의 변화만 있을 때 필요한 열을 잠열이라고 한다.
ㄷ. 14.5℃의 물을 15.5℃로 1℃온도를 상승시키는 데 필요한 열을 비열이라고 한다.
ㄹ. 기화열, 승화열, 액화열, 응고열, 융해열 등은 잠열에 해당된다.

① 1개   ② 2개
③ 3개   ④ 4개

004 물의 장점에 해당하는 것은?

① 소화 작업 후 오염의 정도가 심하다.
② 주로 일반화재(A급)에서만 사용한다.
③ 동결의 우려가 있어 추운 곳에서 사용할 수 없다.
④ 펌프, 파이프, 호스 등을 사용하여 운송이 용이하다.

005 다음 중 물소화약제의 물리적 특성 그래프를 보고 옳은 설명을 모두 고른 것은?

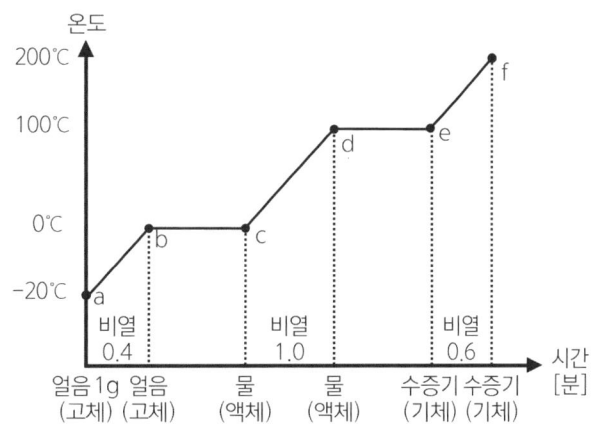

ㄱ. 구간 b~c는 융해잠열, 구간 d~e는 기화잠열에 해당된다.
ㄴ. 구간 a~b, 구간 c~d, 구간 e~f는 현열에 해당된다.
ㄷ. 구간 e~f의 열용량은 60cal이다.
ㄹ. 구간 a~f의 열용량은 787cal이다.

① ㄱ, ㄴ   ② ㄱ, ㄴ, ㄷ
③ ㄴ, ㄷ, ㄹ   ④ ㄱ, ㄴ, ㄷ, ㄹ

006 물소화약제에 대한 설명으로 옳지 않은 것은?

① 물 1ℓ/min은 건물 내의 일반가연물을 약 0.75m² 만큼 진화할 수 있다.
② 적상주수는 저압으로 방출되기 때문에 물방울의 평균 직경은 0.5mm ~ 4mm 정도이다.
③ 무상주수는 물분무소화설비의 헤드나 소방대의 분무노즐에서 고압으로 방수할 때 나타나는 안개 형태의 주수방법으로, 소화효과의 측면에서 본 이론적 최적입경은 0.35mm 정도이다.
④ 봉상·적상 및 무상으로 사용되는 것은 방사형 관창이다.

007 물소화약제에 대한 설명으로 옳지 않은 것은?

① 비압축성 유체를 말한다.
② 같은 물의 양이라면 물방울의 입자 크기가 봉상일 때보다 무상일 때 냉각효과가 크다.
③ 소화 작업 후 오염의 정도가 심하여 화재조사를 원활히 할 수 없다.
④ 분무노즐을 사용하여 알코올류 등의 화재에 접촉하면 유화층을 형성하여 소화한다.

KEYWORD 주수형태

008 물소화약제의 주수형태에 대한 설명으로 옳지 않은 것은?

① 봉상주수의 형태로 방사할 경우 냉각소화의 효과가 있다.
② 적상주수의 형태로 방사할 경우 냉각소화의 효과가 있다.
③ 무상주수의 형태로 방사할 경우 냉각, 질식, 유화, 희석소화의 효과가 있다.
④ 봉상 및 적상주수의 형태로 방사할 경우 금속화재에 대한 효과가 없지만 무상주수의 형태로 방사할 경우에는 금속화재에 대한 효과가 있다.

009 다음에서 설명하는 물소화약제의 소화작용은?

> 일반가연물화재(A급 화재)에 적용되며, 화재 시 물소화약제를 고압으로 방사하는 경우 방사노즐로부터 방출되는 고압의 물이 가연물질의 화재위력을 저하시키거나 화재가 확산되는 것을 파괴함으로써 화재가 더 이상 확산되지 않도록 제한하여 소화하는 작용을 말한다.

① 타격효과
② 냉각효과
③ 유화효과
④ 희석효과

010 물의 주수방법이 아닌 것은?

① 집중주수　　　　　　② 확대주수
③ 유하주수　　　　　　④ 반사주수

011 직사주수의 특성으로 옳지 않은 것은?

① 사정거리가 길고, 바람의 영향이 적다.
② 주수범위가 넓어 장애물에 대해서도 용이하다.
③ 반동력이 커서 방향전환, 이동주수가 용이하지 않다.
④ 파괴력이 강하고 낙화위험이 있는 물건의 제거에 유효하다.

012 다음 중 물소화약제를 무상주수 형태로 방사하여 소화할 수 없는 화재는?

① 목재공장 화재　　　　　② 크레오소트유 탱크 화재
③ 주방 등 식용유 화재　　④ 발전실 화재

013 물소화약제에 대한 설명으로 옳지 않은 것은?

① 전기화재는 분무상인 경우에만 해당한다.
② 구입가격이 저렴하고, 장기간 저장이 가능하다.
③ 피연소물질에 대한 수손의 영향이 크다.
④ 분무상으로 방사하는 경우 소화에 필요한 시간이 짧다.

KEYWORD 첨가제

014 물 또는 수용액 속에서 물질이 용해될 때 발생하는 표면장력을 감소시켜 퍼짐성과 습윤성을 증가시키는 첨가제는?

① 셀룰로오스　　　　　② 염화나트륨
③ 계면활성제　　　　　④ 트리클로로페놀

015 물의 동결방지제 중 부식을 일으키는 물질은?

① 글리세린　　　　　　　　② 에틸렌글리콜
③ 염화칼슘　　　　　　　　④ 프로필렌글리콜

016 물소화약제 첨가물질 중 증점제에 대한 설명으로 옳지 않은 것은?

① 많은 열이 발생하는 화재를 효과적으로 진압하기 위하여 부착성을 증가시키기 위한 물질이다.
② 1% 이하의 계면활성제를 가해 표면장력을 낮춰 침투효과를 높이기 위한 첨가 물질이다.
③ 물의 유실을 방지하고 건물, 임야(산불화재) 등 입체면에 오랫동안 잔류하게 하기 위한 물질이다.
④ 물의 점도를 증가시키는 증점제를 혼합한 수용액을 Thick water라 한다.

017 물 소화약제의 첨가제에 대한 설명으로 옳지 않은 것은?

① 동결방지제는 유기물 계통인 에틸렌글리콜이 가장 많이 사용되고 있다.
② 침투제란 물에 계면활성제 계통의 물질을 첨가시켜 물이 가지고 있는 표면장력을 낮추어 침투성을 강화시킨 물질이다. 속불화재(심부화재, 원면화재) 등에 매우 효과적이다.
③ 증점제란 가연물질 표면에 존재하는 물의 양에 비례한 열 흡수능력을 향상시키기 위한 첨가제이며 물보다 두꺼운 층을 만들어 연료표면에 붙어 밀착력을 향상시키는 물질이다. 산림화재 등에 매우 효과적이다.
④ 유동제란 물의 마찰손실을 늘려 방사량을 증가시키는 첨가제이다.

018 다음 물소화약제 첨가제 중 물의 마찰손실을 줄여 방사량을 증가시키는 첨가제는?

① Wetting agent　　　　　② Antifreeze agent
③ Viscosity agent　　　　　④ Rapid water

02 강화액소화약제

기출 OX QUIZ

강화액소화약제는 물의 단점을 보완한 소화약제로서 액체 소화약제 중 유일하게 부촉매효과가 있다.
18. 기출변형

O | X

정답 O

001 강화액소화약제에 대한 설명으로 옳지 않은 것은?

① 물의 단점을 보완하기 위해 물에 탄산칼륨을 첨가하였다.
② 영하에서도 얼지 않으며, 탄산칼륨을 함유한 강화액은 칼륨이온으로 인해 부촉매소화효과를 가진다.
③ 무상 방사 시 일반화재, 유류화재, 전기화재에 사용할 수 있다.
④ 사용 온도 범위는 영상 20℃ 이상 ~ 영상 40℃ 이하이다.

002 액체 소화약제 중 유일하게 연쇄반응을 차단하는 부촉매효과를 가지는 소화약제는?

① 물소화약제
② 산·알칼리소화약제
③ 강화액소화약제
④ 분말소화약제

03 포소화약제

해설집 p.45

기출 OX QUIZ

1. 팽창비란 최종 발생한 포 수용액 체적을 원래 포 체적으로 나눈 값을 말한다. 23. 기출   O | X
2. 라인 푸로포셔너 방식(Line Proportioner Type)은 혼합기의 압력손실이 적고, 흡입 가능한 유량의 범위가 넓다. 25. 기출   O | X
3. 수성막포는 내유성과 유동성이 우수하며, 표면하주입방식이 가능하나 내열성이 약해 윤화(Ring fire) 현상이 발생한다. 22. 기출변형   O | X
4. 펌프 푸로포셔너 방식(Pump Proportioner Type)은 펌프의 토출관과 흡입관 사이의 배관 도중에 설치된 흡입기에 펌프에서 토출된 물의 일부는 보내고 농도조절밸브에서 조정된 포 소화약제의 필요량을 포 소화약제 탱크에서 펌프 흡입측으로 보내어 이를 혼합하는 방식이다. 21. 기출   O | X
5. 단백포 소화약제는 단백질을 가수분해 한 것을 주원료로 하며 내유성이 뛰어나 소화속도가 빠르다. 24. 기출   O | X

정답 1. × 팽창비란 최종 발생한 포 체적을 원래 포 수용액 체적으로 나눈 값을 말한다. 2. × 라인 푸로포셔너 방식(Line Proportioner Type)은 혼합기의 압력손실이 크며, 흡입 가능한 유량의 범위가 좁다. 3. ○ 4. ○ 5. × 단백포 소화약제는 단백질을 가수분해 한 것을 주원료로 하며 내열성이 뛰어나 소화속도가 빠르다.

KEYWORD 포소화약제의 특징

001 포소화약제에 대한 설명으로 옳지 않은 것은?

① 일반화재 및 유류화재 시 소방대상물에 거품을 이용하여 소화하는 약제이다.
② 저발포 포원액은 1%형, 1.5%형, 2%형으로 되어 있다.
③ 주된 소화는 질식소화이다.
④ 6%형이란 6ℓ의 포원액에 94%의 물을 가하여 100ℓ의 포수용액을 만드는 것을 말한다.

002 알코올포소화약제의 종류가 아닌 것은?

① 수성막포형
② 금속비누형
③ 고분자겔형
④ 불화단백형

KEYWORD 포소화약제의 종류

003 포소화약제에 대한 설명으로 옳지 않은 것은?

① 불화단백포는 포소화약제 중 젤라틴을 주원료로 가성소다로 분해하고 중화시켜 농축시킨 것으로 짐승의 뼈, 뿔 등을 주원료로 하여 제조하며, 흑갈색의 특이한 냄새가 나는 점도가 있는 포소화약제이다.
② 수성막포는 불소계통의 계면활성제를 기초로 한 소화약제로 유류화재에 방출하면 유류표면에 엷은 피막인 수막층을 형성하여 소화할 수 있는 포소화약제이다.
③ 알코올형포 소화약제는 케톤류, 알데히드류, 아민류 등 수용성용제의 소화에 사용할 수 있으며, 알코올포의 종류 중 금속비누형은 현재는 거의 사용되지 않고 불화단백형 내알코올포소화약제가 많이 사용되고 있다.
④ 합성계면활성제포는 계면활성제를 기제로 하여 기포 안정제를 첨가하여 제조한 것으로 고발포용과 저발포용 2가지가 있으며, 일반적으로 고발포용으로 사용되는 포소화약제이다.

004 다음 내용에 해당하는 것은?

- 계면활성제를 기제로 하여 기포 안정제를 첨가하여 제조한 것으로, 단백포보다 유류화재에 적응성이 낮아 주로 A급 화재에 사용하는 포소화약제
- 주로 지하실, 선창, 탄광 등 소방대원이 진입하기 어려운 장소의 A급 화재에 사용되는 포소화약제

① 불화단백포
② 합성계면활성제포
③ 내알코올포
④ 수성막포

005 기계포(공기포)에 대한 설명으로 옳지 않은 것은?

① 알코올포는 알코올류, 케톤류, 에스테르류, 아민류, 초산글리콜류 등 가연성인 물질의 화재 진압에 적합하다.
② 불화단백포의 주성분은 단백질 분해액이며, 여기에 불소계 계면활성제를 첨가하여 단백질과 불소계 계면활성제를 잘 결속시킨 약제이다.
③ 수성막포는 내열성이 약해 윤화현상이 발생한다.
④ 단백포 및 불화단백포는 내열성이 우수하여 표면하주입방식을 사용할 수 있다.

006 다음 중 포에 관한 설명으로 옳은 것을 <보기>에서 있는 대로 고르면?

<보기>
ㄱ. 기름에 포가 오염이 되지 않아 대형유류저장탱크 내 화재에 가장 적합한 포소화약제는 불화단백포이다.
ㄴ. 포는 유류보다 가벼운 미세한 기포의 집합체로 연소물의 표면을 덮어 공기와의 접촉을 차단하여 질식효과를 나타내며, 함께 사용된 물에 의한 냉각효과도 나타난다.
ㄷ. 불화단백포 및 수성막포는 양친매성물질에 해당된다.
ㄹ. 펌프프로포셔너 방식(Pump Proportioner Type)은 관로혼합방식으로서 혼합기(벤츄리관)의 흡입가능 높이가 낮고 압력손실이 크며 유량범위가 좁다.

① ㄱ
② ㄱ, ㄴ
③ ㄱ, ㄴ, ㄷ
④ ㄱ, ㄴ, ㄷ, ㄹ

007 수성막포소화약제의 특성에 대한 설명으로 옳지 않은 것은?
① 화학적으로 매우 안정적이며 장기보존이 가능하다.
② 탱크에서 유출된 기름화재나 항공기 화재 등에 효과적이다.
③ 내열성 및 내유성이 우수하여 초기 소화속도가 단백포보다 빠르다.
④ 분말소화약제와 병용하여 소화 작업을 할 수 있다.

008 기계포인 수성막포와 화학포에 대한 설명으로 옳지 않은 것은?
① 수성막포는 일명 라이트워터라고도 불리며, 항공기격납고 및 화학공장유출화재에 적합하다.
② 수성막포는 물 또는 기름보다 가볍다.
③ 화학포 저장방식에 따라 1약제 건식설비, 2약제 건식설비, 2약제 습식설비가 있다.
④ 화학포는 산성액(황산알루미늄)과 알칼리성액(탄산수소나트륨)의 화학반응에 의해 발생되는 공기를 핵으로 한 포를 말한다.

009 다음 포소화약제 중 분말소화약제와 병용이 가능한 것은?

① 단백포, 수성막포
② 수성막포, 불화단백포
③ 불화단백포, 합성계면활성제포
④ 알코올포, 합성계면활성제포

010 다음 포소화약제에 대한 설명 중 옳은 것을 모두 고르면?

> ㄱ. 기계포 소화약제를 사용하는 설비방식에는 콘루프탱크(CRT)에 적용하는 표면상부주입방식과 표면하부주입방식, 플로팅루프탱크(FRT)에 적용하는 표면상부주입방식이 있다.
> ㄴ. 단백포 소화약제는 1903년부터 개발된 가장 오래된 포소화약제로서 주성분은 고급 알코올 황산에스테르염이다.
> ㄷ. 포수용액(저장용량) 2,000L를 이용하여 소화한 결과 40,000L의 체적을 가득 채웠다면, 이때 포의 팽창비는 200이다.
> ㄹ. 단백포소화약제는 방부제 및 내유성을 높이기 위해 제일철염을 사용한다.

① ㄱ
② ㄱ, ㄴ
③ ㄱ, ㄴ, ㄷ
④ ㄱ, ㄴ, ㄷ, ㄹ

KEYWORD 약제 혼합방식

011 펌프와 발포기의 중간에 설치된 벤츄리관의 벤츄리작용과 펌프 가압수의 포소화약제 저장탱크에 대한 압력에 따라 포소화약제를 흡입·혼합하는 방식은?

① 프레져사이드 프로포셔너 방식
② 라인 프로포셔너 방식
③ 프레저 프로포셔너 방식
④ 펌프 프로포셔너 방식

012 포소화약제 압입용 펌프가 별도로 설치되어 약제를 압입·혼합하는 방식은?

①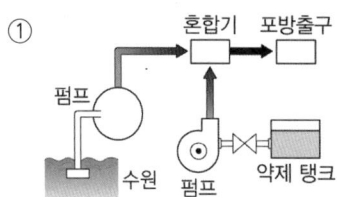
②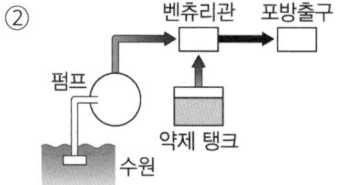
③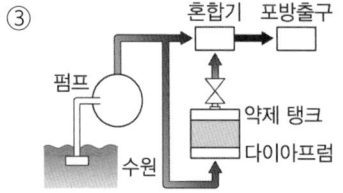
④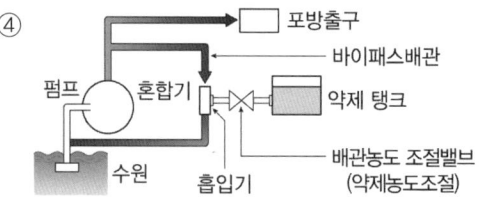

013 포소화설비에 사용되는 포 혼합장치 중 압축공기 또는 압축질소를 일정비율로 포 수용액에 강제 주입·혼합하는 방식은?

① 프레져사이드 프로포셔너 방식
② 압축공기포 믹싱챔버방식
③ 프레져 프로포셔너 방식
④ 펌프 프로포셔너 방식

014 다음 중 벤츄리관의 벤츄리작용을 이용하는 기계포소화약제의 혼합방식을 모두 고른 것은?

ㄱ. 펌프 프로포셔너 방식
ㄴ. 라인 프로포셔너 방식
ㄷ. 프레져 프로포셔너 방식
ㄹ. 프레져사이드 프로포셔너 방식

① ㄴ, ㄷ
② ㄱ, ㄴ, ㄷ
③ ㄴ, ㄷ, ㄹ
④ ㄱ, ㄴ, ㄷ, ㄹ

04 이산화탄소소화약제

해설집 p.48

기출 OX QUIZ

1. 이산화탄소소화약제의 소화원리는 질식소화, 냉각소화, 피복소화를 하는 물리적 소화이다. 08. 기출　O | X
2. 이산화탄소소화약제는 부도체(비전도성, 불량도체)이므로 전기화재에 사용 가능하다. 12. 기출　O | X
3. 이산화탄소소화약제는 자체 증기압력이 높아 자체압력으로 방사가 가능하지만, 고압가스에 해당하므로 저장 및 취급 시 주의를 요한다. 24. 기출　O | X

정답 1. O 2. O 3. O

KEYWORD 이산화탄소소화약제의 특징

001 다음 중 포 소화약제 및 이산화탄소 소화약제에 대한 일반적 성질로 옳은 것을 모두 고르면?

> ㄱ. 포의 발포배율이 낮을수록 환원시간이 길수록 내열성이 우수하다.
> ㄴ. 이산화탄소는 고체는 드라이아이스, 액체는 액화탄산가스, 기체는 탄산가스이므로 방사 시 운무(雲霧) 현상 때문에 가시거리가 짧아질 수 있다.
> ㄷ. 이산화탄소는 고체, 액체, 기체가 공존하는 삼중점은 대략 온도는 영하 57°C이며, 압력은 5.1kg/m²이다.
> ㄹ. 이산화탄소는 액체밀도와 기체밀도가 같아지는 점을 임계점이라고 하며, 대기압 또는 삼중점 이하에서는 액체상태로 존재할 수 없다.

① ㄱ
② ㄱ, ㄴ
③ ㄱ, ㄴ, ㄷ
④ ㄱ, ㄴ, ㄷ, ㄹ

002 이산화탄소소화약제의 장점과 가장 거리가 먼 것은?

① 피연소물질에 대한 피해를 주지 않는다.
② 저장용기에 충전하는 경우 고압을 필요로 한다.
③ 공유결합물을 이루는 무극성 분자이므로 전기는 불량도체이다.
④ 장기간 저장하여도 변질·부패를 일으키지 않는다.

003 이산화탄소소화약제에 대한 설명으로 옳지 않은 것은?

① 일반화재에 적응성이 없다.
② 소화약제 방출 시 소리가 요란하다.
③ 소화시간이 다른 소화약제에 비하여 길다.
④ 외부동력원이 필요 없다.

004 이산화탄소소화약제의 소화원리에 대한 설명으로 옳지 않은 것은?

① 연소의 연쇄반응을 차단 또는 억제하는 부촉매 작용
② 연소물질에 대한 질식작용
③ 가스방출 시의 기화열에 의한 냉각작용
④ 피연소물질의 표면 및 내부에 침투하여 산소공급을 차단하는 피복작용

005 다음 중 이산화탄소소화약제에 대한 설명으로 옳은 것을 <보기>에서 있는 대로 고르면?

<보기>
ㄱ. 최소 이산화탄소 소화농도 = $\dfrac{\text{방출 후 이산화탄소 체적}}{\text{방호체적 + 방출 후 이산화탄소체적}} \times 100[\%]$
ㄴ. 가스계 소화약제 중 냉각효과가 우수하지 않은 편이다.
ㄷ. 방사 시 운무(雲霧) 현상 때문에 가시거리가 멀어질 수 있다.
ㄹ. 액화이산화탄소가 분사노즐에서의 팽창 및 기화 시 톰슨(Thomson) 효과와 주위로부터의 기화열 흡수에 의하여 영하 83℃까지 하강하게 되므로 냉각에 의한 동상의 위험이 있다.

① ㄱ
② ㄱ, ㄴ
③ ㄱ, ㄴ, ㄷ
④ ㄱ, ㄴ, ㄷ, ㄹ

006 다음 중 <보기>의 특성에 해당하는 소화약제로 옳은 것은?

<보기>
- 소화 후 소화약제에 의한 오손이 없고, 비전도성이다.
- 소화약제 방출 시 소리가 요란하며 동상의 우려가 있다.
- 자체 압력으로 방출이 가능하고, 불연성 기체로서 주된 소화효과는 질식효과이다.

① 산·알칼리소화약제
② 이산화탄소소화약제
③ 포소화약제
④ 할로겐화합물 소화약제

007 이산화탄소소화약제에 대한 설명으로 옳지 않은 것은?

① 전역방출방식으로 할 때에는 일반가연물화재(A급 화재)에도 적응성이 있다.
② 심부화재 발생 시 CO_2 설계농도는 34% 이상으로 하여야 한다.
③ 유류화재, 전기화재, 가스화재에 적응성이 있다.
④ 순도가 99.5% 이상, 수분의 함량이 0.05wt%(중량%) 이하이어야 한다.

KEYWORD 최소 소화농도

008 다음 중 소화에 필요한 산소농도를 알 수 있을 때, 이산화탄소소화약제 사용 시 CO_2 최소 설계농도를 구하는 식으로 옳은 것은? (단, 표면화재이다)

① $CO_2[\%] = 21 \times (\frac{100 - O_2\%}{100}) \times 1.2$

② $CO_2[\%] = \frac{21 - O_2\%}{21} \times 100 \times 1.2$

③ $CO_2[\%] = \frac{21 - O_2\%}{21} \times 100 \times 1.8$

④ $CO_2[\%] = (\frac{21 - O_2\%}{100} - 1) \times 1.2$

009 화재실에 이산화탄소를 방사 시 산소농도가 13%가 되었다면 이때 사용한 이산화탄소의 최소 소화농도는?

① 약 30%   ② 약 38%
③ 약 50%   ④ 약 55%

010 방호구역(실)의 체적이 100m³인 곳에서 이산화탄소를 방사한 후 산소의 농도가 15%가 되었다면 이 실에 방사된 이산화탄소의 체적은 몇 m³인가?

① 50   ② 40
③ 21   ④ 15

KEYWORD 최소 설계농도

011 실내 석유류 화재실에 이산화탄소를 방사 시 산소농도가 15%가 되었다면 이때 사용한 이산화탄소의 설계농도는?

① 약 30%   ② 약 28%
③ 약 50%   ④ 약 34%

012 목재 및 섬유류와 같은 고체가연물 화재 시 유지해야 하는 이산화탄소소화약제의 최소 설계농도(%)는?

① 20%   ② 28%
③ 50%   ④ 34%

05 할론소화약제

해설집 p.50

> **기출 OX QUIZ**
>
> 1. 할론소화약제의 주된 소화원리는 부촉매소화를 하는 화학적 소화이다. 20. 기출 ○│×
> 2. 할론 1301의 화학식(분자식)은 CF_3Br이다. 09. 기출변형 ○│×
> 3. 할론소화약제는 오존층을 파괴하므로 사용할 수 없는 소화약제이다. 15. 기출변형 ○│×
>
> 정답 1. ○ 2. ○ 3. ○

KEYWORD 할론소화약제의 특징

001 할론소화약제에 대한 설명으로 옳지 않은 것은?

① 연쇄반응 차단에 바탕을 둔 화학적 소화를 한다.
② 구성 원소 중에서 불소는 불활성과 안정성을 높여주고, 브로민은 소화효과를 높여준다.
③ 할론의 설계농도는 최소 5% 이상, 최대 10%를 초과할 수 없다.
④ 대부분 할론(Halon)소화약제는 산소를 중심으로 한 단일 공유결합 형성구조이다.

002 할론소화약제에 대한 설명으로 옳지 않은 것은?

① 전기음성도란 원자와 전자가 결합되는 능력의 척도를 말하며, 불소(F)가 결합력이 강해 안정성을 가지게 된다.
② 할론(Halon) 1301의 분자식은 CF_3Br이다.
③ 할론소화약제 중 소화강도가 가장 큰 것은 아이오딘(I)이다.
④ 오존파괴지수의 기준이 되는 물질은 CFC - 11 기준으로 한다.

003 소화방법과 소화약제가 옳게 연결된 것은?

① 할론소화약제: 화학적 연쇄반응 속도를 줄여 소화한다.
② 이산화탄소소화약제: 물리적 연쇄반응 속도를 줄여 소화한다.
③ 포소화약제: 화학적 연쇄반응 속도를 줄여 소화한다.
④ 강화액소화약제: 물리적 연쇄반응 속도를 줄여 소화한다.

004 할론소화약제에 대한 설명으로 옳지 않은 것은?

① 할론(Halon) 1301의 소화성능이 가장 우수하나 오존층을 구성하는 오존(O_3)과의 반응성이 강하여 오존파괴지수가 가장 높은 소화약제이다.
② 할론소화약제는 공기보다 무겁다.
③ 할론소화약제의 주된 소화는 부촉매효과이다.
④ 할론(Halon) 1301 및 1211은 상온·상압에서 액체이고, 할론(Halon) 2402 및 104는 상온·상압에서 기체이다.

06 할로겐화합물 및 불활성기체 소화약제

해설집 p.50

> **기출 OX QUIZ**
>
> 1. 할로겐화합물 소화약제는 불소, 염소, 브로민 또는 아이오딘 중 하나 이상의 원소를 포함하고 있는 유기화합물을 기본성분으로 하는 소화약제를 말한다. 09. 기출변형 O│X
> 2. IG-01, IG-55, IG-100, IG-541 중 질소를 포함하지 않은 약제는 IG-100이다. 23. 기출 O│X
> 3. 할로겐화합물 소화약제는 물리적, 화학적 소화를 하며, 불활성기체 소화약제는 물리적 소화를 한다. 18. 기출변형 O│X
> 4. 할로겐화합물 소화약제 중 HFC-23(트리플루오르메탄)의 화학식은 CHF_3이다. 23. 기출변형 O│X
> 5. 불연성·불활성 기체혼합가스(IG-541)는 질소 50%, 아르곤 40%, 이산화탄소 10%가 혼합되어 있다. 18. 기출 O│X
>
> 정답 1. O 2. × IG-01, IG-55, IG-100, IG-541 중 질소를 포함하지 않은 약제는 IG-01이다. 3. O 4. O 5. × 불연성·불활성기체혼합가스(IG-541)는 질소 52%, 아르곤 40%, 이산화탄소 8%가 혼합되어 있다.

KEYWORD 할로겐화합물 및 불활성기체 소화약제의 특징

001 할로겐화합물 및 불활성기체 소화약제에 대한 설명으로 옳지 않은 것은?

① 할로겐화합물 소화약제는 불소, 염소, 브로민 또는 아이오딘 중 둘 이상의 원소를 포함하고 있는 유기화합물을 기본성분으로 하는 소화약제이다.
② 불활성기체 소화약제는 헬륨, 네온, 아르곤 또는 질소가스 중 하나 이상의 원소를 기본성분으로 하는 소화약제이다.
③ 농도를 감소시킬 때 신체에 악영향을 감지할 수 있는 최소농도를 LOAEL이라 한다.
④ 불연성·불활성기체혼합가스 소화약제의 주된 소화는 질식효과이다.

002 할로겐화합물 및 불활성기체 소화약제 중 할로겐화합물 소화약제와 관련이 없는 것은?

① CFC   ② FC
③ HCFC   ④ FIC

003 다음 중 할로겐화합물 및 불활성기체 소화약제에 대한 설명으로 옳은 것은 모두 몇 개인가?

> ㄱ. 할로겐화합물 및 불활성기체 소화약제 중 할로겐화합물 소화약제의 주된 소화원리는 부촉매(억제)소화이다.
> ㄴ. 오존층을 보호하는 할로겐화합물에는 Br(브로민)의 원소를 기본성분으로 사용하지 않는다.
> ㄷ. 할로겐화합물 및 불활성기체 소화약제가 갖추어야 할 조건으로는 독성이 적을수록, 지구온난화에 끼치는 영향이 적을수록, 대기 중에 잔존시간이 짧을수록, 오존층 파괴에 미치는 영향이 적을수록 좋다.
> ㄹ. 하이드로클로로플루오로카본혼합제(이하 'HCFC BLEND A'라 한다)는 HCFC-123($CHCl_2CF_3$), HCFC-22($CHClF_2$), HCFC-124($CHClFCF_3$), $C_{10}H_{16}$으로 혼합되어 있다.

① 1개
② 2개
③ 3개
④ 4개

004 할론 대체소화약제(할로겐화합물 및 불활성기체 소화약제)의 평가에 대한 설명으로 옳지 않은 것은?

① ODP(오존층파괴지수)는 작거나 0이어야 한다.
② GWP(지구온난화지수)는 작으면 환경요소는 향상된다.
③ 사람이 상주하는 곳으로서 최대 허용설계농도를 초과하는 장소에도 설치할 수 있다.
④ 독성이 없으며 ALT(대기 잔존시간)이 짧아야 한다.

005 할로겐화합물 및 불활성기체 소화약제에 대한 설명으로 옳지 않은 것은?

① 할로겐화합물 및 불활성기체 소화약제는 전기적으로 비전도성이며, 휘발성이거나 증발 후 잔여물을 남기지 않는 소화약제를 말한다.
② 불활성기체 소화약제는 주로 질식효과에 의해 소화효과를 거둔다.
③ 할로겐화합물 및 불활성기체 소화약제는 일반화재, 유류화재, 전기화재, 금속화재 모두 적응성이 뛰어나다.
④ 할로겐화합물 소화약제의 주된 소화효과는 부촉매소화이다.

KEYWORD 불활성기체 소화약제의 성분비

006 다음 중 할로겐화합물 소화약제인 FIC-13I1의 원소가 아닌 것은?

① 아이오딘
② 염소
③ 탄소
④ 불소

007 다음 중 할로겐화합물 소화약제로 옳은 것은?

① CF₃Br
② CF₂ClBr
③ C₂F₄Br₂
④ HFC – 227ea

008 불연성·불활성기체 혼화제인 IG – 55의 성분 및 구성 비율로 옳은 것은?

① 질소(50%), 아르곤(50%)
② 질소(52%), 아르곤(48%)
③ 아르곤(50%), 이산화탄소(50%)
④ 질소(52%), 이산화탄소(48%)

009 다음 할로겐화합물 및 불활성기체 소화약제 중 화학식으로 바르게 연결된 것은?

① 불연성·불활성기체혼합가스(이하 'IG – 100'이라 한다) – Ar
② 불연성·불활성기체혼합가스(이하 'IG – 01'이라 한다) – N₂
③ 트리플루오로메탄(이하 'HFC – 23'라 한다) – CF₃CHFCF₃
④ 펜타플루오로에탄(이하 'HFC – 125'라 한다) – CHF₂CF₃

010 할로겐화합물 및 불활성기체 소화약제인 IG – 541의 혼합가스 체적 성분비는?

① N_2: 50%, Ar: 40%, CO: 10%
② N_2: 52%, Ar: 40%, CO_2: 8%
③ CO_2: 50%, Ar: 40%, N_2: 10%
④ CO_2: 52%, Ar: 40%, N_2: 8%

07 분말소화약제

해설집 p.52

> **기출 OX QUIZ**
>
> 1. 제1종 분말소화약제는 A급, B급, C급에 적응성이 있다. 17. 기출변형   O | X
> 2. 제2종 분말소화약제의 주성분은 탄산수소칼륨(중탄산칼륨)이다. 12. 기출변형   O | X
> 3. 제3종 분말소화약제의 표시색상은 담홍색이며, 생성하는 물질 중 암모니아는 질식작용한다.
>   25. 기출   O | X
> 4. 분말소화약제 중 제4종 분말소화약제가 소화성능이 가장 우수하다. 15. 기출   O | X
> 5. 제3종 분말소화약제의 생성물에는 수증기가 없고, 제4종 분말소화약제의 생성물에는 이산화탄소가 없다. 23. 기출변형   O | X
> 6. $NH_4H_2PO_4$이 주된 성분인 분말소화약제는 A·B·C급 화재에 유효하고 비누화현상이 일어나지 않는다. 23. 기출   O | X
>
> 정답 1. × 제3종 분말소화약제는 A급, B급, C급에 적응성이 있다. 2. ○ 3. ○ 4. ○ 5. × 제3종 분말소화약제의 생성물에는 이산화탄소가 없고, 제4종 분말소화약제의 생성물에는 수증기가 없다. 6. ○

KEYWORD 분말소화약제의 특성

001 분말소화약제의 특성에 대한 설명으로 옳지 않은 것은?

① 차고, 주차장에는 주성분이 요소가 첨가된 인산염인 분말소화약제가 적당하다.
② 탄산수소칼륨을 주성분으로 한 분말은 담회색(보라색)으로 착색되어 있다.
③ 미세한 분말로 만들어 유동성을 높인 후 이를 가스압(질소)으로 분출시켜 소화한다.
④ 분말소화약제는 입도가 20 ~ 25㎛일 때 최적의 소화효과를 나타낸다.

002 다음 중 분말소화약제의 종류와 약제성분이 옳게 연결된 것은?

① 제1종 분말소화약제: 중탄산칼륨
② 제2종 분말소화약제: 중탄산나트륨
③ 제3종 분말소화약제: 제1인산암모늄
④ 제4종 분말소화약제: 중탄산나트륨, 요소

003 다음 중 각 종별 분말소화약제의 표시색상으로 옳지 않은 것은?

① 탄산수소나트륨: 담적색
② 탄산수소칼륨: 담회색
③ 제1인산암모늄: 담홍색
④ 탄산수소칼륨+요소: 회색

004 제1종 분말소화약제가 요리용 기름이나 지방질 기름의 화재 시에 소화효과가 탁월한 이유에 대한 설명으로 가장 옳은 것은?

① 비누화 반응을 일으키기 때문이다.
② 아이오딘화 반응을 일으키기 때문이다.
③ 브로민화 반응을 일으키기 때문이다.
④ 질화 반응을 일으키기 때문이다.

005 다음 분말소화약제에 대한 설명 중 옳은 것을 모두 고르면?

> ㄱ. 주된 소화는 부촉매소화이며, 질식, 냉각, 복사열 차단 효과가 있다.
> ㄴ. 제4종 분말소화약제는 제2종 분말소화약제와 요소를 혼합한 약제이다.
> ㄷ. 제3종 분말소화약제의 제조과정을 보면 오산화인(P_2O_5)으로부터 시작하여 수화반응과 암모니아 첨가반응을 통해 제1인산암모늄($NH_4H_2PO_4$)이 생성된다.
> ㄹ. 방사된 잔여물이 피연소물질에 피해를 주지 않으며, 증거보존이 쉽다.

① ㄱ
② ㄱ, ㄴ
③ ㄱ, ㄴ, ㄷ
④ ㄱ, ㄴ, ㄷ, ㄹ

006 다음은 분말소화약제에 관한 화학반응식이다. ( ) 안에 들어갈 분자식은?

$$NH_4H_2PO_4 \xrightarrow[\Delta]{360℃} (\quad) + NH_3\uparrow + H_2O\uparrow - 76.95\text{kcal}$$

① HPO
② HPO_3
③ H_3PO_4
④ $H_4P_2O_7$

007 다음은 분말소화약제에 관한 화학반응식이다. (   ) 안에 들어갈 분자식은?

$$NH_4H_2PO_4 \xrightarrow[\Delta]{166℃} (\quad) + NH_3 \uparrow$$

① HPO
② HPO_3
③ H_3PO_4
④ $H_4P_2O_7$

008 분말소화약제에 대한 설명으로 옳은 것은?

① 제1종 분말소화약제는 분말소화약제 중 소화성능이 가장 우수하다.
② 제2종 분말소화약제는 제1종 분말소화약제보다 3배의 소화능력이 있다.
③ 제3종 분말소화약제는 일반건축물 내에 적응성이 우수하다.
④ 제4종 분말소화약제는 분말소화약제 중 소화성능이 가장 떨어진다.

009 인산암모늄을 기제로 한 분말소화약제의 소화효과와 직접 관련되지 않은 것은?

① 메타인산(HPO_3)에 의한 방진작용
② 열분해에 의한 흡열반응에 의한 냉각소화
③ 열분해에 의해 발생된 이산화탄소에 의한 질식소화
④ 열분해에 의해 발생된 암모니아의 부촉매소화

KEYWORD 열분해 생성물질

010 제1종 분말소화약제를 화재 시 방사하여 열분해되었을 때, 생성되는 물질이 아닌 것은?

① 이산화탄소　　　　　　　　② 수증기
③ 탄산나트륨　　　　　　　　④ 탄산칼륨

011 다음 분말소화약제에 대한 설명 중 옳은 것을 <보기>에서 모두 고르면?

<보기>
ㄱ. 제2종 분말소화약제가 열분해 되었을 때 메타인산(HPO_3)이 생성되지 않는다.
ㄴ. 제3종 분말소화약제의 방습처리제로 사용되는 것은 실리콘오일이다.
ㄷ. 제4종 분말소화약제가 열분해 되었을 때 수증기(H_2O)가 생성되지 않는다.
ㄹ. 제3종 분말소화약제의 고결방지제로는 탄산마그네슘, 인산칼슘을 사용하고, 제4종 분말소화약제는 활석분, 운모분을 사용한다.

① ㄱ　　　　　　　　　　　② ㄱ, ㄴ
③ ㄱ, ㄴ, ㄷ　　　　　　　　④ ㄱ, ㄴ, ㄷ, ㄹ

012 다음 중 분말소화약제에 대한 설명으로 옳은 것을 모두 고르면?

ㄱ. 제1종 분말소화약제는 생성물인 나트륨이온에 의한 부촉매와 비누화효과가 있다.
ㄴ. 제2종 분말소화약제는 일반화재, 유류화재, 전기화재에 사용된다(단, 일반화재인 경우에는 전역방출방식일 경우에만 해당된다).
ㄷ. 제3종 분말소화약제는 일반화재, 유류화재, 전기화재에 사용된다(단, 일반화재인 경우에는 전역방출방식일 경우에만 해당된다).
ㄹ. 제4종 분말소화약제는 생성물인 이산화탄소와 수증기에 의해 질식소화한다.

① ㄱ　　　　　　　　　　　② ㄱ, ㄴ
③ ㄱ, ㄴ, ㄷ　　　　　　　　④ ㄱ, ㄴ, ㄷ, ㄹ

해커스소방 학원·인강
fire.Hackers.com

PART 3
위험물의 종류별 특성과 소화방법

01 제1류 위험물(산화성 고체)
02 제2류 위험물(가연성 고체)
03 제3류 위험물(금수성 및 자연발화성 물질)
04 제4류 위험물(인화성 액체)
05 제5류 위험물(자기반응성 물질)
06 제6류 위험물(산화성 액체)

01 제1류 위험물(산화성 고체)

해설집 p.56

> **기출 OX QUIZ**
>
> 1. 질산염류는 연소속도가 빨라 폭발적으로 연소한다. 22. 기출   O | X
> 2. 아염소산나트륨은 불연성, 조해성, 수용성이며, 무색 또는 백색의 결정성 분말 형태이다. 23. 기출   O | X
> 3. 과산화나트륨은 물과 반응하여 산소를 발생시키는 위험물에 해당되며, 무기과산화물(알칼리금속 과산화물)을 제외한 제1류 위험물의 소화방법은 주수(냉각)소화이다. 24. 기출   O | X
>
> 정답 1. × 제1류 위험물과 제6류 위험물은 불연성 물질이므로 연소하지 않는다. 2. O 3. O

KEYWORD 제1류 위험물의 특성

001 제1류 위험물의 공통된 특성으로 옳은 것은?

① 산화성 고체: 고체로서 산화력의 잠재적인 위험성 또는 충격에 대한 민감성을 판단하기 위하여 소방청장이 정하여 고시하는 시험에서 고시로 정하는 성질과 상태를 나타내는 것
② 자기반응성 물질: 고체 또는 액체로서 폭발의 위험성 또는 가열분해의 격렬함을 판단하기 위하여 고시로 정하는 시험에서 고시로 정하는 성질과 상태를 나타내는 것
③ 가연성 고체: 고체로서 화염에 의한 발화의 위험성 또는 인화의 위험성을 판단하기 위하여 고시로 정하는 시험에서 고시로 정하는 성질과 상태를 나타내는 것
④ 산화성 액체: 액체로서 산화력의 잠재적인 위험성을 판단하기 위하여 고시로 정하는 시험에서 고시로 정하는 성질과 상태를 나타내는 것

002 위험물 중 제1류 위험물에 대한 설명으로 옳지 않은 것은?

① 위험 I 등급인 염소산염류는 염소산칼륨, 염소산나트륨 등으로서 지정수량이 50kg이다.
② 위험 I 등급인 유기과산화물은 과염소산칼륨, 과산화마그네슘 등으로서 지정수량이 50kg이다.
③ 위험 II 등급인 질산염류는 질산나트륨, 질산암모늄 등으로서 지정수량이 300kg이다.
④ 위험 III 등급인 다이크로뮴산염류는 다이크로뮴산칼륨, 다이크로뮴산나트륨 등으로서 지정수량이 1,000kg이다.

003 제1류 위험물에 대한 설명으로 옳지 않은 것은?

① 산화성 고체이다.
② 모두 무색결정 및 백색분말이다.
③ 모두 불연성이며 산소를 많이 함유하고 있다.
④ 수용성인 것이 많다.

004 제1류 위험물의 공통성질에 대한 설명으로 옳지 않은 것은?

① 대부분 무기화합물이다.
② 조해성이 있는 것이 있으며, 수용액 상태에서도 산화성이 있다.
③ 대부분 가열·충격·마찰 및 물과 반응하여 산소를 발생한다.
④ 대부분 무색결정 또는 백색분말이며, 물보다 무겁고 수용성인 것이 많다.

005 제1류 위험물에 대한 설명으로 옳지 않은 것은?

① 대표적 성질은 산화성 고체이다.
② 무기과산화물은 물과 반응하여 발열하고 산소를 방출한다.
③ 염소산나트륨, 과산화나트륨, 질산나트륨은 조해성이 있으므로 습기 등에 주의하여 밀폐된 장소에 저장한다.
④ 무기과산화물을 제외한 대부분의 물질은 산화제의 분해온도를 낮추기 위하여 대량의 물을 주수하는 냉각소화가 유효하다.

006 제1류 위험물 중 알칼리금속의 과산화물을 취급할 때 주의사항으로 옳지 않은 것은?

① 충격·마찰을 피한다.
② 가연물질과의 접촉을 피한다.
③ 분진 발생을 방지하기 위해 분무상의 물을 뿌려준다.
④ 강한 산성류와의 접촉을 피한다.

007 제1류 위험물의 공통성질에 대한 설명으로 옳지 않은 것은?

① 모든 품명이 산소를 다량으로 함유한 강력한 산화제이다.
② 조해성이 있는 것이 있으며, 수용액 상태에서는 산화성이 없다.
③ 알칼리금속과산화물은 물과 반응하여 산소를 발생하고 발열한다.
④ 대부분 무색결정 또는 백색분말이지만 과망가니즈산염류는 검정색분말, 다이크로뮴산염류는 자색분말이다.

KEYWORD 제1류 위험물의 소화대책

008 제1류 위험물 중 소화대책으로 주수소화가 적절하지 않은 것은?

① 질산나트륨, 아염소산나트륨
② 아이오딘산칼륨, 염소산암모늄
③ 과산화나트륨, 과산화바륨
④ 질산암모늄, 브로민산칼륨

009 위험물에 대한 설명으로 옳지 않은 것은?

① 과산화수소는 다량의 물로 주수하여 희석소화한다.
② 황린은 다량의 물로 주수하여 냉각소화한다.
③ 무기과산화물은 황린과 접촉 시 자연발화의 위험이 있고, 황화인과 접촉 시 폭발의 위험이 있다.
④ 무기과산화물과 삼산화크로뮴은 물과 반응하여 산소를 방출하고 발열한다. 이러한 의미에서 제3류 위험물과 비슷한 금수성 물질이다.

010 위험물의 특성에 대한 설명으로 옳지 않은 것은?

① 철분, 마그네슘, 금속분류는 물과 반응 시 수소가스가 발생한다.
② 무기과산화물은 마른 모래, 팽창질석, 팽창진주암, 드라이파우더(Dry powder)에 의한 질식소화가 유효하지 않다.
③ 진한 질산은 위험물에 해당하지만 LPG(액화석유가스), LNG(액화천연가스)는 위험물이 아니다.
④ 제3류 위험물은 자연발화성 물질 및 물과 반응하여 가연성 가스를 발생하는 물질로 구성된다.

02 제2류 위험물(가연성 고체)

해설집 p.57

> **기출 OX QUIZ**
>
> 1. 마그네슘은 끓는 물과 접촉 시 수소가스를 발생시킨다. 23. 기출 ○|×
> 2. 철분(Fe), 마그네슘(Mg), 금속분[알루미늄분(Al), 아연분(Zn), 안티몬분(Sb)]의 지정수량은 300kg이다. 19. 기출변형 ○|×
> 3. 금속분, 철분, 마그네슘, 황화인은 마른 모래, 팽창질석, 팽창진주암, 건조분말에 의한 질식소화를 한다. 21. 기출 ○|×
>
> 정답 1. ○ 2. × 철분(Fe), 마그네슘(Mg), 금속분[알루미늄분(Al), 아연분(Zn), 안티몬분(Sb)]의 지정수량은 500kg이다. 3. ○

KEYWORD 제2류 위험물의 특성

001 위험물의 성질이 가연성 고체 또는 수소를 가까이 하는 환원성 고체인 위험물은?

① 제1류 위험물 ② 제2류 위험물
③ 제3류 위험물 ④ 제4류 위험물

002 다음 위험물 중 제2류 위험물이 아닌 것은?

① 적린 ② 페놀
③ 황 ④ 황화인

003 제2류 위험물에 대한 설명으로 옳지 않은 것은?

① 연소 속도가 대단히 빠른 고체이다.
② 산화제와의 접촉을 피해야 한다.
③ 철분, 마그네슘, 금속 분류는 건조사피복에 의한 질식소화 작용을 한다.
④ 비교적 낮은 온도에서 인화되기 쉬운 기연물이다.

004 다음 제2류 위험물 중 인화성 고체가 아닌 물질은?

① 고형알코올　　　　　　② 고무풀
③ 메타알데히드　　　　　④ 나프탈렌

005 제2류 위험물과 가장 관련이 먼 것은?

① 황은 순도가 60 중량퍼센트 이상인 것을 말한다.
② 대부분 비중이 물보다 무겁고 수용성인 것이 많다.
③ 점화원으로부터 멀리하고 가열을 피해야 한다.
④ 금속분, 철분, 마그네슘은 수분 및 산과 접촉 시 가연성 가스인 수소가스가 발생한다.

KEYWORD 제2류 위험물의 소화특성

006 다음 중 제2류 위험물에 대한 설명으로 옳은 것을 모두 고르면?

> ㄱ. 위험Ⅱ등급이며 지정수량이 100kg인 적린, 황은 물에 의한 냉각소화를 하고 황화인은 질식소화한다.
> ㄴ. 강력한 환원제로서 산소와의 결합이 어려워 산화되기 어렵다.
> ㄷ. 수납 시 주의사항은 충격주의, 화기엄금, 물기엄금이다.
> ㄹ. 금속분(알루미늄분, 아연분, 안티몬분), 철분, 마그네슘이 밀폐 공간에서 발화하면 분진폭발로 이어지므로 소화 작업 시 충분히 안전거리를 확보하여야 한다.

① ㄱ, ㄴ　　　　　　　　② ㄷ, ㄹ
③ ㄱ, ㄹ　　　　　　　　④ ㄱ, ㄴ, ㄹ

007 마그네슘의 화재 시 이산화탄소소화약제를 사용할 수 없는 주된 이유는?

① 마그네슘과 이산화탄소가 반응하여 흡열반응을 일으키기 때문이다.
② 마그네슘과 이산화탄소가 반응하여 가연성의 탄소가 생성되기 때문이다.
③ 마그네슘이 이산화탄소에 녹기 때문이다.
④ 이산화탄소에 의한 질식의 우려가 있기 때문이다.

008 다음 물질 중 물과 반응하여 발생되는 가스로 옳지 않은 것은?

① 탄화알루미늄은 물과 반응하여 메테인가스를 발생시킨다.
② 인화칼슘(인화석회)은 물과 반응하여 포스핀(인화수소)가스를 발생시킨다.
③ 탄화칼슘(카바이트)은 물과 반응하여 아세틸렌가스를 발생시킨다.
④ 알루미늄분은 물과 반응하여 에테인가스를 발생시킨다.

009 다음 중 제2류 위험물에 대한 설명으로 옳은 것을 모두 고르면?

> ㄱ. 금속은 양성 원소이므로 산소와의 결합력이 일반적으로 크고 이온화 경향이 작은 금속일수록 산화되기 쉽다.
> ㄴ. 금속분은 산이나 할로젠원소와 접촉하면 발화하며, 금수성물질로 습기와 접촉하면 발열하여 자연발화의 위험이 있다.
> ㄷ. 철분이라 함은 철의 분말로서 150㎛의 표준체를 통과하는 것이 50wt% 미만인 것은 제외한다.
> ㄹ. 수소를 가지고 있고 비수용성이며 환원성 물질에 해당된다.

① ㄱ, ㄴ
② ㄴ, ㄹ
③ ㄱ, ㄴ, ㄷ
④ ㄱ, ㄴ, ㄷ, ㄹ

03 제3류 위험물(금수성 및 자연발화성 물질)

해설집 p.58

> **기출 OX QUIZ**
> 1. 탄화칼슘 화재 시 다량의 물로 냉각소화할 수 있다. 23. 기출   O | X
> 2. 탄화알루미늄은 물과 반응 시 메테인 가스가 발생한다. 22. 기출   O | X
> 3. 황린은 공기 중 상온에 노출되면 액화되면서 자연발화를 일으킨다. 23. 기출   O | X
>
> 정답 1. X 탄화칼슘 화재 시 마른 모래, 팽창질석, 팽창진주암, 금속화재용분말소화기(드라이파우더)로 질식소화한다. 2. O 3. O

KEYWORD 제3류 위험물의 특성

001 다음 중 제3류 위험물 품명·등급 및 지정수량을 연결한 것으로 옳지 않은 것은?

① 탄화칼슘(위험Ⅲ등급) – 300kg
② 유기금속화합물(위험Ⅱ등급) – 50kg
③ 황린(위험Ⅰ등급) – 20kg
④ 칼슘(위험Ⅰ등급) – 10kg

002 제3류 위험물의 대표적 성질로 옳은 것은?

① 인화성 액체는 액체로서 인화의 위험성이 있는 것을 말한다.
② 자기반응성 물질이란 고체 또는 액체로서 폭발의 위험성 또는 가열분해의 격렬함을 판단하기 위하여 고시로 정하는 시험에서 고시로 정하는 성질과 상태를 나타내는 것을 말하며, 위험성유무와 등급에 따라 제1종 또는 제2종으로 분류한다.
③ 가연성 고체란 고체로서 화염에 의한 발화의 위험성 또는 인화의 위험성을 판단하기 위하여 고시로 정하는 시험에서 고시로 정하는 성질과 상태를 나타내는 것을 말한다.
④ 자연발화성 및 금수성 물질은 고체 또는 액체로서 공기 중에서 발화할 위험이 있거나 물과 접촉하여 발화하거나 가연성 가스를 발생하는 위험성이 있는 것을 말한다.

003 제3류 위험물의 공통성질에 대한 설명으로 옳지 않은 것은?

① 대부분 무기물 고체이다.
② 대부분 건조사, 팽창질석, 팽창진주암, 건조분말 등으로 질식소화한다.
③ 자연발화성 물질로서 공기와의 접촉으로 자연발화의 우려가 있다.
④ 모두 금수성 물질로서 물과 접촉하면 발열·발화한다.

004 제3류 위험물의 공통성질에 대한 설명으로 옳지 않은 것은?

① 자연발화성 물질 및 물과 반응하여 가연성 가스를 발생시키는 물질로서 복합적 위험성을 가지고 있다.
② 알킬알루미늄, 알킬리튬과 유기금속화합물은 유기화합물이다.
③ 칼륨, 나트륨, 알킬알루미늄과 알킬리튬은 물보다 가볍고 나머지 품명은 물보다 무겁다.
④ 황린을 제외한 모든 품목은 물과 반응하여 가연성 가스 중 수소가스만 발생한다.

005 황린에 대한 설명으로 옳지 않은 것은?

① 황린은 제3류 위험물 중 유일하게 주수소화가 가능한 물질이다.
② 황린은 자연발화성만 있고 금수성이 없기 때문에 물 속에 보관하는 물질이다.
③ 황린과 강알칼리 용액(수산화칼륨 용액 등)이 만나면 독성가스인 포스핀가스가 발생한다.
④ 황린의 완전연소 시 주로 발생하는 물질은 적린이나.

006 황린에 대한 설명으로 옳지 않은 것은?

① 발화점이 매우 낮아 자연발화의 위험이 높다.
② 자연발화 방지를 위해 강알칼리 수용액에 저장한다.
③ 독성이 강하고 지정수량이 20kg이다.
④ 연소 시 오산화인의 백색연기를 발생한다.

007 제3류 위험물 중 물과 반응 시에 수소가스가 발생하지 않는 물질은?

① 탄화알루미늄
② 금속나트륨
③ 수소화리튬
④ 금속리튬

KEYWORD 제3류 위험물의 보관

008 다음 제3류 위험물에 대한 설명 중 옳지 않은 것은 모두 몇 개인가?

ㄱ. 제3류 위험물 중 금속칼륨 및 금속나트륨을 저장할 때 보호액으로 석유가 적당하다.
ㄴ. 물과 반응할 때 아세틸렌가스가 발생하는 물질은 탄산칼슘이다.
ㄷ. 수납 시 화기주의, 화기엄금, 공기접촉엄금, 물기엄금으로 표기한 주의사항 게시판을 설치한다.
ㄹ. 알킬알루미늄, 알킬리튬 및 유기금속화합물은 화재 시 초기에는 금속화재와 같은 연소형태에서 후기에는 석유류와 같은 연소형태의 양상이 되므로 진압 시 특히 주의하여야 한다.
ㅁ. 칼륨, 나트륨, 황린, 알칼리금속, 알칼리토금속, 금속수소화합물, 금속인 화합물 그리고 칼슘 또는 알루미늄의 탄화물은 유기화합물이며, 알킬알루미늄, 알킬리튬과 유기금속화합물은 무기화합물이다.

① 2개
② 3개
③ 4개
④ 5개

009 다음은 황린과 산소의 화학반응식이다. ( ) 안에 들어갈 분자식은?

$$P_4 + 5O_2 \rightarrow (\quad)$$

① $2P_2O_5$
② $2P_3O_5$
③ $3P_2O_5$
④ $3P_3O_5$

KEYWORD 제3류 위험물의 소화

010 「위험물안전관리법」에서 정한 위험물의 분류 중 대표적 성질에 따른 위험물의 연결이 옳지 않은 것은?

① 산화성 고체 – 과산화칼륨
② 가연성 고체 – 황린
③ 금수성 및 자연발화성 물질 중 금수성 물질 – 탄화칼슘
④ 자기반응성 물질 – 트리나이트로셀룰로오스

011 다음 중 제3류 위험물에 대한 설명으로 옳지 않은 것을 모두 고르면?

ㄱ. 공기 또는 물과 접촉하여 반응하지 않는다.
ㄴ. 알킬알루미늄은 주로 고체로서 트리부틸알루미늄까지만 공기 중에서 자연발화한다.
ㄷ. 트리프로필알루미늄은 물과 반응 시 메테인가스가 발생한다.
ㄹ. 염소화규소화합물은 대통령령으로 정하는 위험물에 해당된다.

① ㄱ, ㄴ
② ㄴ, ㄹ
③ ㄱ, ㄴ, ㄷ
④ ㄱ, ㄴ, ㄷ, ㄹ

04 제4류 위험물(인화성 액체)

해설집 p.60

> **기출 OX QUIZ**
>
> 1. 제4류 위험물은 인화점 및 연소하한계가 낮아 적은 양으로도 화재의 위험이 있다. 22.기출   O│X
> 2. 제1석유류는 아세톤, 휘발유, 그 밖에 1atm에서 인화점이 21℃ 이상인 것을 말한다. 19.기출   O│X
> 3. 대부분 물보다 가벼우며, 증기비중은 공기보다 무겁다. 18.기출   O│X
> 4. 수용성 메틸알코올 화재에는 내알코올포를 사용한다. 23.기출   O│X
>
> 정답 1. O   2. × 제1석유류는 아세톤, 휘발유, 그 밖에 1atm에서 인화점이 21℃ 미만인 것을 말한다.   3. O   4. O

KEYWORD 제4류 위험물의 특성

001 제4류 위험물의 공통성질에 해당하지 않는 것은?

① 일반적으로 물보다 가볍고, 물에 녹기 어렵다.
② 증기는 공기와 약간 혼합되어도 연소의 우려가 있다.
③ 대부분 증기는 공기보다 무겁다.
④ 물과 접촉하면 가연성 가스가 발생하므로 화기로부터 멀리해야 한다.

002 제4류 위험물에 대한 설명으로 옳지 않은 것은?

① 알코올류라 함은 지정수량이 400L이며, 1분자를 구성하고 있는 탄소 원자의 수가 1개 내지 4개까지인 포화1가 알코올(변성알코올 포함)을 말한다.
② 지정수량은 질량이 아닌 부피로 표현하며 제1석유류 수용성 물질은 알코올류와 성질이 비슷하다.
③ 제2석유류의 지정수량은 1,000L이며, 인화점이 21℃ 이상, 70℃ 미만인 것을 말한다.
④ 제1석유류의 지정수량은 200L이며, 인화점이 21℃ 미만인 것을 말한다.

003 「위험물안전관리법」상 제4류 위험물(비수용성)의 지정수량으로 옳지 않은 것은?

① 특수인화물류: 50L
② 제1석유류: 200L
③ 제2석유류: 1,000L
④ 제3석유류: 4,000L

004 제4류 위험물의 저장 및 취급방법에 대한 설명으로 옳지 않은 것은?

① 용기는 밀전하여 통풍이 잘되는 찬 곳에 저장할 것
② 인화성 액체는 비전도성(부도체)이므로 정전기의 발생에 주의하여 저장·취급할 것
③ 증기는 낮은 곳으로 배출할 것
④ 화기 및 점화원으로부터 먼 곳에 저장할 것

005 제4류 위험물에 대한 내용으로 옳지 않은 것은?

① 특수인화물: 산화프로필렌, 이황화탄소, 디에틸에테르
② 제1석유류: 톨루엔, 아세톤, 휘발유
③ 제2석유류: 등유, 경유, 하이드라진
④ 제3석유류: 중유, 나이트로벤젠, 윤활유

006 제4류 위험물에 해당하는 특수인화물에 대한 설명으로 옳지 않은 것은?

① 무기화합물로서 증기는 공기보다 무겁다.
② 이황화탄소를 물 속에 저장하는 이유는 가연성 증기발생을 억제할 수 있기 때문이다.
③ 특수인화물의 지정수량은 50L이다.
④ 1기압에서 발화점이 100℃ 이하인 것과 인화점이 영하 20℃ 이하이고 비점이 40℃ 이하인 것이 특수인화물에 속한다.

007 제4류 위험물에 대한 설명으로 옳지 않은 것은?

① 인화점이 낮은 순서로는 디에틸에테르 < 가솔린 < 등유 < 중유 < 윤활유이다.
② 이황화탄소는 연소 시 유독성인 아황산가스(이산화황)가 발생한다.
③ 동식물유 중 건성유는 아이오딘값이 100 초과, 130 미만이다.
④ 착화점이 가장 낮은 물질은 이황화탄소이다.

008 제4류 위험물의 위험성에 대한 설명으로 옳지 않은 것은?

① 일반적으로 증기는 공기보다 무겁다.
② 인화점은 이소프렌, 디에틸에테르, 아세트알데히드, 산화프로필렌, 이황화탄소, 가솔린, 아세톤, 벤젠, 톨루엔 순으로 높다.
③ 연소범위 하한이 낮아 대단히 인화하기 쉽다.
④ 인화위험이 높아 화재예방에 주의하여야 한다.

KEYWORD 제4류 위험물의 소화

009 다음 중 제4류 위험물에 대한 설명으로 옳은 것을 모두 고르면?

> ㄱ. 일반적으로 포소화설비에 의한 질식소화한다.
> ㄴ. 위험 I 등급인 제1석유류는 인화점 및 연소하한이 낮아 화재의 위험이 있다.
> ㄷ. 아세트알데히드, 산화프로필렌은 금, 은, 동, 마그네슘, 수은을 피하며 알루미늄이나 철의 용기에 저장한다.
> ㄹ. 아이오딘값은 유지 100g에 부가되는 아이오딘의 g수를 말하며 아이오딘값에 의해 건성유, 반건성유, 불건성유로 구분된다.

① ㄱ, ㄹ
② ㄴ, ㄷ
③ ㄷ, ㄹ
④ ㄱ, ㄴ, ㄷ, ㄹ

05 제5류 위험물(자기반응성 물질)

해설집 p.61

> **기출 OX QUIZ**
>
> 1. 자기반응성 물질은 외부로부터의 산소유입을 차단하여도 소화가 되지 않는다. 18. 기출 O | X
> 2. 하이드록실아민염류는 제5류 위험물에 해당된다. 19. 기출 O | X
> 3. 자기반응성 물질은 외부로부터 산소공급이 없이도 열분해하여 연소가 가능한 물질로서 연소 또는 폭발을 일으킬 수 있는 물질이며, 유기과산화물, 질산에스터류를 포함한다. 19. 기출변형 O | X
> 4. 자기반응성 물질의 소화방법은 마른 모래, 팽창질석, 팽창진주암, 건조분말 등으로 질식소화한다. 18. 기출 O | X
>
> 정답 1. O 2. O 3. O 4. × 소화방법은 대량주수소화이다.

KEYWORD 제5류 위험물의 특성

001 제5류 위험물에 대한 설명으로 옳은 것은?

① 고체 또는 액체로서 폭발의 격렬함 또는 가열분해의 위험성을 판단하기 위하여 고시로 정하는 시험에서 고시로 정하는 성질과 상태를 나타내는 것을 말한다.
② 금수성 물질로서 아조화합물 및 다이아조화합물이 있다.
③ 나이트로화합물은 나이트로기가 적을수록 분해가 용이하고, 가열·충격 등에 민감해지면 분해 발열량도 크며 폭발력도 커진다.
④ 자기반응성 물질이며 위험성유무와 등급에 따라 제1종 또는 제2종으로 분류한다.

002 제5류 위험물에 대한 설명으로 옳지 않은 것은?

① 대부분이 고체이며, 모두 물보다 가볍다.
② 질식소화는 효과가 없다.
③ 점화원 및 분해를 촉진시키는 물질로부터 멀리 하여야 한다.
④ 자연발화의 위험성을 갖고 있다.

003 제5류 위험물에 대한 설명으로 옳지 않은 것은?

① 유기질소화합물로만 구성되었다.
② 대부분 물에 잘 녹지 않는 비수용성이며, 모두 물과 반응하는 물질이 아니다.
③ 모두 가연성물질이고 자체분자 내에서 연소한다.
④ 분말, 이산화탄소, 할로젠화합물 소화약제는 소화효과가 없다.

004 다음 위험물 중 산소(O_2)를 함유하지 않은 물질은?
① 과산화칼륨
② 질산
③ 트리나이트로톨루엔
④ 하이드라진유도체

005 제5류 위험물에 대한 설명으로 옳은 것은?
① 화재 발생 시 소화가 곤란하므로 위험물을 강제로 누출하여 다량의 주수소화를 한다.
② 제3류 위험물은 공기 중에서 장시간에 걸쳐 산화열이 축적하여 자연발화가 발생하지만, 제5류 위험물인 유기질소화합물은 불안정하여 분해가 용이하고 공기 중에서 단시간에 걸쳐 분해열이 축적되면서 자연발화한다.
③ 클로로벤젠, 나이트로벤젠, 나이트로셀룰로오스, 나이트로글리세린 등은 제5류 위험물의 품명이다.
④ 위험물 중 가장 단시간 내에 폭발적인 연소현상을 일으키는 물질이다.

006 제5류 위험물의 화재 시 소화방법으로 가장 옳은 것은?
① 화재 초기에만 다량의 물로 냉각소화하고 그 이후엔 이산화탄소에 의한 질식소화한다.
② 화재 초기에만 다량의 물로 냉각소화하고 그 이후엔 연소확대 방지에 주력하여야 한다.
③ 화재 초기에만 다량의 물로 냉각소화하고 그 이후엔 포에 의한 질식소화한다.
④ 화재 초기에만 다량의 물로 냉각소화하고 그 이후엔 고체에어로졸에 의한 억제소화한다.

KEYWORD 제5류 위험물의 소화 및 취급방법

007 제5류 위험물의 저장 및 취급방법에 대한 설명으로 옳지 않은 것은?
① 화기와 점화원으로부터 멀리하고 가열, 충격, 마찰 등을 피할 것
② 용기의 파손 및 균열에 주의하며, 통풍이 잘되는 냉암소에 저장할 것
③ 화재 발생 시 소화가 곤란하고 폭발할 수 있으므로 소분하여 저장할 것
④ 용기는 개방된 용기에 저장하고 운반용기 및 포장 외부에는 화기엄금, 충격주의 등의 주의사항을 게시할 것

06 제6류 위험물(산화성 액체)

해설집 p.62

> **기출 OX QUIZ**
>
> 1. 제6류 위험물의 대표적인 성질은 산화성 액체로서 비중이 1보다 크다. 13. 기출변형   O | X
> 2. 제6류 위험물의 품명은 과염소산, 과산화수소, 질산으로, 지정수량이 300kg이며, 위험 Ⅰ 등급에 해당된다. 24. 기출   O | X
> 3. 과산화수소는 양의 대소에 관계없이 다량의 물로 냉각소화한다. 18. 기출변형   O | X
> 4. 제6류 위험물은 불연성물질로 분해 시 산소가 발생하며 대부분 염기성이다. 25. 기출   O | X
>
> 정답 1. ○ 2. ○ 3. × 과산화수소는 양의 대소에 관계없이 다량의 물로 희석소화한다. 4. × 제6류 위험물은 불연성물질로 분해 시 산소가 발생하며 대부분 강산(산성)이다.

KEYWORD 제6류 위험물의 특성

001 제6류 위험물에 대한 설명으로 옳지 않은 것은?

① 질산의 비중은 1.49 이상인 것을 말하며, 햇빛에 분해되어 자극성의 과산화질소를 만들기 때문에 갈색병에 보관하여야 한다.
② 대통령령으로 정한 과염소산, 과산화수소, 질산과 행정안전부령으로 정한 할로젠간 화합물은 연소 및 폭발하지 않는다.
③ 대표적인 성질은 산화성액체이다.
④ 산화되기 쉬운 물질이다.

002 제6류 위험물의 종류 및 지정수량으로 잘못 짝지어진 것은?

① 진한 질산 – 300kg
② 과염소산 염류 – 50kg
③ 과염소산 – 300kg
④ 과산화수소 – 300kg

003 제6류 위험물의 공통성질 및 소화방법으로 옳지 않은 것은?

① 모두 물보다 무겁고 물에 녹지 않는다.
② 모두 산소를 함유하고 있는 산화성 액체이다.
③ 모두 불연성 물질로서 액체이다.
④ 과염소산, 질산은 마른 모래, 팽창질석, 팽창진주함, 드라이파우더 등으로 소화하고, 과산화수소는 양의 대소에 관계없이 다량의 물로 희석소화한다.

004 제6류 위험물에 대한 설명으로 옳지 않은 것은?

① 대표적인 성질은 산화성 액체이다.
② 과산화수소는 그 농도가 36%(w%) 이상인 것을 말한다.
③ 분해 시 모두 유독성 가스가 발생하며, 부식성이 강하여 피부에 침투한다.
④ 위험 I 등급이며, 지정수량은 300kg이다.

KEYWORD 위험물의 저장방법

005 위험물과 위험물 수납 시 주의사항의 연결이 옳지 않은 것은?

① 제1류 위험물 - 물기엄금, 화기주의, 충격주의, 가연물접촉주의
② 제2류 위험물 - 화기주의, 화기엄금, 물기엄금
③ 제3류 위험물 - 물기엄금, 화기엄금, 공기접촉엄금
④ 제4류 위험물 - 화기주의, 화기엄금

006 다음 중 위험물의 유별 혼재를 할 수 없는 것으로 묶인 것은?

① 제1류 위험물 + 제6류 위험물
② 제2류 위험물 + 제3류 위험물
③ 제4류 위험물 + 제5류 위험물
④ 제5류 위험물 + 제2류 위험물

007 같은 장소에 가솔린 200ℓ, 등유 2,000ℓ 및 중유 4,000ℓ를 저장하는 경우 위험물의 지정수량의 몇 배인가?

① 5배　　　　　　　　　　② 10배
③ 15배　　　　　　　　　　④ 20배

008 다음 중 특수가연물의 수량으로 옳지 않은 것은?

① 면화류 - 200kg 이상
② 나무껍질 및 대팻밥 - 400kg 이상
③ 볏짚류 - 1,000kg 이상
④ 넝마 및 종이부스러기 - 3,000kg 이상

해커스소방 학원·인강
fire.Hackers.com

PART 4
화재조사

01 화재조사의 개설
02 소방의 화재조사에 관한 법률
03 화재조사 및 보고규정상의 화재조사

01 화재조사의 개설

기출 OX QUIZ

1. 목재표면 노출온도조건에 따른 균열흔은 형성과 모양에 따라 완소흔, 강소흔, 열소흔으로 구분된다. 10. 기출   O | X
2. 인화성 액체가 쏟아지면서 주변으로 튀거나, 연소되면서 발생하는 열에 의해 가열되어 액면에서 끓고, 주변으로 튄 액체가 포어패턴(Pour pattern)의 미연소 부분에서 국부적으로 점처럼 연소된 흔적을 스플래시패턴(Splash pattern)이라고 한다. 25 기출   O | X

정답 1. O   2. O

---

001 그을음, 고온가스, 열기, 화염 등에 의해 탄화, 소실, 변색, 용융 등의 형태로 손상된 물질의 형상에 따른 화재패턴에 대한 설명으로 옳지 않은 것은?

① V형 패턴이란 화재가 발생하면 주위 공기가 뜨거워져 연소가스와 공기는 위로 올라가고, 더불어 화염도 위로 향하면서 주변으로 확대되는 연소형태로서 가장 일반적인 화재패턴이다.
② 역 V형 패턴이란 유동성이 있는 가연성(인화성) 액체에서 발생하는 연소형태로, 불기둥이 천장에 도달하지 않을 때 발생한다.
③ 모래시계형 패턴이란 유동성이 있는 가연성(인화성) 액체에서 발생하는 연소형태로, 천장이 낮아서 천장에 불기둥이 도달하면 발생한다.
④ X형 패턴이란 연소확대 과정에서 형성되기 때문에 복사열의 영향을 크게 받아 확대되는 연소형태이다.

002 화재조사의 특징으로 옳지 않은 것은?

① 강제성을 지닌다.
② 보존성을 갖는다.
③ 경제성을 가져야 한다.
④ 안전성이 반드시 보호되어야 한다.

003 다음에서 설명하는 것은?

- (㉠) - 불이 물처럼 흘러가며 공간 속에서 열과 연소로 남긴 불길의 흔적을 말한다.
- (㉡) - 발열체가 목재면에 밀착되었을 때 그 발열체의 이면 목재면에 흔적이 남는다. 즉, 발열체에 의한 목재면의 흔적을 말한다.

	㉠	㉡		㉠	㉡
①	훈소흔	주염흔	②	훈소흔	무염흔
③	주염흔	훈소흔	④	무염흔	훈소흔

004 <보기>에서 설명하는 화재패턴으로 옳은 것은?

<보기>

인화성 액체가 웅덩이처럼 고여 있을 경우 발생하는 패턴으로 웅덩이처럼 고여 있는 중심부는 액체가 증발하면서 기화열에 의한 냉각효과로 보호되는 반면, 주변부나 얇은 곳은 화염으로의 복사열에 의해 바닥재를 탄화시키게 되어 더 많이 연소된 부분이 덜 연소된 부분을 둘러싸고 있는 도넛 형태로 연소된 흔적을 말한다.

① 도넛패턴(Doughnut pattern)
② 스플래시패턴(Splash pattern)
③ 원형패턴(Circular shaped pattern)
④ 틈새연소패턴(Seam burn pattern)

02 소방의 화재조사에 관한 법률

해설집 p.65

> **기출 OX QUIZ**
>
> 1. 화재조사는 관계 공무원이 화재진압 후 즉시 장비를 활용하여 실시되어야 한다. 20. 기출변형   O | X
> 2. 화재조사 조사권자는 소방관서장이다. 09. 기출변형   O | X
> 3. 「국가기술자격법」에 따른 국가기술자격의 직무분야 중 안전관리 분야에서 산업기사 이상의 자격을 취득한 사람은 화재합동조사단의 단원이 될 수 있다. 25. 기출   O | X
>
> 정답 1. X 화재조사는 관계 공무원이 화재사실을 인지하는 즉시 장비를 활용하여 실시되어야 한다. 2. O 3. O

001 「소방의 화재조사에 관한 법률」상 화재조사에 대한 설명으로 옳지 않은 것은?

① 화재조사의 목적은 화재예방 및 소방정책에 활용하기 위하여 화재원인, 화재성장 및 확산, 피해현황 등에 관한 과학적·전문적인 조사에 필요한 사항을 규정한다.
② 소방관서장은 화재발생 사실을 알게 된 때에는 지체 없이 화재조사를 하여야 한다.
③ 소방관서장은 화재조사전담부서(소방청, 소방본부, 소방서)를 설치·운영하여야 하며, 화재조사전담부서에 화재조사관을 3명 이상 배치해야 한다.
④ 소방관서장은 사상자가 많거나 사회적 이목을 끄는 화재 등 대통령령으로 정하는 대형화재 등이 발생한 경우 종합적이고 정밀한 화재조사를 위하여 유관기관 및 관계 전문가를 포함한 화재합동조사단을 구성·운영할 수 있다.

KEYWORD 화재조사권

002 「소방의 화재조사에 관한 법률」에 따르면 화재가 발생하였을 때에는 화재조사를 하여야 한다. 다음 중 화재조사권자에 해당하지 않는 자는?

① 행정안전부장관
② 소방청장
③ 소방본부장
④ 소방서장

003 다음 중 화재조사를 행하는 강제조사권에 해당하지 않는 것은?

① 관계인에 대한 질문권
② 관계인에 대한 자료제출 명령권
③ 방화·실화 혐의자에 대한 체포권
④ 화재조사를 위한 출입조사권

004 다음 중 화재조사에 전문성을 인정받아 화재조사를 수행하는 소방공무원을 일컫는 용어는?

① 화재 총괄책임관
② 화재조사본부장
③ 화재조사관
④ 화재조사자

005 소방관서장은 화재조사를 하는 경우 다음 사항에 대하여 조사하여야 한다. 즉, 화재조사 범위로 옳은 것을 모두 고르면?

> ㄱ. 화재원인에 관한 사항
> ㄴ. 화재로 인한 인명·재산피해상황
> ㄷ. 대응활동에 관한 사항
> ㄹ. 소방시설 등의 설치·관리 및 작동 여부에 관한 사항

① ㄱ, ㄹ
② ㄴ, ㄷ
③ ㄷ, ㄹ
④ ㄱ, ㄴ, ㄷ, ㄹ

03 화재조사 및 보고규정상의 화재조사

해설집 p.65

> **기출 OX QUIZ**
>
> 1. 건물의 소실면적 산정은 소실 입체면적으로 산정한다. 23. 기출 O | X
> 2. 발화일시의 결정은 관계인등의 화재발견 상황통보(인지) 시간 및 화재발생 건물의 구조, 재질 상태와 화기취급 등의 상황을 종합적으로 검토하여 결정한다. 다만, 자체진화 등 사후인지 화재로 그 결정이 곤란한 경우에는 발화시간을 추정할 수 있다. 23. 기출 O | X
> 3. 건물 피해산정추정액 = 신축단가(m²당) × 소실면적 × [1 + (0.8 × 경과연수/내용연수)] × 손해율이다. 25. 기출 O | X
>
> 정답 1. × 건물의 소실면적 산정은 소실 바닥면적으로 산정한다. 2. ○ 3. × 건물 피해산정추정액 = 신축단가(m²당) × 소실면적 × [1 − (0.8 × 경과연수/내용연수)] × 손해율이다.

KEYWORD 화재조사 및 보고규정

001 「화재조사 및 보고규정」에서 규정한 용어의 정의로 옳지 않은 것은?

① '접수'란 119종합상황실에 유·무선 전화 또는 다매체를 통하여 화재 등의 신고를 받는 것을 말한다.
② '초진'이란 소방대의 소화활동으로 화재확대의 위험이 현저하게 줄어들거나 없어진 상태를 말한다.
③ '완진'이란 소방대에 의한 소화활동의 필요성이 사라진 것을 말한다.
④ '선착대'란 화재현장에 도착한 소방대를 말한다.

002 다음 중 ( ) 안에 들어갈 내용으로 옳은 것은?

> • 1건의 화재란 1개의 (㉠)에서 확대된 것으로 발화부터 진화까지를 말한다.
> • 발화지점이 한 곳인 화재현장이 둘 이상의 관할구역에 걸친 화재는 (㉡)이 속한 소방서에서 1건의 화재로 산정한다.

	㉠	㉡
①	발화장소	발화지점
②	발화지점	발화지점
③	발화지점	발화열원
④	발화열원	발화장소

003 다음 중 ㉠, ㉡에 들어갈 용어로 옳은 것은?

- (㉠): 화재 초진 후 잔불을 점검하고 처리하는 것을 말한다. 이 단계에서는 열에 의한 수증기나 화염 없이 연기만 발생하는 연소현상이 포함될 수 있다.
- (㉡): 화재를 진화한 후 화재가 재발되지 않도록 감시조를 편성하여 일정 시간 동안 감시하는 것을 말한다.

	㉠	㉡
①	잔불정리	재발화감시
②	재발화감시	잔불정리
③	잔불점검	잔불진화
④	잔불진화	잔불점검

004 「화재조사 및 보고규정」에 대한 내용으로 옳지 않은 것은?

① 소방관서장은 조사관을 근무교대조별로 2인 이상 배치하여 조사업무를 수행하도록 하여야 한다.
② 재난안전상황실이란 소방관서 또는 소방기관에서 화재·구조·구급 등 각종 소방상황을 접수·전파 처리 등의 업무를 행하는 곳을 말한다.
③ 잔가율이란 화재 당시에 피해물의 재구입비에 대한 현재가의 비율을 말한다.
④ 발화열원이란 발화의 최초 원인이 된 불꽃 또는 열을 말한다.

005 「화재조사 및 보고규정」에 관한 다음 내용 중 ㉠, ㉡에 해당하는 것은?

- (㉠): 화재와 관계되는 물건의 형상, 구조, 재질, 성분, 성질 등 이와 관련된 모든 현상에 대하여 과학적 방법에 따라 필요한 실험을 행하고 그 결과를 근거로 화재원인을 밝히는 자료를 얻는 것을 말한다.
- (㉡): 피해물의 경제적 내용연수가 다한 경우 잔존하는 가치의 재구입비에 대한 비율을 말한다.

	㉠	㉡
①	감식	잔가율
②	감정	최종잔가율
③	조사	잔가율
④	화재	재구입비

006 화재조사업무처리의 기본사항 중 조사의 원칙에 대한 설명으로 옳지 않은 것은?

① 조사는 물적 증거를 통한 과학적인 방법으로 합리적인 사실을 규명하여야 한다.
② 조사를 실시함에 있어 관계자 등의 입회하에 현장과 기타 관계있는 장소에 출입하는 것을 원칙으로 한다.
③ 관계인 등에게 질문을 할 때에는 시기, 장소 등을 고려하여 진술하는 사람으로부터 임의진술을 얻도록 해야 하며, 진술의 자유 또는 신체의 자유를 침해하여 임의성을 의심할 만한 방법을 취한다.
④ 소문 등에 의한 사항은 그 사실을 직접 경험한 사람의 진술을 얻도록 하여야 한다.

KEYWORD 조사업무체계 등

007 화재조사업무체계 등에 대한 설명으로 옳지 않은 것은?

① 소방관서장은 조사 시 전문지식과 기술이 필요하다고 인정되는 경우 국립소방연구원 또는 화재감정기관 등에 감정을 의뢰할 수 있다.
② 화재현장의 후착대 선임자는 철수 후 지체 없이 국가화재정보시스템에 화재현장출동보고서를 작성·입력해야 한다.
③ 소방관서장은 과학적이고 합리적인 화재원인 규명을 위하여 화재현장에서 수거한 물품에 대하여 감정을 실시하고 화재원인 입증을 위한 재현실험 등을 할 수 있다.
④ 자동차, 철도차량 및 피견인차량 또는 그 적재물이 소손된 것은 자동차·철도차량화재에 해당된다.

008 다음 화재피해금액 산정에 대한 설명 중 ㉠, ㉡에 해당하는 수치는?

> 건물 등 자산에 대한 최종잔가율은 건물·부대설비·구축물·가재도구는 (㉠)로 하며, 그 이외의 자산은 (㉡)로 정한다.

	㉠	㉡
①	10%	20%
②	20%	10%
③	30%	30%
④	40%	40%

009 「화재조사 및 보고규정」에 관한 내용으로 옳은 것은?

① 동일범이 아닌 각기 다른 사람에 의한 방화, 불장난은 동일 대상물에서 발화했더라도 각각 별건의 화재로 한다.
② 전소화재란 건물의 70% 이상(바닥면적에 대한 비율을 말한다)이 소실되었거나 또는 그 미만이라도 잔존부분을 보수하여도 재사용이 불가능한 것을 말한다.
③ 발화일시의 결정은 관계인 등의 화재발견 상황통보(인지)시간 및 화재발생 건물의 구조, 재질 상태와 화기취급 등의 상황을 종합적으로 검토하여 결정한다. 다만, 자체진화 등 사후인지 화재로 그 결정이 곤란한 경우에는 발화장소를 추정할 수 있다.
④ 조사는 인적 또는 물적 증거를 바탕으로 과학적인 방법을 통해 합리적인 사실의 규명을 원칙으로 한다.

010 다음과 같은 화재가 발생하는 경우 화재합동조사단 운영 및 종료에 대한 설명으로 옳지 않은 것은?

- 사망자가 5명 이상 발생한 화재
- 화재로 인한 사회적·경제적 영향이 광범위하다고 소방관서장이 인정하는 화재

① 사상자가 30명 이상이거나 2개 시·도 이상에 걸쳐 발생한 화재(임야화재는 제외)에는 소방청장이 화재합동조사단을 구성하여 운영할 수 있다.
② 사상자가 20명 이상이거나 2개 시·군·구 이상에 발생한 화재에는 소방본부장이 화재합동조사단을 구성하여 운영할 수 있다.
③ 사상자가 5명 이상이거나 사망자가 10명 이상 또는 재산피해액이 100억원 이상 발생한 화재에는 소방서장이 화재합동조사단을 구성하여 운영할 수 있다.
④ 소방관서장은 화재합동조사단의 조사가 완료되었거나, 계속 유지할 필요가 없는 경우 업무를 종료하고 해산시킬 수 있다.

011 건물의 동수 산정에 대한 설명으로 옳은 것은?

① 건물의 외벽을 이용하여 실을 만들어 헛간, 목욕탕, 작업실, 사무실 및 기타 건물 용도로 사용하고 있는 것은 주건물과 다른 동으로 본다.
② 독립된 건물과 건물 사이에 차광막, 비막이 등의 덮개를 설치하고 그 밑을 통로 등으로 사용하는 경우는 다른 동으로 한다.
③ 구조에 관계없이 지붕 및 실이 하나로 연결되어 있는 것은 다른 동으로 본다.
④ 내화조 건물의 옥상에 내화구조 또는 방화구조 건물이 별도 설치되어 있는 경우는 다른 동으로 한다. 다만, 이들 건물의 기능상 하나인 경우(옥내 계단이 있는 경우)는 같은 동으로 한다.

012 「화재조사 및 보고규정」에서 사상자에 대한 설명으로 옳지 않은 것은?

① 의사의 진단을 기초하에 3주 이상의 입원치료를 필요로 하는 부상은 중상에 해당된다.
② 의사의 진단을 기초하에 경상은 중상 이외의(입원치료를 필요로 하지 않는 것은 제외) 부상을 의미한다.
③ 화재로 인하여 부상을 당한 후 72시간 이내에 사망하면 당해 화재로 인한 사망으로 본다.
④ 병원치료를 필요로 하지 않고 단순하게 연기를 흡입한 사람은 경상자에서 제외된다.

013 다음 중 ㉠, ㉡에 들어갈 용어로 옳은 것은?

- (㉠): 화재 발생 후 소실 정도를 산정할 때 전소화재의 산정기준
- (㉡): 건물의 소실면적 산정기준

	㉠	㉡
①	소실면적	입체면적
②	입체면적	소실 바닥면적
③	연면적	소실 바닥면적
④	바닥면적	연면적

014 다음 중 「화재조사 및 보고규정」상 조사관이 소방관서장에게 지체없이 화재·구조·구급상황보고서를 작성·보고해야 하는 경우를 모두 고른 것은?

ㄱ. 사망자가 5인 이상 발생하거나 사상자가 10인 이상 발생한 화재에는 화재 발생일로부터 30일 이내에 보고해야 한다.
ㄴ. 통제단장의 현장지휘가 필요한 재난상황의 화재에는 화재 발생일로부터 30일 이내에 보고해야 한다.
ㄷ. 언론에 보도된 재난상황은 화재 발생일로부터 15일 이내에 보고해야 한다.
ㄹ. 화재감정기관 등에 감정을 의뢰한 경우에는 소방관서장에게 사전 보고를 한 후 필요한 기간만큼 조사 보고일을 연장할 수 있다. 조사 보고일을 연장한 경우 그 사유가 해소된 날부터 10일 이내에 소방관서장에게 조사결과를 보고해야 한다.

① ㄱ, ㄴ, ㄷ
② ㄱ, ㄷ, ㄹ
③ ㄴ, ㄷ, ㄹ
④ ㄱ, ㄴ, ㄷ, ㄹ

015 「화재조사 및 보고규정」상 화재피해금액 산정기준 중 부대설비 피해산정추정액으로 옳은 것은?

① 신축단가(m²당) × 소실면적 × [1 - (0.8 × 경과연수/내용연수)] × 손해율
② 건물신축단가 × 소실면적 × 설비종류별 재설비 비율 × [1 - (0.8 × 경과연수/내용연수)] × 손해율
③ m²당 표준단가 × 소실면적 × [1 - (0.9 × 경과연수/내용연수)] × 손해율
④ 화재피해금액 × 10%

해커스소방 학원·인강
fire.Hackers.com

PART 5
재난 및 안전관리 기본법

01 재난관리 이론
02 재난 및 안전관리 기본법의 개설
03 안전관리기구 및 기능
04 안전관리계획
05 재난의 예방
06 재난의 대비
07 재난의 대응
08 긴급구조
09 재난의 복구
10 보칙 및 벌칙

01 재난관리 이론

기출 OX QUIZ

1. 재난관리 4단계는 재난예방 → 재난대비 → 재난대응 → 재난복구이다. 08, 11. 기출   O | X
2. 황사로 인하여 발생한 재해는 「형법」상 사회재난에 해당한다. 20. 기출   O | X
3. 재난관리방식 중 통합관리방식은 재난 시 유사한 자원동원 체계와 자원유형이 필요하기 때문에 자원동원과 신속한 대응성 확보, 가용자원(인적자원)의 효과적 활용을 할 수 있다. 21. 기출   O | X
4. 「재난 및 안전관리 기본법」 제3조 제1호에 따른 재난은 자연재난, 사회재난, 해외재난으로 구분된다. 23. 기출   O | X
5. 근원적인 사고를 방지하기 위해서는 하인리히는 3단계인 불안전한 행동 및 상태를 제거, 프랭크 버드는 2단계인 기본원인을 제거하여야 한다. 24. 기출   O | X

정답 1. O 2. X 황사는 현 「형법」상 자연재난에 해당된다. 3. O 4. X 「재난 및 안전관리 기본법」 제3조 제1호에 따른 재난은 자연재난, 사회재난으로 구분된다. 5. O

KEYWORD 재난의 분류

001 재난분류에 대한 설명으로 옳지 않은 것은?

① 아네스(Anesth)의 재난분류는 자연재해, 준자연재해로 이분(二分)한다.
② 아네스(Anesth)의 계획적 재해는 테러, 폭동, 전쟁이 있다.
③ 존스(Jones)의 생물학적 재해는 세균질병, 유독식물, 유독동물이 있다.
④ 존스(Jones)의 재난분류는 자연재해, 준자연재해, 인위재해로 삼분(三分)한다.

KEYWORD 재난관리 단계

002 재난관리에 대한 설명으로 옳지 않은 것은?

① 재난관리 4단계는 재난예방 → 재난대비 → 재난대응 → 재난복구이다.
② 협의의 재난관리는 2단계로서 재난대응 → 재난복구이다.
③ 분산관리방식은 재난·재해의 유형과 관계없이 일상적으로 비상대응기관을 통합적으로 관리한다.
④ 통합관리방식은 관련부처의 수가 적고 지휘체계가 단일화되어 있다.

003 자연재난과 사회재난을 비교한 내용으로 옳지 않은 것은?

① 자연재난은 어느 정도의 사전예측이 가능하지만, 사회재난은 사전예측이 거의 불가능하다.
② 자연재난은 국소 지역에서 발생하지만, 사회재난은 넓은 지역에서 발생한다.
③ 2019년 12월에 전세계의 혼란을 야기시킨 코로나바이러스19는 사회재난에 해당한다.
④ 자연재난은 통제가 불가능하지만 사회재난은 통제가 가능하다.

004 재난관리에 대한 설명으로 옳지 않은 것은?

① 재난예방은 미래에 발생할 가능성이 있는 재난을 사전에 예방하고, 재난발생 가능성을 감소시키며, 발생 가능한 재난의 피해를 최소화시키기 위한 활동단계를 말한다.
② 재난대비란 예방 및 완화단계의 제반활동에도 불구하고 재난발생확률이 높아진 경우, 재해 발생 후에 효과적으로 대응할 수 있도록 사전에 대응활동을 위한 메커니즘을 구성하는 등 운영적인 대비장치 등을 갖추는 단계를 말한다.
③ 재난대응은 일단 재해가 발생한 경우 신속한 대응활동을 통하여 재해로 인한 인명 및 재산피해를 최소화하고 재해의 확산을 방지하며, 순조롭게 복구가 이루어질 수 있도록 활동하는 단계를 말한다.
④ 재난복구란 재해 상황이 어느 정도 안정되기 전 취하는 활동단계로, 재해로 인한 피해 지역을 재해 이전의 상태로 회복시키는 활동을 말한다.

005 재난관리이론에 대한 설명으로 옳지 않은 것은?

① 하인리히(H. W. Heinrich) 법칙이란 330번의 크고 작은 사고 중 1건의 중대한 위기가 발생하기 전에 반드시 경미한 사건들이 29건 터지면서 경고를 하며 29건의 사건 이면에는 300건의 잠재적인 위험요인들이 수없이 반복된다는 법칙이다.
② 프랭크 버드(Frank E. Bird)의 재해발생비율을 따를 때, 상해 또는 질병이 1건 발생한 경우 경상(물적, 인적상해) 사고의 발생건수는 30건이다.
③ 하인리히(H. W. Heinrich)의 도미노 이론의 5단계 중 사회적 또는 가정적(유전적) 결함은 사고의 직접원인이 되는 1단계에 해당된다.
④ 재해예방의 4대원칙은 손실우연의 원칙, 원인연계의 원칙, 예방가능의 원칙, 대책선정의 원칙이 있다.

006 하인리히(H. W. Heinrich)의 도미노 이론의 5단계 중 사고의 직접원인이 되는 2단계에 해당하는 것은?

① 사회적 또는 유전적 결함
② 개인적 결함
③ 불안전한 상태 또는 거동
④ 사고

007 재해원인 분석방법 중 하나인 4M 분석방법에 관한 설명으로 옳지 않은 것은?

① 재해의 원인을 Man, Machine, Media, Management 요인으로 구분하여 분석한다.
② 기계·설비의 설계상 결함은 기계적 요인에 해당한다.
③ 작업정보의 부적절은 매체(정보) 요인에 해당한다.
④ 안전교육 및 훈련의 부족은 인간적 요인에 해당한다.

02 재난 및 안전관리 기본법의 개설

해설집 p.72

> **기출 OX QUIZ**
>
> 1. '재해'란 국민의 생명·신체·재산과 국가에 피해를 주거나 줄 수 있는 것을 말한다. 08. 기출   O | X
> 2. '재난관리책임기관'이란 재난이나 그 밖의 각종 사고에 대하여 그 유형별로 예방·대비·대응 및 복구 등의 업무를 주관하여 수행하도록 대통령령으로 정하는 관계 중앙행정기관을 말한다.
>   10, 11. 기출   O | X
> 3. '긴급구조기관'이란 행정안전부, 소방청, 경찰청을 말한다. 20. 기출변형   O | X
>
> 정답 1. × '재난'이란 국민의 생명·신체·재산과 국가에 피해를 주거나 줄 수 있는 것을 말한다. 2. × '재난관리주관기관'이란 재난이나 그 밖의 각종 사고에 대하여 그 유형별로 예방·대비·대응 및 복구 등의 업무를 주관하여 수행하도록 대통령령으로 정하는 관계 중앙행정기관을 말한다. 3. × '긴급구조기관'이란 소방청, 소방본부, 소방서를 말한다.

KEYWORD 재난 및 안전관리 기본법

001 「재난 및 안전관리 기본법」의 목적으로 옳지 않은 것은?

① 각종 재난으로부터 국토를 보존한다.
② 국민의 생명·신체 및 재산을 보호한다.
③ 국가 및 지방자치단체의 재난 및 안전관리체제를 확립한다.
④ 재난을 예방하고 재난이 발생한 경우 그 피해를 최소화하여 일상으로 회복할 수 있도록 지원하는 것이 국가와 지방자치단체의 기본적 의무임을 확인한다.

002 「재난 및 안전관리 기본법」에서 사용하는 용어의 정의에 대한 설명으로 옳지 않은 것은?

① '국가재난관리기준'이란 모든 유형의 재난에 공통적으로 활용할 수 있도록 재난관리의 전 과정을 통일적으로 단순화·체계화한 것으로서 행정안전부장관이 고시한 것을 말한다.
② '재난안전의무보험'이란 재난이나 그 밖의 각종 사고로 사람의 생명·신체 또는 재산에 피해가 발생한 경우 그 피해를 보상하기 위한 보험 또는 공제(共濟)로서 이 법 또는 다른 법률에 따라 일정한 자에 대하여 가입을 권장하는 보험 또는 공제를 말한다.
③ '안전관리'란 재난이나 그 밖의 각종 사고로부터 사람의 생명·신체 및 재산의 안전을 확보하기 위하여 하는 모든 활동을 말한다.
④ '재난관리'란 재난의 예방·대비·대응 및 복구를 위하여 하는 모든 활동을 말한다.

003 「재난 및 안전관리 기본법」에서 사용하는 용어의 정의로 옳은 것은?

① '재난취약계층'이란 어린이, 노인, 장애인, 저소득층 등 신체적·사회적·경제적 요인으로 인하여 재난에 취약한 사람을 말한다.
② '재난안전통신망'이란 재난관리책임기관·긴급구조기관 및 긴급구조지원기관이 재난관리 업무에 이용하거나 재난현장에서의 통합지휘에 활용하기 위하여 구축·운영하는 유·무선통신망을 말한다.
③ '재난관리정보'란 재난관리를 위하여 필요한 재난상황정보, 동원가능 자원정보, 시설물정보, 지리정보를 말한다.
④ '해외재난'이란 대한민국의 영역 밖에서 대한민국 국민의 생명·신체 및 재산에 피해를 주거나 줄 수 있는 재난을 말한다.

004 「재난 및 안전관리 기본법」에 관한 용어의 정의로 옳지 않은 것은?

① '재난관리책임기관'이란 재난관리업무를 하는 기관을 말한다.
② '국가핵심기반'이란 에너지, 정보통신, 교통수송, 보건의료 등 국가경제, 국민의 안전·건강 및 정부의 핵심기능에 중대한 영향을 미칠 수 있는 시설, 정보기술시스템 및 자산 등을 말한다.
③ '긴급구조'란 긴급구조에 필요한 인력·시설 및 장비, 운영체계 등 긴급구조능력을 보유한 기관이나 단체로서 대통령령으로 정하는 기관과 단체를 말한다.
④ '안전기준'이란 각종 시설 및 물질 등의 제작·유지관리 과정에서 안전을 확보할 수 있도록 적용하여야 할 기술적 기준을 체계화한 것을 말하며, 안전기준의 분야, 범위 등에 관하여는 대통령령으로 정한다.

KEYWORD 재난관련 행정기관

005 다음 중 재난관리 업무를 담당하는 재난관리책임기관이 아닌 것은?

① 중앙행정기관
② 긴급구조기관
③ 지방행정기관
④ 재난관리의 대상이 되는 중요시설의 관리기관으로서 대통령령으로 정하는 기관

006 재난이나 그 밖의 각종 사고에 대하여 그 유형별로 예방·대비·대응 및 복구 등의 업무를 주관하여 수행하도록 대통령령으로 정하는 관계 중앙행정기관은?

① 긴급구조기관
② 긴급구조지원기관
③ 재난관리책임기관
④ 재난관리주관기관

007 다음 중 「재난 및 안전관리 기본법」에서 정하는 긴급구조기관이 아닌 것은?

① 행정안전부
② 소방본부
③ 소방청
④ 해양경찰청

008 「재난 및 안전관리 기본법」에서 정하는 긴급구조지원기관으로 옳지 않은 것은?

① 교육부, 과학기술정보통신부, 국방부, 산업통상자원부, 해양수산부, 방송통신위원회, 경찰청, 산림청, 질병관리청, 기상청, 소방청, 해양경찰청 등
② 국방부장관이 탐색구조부대로 지정하는 군부대
③ 종합병원, 응급의료기관, 응급의료정보센터 및 구급차 등의 운용자
④ 대한적십자사

009 「재난 및 안전관리 기본법 시행령」상 자연재난 유형별 재난관리주관기관으로 옳은 것은?

① 자연재해로서 낙뢰, 가뭄, 폭염 및 한파로 인해 발생하는 재해 – 기후에너지 환경부
② 황사로 인해 발생하는 재해 – 행정안전부
③ 자연우주물체의 추락·충돌 등으로 인해 발생하는 재해, 우주전파재난 – 과학기술정보통신부 및 우주항공청
④ 산사태로 인해 발생하는 재해 – 소방청

010 「재난 및 안전관리 기본법 시행령」상 다음 사회재난의 재난관리주관기관으로 옳은 것은?

- 「소방기본법」 제2조 제1호에 따른 소방대상물의 화재로 인해 발생하는 대규모 피해
- 「위험물안전관리법」 제2조 제1항 제1호에 따른 위험물의 누출·화재·폭발 등으로 인해 발생하는 대규모 피해

① 행정안전부
② 소방청
③ 행정안전부 및 소방청
④ 산업통상자원부 및 소방청

KEYWORD 재난의 종류

011 '재난'은 국민의 생명·신체·재산과 국가에 피해를 주거나 줄 수 있는 것으로, 자연재난과 사회재난으로 구분한다. 다음 중 자연재난으로 볼 수 없는 것은?

① 조류(藻類) 대발생, 조수(潮水), 화산활동, 「우주개발 진흥법」에 따른 자연우주물체의 추락·충돌
② 호우, 한파, 조수
③ 감염병, 미세먼지, 「우주개발 진흥법」에 따른 인공우주물체의 추락·충돌 등으로 인한 피해
④ 화산활동, 폭염, 풍랑

012 「재난 및 안전관리 기본법」상 사회재난 중 국가핵심기반의 마비로 인한 피해에 해당하지 않는 재난은?

① 에너지, 정보통신, 교통수송, 보건의료 등 국가경제가 흔들리는 재난
② 다중운집인파사고 등으로 인하여 발생하는 대통령령이 정하는 규모 이상의 피해를 주는 재난
③ 정보기술시스템 및 자산
④ 국민의 안전·건강 및 정부의 핵심기능에 중대한 영향을 미칠 수 있는 시설

013 다음 중 「재난 및 안전관리 기본법」에서 대통령령으로 정하는 규모 이상의 피해에 해당하지 않는 재난의 종류는?

① 화재사고
② 교통수송
③ 환경오염사고
④ 폭발사고

014 재난 및 안전관리에 대한 설명으로 옳지 않은 것은?

① 대통령은 국가 및 지방자치단체가 행하는 재난 및 안전관리 업무를 총괄·조정한다.
② 자연재난은 태풍·홍수·호우(豪雨)·강풍·풍랑·해일(海溢)·대설·한파·낙뢰·가뭄·폭염·지진 등으로서 어느 정도 사전예측은 가능하나 통제는 불가능하다.
③ 사회재난은 대통령령으로 정하는 규모 이상의 피해·국가핵심기반의 마비를 주는 피해·감염병·가축전염병 확산 등으로 인한 피해 및 미세먼지 등으로 인한 피해 등으로서 어느 정도 통제는 가능하나 사전예측이 거의 불가능하다.
④ 재난의 특성은 불확실성, 누적성, 상호작용성(복잡성), 인지성을 가지고 있다.

015 「재난 및 안전관리 기본법 시행령」상 재난유형에 따른 재난관리주관기관으로 옳은 것은?

① 과학기술정보통신부 - 「금융위원회의 설치 등에 관한 법률」 제38조에 따른 기관(이하 "금융기관"이라 한다) 중 「정보통신기반 보호법」 제2조 제1호에 따른 정보통신기반시설을 관리하는 금융기관의 화재등으로 인해 발생하는 대규모 피해
② 행정안전부 및 소방청 - 일반인이 자유로이 모이거나 통행하는 도로, 광장 및 공원의 다중운집인파사고로 인해 발생하는 대규모 피해
③ 국토교통부 - 「지하안전관리에 관한 특별법」 제2조 제2호에 따른 지반침하(다른 중앙행정기관 소관의 지하시설물로 인해 발생하는 지반침하는 제외한다)로 인해 발생하는 대규모 피해
④ 산업통상자원부 - 「관광진흥법」 제33조의2 제1항에 따른 테마파크시설의 중대한 사고로 인해 발생하는 대규모 피해

03 안전관리기구 및 기능

해설집 p.78

> **기출 OX QUIZ**
>
> 1. 중앙안전관리위원회 위원장은 국무총리, 안전정책조정위원회 위원장은 행정안전부장관, 실무위원회 위원장은 재난안전관리본부장이다. 07. 기출변형 　 O | X
> 2. 국가안전관리기본계획, 특별재난지역 선포는 중앙안전관리위원회에서 심의하고, 집행계획, 재난사태선포는 안전정책조정위원회에서 심의한다. 21. 기출 　 O | X
> 3. 중앙안전관리민관협력위원회 구성·운영권자는 실무위원회위원장(재난안전관리본부장)이다. 17. 기출변형 　 O | X
> 4. 중앙재난안전대책본부의 설치목적은 대통령령으로 정하는 대규모 재난의 예방-대비-대응-복구에 관한 사항을 총괄·조정하고 필요한 조치를 하기 위하여 행정안전부에 중앙재난안전대책본부를 둔다. 17. 기출 　 O | X
>
> 정답 1. O 2. X 재난사태선포는 중앙안전관리위원회가 심의한다. 3. X 중앙안전관리민관협력위원회 구성·운영권자는 조정위원회 위원장(행정안전부장관)이다. 4. X 중앙재난안전대책본부의 설치목적은 대통령령으로 정하는 대규모 재난의 대응-복구에 관한 사항을 총괄·조정하고 필요한 조치를 하기 위하여 행정안전부에 중앙재난안전대책본부를 둔다.

KEYWORD 중앙안전관리위원회

001 안전관리기구 및 기능에 대한 설명으로 옳지 않은 것은?

① 지역안전관리위원회 - 행정안전부령으로 정하는 소규모 재난의 대응·복구에 관한 심의
② 중앙안전관리위원회 - 재난 및 안전관리 중요정책에 관한 심의
③ 안전정책조정위원회 - 중앙위원회에 상정될 안건들을 미리 검토 및 중앙위원회 심의 외 (단독심의)에 관한 심의
④ 실무위원회 - 관계 중앙행정기관장이 실무(대책·수습)를 협의·조정에 관한 심의

002 다음 중 심의기구인 중앙안전관리위원회 기능에 해당하지 않는 것은?

① 재난사태의 선포에 관한 사항
② 특별재난지역의 선포에 관한 사항
③ 「재난안전산업 진흥법」에 따른 기본계획에 관한 사항
④ 재난관리책임기관의 장이 시행하는 대통령령으로 정하는 재난 및 사고의 예방사업 추진에 관한 사항

003 다음 중 심의기구인 중앙안전관리위원회의 기능에 해당하지 않는 것은?

① 재난사태의 선포 및 특별재난지역의 선포에 관한 사항
② 국가안전관리기본계획 및 집행계획에 관한 사항
③ 안전기준관리에 관한 사항
④ 재난안전의무보험의 관리·운용 등에 관한 사항

004 중앙안전관리위원회(중앙위원회)의 구성 및 운영에 대한 설명으로 옳지 않은 것은?

① 중앙위원회의 위원장은 중앙위원회를 대표하며, 중앙위원회의 업무를 총괄한다.
② 중앙위원회의 위원장은 국무총리가 되고, 위원은 대통령령이 정하는 중앙행정기관 또는 관계 기관·단체의 장이 된다.
③ 중앙위원회의 업무를 효율적으로 처리하기 위하여 중앙위원회에 조정위원회를 둘 수 있다.
④ 중앙위원회에 간사 1명을 두며, 간사는 행정안전부장관이 된다.

005 중앙위원회의 위원장이 사고 또는 부득이한 사유로 직무를 수행할 수 없을 때에 직무 대행자는?

① 중앙행정기관의 장
② 행정안전부장관
③ 소방청장
④ 시·도지사

KEYWORD 안전정책조정위원회

006 안전관리기구 및 기능에 대한 설명으로 옳지 않은 것은?

① 중앙위원회에 상정될 안건을 사전에 검토·조정·심의를 수행하기 위한 기구는 안전정책조정위원회이다.
② 조정위원회의 업무를 효율적으로 처리하기 위하여 조정위원회에 두는 기구는 실무조정위원회이다.
③ 행정안전부장관은 재난 및 안전관리기술 종합계획을 조정위원회의 심의와 국가과학기술자문회 심의를 거쳐 5년마다 수립한다.
④ 중앙위원회, 조정위원회 및 중앙재난방송협의회의 위원 중 공무원인 위원의 임기는 해당 직위에 재임하는 기간으로 하고, 그 외의 위원의 임기는 2년으로 한다. 다만, 보궐위원의 임기는 전임자 임기의 남은 기간으로 한다.

007 다음 중 조정 및 심의기구인 안전정책조정위원회 기능에 해당하지 않는 것은?

① 중앙행정기관의 장이 수립·시행하는 재난 및 안전관리업무의 조정에 관한 사항에 대한 사전조정
② 집행계획의 심의
③ 국가핵심기반의 지정에 관한 사항의 심의
④ 특정관리대상지역의 지정에 관한 사항의 심의

008 안전정책조정위원회(조정위원회)의 구성 및 운영에 대한 설명으로 옳지 않은 것은?

① 조정위원회의 위원장은 행정안전부장관이 되고, 위원은 대통령령으로 정하는 중앙행정기관의 장관 또는 장관급 공무원과 재난 및 안전관리에 관한 지식과 경험이 풍부한 사람 중에서 위원장이 임명하거나 위촉하는 사람이 된다.
② 조정위원회에 간사위원 1명을 두며, 간사위원은 행정안전부의 재난안전관리사무를 담당하는 본부장이 된다.
③ 조정위원회의 업무를 효율적으로 처리하기 위하여 조정위원회에 실무위원회를 둘 수 있다.
④ 조정위원회 및 실무위원회의 구성 및 운영 등에 필요한 사항은 대통령령으로 정한다.

009 다음 중 안전관리기구 및 기능에 관한 설명으로 옳은 것을 <보기>에서 모두 고른 것은?

<보기>
ㄱ. 해당 지역에 대한 재난 및 안전관리정책에 관한 사항은 중앙위원회의 심의를 거쳐야 한다.
ㄴ. 실무위원회의 위원장은 재난 및 안전관리에 관한 민관 협력관계를 원활히 하기 위하여 중앙안전관리민관협력위원회를 구성·운영할 수 있다.
ㄷ. 중앙민관협력위원회 공동위원장은 재난안전관리본부장, 위촉된 민간위원 중 중앙민관협력위원회의 의결을 거쳐 행정안전부장관이 지명하는 사람이다.
ㄹ. 재난에 관한 예보·경보·통지나 응급조치 및 재난관리를 위한 재난방송이 원활히 수행될 수 있도록 중앙위원회에 중앙재난방송협의회를 두어야 한다.

① ㄱ, ㄴ   ② ㄴ, ㄷ
③ ㄴ, ㄹ   ④ ㄷ, ㄹ

010 조정위원회의 위원장이 조정위원회의 심의·조정 결과를 중앙위원회의 위원장에게 보고하여야 하는 사항에 해당하지 않는 것은?

① 집행계획의 심의
② 국가핵심기반의 지정에 관한 사항의 심의
③ 중앙위원회로부터 위임받아 심의한 사항 중 조정위원회 위원장이 필요하다고 인정하는 사항
④ 재난 및 안전관리기술 종합계획의 심의

011 다음 중 「재난 및 안전관리 기본법」상 위원회 및 본부의 장의 연결이 옳은 것을 모두 고르면?

> ㄱ. 중앙재난안전대책본부장(방사능재난) - 중앙방사능방재대책본부장
> ㄴ. 중앙재난방송협의회 위원장 - 과학기술통신부장관이 지명하는 사람
> ㄷ. 시·군·구 안전관리위원회 위원장 - 시장·군수·구청장
> ㄹ. 실무위원회 위원장 - 소방청장의 재난안전사무를 담당하는 본부장

① ㄱ, ㄴ, ㄷ
② ㄱ, ㄷ, ㄹ
③ ㄴ, ㄷ, ㄹ
④ ㄱ, ㄴ, ㄷ, ㄹ

012 다음 중 중앙민관협력위원회의 기능으로 옳은 것을 모두 고르면?

> ㄱ. 재난 및 안전관리 민관협력활동에 관한 협의
> ㄴ. 재난 및 안전관리 민관협력활동사업의 효율적 운영방안의 협의
> ㄷ. 평상시 재난 및 안전관리 위험요소 및 취약시설의 모니터링·제보
> ㄹ. 재난 발생 시 재난관리 자원의 동원, 인명구조·피해복구 활동 참여, 피해주민 지원서비스 제공 등에 관한 협의

① ㄱ, ㄴ, ㄷ
② ㄱ, ㄷ, ㄹ
③ ㄴ, ㄷ, ㄹ
④ ㄱ, ㄴ, ㄷ, ㄹ

013
다음은 「재난 및 안전관리 기본법」상 지역위원회 등에 대한 지원 및 지도에 대한 설명이다. 빈칸에 들어갈 용어로 옳은 것은?

(㉠)은 시·도위원회의 운영과 지방자치단체의 재난 및 안전관리 업무에 대하여 필요한 지원과 지도를 할 수 있으며, (㉡)은/는 관할 구역의 시·군·구위원회의 운영과 시·군·구의 재난 및 안전관리 업무에 대하여 필요한 지원과 지도를 할 수 있다.

	㉠	㉡
①	대통령	행정안전부장관
②	행정안전부장관	소방청장
③	소방청장	시·도지사
④	행정안전부장관	시·도지사

014
안전관리기구 및 기능에 대한 설명으로 옳지 않은 것은?

① 실무위원회의 회의는 위원 5명 이상의 요청이 있으면 실무위원장이 소집하며, 실무회의는 실무위원장과 실무위원장이 회의마다 지정하는 25명 내외의 위원으로 구성한다.
② 중앙재난방송협의회는 중앙안전관리위원회 소속이며, 위원장 1명과 부위원장 1명을 포함한 25명 이내의 위원으로 구성한다.
③ 중앙안전관리민관협력위원회의 구성·운영권자는 조정위원회위원장이며, 위원은 공동위원장 2명을 포함하여 민간위원 35명 이내로 구성한다. 단, 민간위원의 임기는 3년으로 한다.
④ 지역재난방송협의회는 지역위원회 소속이며, 구성 및 운영에 필요한 사항은 해당 지방자치단체의 조례로 정한다.

KEYWORD 재난 및 안전관리 사업예산

015
재난 및 안전관리 사업예산의 사전 협의 등에 관한 사항으로 옳지 않은 것은?

① 관계 중앙행정기관의 장은 재난 및 안전관리 사업과 관련된 중기사업계획서를 매년 1월 31일까지 행정안전부장관에게 제출하여야 한다.
② 관계 중앙행정기관의 장은 재난 및 안전관리 사업 관련 예산요구서를 매년 1월 31일까지 행정안전부장관에게 제출하여야 한다.
③ 행정안전부장관은 중기사업계획서, 투자우선순위 의견 및 예산요구서를 검토하고, 중앙위원회의 심의를 거친 사항을 매년 6월 30일까지 기획재정부장관에게 통보하여야 한다.
④ 관계 중앙행정기관의 장은 해당 기관의 재난 및 안전관리 사업에 관한 투자우선순위 의견을 매년 1월 31일까지 행정안전부장관에게 제출하여야 한다.

KEYWORD 지역위원회

016 다음 중 심의기구인 지역위원회 기능에 해당하지 않는 것은?

① 해당 지역에 대한 재난 및 안전관리정책에 관한 사항
② 시·도 및 시·군·구 안전관리계획에 관한 사항
③ 해당 지역에 재난사태의 선포에 관한 사항(시·군·구 위원회를 포함한다)
④ 재난이나 그 밖의 각종 사고가 발생하거나 발생할 우려가 있는 경우 이를 수습하기 위한 관계 기관 간 협력에 관한 사항

017 지역위원회의 구성 및 운영에 대한 설명으로 옳지 않은 것은?

① 시·도 위원회의 위원장은 시·도지사이다.
② 시·군·구 위원회의 위원장은 시장·군수·구청장이다.
③ 지역위원회의 회의에 부칠 의안을 검토하고, 재난 및 안전관리에 관한 관계 기관 간의 협의·조정 등을 위하여 지역위원회에 안전정책실무조정위원회를 둘 수 있다.
④ 지역위원회 및 안전정책실무조정위원회의 구성과 운영에 필요한 사항은 해당 대통령령으로 정한다.

KEYWORD 대책본부

018 재난 및 안전관리에 대한 설명으로 옳지 않은 것은?

① 대통령령으로 정하는 대규모 재난의 대응·복구 등에 관한 사항을 총괄·조정하고 필요한 조치를 하기 위한 기구는 중앙재난안전대책본부이다.
② 재난이 발생하거나 발생할 우려가 있는 경우 재난상황을 효율적으로 관리하고 재난을 수습하기 위한 기구는 중앙사고수습본부이다.
③ 재난상황보고는 최초보고, 중간보고, 최종보고를 해야 하고, 재난상황의 보고자는 재난기간 중 1일 2회 이상 보고하여야 한다.
④ 중앙대책본부장은 해당 대규모 재난의 수습에 필요한 범위에서 수습본부장을 지휘할 수 있으나 지역대책본부장은 지휘할 수 없다.

019 중앙재난안전대책본부에 대한 설명으로 옳지 않은 것은?

① 재난관리의 단계적 관리 중 중앙재난안전대책본부의 활동 개시를 하는 단계는 대응에 해당된다.
② 중앙대책본부에는 차장·총괄조정관·대변인·통제관·부대변인 및 담당관을 두며, 연구개발·조사 및 홍보 등 전문적 지식의 활용이 필요한 경우에는 중앙대책본부장을 보좌하기 위하여 특별대응단장 또는 특별보좌관(이하 "특별대응단장 등"이라 한다)을 둘 수 있다.
③ 차장·총괄조정관·대변인·통제관 및 담당관은 행정안전부 소속 공무원 중에서 행정안전부장관이 지명하는 사람, 특별대응단장 등은 해당 재난과 관련한 민간전문가 중에서 행정안전부장관이 위촉하는 사람, 부대변인은 재난관리책임기관 소속 공무원 중에서 소속 기관의 장이 추천하여 행정안전부장관이 지명하는 사람이 된다.
④ 국무총리가 중앙대책본부장의 권한을 행사하는 경우 부대변인은 재난관리주관기관 소속 공무원 중에서 소속 기관의 장이 추천하여 국무총리가 지명하는 사람이 된다.

020 수습기구인 중앙재난안전대책본부에 대한 설명으로 옳지 않은 것은?

① 대통령령으로 정하는 대규모 재난의 수습(대응·복구) 등에 관한 사항을 총괄·조정하고 필요한 조치를 하기 위하여 행정안전부에 중앙대책본부를 둔다.
② 국무총리가 중앙재난안전대책본부장의 권한을 행사하는 경우 국무총리가 필요하다고 인정하여 지명하는 중앙행정기관의 장은 행정안전부장관, 외교부장관(해외재난의 경우에 한정한다) 또는 원자력안전위원회 위원장(방사능 재난의 경우에 한정한다)과 공동으로 차장이 된다.
③ 범정부적 차원의 통합 대응이 필요하다고 인정하는 경우 대통령도 중앙재난안전대책본부장의 권한 행사를 할 수 있다.
④ 중앙대책본부장은 국내 또는 해외에서 발생하였거나 발생할 우려가 있는 대규모재난의 수습을 지원하기 위하여 관계 중앙행정기관 및 관계 기관·단체의 재난관리에 관한 전문가 등으로 수습지원단을 구성하여 현지에 파견할 수 있다.

021 중앙재난안전대책본부 및 중앙사고수습본부 등에 대한 설명으로 옳지 않은 것은?

① 중앙재난안전대책본부에 대변인은 행정안전부 소속 공무원 중에서 행정안전부장관이 지명하는 사람이며, 부대변인은 재난관리주관기관 소속 공무원 중에서 소속 기관의 장의 추천을 받아 소방청장이 지명하는 공무원을 말한다.
② 중앙사고 수습본부의 장(이하 "수습본부장"이라 한다)은 해당 재난관리주관기관의 장이 된다.
③ 재난관리주관기관의 장은 수습본부를 효율적으로 운영하기 위하여 수습본부의 구성과 운영 등에 필요한 사항(이하 "수습본부운영규정"이라 한다)을 미리 정하여야 한다. 이 경우 행정안전부장관과 협의를 거쳐야 한다.
④ 행정안전부장관은 수습본부운영규정에 관한 표준안을 작성하여 재난관리주관기관의 장에게 수습본부운영규정에 반영할 것을 권고할 수 있다.

022 다음 중 「재난 및 안전관리 기본법 시행령」상 중앙재난안전대책본부회의의 심의·협의 사항으로 옳은 것을 모두 고르면?

> ㄱ. 재난대비대책에 관한 사항
> ㄴ. 재난응급대책에 관한 사항
> ㄷ. 국고지원 및 예비비 사용에 관한 사항
> ㄹ. 중앙행정기관이 회의에 부치는 사항

① ㄱ, ㄴ
② ㄱ, ㄹ
③ ㄴ, ㄷ
④ ㄷ, ㄹ

KEYWORD 재난안전상황실

023 상시 재난안전상황실의 설치·운영권자가 아닌 사람은?

① 행정안전부장관은 중앙재난안전상황실을 설치·운영한다.
② 시·도지사는 시·도별 재난안전상황실을 설치·운영한다.
③ 소방청장은 재난안전상황실을 설치·운영한다.
④ 시장·군수·구청장은 시·군·구별 재난안전상황실을 설치 운영한다.

04 안전관리계획

기출 OX QUIZ

1. 행정안전부장관은 관계 중앙행정기관의 장이 제출한 기본계획을 종합하여 국가안전관리기본계획을 5년마다 수립하여야 한다. 20. 기출 　O | X
2. 국가안전관리기본계획은 국무총리가 확정하고, 집행계획은 관계중앙행정기관의 장이 확정한다. 17. 기출변형　O | X

정답 1. × 국무총리는 관계 중앙행정기관의 장이 제출한 기본계획을 종합하여 국가안전관리기본계획을 5년마다 수립하여야 한다.
　　 2. ○

KEYWORD 국가안전관리기본계획

001 다음 안전관리계획에 대한 설명 중 (　) 안에 들어갈 용어는?

- (㉠)은/는 재난 및 사고로부터 국민의 생명·신체 및 재산을 보호하기 위하여 5년마다 국가의 재난 및 안전관리업무에 관한 기본계획(이하 "국가안전관리기본계획"이라 한다)을 수립하여야 한다.
- (㉡)은/는 통보받은 국가안전관리기본계획에 따라 매년 그 소관 업무에 관한 집행계획을 작성하여 조정위원회의 심의를 거쳐 확정한다.

	㉠	㉡
①	관계 중앙행정기관의 장	관계 중앙행정기관의 장
②	국무총리	국무총리
③	관계 중앙행정기관의 장	국무총리
④	국무총리	관계 중앙행정기관의 장

002 다음은 「재난 및 안전관리 기본법」 및 동법 시행령에 따라 수립해야 하는 계획의 내용이다. ㉠ ~ ㉣ 안에 들어갈 내용으로 옳은 것은?

- (㉠)은/는 재난 및 안전관리에 관한 과학기술의 진흥을 위하여 (㉡)년마다 관계중앙행정기관의 재난 및 안전관리기술개발에 관한 계획을 종합하여 조정위원회의 심의와 「국가과학기술자문회의법」에 따른 국가과학기술자문회의의 심의를 거쳐 재난 및 안전관리기술개발 종합계획을 수립하여야 한다.
- (㉢)은/는 국가안전관리기본계획을 (㉣)년마다 수립해야 한다.

	㉠	㉡	㉢	㉣
①	국무총리	1	행정안전부장관	1
②	과학기술정보통신부장관	5	행정안전부장관	5
③	행정안전부장관	1	국무총리	1
④	행정안전부장관	5	국무총리	5

003 다음 중 「재난 및 안전관리 기본법」상 국가안전관리기본계획에 포함되어야 할 내용으로 옳은 것을 모두 고르면?

ㄱ. 재난 및 안전관리의 중장기 목표 및 기본방향
ㄴ. 재난 및 안전관리 현황 및 여건 변화, 전망에 관한 사항
ㄷ. 재난 및 안전관리를 위한 법령·제도의 마련 등 재난 및 안전관리체계 확립에 관한 사항
ㄹ. 재난의 예방·대비·대응 및 복구에 필요한 기반 조성에 관한 사항

① ㄱ
② ㄱ, ㄴ
③ ㄱ, ㄴ, ㄷ
④ ㄱ, ㄴ, ㄷ, ㄹ

004 다음은 「재난 및 안전관리 기본법」상 시·도 및 시·군·구 안전관리계획에 대한 설명이다. ㉠, ㉡ 안에 들어갈 내용으로 옳은 것은?

- (㉠)은/는 국가안전관리기본계획과 집행계획에 따라 매년 시·도안전관리계획의 수립지침을 작성하여 시·도지사에게 통보하여야 한다.
- (㉡)은/는 시·도안전관리계획에 따라 매년 시·군·구안전관리계획의 수립지침을 작성하여 시장·군수·구청장에게 통보하여야 한다.

	㉠	㉡
①	행정안전부장관	시·도지사
②	시장·군수·구청장	소방본부장·소방서장
③	소방청장	소방본부장·소방서장
④	대통령	행정안전부장관

05 재난의 예방

기출 OX QUIZ

1. 특정관리대상지역 지정 및 해제권자는 중앙행정기관의 장 또는 지방자치단체의 장이며, 특정관리대상지역 조치권자는 재난관리책임기관의 장이다. 15. 기출변형 ｜ O ｜ X
2. 특정관리대상지역을 안전등급의 평가기준에 따른 안전등급 5단계로 구분한다. 17. 기출변형 ｜ O ｜ X
3. 재난관리주관기관의 장은 관계 법령 또는 안전관리계획에서 정하는 바에 따라 대통령령으로 정하는 재난방지시설을 점검·관리하여야 한다. 17. 기출변형 ｜ O ｜ X
4. 재난관리책임기관의 재난 및 안전관리 실태를 점검하기 위하여 대통령령으로 정하는 바에 따라 정부합동점검단을 편성하여 안전점검을 실시할 수 있다. 17. 기출변형 ｜ O ｜ X
5. 재난관리체계 등에 대한 평가 등 실시권자는 소방청장이다. 16. 기출변형 ｜ O ｜ X

정답 1. ○ 2. ○ 3. × 재난관리책임기관의 장은 관계 법령 또는 안전관리계획에서 정하는 바에 따라 대통령령으로 정하는 재난방지시설을 점검·관리하여야 한다. 4. ○ 5. × 재난관리체계 등에 대한 평가 등 실시권자는 행정안전부장관이다.

KEYWORD 재난예방조치

001 재난관리책임기관의 장의 재난예방조치와 관련된 내용으로 옳지 않은 것은?

① 국가핵심기반의 지정
② 재난 및 안전관리에 필요한 영상정보처리기기의 설치·운영
③ 재난 발생에 대비한 교육·훈련과 재난관리예방에 관한 홍보
④ 재난관리자원의 관리

002 다음 중 재난예방을 위한 실시권자, 명령권자의 연결이 옳지 않은 것은?

① 긴급안전점검 실시권자 - 행정안전부장관 또는 재난관리책임기관의 장(행정기관)
② 안전조치 명령권자 - 행정안전부장관 또는 재난관리책임기관의 장(행정기관)
③ 정부합동 안전점검 실시권자 - 행정안전부장관
④ 재난관리책임기관의 재난관리체계 평가 실시권자 - 재난관리주관기관의 장

KEYWORD 심의 및 지정권자

003 재난이 발생할 위험이 높거나 재난예방을 위하여 계속적으로 관리할 필요가 있다고 인정되는 특정관리대상지역의 지정권자는?

① 중앙행정기관의 장 또는 지방자치단체의 장
② 행정안전부장관 또는 지방자치단체의 장
③ 중앙행정기관의 장 또는 재난관리주관기관의 장
④ 행정안전부장관 또는 재난관리책임기관의 장

004 사회재난 중 국가핵심기반지정의 심의 및 지정권자는?

① 중앙위원회 – 국무총리
② 조정위원회 – 행정안전부장관
③ 조정위원회 – 관계중앙행정기관의 장
④ 중앙위원회 – 재난관리책임기관의 장

005 재난관리책임기관의 장이 관리하는 지정된 특정관리대상지역의 안전등급 평가기준에 따른 안전등급 구분 및 안전점검 등에 대한 설명으로 옳지 않은 것은?

① 안전등급은 5개 등급으로 구분된다.
② 정기안전점검 및 수시안전점검으로 실시한다.
③ 안전등급 E등급은 안전도가 미흡한 경우이며, F등급은 안전도가 불량한 경우에 해당한다.
④ 안전등급 A등급, B등급 또는 C등급에 해당하는 특정관리대상지역은 반기별 1회 이상 안전점검을 실시한다.

006 재난관리 중 예방의 활동내역에 대한 설명으로 옳지 않은 것은?

① 재난관리책임기관의 장은 관계 법령 또는 안전관리계획에서 정하는 바에 따라 대통령령으로 정하는 재난방지시설을 점검·관리하여야 한다.
② 재난예방을 위한 긴급안전점검 실시권자는 행정안전부장관 또는 재난관리책임기관의 장(행정기관만을 말한다)을 말하며, 실시자는 소속공무원이다.
③ 재난관리주관기관의 재난 및 안전관리 실태를 점검하기 위하여 대통령령으로 정하는 바에 따라 정부합동점검단을 편성하여 안전점검을 실시할 수 있다.
④ 재난관리책임기관의 장 및 국회·법원·헌법재판소·중앙선거관리위원회의 행정사무를 처리하는 기관의 장은 재난상황에서 해당 기관의 핵심기능을 유지하는 데 필요한 계획(기능연속성계획)을 수립·시행하여야 한다.

06 재난의 대비

기출 OX QUIZ

1. 재난관리자원이란 재난의 수습활동에 필요한 대통령령으로 정하는 장비, 물자, 자재 및 시설을 말한다. 17. 기출변형 O|X
2. 자원관리시스템 구축·운영권자는 행정안전부장관이며, 재난관리자원 비축·관리자는 재난관리책임기관의 장이 한다. 17. 기출변형 O|X
3. 국가재난관리기준 제정·운영, 재난안전통신망의 구축·운영은 재난예방에 해당된다. 22. 기출 O|X
4. 현장조치 행동매뉴얼은 재난현장에서 임무를 직접 수행하는 기관의 행동조치 절차를 구체적으로 수록한 문서를 말한다. 22. 기출 O|X
5. 기능별 재난대응활동계획의 작성·활용 및 위기관리매뉴얼의 작성·운용자는 재난관리주관기관의 장이 한다. 20. 기출변형 O|X

정답 1. ○ 2. ○ 3. × 국가재난관리기준 제정·운영, 재난안전통신망의 구축·운영은 재난대비에 해당된다. 4. ○ 5. × 기능별 재난대응활동계획의 작성·활용 및 위기관리매뉴얼의 작성·운용자는 재난관리책임기관의 장이 한다.

KEYWORD 재난대비

001 「재난 및 안전관리 기본법」에서 말하는 재난의 대비와 관련이 없는 것은?

ㄱ. 재난관리자원의 관리
ㄴ. 재난안전통신망의 구축·운영
ㄷ. 국가재난관리기준의 제정·운영
ㄹ. 기능별 재난대비활동계획의 작성·활용

① ㄱ, ㄴ
② ㄱ, ㄷ
③ ㄷ, ㄹ
④ ㄹ

002 재난관리를 위하여 필요한 물품, 재산 및 인력 등의 물적·인적자원(이하 "재난관리자원"이라 한다)을 비축하거나 지정하는 등 체계적이고 효율적으로 관리하는 자는?

① 재난관리주관기관의 장
② 관계기관의 장
③ 재난관리책임기관의 장
④ 시장·군수·구청장

003 「재난 및 안전관리 기본법」에서 말하는 재난의 대비와 관련이 없는 것은?

① 다중이용업소 등의 위기상황매뉴얼의 작성·관리·훈련
② 재난안전통신망의 구축
③ 국가핵심기반의 지정 및 관리
④ 재난분야 위기관리매뉴얼의 작성·운영

004 재난관리는 예방, 대비, 대응 및 복구 4단계로 구분할 수 있다. 다음 열거된 재난관리 활동 중 그 관계가 다른 하나는?

① 재난 및 안전관리 법령의 제·개정
② 안전기준의 등록 및 심의 등
③ 국가핵심기반 및 특정관리대상지역의 지정·관리
④ 특정관리대상지역 등의 안전점검 및 긴급안전점검

005 「재난 및 안전관리 기본법」상 국가재난관리기준의 제정·운용권자인 행정안전부장관은 재난관리를 효율적으로 수행하기 위하여 다음 사항이 포함된 국가재난관리기준을 제정하여 운용하여야 한다. 포함된 사항으로 옳은 것을 모두 고르면?

> ㄱ. 재난분야 용어정의 및 표준체계 정립
> ㄴ. 기능별 재난대응활동계획 및 위기관리매뉴얼의 체계 정립
> ㄷ. 국가재난 대응체계에 대한 원칙
> ㄹ. 재난경감·상황관리·자원관리·유지관리 등에 관한 일반적 기준

① ㄱ, ㄴ, ㄷ
② ㄱ, ㄷ, ㄹ
③ ㄴ, ㄷ, ㄹ
④ ㄱ, ㄴ, ㄷ, ㄹ

KEYWORD 위기관리매뉴얼

006 재난을 효율적으로 관리하기 위하여 재난대응활동계획과 위기관리매뉴얼이 서로 연계되도록 하여야 한다. 재난대응활동계획과 위기관리매뉴얼의 작성·운용자는?

① 재난관리책임기관의 장
② 행정안전부장관
③ 관계기관의 장
④ 재난관리주관기관의 장

007 위기관리매뉴얼에 대한 설명이다. ( ) 안에 들어갈 용어는?

> 위기관리 표준매뉴얼은 국가적 차원에서 관리가 필요한 재난에 대하여 재난관리 체계와 관계기관의 임무와 역할을 규정한 문서로 위기대응 실무매뉴얼의 작성 기준이 되며, (㉠)이 작성한다. 다만, 다수의 재난관리주관기관이 관련되는 재난에 대해서는 관계 재난관리주관기관의 장과 협의하여 (㉡)이 위기관리 표준매뉴얼을 작성할 수 있다.

	㉠	㉡
①	재난관리주관기관의 장과 관계 기관의 장	재난관리주관기관의 장
②	재난관리주관기관의 장과 관계 기관의 장	시장·군수·구청장
③	행정안전부장관	재난관리주관기관의 장
④	재난관리주관기관의 장	행정안전부장관

008 재난현장에서 임무를 직접 수행하는 기관의 행동조치 절차를 구체적으로 수록한 매뉴얼은?

① 위기관리 표준매뉴얼
② 위기대응 실무매뉴얼
③ 현장조치 행동매뉴얼
④ 시민고객 행동매뉴얼

009 위기관리매뉴얼 중 매뉴얼의 분류에 따른 작성·운용자를 연결한 것으로 옳지 않은 것은?

① 위기상황 매뉴얼 – 다중이용시설 등의 관계인
② 위기대응 실무매뉴얼 – 재난관리주관기관의 장과 관계기관의 장
③ 현장조치 행동매뉴얼 – 위기대응 실무매뉴얼을 작성한 기관의 장이 지정한 기관의 장
④ 위기관리 표준매뉴얼 – 재난관리책임기관의 장

KEYWORD 재난대비훈련기관

010 다음 중 재난대비훈련주관기관의 장이 아닌 사람은?

① 행정안전부장관
② 지방행정기관의 장
③ 시·도지사
④ 소방본부장

011 다음 중 재난대비훈련참여기관은?

① 시·도
② 소방본부
③ 소방서
④ 재난관리책임기관

07 재난의 대응

기출 OX QUIZ

1. 재난사태선포는 중앙안전관리위원회 심의를 거쳐 대통령이 선포한다. 21. 기출변형 　O | X
2. 위기경보의 발령 및 해제권자는 재난관리주관기관의 장이며, 위기경보는 '관심 – 주의 – 경계 – 심각' 순으로 구분한다. 11. 기출변형 　O | X
3. 응원요청권자는 시장·군수·구청장과 지역통제단장이다. 18. 기출변형 　O | X
4. 위험구역의 설정은 재난관리단계 중 예방에 해당한다. 23. 기출변형 　O | X
5. 응급조치에서 진화, 긴급수송 및 구조 수단의 확보, 현장지휘통신체계의 확보는 지역통제단장이 응급조치할 수 있다. 25. 기출 　O | X

정답 1. X 재난사태선포는 중앙안전관리위원회 심의를 거쳐 행정안전부장관이 선포한다. 2. O 3. X 응원요청권자는 시장·군수·구청장이다. 4. X 위험구역의 설정은 재난관리단계 중 대응에 해당한다. 5. O

KEYWORD 재난대응활동

001 다음 중 「재난 및 안전관리 기본법」에서 정한 재난의 대응과 가장 관련이 적은 것은?

① 재난사태선포　　　　　　　　② 위기경보 발령 등
③ 기능별 재난대응활동계획 작성·활용　④ 응급조치

002 재난관리에 관한 사항 중 재난대응에 해당하지 않는 것은?

① 재난피해 신고 및 조사
② 지역 재난안전대책본부 활동 개시
③ 긴급대피계획 실천 및 긴급 의약품 조달
④ 강제대피조치

003 「재난 및 안전관리 기본법」에서 재난의 대응과 관련된 내용의 연결로 옳지 않은 것은?

① 재난사태 선포권자 – 행정안전부장관
② 위기경보의 발령권자 – 재난관리주관기관의 장
③ 동원명령 등 – 중앙대책본부장, 시장·군수·구청장
④ 응원요청권자 – 시장·군수·구청장, 지역통제단장

004 대통령령으로 정하는 재난에 대한 징후를 식별하거나 재난발생이 예상되는 경우에는 그 위험 수준, 발생 가능성을 판단하여 그에 부합되는 조치를 할 수 있도록 위기경보를 발령할 수 있다. 다음 중 위기경보 발령권자 및 위기경보 구분으로 옳은 것은?

	위기경보 발령권자	위기경보 구분
①	지역통제단장	경계 – 주의 – 관심 – 심각
②	시장·군수·구청장	경계 – 관심 – 주의 – 심각
③	행정안전부장관	관심 – 경계 – 주의 – 심각
④	재난관리주관기관의 장	관심 – 주의 – 경계 – 심각

005 재난이 발생하거나 발생할 우려가 있다고 인정하는 경우 동원명령 조치를 할 수 있다. 다음 중 동원명령 조치사항으로 옳지 않은 것은?

① 동원예비군 지원 요청
② 동원 가능한 재난관리자원 등이 부족한 경우에는 국방부장관에 대한 군부대의 지원요청
③ 응급조치를 위하여 재난관리책임기관의 장에 대한 관계 직원의 출동 또는 재난관리자원의 동원 등 필요한 조치의 요청
④ 민방위대의 동원

006 재난이 발생하거나 발생할 우려가 있는 경우에 사람의 생명 또는 신체에 대한 위해를 방지하기 위하여 필요하면 해당 지역 주민이나 그 지역 안에 있는 사람에게 대피할 것을 명할 수 없는 자는?

① 소방본부장, 소방서장(대통령령으로 정하는 권한을 행사하는 경우에만 해당한다)
② 소방청장
③ 지역통제단장(대통령령으로 정하는 권한을 행사하는 경우에만 해당한다)
④ 시장·군수·구청장

007 재난이 발생하거나 발생할 우려가 있는 경우에 사람의 생명 또는 신체에 대한 위해 방지 또는 질서의 유지를 위하여 필요하면 위험구역을 설정한다. 다음 중 위험구역 설정권자와 관련이 없는 사람은?

① 행정안전부장관
② 소방본부장
③ 소방서장
④ 시장·군수·구청장

KEYWORD 재난사태 선포

008 재난사태에 대한 설명이다. (   )안에 들어갈 용어는?

> 1) (㉠)은 대통령령으로 정하는 재난이 발생하거나 발생할 우려가 있는 경우 사람의 생명·신체 및 재산에 미치는 중대한 영향이나 피해를 줄이기 위하여 긴급한 조치가 필요하다고 인정하면 중앙위원회의 심의를 거쳐 재난사태를 선포할 수 있다. 다만, 행정안전부장관은 재난상황이 긴급하여 중앙위원회의 심의를 거칠 시간적 여유가 없다고 인정하는 경우에는 중앙위원회의 심의를 거치지 아니하고 재난사태를 선포할 수 있다.
> 2) 1)에 불구하고 (㉡)은/는 관할 구역에서 재난이 발생하거나 발생할 우려가 있는 등 대통령령으로 정하는 경우 사람의 생명·신체 및 재산에 미치는 중대한 영향이나 피해를 줄이기 위하여 긴급한 조치가 필요하다고 인정하면 시·도위원회의 심의를 거쳐 재난사태를 선포할 수 있다. 이 경우 시·도지사는 지체 없이 그 사실을 행정안전부장관에게 통보하여야 한다.

	㉠	㉡
①	대통령	행정안전부장관
②	행정안전부장관	시·도지사
③	소방청장	행정안전부장관
④	소방청장	시·도지사

009 다음 중 재난사태가 선포된 지역에 행정안전부장관 및 지방자치단체장이 취할 수 있는 조치사항이 아닌 것은?

① 재난경보의 발령, 재난관리자원의 동원, 위험구역 설정, 대피명령, 응급지원 등 이 법에 따른 응급조치
② 「유아교육법」, 「초·중등교육법」 및 「고등교육법」에 따른 휴업명령 및 휴원·휴교 처분의 권고
③ 해당 지역에 소재하는 행정기관 소속 공무원의 비상소집
④ 해당 지역에 대한 여행 등 이동 자제 권고

KEYWORD 응급조치

010 해당 재난현장에 있는 사람이나 인근에 거주하는 사람이 응급조치에 종사하게 하는 것은?

① 응원
② 강제대피조치
③ 응급조치
④ 응급부담

011 대피명령 및 응원요청 조치사항으로 옳지 않은 것은?

① 응원요청 조치사항 - 관내 시·군·구, 관할구역에 있는 군부대
② 응원요청 조치사항 - 관계 행정기관의 장, 민간기관·단체의 장
③ 대피명령 조치사항 - 선박, 자동차(미리 대피장소를 지정할 수 있다)
④ 대피명령 조치사항 - 그 지역 안에 있는 사람, 해당 지역 주민

012 재난이 발생할 우려가 있거나 재난이 발생한 때 즉시 관계법령이나 재난대응활동계획 및 위기관리 매뉴얼에서 정하는 바에 따라 응급조치를 하여야 한다. 다음 중 시장·군수·구청장 및 지역통제단장이 같이 실시할 수 있는 응급조치 사항이 아닌 것은?

① 진화
② 긴급수송 및 구조 수단의 확보
③ 현장지휘통신체계의 확보
④ 급수 수단의 확보, 긴급피난처 및 구호품의 확보

013 다음 재난 및 안전관리에 관한 설명 중 옳지 않은 것은 모두 몇 개인가?

> ㄱ. 중앙대책본부장과 소방본부장, 소방서장은 응급조치에 필요한 물자를 긴급히 수송하거나 진화·구조 등을 하기 위하여 통행을 제한할 수 있다.
> ㄴ. 시·도 재난안전대책본부의 장은 재난현장의 총괄·조정 및 지원을 위하여 재난현장에 통합지원본부를 설치·운영할 수 있다.
> ㄷ. 재난관리주관기관의 장은 매년 재난대비훈련 기본계획을 수립하고 재난관리책임기관의 장에게 통보하여야 한다.
> ㄹ. 중앙재난안전대책본부장은 행정안전부장관이며, 중앙긴급구조통제단장은 소방청장이다.

① 1개 ② 2개
③ 3개 ④ 4개

014 다음 중 시·도지사가 실시하는 응급조치 등으로 옳은 것은?

> • 관할구역에서 재난이 발생하거나 발생할 우려가 있는 경우로서 대통령령으로 정하는 경우
> • 둘 이상의 시·군·구에 걸쳐 재난이 발생하거나 발생할 우려가 있는 경우

① 재난사태선포, 응원조치
② 응원, 응급부담
③ 특별재난지역선포, 대피명령
④ 특별재난지역선포, 동원명령

08 긴급구조

> **기출 OX QUIZ**
>
> 1. 중앙긴급구조통제단은 소방청 소속으로 단장은 소방청장이다. 19. 기출 　　O | X
> 2. 중앙긴급구조통제단의 부서는 총괄지휘부, 대응계획부, 자원지원부, 긴급복구부, 현장지휘부로 구성되어 있다. 15. 기출변형 　　O | X
> 3. 지역긴급구조통제단의 시·도 통제단 단장은 소방서장, 시·군·구 통제단 단장은 119안전센터장이 한다. 20. 기출변형 　　O | X
> 4. 긴급구조대응계획은 기본계획, 기능별 긴급구조대응계획, 재난유형별 긴급구조대응계획으로 구분한다. 13. 기출변형 　　O | X
>
> 정답 1. O　 2. × 중앙긴급구조통제단의 부서는 대응계획부, 현장지휘부, 자원지원부로 구성되어 있다.
> 　　3. × 지역긴급구조통제단의 시·도 통제단 단장은 소방본부장, 시·군·구 통제단 단장은 소방서장이 한다.　 4. O

KEYWORD 중앙통제단

001 긴급구조에 관한 사항의 총괄·조정 및 긴급구조기관 및 긴급구조지원기관이 하는 긴급구조활동의 역할분담 및 지휘통제를 하는 중앙긴급구조통제단의 단장 및 부단장은?

　　　　　단장　　　　　부단장
① 　행정안전부장관　　　소방청장
② 　　소방청장　　　　소방청 차장
③ 　　소방본부장　　　　소방서장
④ 　　소방청장　　　　시·도지사

002 「재난 및 안전관리 기본법」상 중앙긴급구조통제단의 기능으로 옳지 않은 것은?
① 국가 긴급구조대책의 총괄·조정
② 긴급구조활동의 지휘·통제(긴급구조활동에 필요한 긴급구조기관의 인력과 장비 등의 동원을 포함한다)
③ 긴급구조지원기관 간의 역할분담 등 긴급구조를 위한 현장활동계획의 실행
④ 긴급구조대응계획의 집행

003 지역긴급구조통제단에 대한 설명으로 옳지 않은 것은?

① 시·군·구 통제단은 소방서에 설치하며, 단장은 소방서장이다.
② 시·도 통제단은 소방본부에 설치하며, 단장은 소방본부장이다.
③ 지역통제단은 소방청에 설치하며, 단장은 소방청장이다.
④ 지역별 긴급구조에 관한 사항의 총괄·조정, 해당 지역에 소재하는 긴급구조기관 및 긴급구조지원기관 간의 역할분담과 재난현장에서의 지휘·통제를 한다.

004 대통령령으로 정하는 대규모 재난이 발생하거나 그 밖에 필요하다고 인정하면 직접 현장지휘를 할 수 있는 사람은?

① 행정안전부장관
② 중앙통제단장
③ 시·군·구 지역통제단장
④ 시·도 지역통제단장

005 중앙긴급구조통제단 조직에 대한 설명으로 옳은 것은?

① 부서는 대응계획부, 현장지휘부, 자원지휘부로 구성되어 있다.
② 중앙통제단에는 부단장을 두고, 부단장은 중앙통제단장을 보좌하며 중앙통제단장이 부득이한 사유로 직무를 수행할 수 없을 경우에는 그 직무를 대행한다.
③ 중앙통제단의 구성·기능 및 운영에 필요한 사항은 행정안전부령으로 정한다.
④ 대응계획부의 업무는 통합 지휘·조정, 위험진압, 수색구조 등이 있다.

006 「재난 및 안전관리 기본법」에서 행정안전부장관과 관련이 없는 것은?

① 재난사태선포
② 국가재난관리기준 제정·고시
③ 중앙긴급구조통제단
④ 중앙재난안전대책본부

KEYWORD 긴급구조지휘대

007 재난현장에서 긴급구조의 업무를 지휘하는 현장지휘관과 관련이 없는 사람은?

① 행정안전부장관　　　　　　② 소방청장
③ 선착대의 장　　　　　　　　④ 소방본부장

008 긴급구조현장지휘대의 구성요원에 해당하지 않는 사람은?

① 현장지휘요원　　　　　　　② 자원지원요원
③ 구급지휘요원　　　　　　　④ 대응지원요원

009 다음 긴급구조에 관한 설명 중 옳은 것을 모두 고르면?

> ㄱ. 지역통제단장은 긴급구조를 위하여 필요하면 긴급구조지원기관의 장에게 소속 긴급구조지원요원을 현장에 출동시키거나 긴급구조에 필요한 재난관리자원을 지원하는 등 긴급구조활동을 지원할 것을 요청할 수 있다. 이 경우 요청을 받은 기관의 장은 특별한 사유가 없으면 즉시 요청에 따라야 한다.
> ㄴ. 긴급구조기관의 장은 긴급구조지원기관의 장에게 평상시 해당 긴급구조지원기관의 긴급구조대응계획 수립 및 재난관리자원의 관리, 재난대응업무의 상호 협조 및 재난현장 지원업무 총괄 업무를 수행하는 긴급대응협력관을 행정안전부령으로 정하는 바에 따라 지정·운영하게 할 수 있다.
> ㄷ. 현장지휘소는 행정안전부장관이 재난현장에서 기관별 지휘소를 총괄하여 지휘·조정 또는 통제하는 등의 재난현장지휘를 효과적으로 수행하기 위하여 설치·운영하는 장소 또는 지휘 차량·선박·항공기 등을 말한다.
> ㄹ. 긴급구조지원기관의 장은 재난이 발생하는 경우 긴급구조기관과 긴급구조지원기관이 신속하고 효율적으로 긴급구조를 수행할 수 있도록 대통령령으로 정하는 바에 따라 재난의 규모와 유형에 따른 긴급구조대응계획을 수립·시행하여야 한다.

① ㄱ　　　　　　　　　　　　② ㄱ, ㄴ
③ ㄱ, ㄴ, ㄷ　　　　　　　　④ ㄱ, ㄴ, ㄷ, ㄹ

010 긴급구조현장지휘대의 설치기준 중 2개 이상 4개 이하의 소방본부별로 소방청장이 1개를 설치·운영하는 지휘대는?

① 권역현장지휘대　　　　　　② 소방본부현장지휘대
③ 방면현장지휘대　　　　　　④ 소방서현장지휘대

011
재난현장에서 긴급구조활동을 원활하게 하기 위한 긴급구조차량 접근도로의 복구 등에 관한 기능별 긴급구조대응계획은?

① 재난통신
② 긴급복구
③ 구조·진압
④ 현장통제

012
재난현장에서 재난유형별 긴급구조대응계획으로 옳지 않은 것은?

① 긴급구조대응계획의 운영책임에 관한 사항
② 재난 발생 단계별 주요 긴급구조 대응활동 사항
③ 주요 재난유형별 대응 매뉴얼에 관한 사항
④ 비상경고 방송메시지 작성 등에 관한 사항

013
긴급구조 등에 관한 설명으로 옳지 않은 것은?

① 통제단장은 재난현장에 출동한 응급의료관련자원을 총괄·지휘·조정·통제하고, 사상자를 분류·처치 또는 이송하기 위하여 사상자의 수에 따라 재난현장에 적정한 현장응급의료소를 설치·운영해야 한다.
② 긴급구조통제단 운영기준을 재난의 종류·규모 및 피해상황 등을 종합적으로 고려해 통제단장이 필요하다고 인정하는 경우에 운영할 수 있다.
③ 재난현장상황 및 피해정보의 수집·분석·보고에 관한 사항 등에 관한 기능별 긴급구조대응계획은 피해상황분석에 해당한다.
④ 지역긴급구조통제단장은 시·도지사 또는 시장, 군수, 구청장이며, 지역재난안전대책본부장은 소방본부장 또는 소방서장에 해당한다.

014 긴급구조현장지휘대의 기능으로 옳지 않은 것은?

① 통제단이 가동된 후 재난 초기 시 현장지휘
② 주요 긴급구조지원기관과의 합동으로 현장지휘의 조정·통제
③ 광범위한 지역에 걸친 재난 발생 시 전진지휘
④ 화재 등 일상적 사고의 발생 시 현장지휘

015 「긴급구조대응활동 및 현장지휘에 관한 규칙」상 통제단이 설치·운영되는 경우에 긴급구조현장지휘대를 구성하는 사람과 배치되는 해당 부서의 연결이 옳은 것만을 <보기>에서 있는 대로 고른 것은?

<보기>
ㄱ. 현장지휘요원 - 현장지휘부
ㄴ. 통신지원요원 - 현장지휘부
ㄷ. 상황조사요원 - 대응계획부
ㄹ. 자원지원요원 - 자원지원부

① ㄱ, ㄴ
② ㄴ, ㄷ
③ ㄱ, ㄴ, ㄹ
④ ㄱ, ㄴ, ㄷ, ㄹ

016 「재난 및 안전관리 기본법령」상 대응에 대한 설명으로 옳지 않은 것은?

① 긴급구조지원기관에서 긴급구조업무와 재난관리업무를 담당하는 부서의 담당자 및 관리자는 해당 업무를 맡은 후 1년 이내에 받는 긴급구조교육을 받아야 하며, 2년마다 정기교육을 받아야 한다.
② 재난대응구역이란 대규모 재난이 발생하여 시·도긴급구조통제단장의 지휘통제가 마비된 경우에 시·군·구긴급구조통제단장이 관할구역 안에서 자체적으로 재난에 대응하기 위하여 설정하는 구역을 말한다.
③ 현장지휘소 및 현장응급의료소의 설치·운영권자는 통제단장이다.
④ 긴급구조대응계획심의위원회의 위원장은 긴급구조기관의 장이 되고, 위원은 긴급구조지원기관의 장으로 구성하되 위원장을 제외하여 7인 이상 11인 이하로 한다.

09 재난의 복구

해설집 p.94

> **기출 OX QUIZ**
> 1. 재난사태는 대응에 속하고, 특별재난지역은 복구에 속한다. 21. 기출   O | X
> 2. 특별재난지역은 중앙위원회의 심의를 거쳐 대통령이 건의한다. 19. 기출변형   O | X
>
> 정답 1. O 2. × 특별재난지역은 중앙위원회의 심의를 거쳐 행정안전부장관이 건의한다.

KEYWORD 특별재난사태

001 다음 재난관리 4단계 중 복구에 해당하는 것을 모두 고르면?

> ㄱ. 재난피해조사 및 복구계획
> ㄴ. 재난사태지역 및 특별재난지역 선포
> ㄷ. 특정대상지역 및 재난방지시설 관리
> ㄹ. 특별재난지역에 대한 지원

① ㄱ, ㄴ
② ㄱ, ㄹ
③ ㄴ, ㄷ
④ ㄷ, ㄹ

002 재난의 복구 중 피해조사 및 복구계획에 관한 설명으로 옳지 않은 것은?

① 재난으로 피해를 입은 사람은 피해상황을 행정안전부령으로 정하는 바에 따라 시장·군수·구청장(시·군·구대책본부가 운영되는 경우에는 해당 본부장을 말한다. 이하 이 조에서 같다)에게 신고할 수 있으며, 피해 신고를 받은 시장·군수·구청장은 피해상황을 조사한 후 중앙대책본부장에게 보고하여야 한다.
② 재난관리책임기관의 장은 재난으로 인하여 피해가 발생한 경우에는 피해상황을 신속하게 조사한 후 그 결과를 중앙대책본부장에게 통보하여야 한다.
③ 중앙대책본부장은 재난피해의 조사를 위하여 필요한 경우에는 대통령령으로 정하는 바에 따라 관계 중앙행정기관 및 관계 재난관리책임기관의 장과 합동으로 중앙재난피해 합동조사단을 편성하여 재난피해 상황을 조사할 수 있다.
④ 시·도지사 또는 시장·군수·구청장은 특별재난지역 피해에 대하여 관할구역의 피해상황을 종합하는 재난복구계획을 수립한 후 수습본부장 및 관계 중앙행정기관의 장과 협의를 거쳐 대통령에게 제출하여야 한다.

003 특별재난지역의 선포 및 복구에 대한 내용으로 옳은 것은?

① 중앙재난안전대책본부장은 중앙재난안전대책본부 심의를 거쳐 해당 지역을 특별재난지역으로 선포할 것을 대통령에게 건의할 수 있다.
② 소방청장의 선포를 건의받은 대통령은 해당 지역을 특별재난지역으로 선포를 할 수 있다.
③ 긴급을 요하는 경우에는 중앙위원회의 심의를 거치지 않고 해당 지역을 특별재난지역으로 선포할 것을 대통령에게 건의할 수 있다.
④ 시·도지사 및 시장·군수·구청장은 재난상황의 기록을 재난복구가 끝난 해의 다음 해부터 5년간 보관하여야 한다.

004 다음 중 「재난 및 안전관리 기본법」과 관련하여 ㉠, ㉡에 들어갈 내용으로 옳은 것은?

- (㉠)은/는 대통령령으로 정하는 규모의 재난이 발생하여 국가의 안녕 및 사회질서의 유지에 중대한 영향을 미치거나 피해를 효과적으로 수습하기 위하여 특별한 조치가 필요하다고 인정하거나 지역대책본부장의 요청이 타당하다고 인정하는 경우에는 (㉡)의 심의를 거쳐 해당 지역을 특별재난지역으로 선포할 것을 대통령에게 건의할 수 있다.
- 건의를 받은 대통령은 해당 지역을 특별재난지역으로 선포할 수 있다.
- 대규모 인명피해가 발생하는 등 시급하게 특별재난지역으로 선포할 필요가 있는 경우로서 중앙대책본부장의 요청(국무총리가 중앙대책본부장의 권한을 행사하는 경우는 제외)을 받아 (㉡)의 심의를 거칠 시간적 여유가 없다고 (㉡)의 위원장이 인정하는 경우 (㉠)은/는 (㉡)의 심의를 거치지 아니하고 해당 지역을 특별재난지역으로 선포할 것을 대통령에게 건의할 수 있다.

	㉠	㉡
①	국무총리	조정위원회
②	중앙대책본부장	조정위원회
③	국무총리	중앙위원회
④	중앙대책본부장	중앙위원회

005 다음은 「재난 및 안전관리 기본법 시행령」상 특별재난의 범위 및 선포 등에 대한 설명이다. ( ) 안에 알맞은 수치를 넣으면?

> • 자연재난으로서 「자연재난 구호 및 복구 비용 부담기준 등에 관한 규정」 제5조 제1항에 따른 국고 지원 대상 피해 기준금액의 (㉠)배를 초과하는 피해가 발생한 재난
> • 자연재난으로서 「자연재난 구호 및 복구 비용 부담기준 등에 관한 규정」 제5조 제1항에 따른 국고 지원 대상에 해당하는 시·군·구의 관할 읍·면·동에 같은 항 각 호에 따른 국고 지원 대상 피해 기준금액의 (㉡)을 초과하는 피해가 발생한 재난

	㉠	㉡
①	2	2분의 1
②	2.5	4분의 1
③	3	6분의 1
④	3.5	8분의 1

KEYWORD 재난구호 및 복구

006 「자연재난 구호 및 복구 비용 부담기준 등에 관한 규칙」에 관한 사항 중 자연재난에 따른 자연현상으로 주생계수단인 농업·어업·임업·염생산업에 재해를 입은 자에 대하여 국가 또는 지방자치단체가 재난지원금을 지원한다. 주생계수단이란 그 수입액이 해당 가구 총수입액의 몇 % 이상을 차지하는 생계수단을 말하는가?

① 40%
② 50%
③ 60%
④ 70%

10 보칙 및 벌칙

기출 OX QUIZ

1. 지방자치단체는 재난관리에 드는 비용을 충당하기 위하여 매년 재난관리기금을 적립하여야 한다. 16. 기출 　　O | X
2. 매년 4월 16일은 국민안전의 날이다. 16. 기출 　　O | X

정답 1. O　2. O

KEYWORD 재난관리기금

001 다음은 재난관리기금 적립에 관한 설명이다. (　) 안에 들어갈 수치로 옳은 것은?

- '재난관리기금의 매년도 최저 적립액'은 최근 3년 동안의 「지방세법」에 의한 보통세의 수입결산액의 평균 연액의 (㉠)에 해당하는 금액으로 한다.
- 시·도지사 및 시장·군수·구청장은 매년도 최저적립액의 (㉡) 이상의 금액(이하 "의무예치금액"이라 한다)을 금융회사 등에 예치하여 관리하여야 한다. 다만, 의무예치금액의 누적금액이 해당 연도를 기준으로 법 제67조 제2항에 따른 매년도 최저적립액의 10배를 초과한 경우에는 해당 연도의 의무예치금액을 매년도 최저적립액의 100분의 5로 낮추어 예치할 수 있다.

	㉠	㉡
①	10분의 1	15분의 100
②	100분의 1	100분의 15
③	1분의 10	5분의 100
④	1분의 100	100분의 5

KEYWORD 벌칙

002 행정안전부장관 또는 재난관리책임기관의 장이 안전점검결과 또는 긴급안전점검결과 재난 발생의 위험이 높다고 인정되는 시설 또는 지역에 대하여 소유자·관리자 또는 점유자에게 안전조치할 것을 명하였을 경우 이를 이행하지 아니한 자의 벌칙으로 옳은 것은?

① 1년 이하의 징역 또는 1천만원 이하의 벌금
② 5년 이하의 징역 또는 5천만원 이하의 벌금
③ 3년 이하의 징역 또는 3천만원 이하의 벌금
④ 5백만원 이하의 벌금

003 「재난 및 안전관리 기본법」에서 정한 벌칙 중 다음 내용에 대한 벌칙으로 옳은 것은?

> - 정당한 사유 없이 제30조 제1항에 따른 긴급안전점검을 거부 또는 기피하거나 방해한 자
> - 정당한 사유 없이 제41조 제1항 제1호(제46조 제1항에 따른 경우를 포함한다)에 따른 위험구역에 출입하는 행위나 그 밖의 행위의 금지명령 또는 제한명령을 위반한 자
> - 정당한 사유 없이 제74조의3 제1항에 따른 행정안전부장관, 시·도지사 또는 시장·군수·구청장의 요청에 따르지 아니한 자
> - 정당한 사유 없이 제74조의3 제2항에 따른 행정안전부장관, 시·도지사 또는 시장·군수·구청장의 요청에 따르지 아니한 자
> - 제76조의4 제4항을 위반하여 업무상 알게 된 재난안전의무보험 관련 자료 또는 정보를 누설하거나 권한 없이 다른 사람이 이용하도록 제공하는 등 부당한 목적으로 사용한 자

① 5천만원 이하의 벌금 또는 5년 이하의 징역
② 2천만원 이하의 벌금 또는 2년 이하의 징역
③ 1천만원 이하의 벌금 또는 2년 이하의 징역
④ 1천만원 이하의 벌금 또는 1년 이하의 징역

004 「재난 및 안전관리 기본법」에서 정한 벌칙 중 직무상 알게 된 재난관리정보를 누설하거나 권한 없이 다른 사람이 이용하도록 제공하는 등 부당한 목적으로 사용한 자에 대한 벌칙으로 옳은 것은?

① 3천만원 이하의 벌금
② 2천만원 이하의 벌금
③ 1천만원 이하의 벌금
④ 500만원 이하의 벌금

005 다음 「재난 및 안전관리 기본법」에서 정하는 벌칙 중 연결이 잘못된 것은?

① 다중이용시설 등의 위기상황 매뉴얼을 작성·관리하지 아니한 관계인 - 200만원 이하의 과태료
② 위험구역에서의 퇴거명령 또는 대피명령을 위반한 사람 - 200만원 이하의 과태료
③ 정당한 사유 없이 제74조의3 제1항에 따른 행정안전부장관 또는 지방자치단체의 장의 요청에 따르지 아니한 자 - 500만원 이하의 벌금
④ 보험 또는 공제에 가입하지 않은 자 - 200만원 이하의 과태료

006 다음 「재난 및 안전관리 기본법」에서 정한 벌칙 중 재난 예방·대비·대응 이외의 목적으로 정보를 사용하거나 업무가 종료되었음에도 해당 정보를 파기하지 아니한 자에 대한 벌칙으로 옳은 것은?

① 3천만원 이하의 벌금 또는 3년 이하의 징역
② 2천만원 이하의 벌금 또는 2년 이하의 징역
③ 1천만원 이하의 벌금 또는 1년 이하의 징역
④ 500만원 이하의 벌금 또는 6개월 이하의 징역

007 다음 「재난 및 안전관리 기본법」의 내용 중 옳은 것은 모두 몇 개인가?

ㄱ. 행정안전부장관은 안전정보를 체계적으로 관리하고 안전정보 및 다른 법령에 따라 재난관리책임기관의 장이 공개하는 시설 등에 대한 각종 안전점검·진단 등의 결과를 통합적으로 공개하기 위하여 안전정보통합 관리시스템을 구축·운영하여야 한다.
ㄴ. 중앙행정기관의 장 또는 지방자치단체의 장은 행정안전부령으로 정하는 지역축제를 개최하려면 해당 지역축제가 안전하게 진행될 수 있도록 지역축제 안전관리계획을 수립하고, 그 밖에 안전관리에 필요한 조치를 하여야 한다.
ㄷ. 행정안전부장관은 재난안전 분야 전문가 및 전문기관 등이 공동으로 참여하는 정부합동 재난원인조사단을 편성하고, 이를 현지에 파견하여 재난원인조사를 실시할 수 있으며, 정부합동 재난원인조사단은 재난원인조사단의 단장을 포함한 50명 이내의 조사단원으로 편성한다.
ㄹ. 국무총리는 재난안전의무보험 관리·운용의 효율성을 높이고, 재난안전의무보험 관련 자료 또는 정보를 체계적으로 수집하여 종합적으로 관리할 수 있도록 재난안전의무보험 종합정보시스템을 구축·운영할 수 있다.
ㅁ. 국무총리는 재난을 예방하고, 재난이 발생할 경우 그 피해를 최소화하기 위하여 재난 및 안전관리업무에 종사하는 자가 지켜야 할 사항 등을 정한 안전관리헌장을 제정·고시하여야 한다.
ㅂ. 국무총리는 재난의 예방·대비·대응·복구 등의 업무수행 역량을 검정하는 자격시험(이하 "공인재난관리사 자격시험"이라 한다)에 합격하고 행정안전부령으로 정하는 연수과정을 수료한 사람에게 공인재난관리사의 자격증을 교부할 수 있다.

① 2개
② 3개
③ 4개
④ 5개

fire.Hackers.com

해커스소방 학원·인강
fire.Hackers.com

PART 6
소방시설

01 소방시설의 개설

02 소화설비
(소화기구, 옥내소화전설비, 스프링클러설비, 물분무 소화설비, 포 소화설비, 옥외소화전설비, 이산화탄소 소화설비, 할론 소화설비, 할로겐화합물 및 불활성기체 소화설비, 분말 소화설비)

03 경보설비
(단독경보형감지기, 비상경보설비, 자동화재탐지설비 및 시각경보기, 화재알림설비, 비상방송설비, 자동화재속보설비, 누전경보기, 가스누설경보기)

04 피난구조설비
(피난기구, 인명구조기구, 유도등, 비상조명등 및 휴대용비상조명등)

05 소화활동설비 및 소화용수설비
(제연설비, 연결송수관설비, 연결살수설비, 비상콘센트설비, 무선통신보조설비, 연소방지설비)

01 소방시설의 개설

기출 OX QUIZ

1. 옥내소화전설비, 옥외소화전설비, 스프링클러설비는 물분무등소화설비가 아니다. 16, 17. 기출   O | X
2. 소화설비에는 소화기구, 자동소화장치, 옥내소화전, 스프링클러설비 등이 있다. 18. 기출   O | X
3. 비상콘센트설비는 소화활동설비에 해당된다. 19. 기출   O | X
4. 제연설비, 연소방지설비는 피난구조설비에 해당된다. 25. 기출   O | X

정답 1. O 2. O 3. O 4. X 제연설비, 연소방지설비는 소화활동설비에 해당된다.

KEYWORD 소방시설의 분류

001 물, 그 밖의 소화약제를 사용하여 소화하는 기계·기구 또는 설비를 소화설비라고 하는데, 그 중 물분무등소화설비에 해당하지 않는 것은?

① 고체에어로졸소화설비   ② 이산화탄소소화설비
③ 옥외소화전설비   ④ 강화액소화설비

002 「소방시설 설치 및 관리에 관한 법률 시행령」에서 정한 소방시설 중 화재진압 및 인명구조활동을 위하여 사용하는 설비는?

① 자동화재탐지설비   ② 상수도소화용수설비
③ 제연설비   ④ 물분무등소화설비

003 소방시설 중 서로 관련있는 것끼리 연결된 것으로 옳지 않은 것은?

① 소화설비 - 물분무등소화설비
② 경보설비 - 자동화재탐지설비, 단독경보형감지기
③ 피난구조설비 - 인명구조기구, 휴대용비상조명등
④ 소화활동설비 - 연소방지설비, 급수탑

004 소방시설 중 스프링클러설비 등에 해당하지 않는 것은?

① 호스릴 스프링클러설비
② 스프링클러설비
③ 간이스프링클러설비
④ 화재조기진압용 스프링클러설비

005 「소방시설 설치 및 관리에 관한 법률 시행령」에서 정한 소방시설이다. 다음 정의로 분류되는 것으로 옳은 것만을 고른 것은?

> 화재사실을 통보하는 기계·기구나 설비이다.

① 화재알림설비, 가스누설경보기
② 누전경보기, 연결살수설비
③ 비상경보설비, 옥내소화전설비
④ 통합감시시설, 연결송수관설비

006 다음 「소방시설 설치 및 관리에 관한 법률 시행령」에서 정한 피난구조설비 중 유도등에 관한 것은 모두 몇 개인가?

ㄱ. 피난유도선	ㄴ. 피난구유도등
ㄷ. 통로유도등	ㄹ. 객석유도등
ㅁ. 유도표지	ㅂ. 비상조명등(휴대용비상조명등 포함)

① 2개
③ 4개
② 3개
④ 5개

007 다음 중 소방시설에 대한 설명으로 옳지 않은 것을 모두 고른 것은?

ㄱ. 소방시설의 종류는 소화설비, 경보설비, 피난구조설비, 방화설비, 소화활동설비로 구분된다.
ㄴ. 소화설비는 스프링클러설비, 연결살수설비 등이 해당된다.
ㄷ. 경보설비는 자동화재속보설비, 비상방송설비 등이 해당된다.
ㄹ. 소화기구는 소화기, 간이소화용구, 자동확산소화기로 구분된다.

① ㄱ, ㄴ   ② ㄱ, ㄷ
③ ㄴ, ㄹ   ④ ㄷ, ㄹ

008 다음 중 소화활동설비에 해당하는 것을 모두 고른 것은?

ㄱ. 연소방지설비   ㄴ. 완강기
ㄷ. 연결송수관설비 ㄹ. 스프링클러설비
ㅁ. 제연설비   ㅂ. 연결살수설비

① ㄱ, ㄴ, ㄹ, ㅁ   ② ㄱ, ㄴ, ㅁ, ㅂ
③ ㄱ, ㄷ, ㅁ, ㅂ   ④ ㄱ, ㄹ, ㅁ, ㅂ

009 다음 중 대통령령으로 정하는 주택용 소방시설에 해당하는 것은?

① 옥내소화전설비, 비상경보설비
② 간이스프링클러설비, 비상경보설비
③ 단독경보형감지기, 소화기
④ 자동소화장치, 소화기

02 소화설비

해설집 p.100

소화기구, 옥내소화전설비, 스프링클러설비, 물분무 소화설비, 포 소화설비, 옥외소화전설비, 이산화탄소 소화설비, 할론 소화설비, 할로겐화합물 및 불활성기체 소화설비, 분말 소화설비

기출 OX QUIZ

1. 소화기란 소화약제를 압력에 따라 방사하는 기구로서 사람이 자동으로 조작하여 소화하는 기구이다. 16. 기출 　O | X
2. 소형소화기 1대의 능력단위는 A3 B5 C.이다. 12. 기출변형 　O | X
3. 대형소화기란 화재 시 사람이 운반할 수 있도록 운반대와 바퀴가 설치되어 있고, 능력단위가 A급 20단위 이상, B급 10단위 이상인 소화기를 말한다. 12. 기출 　O | X
4. 산·알칼리 소화기는 가스계 소화기로 분류된다. 21. 기출 　O | X
5. 자동기동방식의 펌프가 수원의 수위보다 높은 곳에 설치된 옥내소화전설비의 구성요소에는 솔레노이드밸브가 없다. 22. 기출 　O | X
6. 소방펌프 및 관로에서 발생되는 수격현상(Water hammering)의 방지책으로는 관경을 크게하여 유체의 유속을 감소시켜 압력변동치를 감소한다. 23. 기출 　O | X
7. 가압송수방식의 종류는 고가수조, 펌프수조, 압력수조, 가압수조가 있다. 18. 기출변형 　O | X
8. 기동용수압개폐장치란 소화설비의 배관 내 압력변동을 검지하여 자동적으로 펌프를 기동 및 정지시키는 것으로서 압력챔버 또는 기동용 압력 스위치 등을 말한다. 11. 기출 　O | X
9. 순환배관은 옥내소화전설비의 펌프 체절운전 시 수온 하강 방지를 위해 설치한다. 21. 기출 　O | X
10. 공동현상을 방지하기 위해서 펌프의 설치 위치를 수원보다 높게 한다. 25. 기출 　O | X
11. 일제살수식 설비는 개방형 헤드만 사용한다. 18. 기출 　O | X
12. 감지기를 이용하는 설비는 준비작동식, 일제살수식, 부압식 스프링클러설비이다. 13. 기출 　O | X
13. 습식 스프링클러설비의 오동작 방지를 위해 리타딩 챔버를 설치하며, 건식 스프링클러설비는 급속개방기구인 엑셀레이터, 익죠시터를 사용한다. 20. 기출변형 　O | X
14. 습식, 건식스프링클러설비는 감지기와 연동하여 작동하지 않는다. 19. 기출변형 　O | X
15. 국소방출방식이란 소화약제 공급장치에 배관 및 분사 헤드 등을 설치하여 직접 화점에 소화약제를 방출하는 방식을 말한다. 23. 기출 　O | X
16. 펌프 프로포셔너 방식(Pump proportioner type)은 펌프와 발포기의 중간에 설치된 벤츄리관의 벤츄리 작용과 펌프 가압수의 포소화약제 저장탱크에 대한 압력에 의하여 포소화약제를 흡입·혼합하는 방식이다. 16, 18. 기출 　O | X
17. 기동용기의 가스는 압력스위치 및 자동폐쇄장치를 작동시키는 역할을 한다. 22. 기출 　O | X
18. CO_2 소화설비는 화재감지기, 선택밸브, 방출표시등, 압력스위치 등으로 구성된다. 21. 기출 　O | X
19. 이산화탄소 소화설비는 기동용기 솔레노이드가 동작하면 저장용기밸브개방 한 후 선택밸브가 개방된다. 25. 기출 　O | X
20. 할로겐화합물 및 불활성기체는 부촉매소화를 이용한 소화설비이다. 16. 기출변형 　O | X
21. 제3종 분말소화약제는 A급, B급, C급을 사용하는 소화설비이다. 11. 기출 　O | X

정답 1. × 소화기란 소화약제를 압력에 따라 방사하는 기구로서 사람이 수동으로 조작하여 소화하는 기구이다. 2. ○
3. × 대형소화기란 화재 시 사람이 운반할 수 있도록 운반대와 바퀴가 설치되어 있고, 능력단위가 A급 10단위 이상, B급 20단위 이상인 소화기를 말한다. 4. × 산·알칼리 소화기는 수계 소화기로 분류된다. 5. ○ 솔레노이드밸브는 스프링클러설비(준비작동식, 일제살수식) 또는 가스계소화설비(이산화탄소, 할론, 할로겐화합물 및 불활성기체)에 있다. 6. ○ 7. ○
8. ○ 9. × 체절운전 시 수온 상승 방지를 위하여 순환배관을 설치한다. 10. × 공동현상을 방지하기 위해서 펌프의 설치 위치를 수원보다 낮게 한다. 11. ○ 12. ○ 13. ○ 14. ○ 15. ○ 16. × 프레져 프로포셔너 방식(Pressure proportioner type)은 펌프와 발포기의 중간에 설치된 벤츄리관의 벤츄리 작용과 펌프 가압수의 포소화약제 저장탱크에 대한 압력에 의하여 포소화약제를 흡입·혼합하는 방식이다. 17. × 기동용기의 가스는 선택밸브 및 저장용기를 개방시키는 역할을 한다. 18. ○
19. × 이산화탄소 소화설비는 기동용기 솔레노이드가 동작하면 선택밸브개방 한 후 저장용기밸브가 개방된다. 20. × 할로겐화합물은 부촉매소화, 불활성기체는 질식소화를 이용한 소화설비이다. 21. ○

KEYWORD 소화기구의 종류

001 「소방시설 설치 및 관리에 관한 법률 시행령」에서 정한 물, 그 밖의 소화약제를 사용하여 소화하는 소화기구와 관련이 없는 것은?

① 분말소화기
② 가스식 자동소화장치
③ 자동확산소화기
④ 에어로졸식 소화용구

002 소화기구 및 자동소화장치에 사용하는 용어의 정의에 대한 설명으로 옳은 것은?

① '자동확산소화기'는 화재를 감지하여 자동으로 소화약제를 방출확산시켜 실 전체를 소화하는 소화기를 말하며 종류는 일반화재, 주방화재용, 전기설비용 자동확산소화기가 있다.
② '자동소화장치'는 소화약제를 자동으로 방사하는 고정된 소화장치로서 형식승인이나 성능인증을 받은 유효설치 범위(설계방호체적, 최대설치높이, 방호면적 등을 말한다) 이내에 설치하여 소화하는 장치를 말한다.
③ '지시압력계가 부착되어 있는 축압식소화기'는 분말약제와 질소가스 등이 함께 충전되어 있는 소화기로서 사람이 자동 및 수동으로 조작하여 소화하는 것을 말한다.
④ '소화약제'는 소화기구에 사용되는 소화성능이 있는 고체 및 기체의 물질을 말한다.

003 다음 소화기구 중 간이소화용구가 아닌 것은?

① 투척용 소화용구
② 분말식 소화용구
③ 소공간용 소화용구
④ 마른 모래

004 아파트의 각 세대별 주방 및 오피스텔의 각 실별 주방에 설치하는 소화장치는?

① 상업용 주방자동소화장치
② 주거용 또는 상업용 주방자동소화장치
③ 주거용 주방자동소화장치
④ 가정용 주방자동소화장치

005 아파트의 각 세대별 주방 및 오피스텔의 각 실별 주방에 설치하는 주방용 자동소화장치의 구성요소가 아닌 것은?

① 중계기
② 차단장치(가스)
③ 수신부
④ 탐지부

KEYWORD 소화기구 설치기준

006 소화기구 중 대형소화기의 능력단위 기준 및 보행거리 배치 기준이 적절하게 표시된 것은?

① A급 화재: 10단위 이상, B급 화재: 20단위 이상, 보행거리: 30m 이내
② A급 화재: 20단위 이상, B급 화재: 20단위 이상, 보행거리: 30m 이내
③ A급 화재: 10단위 이상, B급 화재: 20단위 이상, 보행거리: 40m 이내
④ A급 화재: 20단위 이상, B급 화재: 20단위 이상, 보행거리: 40m 이내

007 소화기구 및 자동소화장치의 화재안전기술기준(NFTC 101)에서 정한 소화기구 소화약제별 적응성에서 A급 화재에 사용이 불가능한 약제는?

① 할로겐화합물 소화약제
② 강화액소화약제
③ 중탄산염류 소화약제
④ 포소화약제

008 소화기구의 능력단위를 바닥면적 30제곱미터마다 1단위 이상으로 해야 할 특정소방대상물은?

① 문화재
② 판매시설
③ 위락시설
④ 장례식장

009 다음 중 제3종 분말소화기 사용 순서를 바르게 나열한 것은?

> ㄱ. 안전핀을 뽑는다.
> ㄴ. 손잡이를 눌러 빗자루로 쓸 듯이 골고루 방사한다.
> ㄷ. 호스를 불 쪽으로 향한다.
> ㄹ. 소화기를 불이 난 곳으로 옮긴다.

① ㄱ → ㄷ → ㄹ → ㄴ
② ㄱ → ㄹ → ㄷ → ㄴ
③ ㄹ → ㄱ → ㄷ → ㄴ
④ ㄹ → ㄷ → ㄱ → ㄴ

KEYWORD 옥내소화전설비와 수조방식

010 옥내소화전설비에 대한 설명으로 옳지 않은 것은?

① 예비펌프란 비상펌프와 동등 이상의 성능이 있는 별도의 펌프를 말한다.
② 함 내부에 방수구, 호스, 노즐(관창)으로 구성되어 있다.
③ 방수압(토출압)은 0.17MPa 이상 ~ 0.7MPa 이하이며, 방수량(토출량)은 130L/min 이상으로 하여야 한다.
④ 옥내소화전의 위치를 알려주는 위치표시등은 평상시 점등상태이며, 펌프의 기동을 알려주는 기동표시등은 평상시 소등·펌프 작동 시 점등이 된다.

011 옥내소화전설비에 대한 설명으로 옳지 않은 것은?

① 펌프기동방식은 수압개폐방식과 ON – OFF 방식으로 구분된다.
② 동결의 우려가 있는 장소에는 ON – OFF 방식을 사용한다.
③ 정격토출량이란 정격토출압력에서 펌프의 토출량을 말한다.
④ 일반적으로 혼자 사용할 수 있는 소화설비로서 초기소화에 탁월하다(호스릴방식 제외).

012 압을 가하여 물을 송수하는 방식인 가압송수방식에 대한 설명으로 옳은 것은?

① 고가수조방식 - 구조물 또는 지형지물 등에 설치하여 자연낙차의 압력으로 급수하는 방식을 말하며 일반건물에 거의 사용되지 못하고 있다.
② 가압수조방식 - 소화용수와 공기를 채우고 일정압력 이상으로 가압하여 그 압력으로 급수하는 방식을 말하며 전원이 필요 없다.
③ 펌프수조방식 - 펌프의 흡입압력을 이용하여 가압송수하는 방식을 말하며 가장 많이 사용하고 있다.
④ 압력수조방식 - 가압원인 압축공기 또는 불연성 고압기체에 따라 소방용수를 가압시켜 급수하는 방식을 말하며 탱크의 설치위치에 구애받지 않는 장점이 있다.

KEYWORD 옥내소화전설비의 구조

013 수계소화설비에 대한 설명으로 옳지 않은 것은?

① 전자식기동용 압력스위치는 배관 내 압력변동을 검지하여 펌프를 자동으로 기동 및 정지시키는 기기를 말한다.
② 충압펌프는 배관 내 압력손실에 따른 주 펌프의 빈번한 기동을 방지하기 위한 펌프를 말한다.
③ 수원의 수위가 펌프의 위치보다 높은 경우 물올림장치, 풋밸브, 연성계 또는 진공계를 설치한다.
④ 옥내소화전 노즐의 방사압력이 2배가 되고 노즐의 구경이 4배로 늘어나면 방수량은 $16\sqrt{2}$ 가 된다(단, 상수값 2.065는 무시한다).

014 수계소화설비에서 수원의 수위가 펌프보다 낮은 경우에 설치하여 흡입측 배관에 보충수를 공급하여 공동현상 발생을 방지하고 펌프의 원활한 운전을 하기 위한 장치는?

① 물올림장치
② 기동용 수압개폐장치
③ 순환배관에 설치된 릴리프밸브
④ 펌프원격기동장치

015 다음 중 ㉠, ㉡에 해당하는 것으로 옳은 것은?

㉠ 정기적으로 펌프의 성능을 시험하여 펌프의 성능곡선의 양부 및 펌프의 방수압(토출압) 및 토출량(방수량)을 검사하기 위하여 설치하는 배관
㉡ 체절운전 시 수온의 상승을 방지하기 위하여 설치하는 배관

	㉠	㉡
①	물올림배관	펌프성능시험배관
②	물올림배관	순환배관
③	순환배관	펌프성능시험배관
④	펌프성능시험배관	순환배관

016 수계소화설비의 배관에 설치하는 개폐밸브로서 개폐표시형 밸브를 설치하는 이유로 가장 적합한 것은?

① 개폐조작이 용이하기 위하여 설치한다.
② 개폐상태 여부를 육안으로 용이하게 판별하기 위하여 설치한다.
③ 물이 한쪽 방향으로만 흐르게 하기 위하여 설치한다.
④ 밸브의 고장을 가급적 막기 위하여 설치한다.

KEYWORD 소화전설비 기준

017 옥내소화전설비에 관한 설명으로 옳은 것을 모두 고르면?

ㄱ. 30층 미만인 건축물인 경우, 옥내소화전이 7개일 때 저장해야 하는 수원의 양은 5.2m³이다.
ㄴ. 기동용수압개폐장치를 일반적으로 압력챔버 방식을 사용하였으나 압력챔버의 누수 등 유지관리의 어려움과 기동정지의 압력값이 미세하게 세팅이 가능한 장점으로 최근에는 설치 및 관리가 용이한 전자식 기동용압력스위치 방식도 사용하고 있다.
ㄷ. 옥내소화전설비의 함에는 그 표면에 "소화전"이라고 표시를 해야 하며, 함 가까이 보기 쉬운 곳에 그 사용 요령을 기재한 표지판을 붙여야 하며, 표지판을 함의 문에 붙이는 경우에는 문의 내부 및 외부 모두에 붙여야 한다(사용요령은 외국어와 시각적 그림을 포함하여 작성하지 않아도 됨).
ㄹ. 동력제어반 및 감시제어반 모두 "수동(또는 연동)"의 위치에 놓여 있어야 소화전 사용 시 자동으로 펌프가 기동하여 소화수를 공급할 수 있다.

① ㄱ, ㄴ
② ㄱ, ㄹ
③ ㄴ, ㄷ
④ ㄷ, ㄹ

018 원심펌프의 공동현상(Cavitation) 방지대책과 가장 거리가 먼 것은?

① 펌프의 설치위치를 낮춘다.
② 펌프의 회전수를 높인다.
③ 흡입관의 관경을 크게 한다.
④ 단흡입 펌프는 양흡입 펌프로 바꾼다.

019 옥내소화전설비의 이상현상에 대한 설명으로 옳은 것은?

① 수격현상이란 물이 파이프 속에 꽉 차서 흐를 때, 정전 등의 원인으로 유속이 급격히 변하면서 물에 심한 압력 변화가 생기고 큰 소음이 발생하는 현상을 말한다.
② 맥동현상이란 펌프에 기포가 발생하는 현상을 말한다.
③ 공동현상이란 강한 수압으로 배관을 치는 현상을 말한다.
④ 릴리프현상이란 펌프가 공회전하는 현상을 말한다.

020 펌프가 운전 중에 한숨을 쉬는 것과 같은 상태가 되어 흡입과 토출의 진공계 및 출구의 압력계 지침이 흔들리고 송출유량도 주기적으로 변화하는 이상 현상은?

① 공동현상(Cavitation)
② 수격작용(Water hammering)
③ 맥동현상(Surging)
④ 언밸런스(Unbalance)

021 기동용 수압개폐장치(압력챔버, 압력탱크방식)의 기능으로 옳지 않은 것은?

① 배관 내 설정압력 유지
② 압력변화의 완충작용
③ 압력변동에 따른 설비의 보호
④ 압력변동에 따른 제어반 보호

KEYWORD 스프링클러설비의 특징

022 스프링클러소화설비에 대한 설명으로 옳지 않은 것은?

① 건축물에서 야간시간대에도 자동으로 화재를 감지하고 경보를 발령하여 자동으로 소화하는 설비이다.
② 소화약제가 물이므로 경제적이고, 소화 후 설비 복구가 용이하다.
③ 방수압은 0.1MPa 이상 ~ 1.2MPa 이하이며, 방수량은 80L/min 이상이다.
④ 타 설비보다 시공이 비교적 간단하다.

023 스프링클러설비 용어의 정의로 옳지 않은 것은?

① 유수검지장치란 유수현상을 자동적으로 검지하여 신호 또는 경보를 발하는 장치를 말한다.
② 조기반응형 헤드란 표준형 스프링클러헤드보다 기류온도 및 기류속도에 조기에 반응하는 것을 말한다.
③ 가지배관이란 수원 및 옥외송수구로부터 스프링클러헤드에 급수하는 배관을 말한다.
④ 반사판(디프렉타)이란 스프링클러헤드의 방수구에서 유출되는 물을 세분시키는 작용을 하는 것을 말한다.

KEYWORD 스프링클러설비의 종류

024 스프링클러설비의 배관에 있어 1차측과 2차측에 항상 물이 차 있는 스프링클러설비 방식의 동작 순서를 바르게 표현한 것은?

ㄱ. 화재발생
ㄴ. 헤드 개방 및 방수
ㄷ. 2차측 배관 압력저하
ㄹ. 1차측 압력에 의해 유수검지장치의 클래퍼 개방
ㅁ. 유수검지장치의 압력스위치 작동
ㅂ. 사이렌경보, 감시제어반의 화재표시등, 밸브개방표시등 점등
ㅅ. 배관 내 압력 저하로 기동용수압개폐장치의 압력스위치 작동
ㅇ. 펌프기동

① ㄱ → ㄷ → ㄴ → ㄹ → ㅁ → ㅂ → ㅅ → ㅇ
② ㄱ → ㄴ → ㄷ → ㄹ → ㅁ → ㅂ → ㅅ → ㅇ
③ ㄱ → ㄷ → ㄹ → ㄴ → ㅂ → ㅁ → ㅅ → ㅇ
④ ㄱ → ㄴ → ㄷ → ㅁ → ㄹ → ㅅ → ㅂ → ㅇ

025 다음 내용에 해당하는 스프링클러설비의 종류는?

> 가압송수장치에서 준비작동식 유수검지장치의 1차측까지는 물이 가압되어 있고 2차측 폐쇄형 스프링클러헤드까지는 소화수(부압)가 채워져 있다가 화재 시 감지기의 작동에 유수가 발생하는 스프링클러설비를 말하며, 준비작동식 스프링클러설비의 단점을 개선한 설비이다.

① 준비작동식 스프링클러설비
② 건식 스프링클러설비
③ 일제살수식 스프링클러설비
④ 부압식 스프링클러설비

026 스프링클러소화설비의 종류에 대한 설명으로 옳지 않은 것은?

① 습식 스프링클러설비 - 가압송수장치에서 폐쇄형 스프링클러헤드까지 배관 내에 항상 물이 가압되어 있다가 화재로 인한 열로 폐쇄형 스프링클러헤드가 개방되면 배관 내에 유수가 발생하여 습식 유수검지장치가 작동하게 되는 스프링클러설비
② 건식 스프링클러설비 - 유수검지장치의 2차측에 압축공기 또는 질소 등의 기체로 충전된 배관에 폐쇄형 스프링클러헤드가 부착된 스프링클러설비로서, 폐쇄형 스프링클러헤드가 개방되어 배관 내의 압축공기 등이 방출되면 건식 유수검지장치의 1차측의 수압에 의하여 건식 유수검지장치가 작동하게 되는 스프링클러설비
③ 준비작동식 스프링클러설비 - 가압송수장치에서 준비작동식 유수검지장치의 1차측까지 배관 내에 항상 물이 가압되어 있고 2차측에서 폐쇄형 스프링클러헤드까지 대기압 또는 저압으로 있다가 화재 발생 시 감지기의 작동으로 준비작동식 유수검지장치가 작동하여 폐쇄형 스프링클러헤드까지 소화용수가 송수됨으로써 폐쇄형 스프링클러헤드가 열에 따라 개방되는 방식의 스프링클러설비
④ 일제살수식 스프링클러설비 - 가압송수장치에서 일제개방밸브 1차측까지 배관 내에 항상 물이 가압되어 있고 2차측에서 폐쇄형 스프링클러헤드까지 대기압으로 있다가 화재 발생 시 자동감지장치 또는 수동식 기동장치의 작동으로 일제개방밸브가 개방되면 스프링클러헤드까지 소화용수가 송수되는 방식의 스프링클러설비

027 무대부 또는 연소할 우려가 있는 개구부에 설치할 수 있는 설비 및 헤드 종류가 옳게 연결된 것은?

① 준비작동식 – 폐쇄형 헤드
② 일제살수식 – 개방형 헤드
③ 건식 – 폐쇄형 헤드
④ 습식 – 폐쇄형 헤드

028 스프링클러설비에 관한 설명이다. 옳은 것을 모두 고르면?

> ㄱ. 배관 내의 압축공기 또는 질소 등의 기체를 화재 시 신속히 배출시켜주기 위한 가속장치가 설치되어 있는 것이 특징인 스프링클러설비는 부압식이다.
> ㄴ. 창고시설에는 라지드롭형 스프링클러헤드를 습식으로 설치하여야 한다.
> ㄷ. 조기반응형 스프링클러헤드를 설치하는 장소에는 습식유수검지장치를 설치하여야 한다.
> ㄹ. 준비작동식, 일제살수식, 부압식 스프링클러설비는 교차회로방식의 감지기로 하여야 한다.

① ㄱ, ㄴ
② ㄱ, ㄹ
③ ㄴ, ㄷ
④ ㄷ, ㄹ

029 다음 중 감지기와 헤드 모두 감열체를 이용하여 화재를 제어하는 스프링클러설비는?

① 습식 스프링클러설비, 건식 스프링클러설비
② 건식 스프링클러설비, 준비작동식 스프링클러설비
③ 준비작동식 스프링클러설비, 부압식 스프링클러설비
④ 일제살수식 스프링클러설비, 부압식 스프링클러설비

KEYWORD 스프링클러설비의 구조

030 다음 중 스프링클러설비의 종류별 유수검지장치와 2차측 배관상태 및 스프링클러헤드의 연결이 옳지 않은 것은?

① 습식 - 습식 밸브 - 가압수 - 폐쇄형 헤드
② 건식 - 건식 밸브 - 압축공기 - 폐쇄형 헤드
③ 준비작동식 - 준비작동식 밸브 - 저압 - 폐쇄형 헤드
④ 부압식 - 습식 밸브 - 부압 - 폐쇄형 헤드

031 다음 중 스프링클러설비에 관한 사항의 연결이 옳지 않은 것은?

① 준비작동식 - 폐쇄형 헤드 - 감지기 있음
② 습식 - 폐쇄형 헤드 - 감지기 없음
③ 부압식 - 폐쇄형 헤드 - 감지기 있음
④ 일제살수식 - 개방형 헤드 - 감지기 없음

032 스프링클러설비에 대한 설명으로 옳지 않은 것은?

① 가압송수방식은 고가수조방식, 가압수조방식, 펌프수조방식, 압력수조방식이 있으며, 가장 많이 사용되는 방식은 펌프수조방식이다.
② 가지배관은 교차배관에 급수하는 배관이다.
③ 습식·건식스프링클러설비는 감지기와 연동하여 작동하지 않는다.
④ 반응시간지수(RTI)란 기류의 온도, 속도 및 작동시간에 대하여 스프링클러헤드의 반응을 예상한 지수를 말한다.

033 다음 스프링클러설비 중 유수검지장치를 시험할 수 있는 시험장치를 설치하지 않아도 되는 설비는?

① 습식 설비
② 건식 설비
③ 준비작동식 설비
④ 부압식 설비

034 스프링클러설비의 배관 중 가지배관에 대한 설명으로 옳지 않은 것은?

① 스프링클러헤드에 설치하는 가지배관은 한쪽 가지배관에 설치할 수 있는 스프링클러헤드의 수는 8개 이하로 해야 한다.
② 배관측면에 구멍을 뚫어, 둘 이상의 관로가 생기도록 가공한 배관을 말한다.
③ 토너먼트(Tournament) 방식이 아니어야 한다.
④ 가지배관 최소 구경은 25mm 이상이다.

035 스프링클러설비에 대한 설명으로 옳지 않은 것은?

① 수동기동장치(SVP)를 사용하는 스프링클러설비는 준비작동식, 일제살수식, 부압식 스프링클러설비에 해당한다.
② 수원의 저수량은 스프링클러헤드 개수×2.6m³으로 계산하여야 한다.
③ 폐쇄형 헤드는 반사판, 프레임, 감열체로 구성되어 있다.
④ 상향형 헤드는 하방살수 목적으로 분사패턴이 우수하다.

036 습식 스프링클러설비의 가지배관에서 헤드에 이르는 배관을 가지배관 상부에서 분기하는 이유는?

① 배관의 부식을 방지하기 위하여
② 배관 내의 침전물로 인한 헤드 막힘을 방지하기 위하여
③ 방사 각도를 넓게 하기 위하여
④ 낙차압력을 가산하여 방사압력을 높이기 위하여

037 다음 중 가지배관과 스프링클러헤드를 연결하는 구부림이 용이하고 유연성을 가진 배관은?

① 급수배관
② 교차배관
③ 신축배관
④ 수평주행배관

038 스프링클러설비에 대한 설명으로 옳지 않은 것은?

① 일반적으로 물 → 입상관(수직관) → 수평주행배관 → 교차배관 → 가지배관 → 헤드 → 살수의 흐름이다.
② 전자밸브(SV)를 사용하는 설비는 습식과 건식스프링클러 설비이다.
③ 스프링클러설비 배관은 주배관, 수평주행배관, 교차배관, 가지배관으로 되어 있다.
④ 개방형 스프링클러헤드는 감열체 없이 방수구가 항상 열려 있는 스프링클러헤드를 말한다.

039 다음 펌프성능시험기준에 관한 내용에서 ㉠, ㉡ 안에 들어갈 용어로 옳은 것은?

> 펌프성능시험기준은 소화펌프의 성능은 (㉠)운전 시 정격토출압력의 140%를 초과하지 아니하고, 정격토출량의 (㉡)로 운전 시 정격토출압력의 65% 이상이 되어야 한다.

	㉠	㉡
①	정격부하	100%
②	정격부하	150%
③	체절	150%
④	체절	200%

040 다음 중 준비작동식 스프링클러설비의 작동순서로 옳은 것은?

화재발생 →
ㄱ. 교차회로방식의 A 감지기 또는 B 감지기 작동
ㄴ. 교차회로방식의 A 및 B 감지기 동시 작동 또는 수동기동장치(SVP)작동
ㄷ. 준비작동식 유수검지장치 작동
  가) 전자밸브(솔레노이드밸브) 작동
  나) 중간챔버 감압
  다) 밸브개방
  라) 압력스위치 작동
  마) 사이렌경보, 밸브개방표시등 점등
ㄹ. 2차측으로 급수
ㅁ. 헤드 개방, 방수
ㅂ. 배관 내 압력 저하로 기동용수압개폐장치의 압력스위치 작동
ㅅ. 펌프기동

① ㄱ → ㄴ → ㄷ → ㄹ → ㅁ → ㅂ → ㅅ
② ㄱ → ㄴ → ㄹ → ㄷ → ㅁ → ㅂ → ㅅ
③ ㄷ → ㄱ → ㄴ → ㄹ → ㅂ → ㅁ → ㅅ
④ ㄷ → ㄱ → ㄴ → ㅁ → ㅂ → ㄹ → ㅅ

KEYWORD 포소화설비의 특징

041 다음 포소화설비 중 특수가연물을 저장·취급하는 공장 또는 창고에 사용할 수 없는 설비는?

① 압축공기포소화설비
② 옥내포소화전설비
③ 포헤드설비
④ 고정포(고발포)방출설비

KEYWORD 포 방출구

042 위험물 옥외탱크 종류에 대한 설명으로 옳은 것은?

① 반사판(디플렉터) 방출구 방식은 Ⅰ형 방출구이다.
② 통계단(활강로, 미끄럼판) 등에 설치한 방출구 방식은 Ⅱ형 방출구이다.
③ 콘루프탱크에 사용하는 표면하주입방식 Ⅳ형 방출구이다.
④ 플루팅루프 탱크에 적용하는 포 방출구는 특형 방출구이다.

KEYWORD 포 혼합 방식

043 펌프의 토출측 배관과 흡입측 배관 사이의 배관 도중에 설치한 흡입기에 펌프에서 토출된 물의 일부를 보내고, 농도 조정밸브에서 조정된 포소화약제를 혼합하는 방식은?

① 펌프 프로포셔너 방식(펌프혼합장치)
② 라인 프로포셔너 방식(관로혼합장치)
③ 프레져 프로포셔너 방식(차압혼합장치)
④ 프레져사이드 프로포셔너 방식(압입혼합장치)

044 펌프와 발포기의 중간에 설치된 벤츄리관의 벤츄리작용과 펌프 가압수의 포소화약제 저장탱크에 대한 압력에 따라 포소화약제를 흡입·혼합하는 방식은?

① 프레져사이드 프로포셔너 방식
② 라인 프로포셔너 방식
③ 프레져 프로포셔너 방식
④ 펌프 프로포셔너 방식

045 대규모 유류저장소 및 제조소에 알맞은 프레져사이드 프로포셔너 방식(Pressure side proportioner type)에 해당하는 것은?

①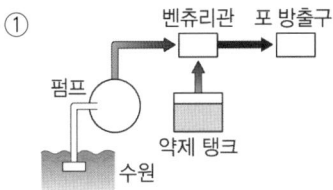

②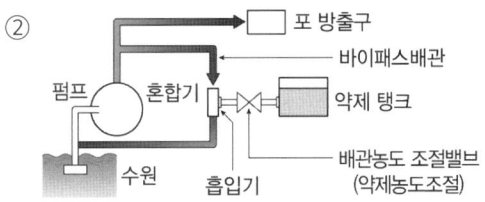

③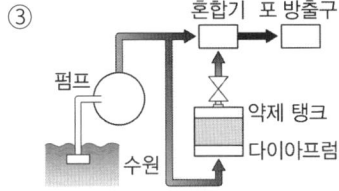

④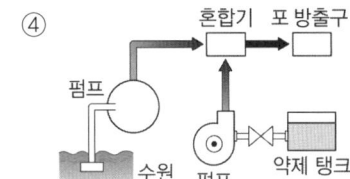

046 주로 초고층 빌딩에 설치되어 있는 헬리포트에 설치하며, 가장 단순하고 경제적인 반면에 혼합가능 유량의 범위가 좁고 혼합기의 흡입가능한 높이가 낮은 혼합방식은?

① 펌프 프로포셔너 방식
② 라인 프로포셔너 방식
③ 프레져 프로포셔너 방식
④ 프레져사이드 프로포셔너 방식

KEYWORD 미분무소화설비

047 스프링클러설비와 할로겐화합물 소화설비의 대체로 개발된 미분무소화설비에 대한 설명으로 옳은 것은?

① 미분무소화설비는 소화력을 증가시키기 위하여 포소화약제를 첨가할 수 있다.
② 미분무란 헤드로부터 방출되는 물입자 중 90%의 누적체적분포가 $400\mu m$ 이하로 분무하여야 하는 것이다.
③ 미분무소화설비는 입자의 크기가 너무 작기 때문에 B, C, D급 화재에 적응성을 갖고 있다.
④ 미분무소화설비는 저압, 중압, 고압으로 구분한다.

048 물분무소화설비에 대한 설명으로 옳지 않은 것은?

① 봉상에 비해 높은 압력이 필요하지 않다.
② 폭발제어 및 가스화재에 사용가능하다.
③ 무상주수이므로 인화성액체 또는 고압전기 등 화재에 유효하다.
④ 소량의 물로 소화하므로 저장 및 방사량을 줄일 수 있다.

KEYWORD 이산화탄소소화설비의 특성

049 이산화탄소소화설비의 장점에 대한 설명으로 옳지 않은 것은?

① 소화 후 약제의 잔존물이 없다.
② 전기의 부도체로서 C급 화재에 매우 효과적이다.
③ 약제 수명이 반영구적이며 가격이 저렴하다.
④ 질식의 위험이 있어 사용이 제한된다.

KEYWORD 이산화탄소소화설비의 구분

050 가스계소화설비(이산화탄소소화설비, 할로겐화합물, 분말 등)에 대한 설명으로 옳지 않은 것은?

① 소화약제 방출방식에 따라 전역방출방식, 국소방출방식, 호스릴방식으로 구분된다.
② 소화약제 저장용기의 개방밸브는 기계식, 전기식, 가스압력식으로 개방된다.
③ 할로겐화합물소화설비에서 저장용기 내의 압력이 설정압력이 되었을 때 주밸브를 개방시켜주는 장치는 정압작동장치이다.
④ 설계농도란 방호대상물 또는 방호구역의 소화약제 저장량을 산출하기 위한 농도로서 소화농도에 안전율을 고려하여 설정한 농도를 말한다.

051 다음 중 할로겐화합물 및 불활성기체 소화약제에 대한 설명으로 옳지 않은 것은?

① 충전밀도란 소화약제의 중량과 소화약제 저장용기의 내부 용적과의 비(중량/용적)를 말한다.
② 사람이 상주하는 곳으로 최소 허용설계농도를 초과하는 장소와 제3류 및 제5류 위험물을 사용하는 장소에는 사용할 수 없다.
③ 선택밸브란 2 이상의 방호구역 또는 방호대상물이 있어 소화수 또는 소화약제를 해당하는 방호구역 또는 방호대상물에 선택적으로 방출되도록 제어하는 밸브를 말한다.
④ 교차회로방식이란 하나의 방호구역 내에 2 이상의 화재감지기회로를 설치하고 인접한 2 이상의 화재감지기가 화재를 감지하는 때에 소화설비가 작동하는 방식을 말한다.

KEYWORD 이산화탄소소화설비 설치기준

052 이산화탄소소화약제 저장용기의 설치기준으로 적합하지 않은 것은?

① 방호구역 내 장소에 설치하여야 한다.
② 온도가 40℃ 이하이고 온도변화가 작은 곳에 설치하여야 한다.
③ 직사광선 및 빗물이 침투할 우려가 없는 곳에 설치하여야 한다.
④ 저장용기의 폭발을 방지하기 위해 방화문으로 구획된 실에 설치하여야 한다.

053 다음 중 이산화탄소소화설비의 구성요소를 바르게 표현한 것은?

① 불꽃감지기는 교차회로방식으로 하여야 한다.
② 솔레노이드밸브(전자밸브)가 작동하면 파괴침이 저장용기밸브의 봉판을 파괴하고 기동 용가스가 방출된다.
③ 방출헤드는 전역방출방식인 경우 넓은 지역에 균일하게 확산, 방사하는 혼(나팔)형과 국소지점만 방사하는 천장형, 측벽형 등이 있다.
④ 수동조작함(수동기동장치)은 화재 시 수동조작에 의해 소화약제를 방출하는 기능의 기동스위치와 오작동 시 방출을 지연시킬 수 있는 방출지연스위치, 전원표시등, 보호장치 등이 내장된 조작함이다.

054 이산화탄소소화설비에 대한 설명으로 옳지 않은 것은?

① 선택스위치는 방출표시등을 점등시키는 역할이며, 방출표시등은 실외 출입구의 상부에 설치한다.
② 수동조작함에 약제를 수동으로 기동하는 기동스위치와 약제를 지연하기 위한 방출지연스위치가 부착되어 있다.
③ 사이렌은 방호구역 안에 설치하며 약제가 방출되니 실외로 대피경보이다.
④ 충전비란 용기의 용적과 소화약제의 중량과의 비율을 말한다.

055 다음 중 <보기>에서 할로겐화합물 소화설비의 작동순서를 옳게 나열한 것은?

<보기>

ㄱ. 감지기 작동
ㄴ. 전자밸브(기동용솔레노이드) 작동
ㄷ. 제어반
ㄹ. 기동용기 함 안에 가스용기 개방
ㅁ. 선택밸브 개방 후 소화약제 저장용기 개방
ㅂ. 소화약제 방출

① ㄱ → ㄴ → ㄷ → ㄹ → ㅁ → ㅂ
② ㄱ → ㄴ → ㄷ → ㅁ → ㄹ → ㅂ
③ ㄱ → ㄷ → ㄴ → ㄹ → ㅁ → ㅂ
④ ㄱ → ㄷ → ㄴ → ㅁ → ㄹ → ㅂ

03 경보설비

해설집 p.111

단독경보형감지기, 비상경보설비, 자동화재탐지설비 및 시각경보기,
화재알림설비, 비상방송설비, 자동화재속보설비, 누전경보기, 가스누설경보기

기출 OX QUIZ

1. 자동화재탐지설비의 구성으로는 수신기, 감지기, 발신기, 음향장치, 중계기 등이 있으며, 감지기는 화재를 자동으로 검출하고, 발신기는 화재를 수동으로 검출하는 기기이다. 17. 기출변형 　O│X
2. 차동식 분포형 감지기의 종류는 공기관식, 열전대식, 열반도체식이다. 23. 기출 　O│X
3. 열감지기의 종류에는 이온화식, 광전식 감지기가 있다. 18. 기출 　O│X
4. 차동식 분포형 감지기는 주위 온도가 일정 상승률 이상 되는 경우에 작동하는 감지기로서 넓은 범위 내에서 열효과 누적에 의해 작동하는 것을 말한다. 24. 기출 　O│X
5. 신호전송방식은 R형 수신기는 개별신호(1:1 접점)방식으로 하고, P형 수신기는 다중전송방식을 사용한다. 24. 기출 　O│X
6. 화재알림형 비상경보장치란 화재알림형 감지기, 발신기, 표시등, 지구음향장치(경종 또는 사이렌 등)를 내장한 것으로 화재발생 상황을 경보하는 장치를 말한다. 25. 기출 　O│X

정답 1. ○ 2. ○ 3. × 연기감지기의 종류에는 이온화식, 광전식 감지기가 있다. 4. ○ 5. × 신호전송방식은 P형 수신기는 개별신호(1:1 접점)방식으로 하고, R형 수신기는 다중전송방식을 사용한다. 6. × 화재알림형 비상경보장치란 발신기, 표시등, 지구음향장치(경종 또는 사이렌 등)를 내장한 것으로 화재발생 상황을 경보하는 장치를 말한다.

KEYWORD 경보설비의 종류

001 경보설비에 대한 설명으로 옳은 것은?

① 시각경보기, 통합감시시설, 단독경보형감지기는 경보설비에 해당하지 않는다.
② 감지기는 화재 시 발생하는 열, 연기, 불꽃 또는 연소생성물을 자동적으로 감지하고, 발신기는 수동누름버튼 등의 작동으로 화재 신호를 수신기에 발신하는 장치를 말한다.
③ 경종(음향장치)이란 감지기나 발신기에서 발하는 화재신호를 직접 수신하거나 중계기를 통하여 수신하여 화재의 발생을 표시 및 경보하여 주는 장치이다.
④ 수신기란 감지기·발신기 또는 전기적 접점 등의 작동에 따른 신호를 받아 이를 수신기의 세어반에 선송하는 기기이다.

KEYWORD 자동화재탐지설비

002 자동화재탐지설비에 대한 설명으로 옳지 않은 것은?

① 아날로그식 감지기는 주위온도 또는 연기의 농도변화에 따라 각각 다른 전류 또는 전압을 출력하는 방식으로, 시시각각으로 검출된 온도 또는 연기농도에 대한 정보만을 수신기에 송출하면 수신기가 화재판단을 한다.
② 구성요소는 수신기, 발신기, 감지기, 중계기 등이 있다.
③ 소방배선은 내화·내열배선으로, 대표적인 전선으로는 450/750V 저독성난연가교폴리올레핀절연전선을 사용한다.
④ 하나의 경계구역의 면적은 500m² 이하로 하고, 한 변의 길이는 50m 이하로 하여야 한다.

003 자동화재탐지설비에 대한 설명으로 옳지 않은 것은?

① 경계구역은 소방대상물 중 화재신호를 발신하고 그 신호를 수신 및 유효하게 제어할 수 있는 구역을 말한다.
② 차동식 분포형 감지기의 방식은 공기관식, 열전대식, 열반도체식이 있다.
③ 광전식 감지기는 스포트형, 분리형, 공기흡입형으로 구분된다.
④ 시각경보장치는 자동화재탐지설비에서 발하는 화재신호를 시각경보기에 전달하여 시각장애인에게 점멸 형태의 시각경보를 하는 것을 말한다.

004 다음 중 자동화재탐지설비의 경계구역을 설정할 때 별도의 경계구역으로 설정하는 대상에 속하지 않는 것은?

① 린넨슈트 ② 계단
③ 복도   ④ 파이프피트

005 수신기에 대한 설명으로 옳지 않은 것은?

① P형 수신기의 신호전송방식은 개별신호(1 : 1 접점)방식이며, R형수신기의 신호전송방식은 다중통신방식에 해당한다.
② R형 수신반은 회로의 증설·변경이 어렵다.
③ P형 수신반은 가격이 저렴하나 선로수가 많아 설치공사비가 크다.
④ R형 수신반은 일반적으로 대형건축물에 사용한다.

006 다음에서 설명하는 수신기의 종류는?

> P형 수신기 기능과 가스누설경보기 수신부 기능을 합쳐놓은 수신기를 말한다.

① P형 복합형 수신기
② G·P형 복합형 수신기
③ 가스누설 복합형 수신기
④ G·P형 수신기

007 다음 중 열 및 연기감지기의 종류로 옳은 것은?

① 차동식 분리형 감지기 - 열감지기
② 이온화식 스포트형 감지기 - 연기감지기
③ 보상식 스포트형 감지기 - 열·연기식감지기
④ 정온식 분포형 감지기 - 열감지기

008 정온식감지기에 관한 설명이다. ㉠, ㉡에 들어갈 명칭은?

> • (㉠)은/는 일반적으로 도로터널에 가장 많이 쓰이며, 일국소의 열 효과에 의해 작동되는 감지기이다.
> • (㉡)은/는 주방, 보일러실, 기름탱크실, 발전기실 등 다량의 화기를 취급하는 장소에 사용되며 일국소의 열 효과에 의해 작동되는 감지기이다.

	㉠	㉡
①	정온식 감지선형	정온식 스포트형
②	정온식 스포트형	정온식 감지선형
③	정온식 스포트형	정온식 분포형
④	정온식 감지선형	정온식 공기흡입형

009 차동식 분포형 감지기에 관한 설명으로 옳지 않은 것은?

① 주위온도가 일정상승률 이상 상승하면 작동하는 것으로, 넓은 범위 내에서 열효과 누적에 의하여 작동되는 감지기이다.
② 발광부와 수광부로 구분된다.
③ 일반적으로 축전실 등에 설치한다.
④ 감지소자에 따라 공기관식, 열전대식, 열반도체식이 있다.

010 다음에서 설명하는 감지기는?

> 감지원리가 같은 1개의 감지기 내에 서로 다른 종별 또는 감도 등의 기능을 갖춘 것으로서 일정 시간 간격을 두고 각각 다른 2개 이상의 화재신호를 발한다.

① 아날로그식 감지기   ② 다신호식 감지기
③ 보상식 감지기   ④ 열·연기 복합형 감지기

011 감지기에 대한 설명으로 옳은 것은?

① 정온식 스포트형 감지기는 일국소의 주위온도가 일정한 온도 이상이 되는 경우에 작동하는 것으로서 외관이 전선으로 되어 있지 않은 것을 말한다.
② 차동식 스포트형 감지기는 주위온도가 일정상승률 이상(급격한 온도변화율)이 되는 경우에 작동하는 것으로서 넓은 범위에서의 열효과의 누적에 의하여 작동되는 것을 말한다.
③ 정온식 감지선형 감지기는 주위온도가 일정상승률 이상(급격한 온도변화율)이 되는 경우에 작동하는 것으로서 외관이 전선으로 되어 있는 것을 말한다.
④ 보상식 스포트형 감지기는 차동식 스포트형 감지기와 정온식 스포트형 감지기의 성능이 있는 것으로서 두 가지 성능의 감지기능이 함께 작동될 때 화재신호를 발신하거나 또는 두 개의 화재신호를 각각 발신하는 것을 말한다.

012 연기가 빛을 차단하거나 반사하는 원리를 이용하여 화재를 감지하는 감지기는?

① 정온식 감지선형 감지기
② 이온화식 감지기
③ 복합형 감지기
④ 광전식 감지기

013 다음 중 감지기 부착높이가 8m 이상 15m 미만인 경우 설치가 불가능한 감지기는?

① 이온화식 1종 감지기
② 불꽃 감지기
③ 정온식 특종 감지기
④ 광전식 분리형 2종 감지기

014 감지기 부착높이가 20m 이상인 경우 사용 가능한 감지기는?

① 이온화식 감지기
② 연기복합형 감지기
③ 열연기복합형 감지기
④ 불꽃 감지기

015 열감지기에 대한 설명으로 옳은 것은?

① 차동식 스포트형 감지기는 주위온도가 일정온도 이상 올라가야 작동한다.
② 정온식 감지기는 감도에 따라 1종, 2종, 3종으로 구분한다.
③ 차동식 감지기는 지연화재일수록 감지 능력이 뛰어나다.
④ 다이아프램을 이용한 차동식 스포트형 감지기와 바이메탈을 이용한 정온식 스포트형 감지기는 열감지기에 해당된다.

016 자동화재탐지설비에 대한 설명으로 옳지 않은 것은?

① 일시적으로 발생한 열·연기 또는 먼지 등 때문에 감지기가 화재신호를 발신할 우려가 있다면 축적기능의 수신기를 설치하여 실보를 방지할 수 있는 오동작방지기를 설치한다.
② 차동식 감지기는 상온하에서 정해진 비율로 일정하게 일어나는 온도변화와는 달리 화재 시 급격하게 온도가 올라가게 되면 감지가 시작되는 감지기이다.
③ 보상식 감지기는 차동식 스포트형 감지기와 정온식 스포트형 감지기의 성능을 겸한 것으로, 두 가지의 성능 중 어느 한 기능이 작동되면 신호를 발하도록 되어 있는 감지기이며 정온점이 최고주위온도보다 20℃ 높은 것을 설치한다.
④ 감지기의 배선은 감지기단선을 확인하는 회로도통시험을 하기 위하여 송배전방식으로 하여야 한다.

017 자동화재탐지설비에 대한 설명으로 옳지 않은 것은?

① 차동식 스포트형 공기팽창 이용방식 중 리크구멍의 역할은 비화재보방지이다.
② 11층(공동주택의 경우에는 16층) 이상인 특정소방대상물에서 1층에서 발화한 경우 발화층·그 직상 4개층 및 지하층을 우선적으로 경보를 발하여야 한다.
③ 회로도통시험이란 감지기의 단선을 확인하는 시험을 말한다.
④ 수신기의 전원은 교류 24[V]에 의해 동작한다.

KEYWORD 자동화재속보설비

018 경보설비에 대한 설명으로 옳지 않은 것은?

① 전통시장에 설치하는 화재알림설비는 화재발생 시 시장상인에게 화재통보 및 소방서로 통보하는 설비를 말한다.
② 자동화재속보설비는 자동화재탐지설비와 연동으로 작동하여 3회 이상 반복하여 자동적으로 화재발생 상황을 소방관서에 20초 이내에 신호를 발하는 설비를 말한다.
③ 단독경보형감지기는 화재발생상황을 단독으로 감지하여 자체에 내장된 음향장치로 경보하는 감지기를 말하며, 별도의 배선작업이 필요 없고 설치가 편리하여 일반인들도 설치할 수 있다.
④ 누전경보기는 내화구조 건축물로서 벽, 바닥 또는 천장의 전부나 일부를 불연재료 또는 준불연재료가 아닌 재료에 철망을 넣어 만든 건물의 전기설비로부터 누설전류를 탐지하여 경보를 발하며 변류기와 수신부로 구성된 것을 말한다.

019 다음 괄호 안에 들어갈 용어는?

> 화재에 의한 열, 연기 또는 불꽃 이외의 요인에 의하여 자동화재탐지설비가 작동하여 화재경보를 발하는 것을 (   )(이)라 한다. 즉, 자동화재탐지설비가 정상적으로 작동하였다 하더라도 화재가 아닌 경우의 경보를 말한다.

① 실보
② 비화재보
③ 화재보
④ 오작동

04 피난구조설비

피난기구, 인명구조기구, 유도등, 비상조명등 및 휴대용비상조명 등

기출 OX QUIZ

1. 피난기구의 종류로는 피난사다리, 구조대, 완강기, 피난유도선 등이 있다. 06. 기출변형   O│X
2. 구조대란 사용자의 몸무게에 의하여 자동으로 하강하고, 내려서면 스스로 상승하여 연속적으로 사용할 수 있는 무동력 피난기구를 말한다. 21. 기출   O│X
3. 통로유도등은 소방대상물의 각 거실과 그로부터 지상에 이르는 복도 또는 계단의 통로에 설치한다.
   11. 기출변형   O│X
4. 평상시에 유도등은 점등상태이지만, 비상조명등은 소등상태를 유지한다. 11. 기출변형   O│X

정답 1. ✕ 피난기구의 종류로는 피난사다리, 구조대, 완강기 등이 있다. 2. ✕ 승강식 피난기란 사용자의 몸무게에 의하여 자동으로 하강하고 내려서면 스스로 상승하여 연속적으로 사용할 수 있는 무동력 피난기구를 말한다. 3. ◯ 4. ◯

KEYWORD 피난구조설비의 구분

001 화재발생 등에 의한 정전 시에 피난자가 안전하고 원활하게 피난활동을 할 수 있도록 도움을 주는 기기 또는 설비로 옳은 것은?

① 무선통신보조설비 ② 물분무등소화설비
③ 비상조명등   ④ 자동화재탐지설비

002 피난구조설비에 대한 설명으로 옳지 않은 것은?

① 승강식 피난기는 사용자의 몸무게에 의하여 수동으로 하강하고, 내려서면 스스로 상승하여 연속적으로 사용할 수 있는 무동력 피난기를 말한다.
② 방열복은 고온의 복사열에 가까이 접근하여 소방활동을 수행할 수 있는 내열피복을 말한다.
③ 객석유도등의 설치장소는 공연장·집회장·관람장·운동시설·유흥주점영업시설 등이다.
④ 객석유도등은 객석의 통로, 바닥, 벽 등에 설치한다.

KEYWORD 유도등

003 다음 중 통로유도등의 종류가 아닌 것은?

① 복도통로유도등
② 거실통로유도등
③ 계단통로유도등
④ 객석통로유도등

004 피난구유도등에 대한 설명으로 옳지 않은 것은?

① 피난통로를 안내하기 위한 유도등을 말한다.
② 옥내로부터 직접 지상으로 통하는 출입구 및 그 부속실의 출입구에 설치한다.
③ 직통계단·직통계단의 계단실 및 그 부속실의 출입구에 설치한다.
④ 안전구획된 거실로 통하는 출입구에 설치한다.

005 유도등의 전원에 대한 설명으로 옳지 않은 것은?

① 전원은 축전지, 전기저장장치 또는 교류전압의 옥내간선으로 하고, 전원까지의 배선은 전용으로 하여야 한다.
② 비상전원은 축전지로 하여야 한다.
③ 지하층을 제외한 층수가 11층 이상인 층의 비상전원 용량은 20분 이상으로 하여야 한다.
④ 지하층 또는 무창층으로서 용도가 도매시장·소매시장·여객자동차터미널·지하역사 또는 지하상가인 경우 비상전원 용량은 60분 이상으로 하여야 한다.

KEYWORD 피난기구의 종류

006 다음 피난구조설비 중 피난기구에 대한 설명으로 옳은 것을 모두 고른 것은?

> ㄱ. 다수인 피난장비는 화재 시 2인 이상의 피난자가 동시에 해당 층에서 지상 또는 피난층으로 하강하는 기구를 말한다.
> ㄴ. 간이완강기는 사용자의 몸무게에 따라 자동적으로 내려올 수 있는 기구 중 사용자가 연속적으로 사용할 수 없는 피난기구로서 조속기, 후크, 로프, 벨트 등으로 구성되어 있는 기구를 말한다.
> ㄷ. 구조대는 포지 등을 사용하여 자루형태로 만든 것으로서 화재 시 사용자가 그 내부에 들어가서 내려오는 식으로 대피하는 피난기구를 말한다.
> ㄹ. 피난교는 건축물의 옥상층 또는 그 이하층에서 화재발생 시 위층 또는 아래층 건축물로 피난하기 위해 설치하는 피난기구를 말한다.

① ㄱ, ㄴ
② ㄷ, ㄹ
③ ㄱ, ㄴ, ㄷ
④ ㄱ, ㄴ, ㄷ, ㄹ

007 피난구조설비에 대한 설명으로 옳지 않은 것은?

① 피난기구는 피난사다리, 구조대, 완강기, 소방청장이 정하여 고시하는 화재안전기준으로 정하는 것을 말한다.
② 유도등은 평상시 점등상태를 유지하며, 비상조명등은 평상시 소등상태를 유지한다.
③ 비상조명등이란 화재 발생 등으로 정전 시 안전하고 원활한 피난을 위하여 피난자가 휴대할 수 있는 조명등을 말한다.
④ 통로유도등은 백색 바탕에 녹색으로 피난방향을 표시한 등을 말하며, 통로유도표지는 등화를 갖지 않고 표시면의 자체 밝기로 피난을 유도하는 표지를 말한다.

KEYWORD 유도등 점검

008 유도등은 점멸기를 설치하지 않고 항상 점등상태(2선식)를 유지하여야 한다. 다만, 특정소방대상물 또는 그 부분에 사람이 없거나 상시 충전되는 3선식배선으로 가능한 장소로 옳지 않은 것은?

① 외부의 빛에 의해 피난구 또는 피난방향을 쉽게 식별할 수 있는 장소
② 공연장, 암실 등으로서 어두워야 할 필요가 있는 장소
③ 노래방, 단란주점 등으로서 피난기구가 설치되어 있는 장소
④ 특정소방대상물의 관계인 또는 종사원이 주로 사용하는 장소

009 다음 경보설비 및 피난구조설비에 대한 설명 중 옳은 것은 모두 몇 개인가?

ㄱ. 피난구유도등의 설치높이는 바닥으로부터 1.5m 이상이며 녹색 바탕에 백색문자로 표시한다.
ㄴ. 입체형유도등이란 표시면을 2면 이상으로 하고 각 면마다 피난유도표시가 있는 것을 말한다.
ㄷ. 지하 3층 ~ 지상 11층 건축물에서 1층에서 발화한 경우 지상(1~5층) 및 지하(1~3층) 경보를 발하여야 한다.
ㄹ. 화재로 인하여 하나의 층의 지구음향장치 또는 배선이 단락되어도 다른 층의 화재통보에 지장이 없도록 각 층 배선상에 유효한 조치를 하여야 한다.
ㅁ. 발신기의 위치를 표시하는 표시등은 함의 상부에 설치하되, 그 불빛은 부착면으로부터 15도 이상의 범위 안에서 부착지점으로부터 10미터 이내의 어느 곳에서도 쉽게 식별할 수 있는 적색등으로 하여야 한다.

① 2개　　　　　　　　　　② 3개
③ 4개　　　　　　　　　　④ 5개

05 소화활동설비 및 소화용수설비

해설집 p.118

제연설비, 연결송수관설비, 연결살수설비, 비상콘센트설비, 무선통신보조설비, 연소방지설비

기출 OX QUIZ

1. 소화활동설비는 화재를 진압하거나 인명구조활동을 위하여 사용하는 초기소화설비이다. 13. 기출   O | X
2. 제연설비의 제연방식 중 기계제연방식은 특종, 제1종, 제2종, 제연방식으로 구분한다. 11. 기출변형   O | X
3. 소방공무원들이 동력장비를 활용하기 위해서 비상콘센트설비를 설치하며, 지상과 지하의 원활한 소통을 위해 만든 설비는 무선통신보조설비이다. 12. 기출변형   O | X
4. 소화활동설비란 화재를 진압하거나 인명구조활동을 위하여 사용하는 설비로서 종류는 제연설비, 연결송수관설비, 연결살수설비, 비상콘센트설비, 무선통신보조설비, 연소방지설비가 있다. 23. 기출   O | X
5. 소화용수설비란 화재를 진압하는 데 필요한 물을 공급하거나 저장하는 설비를 말한다. 17. 기출   O | X

정답 1. × 소화활동설비는 화재를 진압하거나 인명구조활동을 위하여 사용하는 본격소화설비이다. 2. × 제연설비의 제연방식 중 기계제연방식은 제1종, 제2종, 제3종으로 구분한다. 3. ○ 4. ○ 5. ○

KEYWORD 소화활동설비의 종류

001 화재 시 거주자를 유해한 연기로부터 보호하여 안전하게 피난시키는 동시에 소화활동을 유리하게 하는 설비는?

① 연결송수관설비 ② 제연설비
③ 연결살수설비 ④ 비상콘센트설비

002 소화활동설비에 대한 설명으로 옳지 않은 것은?

① 무선통신보조설비는 지상 16층 이상 또는 지하층이나 지하상가 등 그 구조상 무선교신이 용이하지 않아 화재진압이나 구조현장에서 소방대원 간의 무선교신을 할 수 있도록 하는 설비이다.
② 비상콘센트설비는 소방관들이 동력장비를 활용할 때 사용하는 설비로서 전압은 220V이며 공급용량은 1.5KVA이다.
③ 연결송수관설비는 지하공동구 건물에 화재가 발생했을 경우 소방대가 도착하여 화재를 진압하기 위하여 설치하는 설비이다.
④ 연결살수설비는 건물 지하층이나 무창층의 화재 시 소방펌프차가 건축물 내부에 송수한 소화수를 살수헤드(개방형 헤드)를 통하여 소화활동을 하는 설비이다.

003 지하 공동구에 설치하는 소화활동설비는?

① 연결살수설비　　　　　　② 비상콘센트설비
③ 연결송수관설비　　　　　④ 연소방지설비

KEYWORD 제연설비와 제연방식

004 다음 중 제연방식의 종류에 대한 설명으로 옳은 것을 모두 고른 것은?

> ㄱ. 실의 상부에 설치된 창·발코니 또는 전용의 배연구에 의해서 연기를 옥외로 배출하는 자연제연방식은 높은 천장고를 가지고 배연구의 위치가 외부 풍향이나 풍속에 영향을 받지 않는 경우에 효과적으로 작동한다.
> ㄴ. 스모크타워 제연방식은 화재 시 실내·외부의 온도차에 의한 공기와의 밀도 차와 루프 모니터의 흡출력에 의해 연기를 제연하는 방식이다.
> ㄷ. 제3종 기계제연방식은 기계제연방식 중 가장 많이 사용되는 자연급기, 강제배기에 해당하는 제연방식에 해당된다.
> ㄹ. 특별피난계단의 계단실 및 부속실에서 가장 많이 쓰는 제연방식은 기계제연방식 중 제2종 제연방식에 해당된다.

① ㄱ, ㄴ　　　　　　　　　② ㄷ, ㄹ
③ ㄱ, ㄴ, ㄷ　　　　　　　④ ㄱ, ㄴ, ㄷ, ㄹ

---

005 거실제연설비의 설치장소의 제연구역기준으로 옳지 않은 것은?

① 하나의 제연구역의 면적은 1,000m² 이내로 할 것
② 거실과 통로(복도를 포함)는 각각 제연구획할 것
③ 통로상의 제연구역은 보행중심선의 길이가 50m를 초과하지 않을 것
④ 하나의 제연구역은 직경 60m 원내에 들어갈 수 있을 것

---

006 다음 중 화재를 진압하는 데 필요한 물을 공급하거나 저장하는 설비는?

① 스프링클러설비　　　　　② 연결송수관설비
③ 상수도소화용수설비　　　④ 연소방지설비

007 상수도 배관에 연결되어 소방차의 소화용수 공급을 위한 설비로 옳은 것은?

① 하수도소화용수설비 ② 상수도소화용수설비
③ 소화수조 ④ 저수조

008 특별피난계단의 계단실 및 부속실제연설비 화재안전기준성능기준(NFPC 501A)상 용어의 정의로 옳지 않은 것은?

① "방연풍속"이란 옥내로부터 제연구역 내로 연기의 유입을 유효하게 방지할 수 있는 풍속을 말한다.
② "보충량"이란 방연풍속을 유지하기 위하여 제연구역에 보충해야 할 공기량을 말한다.
③ "플랩댐퍼"란 제연구역의 압력이 설정압력범위를 초과하는 경우 제연구역의 압력을 배출하여 설정압력 범위를 유지하게 하는 과압방지장치를 말한다.
④ "자동차압배기댐퍼"란 제연구역과 옥내 사이의 차압을 압력센서 등으로 감지하여 제연구역에 공급되는 풍량의 조절로 제연구역의 차압 유지를 자동으로 제어할 수 있는 댐퍼를 말한다.

009 특별피난계단의 계단실 및 부속실제연설비 화재안전기준성능기준(NFPC 501A)상 제연구역의 선정으로 옳지 않은 것은?

① 계단실 및 그 부속실을 동시에 제연하는 것
② 부속실을 단독으로 제연하는 것
③ 계단실을 단독으로 제연하는 것
④ 계단실을 1차 제연, 그 부속실을 2차 제연하는 것

해커스소방 학원·인강
fire.Hackers.com

PART 7
소방조직 및 역사

01 한국소방의 역사 및 소방조직
02 국가공무원법 및 소방공무원법

01 한국소방의 역사 및 소방조직

해설집 p.121

기출 OX QUIZ

1. 세종 8년 2월 공조소속에 금화도감을, 6월 병조소속에 수성금화도감을 설치하였다. 18. 기출변형 O | X
2. 갑오경장 전후에 '소방'이라는 용어가 처음으로 등장하였다. 18. 기출 O | X
3. 일제강점기에 최초의 소방본부를 설치하였고, 상비소방수제도를 시행하였다. 21. 기출 O | X
4. 미군정시대에 소방을 경찰에서 분리하여 자치소방제도를 시행하였다. 20. 기출 O | X
5. 1948년에 대한민국 정부가 수립되고 국가 소방체제로 전환하면서 소방행정조직이 경찰에서 분리되어 3월 11일 「소방법」을 제정·공포하였고, 1972년 3월 「소방공무원법」 제정 후 소방공무원의 신분을 단일화하였다. 24. 기출 O | X
6. 대구지하철 화재 발생(2003) 당시에는 국가소방체제였다. 23. 기출 O | X
7. 2004년 3월 11일 「재난 및 안전관리 기본법」을 공포하였고, 6월 1일 소방청을 개청하였다. 18. 기출 O | X
8. 민간 소방조직의 변천 순서는 경방단 → 소방대 → 방공단 → 청원소방원이다. 25. 기출 O | X

정답 1. X 세종 8년 2월 병조소속에 금화도감을, 6월 공조소속에 수성금화도감을 설치하였다. 2. O 3. X 일제강점기에 최초로 소방서를 설치하였고, 상비소방수제도를 시행하였다. 4. O 5. X 1948년에 대한민국 정부가 수립되고 국가 소방체제로 전환하면서 소방행정조직이 경찰소속이 되었다. 1958년 3월 11일 「소방법」을 제정·공포하였고, 1978년 3월 「소방공무원법」 제정 후 소방공무원의 신분을 단일화하였다. 6. X 대구지하철 화재 발생(2003) 당시에는 광역소방체제였다. 7. X 2004년 3월 11일 「재난 및 안전관리 기본법」을 공포하였고, 6월 1일 소방방재청을 개청하였다. 8. O

KEYWORD 소방의 역사

001 소방역사에 대한 설명으로 옳지 않은 것은?

① 삼국시대에는 화재가 사회적 재앙으로 등장하게 되었으며, 금화의식이 생겨났다.
② 통일신라시대에는 화재가 국가적 관심사인 시기이며, 금화의식을 가졌다.
③ 고려시대에는 금화조직은 없었으나 금화제도는 시행하였다.
④ 조선전기에 궁중화재를 진압하기 위하여 금화조건이 있었다.

002 다음 중 조선시대의 소방제도에 대한 설명으로 옳은 것을 모두 고른 것은?

ㄱ. 금화도감은 1426년 세종 8년 2월에 공조소속으로 설치된 화재를 관할하는 관청이다.
ㄴ. 수성금화도감은 1426년 세종 8년 6월 병조소속으로 설치된 화재를 관할하는 관청이다.
ㄷ. 금화조건 → 금화도감 → 수성금화도감 → 금화군 → 멸화군 → 수성금화사로 이어진다.
ㄹ. 화적민을 대비하여 민가에 다섯 집마다(5가) 1통으로 묶어서 우물을 파고 물통을 준비하여 화재예방 및 진압을 하였다.

① ㄱ, ㄷ
② ㄴ, ㄷ
③ ㄷ, ㄹ
④ ㄴ, ㄷ, ㄹ

003 조선시대 전기의 소방제도에 대한 설명으로 옳은 것은?

① 1426년 세종 8년 2월 공조소속으로 금화도감을 설치한 후 4개월 뒤 병조소속으로 수성금화도감을 설치하였다.
② 금화도감을 설치한 후에도 화재가 그치지 아니하여 의금부, 육조, 한성부, 금화도감제조 등이 논의하여 노비 등을 충원하여 멸화군을 편성하였다.
③ 1460년 세조 4년 5월 기구를 폐지하고 관원 수를 감하는 관제의 개편이 있었는데, 이때 수성은 공조로 금화는 한성부로 사무이관이 되었다.
④ 1481년 성종 12년 3월 수성금화도감을 폐지한 후 다시 정식 관청인 수성 금화사로 부활하였다.

004 우리나라 소방역사에 대한 설명으로 옳지 않은 것은?

① 고려시대에는 화재를 담당하는 전문부서인 부처별 조직은 없었으나 금화제도라는 명칭으로 화기를 단속하고 예방하였다.
② 조선전기시대에는 대형화재 및 병란 및 민란 등으로 궁궐화재도 극심하였으며, 특히 세종대왕 때에는 금화도감을 설치하고 금화군을 편성하여 화재를 방비하였다.
③ 고려시대의 금화령은 실화자의 처벌에 중점을 두었고, 그 적용범위를 전국을 대상으로 하였다.
④ 조선전기시대의 금화조건은 궁궐에서 화재가 났을 때의 구화방법을 구체적으로 규정하고 있다.

005 다음 중 소방이란 용어를 역사상 처음으로 사용한 시기는?

① 고려시대
② 1426년 세종 8년 전후
③ 1894년 갑오경장 전후(구한말)
④ 일제강점기(1910 ~ 1945년)

006 갑오경장 전후 소방제도에 대한 설명으로 옳지 않은 것은?

① 갑오경장을 계기로 일본은 포도청(捕盜廳)을 없애고 한성 5부의 경찰사무를 합쳐 경무청을 설치하였다.
② 경무청 직제를 제정하면서 경무청처리세칙에서 '수화·소방은 난파선 및 출화·홍수 등에 계하는 구호에 관한 사항'이라고 정했는데, 여기에서 소방이라는 용어가 처음으로 등장하였다.
③ 일본 통감부가 우리나라 최초의 화재보험회사를 설치하였다.
④ 스톡홀롬제의 가솔린 펌프 1대를 구입하였는데, 이것이 우리나라에 들어온 최초의 소방차이다.

007 우리나라 소방역사에 대한 설명 중 조선후기(갑오경장 전후)에 관한 내용과 관련이 없는 것은?

① 경찰과 소방을 내무부지방국에서 관장하였다.
② 우리나라 최초의 화재보험주식회사가 설립되었다.
③ 우리나라 최초의 소방서가 설치되었다.
④ '소방'이라는 용어가 역사상 처음 쓰이게 되었다.

008 다음 <보기> 중 소방역사에 대한 설명으로 옳은 것은 모두 몇 개인가?

<보기>
ㄱ. 1945년 군정법 제66호에 따라 소방부 및 소방위원회를 설치하고 소방조직 및 업무를 경찰로부터 완전 독립하여 자치소방체제로 전환하였다.
ㄴ. 갑오경장 전후에 119전화기를 도입하여 119전화를 설치하였다.
ㄷ. 금화도감의 조직은 제조 6명, 사 5명, 부사 6명, 판관 7명으로 구성하였다.
ㄹ. 조선전기에 화통도감을 신설하여 특별관리하였다.

① 없음 ② 2개
③ 3개 ④ 4개

009 일제강점기의 소방제도와 가장 거리가 먼 것은?

① 경무부소속의 상비소방수 및 소방조 소속의 상비소방수 제도가 있었다.
② 궁정소방대에서 우리나라 최초로 외국에서 수입한 소방장비인 스웨덴산 휘발유 펌프 1대를 구입하였다.
③ 1925년 우리나라 최초의 소방서가 설치되었다.
④ 소방부 및 소방위원회가 설치되었다.

010 우리나라 소방역사에 대한 설명으로 옳지 않은 것은?

① 고려시대에는 금화제도가, 조선시대에는 금화조건, 금화도감, 수성금화도감이, 일제강점기에는 상비소방수제도, 최초소방서와 관련이 있다.
② 1925년 일제강점기에 경성(종로)소방서가 생겨나고, 이후 1939년 부산소방서와 평양소방서가 설치되었다.
③ 경종 3년(1723년) 6월에 중국에서 수총기가 도입되었는데 이는 기록상 최초의 소방장비로, 이를 본떠 제작한 수총기를 각 군문(군대)에 비치하였다.
④ 1948년 서울과 부산에 소방본부를 설치하여 자치소방체제를 유지하고 기타 시·도는 국가소방체제를 유지함으로써 이원적 소방행정체제를 유지하였다.

011 우리나라 소방역사에 대한 설명으로 옳지 않은 것은?

① 2014년 4월 세월호 참사 이후 육상과 해상, 자연재난과 사회재난으로 분산된 대응체계를 통합하는 재난안전 컨트롤타워인 국민안전처를 2014년 11월 19일에 출범하였다.
② 1947년 남조선 과도정부 후에는 동 위원회의 집행기구로 소방청을 설치하였는데, 소방청에는 청장 1인과 서기장 1인을 두고 군정자문 1인을 배치하여 총무과, 소방과, 예방과를 두었다.
③ 1972년 6월 서울과 부산에 소방본부를 설치하여 소방행정조직이 국가·자치 이원체제로 전환되었다.
④ 1894년 갑오경장을 통해 경무청 직제를 제정하면서 중앙소방조직의 소방업무는 내무부 치안국 소방과에서 관장하고, 각 시·도의 소방업무는 경찰국 소방과에서 관장하였다.

012 우리나라 소방역사에 대한 설명으로 옳지 않은 것은?

① 세조 13년에 금화군을 멸화군으로 개편하여 50인으로 일정하게 편성하고 도끼 20, 철구 15, 열마견 5, 망루 1개를 의무적으로 비치하였다.
② 2021년 12월 1일 「소방기본법」 등 6개 법률이 제정되었다.
③ 의용소방대는 일제강점기인 1939년 부락단위 소방조를 통합하여 도지사 감독하에 경찰서장이 지휘하는 경방단을 설치하면서 조직되었다.
④ 1994년 성수대교 붕괴 이후에 방재국이 신설되고 1995년 삼풍백화점 붕괴사고를 계기로 「재난관리법」이 제정되었다.

013 우리나라 소방역사에 대한 설명으로 옳지 않은 것은?

① 2017년 국민안전처를 행정안전부로 통합시키면서 행정안전부 외청인 소방청으로 완전 독립되었다. 화재, 구조, 구급은 소방청이 재난관리를 하고, 그 외 재난은 행정안전부 직속인 재난안전관리본부에서 재난관리를 하게 되었다.
② 1426년 2월 한성부 대화재를 계기로 금화도감을 설치하게 되었는데 이것은 상비소방제도로서의 최초의 관서이다.
③ 갑오경장을 계기로 1895년 관제를 개혁하면서 내무부 지방국에서 소방과 경찰을 관장하였다.
④ 대한민국 정부수립 이후 1948년 11월 내무부 직제에 따라 중앙소방조직의 소방업무는 내무부 치안국 소방과에서 관장하고 각 시·도의 소방업무는 경찰국 소방과에서 관장하였다.

014 다음 중 소방역사에 관한 내용으로 옳은 것을 <보기>에서 모두 고른 것은?

<보기>
ㄱ. 1895년 소방이라는 용어가 역사상 처음 쓰임
ㄴ. 1915년 각 지방청년을 중심으로 민간소방대 조직
ㄷ. 1946년 소방부 및 소방위원회를 설치하고 자치소방체제로 전환
ㄹ. 1972년 서울과 부산에 소방본부를 설치하여 소방사무 관장
ㅁ. 1992년 각 시·도에 소방본부가 설치됨
ㅂ. 2004년 소방방재청 개청

① ㄱ, ㄴ, ㄹ, ㅁ
② ㄴ, ㄹ, ㅁ, ㅂ
③ ㄴ, ㄷ, ㄹ, ㅁ, ㅂ
④ ㄱ, ㄴ, ㄷ, ㄹ, ㅁ, ㅂ

KEYWORD 소방의 조직

015 우리나라 소방조직 및 업무를 경찰로부터 완전히 독립하여 자치소방행정체제로 전환한 시기는?

① 1894년 – 갑오경장 전후
② 1910 ~ 1945년 – 일제강점기
③ 1945 ~ 1948년 – 미군정시대
④ 1948년 이후 – 대한민국 정부수립 후

016 소방체제에 대한 설명으로 옳은 것은?

① 1948 ~ 1970년 – 국가소방체제
② 1970 ~ 1992년 – 자치소방체제
③ 1992 ~ 2020년 – 국가·자치 이원소방체제
④ 2020년 ~ 현재 – 광역소방체제

017 다음 중 소방행정조직의 역사를 시대 순으로 옳게 나열한 것은?

ㄱ. 소방부 및 소방위원회 설치
ㄴ. 소화전 설치
ㄷ. 경성소방서 개서
ㄹ. '소방'이라는 용어가 처음 등장
ㅁ. 중앙소방업무는 내무부 치안국 소방과에서 관장

① ㄷ → ㄹ → ㄴ → ㄱ → ㅁ
② ㄷ → ㄹ → ㅁ → ㄱ → ㄴ
③ ㄹ → ㄴ → ㄷ → ㄱ → ㅁ
④ ㄹ → ㅁ → ㄷ → ㄱ → ㄴ

018 소방공무원 조직에 대한 설명으로 옳지 않은 것은?

① 1949년 「국가공무원법」 제정 시 소방직 공무원의 신분은 일반직 공무원이다.
② 1969년 「경찰공무원법」 제정 시 소방직 공무원의 신분은 별정직 경찰공무원이다.
③ 1973년 「지방소방공무원법」 제정 시 소방직 공무원의 신분은 국가직은 경찰공무원의 소방직, 지방직은 지방소방공무원이다.
④ 1977년 「소방공무원법」이 제정되고, 1978년 시행되어 소방직 공무원의 신분은 국가직은 경찰공무원의 소방직, 지방직은 지방소방공무원으로 이원화되었다.

019 우리나라 소방공무원의 신분 변화 과정으로 옳은 것은?

① 일반직 공무원 → 계약직 공무원 → 별정직 공무원
② 기능직 공무원 → 일반직 공무원 → 별정직 공무원
③ 일반직 공무원 → 별정직 공무원 → 특정직 공무원
④ 별정직 공무원 → 일반직 공무원 → 특정직 공무원

020 우리나라 소방행정조직에 대한 설명으로 옳지 않은 것은?

① 1948년 대한민국 정부수립과 동시에 국가에서 일괄적으로 관리하는 국가소방체제로 전환하였다.
② 중앙소방조직은 1948년 11월 4일 내무부직제(대통령령 제18호)에 따라 소방업무는 내무부 치안국 소방과에서 관장하고, 각 시·도에서는 경찰국 소방계에서 관장하였다.
③ 1948년 12월 8일 「지방세법」을 개정함으로써 소방공동시설세가 신설되어 소방재원이 확보되었다.
④ 1972년 6월 서울과 부산에 소방본부를 두어 소방사무를 관할하는 자치소방행정체제를, 기타 시·도는 국가에서 관리하는 국가소방행정체제를 유지하였다. 즉, 국가·자치 이원화 소방행정체제를 유지하였다.

021 소방행정 및 조직에 대한 설명으로 옳지 않은 것은?

① 1948년 대한민국 정부수립과 동시에 우리나라 최초의 「소방법」 제정
② 2003년 대구지하철 방화사건 이후 「재난 및 안전관리 기본법」 공포
③ 2004년 재난관리전담기구인 소방방재청 개청
④ 2017년 행정안전부 외청인 소방청 개청

022 다음 중 소방행정의 변천과정을 옳게 나열한 것은?

| ㄱ. 소방공동시설세 신설 | ㄴ. 소방공무원 신분의 이원화 |
| ㄷ. 광역소방행정체제 | ㄹ. 소방법 제정 |

① ㄱ → ㄴ → ㄷ → ㄹ
② ㄱ → ㄷ → ㄴ → ㄹ
③ ㄹ → ㄷ → ㄱ → ㄴ
④ ㄹ → ㄱ → ㄴ → ㄷ

023 다음 중 1980년 이후 소방조직의 연도별 변천과정을 옳게 나열한 것은?

> ㄱ. 16개 시·도에 소방본부를 설치하고, 시·군에는 소방서를 설치하였다.
> ㄴ. 119구급대 및 119구조대를 법제화하여 설치하였다.
> ㄷ. 소방방재청을 설립하고 소방업무 및 민방위 재난·재해업무까지 관장하였다.
> ㄹ. 세월호 침몰사건으로 인하여 국민안전처를 개설하였으나 소방과 재난을 분리하여 관장하였다.
> ㅁ. 행정안전부 및 소방청은 소방대상물의 화재로 인해 발생하는 대규모 피해, 위험물의 누출·화재·폭발 등으로 인해 발생하는 대규모 피해를 담당하고 있다.

① ㄱ → ㄴ → ㄹ → ㄷ → ㅁ
② ㄱ → ㄹ → ㅁ → ㄴ → ㄷ
③ ㄴ → ㄱ → ㄷ → ㄹ → ㅁ
④ ㄴ → ㄹ → ㅁ → ㄱ → ㄷ

024 다음 설명이 의미하는 것은?

> 의무자가 의무준수사항 불이행 시 집행기관이 의무자의 의사에 관계없이 강제로 권리의 내용을 실현하는 일을 의미한다. 의무불이행을 전제로 하며 벌칙이 있다.

① 강제징수
② 간접강제
③ 직접강제
④ 즉시강제

025 소방행정 행위에 대한 설명으로 옳지 않은 것은?

① 명령적 행정행위에서 소방하명이란 작위하명, 부작위하명, 급부하명, 수인하명을 말한다.
② 화재진화를 위한 강제처분, 소방자동차의 우선통행과 관련된 소방행정행위는 수인하명에 해당된다.
③ 형성적 행정행위는 특허, 인가, 대리가 있다.
④ 법률행위적 행정행위에는 확인, 공증, 통지, 수리가 있다.

026 소방전술 등에 대한 설명으로 옳은 것은?

① 포위공격의 원칙이란 화재진압 중 가장 피해가 적은 것을 희생하더라도 중요한 부분을 중점적으로 방어한다는 원칙이다.
② 포위전술이란 건물 4면 중 연소확대가 가능한 면을 방어하는 전술이다.
③ 물을 주수하는 방법 중 확산주수란 연소물이나 연소위험이 있는 장소에 되도록 넓게 관창을 상하, 좌우 및 원을 그리듯 휘둘러서 주수하는 방법이다.
④ 후착대의 임무는 인명검색 및 구조활동을 우선시 하고 화점 직근의 소방용수시설을 점유한다.

027 소방행정에 대한 설명으로 옳지 않은 것은?

① 소방행정의 특수성은 조직적·법제적·업무적 특성을 지니고 있다.
② 가외성이란 외관상 당장은 무용하고 불필요하거나 낭비적인 것으로 보일지 몰라도 특정한 체제가 장래 불확실성에 노출될 때 발생할지도 모를 적응의 실패를 방지하며, 특정체제의 환경에 대한 동태성을 높일 수 있도록 하는 중복현상이나 중첩의 장치를 말한다.
③ 소방력의 3요소는 소방인력, 소방장비, 소방용수를 말한다.
④ 소방대란 소방공무원, 의무소방원, 자체소방원을 말한다.

028 소방행정조직에 대한 설명으로 옳지 않은 것은?

① 현장활동의 결과는 비가역적인 경우가 많다. 즉, 사람의 생명이나 재산피해를 되돌릴 수 없는 비가역성인 반면, 일반행정은 어느 정도 원래의 상태로 되돌릴 수 있는 가역성이 있다.
② 직접적 소방행정조직은 소방청, 중앙소방학교, 중앙119구조본부, 국립소방연구원이 있으며, 간접적 소방행정조직은 한국소방안전원, 한국소방산업기술원, 대한소방공제회, 소방산업공제조합이 있다.
③ 직접강제는 긴급한 상황 및 미리 의무를 이행할 시간적 여유가 없을 때를 의미한다. 의무불이행을 전제로 하지 않으며 벌칙이 없다.
④ 소방조직의 기본원리에서 계층제의 원리는 소방, 군대, 경찰 등과 같은 조직에서 권한 및 책임에 따른 상하의 계층을 형성하는 것을 말한다.

02 국가공무원법 및 소방공무원법

해설집 p.125

> **기출 OX QUIZ**
>
> 1. 소방공무원은 실적과 자격에 의해 임용되고, 그 신분이 보장되며 평생 동안(근무기간을 정하여 임용하는 공무원의 경우에는 그 기간) 공무원으로 근무할 것이 예정되는 특수경력직 공무원이다. 20. 기출   O | X
> 2. 견책, 주의는 경징계이다. 20. 기출   O | X
> 3. 소방공무원은 10계급으로 이루어져 있다. 16. 기출변형   O | X
> 4. 소방경 이하는 소방청장이 임용하며, 소방령 이상은 대통령이 임용(임명)한다. 11. 기출   O | X
>
> 정답 1. × 소방공무원은 실적과 자격에 의해 임용되고, 그 신분이 보장되며 평생 동안(근무기간을 정하여 임용하는 공무원의 경우에는 그 기간) 공무원으로 근무할 것이 예정되는 특정직 공무원이다. 2. × 감봉, 견책은 경징계이다. 3. × 소방공무원은 11계급으로 이루어져 있다. 4. ○

KEYWORD 소방직 공무원 분류

001 우리나라 공직 분류 중 소방공무원이 해당하는 것은?

① 경력직 공무원 중 일반직 공무원
② 경력직 공무원 중 특정직 공무원
③ 특수경력직 공무원 중 일반직 공무원
④ 특수경력직 공무원 중 특정직 공무원

KEYWORD 소방공무원 임용

002 소방공무원 임용 및 임명에 대한 설명으로 옳지 않은 것은?

① 소방경 이하 – 소방청장
② 소방령 이상 – 대통령
③ 소방정감 – 행정안전부장관
④ 소방총감 – 대통령

003 「소방공무원법」상 임용권자가 다른 사람은? (단, 위임사항규정은 제외한다)

① 소방준감에 대한 직위해제
② 소방정에 대한 휴직
③ 소방령에 대한 전보
④ 소방령에 대한 승진

004 임용권 위임에 대한 설명으로 옳은 것은?

① 소방정인 지방소방학교장에 대한 휴직, 직위해제, 정직 및 복직에 관한 권한은 시·도지사가 소방청장에게 임용권을 위임할 수 있다.
② 소방공무원 중 소방청과 그 소속기관의 소방정 및 소방령에 대한 임용권과 소방정인 지방소방학교장에 대한 임용권은 대통령이 시·도지사에게 임용권을 위임할 수 있다.
③ 시·도 소속 소방경 이하의 소방공무원에 대한 임용권은 소방청장이 시·도지사에게 임용권을 위임할 수 있다.
④ 시·도 소속 소방령 이상의 소방공무원(소방본부장, 지방소방학교장 제외)에 대한 임용권은 대통령이 소방청장에게 임용권을 위임할 수 있다.

005 소방공무원의 임용에 대한 설명으로 옳지 않은 것은?

① 소방령 이상의 소방공무원은 소방청장의 제청으로 국무총리를 경유하여 대통령이 임용한다.
② 119센터장은 시장·군수·구청장이 임용한다.
③ 소방서 행정과장은 대통령이 임용한다.
④ 소방서장은 대통령이 임용한다.

006 시보임용에 대한 설명으로 옳지 않은 것은?

① 소방장 이하인 소방공무원을 신규채용하는 경우 시보임용기간은 6개월이다.
② 소방위 이상인 소방공무원을 신규채용하는 경우 시보임용기간은 1년이다.
③ 시보임용 기간에도 정규 소방공무원으로 인정한다.
④ 시보임용 기간 중에 있는 소방공무원이 근무성적 또는 교육훈련성적이 불량할 때에는 면직시키거나 면직을 제청할 수 있다.

007 다음 중 소방공무원의 신규채용시험 및 승진시험과 소방간부후보생 선발시험 실시자는?
① 행정안전부장관 ② 시·도지사
③ 대통령 ④ 소방청장

008 다음 중 「소방공무원 임용령」에서 정하는 소방기관에 해당하는 것은?
① 소방청, 소방본부 ② 소방본부, 소방서
③ 소방서, 119안전센터 ④ 시·도, 중앙소방학교

009 소방공무원 임용의 종류라고 할 수 없는 것은?
① 신규채용, 승진, 파견 등 ② 해임, 면직, 직위해제 등
③ 복직, 강등, 전보 등 ④ 감봉, 견책, 직위해제 등

010 소방사를 소방교로 근속승진 임용하는 경우로 옳은 것은?
① 4년 이상 근속자 ② 5년 이상 근속자
③ 6년 6개월 이상 근속자 ④ 8년 이상 근속자

KEYWORD 소방공무원법

011 「소방공무원법」에 관한 용어의 정의로 옳지 않은 것은?
① '임용'이란 신규채용·승진·전보·파견·강임·휴직·직위해제·정직·강등·복직·면직·해임 및 파면을 말한다.
② '전보'란 소방공무원의 동일 직위 및 자격 내에서의 근무기관이나 부서를 달리하는 임용을 말한다.
③ '면직'이란 동종의 직무 내에서 하위의 직위에 임명하는 것을 말한다.
④ '복직'이란 휴직·직위해제 또는 정직(강등에 따른 정직 포함) 중에 있는 소방공무원을 직위에 복귀시키는 것을 말한다.

012 「소방공무원법」에서 정하는 내용으로 옳지 않은 것은?

① 파면과 해임은 공무원신분이 박탈되는 배제징계에 해당한다.
② 소방공무원의 연령 정년은 60세이며, 소방공무원은 그 정년에 달한 날이 1월에서 6월 사이에 있는 경우에는 6월 30일에, 7월에서 12월 사이에 있는 경우에는 12월 31일에 각각 당연히 퇴직된다.
③ 소방공무원은 제복을 착용하여야 하며, 소방공무원의 복제에 관하여 필요한 사항은 행정안전부령으로 정한다.
④ 강등이란 같은 직렬 내에서 하위 직급에 임명하거나 하위 직급이 없어 다른 직렬의 하위 직급에 임명하거나 고위공무원단에 속하는 일반직공무원을 고위공무원단 직위가 아닌 하위 직위에 임명하는 것을 말한다.

013 소방공무원의 신분변화에 대한 설명으로 옳지 않은 것은?

① 1983년 1월 1일부터 소방공무원법이 개정됨에 따라 일반직의 소방공무원이 특정직으로 전환되었다.
② 1977년 소방공무원법이 제정되고 1978년 동법의 시행으로 독자적인 소방공무원 신분이 단일화되기는 하였으나, 임용권자에 따라 국가직 소방공무원과 지방직 소방공무원으로 분류되어 여전히 신분의 이원화는 지속되었다.
③ 1969년 경찰공무원법이 제정됨으로써 일반직 공무원에서 분리되어 별정직인 경찰공무원의 소방직으로 신분이 바뀌었다.
④ 1948년 대한민국 정부가 수립되면서 경찰관의 계급, 명칭을 그대로 소방공무원에 적용하였다가 1949년 국가공무원법이 제정되면서 소방직공무원의 신분을 일반직공무원으로 하였다.

014 소방공무원의 계급을 낮은 계급부터 높은 계급 순서로 옳게 나타낸 것은?

① 소방준감 → 소방정감 → 소방감 → 소방총감
② 소방준감 → 소방감 → 소방정감 → 소방총감
③ 소방감 → 소방정감 → 소방준감 → 소방총감
④ 소방정감 → 소방준감 → 소방감 → 소방총감

015 「소방공무원법」에 대한 설명으로 옳지 않은 것은?

① 소방공무원의 인사(人事)에 관한 중요사항에 대하여 소방청장의 자문에 응하게 하기 위하여 소방청에 소방공무원 인사위원회를 둔다.
② 소방공무원 인사(人事)위원은 인사위원회가 설치된 기관의 장이 소속 소방령 이상의 소방공무원 중에서 임명한다.
③ 징계위원회는 공무원위원과 민간위원으로 구성한다. 이 경우 민간위원의 수는 위원장을 제외한 위원 수의 2분의 1 이상이어야 한다.
④ 평등의 원칙, 실적주의의 원칙, 적격자임용의 원칙으로 임용하여야 한다.

016 소방공무원 인사위원회에 대한 설명으로 옳지 않은 것은?

① 소방공무원 인사위원회 구성은 위원장을 포함한 5명 이상 7명 이하의 위원으로 구성한다.
② 회의는 제적위원의 2분의 1 이상 출석과 출석위원 과반수 찬성으로 의결한다.
③ 시·도에 설치된 인사위원회의 위원장은 소방본부장이다.
④ 소방청에 설치된 인사위원회의 위원장은 소방청차장이다.

017 다음 중 소방공무원의 징계를 무거운 순으로 나열한 것은?

① 파면 > 해임 > 정직 > 강등 > 견책 > 감봉
② 해임 > 파면 > 정직 > 강등 > 견책 > 감봉
③ 파면 > 해임 > 강등 > 정직 > 감봉 > 견책
④ 해임 > 파면 > 강등 > 정직 > 감봉 > 견책

KEYWORD 의용소방대

018 「의용소방대 설치 및 운영에 관한 법률 및 시행규칙」상 옳지 않은 것은?

① 특별시장·광역시장·특별자치시장·도지사·특별자치도지사 또는 소방서장은 재난현장에서 화재진압, 구조·구급 등의 활동과 화재예방활동에 관한 업무를 보조하기 위하여 의용소방대를 설치할 수 있다.
② 의용소방대에는 대장·부대장·부장·반장 또는 대원을 두며, 대장 및 부대장은 의용소방대원 중 관할 소방서장의 추천에 따라 시·도지사가 임명한다.
③ 전국의용소방대연합회(이하 "전국연합회"라 한다)는 각 시·도 지역연합회의 대표 1명씩으로 구성한다.
④ 전국연합회에 회장 1명, 부회장 2명, 감사 2명 및 사무총장 1명을 두되, 회장, 부회장 및 감사는 총회에서 선출하고, 사무총장은 회장이 임명한다.

019 의용소방대에 대한 설명으로 옳지 않은 것은?

① 의용소방대는 상근으로 한다.
② 시·도지사 또는 소방서장은 소방업무를 보조하기 위하여 특별시·광역시·특별자치시, 시·특별자치도, 시·읍 또는 면에 의용소방대를 둔다.
③ 의용소방대의 운영과 활동 등에 필요한 경비는 해당 시·도지사가 부담한다.
④ 의용소방대원은 소방본부장 또는 소방서장의 지휘와 감독을 받아 소방업무를 보조한다.

020 의용소방대에 대한 설명으로 옳은 것은?

① 의용소방대는 일제 강점기인 1939년 경방단을 설치 → 일제 강점기가 종결되면서 경방단이 해체되고 다시 소방조가 조직 → 1958년 소방법 제정 시 의용소방대 설치근거를 마련 → 1975년 민방위 발족 후에는 시·군 조례로 의용소방대 활동 → 1992년 광역자치체제로 전환되면서 시·도 조례에 의한 의용소방대 활동하였다.
② 시·도 의용소방대 정원은 50명 이내이며, 필요한 경비는 시·도지사가 부담한다.
③ 소방본부장 또는 소방서장은 화재진압 등을 전담하는 전담의용소방대를 운영할 수 있다.
④ 의용소방대원의 정년은 60세로 한다.

021 특정소방대상물(소방안전관리대상물은 제외)의 관계인과 소방안전관리대상물의 소방안전관리자의 업무가 아닌 것은?

① 화기 취급의 감독
② 자체소방대 및 초기대응체계의 구성·운영·교육
③ 화재발생 시 초기대응
④ 소방훈련 및 교육

022 다음 중 전반적인 소방에 관한 설명으로 옳은 것을 <보기>에서 모두 고르면?

<보기>
ㄱ. 소방청장의 관장 사무를 지원하기 위하여 소방청장 소속의 책임운영기관으로 국립소방연구원을 둔다.
ㄴ. 화재예방조치명령권자는 소방관서장이며, 화재예방강화지구지정권자는 시·도지사이다.
ㄷ. 임용심사위원회는 위원장 1명을 포함하여 5명 이상 11명 이하의 위원으로 구성한다.
ㄹ. 소방조직의 구조는 기능중심 조직, 통합중심 조직, 애드호크라시 조직으로 구분한다.
ㅁ. 위험물안전관리자가 해임 및 퇴직할 때에는 14일 이내에 선임하여야 하고, 30일 이내에 소방본부장과 소방서장에게 신고하여야 한다.

① ㄱ, ㄴ
② ㄱ, ㄴ, ㄷ
③ ㄱ, ㄴ, ㄷ, ㄹ
④ ㄱ, ㄴ, ㄷ, ㄹ, ㅁ

023 전반적인 소방에 대한 설명으로 옳지 않은 것은?

① 화재예방강화지구란 화재가 발생할 경우 피해가 클 것으로 예상되는 지역에 대하여 화재의 예방 및 안전관리를 강화하기 위해 지정·관리하는 지역을 말하며, 지정권자는 시·도지사이다.
② 방염성능기준에서 탄화(炭化)한 면적은 50제곱센티미터 이내, 탄화한 길이는 20센티미터 이내여야 한다.
③ 소방시설관리업은 소방안전관리업무의 대행 또는 소방시설 등을 점검하거나 유지·관리하는 업을 말한다.
④ 소방신호의 목적은 경계신호, 발화신호, 해제신호, 훈련신호이다.

024 다음 중 제조소 또는 일반취급소에서 취급하는 제4류 위험물의 최대수량의 합이 지정수량의 24만배 이상 48만배 미만인 사업소에 두는 화학소방자동차와 자체소방대원의 수는?

	화학소방자동차	대원 수
①	1	5
②	2	10
③	3	15
④	4	20

025 다음 소방업무에 관한 종합계획의 수립 및 시행에 관한 설명 중 ㉠, ㉡ 안에 알맞은 용어 및 수치를 넣으면?

(㉠)은/는 화재, 재난, 재해, 그 밖의 위급한 상황으로부터 국민의 생명·신체 및 재산을 보호하기 위하여 소방업무에 관한 종합계획을 (㉡)마다 수립·시행하여야 하고, 이에 필요한 재원을 확보하도록 노력하여야 한다.

	㉠	㉡
①	소방청장	5년
②	행정안전부장관	5년
③	시·도지사	4년
④	국무총리	4년

해커스소방 학원·인강
fire.Hackers.com

PART 8
구조 및 구급

01 119구조·구급에 관한 법률
02 응급의료에 관한 법률

01 119구조 · 구급에 관한 법률

해설집 p.131

기출 OX QUIZ

1. 119구조대는 일반구조대, 특수구조대, 직할구조대, 테러대응구조대로 편성된다. 11. 기출변형 　　O | X
2. 119항공대 편성 · 운영권자는 소방청장이다. 10. 기출변형 　　O | X

정답 1. ○　2. × 119항공대 편성 · 운영권자는 소방청장 또는 소방본부장이다.

KEYWORD 119구조 · 구급에 관한 법률

001 「119구조 · 구급에 관한 법률」에서 정한 편성 · 운영권자로 올바르게 연결된 것은?

① 119구조견대의 편성 · 운영 – 소방청장
② 119항공대의 편성 · 운영 – 소방청장, 항공대장
③ 119구조 · 구급대의 편성 · 운영권자 – 소방청장 등
④ 국제구조 · 구급대의 편성 · 운영 – 소방청장, 소방본부장

002 「119구조 · 구급에 관한 법률」에서 용어의 정의로 옳지 않은 것은?

① '구조'란 화재, 재난 · 재해 및 테러, 그 밖의 위급한 상황에서 요구조자의 생명, 신체 및 재산을 보호하기 위하여 수행하는 모든 활동을 말한다.
② '구급'이란 응급환자에 대하여 행하는 상담, 응급처치 및 이송 등의 활동을 말한다.
③ '119구급대'란 구급활동에 필요한 장비를 갖추고 소방공무원 및 의료인으로 편성된 단위조직을 말한다.
④ '구급차 등'이란 응급환자의 이송 등 응급의료의 목적에 이용되는 자동차, 선박 및 항공기 등의 이송수단을 말한다.

003 다음 중 119구조대와 설치장소의 연결이 옳지 않은 것은?

① 일반구조대 – 소방서 또는 119안전센터
② 특수구조대 – 소방본부 또는 소방서
③ 테러대응구조대 – 소방청 또는 소방본부
④ 직할구조대 – 소방청 또는 소방본부

004 119구조대의 편성·운영에 대한 설명으로 옳지 않은 것은?

① 119구조대는 일반구조대, 특수구조대, 직할구조대, 테러대응구조대로 구분한다.
② 일반구조대는 소방서마다 1개 대 이상 설치한다.
③ 특수구조대는 소방대상물, 지역 특성, 재난 발생 유형 및 빈도 등을 고려하여 구분에 따른 지역을 관할하는 소방서에 설치한다.
④ 테러대응구조대는 소방청 또는 소방본부에 설치한다. 다만 필요한 경우 화학구조대, 지하철구조대를 테러대응구조대로 지정할 수 있다.

005 「119구조·구급에 관한 법률」에서 구조·구급대와 편성·운영권자의 연결이 옳지 않은 것은?

① 소방서장 – 119구조대, 119구급대, 국제구조대, 국제구급대
② 소방본부장 – 119구조대, 119구급대, 119항공대, 119구조견대
③ 소방청장 – 119구조대, 119구급대, 국제구조대, 국제구급대, 119항공대, 119구조견대
④ 소방청장등 – 119구조대, 119구급대

006 다음 중 소방공무원으로서 구급대원이 되기 위한 자격기준으로 옳지 않은 것은?

① 1급 응급구조사 자격을 취득한 사람
② 2급 응급구조사 자격을 취득한 사람
③ 의료인
④ 행정안전부장관이 실시하는 구급업무에 관한 교육을 받은 사람

007 119구조·구급에 대한 설명으로 옳지 않은 것은?

① 일반구급차는 적색 또는 녹색으로 "환자이송" 또는 "환자후송"이라 표시할 수 있으며, 특수구급차는 2면 이상 적색으로 "응급출동"이라 표시한다.
② 심각한 치통환자는 구급요청을 거절할 수 없다.
③ 구조·구급기본계획은 중앙구조·구급정책협의회를 거쳐 1년마다 수립하여야 한다.
④ '119항공대'란 항공기, 구조·구급 장비 및 119항공대원으로 구성된 단위조직을 말한다.

008 비응급환자인 경우 구급출동 요청을 거절할 수 있는 경우가 아닌 것은?

① 술에 취한 사람
② 섭씨 38도 이상의 고열 또는 호흡곤란이 있는 경우
③ 단순 열상(裂傷) 또는 찰과상(擦過傷)으로 지속적인 출혈이 없는 외상환자
④ 혈압 등 생체징후가 안정된 타박상 환자

009 구조·구급에 대한 설명으로 가장 옳지 않은 것은?

① 의사가 동승한 응급환자의 병원 간 이송은 구급출동 요청을 할 수 있다.
② 술에 만취되어 있는 자로 의식이 있는 경우에는 구급출동 요청을 거절할 수 있다.
③ 행정안전부장관은 외교부장관과 협의를 거쳐 국제구조대 및 국제구급대를 재난발생국에 파견할 수 있다.
④ '119항공대원'이란 구조·구급을 위한 119항공대에 근무하는 조종사, 정비사, 항공교통관제사, 운항관리사, 119구조·구급대원을 말한다.

010 119구급상황관리센터의 근무자격 기준으로 옳지 않은 것은?

① 「의료법」에 따른 의료인
② 1급 응급구조사 자격을 취득한 사람
③ 2급 응급구조사 자격을 취득한 사람
④ 응급의료정보센터에서 3년 이상 응급의료에 관한 상담 경력이 있는 사람

011 소방청과 시·도 소방본부에서 119구급상황관리센터의 설치 및 운영권자는?

① 소방서장
② 소방본부장
③ 소방청장
④ 보건복지부장관

012 다음 중 119항공대 업무에 해당하지 않은 것은?

① 인명구조 및 응급환자의 이송
② 화재진압, 장기이식환자 및 장기의 이송
③ 병원 간 이송 또는 자택으로의 이송 요청자(다만, 의사가 동승한 응급환사의 병원 간 이송은 제외한다)
④ 소방에 필요한 인력·장비 등의 운반

013 다음 중 특수구조대에 해당하는 것을 <보기>에서 모두 고르면?

<보기>
ㄱ. 화공구조대　　　　　　　ㄴ. 수난구조대
ㄷ. 등산구조대　　　　　　　ㄹ. 고속국도구조대
ㅁ. 고속철도구조대

① ㄴ, ㄹ
② ㄱ, ㄴ, ㄹ
③ ㄴ, ㄹ, ㅁ
④ ㄱ, ㄴ, ㄷ, ㄹ

014 소방청장이 편성 및 운영하는 국제구조대·국제구급대에 대한 설명으로 옳지 않은 것은?

① 국제구조대의 임무는 인명 탐색 및 구조, 안전평가, 상담, 응급처치, 응급이송, 시설관리, 공보연락 등이다.
② 국제구급대의 임무는 안전평가, 상담, 응급처치, 응급이송, 시설관리, 공보연락 등이다.
③ 국제구조대원 및 구급대원은 전문교육훈련과 일반교육훈련으로 구분된다.
④ 소방청장은 국제구조대·국제구급대의 효율적 운영을 위하여 필요한 경우 국제구조대·국제구급대를 소방청에 설치하는 대리대응구조대에 설치할 수 있다.

02 응급의료에 관한 법률

기출 OX QUIZ

중증도에 따른 환자 이송순위는 긴급 환자 → 응급 환자 → 비응급 환자 → 지연 환자 순이다.
09. 기출   O | X

정답 ○

KEYWORD 응급의료에 관한 법률

001 「응급의료에 관한 법률」상 용어의 정의로 옳지 않은 것은?

① '응급환자이송업'이란 구급차 등을 이용하여 응급환자 등을 이송하는 업(業)을 말한다.
② '응급의료기관'이란 권역응급의료센터, 전문응급의료센터, 지역응급의료센터 및 지역응급의료기관을 말한다.
③ '응급처치'란 응급환자가 발생한 때부터 생명의 위험에서 회복되거나 심신상의 중대한 위해가 제거되기까지의 과정에서 응급환자를 위하여 하는 상담·구조(救助)·이송·응급처치 및 진료 등의 조치를 말한다.
④ '응급의료기관 등'이란 응급의료기관, 구급차 등의 운용자 및 응급의료지원센터를 말한다.

002 요구조자와 구조대원 간의 의사 교환 시 유의점으로 옳지 않은 것은?

① 요구조자에 대한 호칭은 되도록 이름을 사용한다.
② 요구조자가 이해할 수 있는 수준을 말한다.
③ 요구조자가 불안감을 갖지 않도록 실망스러운 사실은 되도록 감추어 말한다.
④ 요구조자가 희망을 갖도록 부드러운 음성으로 격려의 말을 해준다.

003 다음 중 1급 응급구조사만이 하여야 할 업무가 아닌 것은?

① 심폐소생술의 시행을 위한 기도유지
② 약물투여
③ 인공호흡기를 이용한 호흡의 유지
④ 척추 고정기의 사용

004 다음 중 응급구조사가 의사의 지시 없이 행할 수 없는 행동은?

① 약물투여
② 기도기를 이용한 기도유지
③ 창상의 응급처치
④ 산소투여

005 다음 중 2급 응급구조사의 업무범위에 해당하지 않는 것은?

① 산소투여
② 저혈당성 혼수 시 포도당 주입
③ 기도기를 이용한 기도유지
④ 외부출혈의 지혈 및 창상의 응급처치

006 구조·구급에 대한 설명으로 옳지 않은 것은?

① 질병관리청장 및 의료기관의 장은 구급대가 이송한 응급환자가 감염병환자, 감염병의사환자, 병원체보유자 또는 감염병의심자(감염병환자 등)인 경우에는 그 사실을 소방청장 등에게 즉시 통보하여야 한다.
② 응급환자가 구조·구급대원에게 폭력을 행사하는 등 구조·구급활동을 방해하는 경우에는 구조·구급활동을 거절할 수 있다.
③ 위급상황을 소방기관 또는 관계 행정기관에 거짓으로 알린 자는 500만원 이하의 과태료에 해당한다.
④ 1983년도에 119구급대, 1989년도에 119구조대를 설치하였고, 119구조·구급대원의 감염방지를 위하여 구조·구급대원이 소독을 할 수 있도록 소방본부별로 119감염관리실을 1개소 이상 설치하여야 한다.

007 다음 중 화재 현장에서 구조작업의 우선순위를 옳게 나열한 것은?

| ㄱ. 고통경감 | ㄴ. 신체구출 |
| ㄷ. 구명 | ㄹ. 재산보전 |

① ㄱ → ㄴ → ㄷ → ㄹ
② ㄴ → ㄷ → ㄱ → ㄹ
③ ㄷ → ㄱ → ㄴ → ㄹ
④ ㄷ → ㄴ → ㄱ → ㄹ

008 환자의 평가 중 2차 평가에 해당하는 것은?

① 환자의 병력 평가
② 기도유지 평가
③ 호흡평가
④ 순환평가

009 다음 응급처치단계 중 가장 우선적으로 해야 할 것은?

① 의식유무확인
② 기도유지
③ 호흡
④ 구조요청

010 인명구조와 환자평가의 순서를 옳게 나열한 것은?

① 기도유지 - 호흡확인 - 순환확인 - 신경학적 검사 - 노출
② 기도유지 - 신경학적 검사 - 호흡확인 - 순환확인 - 노출
③ 기도유지 - 순환확인 - 호흡확인 - 노출 - 신경학적 검사
④ 기도유지 - 신경학적 검사 - 순환확인 - 노출 - 호흡확인

011 다음 중 중증도에 따른 환자 분류에서 이송 순위를 순서대로 나열한 것은?

① 응급환자 - 긴급환자 - 지연환자 - 비응급환자
② 응급환자 - 긴급환자 - 비응급환자 - 지연환자
③ 긴급환자 - 지연환자 - 응급환자 - 비응급환자
④ 긴급환자 - 응급환자 - 비응급환자 - 지연환자

012 병원으로의 이송을 위한 환자의 중증도 분류와 색상의 연결이 옳지 않은 것은?

① 사망 또는 생존의 가능성이 없는 환자 - 지연환자 - 백색
② 수시간 이내의 응급처치를 요하는 환자 - 응급환자 - 황색
③ 수시간, 수일 후 치료해도 생명에 지장이 없는 환자 - 비응급환자 - 녹색
④ 수분, 수시간 이내의 응급처치를 요하는 환자 - 긴급환자 - 적색

013 다음 중 환자이송을 위한 중증도 분류에서 성격이 다른 하나는?

① 응급환자
② 황색
③ 경추손상이 의심되는 경우
④ 다발성골절

014 다음 중 환자이송을 위한 중증도 분류에서 성격이 다른 하나는?

① 녹색
② 구급차에 ×표시
③ 20분 이상 호흡이나 맥박이 없는 환자
④ 경증의 화상

015 화재현장에서 발생한 사상자를 검진하여 응급처치표를 작성하고 사상자의 상태에 따라 긴급·응급·비응급 및 사망의 4단계로 분류한다. 다음의 부상자 중 응급환자로 구분되는 것은?

① 심장마비가 인지된 심정지
② 기도화상을 동반한 중증의 화상
③ 단순골절
④ 경추를 제외한 부위의 척추손상

016 호흡과 맥박이 멈추었으며 심정지가 의심되는 환자에게 인공으로 호흡과 혈액순환을 유지하게 함으로써 산소공급을 유지시키기 위한 전환조치는?

① 기도유지 　　　　　　　　　② 쇼크
③ 출혈 　　　　　　　　　　　④ 심폐소생술

017 긴급환자 심폐소생술 시 응급처치 순서로 옳은 것은?

① 의식유무 확인 → 도움 요청 → 흉부압박(30회) → 기도유지 → 인공호흡(2회)
② 의식유무 확인 → 도움 요청 → 흉부압박(50회) → 기도유지 → 인공호흡(2회)
③ 의식유무 확인 → 도움 요청 → 흉부압박(30회) → 인공호흡(2회) → 기도유지
④ 의식유무 확인 → 도움 요청 → 흉부압박(50회) → 인공호흡(2회) → 기도유지

018 일반적인 기도유지 방법 중 환자의 '머리를 젖히고 턱 들기법'의 명칭은?

① 하임리히법
② 하악견인법
③ 하악거상법
④ 하임거상법

019 다음 중 응급처치가 필요한 환자의 기도폐쇄 시 기도유지법으로 옳은 것은?

> 부상자가 의식이 있고 서있거나 앉아있는 환자에게 기도폐쇄를 해소하기 위하여 환자의 상복부를 흉곽쪽으로 주먹을 감싸 쥐고 빠른 동작으로 5회씩 밀쳐 올리며 압박하여 흉곽 내의 압력을 높여 기도 내의 이물질을 배출하는 방법이다.

① 심폐소생술
② 두부후굴 – 하악거상법
③ 하악견인법
④ 하임리히법

020 구조에서 사용되는 로프 매듭법에 대한 설명으로 옳지 않은 것은?

① 매듭은 묶기 쉽고 사용 후 해체가 간편해야 한다.
② 매듭법을 많이 아는 것보다 잘 쓰이는 매듭을 정확히 숙지하는 것이 더욱 중요하다.
③ 로프를 고리에 쉽게 넣기 위해서는 매듭의 크기를 크게 한다.
④ 매듭은 크게 결절매듭, 결합매듭, 겹치매듭으로 분류한다.

해커스소방 학원·인강
fire.Hackers.com

해커스소방
이영철 소방학개론
단원별 실전문제집

부록
실전동형모의고사

제**1**회 실전동형모의고사

제**2**회 실전동형모의고사

제**3**회 실전동형모의고사

제1회 실전동형모의고사

해설집 p.137

소요시간: _____ / 25분   맞힌 답의 개수: / 25

문 1. 가연성 가스 및 공기와의 혼합가스에 착화원으로 점화 시 발화하기 위한 최소 발화 에너지(MIE)에 영향을 주는 요소로 옳지 않은 것은?

① 온도가 상승하면 분자운동이 활발하므로 최소 발화 에너지(MIE)는 작아진다.
② 일반적으로 연소속도가 작을수록 최소 발화 에너지(MIE)는 커진다.
③ 농도가 증가하면 분자 간의 유효충돌횟수가 증가하므로 최소 발화 에너지(MIE)는 작아진다.
④ 가연성 가스의 조성이 화학양론적(완전연소 조성) 부근일 경우 최소 발화 에너지(MIE)는 커진다.

문 2. 「재난 및 안전관리 기본법」에서 중앙대책본부장 및 중앙사고수습본부장은?

	중앙대책본부장	수습본부장
①	소방청장	재난관리주관기관의 장
②	소방청장	재난관리책임기관의 장
③	행정안전부장관	재난관리주관기관의 장
④	행정안전부장관	재난관리책임기관의 장

문 3. 소방공무원의 징계 중 교정징계에 속하지 않는 것은?

① 견책
② 감봉
③ 강등
④ 해임

문 4. 다음 중 물질의 화학반응식(연소방정식)으로 옳지 않은 것은?

① $CH_4 + 2O_2 \rightarrow CO_2 + 2H_2O$
② $C_2H_6 + 7O_2 \rightarrow 2CO_2 + 3H_2O$
③ $C_3H_8 + 5O_2 \rightarrow 3CO_2 + 4H_2O$
④ $C_4H_{10} + 6.5O_2 \rightarrow 4CO_2 + 5H_2O$

문 5. 기계포소화약제의 혼합방식 중 포수용액에 가압원으로 압축된 공기 또는 질소를 일정비율로 혼합하는 방식은?

① 압축공기포 믹싱챔버 방식(Compressed air foam mixing chamber type)
② 펌프 프로포셔너(Pump proportioner)
③ 프레셔 프로포셔너(Pressure proportioner)
④ 프레셔사이드 프로포셔너(Pressure side proportioner)

문 6. 다음 중 발화 및 연소범위에 대한 설명으로 옳은 것을 모두 고르면?

| ㄱ. 직쇄탄화수소계열에서 탄소수가 증가할수록 인화점은 높아지고, 발화점은 낮아진다.
ㄴ. 인화점에서 점화원을 제거하면 연소가 중단된다.
ㄷ. 일산화탄소는 압력이 낮아지면 연소하한은 약간만 미치고 연소상한이 좁아진다.
ㄹ. 위험도가 가장 높은 것은 아세틸렌이며, 연소범위가 가장 넓은 것은 이황화탄소이다. |

① ㄱ, ㄴ
② ㄷ, ㄹ
③ ㄱ, ㄷ, ㄹ
④ ㄴ, ㄷ, ㄹ

문 7. 재난 및 안전관리에 대한 설명으로 옳지 않은 것은?

① 행정안전부장관은 대통령령으로 정하는 재난이 발생하거나 발생할 우려가 있는 경우 사람의 생명·신체 및 재산에 미치는 중대한 영향이나 피해를 줄이기 위하여 긴급한 조치가 필요하다고 인정하면 조정위원회의 심의를 거쳐 재난사태를 선포할 수 있다.
② 행정안전부장관은 중앙위원회의 심의를 거쳐 해당 지역을 특별재난지역으로 선포할 것을 대통령에게 건의하고, 건의받은 대통령은 해당 지역을 특별재난지역으로 선포할 수 있다.
③ 중앙재난안전대책본부장은 행정안전부장관이고, 중앙긴급구조통제단장은 소방청장이다.
④ 재난예방을 위한 긴급안전점검 실시권자 및 재난예방을 위한 안전조치 명령권자는 행정안전부장관 또는 재난관리책임기관의 장(행정기관만을 말한다)이다.

문 8. 다음 내용 중 옳은 것은?

① 36°F는 7.2°C이다.
② 메테인의 증기비중은 0.55이다.
③ 물체의 표면온도가 0°C에서 273°C로 상승하면 열복사량은 8배로 상승한다.
④ A물질의 부피가 44.8리터일 때 A물질은 1몰에 해당된다(단 0°C 1기압).

문 9. 고층 건축물에서 실내·외의 정압이 같아지는 부근에 형성되는 경계층은?

① 중립면   ② 중성면
③ 중앙점   ④ 중심점

문 10. 다음 중 「화재조사 및 보고규정」상 옳은 것을 <보기>에서 모두 고르면?

| <보기>
ㄱ. 재발화감시란 화재를 진화한 후 화재가 재발되지 않도록 감시조를 편성하여 일정 시간 동안 감시하는 것을 말한다.
ㄴ. 소방관서장은 조사관을 근무 교대조별로 2인 이상 배치하고, 장비·시설을 기준 이상으로 확보하여 조사업무를 수행하도록 하여야 한다.
ㄷ. 발화지점이 한 곳인 화재현장이 둘 이상의 관할구역에 걸친 화재는 발화지점이 속한 소방서에서 1건의 화재로 산정한다. 다만, 발화지점 확인이 어려운 경우에는 화재피해금액이 작은 관할구역 소방서의 화재 건수로 산정한다.
ㄹ. 의사의 진단을 기초로 하여 4주 이상의 입원치료를 필요로 하는 부상은 중상에 해당된다. |

① ㄱ
② ㄱ, ㄴ
③ ㄱ, ㄴ, ㄷ
④ ㄱ, ㄴ, ㄷ, ㄹ

문 11. 위험물의 일반적인 성질로 옳지 않은 것은?

① 제1류 위험물인 무기과산화물의 지정수량은 50kg이며, 품명으로는 과산화칼륨(K_2O_2), 과산화나트륨(Na_2O_2), 과산화마그네슘(MgO_2), 과산화칼슘(CaO_2), 과산화바륨(BaO_2) 등이 있다.
② 제2류 위험물인 황린의 소화대책은 주수소화한다.
③ 제4류 위험물은 부도체이므로 정전기 발생에 주의하여야 한다.
④ 제6류 위험물은 비중이 1보다 크며 물에 잘 녹는다.

문 12. 의용소방대는 소방본부장 또는 소방서장이 관장하는 소방업무를 보조하기 위하여 설치하는 지방소방조직으로, 행정단위에 속하지 않는 것은?

① 특별시·광역시
② 특별자치시·도
③ 시·군·구
④ 시·읍·면

문 13. 다음 내용이 설명하고 있는 것은?

> 유류저장탱크 화재 시, 유면에서부터 고온의 열유층이 확대되어 열파가 탱크 하부에 있는 물을 급속히 가열·비등시켜 발생된 수증기가 체적팽창에 의해 상층의 불붙은 유류를 탱크 밖으로 분출시키는 현상이다.

① 보일오버(Boil over)
② 슬롭오버(Slop over)
③ 오일오버(Oil over)
④ 프로스오버(Froth over)

문 14. 통기력이 좋지 않은 불완전한 연소상태인 훈소상태에서 화재로 인하여 실내 상부쪽으로 고온의 기체가 축적되고 온도가 높아져 기체가 팽창하고 산소가 부족한 건물 내에 산소가 새로 유입될 때에 화염이 폭풍을 동반하여 실외로 분출되는 고열가스의 폭발 또는 급속한 연소가 발생하는 현상은?

① 플래시오버(Flash over)
② 백드래프트(Back draft)
③ 롤오버(Roll over)
④ 블레비(BLEVE)

문 15. 1894년 갑오경장 전후(광무시대) 소방제도에 관한 사항으로 옳은 것은?

① 최초로 독립된 자치소방제도를 시행하였다.
② 우리나라 최초의 소방서를 설치하였다.
③ 상비소방수제도를 시행하였다.
④ 소방이라는 용어가 처음 등장한 시기이다.

문 16. 「소방시설 설치 및 관리에 관한 법률 시행령」에서 소방시설과 소방시설의 종류의 연결이 옳지 않은 것은?

① 소화설비 - 소화기구, 자동소화장치
② 경보설비 - 통합감시시설, 화재알림설비
③ 피난구조설비 - 휴대용비상조명등, 방열복
④ 소화용수설비 - 소화수조, 연소방지설비

문 17. 다음 중 할로겐 화합물 및 불활성기체 소화약제의 종류가 아닌 것은?

① IG-10은 N_2로 이루어진 약제이다.
② IG-541은 N_2(52%), Ar(40%), CO_2(8%)로 이루어진 약제이다.
③ 헵타플루오로프로판(HFC-227ea)은 [CF_3CHFCF_3]로 이루어진 약제이다.
④ 하이드로클로로플루오로카본혼화제(HCFC BLEND A)는 HCFC-123(4.75%), HCFC-22(82%), HCFC-124(9.5%), $C_{10}H_{16}$(3.75%)로 이루어진 약제이다.

문 18. 연소관련 기초이론에 대한 설명으로 옳지 않은 것은?

① '열전도'란 물체 간의 직접적인 접촉을 통해서 열이 전달되는 현상이다.
② 게이뤼삭의 법칙은 부피가 일정하면 그 압력이 기체의 온도와 반비례한다는 것이다.
③ 주기율표의 18족원소 및 질소는 불연성 물질이다.
④ 압축열은 기계적 열에너지에 해당한다.

문 19. 화재변수인 화재강도 및 화재하중에 대한 설명으로 옳은 것은?

① '화재강도'란 화재발생으로 당해 건물과 내부 수용재산 등을 파괴하거나 손상을 입히는 정도를 말한다.
② 화재실의 벽·천장·바닥 등의 단열성이 우수하면 화재강도는 작아진다.
③ 화재실의 단위 시간당 축적되는 열의 양을 화재하중이라고 한다.
④ 가연물의 중량, 가연물의 단위발열량을 감소시키거나 화재실의 바닥면적을 넓게 하면 화재하중은 감소한다.

문 20. 다음 중 <보기>에서 옳은 것을 모두 고른 것은?

<보기>
ㄱ. 냉각소화 - 봉상 및 적상의 물, 이산화탄소
ㄴ. 제거소화 - 산불화재 시 방화선 구축, 이산화탄소
ㄷ. 질식소화 - 무상의 물, 질소
ㄹ. 부촉매소화 - 라디칼(수소기, 수산기) 제거

① ㄱ, ㄴ
② ㄴ, ㄹ
③ ㄱ, ㄷ, ㄹ
④ ㄴ, ㄷ, ㄹ

문 21. 수계소화설비 중 펌프성능시험에 대한 전반적인 설명으로 옳지 않은 것은?

① 펌프성능시험배관은 펌프의 성능시험을 시험하여 펌프성능시험곡선의 양부 및 펌프의 방수압 및 토출량을 검사하기 위하여 설치한다.
② 펌프성능시험배관은 유량측정장치를 기준으로 전단 직관부에는 유량조절밸브를, 후단 직관부에는 개폐밸브를 설치하여야 한다.
③ 유량측정장치는 펌프의 정격토출량의 175% 이상 측정할 수 있는 성능이 있어야 한다.
④ 펌프성능시험기준은 체절운전 시 정격토출압력의 140%를 초과하지 아니하고 정격토출량의 150%로 운전 시 정격토출압력의 65% 이상이 되어야 한다.

문 22. 화재 시 인간의 피난행동 특성을 고려하여 혼란을 최소화하는 건축물 피난계획의 일반적인 원칙에 대한 설명으로 옳지 않은 것은?

① 피난경로 중 한 방향이 화재 등의 재난으로 사용할 수 없을 경우에 다른 방향이 사용되도록 고려하는 페일 세이프(fail safe) 원칙이 필요하다.
② 피난설비는 이동식 기구와 이동식 장치(피난기구) 등이 원칙이며, 고정시설은 탈출에 늦은 소수 사람에 대한 극히 예외적인 보조 수단으로 고려한다.
③ 피난경로에 따라 일정 구역을 한정하여 피난 존(zone)으로 설정하고, 최종 안전한 피난 장소 쪽으로 진행됨에 따라 각 존(zone)의 안전성을 높인다.
④ 피난로에는 정전 시에도 피난방향을 명백히 확인할 수 있는 표시를 한다.

문 23. 물질의 연소 시 산소공급원이 될 수 없는 것은?

① 과산화나트륨　② 과산화수소
③ 질산암모늄　　④ 탄화칼슘

문 24. 위험물안전관리법령상 유별을 달리하는 위험물을 혼재하여 저장할 수 있는 것으로 짝지어진 것은?

① 제1류 - 제2류
② 제2류 - 제3류
③ 제3류 - 제4류
④ 제5류 - 제6류

문 25. 황(S) 64g이 공기 중에서 완전 연소할 때 발생되는 이산화황(SO_2) 가스의 발생량은 몇 g인가? [단, 황(S)의 원자량은 32, 산소(O)의 원자량은 16이다]

① 32g　　② 64g
③ 100g　④ 128g

제 2 회 실전동형모의고사

해설집 p.140

소요시간: _____ / 25분   맞힌 답의 개수: / 25

문 1. 다음은 목재의 연소상황에 대한 그림이다. 화재가 진행된 방향으로 옳은 것은?

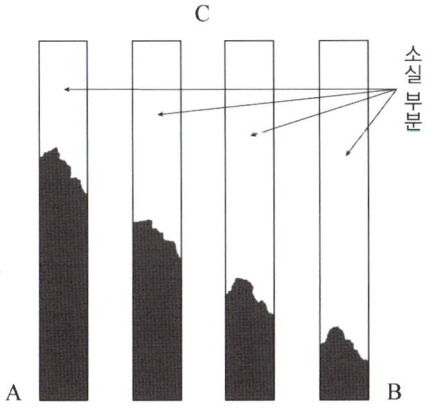

① A → B
② B → A
③ C → A
④ C → B

문 2. 연소생성물 중 연기 및 연소가스에 대한 설명으로 옳지 않은 것은?

① 소규모 연기농도 측정인 중량농도법은 연기를 여과시켜 입자상 물질의 무게로서 측정한 것이다.
② 이산화황(SO_2)은 공기보다 가볍고 무색의 자극성 냄새를 가진 유독성 기체로서 눈 및 호흡기 등의 점막을 상하게 하고 질식사할 우려가 있으며, 1만 2,000여 명의 목숨을 앗아간 런던 스모그 사건의 주범이다.
③ 감광계수로 표시한 연기의 농도와 가시거리는 반비례의 관계를 가진다.
④ 건물의 숙지자는 피난한계 투시거리가 약 3~5m이며, 감광계수는 약 0.4~0.7(m^{-1})이다.

문 3. 제4류 위험물의 물리·화학적 특성에 대한 설명으로 옳지 않은 것은?

① 인화점이 높을수록 증기발생이 용이하다.
② 정전기에 의한 화재발생위험이 있다.
③ 인화성 액체이다.
④ 대체적으로 물보다 가볍고, 증기비중은 공기보다 무겁다.

문 4. 물소화약제의 물리적 특성 그래프에 대한 설명으로 옳지 않은 것은?

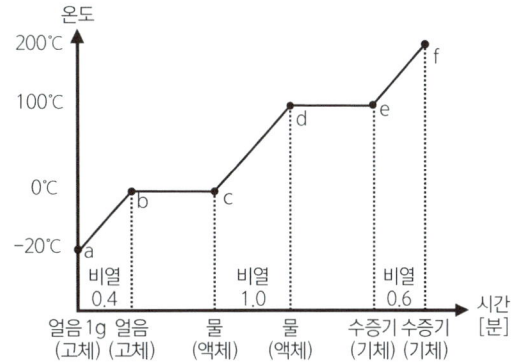

① 물이 얼음보다 비열이 작다.
② 구간 b~c는 융해잠열, 구간 d~e는 기화잠열에 해당된다.
③ 구간 a~b, 구간 c~d, 구간 e~f는 현열에 해당된다.
④ 구간 c~f의 열용량은 60cal이다.

문 5. 재난관리는 예방, 대비, 대응 및 복구 4단계로 구분할 수 있다. 다음 중 재난대비와 가장 거리가 먼 것은?

① 다중이용시설 등의 위기상황 매뉴얼의 작성·관리·훈련
② 국가재난관리기준의 제정·운용 및 국가핵심기반의 지정 및 관리
③ 재난안전통신망의 구축 및 재난현장 긴급통신수단의 마련
④ 기능별 재난대응 활동계획의 작성·활용 및 재난분야 위기관리 매뉴얼의 작성·운영

문 6. 다음 중 유도발화와 자연발화에 대한 설명으로 옳은 것을 모두 고르면?

ㄱ. 인화점 및 연소점은 점화원과 직접 접촉하는 유도발화에 해당된다.
ㄴ. 가연성증기의 발생속도가 연소속도보다 빠를 때 연소점이라고 한다.
ㄷ. 밀폐된 실 안이 고온·건조하면 자연발화가 잘 발생한다.
ㄹ. 일반적으로 제3류위험물은 단시간에 걸쳐 자연발화가 이루어지지만 제5류위험물은 장시간에 걸쳐 자연발화가 이루어진다.

① ㄱ, ㄴ, ㄷ
② ㄱ, ㄴ, ㄹ
③ ㄴ, ㄷ, ㄹ
④ ㄱ, ㄴ, ㄷ, ㄹ

문 7. 제3종 분말소화약제에 대한 설명으로 옳지 않은 것은?

① 주성분은 제1인산암모늄이고 표시색상은 담홍색이다.
② 열분해 시 발생되는 불연성 가스(이산화탄소)에 의한 질식효과가 있다.
③ A급 화재에 적용할 수 있는 이유는 메타인산의 방진작용과 올소인산의 탈수·탄화작용 때문이다.
④ A, B, C급 화재에 모두 적용한다.

문 8. 다음 내용이 설명하고 있는 현상은?

건축물의 실내에서 화재가 발생하였을 때 발화로부터 화재가 서서히 진행하다가 어느 정도 시간이 경과함에 따라 대류와 복사현상에 의해 일정 공간 안에 열과 가연성 가스가 축적되고 발화온도에 이르게 되어 일순간에 폭발적으로 전체가 화염에 휩싸이는 화재현상을 말한다.

① 백드래프트
② 플레임오버
③ 롤오버
④ 플래시오버

문 9. 경보설비에 대한 설명으로 옳은 것은?

① 하나의 경계구역이 2개 이상의 층에 미치지 아니하도록 하여야 한다(다만, 600m² 이하의 범위 안에서는 2개의 층을 하나의 경계구역으로 할 수 있다).
② 전통시장에 설치하는 화재알림설비는 화재 발생 시 시장상인에게 화재통보 및 소방서로 통보하는 설비를 말한다.
③ 11층(공동주택의 경우에는 16층) 이상인 특정소방대상물에서 1층에서 발화한 경우 발화층·그 직상층 및 지하층을 우선적으로 경보를 발하여야 한다.
④ 열복합형 스포트형 감지기는 차동식 스포트형 감지기와 정온식 스포트형 감지기의 성능을 겸한 것으로, 두 가지의 성능 중 어느 한 기능이 작동되면 신호를 발하도록 되어 있는 감지기이다.

문 10. 다음 중 「재난 및 안전관리 기본법」에 관한 내용으로 옳은 것을 <보기>에서 모두 고르면?

<보기>
ㄱ. 중앙행정기관의 장 또는 지방자치단체의 장은 특정관리대상지역 지정 및 해제권자이다.
ㄴ. 재난관리책임기관의 장은 특정관리대상지역 등 조치권자이다.
ㄷ. 재난관리책임기관의 장은 재난방지시설을 점검·관리하여야 한다.
ㄹ. 재난예방을 위한 긴급안전점검 실시자는 소속공무원이다.

① ㄱ
② ㄱ, ㄴ
③ ㄱ, ㄴ, ㄷ
④ ㄱ, ㄴ, ㄷ, ㄹ

문 11. 폭굉(Detonation)과 폭연(Deflagration)에 대한 설명으로 옳은 것은?

① 폭굉은 충격파에 의한 반응으로서 연소의 전파속도가 음속보다 빠른 폭발현상이다.
② 폭굉은 초기압력의 8배 이상이며, 통상적으로 10배 이상이다.
③ 화재의 파급효과는 폭연보다 폭굉이 크다.
④ 폭연은 파면의 온도, 압력, 밀도가 불연속적으로 나타난다.

문 12. 화재현장에서 발생한 사상자를 검진하여 응급처치표를 작성하고 사상자의 상태에 따라 사망·긴급·응급 및 비응급의 4단계로 분류한다. 다음의 부상자 중 응급환자로 구분되는 것은?

① 심각한 두부손상
② 기도화상
③ 쇼크
④ 척추손상(경추 제외)

문 13. 행정행위는 법률행위적 행정행위와 준법률행위적 행정행위가 있다. 준법률행위적 행정행위에 해당하지 않는 것은?

① 확인
② 공증
③ 통지
④ 특허

문 14. 연소에 대한 설명으로 옳지 않은 것은?

① 고체의 연소는 상온에서 고체상태로 존재하는 고체 가연물질의 일반적인 연소형태인 가연성 가스가 발생하지 않는 표면연소, 열분해를 일으키지 않고 증발하는 증발연소, 열분해에 의해 가연성 가스가 발생하는 분해연소, 열분해에 의해 가연성 가스와 산소를 동시에 발생하는 자기연소로 구분할 수 있다.
② 액체의 연소는 휘발성인 경우는 외부로부터 열을 받아서 증발하여 연소하는 것을 증발연소라 하고, 비휘발성이거나 비중이 커 증발하기 어려운 경우에는 높은 온도를 가해 열분해하여 분해가스를 연소시키는 것을 분해연소라 한다.
③ 기체의 연소는 크게 가연성 기체와 공기를 인접한 2개의 분출구에서 분출·확산시키는 확산연소, 가연성 기체가 미리 산소와 혼합한 상태로 연소하는 예혼합연소로 구분할 수 있다.
④ '훈소'라 함은 산소가 부족하여 발생하는 현상으로, 가연성 가스가 발생하지 않는 연소이다.

문 15. 건축물 실내화재 성상 중 연료지배형 화재일 경우에 대한 설명으로 옳지 않은 것은?

① 초기에는 창 등 개구부에서 하얀 연기가 나온다.
② 중기(성장기)에는 개구부에서 세력이 강한 검은 연기가 분출한다.
③ 최성기에는 강렬한 복사열로 인해 인접 건축물로 연소가 확산되며, 발열량 및 발연량이 최대이다.
④ 종기에는 대들보나 기둥이 무너져 떨어지고, 연기는 흑색에서 백색으로 변한다.

문 16. 위험물의 성질과 특징으로 옳지 않은 것은?

① 무기과산화물은 물과 반응하여 산소(O_2)가 발생하고 발열한다.
② 철분, 마그네슘, 금속분은 지정수량이 300kg이다.
③ 칼륨, 나트륨, 알킬알루미늄과 알킬리튬은 물보다 가볍다.
④ 자기반응성 물질은 질식소화는 되지 않지만, 사람이 질식할 수 있으므로 반드시 공기호흡기를 착용하여야 한다.

문 17. 소방시설에 대한 설명으로 옳지 않은 것은?

① 주택화재예방차원에서 사용되는 단독경보형 감지기는 화재 발생 상황을 단독으로 감지하여 자체에 내장된 음향장치로 경보하는 감지기이다.
② 차동식 스포트형 공기팽창이용방식 감지기 구성 중 리크구멍의 역할은 비화재보방지이다.
③ 슈퍼바이저리패널(Supervisory panel)은 습식·건식 스프링클러설비의 구성요소이다.
④ 휴대용 비상조명등은 사용 시 자동으로 점등되는 구조이어야 한다.

문 18. 재난 및 안전관리에 관한 내용으로 옳은 것은?

① 중앙통제단의 부서는 대응계획부, 현장지휘부, 자원지원부로 구성되어 있다.
② 에너지, 정보통신, 교통수송, 보건의료 등 국가 핵심기반의 마비를 주는 재난은 자연재난이다.
③ 특별재난지역은 조정위원회가 심의하고 대통령이 선포한다.
④ 재난대비 훈련참여기관은 재난관리주관기관, 긴급구조지원기관, 군부대 등 관련기관이다.

문 19. 우리나라 소방역사에 대한 설명으로 옳지 않은 것은?

① 고려시대에 금화조직은 없었으나, 금화제도는 시행하였다.
② 세조 8년에 수성금화도감을 설치하였다.
③ 2004년 소방방재청, 2017년 소방청으로 개청되었다.
④ 2019년 국립소방연구원이 개원되고, 2020년 국가직 소방공무원으로 전환되었다.

문 20. 연소 및 화재에 대한 설명으로 옳지 않은 것은?

① 자연발화의 발생원인은 고온다습이며, 방지책은 저온건조이다.
② 일산화탄소는 가장 유독한 연소가스는 아니지만 양에 있어서는 가장 큰 독성가스 성분이며, 이산화탄소는 가스 자체의 독성은 거의 없으나 다량으로 존재할 때 사람의 산소부족으로 호흡속도를 증가시킴으로써 유해가스의 흡입을 증가시켜 위험을 가중시킨다.
③ 산불화재 중 가지나 무성한 잎만 태우는 것을 수관화라고 한다.
④ 식용유의 경우에는 인화점과 발화점의 온도차이가 적고 비점이 발화점 이하인 기름이 착화되면 유온이 상승하여 바로 발화점 이상이 되고, 이때 유면상의 화염을 제거하여도 기름의 온도가 발화점 이상이기 때문에 곧 재발화하므로 끓는 기름의 온도(발화점)를 낮추어야만 소화할 수 있다.

문 21. 다음 내용이 설명하고 있는 것으로 옳은 것은?

> 펌프토출측배관이 모두 막힌 상태, 즉 물이 전혀 방출되지 않고 펌프가 계속 작동되어서 압력을 낼 수 있는 최상점으로 압력이 더 올라갈 수 없는 상태에서 펌프가 공회전하는 것을 말한다.

① 0% 운전 ② 정격부하운전
③ 150% 운전 ④ 체절운전

문 22. 다음 중 재난이 발생하는 경우 긴급구조기관과 긴급구조지원기관이 신속하고 효율적으로 긴급구조를 수행할 수 있도록 대통령령으로 정하는 바에 따라 재난의 규모와 유형에 따른 긴급구조대응계획을 수립·시행하는 자를 <보기>에서 모두 고르면?

> <보기>
> ㄱ. 행정안전부장관   ㄴ. 소방청장
> ㄷ. 소방본부장   ㄹ. 소방서장

① ㄱ, ㄴ ② ㄷ, ㄹ
③ ㄴ, ㄷ, ㄹ ④ ㄱ, ㄴ, ㄷ, ㄹ

문 23. 가로 10m, 세로 60m인 특정소방대상물이 있다고 가정할 경우 경계구역 수를 구하면?

① 1경계구역 ② 2경계구역
③ 3경계구역 ④ 4경계구역

문 24. Fourier법칙(전도)에 대한 설명으로 옳지 않은 것은?

① 이동열량은 전열체의 단면적에 비례한다.
② 이동열량은 전열체의 두께에 비례한다.
③ 이동열량은 전열체의 열전도도에 비례한다.
④ 이동열량은 전열체 내·외부의 온도 차에 비례한다.

문 25. 공간(가로10m, 세로30m, 높이 5m)에 목재 1,000kg과 가연성 A물질 2,000kg이 적재되어 있는 경우 완전연소하였을 때 화재하중은 약 몇 kg/m^2인가? (단, 목재의 단위발열량은 4,500kcal/kg, 가연성 A물질의 단위발열량은 720kcal/kg이다)

① 0.88 ② 2.60
③ 4.40 ④ 6.32

제3회 실전동형모의고사

해설집 p.143

소요시간: _____ / 25분   맞힌 답의 개수: / 25

문 1. 연소 및 폭발에 대한 설명으로 옳지 않은 것은?

① '불완전연소'란 공기의 공급량이 부족할 때 일산화탄소, 그을음(유리탄소) 등이 발생하는 현상이다.
② '선화'란 가연성 가스의 분출속도가 연소속도보다 빠를 때 염공에서 떨어져 연소하는 현상이다.
③ 증기폭발(BLEVE)은 응상폭발이고, 증기운폭발(UVCE)은 기상폭발이다.
④ 관경이 작을수록 폭굉유도거리는 길어진다.

문 2. 연기 유동 현상에 대한 내용으로 옳지 않은 것은?

① 건축물 내·외의 온도차에 의해 발생하는 부력으로 연기를 이동하는 힘은 연돌효과이다.
② 연기의 유동속도는 계단 → 수직 → 수평 순으로 이동이 빠르다.
③ 연기온도 및 연기층의 두께는 화재실로부터 멀어짐에 따라 급속히 하강하고 두께는 일정하다.
④ 중성대의 위치는 건물 내·외의 온도차가 클수록 올라간다.

문 3. 다음 중 제4류 위험물에 대한 내용으로 옳은 것을 <보기>에서 모두 고른 것은?

<보기>
ㄱ. 특수인화물이라 함은 이황화탄소, 디에틸에테르 그 밖에 1atm에서 발화점이 100℃ 이하인 것 또는 인화점이 영하 20℃ 이하이고 비점이 40℃ 이하인 것을 말한다.
ㄴ. 제1석유류는 아세톤, 휘발유 등이 있다.
ㄷ. 제3석유류인 중유, 크레오소오트유의 지정수량은 2,000L이다.
ㄹ. 건성유는 해바라기 기름, 동유, 아마인유 등 아이오딘값이 130 이상이다.
ㅁ. 제4류 위험물은 인화성 액체로서 비전도성이다.

① ㄴ, ㄷ, ㅁ
② ㄱ, ㄴ, ㄷ, ㅁ
③ ㄴ, ㄷ, ㄹ, ㅁ
④ ㄱ, ㄴ, ㄷ, ㄹ, ㅁ

문 4. 차동식 스포트형 감지기 구성 중 리크구멍의 역할로 옳은 것은?

① 동파방지
② 비화재보방지
③ 실보방지
④ 경보방지

문 5. 폭발성 가스설비 중 전기설비로 인한 화재 및 폭발을 방지하기 위한 안전설비로 방폭을 한다. 이에 대한 설명으로 옳지 않은 것은?

① 압력 방폭구조란 용기 내부에 보호기체(불활성 기체)를 압입하여 내부압력을 유지함으로써 폭발성 가스 침입을 방지하는 구조를 말한다.
② 사입 방폭구조란 전기기기의 용기를 모래와 같은 성질의 가늘고 고른 고체 입자로 채워 운전 중 용기 내부에서 발생하는 아크에 의해서 용기 내·외부에 존재하는 가연성 가스 또는 증기가 점화되지 않도록 한 구조를 말한다.
③ 안전증 방폭구조란 정상시 및 사고시에 발생하는 스파크, 아크 또는 고온부에 의하여 발생되는 전기적 에너지를 제한하여 전기적 점화원 발생을 억제하고, 만약 점화원이 발생하더라도 위험물질을 점화할 수 없다는 것이 시험을 통하여 확인된 구조를 말한다.
④ 방폭지역 0종 장소에는 본질안전 방폭구조를 사용한다.

문 6. 「재난 및 안전관리 기본법」상 제2류 위험물의 범위 및 한계에 대한 설명으로 옳지 않은 것은?

① 가연성 고체라 함은 고형알코올, 그 밖에 1atm에서 인화점이 40℃ 미만인 고체를 말한다.
② 금속분이라 함은 알칼리금속·알칼리토금속류·철 및 마그네슘 외의 금속의 분말을 말하고, 구리분·니켈분 및 150μm의 체를 통과하는 것이 50wt% 미만인 것은 제외한다.
③ 철의 분말로서 53μm의 표준체를 통과하는 것이 50wt% 이상인 것은 철분이다.
④ 황은 순도가 60wt% 이상인 것을 말한다.

문 7. 다음 중 소방시설에 대한 설명으로 옳은 것을 <보기>에서 모두 고른 것은?

<보기>
ㄱ. 분말소화설비는 방사압력과 방사량을 균일하게 방사하기 위하여 배관을 토너먼트(균등) 방식으로 분기하여야 한다.
ㄴ. 옥내소화전설비, 연결살수설비는 소방시설 중 소화설비에 포함된다.
ㄷ. 스프링클러설비는 물분무등소화설비가 아니다.
ㄹ. 통로유도등은 복도, 거실, 객석으로 구분된다.
ㅁ. 감지기를 사용하는 스프링클러설비는 준비작동식, 일제살수식, 부압식이다.

① ㄱ, ㄴ, ㄷ
② ㄱ, ㄷ, ㅁ
③ ㄴ, ㄷ, ㄹ
④ ㄴ, ㄹ, ㅁ

문 8. 다음 중 저층 건축물에서 연기유동을 일으키는 주요 원인을 <보기>에서 모두 고른 것은?

<보기>
ㄱ. 열
ㄴ. 대류이동
ㄷ. 굴뚝효과
ㄹ. 화재의 압력

① ㄱ, ㄴ
② ㄱ, ㄷ
③ ㄱ, ㄴ, ㄹ
④ ㄱ, ㄴ, ㄷ, ㄹ

문 9. 유류저장탱크 이상현상에 대한 설명으로 옳지 않은 것은?

① 위험물저장탱크 내에 저장된 양이 내용적의 1/2 이하로 충전되어 있을 때 화재로 인하여 증기압력이 상승하면서 저장탱크 내의 유류를 외부로 분출하면서 탱크가 파열되는 현상을 '오일오버(Oil over)'라 한다.
② 연소 유면으로부터 100℃ 이상의 열파(열파 침강)가 탱크 저부로 전달되어 탱크 저부에 고여 있는 물을 비등하게 하면서 연소유를 탱크 밖으로 비산시키며 연소하는 현상을 '보일오버(Boil over)'라 한다.
③ 연소유 표면온도가 100℃를 넘을 때 연소유면에 주수되는 소화용수가 비등하면서 연소유를 비산시켜 탱크 밖까지 확대시키는 현상을 '슬롭오버(Slop over)'라 한다.
④ 점성이 큰 뜨거운 유류표면 아래에서 물이 끓을 때 화재를 수반하여 유류가 넘치는 현상을 '프로스오버(Froth over)'라 한다.

문 10. 화재 시 발생하는 연소가스에 대한 설명으로 옳지 않은 것은?

① 아크롤레인(CH_2CHCHO): 독성의 허용농도는 0.1ppm이며, 석유제품, 유지류, 나무, 종이 등이 탈 때 생성된다.
② 염화수소(HCl): 독성의 허용농도는 5ppm이며, 건축물 내의 전선의 절연재 및 배관재료 등이 탈 때 발생한다.
③ 암모니아(NH_3): 독성의 허용농도는 25ppm이며, 비료공장 및 냉동시설의 냉매로 많이 쓰이고 있으므로 냉동 창고 화재 시 누출 가능성이 크므로 주의하여야 한다.
④ 시안화수소(HCN): 독성의 허용농도는 10ppm이며, 청산가스로서 계란 썩는 냄새가 난다.

문 11. 특수화재현상에 대한 설명으로 옳지 않은 것은?

① 블레비(BLEVE): 고압의 액화가스용기(탱크로리, 탱크 등) 등이 내부 화재에 의해 가열되면 탱크 내 액체가 비등하고 증기가 팽창하면서 폭발을 일으키는 현상을 말한다.
② 증기운폭발(UVCE): 대기(자유공간) 중에 대량의 가연성 가스가 유출되거나 대량의 가연성 액체가 유출되어 그것으로부터 발생하는 증기가 공기와 혼합해서 가연성 혼합기체를 형성하고 점화원에 의하여 발생하는 화학적 폭발현상이다.
③ 화구(Fire ball): 화염이 공모양으로 되고 더욱 상승하여 버섯모양으로 화염이 공중으로 부양한다. 큰 복사열을 방출하므로 주위의 인명 및 재산에 피해를 줄 수 있다.
④ 분진폭발(Dust explosion): 금속, 플라스틱, 농산물, 석탄, 황, 섬유물질 등의 가연성 고체가 미세한 분말상태로 공기 중에서 부유상태로 폭발 하한계 이상의 농도로 유지되고 있을 때 점화원 존재하에 폭발하는 현상을 말한다.

문 12. 「화재조사 및 보고규정」에 대한 설명으로 옳지 않은 것은?

① 건물 등 자산에 대한 최종잔가율은 건물·부대설비·구축물·가재도구는 20%로 하며, 그 이외의 자산은 10%로 정한다.
② 소방관서장은 영 제7조 제1항에 해당하는 화재가 발생한 경우 사상자가 30명 이상이거나 2개 시·도 이상에 걸쳐 발생한 화재(임야화재를 포함한다)에는 소방청장이 화재합동조사단을 구성하여 운영하는 것을 원칙으로 한다.
③ 전소화재란 건물의 70% 이상(입체면적에 대한 비율을 말한다)이 소실되었거나 또는 그 미만이라도 잔존부분을 보수하여도 재사용이 불가능한 것을 말한다.
④ 발화일시의 결정은 관계인 등의 화재발견 상황통보(인지)시간 및 화재발생 건물의 구조, 재질 상태와 화기취급 등의 상황을 종합적으로 검토하여 결정한다. 다만, 자체진화 등 사후인지 화재로 그 결정이 곤란한 경우에는 발화시간을 추정할 수 있다.

문 13. 소화약제와 그 약제의 주된 소화원리를 연결한 것으로 옳지 않은 것은?

소화약제	주된 소화원리
① 분말	부촉매소화
② 불활성기체	부촉매소화
③ 강화액	부촉매소화
④ 이산화탄소	질식소화

문 14. 소방역사 및 소방행정에 대한 설명으로 옳지 않은 것은?

① 1992년 국가·자치 이원체제에서 광역자치소방체제로 전환(16개 시·도 소방본부)하였다.
② 소방공무원은 공무원 분류상 경력직 공무원 중 특정직 공무원에 해당한다.
③ 소방공무원은 11계급으로 구분되며, 소방경 이하는 소방청장, 소방령 이상은 대통령이 임용(임명)한다.
④ 소방공무원을 신규채용할 때 시보임용기간에도 정규 소방공무원으로 인정한다. 다만, 대통령령으로 정하는 경우에는 시보임용을 면제하거나 그 기간을 단축할 수 있다.

문 15. 다음 <보기>에서 섬유류나 플라스틱과 같은 고분자 물질이 연소를 지속할 수 있는 한계산소지수(LOI)값은?

<보기>
연소방지 도료의 난연성 시험결과 생성된 산소가 3.8[ℓ/min], 질소가 6.2[ℓ/min]이다.

① 10
② 15
③ 21
④ 38

문 16. 「재난 및 안전관리 기본법」상 재난유형별 긴급구조 대응계획으로 옳지 않은 것은?

① 재난 발생 단계별 주요 긴급구조 대응활동 사항
② 비상경고 방송메시지 작성 등에 관한 사항
③ 긴급구조대응계획의 운영책임에 관한 사항
④ 주요 재난유형별 대응 매뉴얼에 관한 사항

문 17. 「재난 및 안전관리 기본법 시행령」상 자연재난 유형별 재난관리주관기관으로 옳지 않은 것은?

재난 및 사고유형	재난관리주관기관
① 자연우주물체의 추락·충돌 등으로 인해 발생하는 재해	과학기술정보통신부 및 우주항공청
② 지진재해	행정안전부
③ 하천·호소 등의 조류 대발생으로 인해 발생하는 재해	해양경찰청
④ 풍수해 중 조수로 인해 발생하는 재해	해양수산부

문 18. 재난 및 안전관리에 대한 설명으로 옳지 않은 것은?

① 중앙긴급구조통제 부단장은 행정안전부장관이다.
② 국가안전관리기본계획은 중앙안전관리위원회 심의를 거쳐 5년마다, 집행계획은 안전정책조정위원회 심의를 거쳐 1년마다 수립한다.
③ 교통사고는 사회재난 중 대통령령이 정하는 규모 이상의 피해를 주는 재난을 말한다.
④ 재난관리기금의 매년도 최저 적립액은 최근 3년 동안의 「지방세법」에 의한 보통세의 수입결산액의 평균 연액의 100분의 1에 해당하는 금액으로 한다.

문 19. LPG(액화석유가스) 주성분인 부탄가스 2몰이 완전연소될 때 필요한 최소산소농도(MOC)는 약 몇 V%인가?

① 23.4%
② 11.7%
③ 21%
④ 10.5%

문 20. 연소론과 실내화재성상에 대한 설명으로 옳지 않은 것은?

① 열전도율이 작고 활성화 에너지가 작은 물질은 잘 탈 수 있는 가연물의 조건에 해당한다.
② 불활성가스의 농도에 비례하여 연소범위는 좁아진다.
③ 질산에스터류는 자기연소, 코크스는 표면연소, 파라핀은 증발연소, 중유는 분해연소에 해당한다.
④ 일반적으로 환기지배형 화재는 개방된 공간(목조건물, 개방된 큰 창문 등)에서, 연료지배형 화재는 밀폐된 공간(내화구조건물, 지하층, 무창층 등)에서 발생한다.

문 21. 위험물안전관리법령상 질산의 위험성에 대한 설명으로 옳은 것은?

① 화재에 대한 직·간접적인 위험성은 없으나 인체에 묻으면 화상을 입는다.
② 공기 중에서 스스로 자연발화하므로 공기에 노출되지 않도록 한다.
③ 인화점 이상에서 가연성 증기를 발생하여 점화원이 있으면 폭발한다.
④ 유기물질과 혼합하면 발화의 위험성이 있다.

문 22. 다음 위험물 중 위험물안전관리법령상 지정수량의 값이 가장 큰 것은?

① 알킬알루미늄
② 황화인
③ 과염소산염류
④ 황린

문 23. 건물화재의 표준시간 - 온도곡선에서 화재발생 후 30분이 경과할 경우 내부 온도는 약 몇 ℃ 정도 되는가?

① 840
② 925
③ 1,010
④ 1,050

문 24. 소화약제에 대한 설명으로 옳지 않은 것은?

① 물소화약제는 가연물과 화학반응이 일어나지 않는다.
② 포소화약제는 환원시간(drainage time)이 짧을수록 내열성이 우수하다.
③ 이산화탄소 소화약제는 비전도성이므로 전류가 통하는 장소에 사용이 가능하다.
④ 제4종분말소화약제의 주성분은 탄산수소칼륨($KHCO_3$)과 요소[$CO(NH_2)_2$]와의 반응물이다.

문 25. 프로페인(C_3H_8) 22g이 완전연소하기 위해 필요한 이론산소량은 몇 g인가? [단, 프로페인(C_3H_8)분자량은 44이며 산소(O_2)분자량은 32이다]

① 20g　　　　② 40g
③ 60g　　　　④ 80g

MEMO

2026 대비 최신개정판

해커스소방
이영철
소방학개론 단원별 실전문제집

개정 7판 1쇄 발행 2025년 11월 6일

지은이	이영철 편저
펴낸곳	해커스패스
펴낸이	해커스소방 출판팀
주소	서울특별시 강남구 강남대로 428 해커스소방
고객센터	1588-4055
교재 관련 문의	gosi@hackerspass.com
	해커스소방 사이트(fire.Hackers.com) 교재 Q&A 게시판
학원 강의 및 동영상강의	fire.Hackers.com
ISBN	979-11-7404-604-8 (13350)
Serial Number	07-01-01

저작권자 ⓒ 2025, 이영철

이 책의 모든 내용, 이미지, 디자인, 편집 형태는 저작권법에 의해 보호받고 있습니다.
서면에 의한 저자와 출판사의 허락 없이 내용의 일부 혹은 전부를 인용, 발췌하거나 복제, 배포할 수 없습니다.

소방공무원 1위,
해커스소방 fire.Hackers.com

- 해커스 스타강사의 **소방학개론 무료 특강**
- **해커스소방 학원 및 인강**(교재 내 인강 할인쿠폰 수록)
- 정확한 성적 분석으로 약점 극복이 가능한 **소방 합격예측 온라인 모의고사**(교재 내 응시권 및 해설강의 수강권 수록)

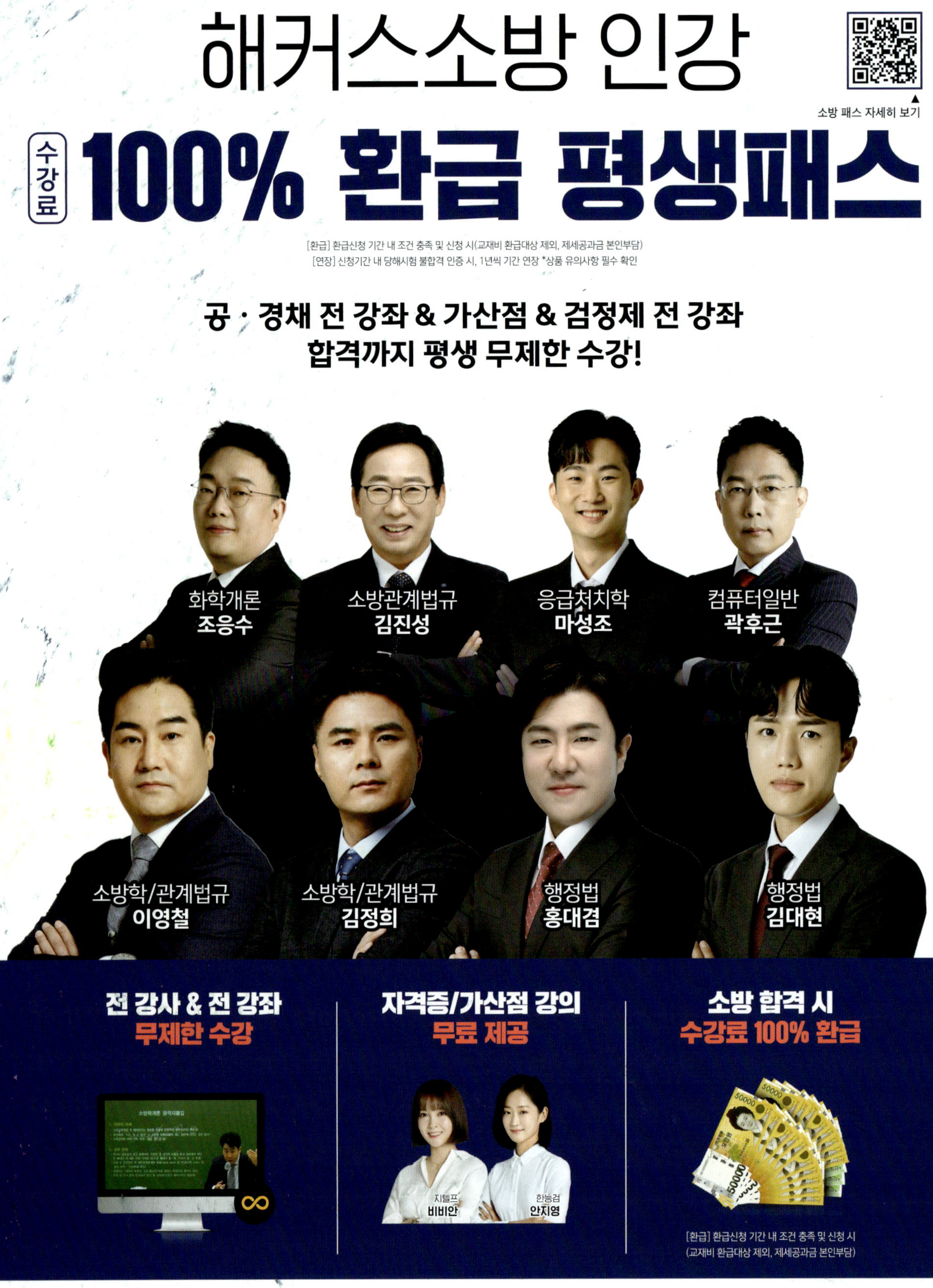
해커스소방 인강
소방 패스 자세히 보기
수강료 100% 환급 평생패스
[환급] 환급신청 기간 내 조건 충족 및 신청 시(교재비 환급대상 제외, 제세공과금 본인부담)
[연장] 신청기간 내 당해시험 불합격 인증 시, 1년씩 기간 연장 *상품 유의사항 필수 확인
공 · 경채 전 강좌 & 가산점 & 검정제 전 강좌
합격까지 평생 무제한 수강!
화학개론 조응수
소방관계법규 김진성
응급처치학 마성조
컴퓨터일반 곽후근
소방학/관계법규 이영철
소방학/관계법규 김정희
행정법 홍대겸
행정법 김대현
전 강사 & 전 강좌
무제한 수강
자격증/가산점 강의
무료 제공
지텔프 비비안
한능검 안지영
소방 합격 시
수강료 100% 환급
[환급] 환급신청 기간 내 조건 충족 및 신청 시
(교재비 환급대상 제외, 제세공과금 본인부담)
해커스소방 fire.Hackers.com
문의 1588-4055

2026 대비 최신개정판

해커스소방
이영철
소방학개론 단원별 실전문제집

약점 보완 해설집

해커스소방

해커스소방

이영철
소방학개론 단원별 실전문제집

약점 보완 해설집

해커스소방

PART 1 연소론 및 화재론

01 연소 관련 기초이론 12p

001 ④	002 ③	003 ③	004 ②	005 ②
006 ②	007 ③	008 ③	009 ③	010 ②
011 ④	012 ②	013 ③	014 ②	015 ④
016 ②	017 ③			

001 게이뤼삭의 법칙(샤를의 법칙) 답 ④

부피가 일정한 상태에서 기체의 압력과 온도는 비례한다.

관련 개념 | 기체의 법칙($\frac{PV}{T}$)

이때 P(atm)는 압력, V(㎥)는 부피, T(k)는 온도이다.

보일의 법칙	온도가 일정한 상태에서 기체의 압력과 부피는 반비례한다.
샤를의 법칙	압력이 일정한 상태에서 기체의 부피와 온도는 비례한다.
게이뤼삭의 법칙	부피가 일정한 상태에서 기체의 압력과 온도는 비례한다.

선지분석

① 증기비중 = $\frac{물질의\ 분자량}{공기의\ 분자량}$ = $\frac{물질의\ 분자량}{29}$ 이며, 공기의 분자량으로 물질을 비교하여 증기비중을 구한다. 증기비중이 1보다 큰 기체는 공기보다 무겁고, 1보다 작으면 공기보다 가볍다.

② ℃ = $\frac{5}{9}$ × (°F − 32) = $\frac{5}{9}$ × (32 − 32) = 0℃

③ 1mol 원자가 6.02×10^{23}개인 것을 아보가드로수라고 한다.

몰(mol) = $\frac{입자수}{6.02 \times 10^{23}(개)}$ = $\frac{질량}{분자량}$ = $\frac{부피}{22.4(\ell)}$

002 연소 답 ③

- 산소는 조(지)연성 물질로서 양이 많을수록 연소를 활성화시킨다.
- 조(지)연성물질: 산소(O_2), 이산화질소(NO_2), 산화질소(NO), 불소(F_2), 오존(O_3), 염소(Cl_2) 등

선지분석

① 연소의 3요소란 가연물(적린), 산소공급원(과염소산암모늄), 점화원(성냥)을 말하며 무염연소, 작열연소, 불씨연소, 응축연소이다.
② 연소란 화염을 동반하므로 분자구조가 변하는 화학적 현상이다.
④ 연소의 4요소는 유염연소, 발염연소, 불꽃연소이다.

003 가연물의 구비조건 답 ③

가연물은 열의 축적이 용이하며, 입자 간 열전도율의 방출이 작아야 한다. 또한, 열전도율, 활성화 에너지는 작고 나머지는 커야 한다.

선지분석

② 산소량이 제일 많은 순서: 제1류 > 제6류 > 공기 중의 산소(21%)

관련 개념 | 반응열

화학반응에서 방출 또는 흡수되는 열이다.

004 가연물의 구비조건 답 ②

발열량이 크고 온도 상승(열전도율이 적고 비표면적이 큼)이 큰 것은 가연물의 구비조건이다.

관련 개념 | 불연성 물질

1. **불활성 기체(주기율표의 0, 8, 18족 원소)**
   ⓐ 불활성 기체는 안정된 전자배치를 갖고 있기 때문에 다른 원소와 화학반응을 일으키기 어려운 기체 원소를 말하며, 비활성 기체라고도 한다. 즉, 화합력이 없으므로 다른 원소와는 화합하지 않는다.
   ⓑ 헬륨, 네온, 아르곤, 크세논, 크립톤, 라돈 등이 있다.
2. **반응종결물질**
   ⓐ 완전연소에 의한 생성물질 중 더 이상 산소와 반응하지 않는 물질이다.
   ⓑ 수증기, 이산화탄소, 오산화린, 산화알루미늄, 산화안티몬, 삼산화황, 삼산화크로뮴, 규조토, 이산화규소, 프레온 등이 있다.
3. **산화·흡열반응물질**
   ⓐ 산화반응은 일어나지만 발열반응이 아닌, 흡열반응하는 물질이다.
   ⓑ 질소 또는 질소산화물 등이 있다.
4. **자체가 연소하지 아니하는 물질**: 돌, 흙 등

005 가연물 답 ②

가연물의 표면적이 커지면 공기와의 접촉 면적이 커지고 입자 표면에서 열전도율의 방출이 적어지므로 덩어리로 된 가연물보다 크기가 작고 얇은 가연물이 연소가 되기 쉽다.

006 산소공급원 답 ②

공기 중 산소의 농도가 15% 이하가 되면 산소공급원 역할을 할 수 없다.

> 📖 **관련 개념 | 산소공급원**
>
> 1. 공기
> 2. 산화제: 제1류 위험물, 제6류 위험물[불연성 + O_2]
> 3. 자기반응성물질: 제5류 위험물[가연성 + O_2]
> 4. 산소(O_2), 이산화질소(NO_2), 산화질소(NO), 불소(F_2), 오존(O_3), 염소(Cl_2) 등 지(조)연성 물질

007 | 산소공급원　　　　　답 ③

위험물 중 산소공급원 역할을 할 수 있는 위험물은 제1류 위험물, 제5류 위험물, 제6류 위험물에 해당한다. 탄화칼슘(CaC_2)은 제3류 위험물의 금수성 물질로서 물과 반응 시 수산화칼슘(소석회) 및 아세틸렌가스를 발생시켜, 아세톤에 저장하거나 질소가스 등 불연성 가스에 봉입한다.

$$CaC_2 + 2H_2O \rightarrow Ca(OH)_2 + C_2H_2 + Q \uparrow$$

[선지분석]
① 질산암모늄: 제1류 위험물
② 나이트로셀룰로오스: 제5류 위험물
④ 과염소산: 제6류 위험물

008 | 점화원(활성화 에너지, 최소발화에너지, 초기에너지, 열원, 착화원, 불씨)　　답 ③

상온에서 연료가 공기 중 산소와 산화반응을 일으키려면 열의 출입이 요구된다. 이때에 필요한 에너지를 활성화 에너지라고 하며, 점화원이란 반응에 필요한 활성화 에너지를 외부에서 제공하여 주는 것이다.

[선지분석]
① 활성화 에너지가 작을수록 연소가 가능한 가연물이다.
② 질소는 흡열반응을 하므로 산소공급원 역할을 할 수 없다.
④ 연소가 용이한 중간체(Free radical)를 형성하여 연쇄반응을 촉진시킨다.

009 | 열원　　　　　답 ③

마찰스파크열, 압축열, 마찰열은 기계적 열원에 해당한다.

> 📖 **관련 개념 | 화학적 열원, 전기적 열원, 기계적 열원, 열적 열원**
>
> | | |
> |---|---|
> | 화학적 열원 | • 연소(산화)열: 완전연소 시 발생하는 열
• 자연발열: 발화점에 도달하여 발생하는 열
• 분해열: 분해할 때 발생하는 열(아세틸렌, 산화에틸렌, 제5류 위험물)
• 용해열: 용매에 용해될 때 발생하는 열(진한 황산)
• 생성열: 발열반응에 의해 화합물이 생성될 때 발생하는 열 |
> | 전기적 열원 | • 저항열: 전기저항 때문에 전기에너지의 일부가 열로 변환되어 발생하는 열(백열전구)
• 유도열: 자장(자기장, 자계)에 의해 발생하는 열
• 유전열: 누설전류가 흐를 때 발생하는 열
• 아크열: 개폐기 또는 차단기가 개방되거나 닫힐 때 발생하는 열
• 정전기열: 두 물질이 접촉하였다가 떨어질 때 발생하는 열
• 낙뢰에 의한 열: 번개에서 발생하는 열
참고 절연열화, 과부하, 누전, 접속부 발열, 지락, 기전력 등 |
> | 기계적 열원 | • 마찰열: 고체의 물질이 마찰할 때 발생하는 열
• 마찰스파크열: 고체의 물질이 충돌할 때 발생하는 열
• (단열)압축열: 단열 압축 시 발생하는 열 |
> | 열적 열원 | 적외선, 고온표면, 복사열 등 |

참고 점화원 될 수 없는 경우: 잠열(융해, 증발), 절연저항 증가, 단열팽창, 역기전력, 승압기 등

010 | 화학 열에너지의 종류　　　　답 ②

• 화학 열에너지의 종류는 연소(산화)열, 자연발열, 분해열, 용해열, 생성열이다.
• 점화원(발화원: Heat or ignition source)이 될 수 없는 경우는 잠열(기화열, 융해열), 절연저항 증가, 단열팽창, 역기전력, 승압기 등이 있다.

011 | 열원　　　　　답 ④

현열, 잠열(기화열, 융해열), 전기저항 증가, 단열팽창, 역기전력은 열원이 될 수 없다.

[선지분석]
① 정전기열, 저항열, 낙뢰에 의한 열은 전기적 열원에 해당한다.
② 자연발열과 용해열은 화학적 열원, 마찰열은 기계적 열원에 해당한다.
③ 단열압축열은 기계적 열원, 유도열과 유전열은 전기적 열원에 해당한다.

012 | 점화원　　　　　답 ②

점화원이란 연소를 개시하기 위한 활성화 에너지를 제공하는 것으로, 열원으로서는 나화, 고온표면, 전기불꽃, 고온가스방사열, 충격, 마찰 등이 있다. 보기는 고온표면에 대한 설명이다.

> 📖 **관련 개념 | 열원의 종류**
>
> | | |
> |---|---|
> | 전기불꽃 | 전기기기에 관련된 불꽃이나 정전기 불꽃 등 |
> | 열면 | 고온고체표면, 고체불꽃, 무염연소 등 |
> | 고온가스 | 화염 등 |
> | 나화 | 담뱃불, 성냥, 라이터불, 토치램프, 가스레인지의 작은 화염, 보일러 등 |
> | 고온표면 | 전열기, 가열로, 배기관, 연통의 고온부, 금속 용융물, 슬래그, 가스불꽃에 의한 절단부 등 |
> | 단열압축 | 반응기 내 이상반응, 탱크 내 급작스러운 온도 상승에 의한 압력 증가 등 |

013 | 열 전달 방식 답 ③

풍상측이 풍하측보다 공기가 맑아 복사에 의한 열전달이 더 잘 일어난다.

> **관련 개념 | 풍상 및 풍하측**
> 1. 풍상
>   ⓐ 바람이 들어오는 것을 말한다.
>   ⓑ 복사는 기체일 때 잘 발생하므로 풍상측에서 더 잘 이루어진다.
> 2. 풍하
>   ⓐ 바람이 나가는 것을 말한다.
>   ⓑ 연기가 많기 때문에 복사가 잘 일어나지 않는다.
>   ⓒ 바람 때문에 열, 연기는 풍하측으로 이동하므로 연소확대된다. 따라서 선착대의 소방차는 풍하측에 먼저 배치한다.
>   ⓓ 제연설비는 풍하측에 설치한다.

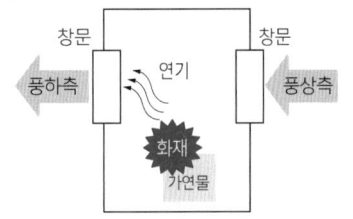

> **관련 개념 | 열 전달 방식 - 전도, 대류, 복사**
> 1. 전도: 푸리에의 법칙
> $$q = -KA\frac{\Delta T}{\Delta L}[W, kW, J/s, kJ/s]$$
>   - q: 단위 시간당 전도에 의한 이동 열량[W, kW, J/s, kJ/s]
>   - K: 각 물질의 열전도도(열전도율)[W/m·K]
>   - A: 접촉된 단면적[m²]
>   - ΔT: 물체의 온도 차[K, ℃]
>   - ΔL: 길이(두께)차[m]
> 2. 대류: 뉴턴의 냉각법칙
> $$q = hA(T_w - T_\infty)[W, kW, J/s, kJ/s]$$
>   - q: 단위 시간당 대류에 의한 이동 열량[W, kW, J/s, kJ/s]
>   - h: 대류열전달계수[W/m²·K]
>   - A: 물체의 표면적[m²]
>   - T_w: 고온유체 또는 고온체의 온도[K]
>   - T_∞: 저온유체 또는 주변의 유체의 온도 [K]
> 3. 복사: 스테판-볼츠만 법칙
> $$q = \sigma AT^4 = \varepsilon\sigma AT^4[W, kW, J/s, kJ/s]$$
>   - q: 단위 시간당 복사에 의한 이동 열량[W, kW, J/s, kJ/s]
>   - σ: 스테판-볼츠만 상수[5.67×10⁻⁸ W/m²·K⁴]
>   - A: 물체의 표면적[m²]
>   - T: 물체 표면의 온도[K, ℃]
>   - ε: 복사능(0 < ε < 1)

참고 전도, 대류, 복사
- 전도 - 매질이 있다. 그러나 매질이 이동하지 않고 고온에서 저온도로 열이 전달된다.
- 대류 - 매질이 있다. 매질이 이동하여 열이 전달된다.
- 복사 - 매질이 없다. 전자파(파장)로 열이 전달된다.

014 | 열전달방식 및 기체의 법칙 답 ②

자동차 공장에서 전자파로 인해 차동식스포트형 열 반도체식 감지기가 동작한 경우 열전달은 복사에 해당된다.

선지분석
④ 기체의 법칙($\frac{PV}{T}$). [P(atm): 압력, V(m³): 부피, T(k): 온도]

$T \propto V$ 하므로 $T_1 : V_1 = T_2 : V_2$
$T_1 : 0℃ \mapsto V_1 : 200L$
$T_2 : 273℃ \mapsto V_2 : ?L$
273(K) : 200(L) = 546(K) : X(L), X = 400[L]
참고 K = ℃ + 273

015 | 열전달 방식 답 ④

복사에너지는 절대온도의 4승에 비례하고, 열전달 면적에 비례한다.

> **관련 개념 | 스테판-볼츠만 법칙(복사)**
> $$q = \sigma AT^4 = \varepsilon\sigma AT^4[W, kW, J/s, kJ/s]$$
> - q: 단위 시간당 복사에 의한 이동 열량 [W, kW, J/s, kJ/s]
> - σ: 스테판-볼츠만 상수[5.67×10⁻⁸ W/m²·K⁴]
> - A: 물체의 표면적[m²]
> - T: 물체 표면의 온도[K, ℃]
> - ε: 복사능(0 < ε < 1)

참고 전도, 대류, 복사
- 전도 - 매질이 있다. 그러나 매질이 이동하지 않고 고온에서 저온도로 열이 전달된다.
- 대류 - 매질이 있다. 매질이 이동하여 열이 전달된다.
- 복사 - 매질이 없다. 전자파(파장)로 열이 전달된다.

016 | 계수 및 상수 답 ②

[W/m²·K] - 대류: 대류열전달계수

선지분석
① [W/m·K] - 전도: 열전도도(열전도율)계수
③ [W/m²·K⁴] - 복사: 스테판-볼츠만 상수
④ [atm·ℓ/mol·K] - 이상기체상태방정식: 기체상수값

017 | 열유속 답 ③

q″열유속[W/m²]: 단위면적당 열 유동율
$\frac{q}{A} = -K\frac{\Delta T}{\Delta L}$·열유속 $q'' = K\frac{\Delta T}{\Delta L}[W/m²]$

열유속 $q'' = K\frac{\Delta T}{\Delta L} = 0.1 \times \frac{400-300}{0.05} = 200(W/m²)$

$$q = -KA\frac{\Delta T}{\Delta L}$$

q: 단위시간당 전도에 의한 열이동량 = 열유동률
   = 열이동률[W, kW, J/s, kJ/s, kcal/hr]
K: 각 물질의 열전도도(열전도율)[W/m·K]
A: 접촉된 단면적[m²]
ΔT: 물체의 온도 차[K, °C]
ΔL: 길이(두께) 차

(디)에틸에테르	-45°C
아세트알데히드	-38°C
산화프로필렌	-37°C
이황화탄소	-30°C

따라서 인화점이 가장 낮은 물질은 에틸에테르이다.

004 인화성 액체의 인화점 답 ④

주어진 물질들의 인화점을 나타내면 다음과 같다.

벤젠	제1석유류	-11°C
메틸알코올	알코올류	11°C
경유	제2석유류	50~70°C
중유	제3석유류	60~150°C

따라서 인화점이 가장 낮은 액체는 벤젠이다.

관련 개념 | 제4류 위험물(인화성액체) - 인화점으로 구분

인화점	제4류 위험물
• 중유: 60~150°C → 제3석유류 • 경유: 50~70°C → 제2석유류 • 메틸알코올: 11°C → 알코올류 • 벤젠: -11°C → 제1석유류	• 특수인화물 • 제1석유류 • 알코올류 • 제2석유류 • 제3석유류 • 제4석유류 • 동식물류 (인화점 높다. 지정수량 증가)

02 연소의 과정과 특성 17p

001 ③	002 ②	003 ②	004 ④	005 ③
006 ④	007 ②	008 ①	009 ②	010 ②
011 ②	012 ④	013 ①	014 ①	015 ②
016 ④	017 ②	018 ④	019 ②	020 ②
021 ③	022 ④	023 ③	024 ④	025 ②
026 ①	027 ①	028 ④	029 ③	030 ③
031 ③	032 ③	033 ③		

001 직쇄탄화수소계열에서 탄소수 증가 답 ③

선지분석

ㄹ. 직쇄탄화수소계열에서 탄소수가 증가할수록 연소하한계는 낮다.

관련 개념 | 직쇄탄화수소계열에서 탄소수 증가

직쇄탄화수소계열에서 탄소수가 증가할수록
1. 분자량이 증가하며, 분자구조는 복잡해진다.
2. 직쇄탄화수소의 길이가 길어진다.
3. 단위발열량이 커진다.
4. 비점이 높아진다.
5. 인화점이 높아진다.
6. 발화점이 낮아진다.
7. 연소속도는 감소한다.
8. 증기압이 감소한다.
9. 연소범위가 좁아진다.
10. 연소하한계가 낮다.
즉, 탄소수 증가 → 발화점, 연소속도, 연소범위, 연소하한계, 증기압↓, 나머지는↑

002 인화점 답 ②

인화점은 연쇄반응을 유지할 만한 열에너지의 발생이 없기 때문에 연쇄반응이 일어나지 않는다.

003 특수인화물류의 인화점 답 ②

주어진 물질들의 인화점을 나타내면 다음과 같다.

005 연소점 답 ③

인화점은 화염이 지속되는 경우의 액체 온도와는 다르며, 이때에는 연소점(Fire point)으로서 구별된다.

선지분석

① 발화지연시간은 어느 온도에서 가열하기 시작하여 발화에 이르기까지의 시간을 말하며, 온도는 활성화 에너지에 따라 영향을 받는다.
② 가연성 액체에서 외부 압력이 증가하면 인화점은 높아지고, 외부 압력이 낮아지면 인화점도 낮아진다.
④ 인화점, 연소점은 외부로부터 직접적인 점화에너지가 공급되어야만 연소가 되지만 발화점은 그렇지 않다.
 • 인화점, 연소점은 직접적인 에너지공급에 의해 연소
 • 발화점은 간접적인 에너지공급에 의해 연소

관련 개념 | 연소점(Fire point)

1. 한 번 발화된 후 연소를 지속시킬 만한 충분한 증기를 발생시킬 수 있는 물질의 최저온도이다.
2. 인화점보다 5~10°C 정도 높은 온도로서 연소상태가 5초 이상 유지될 수 있는 온도이다.

006. 인화점·연소점 및 발화점   답 ④

발화점은 점화원의 직접적인 접촉 없이 가열된 열만으로 연소를 시작할 수 있는 최저온도를 말한다.

[선지분석]
① 인화점은 가연성 액체로부터 발생한 증기가 액체표면에서 연소범위의 하한계와 상한계에 도달할 수 있는 최저온도를 의미한다.
② 가연성 증기의 발생속도가 연소속도보다 빠를 때(가연성 증기 발생속도 > 연소속도) 연소점이라고 한다. 인화점보다 5~10℃ 정도 높은 온도로서 연소상태가 5초 이상 유지될 수 있는 온도이다.
③ 유도발화에는 인화점 및 연소점이 해당하고, 자연발화는 발화점(착화점)에 해당한다.

📒 관련 개념 | 발화
1. **유도발화**: 점화원과 직접 접촉(인화점, 연소점)
2. **자연(자동)발화**: 점화원과 직접 접촉하지 않고 가열 공급(발화점 = 착화점)

007. 자연발화온도   답 ②

가연혼합기(可燃混合氣)의 온도를 차츰 올릴 때, 외부로부터 불꽃이나 화염 가까이 접근하지 않더라도 발화에 이르는 최저온도를 자연발화온도라고 한다.

008. 발화점   답 ①

발화점은 가연물질이 외부의 직접적인 점화원의 접촉 없이 가연물 표면에 가열된 열의 축적에 의하여 연소가 시작되는 최저온도이다. 인화점보다 표면의 온도가 수백도(℃) 이상 높다.

📒 관련 개념 | 발화점 등
1. 연소점은 인화점보다 5℃~10℃ 가량 높고, 발화점은 인화점보다 수백℃ 이상 높다.
2. 인화점 < 연소점(+5~10℃) < 발화점(+수백℃)

009. 발화점   답 ②

직쇄탄화수소의 분자량이 클수록, 탄소쇄의 길이가 길수록 발화점이 낮아진다.

📒 관련 개념 | 발화점이 낮아지는 조건
1. 산소와 친화력이 클수록(화학적 활성도가 클수록)
2. 반응계의 압력이 클수록, 고체인 경우 증기압력이 낮을수록
3. 분자구조가 복잡하고 발열량이 클수록
4. 활성화 에너지가 작고, 열전도율이 작을수록
5. 직쇄탄화수소의 경우 분자량이 크고, 탄소쇄의 길이가 길수록

📒 관련 개념 | 탄화수소화합물

CH_4(메테인) C_2H_6(에테인) C_3H_8(프로페인) C_4H_{10}(부테인) C_5H_{12}(펜테인)	탄소수	분자량	분자 구조식	탄소 쇄 길이
	증가	클수록	복잡	길수록

010. 직쇄탄화수소의 발화점   답 ②

탄소수가 증가할수록 발화점은 낮아지고, 인화점은 높아진다.

📒 관련 개념 | 탄소수 증가
탄소수가 증가할수록 아래 현상이 나타난다.
1. 분자량이 증가하며, 분자구조는 복잡해진다.
2. 직쇄탄화수소의 길이가 길어진다.
3. 단위발열량이 커진다.
4. 비점이 높아진다.
5. 인화점이 높아진다.
6. 발화점이 낮아진다.
7. 연소속도는 감소한다.
8. 증기압이 감소한다.
9. 연소범위가 좁아진다.
10. 연소하한계가 낮다.

탄소수	화학식	대한화학회 명명법	옛 이름	밀도(20℃)
1	CH_4	메테인	메탄	기체
4	C_4H_{10}	부테인	부탄	기체
5	C_5H_{12}	펜테인	펜탄	액체
12	$C_{12}H_{26}$	도데케인	도데칸	액체
20	$C_{20}H_{42}$	이코세인	이코산	고체
50	$C_{50}H_{102}$	펜타콘테인	펜탄콘탄	고체

- 탄소수가 증가할수록 기체 → 액체 → 고체의 상을 가진다.
- 기체가 더 불이 잘 붙기 때문에 탄소수가 증가할수록 인화점이 높다.
- 고체가 잘 끓지 않기 때문에 비점이 높다.

[참고]
- 탄소수가 증가: 발화점↓, 연소속도, 연소범위, 연소하한계↓, 증기압↓, 나머지↑
- 일반적으로 고체: 발화점, 액체: 인화점, 기체: 연소범위 논한다.

011. 발화점   답 ②

주어진 물질들의 발화점(착화점)은 다음과 같다.

황린(P_4)	약 34℃
삼황화인(P_4S_3)	약 100℃
셀룰로이드류	약 165℃ (셀룰로이드는 약 180℃)
적린(P)	약 260℃

따라서 발화점이 황린 < 삼황화인 < 셀룰로이드류 < 적린이므로 ㄱ → ㄴ → ㄹ → ㄷ이다.

012 발화점   답 ④

발화점이 가장 낮은 것은 헥산이다. 탄소수가 증가할수록 발화점은 낮다.

참고
- 헥산(Hexane)은 특이한 냄새가 나는 휘발성이 강한 무색의 투명한 액체이며, 물에 잘 녹지 않지만 알코올, 에테르 등에 녹는다.
- 발화점은 고체 < 액체 < 기체 순이다. 즉, 고체는 발화점이 낮고, 기체는 발화점이 높다.

관련 개념 | 노말헥산(C_6H_{14})의 성질

인화점	$-22℃$
발화점	$225℃$
연소범위	$1.1 \sim 7.5\%$

013 발화점   답 ①

주어진 물질들의 발화점은 다음과 같다.

적린	약 260℃
휘발유	약 330 ~ 370℃
수소	약 580 ~ 590℃
프로판	약 460 ~ 510℃

따라서 발화점이 가장 낮은 물질은 적린이다(고체는 발화점이 낮고, 기체는 발화점이 높다).

014 연소과정 온도 비교   답 ①

인화점은 가연물질 표면이 물질농도조건(연소범위)에 관한 조건으로도 연소가 가능하기 때문에 표면의 온도가 가장 낮다.

선지분석
③ 발화점은 가연물질 표면이 물질농도조건(연소범위)과 에너지 조건을 만족하여야 하기 때문에 표면의 온도가 가장 높다.

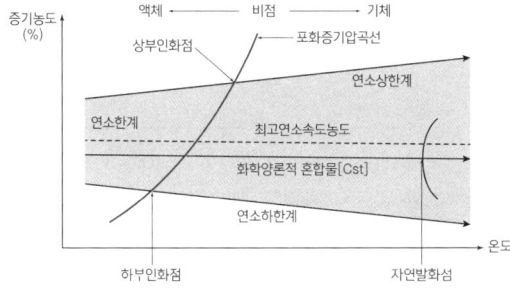

015 연소과정 온도 비교   답 ②

발화점의 온도가 가장 높고 인화점의 온도가 가장 낮으므로, 순서대로 나타내면 발화점 > 연소점 > 인화점이다.

016 연소범위   답 ④

연소범위란 가연성 가스와 공기와의 혼합물에서 화염의 전파가 일어나는 농도범위로, 연소하한계와 연소상한계의 사이이다.
주어진 물질들의 연소범위를 나타내면 다음과 같다.

일산화탄소	12.5 ~ 75(74)%
메탄	5 ~ 15%
에틸에테르	1.9 ~ 48%
산화에틸렌	3 ~ 80%

따라서 산화에틸렌의 연소범위는 3 ~ 80%이다.

017 연소범위   답 ②

주어진 연료들의 연소범위를 나타내면 다음과 같다.

아세틸렌	2.5 ~ 81%
시안화수소	6 ~ 41%
가솔린	1.4 ~ 7.6%
에틸렌	2.7 ~ 36%

따라서 시안화수소의 연소범위는 6 ~ 41%이다.

018 연소범위   답 ④

연소하한계는 공기 중의 산소농도에 비해 가연성 기체가 적고, 연소상한계는 공기 중의 산소농도에 비해 가연성 기체가 많다.

관련 개념 | 연소범위

1. 연소범위, 위험도

물질	연소범위	위험도	비교
아세틸렌	2.5~81	31.4	연소범위 1등
이황화탄소	1.2~44	35.7	위험도 1등

2. 화염전파방향을 상향전파로 할 경우에 연소범위가 가장 넓게 나타난다(방향에 따른 연소범위 크기: 상향 > 수평 > 하향).

019 연소범위   답 ②

- 연소상한계는 일정 농도 이상에서는 점화원과 접촉해도 화염의 전파가 일어나지 않는 공기 중의 증기 또는 가스의 최고농도이다. 화염의 전파속도가 최대인 경우는 이론적으로 완전연소일 경우이며, 실제로는 산소농도보다 약간의 연료농도가 더 많을 때 나타난다.
- 예를 들면, 공기 중 산소가 21%라고 가정할 때, 메탄(메테인)의 연소범위는 5~15%이고, 11% 일 때 화염의 전파속도가 최대가 된다.

관련 개념 | 연소범위

1. 온도가 올라가면 분자의 운동이 활발해지고 분자 간 유효충돌 가능성이 커지기 때문에 연소범위는 하한이 낮아지고 상한도 증가하여 넓어진다.
2. 연소범위 내 최착양론혼합조성(완진연소) 영역에서 화염의 선파속도가 최대이다.

3. 압력이 높아지면 분자 간의 평균거리가 축소되어 분자 간의 충돌에너지가 커져서 화염의 전달이 용이하여 연소상한계는 증가한다. 예외로는 일산화탄소는 압력이 높아지면 역으로 연소상한계가 좁아진다.
4. 산소는 연소하한에는 약간의 영향만 미치며, 공기 중에서보다 순수 산소 중에서 연소상한이 넓어진다.

020 | 연소범위 답 ②

압력을 대기압 이상으로 증가시키면 일반적으로 연소범위의 상한계가 넓어진다.

관련 개념 | 연소범위에 영향을 끼치는 요인

1. 압력을 대기압 이상으로 증가시키면 일반적으로 연소범위의 상한계가 넓어진다. 예외적으로 일산화탄소의 연소범위는 압력이 증가하면 상한계가 반대로 좁아진다.
2. 가연성 가스의 연소범위 하한이 낮을수록, 연소범위가 넓을수록 위험도는 증가한다.
3. 르샤틀리에의 법칙은 공기 중에 2종류 이상의 가연성 가스가 혼합되었을 때 연소범위(폭발한계)값을 구하는 공식이다.

$$LFL = \frac{100}{\frac{V_1}{L_1} + \frac{V_2}{L_2} + \frac{V_3}{L_3} + \cdots \frac{V_n}{L_n}}$$

- $V_1 + V_2 + V_3 + \cdots V_n = 100$
  …… 각 단독성분의 혼합가스 중의 부피(V%)
- $L_1 + L_2 + L_3 + \cdots L_n$
  …… 각 단독성분의 연소하한계(V%)

021 | 연소한계 답 ③

화학양론혼합조성(완전연소)에서 연소속도는 최고가 되며, 혼합물이 연소한계에 가까워질수록 연소속도는 감소한다.

022 | 이론혼합비 답 ④

- 이론혼합비(Cst) = $\frac{연료\ 몰수}{연료\ 몰수 + 공기\ 몰수} \times 100$
  $= \frac{1}{1 + 23.8} \times 100 = 4.03$
- 연소하한계 = 0.55×Cst(화학양론농도)
  = 0.55×4.03 = 2.216 ≒ 2.22

관련 개념 | 단일물에 대한 연소범위[존스(Jones)의 식]

1. 연소하한계 = 0.55×Cst(화학양론농도)
2. 연소상한계 = 3.5×Cst(화학양론농도)

관련 개념 | 혼합물에 대한 연소범위(르샤트리에의 식)

$$연소하(상)한계 = \frac{100}{\frac{V_1}{L_1} + \frac{V_2}{L_2} + \cdots + \frac{V_n}{L_n}}$$

023 | 폭발범위 답 ③

폭발성 혼합가스를 압축해서 압력을 상승시키면 분자 간의 평균거리가 축소되고 분자 간의 충돌에너지가 증가하여 열의 발생속도는 증가하므로 화염의 전달이 용이하다.

선지분석
④ 가연성 가스의 농도가 너무 낮거나(연소하한계 미만) 농도가 너무 높아도(연소상한계 초과) 연소현상은 발생되지 않는다.

024 | 폭발범위 답 ④

- 폭발범위 1등은 아세틸렌으로, 폭발범위는 2.5~81이며 위험도는 31.4이다.
- 위험도 1등은 이황화탄소로, 폭발범위는 1.2~44이며 위험도는 35.7이다.

참고
- 온도, 열량, 연소열, 압력, 연소(폭발, 가연)범위, 화학적 활성도, 화염전파속도가 클수록 위험성이 증가한다.
- 표면장력, 증발(잠)열[기화(잠)열], 비열, 인화점, 발(착)화점, 점성, 비중, 비점(끓는점), 융점(녹는점), 열전도율, 활성화 에너지가 작을수록 위험성이 증가한다.

025 | 위험도 답 ②

가연성 가스의 위험도란 연소범위를 연소하한계로 나눈 값을 말하며, 위험도의 값이 클수록 위험성은 증가한다.

관련 개념 | 위험도

$$위험도 = \frac{연소상한 - 연소하한}{연소하한}$$

1. 가연성물질(고체, 액체, 기체)의 위험도 기준은 연소범위로 한다.
2. 일반적으로 가연성 기체의 위험의 정도는 연소범위를 기준으로 한다.
3. 일반적으로 인화성 액체(가연성 액체)의 위험의 정도는 인화점을 기준으로 한다.

026 | 위험도 답 ①

주어진 물질들의 연소범위와 위험도를 나타내면 다음과 같다.

구분	연소 범위	위험도
산화에틸렌	3~80%	$\frac{80-3}{3} = 25.67$
수소	4~75%	$\frac{75-4}{4} = 17.75$
에틸렌	2.7~36%	$\frac{36-2.7}{2.7} = 12.33$
프로판	2.1~9.5%	$\frac{9.5-2.1}{2.1} = 3.52$

따라서 위험도는 산화에틸렌 > 수소 > 에틸렌 > 프로판이다.

027 위험도 답 ①

주어진 물질들의 연소범위와 위험도를 나타내면 다음과 같다.

구분	연소 범위	위험도
메탄	5~15%	$\frac{15-5}{5}=2$
에탄	3~12.5%	$\frac{12.5-3}{3}=3.17$
프로판	2.1~9.5%	$\frac{9.5-2.1}{2.1}=3.52$
부탄	1.8~8.4%	$\frac{8.4-1.8}{1.8}=3.67$

따라서 연소범위는 메탄 > 에탄 > 프로판 > 부탄이고, 위험도는 부탄 > 프로판 > 에탄 > 메탄이다.

028 최소 산소농도 답 ④

- 에테인(C_2H_6)의 연소범위는 3%~12.5%이고, 완전연소 시 필요한 최소 산소농도(MOC)는 산소의 양론계수 × 연소하한계(폭발하한계) = ($\frac{산소몰수}{연소가스의 몰수}$) × 연소하한계이다.

  따라서 $\frac{7}{2} \times 3 = 10.5\%$ 이다.

- 탄화수소계 가스 완전연소의 화학방정식이
  $C_mH_n + \left(m + \frac{n}{4}\right)O_2 \rightarrow mCO_2 + \frac{n}{2}H_2O + Q\uparrow$ 이므로,
  에테인(C_2H_6)의 완전연소 시 화학식은
  $C_2H_6 + 3.5O_2 \rightarrow 2CO_2 + 3H_2O + Q\uparrow$ 이다.
  에테인이 2mol 이므로 화학식은
  $2C_2H_6 + 7O_2 \rightarrow 4CO_2 + 6H_2O + Q\uparrow$ 이다.

> **관련 개념ㅣ탄화수소계 가스의 완전연소 화학방정식**
>
> $C_mH_n + \left(m + \frac{n}{4}\right)O_2 \rightarrow mCO_2 + \frac{n}{2}H_2O + Q\uparrow$

> **관련 개념ㅣ산소몰수, 연소범위, 최소산소농도(MOC)**
>
> | 물질 | 산소몰수 | 연소범위 | 최소산소농도(MOC) |
> |---|---|---|---|
> | CH_4(메테인, 메탄) | $2O_2$ | 5~15 | 10% |
> | C_2H_6(에테인, 에탄) | $3.5O_2$ | 3~12.5 | 10.5% |
> | C_3H_8(프로페인, 프로판) | $5O_2$ | 2.1~9.5 | 10.5% |
> | C_4H_{10}(부테인, 부탄) | $6.5O_2$ | 1.8~8.4 | 11.7% |
>
> 1. 산소몰수 1.5 증가
> 2. 산소몰수와 상관없이 최소산소농도값은 변하지 않는다.
> 3. $CH_4 + 2O_2 \rightarrow CO_2 + 2H_2O$
> $C_2H_6 + 3.5O_2 \rightarrow 2CO_2 + 3H_2O$
> $C_3H_8 + 5O_2 \rightarrow 3CO_2 + 4H_2O$
> $C_4H_{10} + 6.5O_2 \rightarrow 4CO_2 + 5H_2O$

029 프로페인(C_3H_8)의 완전연소조성식 답 ③

가. $4H_2O$: $4 \times [(1 \times 2) + (16)] = 72g$
나. 화학방정식 $C_3H_8 + 5O_2 \rightarrow 3CO_2 + 4H_2O \rightarrow$
   $0.5C_3H_8 + 2.5O_2 \rightarrow 1.5CO_2 + 2H_2O$
   0.5mol이 완전연소하는 데 약 2.5mol의 산소가 필요하다.
다. 프로페인 몰수 = $\frac{질량}{분자량}$ = $\frac{44g}{44g/mol}$ = 1[mol]이므로
   화학방정식 $C_3H_8 + 5O_2 \rightarrow 3CO_2 + 4H_2O$
   $3CO_2$: $3 \times [(12) + (16 \times 2)] = 132g$
라. 이론공기몰수 = 이론산소몰수 ÷ 0.21
   이론공기몰수 = $\frac{이론산소몰수}{0.21}$ = $\frac{5}{0.21}$ = 23.8[mol]
마. 프로페인(C_3H_8) 화학방정식 $C_3H_8 + 5O_2 \rightarrow 3CO_2 + 4H_2O$
   $\rightarrow 0.5C_3H_8 + 2.5O_2 \rightarrow 1.5CO_2 + 2H_2O$
   이론공기몰수 = $\frac{이론산소몰수}{0.21}$ = $\frac{2.5}{0.21}$
   = 11.9[mol] × 0.79 = 9.4[mol]

030 한계산소지수(LOI) 답 ③

한계산소지수(LOI) = $\frac{산소[O_2]체적}{산소[O_2]체적 + 불활성가스[N_2]체적} \times 100[\%]$
= $\frac{3.8}{3.8 + 6.2} \times 100 = 38[\%]$이다.

이는 연소방지도료는 공기 중의 산소가 38% 이상일 때 연소가 가능하다는 의미이다.

참고 한계산소지수가 클수록 안전도도 증가한다.

> **관련 개념ㅣMOC 및 LOI**
>
> 1. 최소산소농도(MOC): 기체물질
> 2. 한계산소지수(LOI): 고체물질로 구분

031 최소발화에너지 답 ③

가연성 가스의 조성이 화학양론적 조성 부근일 경우 발화에너지는 최저가 된다.

> **관련 개념ㅣ최소발화에너지(MIE)에 영향을 주는 요인**
>
> 1. 온도가 상승하면 분자운동이 활발해지므로 최소발화 에너지는 작아진다.
> 2. 압력(산소분압)이 상승하면 분자 간의 거리가 가까워지므로 최소발화 에너지는 작아진다.
> 3. 가연성 가스의 조성이 화학양론적 조성(완전연소) 부근일 경우 최소발화 에너지는 최저가 된다.
> 4. 일반적으로 연소속도가 클수록 최소발화 에너지는 낮아진다.
> 5. 농도가 증가하면 분자 간의 유효충돌횟수가 증가하므로 최소발화 에너지가 작아진다.
> 6. 열전도율이 낮아지면 최소발화에너지는 작아진다.
> 7. 동일 유속 시 난류의 강도가 커지면 최소발화에너지는 증가한다. 즉, 난류는 열손실이 크기 때문에 발화가 쉽지 않으므로 최소발화 에너지(MIE)는 증가한다.

032. 연소속도에 영향을 미치는 요인 답 ③

가연성 물질과 산화제의 당량비(혼합비)가 1일 경우 연소속도는 증가한다.

참고
- 당량비 = 1이면, 완전연소
- 당량비 > 1이면, 산소부족 → 환기지배형 화재
- 당량비 < 1이면, 연료부족 → 연료지배형 화재

033. 최소 발화 에너지 답 ③

주어진 가연물들의 최소 발화 에너지(MIE)를 나타내면 다음과 같다.

이황화탄소	0.009mJ
수소	0.019mJ
아세틸렌	0.019mJ
프로판	0.25mJ

따라서 최소 발화 에너지 값이 가장 작은 것은 이황화탄소이다.

관련 개념 | 가연성 가스의 최소 발화 에너지(MIE)

$$W = \frac{1}{2}CV^2 [J][mJ]$$

- $W[J][mJ]$: 최소 발화 에너지
- $V[V]$: 전압
- $C[F][mF][\mu F]$: 콘덴서 용량

---

03 연소의 형태 26p

001 ①	002 ①	003 ④	004 ①	005 ②
006 ①	007 ④	008 ②	009 ③	010 ③
011 ①	012 ②	013 ①	014 ④	015 ①
016 ①	017 ②	018 ①	019 ②	020 ②
021 ③	022 ②			

001. 불완전연소의 원인 답 ①

노즐의 분무상태가 나쁠 때(가연물 부족) 불완전연소의 원인이 된다.

관련 개념 | 불완전연소의 원인
1. 가스의 조성이 균일하지 못할 때(가연성 가스와 산소가 적절하지 않을 때)
2. 공기(산소) 공급량이 부족할 때
3. 주위온도가 너무 낮을 때
4. 환기 또는 배기가 잘되지 않을 때
5. 노즐의 분무상태가 나쁠 때
6. 공급연료(가연물)가 많아 상태가 불안정할 때

참고
- 불완전연소: 부정적인 언어(부족, 불안정 등)
- 불완전연소 시 일산화탄소와 그을음(유리탄소)이 발생한다.

002. 불꽃연소 답 ①

불꽃연소는 연소속도가 매우 빠르며, 단위 시간당 발생하는 열량이 크다.

관련 개념 | 불꽃연소

1. **불꽃연소의 특성(연소의 4요소)**
   ⓐ 연료의 표면에서 불꽃을 발생하며 연소하므로 유염성 표면화재라 부른다.
   ⓑ 고체·액체·기체연료에서 모두 발생할 수 있는 현상이다.
   ⓒ 작열연소에 비해 연소속도가 매우 빠르며, 단위 시간당 발생열량이 크다.
   ⓓ 발생열량의 2/3 정도가 방출연소가스의 가열에 소모되고, 1/3은 주위로 재복사된다.
   ⓔ 불꽃연소를 하는 가연물은 모두 순조로운 연쇄반응이 일어난다.
2. **소화대책:** 연쇄반응이 포함되는 연소이므로 냉각·질식·제거 외에 연쇄반응의 억제에 의한 부촉매소화가 효과적이다.

003. 작열연소 답 ④

작열연소란 응축상태의 연소로 불꽃은 없지만 가시광선을 방출하면서 연소하는 것을 말한다. 보통 고체 가연물의 연소형태이며, 숯, 코크스, 목탄 등의 연소가 여기에 속한다.

관련 개념 | 작열연소(Glowing combustion)
1. 연료의 표면에서 불꽃을 발생하지 않고 작열하면서 연소한다.
2. 저에너지의 심부화재이다.
3. 연소속도가 느리다.
4. 소화대책은 연쇄반응이 없으므로 물리적 소화방법을 적용한다.

관련 개념 | 불꽃연소와 표면연소 비교

구분	불꽃연소	표면연소
같은 용어	유염연소, 발염연소, 표면화재	무염연소, 작열연소, 심부화재
연소 요소	연소의 4요소	연소의 3요소
불꽃(화염) 유무	유	무
화염 전파	유	무
물질 특성	고체, 액체, 기체	고체
연소 성질	일반적으로 완전연소되기 쉽다.	일반적으로 불완전연소 우려가 있다.
연소 가스	일반적으로 $CO_2\uparrow$, $CO\downarrow$	일반적으로 $CO_2\downarrow$, $CO\uparrow$

연쇄 반응 유무	유	무
소화방법	물리적 소화+화학적 소화 → 부촉매효과가 있다.	물리적 소화 → 부촉매효과가 없다.
연소속도 및 방출열량	연소속도는 빠르고 시간당 방출열량이 많다.	연소속도는 느리고 시간당 방출열량이 적다.
연소물질	• 가솔린 등 인화성 액체 • 메탄 등 가연성 기체 • 종이 등 가연성 고체 • 열가소성 합성수지류	• 숯, 코크스, 금속분, 목탄분 등 가연성 고체 • 열경화성 합성수지류
연기입자	작다.	크다.

004 연소형태   답 ①

가연성기체의 확산연소는 불균질연소이고, 예혼합연소는 균질연소에 해당된다. 그러므로 예혼합연소는 화학반응속도와 열전도율에 의존한다. 확산연소는 연료와 산소의 혼합속도에 의존한다.

선지분석

ㄷ. 가연성 고체는 열분해하지 않는 증발, 표면연소가 있다.
ㄹ. 가연성 액체는 증발연소와 분해연소가 있다.

> **관련 개념 | 확산연소 및 예혼합연소**
>
> | 확산연소(정상연소) | 예혼합연소(비정상연소) |
> |---|---|
> | • 화염의 길이 길다.
• 화염면의 전파가 수반되지 않는다.
• 역화의 위험이 없다. | • 화염의 길이 짧다.
• 화염면의 전파가 수반된다.
• 역화의 위험이 있다. |

005 연소형태   답 ②

확산연소는 가연성 가스와 공기를 인접한 2개의 분출구에서 분출·확산시켜 계면에 가연성 혼합기를 형성하여 연소시키는 형태로서 가연성 기체의 일반적인 연소형태이다.

> **관련 개념 | 확산연소와 예혼합연소 비교**
>
> 1. 확산연소
>   ⓐ 가연성기체와 공기를 인접한 2개의 분출구에서 분출 확산하여 연소. 즉, 발화 직전에 혼합하는 확산연소
>   ⓑ 공기(산소)와 가연성가스(연료)가 미리 혼합하지 않음
>   ⓒ 화염면의 전파가 일어나지 않으며 역화의 위험이 없다.
>   예 적화식 버너(라이타)
>
>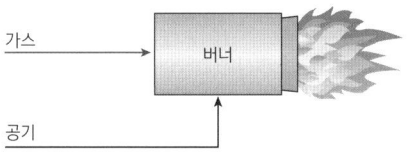
>
> 2. 예혼합연소
>   ⓐ 공기(산소)와 가연성가스(연료)가 혼합되어 연소
>   ⓑ 화염면의 전파가 수반되어 역화를 일으킬 위험이 크다.
>   예 분젠버너, 가솔린엔진(내연기관 연소실), 폭발

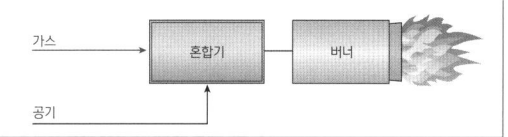

006 연소형태   답 ①

분해연소는 중유, 벙커C유, 타르유와 같이 점도가 크고 비점이 높은 액체 가연물을 가열하면, 열분해를 일으켜 가연성 증기가 발생하며 이 증기에 착화되어 계속 분해를 일으켜 연소가 이루어지는 형태이다.

> **관련 개념 | 확산연소**
>
> 1. 가연성 기체와 공기를 인접한 2개의 분출구에서 분출·확산시켜 계면에 가연성 혼합기를 형성하여 연소시키는 형태로서 가연성 기체의 일반적인 연소형태이다.
> 2. 화염면의 전파가 일어나지 않으며, 역화의 위험이 없다.
> 3. 아세틸렌, 수소, 메탄, 프로판가스 등 가연성 기체가 대기 중에 분출하여 공기와 서로 섞여 확산에 의하여 혼합이 되며, 연소범위 내에서 점화시키면 계속 연소하게 된다.
> 4. 적화식 버너법(라이타 등)이 해당한다.

> **관련 개념 | 물질상태에 따른 연소형태**
>
> 1. 가연성기체
>   ⓐ 확산 연소
>   ⓑ 예혼합 연소
>   ⓒ 부분 예혼합 연소
>   ⓓ 폭발연소
> 2. 가연성액체
>   ⓐ 증발 연소(액면 연소)
>   ⓑ 분해 연소
> 3. 가연성고체
>   ⓐ 분해 연소
>   ⓑ 표면 연소
>   ⓒ 증발 연소
>   ⓓ 자기 연소(내부 연소)
> 4. 분해연소 및 증발연소는 가연성 액체와 가연성 고체의 공통적인 연소형태이다.

007 가연물 연소형태   답 ④

ㄹ. 가연성(인화성) 액체의 증발방법에 따른 연소형태는 액면연소, 등심연소, 분무연소(액적연소)이다.
ㅁ. 가연성고체와 액체를 비교하면 인화에 필요한 에너지는 액체가 적고 고체는 크다.

선지분석

ㄱ. 연소의 상황에 따라 구분하는 방법은 발열과 방열의 관점으로, 열의 발생(발열)과 발산(방열)이 균형을 유지하면서 연소하는 정상연소와 균형이 깨져 연소속도가 급격히 증가하여 폭발적으로 연소하거나 산소나 열의 공급이 원활하지 못해 소극적으로 연소하는 비정상연소가 있다.
ㄴ. 가연성고체 중 표면연소는 가연성가스(증기)도 없이 산소와 직접반응하는 직접연소이다.

ㄷ. 가연성(인화성)액체 가연물이 연소할 때 점도가 높고 휘발성이 낮은 중질유를 가열등의 방법으로 점도를 낮추어 분무기(버너)로 미세한 입자로 분무하고 공기와 혼합시켜 연소시키는 방법인 분무연소가 있다.

관련 개념 | 증발연소와 분해연소

증발연소	• 가솔린, 아세톤, 등유, 경유 등 액체 그 자체가 연소하는 것이 아니고, 액체 표면으로부터 증발된 가연성 기체와 공기 중의 산소와 혼합된, 즉 기화되는 증기에 착화되어 불꽃을 생성하며 이 불꽃의 온도에 의해 액체 표면이 가열되어 계속 증발하며 연소하게 된다.
	• 가연성 액체(인화성)의 증발방법에 따른 연소형태
	  - 액면연소: 액체 표면이 가열되어 계속 증발하며 연소(가솔린, 경유)
	  - 등심연소: 심지를 빨아올려 증발시켜 확산연소 (석유램프, 알코올램프)
	  - 분무연소(액적연소): 미세한 분무(mist)형태로 분사하는 연소(공업용 보일러)
	• 분무 = 무상 = 무화 = 미립화 = 액적 = mist

분해연소	• 중유, 벙커C유, 타르와 같이 점도가 크고 비점이 높은 액체 가연물을 가열하면 열분해를 일으켜 가연성 증기를 발생하며, 이 증기에 착화되어 계속 분해를 일으켜 연소가 이루어지는 형태이다. • 일반적으로 제4류 위험물 중 제3석유류 및 제4석유류가 해당된다.

008 | 가연성 고체   답 ②

가연성 고체가 열분해에 따른 가연성 증기발생 과정을 거치지 않고, 고체표면에서 산소와 반응하여 연소하는 현상으로서 무염연소가 특징인 연소형태는 표면연소이다.

관련 개념 | 불꽃 유무에 따른 연소
1. 불꽃연소(유염연소, 발염연소, 표면화재) - 4요소
2. 작열연소(무염연소, 표면연소, 심부화재) - 3요소

009 | 표면연소   답 ③

표면연소는 연쇄반응이 일어나지 않는 연소형태이므로 냉각·질식·제거에 의한 물리적 소화가 효과적이다.

010 | 훈소연소   답 ③

훈소연소란 적열된 상태에서 불꽃을 발생하지 않고 적열상태를 유지하며 열분해에 의한 연기 또는 가스를 발생하면서 연소하는 현상을 말한다.

관련 개념 | 훈소연소와 표면연소

훈소연소	• 적열된 상태에서 불꽃을 발생하지 않고 적열상태를 유지하며 열분해에 의한 연기 또는 가스를 발생하면서 연소하는 현상을 말한다. • 낮은 산소분압에서 화재가 발생하였을 때 초기에 화염 없이 일어나는 연소를 말한다.
표면연소	• 고체 가연물이 열분해나 증발하지 않고 표면에서 산소와 산화반응하여 연소하는 현상이다. • 숯 등이 가열을 하더라도 열분해에 의해서 가연성 가스를 발생하지 않고 그 물질 자체가 연소하는 현상을 말한다.

• 훈소는 온도 증가, 산소 증가 → 불꽃연소로 변할 수 있다.
• 표면연소는 온도 증가, 산소 증가 → 불꽃연소로 변하지 않는다.

011 | 연소형태   답 ①

• 고체 가연물인 표면연소, 증발연소는 열분해하지 않는다.
• 훈소는 열분해한다.

012 | 연소형태   답 ④

나이트로셀룰로오스, 무기과산화물은 자기연소한다.
무기과산화물은 제1류위험물인 산화성고체이므로 자기연소하지 않는다.

선지분석
③ 나프탈렌, 드라이아이스, 아이오딘, 장뇌 등은 승화연소한다. 일반적으로 고체가연물의 연소형태 중 증발연소 안에 승화연소를 포함한다.

관련 개념 | 연소형태의 분류(고체)

분해연소	목재, 종이, 섬유, 석탄, 고무, 플라스틱 등
증발연소	고체 파라핀(양초), 황 참고 황의 융점: 120℃
승화연소	승화성 물질: 나프탈렌, 드라이아이스, 아이오딘, 장뇌 참고 나프탈렌의 융점: 80.3℃
표면연소	숯, 코크스, 금속분, 목탄분 등
자기연소	유기과산화물, 질산에스터류, 나이트로화합물 등

참고
제2류위험물인 금속분: 알루미늄분, 아연분, 안티몬분

013 | 가연성 고체의 연소형태   답 ②

제5류 위험물인 피크린산(트리나이트로페놀), 하이드라진유도체는 자기연소를 한다.

선지분석
① • 숯, 금속분의 연소형태는 표면연소이다.
  • 석탄분의 연소형태는 분해연소이다.
③ • 목재, 섬유의 연소형태는 분해연소이다.
  • 황의 연소형태는 증발연소이다.

④ • 금속분의 연소형태는 표면연소이다.
• 파라핀(양초)의 연소형태는 증발연소이다.

📑 관련 개념 | 가연성고체

분해연소	목재, 종이, 섬유, 석탄, 고무, 플라스틱 등
증발연소	고체 파라핀(양초), 황 참고 황의 융점: 120℃
승화연소	승화성 물질: 나프탈렌, 드라이아이스, 아이오딘, 장뇌 참고 나프탈렌의 융점: 80.3℃
표면연소	숯, 코크스, 금속분, 목탄분 등
자기연소	유기과산화물, 질산에스터류, 나이트로화합물 등

참고
제2류위험물인 금속분: 알루미늄분, 아연분, 안티몬분

014 | 연소형태   답 ④

• 확산연소는 불균질연소라고도 하며, 예혼합연소와 비교하면 그을음이 크다.
• 예혼합연소는 균질연소라고도 하며, 확산연소와 비교하면 그을음이 작다.

015 | 가연성기체   답 ①

선지분석
ㄱ. • 확산연소는 불균질연소, 정상연소이다.
   • 예혼합연소는 균질연소, 비정상연소이다.
ㄴ. • 적화식 버너(라이타 등)는 확산연소와 관련이 있다.
   • 분젠 버너, 가솔린엔진, 폭발 등은 예혼합연소에 해당된다.
ㄷ. 확산연소는 예열대는 없고 반응대만 있으므로 예혼합연소에 비해 반응대가 두껍다.
ㄹ. 예혼합연소는 연속적인 자력전파로서 압축파가 중첩되어 폭연, 폭굉이 된다.

📑 관련 개념 | 확산연소와 예혼합연소

1. 확산연소

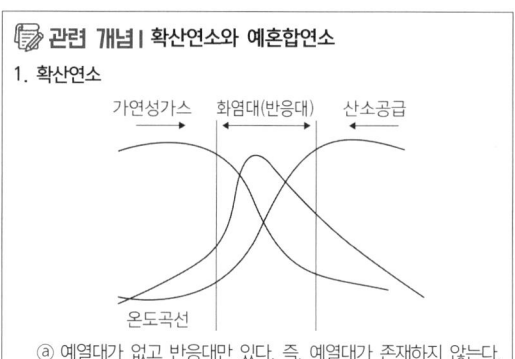

ⓐ 예열대가 없고 반응대만 있다. 즉, 예열대가 존재하지 않는다.
ⓑ 반응대에서 연소한다.
ⓒ 예혼합연소에 비해 반응대가 길다. 즉 반응대가 두껍다.
ⓓ 경계면의 확산으로 맥동적 자력전파한다.

2. 예혼합연소

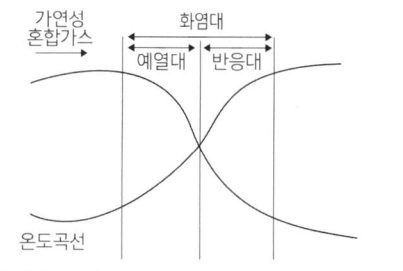

ⓐ 화염대 온도곡선의 변곡점을 기준으로 하여 예열대와 반응대로 분리된다. 즉, 예혼합연소에만 발생한다.
ⓑ 예열대는 화염 없이 온도만 상승하고 반응대에서 연소한다. 즉, 반응대에서 연소(빛과 열을 내는 단계)한다.
ⓒ 확산연소에 비해 반응대가 짧다. 즉, 반응대가 얇다.
ⓓ 연속적 자력전파로서 압축파가 중첩되어 폭연, 폭굉이 된다

016 | 역화   답 ①

• 분출된 혼합가스의 압력이 낮을 경우: 선화(Lifting)
• 분출된 혼합가스의 압력이 높을 경우: 역화(Back fire)

📑 관련 개념 | 역화(Back fire)

1. 발생조건
  ⓐ 대부분 기체연료를 연소시킬 때 발생되는 이상 연소 현상으로서 연료의 분출속도가 연소속도보다 느릴 때 불꽃이 연소기의 내부로 빨려 들어가 혼합관 속에서 연소하는 현상을 말한다.
  ⓑ 분젠식 버너(연소기)에서 발생한다.

2. 발생원인
  ⓐ 혼합 가스량이 너무 적을 때
  ⓑ 공급가스의 압력이 낮은 경우
  ⓒ 염공이 크거나 노즐의 부식으로 분출구멍이 커진 경우
  ⓓ 버너(연소기)가 과열 상태인 경우

3. 역화와 선화의 비교

구분		역화(Back fire)	선화(Lifting)
조건		연료분출속도 < 연소속도	연료분출속도 > 연소속도
원인	혼합 가스량 (1차 공기)	↓	↑
	압력	↓	↑
	염공 직경(관경)	↑	↓
	버너의 과열	상관 있음	상관 없음
결과		염공 안쪽으로 불꽃이 들어감	염공 바깥쪽으로 불꽃이 공중부양함

ⓐ 역화는 염공의 직경만 크고 나머지는 작다.
ⓑ 선화는 염공의 직경만 작고 나머지는 크다.

4. 정상연소 및 비정상연소

정상연소   백파이어(역화)   리프팅(선화)   블로우 오프

017 선화   답 ①

선화(Lifting)란 역화의 반대 현상으로 연료가스의 분출속도가 연소속도보다 빠를 때 불꽃이 버너의 노즐에서 떨어져서 일어난다. 완전한 연소가 이루어지지 않는다.

> **관련 개념 | 선화(Lifting)의 원인**
> 1. 혼합가스량이 너무 많을 때(1차 공기가 너무 많을 경우)
> 2. 공급가스의 압력이 높은 경우
> 3. 염공이 작거나 막혔을 경우(염공이 완전히 막혔을 때 아님)
> 4. 혼합가스의 분출속도가 연소속도보다 빠를 때

018 역화   답 ③

역화(Back fire)란 가연성 혼합가스가 연소할 때 가연성 혼합가스의 분출속도가 연소속도보다 느려서 불꽃이 염공 속으로 빨려 들어가 혼합관 속에서 연소하는 현상이다.

선지분석
ㄴ. 염공 안쪽으로 불꽃이 빨려 들어가는 것은 원인이 아닌 역화가 일어난 결과이다.

019 블로우 다운(Blow-down)   답 ②

선지분석
ㄴ. • 연료노즐에서 흐름이 층류(laminar flow)인 경우, 확산연소에서 화염의 높이는 분출 속도에 비례한다.
 • 연료노즐에서 흐름이 난류(turbulent)인 경우, 확산연소에서 화염의 높이는 분출 속도와 관계없이 일정하다. 단, 화염의 높이는 일정하나 화염의 폭이 증가한다. 폭이 증가한다는 것은 열방출율이 증가한다는 것이며, 따라서 층류보다 난류가 열방출율이 크다.

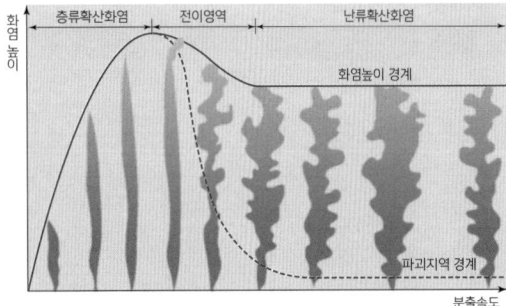

▲ 층류   ▲ 난류

ㄹ. 연료노즐에서 층류확산화염에서 난류확산화염으로 넘어가는 전이영역에서는 분출속도증가시 화염의 높이가 감소한다.
ㅁ. 주염현상이란 가연성 가스가 연소하면서 바람을 타고 흘러가는 현상을 말한다.

ㅂ. • 황염(Yellow Tip)현상이란 불꽃의 끝이 적황색으로 되어 연소하는 현상을 말하며, 공기(산소)가 부족할 때(불완전연소 시)에 발생한다.
 • 블로우 다운(Blow-down)이란 퍼지(purge) 또는 방산이라고도 하며, 불필요한 가스를 대기 중으로 배출하는 것을 말한다.

참고 산소부족
• 불완전연소   • 일산화탄소
• 훈소   • 백드리프트(BD)
• 플래시백   • 황염현상

020 선화   답 ②

공급가스의 압력이 높거나 버너의 염공이 작거나 막혔을 경우(완전히 막혔을 때는 제외) 선화가 발생한다.

참고 불꽃 기저부
불꽃이 나오는 부분

021 블로우 오프(Blow off)   답 ③

블로우 오프(Blow off)란 선화상태에서 불꽃 기저부에 대한 공기의 움직임이 세지면 불꽃이 노즐에서 정착하지 않고 떨어지게 되어 꺼져버리는 현상이다.

022 연소불꽃   답 ②

선지분석
연소의 불꽃 색상과 온도
① 암적색 - 700℃
② 휘적색 - 950℃
③ 백적색 - 1,300℃
④ 휘백색 - 1,500℃

> **관련 개념 |**
> • 가장 온도가 낮은 것: 담암적색
> • 가장 온도가 높은 것: 휘백색
>
> | 연소불꽃의 색 | 온도[℃] | 연소불꽃의 색 | 온도[℃] |
> |---|---|---|---|
> | 담암적색 | 520 | 황적색 | 1,100 |
> | 암적색 | 700 | 백적색 | 1,300 |
> | 적색 | 850 | 휘백색 | 1,500 이상 |
> | 휘적색 | 950 | | |

04 자연발화

33p

001 ③ 002 ① 003 ② 004 ② 005 ④
006 ① 007 ①

001 자연발화의 정의   답 ③

자연발화란 공기 중의 연료에서 느린 산화와 함께 시작될 수 있는 연소과정이며, 인위적으로 가열하지 않고 상온상태에서 물질이 공기 중에서 자연산화 또는 자연분해하여 발생된 열에 의하여 반응이 점차적으로 가속되어 열을 축적하므로 발화점에 도달하여 부분적으로 발화되는 현상이다.

구분	발생	방지법
열 축적	밀폐된 공간 열전도율·휘발성· 증기압력↓ 분말	개방된 공간 열전도율·휘발성· 증기압력↑ 괴상(덩어리)
열 발생속도 (발열량× 반응속도)	온도↑, 수분↑ (고온다습) 발열량↑ 표면적↑	온도↓, 수분↓ (저온건조) 발열량↓ 표면적↓

002 자연발화의 발생조건   답 ①

자연발화가 발생하기 위해서는 열전도율이 낮아야 한다.

> **관련 개념 | 자연발화의 발생조건**
> 1. **열전도율**: 보온효과가 좋게 되기 위해서는 열이 축적되기 쉬운 분말상, 섬유상의 물질이 열전도율이 낮은 공기를 많이 포함하기 때문에 열이 축적되기 쉽다.
> 2. **환경**: 고온·다습한 환경의 경우 자연발화가 촉진된다.
> 3. **발열량**: 발열량이 클수록 열의 발생속도는 빠르다. 그러나 발열량이 크다 하더라도 반응속도가 느리면 열의 발생속도는 느리다. 열의 발생속도 = 발열량 × 반응속도이다.
> 4. **표면적**: 일반적으로 산화반응의 반응속도는 산소의 양에 비례하기 때문에 산소함유물질을 제외한 물질 중 산소량이 적거나 없는 경우는 자연발화가 일어나지 않는다. 따라서 공기 중의 산소와의 접촉관계가 중요하다.
>   ⓐ 분말상이나 섬유상의 물질이 내부에 다량의 공기를 포함하는 경우 더욱 더 자연발화가 일어날 가능성이 크다.
>   ⓑ 가연성분말이나 액체가 포나 종이 등에 스며들어 배이면 자연발화가 용이하다.

003 자연발화   답 ②

공기유동 상태는 열의 발생속도가 아닌, 열축적과 관련이 있다. 즉, 저장실의 밀폐도가 높을수록 열축적이 용이하다.

> **관련 개념 | 자연발화 방지**
> 1. 활성이 강한 황린은 물속에 저장한다.
> 2. 칼륨, 나트륨 등 알칼리금속은 석유 속에 저장한다.

004 자연발화 방지법   답 ②

반응속도가 온도에 크게 좌우되므로 자연발화를 방지하기 위해 저장실 및 주위의 온도를 낮게 유지한다.

005 자연발화의 원인   답 ④

물질이 주위의 기체 등을 흡착할 때 생기는 흡착열이 축적되어 자연발화할 수 있는 물질은 활성탄, 유연탄, 목탄분 등이다.

> **참고**
> - 하이드라진: 제4류 위험물 중 제2석유류(수용성) - 분해폭발 - 무기화합물
> - 하이드라진유도체: 제5류 위험물 - 분해폭발 - 무기화합물

> **참고**
> - 산화에틸렌: 산화폭발·분해폭발 및 중합폭발이 모두 발생한다.
> - 아세틸렌: 산화폭발, 분해폭발이 발생한다.
> - 시안화수소
>   - 중합폭발(분해폭발 가능)이 발생한다.
>   - 시안화수소는 중합열에 의한 자연발화를 한다.
>   - 시안화수소는 분해열이 일어나기 전에 중합열에 의해 자연발화한다. 즉, 분해열에 의한 자연발화는 발생하지 않는다.

006 자연발화의 분류   답 ①

표백분은 분해열과 관련이 있다.

> **관련 개념 | 자연발화의 분류**
> 1. **완만한 온도상승을 일으키는 경우 자연발화의 분류(장시간)**
>
> | | |
> |---|---|
> | 산화열 | 유지류(건성유 등), 금속분류, 원면, 석탄분, 고무조각, 황철광, 기름찌꺼기, 기름걸레 등 |
> | 흡착열 | 활성탄, 유연탄, 목탄분, 환원니켈 등 |
> | 분해열 | 나이트로셀룰로오스, 셀룰로이드류, 나이트로글리세린, 표백분, 가수분해, 열분해 등 |
> | 중합열 | 액화시안화수소, 산화에틸렌, 아크릴로니트릴, 스틸렌, 비닐아세틸렌 등 |
> | 미생물열
(발효열) | 먼지, 퇴비(거름), 비료, 곡물 등 |
>
> 2. **빠른 온도상승을 일으키는 경우 자연발화의 분류(단시간)**: 황린, 알킬알루미늄, 알킬리튬 등. 즉, 제3류 위험물

007 자연발화 방지법   답 ①

황린은 발화점이 상온에 가깝고 산화열에 의해 자연발화가 일어나므로 물 속에 저장한다.

> **참고**
> - 제3류 위험물(황린, 칼륨, 나트륨 등)의 자연발화는 산화열에 의해 단시간에 발생한다.
> - 제5류 위험물은 분해열에 의해 단시간 내에 폭발한다. 그러나 분해열에 의한 자연발화는 장시간에 걸쳐 발생한다.

05 폭발   35p

001	②	002	①	003	①	004	③	005	③
006	④	007	①	008	①	009	②	010	④
011	④	012	④	013	①	014	③	015	①
016	①	017	④	018	①	019	③	020	③
021	④	022	③	023	②	024	③	025	②
026	②	027	①	028	②	029	③	030	④
031	②	032	④	033	②	034	③	035	③
036	④	037	①	038	②	039	④	040	②
041	②	042	②						

001. 폭굉 답 ②

폭굉(Detonation)은 충격파에 의한 반응으로서 화염의 전파속도가 음속보다 빠른 폭발현상을 말한다. 연소전파가 가속되었을 때 압축파가 중첩되어 생긴 충격파가 화염과 합쳐져 전파되는 현상이다. 이 파동은 폭굉파라고 불리며, 충격파를 동반하므로 온도·압력·밀도 등의 특성값은 불연속적으로 상승한다. 폭굉파의 이동속도는 음속보다 빠르므로 압력 전달은 방향성을 가지게 되고 압력효과로 인해 강한 파괴작용을 초래한다.

참고 폭속
폭굉속도의 줄임말

002. 폭발의 분류 답 ①

폭연과 폭굉을 나누는 기준은 화염의 전파속도(연소의 전파속도, 반응계의 연소속도, 충격파)이다. 미 반응물질 속으로 화염의 전파반응이 아음속일 때 폭연(Deflagration)이 되고, 초음속일 때는 폭굉(Detonation)이 된다.

관련 개념 | 폭연과 폭굉의 비교

구분	폭연	폭굉
화염 전파속도	0.1~10m/s로서 음속 이하 [아음속(亞音速)]	1,000~3,000(3,500) m/s로서 음속 이상 [초음속(超音速)]
화염 전파에 필요한 에너지	전도, 대류, 복사 (압력파, 압축파)	충격파 에너지
폭발압력	8배	10배 이상 (통상적으로 20배 이상)
화재의 파급효과	큼	작음
충격파	발생하지 않음	발생함
파면에서 온도, 압력, 밀도	연속적(난류확산)	불연속적
에너지 방출속도	물질전달속도에 기인한다.	물질전달속도에 기인하지 않고 아주 짧은 시간 내에 방출한다.

1. 폭굉 및 폭연은 반응전파속도(화염의 전파속도, 연소의 전파속도, 충격파)에 따라 분류를 한다.

2. 폭연의 속도는 일반적으로 0.1~10m/s 범위이다.
3. 폭굉의 속도는 일반적으로 1,000~3,500m/s 범위이다.
4. 폭연은 열분자나 난류확산에 의존하는 반응이다.

참고 파면에서 온도·압력·밀도

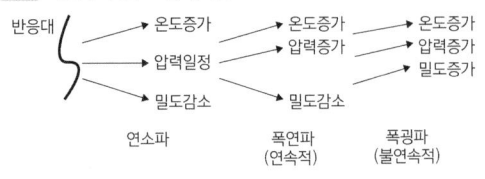

- 폭연파(연속적): 온도증가, 압력증가, 밀도감소
- 폭굉파(불연속적): 온도증가, 압력증가, 밀도증가

003. 폭굉 답 ①

화약류 및 폭약류의 폭굉속도가 일반 가연성 가스의 폭굉속도보다 훨씬 더 빠르다(화약류 및 폭약류 > 일반 가연성 가스).

관련 개념 | 폭굉(Detonation)

1. 화약류 및 폭약류의 폭굉속도가 일반 가연성 가스의 폭굉속도보다 훨씬 더 빠르다.
2. 물질 내 충격파가 발생하여 반응을 일으키고, 또한 그 반응을 유지하는 현상이다.
3. 압력상승은 초기 압력의 약 10배 이상(통상적으로 20배 정도)이며, 충격파에 의해 유지되는 화학반응현상이다.
4. 미 반응물질 속으로 화염의 전파반응이 초음속일 때는 폭굉이 된다.

004. 폭굉 유도거리 답 ③

폭굉 유도거리는 최초의 완만한 연소가 격렬한 폭굉으로 발전할 때까지의 거리를 말하며, 관경이 작을수록, 관 속에 장애물이 있는 경우일수록 짧아진다.

관련 개념 | 폭굉 유도거리가 짧아지는 요인

1. 압력이 높을수록
2. 관경이 작을수록(가늘수록)
3. 관 속에 장애물이 있는 경우
4. 점화원의 에너지가 강할수록
5. 연소속도가 큰 가스일수록
6. 주위의 온도가 높을수록

참고 폭굉 유도거리가 짧아지는 요인은 관경만 작고 나머지는 크다.

005. 랭킨-유고니어(Rankin-Hugoniot) 곡선 답 ③

C점: 온도증가, 압력증가, 밀도일정

참고 각 구간별 반응

반응 전	반응 후	상태	비고
A	D-E 구간	약한 연소	온도증가, 압력감소, 밀도감소
A	D점	$P_1 = P_2$	이상상태연소, 온도증가, 압력일정, 밀도감소
A	C-D 구간	폭연	온도증가, 압력증가, 밀도감소

A	C점	$\rho_1 = \rho_2$	온도증가, 압력증가, 밀도일정
A	C-B 구간	준폭굉	온도증가, 압력증가, 밀도증가
A	B점	C-J폭굉	열역학적으로 가장 안정된 폭굉

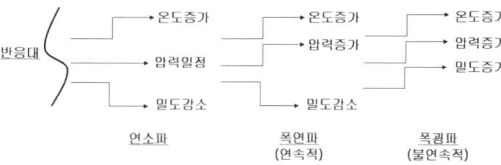

006 폭발등급 답 ④

폭발 3등급에 해당하는 물질은 아세틸렌, 이황화탄소, 수소 등이 있다.

관련 개념 | 폭발등급과 안전간격

폭발 1등급	• 안전간격 기준: 0.6mm 이상 • 종류: 메탄, 에탄, 일산화탄소, 암모니아, 아세톤, LPG 등
폭발 2등급	• 안전간격 기준: 0.4mm 이상 0.6mm 미만 • 종류: 에틸렌, 석탄가스 등
폭발 3등급	• 안전간격 기준: 0.4mm 미만 • 종류: 아세틸렌, 이황화탄소, 수소 등

참고
• 폭발등급이 높을수록, 안전간격(최대안전틈새, 화염일주한계)이 작을수록 위험하다. 즉, 폭발 3등급이 가장 위험하다 (폭발 1등급 < 폭발 2등급 < 폭발 3등급).
• 위험장소는 0종장소가 제일 위험한 장소이다(위험0종장소 > 위험1종장소 > 위험2종장소).

007 폭발분류 답 ①

• 물질원인에 따라 물리적 폭발과 화학적 폭발로 구분되며, 물질상태에 따라 기상폭발과 응상폭발로 분류된다.

구분	물리적 폭발(화염동반 ×)	화학적 폭발(화염동반 ○)
원인	• 양적변화 • 상태변화에 따른 폭발	• 질적변화 • 화학반응에 따른 폭발

상태
(종류)
	• 응상폭발
	  - 수증기폭발(보일러폭발)
	  - 증기폭발(블레비)
	  - 고체폭발(전선폭발, 고상간이폭발)
	  - 감압폭발 등
	  - 혼합위험성 물질에 의한 폭발
	  - 폭발성 화합물의 폭발
		• 기상폭발
		  - 가스폭발
		  - 분무폭발
		  - 분진폭발
		  - 증기운폭발(UVCE)
		  - 박막폭발
		  - 분해폭발
		  - 중합폭발

참고
• 제5류위험물(자기반응성물질): 대부분 고체이므로 물질상태는 응상폭발, 그러나 물질원인은 화염을 동반하므로 화학적 폭발에 해당된다.

참고
• 물질공정에 따라 핵폭발, 물리적 폭발, 하학적 폭발, 물리적+화학적 병립폭발로 구분된다.

• 블레비는 공정별 분류에서는 물리적+화학적 병립 폭발에 해당된다.
• 블레비는 물질원인에 따른 분류에서는 물리적폭발에 해당된다.
• 블레비는 물질상태에 따른 분류에서는 응상폭발에 해당된다.

참고 블레비, 증기운폭발, 화구 등

※ 블레비와 증기운폭발의 공통점: 액화저장탱크에서 발생

008 폭발 답 ①

선지분석
ㄷ. 화학반응기 내에서 반응속도가 증대함으로써 반응이 과격화되는 현상을 반응폭주라 한다.
ㄹ. 수소와 산소, 수소와 염소 등에 빛이 쪼일 때 촉매폭발이 발생한다.

009 기상폭발의 종류 답 ②

증기폭발은 응상폭발에 해당한다. 기상폭발에는 가스폭발, 분무폭발, 분진폭발, 분해폭발, 중합폭발, 증기운 폭발, 박막폭굉 등이 해당한다.

010 응상폭발의 종류 답 ④

분무폭발은 기상폭발에 해당한다.

관련 개념 | 응상폭발

1. 수증기폭발
2. 증기폭발(BLEVE)
3. **고체폭발**: 전선폭발, 고상간전이폭발
4. 감압폭발
5. 혼합위험성 물질에 의한 폭발
6. 폭발성 화합물의 폭발

참고 감압
• 내부보다 외부의 압력이 낮을 때 발생
• 외부에서 견뎌내지 못해 내부에서 순식간에 분출되는 형태

011 화학적 폭발 답 ④

증기폭발, 전선폭발, 고상간전이폭발은 물리적 폭발에 해당한다.

선지분석
① • 증기폭발: 물리적
  • 분무폭발, 가스폭발: 화학적

② • 분진폭발: 화학적
   • 알루미늄 전선폭발: 물리적
   • 분해폭발: 화학적
③ • 분해폭발: 화학적
   • 가스폭발: 화학적
   • 안티몬의 고상간전이폭발: 물리적
④ • 증기폭발, 알루미늄 전선폭발, 안티몬의 고상간전이폭발: 물리적폭발

📒 관련 개념 | 화학적 폭발
1. 산화폭발: 가스폭발, 분무폭발, 분진폭발, 증기운폭발
2. 분해폭발
3. 중합폭발
4. 촉매폭발

012 | 폭발 답 ④

옳은 것은 ㄷ, ㄹ이다.

선지분석
ㄱ. 산화폭발은 기본적으로 연소의 한 형태로서 비정상 연소를 일으키는 경우를 말하는 것으로, 주로 가연성 가스, 분진, 분무 등과 공기와의 혼합물, 산화성·환원성 고체 및 액체 혼합물 혹은 화합물의 반응에 의하여 발생한다. 가스폭발, 분무폭발, 분진폭발, 증기운폭발(UVCE)은 산화폭발에 해당된다. 분해폭발은 산화폭발과 관련이 없다.
ㄴ. 중합폭발은 기상폭발에 해당된다.
참고 분해폭발과 중합폭발은 산화폭발에 해당하지 않는다.

참고 공정별 분류
① 핵 폭발 - 분해, 융합([예] 원자폭탄)
② 물리적 폭발 - 상태변화([예] LPG용기, 수증기, 압력밥솥폭발 등)
③ 화학적 폭발 - 성질변화[[예] 산화폭발(가스, 분무, 분진, 증기운, 박막, 촉매) 등]
④ 물리적 + 화학적 병립폭발 - 상태 및 성질변화[[예] 블레비(BLEVE) 등]
   • 블레비는 공정별 분류에서는 물리적 + 화학적 병립 폭발에 해당된다.
   • 블레비는 물질원인에 따른 분류에서는 물리적폭발에 해당된다.
   • 블레비는 물질상태에 따른 분류에서는 응상폭발에 해당된다.

013 | 분해폭발 답 ①

• 분해폭발 물질로는 아세틸렌, 에틸렌, 산화에틸렌, 하이드라진유도체 등이 있다. 산화에틸렌, 아세틸렌, 에틸렌 등의 분해성 가스와, 다이아조 화합물 같은 자기분해성 고체는 분해되면서 폭발한다. 초산비닐은 중합폭발한다.
• 중합폭발물질로는 (액화)시안화수소, 산화에틸렌, 초산비닐, 염화비닐 등이 있다.

📒 관련 개념 | 아세틸렌, 산화에틸렌
1. 아세틸렌: 분해성 가스의 대표적인 물질이다. 반응 시 발열량이 크고 산소와 반응하여 3,000℃의 고온이 얻어지는 물질로 산소-아세틸렌 용접에 사용된다. 특히 고압으로 압축된 아세틸렌 가스에 충격이 가해지면 직접 분해반응을 일으키므로 다른 가스들처럼 그대로 용기에 고압으로 충진할 수 없다. 따라서 용기에 고압으로 저장하여야 할 경우는 불활성 다공물질을 용기 내에 주입하고 여기에 아세톤 용액을 스며들게 하여 아세틸렌을 용해, 충진하는 방법도 이용되고 있다(용해가스에 해당된다).
2. 산화에틸렌: 산화, 중합, 분해폭발 모두 발생하는 물질이다.

014 | 중합폭발 답 ③

두 개 이상의 분자가 결합하여 큰 화합물을 만드는 과정을 중합반응이라 하며, 중합반응에 의해 생성된 반응열을 이용해서 폭발하는 것을 중합폭발이라 한다. 중합폭발물질로는 시안화수소, 산화에틸렌, 초산비닐, 염화비닐 등이 있다.

📒 관련 개념 | 중합반응
저분자 물질에서 고분자 물질로 바뀌는 화학반응을 말한다.

015 | 폭발 답 ①

물리적폭발은 고압생성의 전체과정이 반응물질이 가진 고유성질의 변화가 없이 일어난다.

016 | 수증기폭발 답 ①

'수증기폭발'이란 보일러 내부의 물이 비등점 이상으로 과열되어 있는 상태에서 보일러의 일부가 파손되면 순간적으로 압력이 제거되어 보일러 내의 증기 및 포화수의 대부분이 부피팽창하여 폭발하는 현상을 말한다.

선지분석
② '분무폭발'이란 고압의 가연성 액체가 공기 중에 분출되어 미세한 액적이 된 후, 착화에너지가 주어지면 발생하는 폭발현상이다.
③ 화재의 파급효과는 폭굉보다 폭연이 크다.
   참고 폭연에 의해서 화재가 번지고 폭굉이 발생한다. 그러므로 화재파급효과는 폭연이 크다.
④ 파면에서의 온도·압력 및 밀도의 경우 폭연은 연속적(난류확산)이며, 폭굉은 불연속적이다.

017. 분진폭발 답 ④

지연성 가스 중에서 교반과 유동이 일어나야 하며, 충분한 점화원이 존재하여야 한다.

> **관련 개념 | 분진폭발**
> 1. 가연성이며 부유된 분진이어야 한다.
> 2. 분진의 발열량이 클수록 폭발성이 크다.
> 3. 석탄분진과 그 밖의 분진에서 휘발성분의 대·소가 폭발성에 큰 영향을 미치고 휘발성분이 많을수록 폭발하기 쉽다.
> 4. 지연성 가스 중에서 교반과 유동이 일어나야 하며, 충분한 점화원이 존재하여야 한다.

> **관련 개념 | 분진폭발 5요소**
> 1. 가연물(연료)
> 2. 산소
> 3. 점화원
> 4. 분진이 공기 중에 있을 것
> 5. 밀폐된 공간(한정된 공간)

018. 분진폭발과정의 순서 답 ①

분진폭발의 진행과정은 다음과 같다.
ㄱ. 주위로부터 열을 받아 입자표면의 온도가 상승한다.
ㄹ. 입자표면의 분자가 열분해 또는 건류작용을 일으켜 기체가 되어 입자의 주위에 방출한다.
ㄴ. 분진입자 주위의 가연성 가스가 폭발범위를 형성한 후 점화원에 의해 폭발한다.
ㄷ. 폭발로 인해 분진이 주위로 날려 연속적으로 폭발한다.
따라서 순서를 옳게 나열한 것은 ㄱ → ㄹ → ㄴ → ㄷ이다.

> **참고 | 분진폭발 발생과정[시간의 함수(아주 빠르게 진행)]**
> • 가연성고체 → 열분해 및 건류 → 가연성가스(증기) + 산소와 결합
> • 건류: 석탄분진(탄진)에 스며드는 액상(휘발성분)을 날려 보낸다.

019. 분진폭발 답 ③

시멘트는 불연성 물질이다.

선지분석
① 알루미늄은 금속분류에 해당한다.
②④ 밀가루와 사료는 농산물가공품류에 해당한다.

> **관련 개념 | 분진을 일으키지 않는 물질(불연성물질)**
> 석회석(탄산칼슘)[$CaCO_3$], 생석회(산화칼슘)[CaO], 소석회[$Ca(OH)_2$], 산화알루미늄[Al_2O_3], 시멘트가루, 대리석가루, 가성소다($NaOH$), 유리 등

참고
유리는 열에 의해 녹거나 깨진다. 즉, 연소하지 않는다.

020. 분진폭발 답 ③

이황화탄소는 제4류 위험물의 특수인화물류인 인화성 액체로, 분진폭발의 위험성이 가장 낮다. 분진폭발은 가연성 고체입자에서 발생한다.

선지분석
①②④ 황, 페놀, 전분은 가연성 고체이다.

021. 분진폭발과 가스폭발 답 ④

1. 분진폭발이 가스폭발보다 연소대(연소시간)의 길이가 길다.
2. 분진폭발은 가스폭발보다 최소발화에너지(점화에너지)가 크다.
3. 분진폭발은 가스폭발보다 발생에너지가 크다.
4. 분진폭발이 가스폭발보다 불완전연소가 심하다.
5. 분진폭발이 가스폭발보다 폭발압력이 작고 연소속도가 느리다.

구분	연소속도	폭발압력	연소대의 길이(연소시간)	발생에너지	파괴력
가스폭발	O	O	-	-	-
분진폭발	-	-	O	O	O

• 분진폭발이 가스폭발보다 폭발압력이 작다.
• 분진폭발이 가스폭발보다 최소발화에너지가 크므로 착화는 더 어렵다.
• 가스폭발이 분진폭발보다 최소발화에너지가 작아서 착화는 더 쉽다.

022. 분진폭발 답 ③

입자표면이 신선하고 공기 중 폭로시간이 짧을수록 폭발성이 크다.

> **관련 개념 | 분진폭발에 영향을 미치는 요인**
> 1. 발열량이 큰 분진일수록 폭발성이 크다.
> 2. 휘발성분이 많을수록 폭발하기 쉽다.
> 3. 입자표면이 신선하고 공기 중 폭로시간이 짧을수록 폭발성이 크다.
> 4. 수분은 분진의 부유성을 억제한다.
> 5. 분진의 부유성이 클수록 공기 중 체류시간이 길어 위험성이 증가한다.
> 6. 열의 발생속도가 열의 방산속도를 상회하게 되어 폭발이 용이하다(열의 발생속도 > 열의 방산속도).
>
> **참고**
> • 폭로시간: 폭발로 가는 시간
> • 분진 중 부유성이 크고 체류시간이 길다: 분진이 공기 중에 오래 떠 있다.
> • 공기 중에 산화피막이 형성되면 폭로시간이 길어져서 폭발성이 감소한다.

023 | 분진폭발 답 ②

- 분진의 평균 입경이 동일한 분진이라도 형상이나 표면의 상태도 폭발성에 큰 영향을 미친다. 즉, 구상, 침상, 평편상(평면상) 입자 순으로 폭발성이 증가한다.
- 분진의 최대폭발압력은 화학양론적 조성의 농도보다 높은 온도에서 일어난다.

024 | 블레비 현상 답 ③

블레비(BLEVE) 현상이란 저온의 액화가스용기(탱크, 탱크로리 등)이 외부화재에 의해 가열되면 탱크 내의 액체가 비등하고 증기는 팽창하면서 폭발을 일으키는 물리적 폭발 현상이다. 블레비(BLEVE)는 외부화재에 의해 물리적 폭발이 일어난 후 대량으로 분출되는 증기가 가연성이므로 화학적 폭발로 전이될 수 있는 폭발 현상을 말한다.

참고 블레비, 증기운폭발, 화구 등

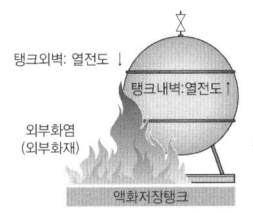

025 | 증기운폭발 답 ③

증기운폭발이란 저온 액화가스의 저장탱크나 고압의 가연성 액체의 용기가 파괴되어 다량의 가연성 증기가 대기 중으로 급격히 방출되어 공기 중에 분산·확산되어 있는 증기운에 점화원이 주어지면 폭발하는 현상이다. 즉, 개방된 대기 중에서 발생하기 때문에 자유공간 중의 증기운폭발이라고 부른다.

참고 일반적으로 증기비중의 값이 작을수록 연소가 잘 된다. 그러나 증기운폭발은 증기운을 형성하기 때문에 증기비중의 값이 커야 폭발력이 증가한다.

026 | 블레비 현상 답 ②

블레비(BLEVE) 현상은 액온상승 → 압력증가 → 연성파괴 → 액격현상 → 취성파괴 순으로 진행된다.

027 | 블레비(BLEVE) 현상 방지대책 답 ③

- 탱크외벽에는 열전도도가 작은 것으로 단열(진공)한다.
- 액상, 기상의 동적 평형 상태를 유지한다.

관련 개념 | 블레비(BLEVE)

발생과정	방지법
탱크주변 화재발생 ↓ 탱크강판 가열 ↓ 약해지는 탱크파열 ↓ 폭발 및 가스유출	• 경사지게 하여 누설물이 체류하지 않도록 할 것 • 지하매립 • 탱크외벽: 열전도도가 작은 것으로 단열할 것 • 탱크내벽: 열전도도가 큰 알루미늄합금박판으로 설치할 것 • 탱크외벽에 물(미)분무소화설비 설치할 것 • 탱크를 견고하게 제작할 것 • 감압밸브 설치할 것

참고 블레비, 증기운폭발, 화구 등

028 | 제트 화재 = 분출 화재 답 ④

제트 화재(분출 화재)는 위험물질의 이송배관 또는 저장용기로부터 발생한 고압의 누출이 화재로 이어지는 난류확산형 화재로서 제트화염의 영향의 범위 내에 위험물질 취급용기나 주요 장치가 있을 경우 폭발 등의 2차 재해를 발생시킨다. 제트 화재는 고압의 LPG가 누출 시 주위의 점화원에 의하여 점화되어 불기둥을 이루는 것을 말하며, 누출압력으로 인하여 화염이 굉장한 운동량을 가지고 있으며 화염의 직경은 작으나 길이는 액면 화재(Pool fire)보다 길다.

관련 개념 | 제트 화재와 액면 화재

제트 화재(Jet Fire)	액면 화재(Pool Fire)
화염의 직경은 작으나 길이는 긴 화재	화염의 직경은 길고 길이는 짧은 화재

액면화재 및 제트화재(분출화재): 난류확산형 화재

029. 증기운폭발(UVCE) 답 ③

- 증기운 폭발에서 증기운(증기구름)이 잘 형성되기 위해서는 증기비중의 값이 커야 하며, 이 때 연소가 잘 되어 폭발력이 증가한다.
- 일반적인 폭발은 증기비중의 값이 작을수록 연소가 잘 되어 폭발력이 증가한다.

참고
- 산화에틸렌: 산화폭발, 분해폭발, 중합폭발 발생
- 아세틸렌: 산화폭발, 분해폭발 발생
- 시안화수소: 중합폭발(분해폭발 가능)
  - 시안화수소는 중합열에 의해 자연발화한다.
  - 시안화수소는 분해열이 일어나기 전에 중합열에 의해 자연발화한다. 즉, 분해열에 의한 자연발화는 발생하지 않는다.

030. 오일오버 답 ④

오일오버란 분출력에 의해 탱크가 파열되는 현상으로, 저장탱크 내에 저장된 제4류 위험물의 양이 탱크 내용적의 1/2(50%) 이하로 충전되어 있을 때 화재로 인하여 저장탱크 내의 유류가 외부로 분출하면서 탱크가 파열되는 현상을 말하며, 보일오버, 슬롭오버, 프로스오버 현상보다 위험성이 크다. 즉, 위험성은 오일오버 > 보일오버 > 슬롭오버 > 프로스오버 순이다.

031. 보일오버 답 ②

보일오버는 연소유면으로부터 100°C 이상의 열파가 탱크 저부로 전달되어 탱크 저부에 고여 있는 물을 비등하게 하면서 연소유를 탱크 밖으로 분출시키며 연소하는 현상이다. 유류저장탱크의 화재 중 열류층을 형성하여 화재진행과 더불어 열류층이 점차 탱크 바닥으로 도달하여 탱크 저부에 물과 기름의 에멀전이 수증기로 변하여 부피팽창에 의한 탱크 내의 유류가 갑작스럽게 탱크 밖으로 분출하게 되어 화재를 확대시킨다.

032. 보일오버 · 슬롭오버 및 프로스오버 답 ④

보일오버 · 슬롭오버 및 프로스오버는 제4류 위험물(인화성 액체) 중 제3석유류(비수용성) 이상인 중유, 벙커C유, 타르인 고점도, 고비점, 다비점에서 잘 발생한다.

033. 슬롭오버 답 ②

슬롭오버는 열린 유류저장탱크 화재 시 고온의 열류층이 형성되어 있는 상태에서 물이 유입되면 열류의 교란으로 고온의 열류층 아래의 찬 기름이 급히 열팽창하여 유면을 밀어 올려 유류가 불이 붙은 채로 탱크 벽에서 넘치는 현상이다.

> **관련 개념 | 슬롭오버와 프로스오버**
> 1. **슬롭오버(Slop over)**: 화재 시, 화재가 아닌 → 물을 유입(물을 주수)
> 2. **프로스오버(Froth over)**: 화재기 아닌 + 고온의 액체(아스팔트유) 유입

034. 슬롭오버 답 ③

슬롭오버는 유류의 점성이 크고 액 표면의 온도가 물의 비점보다 높은 온도에서 잘 일어난다. 뜨거운 식용유에 밀가루 반죽을 입힌 고기류로 튀김요리를 만들 때 끓는 소리를 내면서 뜨거운 기름 방울이 밖으로 튀어나오는 것을 흔히 목격할 수 있는데, 이것이 슬롭오버 현상의 예이다. 밀가루 반죽 속에 들어 있는 수분의 일부가 뜨거운 기름에 의해 순간적으로 격렬히 증발하여 발생한다.

035. 프로스오버 답 ③

프로스오버는 화재 이외의 경우에도 물이 고점도 유류 아래에서 비등할 때 탱크 밖으로 물과 기름이 거품과 같은 상태로 넘치는 현상을 말하며, 뜨거운 아스팔트유가 물이 약간 채워진 탱크차에 옮겨질 때 일어난다.

036. 경질유 및 중질유 답 ④

경질유는 액온이 인화점보다 높고, 중질유는 액온이 인화점보다 낮다.

> **관련 개념 | 경질유 탱크화재 VS 중질유 탱크화재**

구분	경질유	중질유
증기압	100°F에서 2~4 psi 이상인 액체	100°F에서 2psi 미만인 액체
종류	휘발유, 등유	중유, 원유
비점	낮다	높다
증기압	높다	낮다
증기공간	증기공간이 상온에서 연소범위 형성	상온에서 연소범위 형성 안됨
적용탱크	FRT(플로팅루프탱크)	CRT(콘루프탱크)
예방대책	불활성가스 주입, 증기공간 형성방지	물분무설비, Vent, 화염방지기
성분	단일성분 액체	다성분 액체
인화점	액온이 인화점보다 높다	액온이 인화점보다 낮다
연소형태	예혼합형 전파	예열형 전파
재해현상	증기운폭발, 블레비	보일오버, 슬롭오버

참고
- 예혼합전파
  ㉠ 액온이 인화점보다 높은 경우에 발생하는 화염전파로, 액면상의 증기에는 연소범위가 포함되어 있는 농도영역이 존재하는데 화염은 그 증기층을 통해서 전파된다. 이것은 관속의 가연성 혼합기 화염전파와 유사한데 증기공간에 농도구배가 있고, 윗면이 대기에 개방된 것이 차이점이다.
  ㉡ 전파속도는 액체온도가 증가함에 따라 증가하는데 화학양론조성비로 갈수록 증가하다가 조성비를 넘으면 일정한 값을 유지하며 최대속도는 층류예혼합연소의 2~3배 정도로 밀도차에 따라 달라진다.

- 예열형전파
  - ㉠ 액온이 인화점보다 낮은 경우에 발생하는 화염전파로, 액면상의 농도가 연소하한계 이하여서 화염이 곧바로 전파되지 않고 화염에 의해 미연소액면이 인화점까지 예열이 되어야만 화염전파가 시작된다.
  - ㉡ 따뜻한 표면류에 의하여 차가운 미연소 액면이 가열되어 인화점에 도달하면 화염은 그 위치까지 이동하게 되는데 그 전파속도는 일정하지 않고 가속과 감속을 반복하는 맥동형 연소확대 거동을 보인다.

037 | 오일오버 답 ①

오일오버는 탱크 내의 유류가 50%(1/2) 미만 저장된 경우에 외부 화재로 인한 내부의 압력상승으로 인한 탱크폭발현상이며, 가장 격렬하다고 할 수 있다. 일반적으로 블레비(BLEVE) 현상과 유사한 물리적 폭발현상이다.

관련 개념 | 유류탱크 화재 시 이상 현상의 특성 비교

구분	특성	위험성
오일오버	화재로 저장탱크 내의 유류가 외부로 분출하면서 탱크가 파열하는 현상	위험성이 가장 높음
보일오버	탱크표면화재로 원유와 물이 함께 탱크 밖으로 흘러넘치는 현상	대규모 화재로 확대되는 원인
슬롭오버	유류 표면온도에 의해 물이 수증기가 되어 팽창 비등함에 따라 유류를 외부로 비산시키는 현상	직접적 화재발생일 수도 있고 아닐 수도 있음
프로스오버	유류표면 아래 비등하는 물에 의해 탱크 내 유류가 넘치는 현상	직접적 화재발생 요인은 아님

위험성: 오일오버 > 보일오버 > 슬롭오버 > 프로스오버

038 | 방폭구조 답 ②

안전증 방폭구조는 스파크를 일으키지 않는 전기기기의 안전도를 증가시키는 방폭구조에 해당한다.

관련 개념 | 구조의 종류

점화원의 실질적인 격리(1종장소)	• 내압 방폭구조: 전폐구조용기가 압력 견딤 • 압력 방폭구조: 용기 내부에 불활성기체를 압입 • 유입 방폭구조: 기름(절연유) 속에 넣음
전기기기의 안전도 증가(2종장소)	안전증 방폭구조: 정상적인 상태에서 안전도 증가
점화능력의 본질적 억제(0종장소)	본질안전 방폭구조: 정상 또는 사고 시 폭발성이 없다고 입증

039 | 압력 방폭구조 답 ④

압력 방폭구조는 전기설비 용기 내부에 신선한 공기, 질소 등의 불활성 가스 등을 불어 넣어 용기 내의 압력을 외부 압력보다 높게 유지하여 내부에 폭발성 가스 또는 증기가 유입되지 못하도록 한 구조이다. 1종 장소에 사용한다.

040 | 사입 방폭구조 답 ②

- 사입 방폭구조는 전기기기의 용기를 모래와 같은 성질의 가늘고 고른 고체 입자로 채워 운전 중 용기 내부에서 발생하는 아크에 의해서 용기 내·외부에 존재하는 가연성 가스 또는 증기가 점화되지 않도록 한 구조이다.
- 몰드 방폭구조는 보호기기를 고체로 차단시켜 열적 안정을 유지한 것으로, 유지보수가 필요 없는 기기를 영구적으로 보호하는 방법에 효과가 큰 구조이다.

041 | 0종 위험장소 답 ②

0종 위험장소는 위험분위기가 보통상태에서 지속적으로 발생하거나 또는 발생할 염려가 있는 장소이다. 폭발성 농도가 연속적 또는 장시간 계속해서 폭발한계 이상이 되는 인화성 액체의 용기 또는 탱크 내 액면상부 공간, 가연성 가스용기 내부 등이 이에 속한다. 0종 위험장소에서는 본질안전 방폭구조를 사용한다.

관련 개념 | 방폭지역(위험장소) 구분

1. 0종 장소: 지속적인 위험(지속적인 폭발분위기)
   - 예 장시간 계속해서 폭발한계 이상이 되는 인화성액체의 용기 또는 가연성액체가 모여있는 장소
2. 1종 장소: 지속적인 위험은 아니나 위험분위기(정상 상태하에서 폭발분위기)
   - 예 위험한 농도가 될 우려가 있는 장소 및 수선 보수 또는 폭발성 가스가 모여서 위험한 농도가 될 우려가 있는 장소(0종 장소 근접 주변)
3. 2종 장소: 단시간 위험(관리를 하지만 기기고장 등 이상상태에서 폭발분위기)
   - 예 통상적인 유지보수 및 관리 상태를 벗어난 상태로서 일부기기 고장, 기능상실, 오동작 등

042 | 폭발방지 답 ②

진공퍼지란 용기를 진공으로 퍼지한 다음 불활성 가스를 주입하여 대기압 상태로 만들고 원하는 산소농도가 될 때까지 반복하여 퍼지하는 방법이다.

선지분석
① • 1종 위험장소에 설치 가능한 방폭구조는 내압 방폭구조, 압력 방폭구조, 유입 방폭구조이다.
  • 0종 위험장소에 설치 가능한 방폭구조는 본질안전 방폭구조이다.
  • 안전증 방폭구조는 2종 위험장소에 설치가 가능하다.

④ 폭발사고를 방지하기 위한 조치는 다음과 같다.
- 예방: 현장을 유지·관리한다.
- 억제: 폭발이 되기 직전에 소화약제를 분사한다.
- 방호: 폭발이 되는 연료공급을 차단한다.

관련 개념 | 퍼지

점화되기 전에 미연소 가스를 배출하여 폭발을 방지하는 것

1. **진공퍼지**: 용기를 진공으로 퍼지한 다음 불활성 가스를 주입하여 대기압 상태로 만들고 원하는 산소농도가 될 때까지 반복하여 퍼지하는 방법이다.

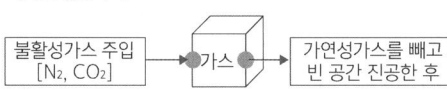

2. **압력퍼지**: 용기 내부에 압력을 가해 불연성 가스를 주입한 후 배출과정을 반복하여 산소농도를 낮추는 방법이다.

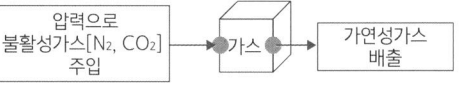

3. **스위프퍼지**: 용기가 약하여 진공, 압력퍼지를 할 수 없을 경우 한 쪽에서 불연성 가스를 주입하고 반대쪽에서 배출하는 방법이다.

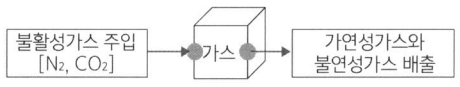

4. **사이폰퍼지**: 용기에 액체(물 등)를 채운 후, 액체(물 등)가 배출될 때 동시에 불활성 가스를 주입하는 방법이다.

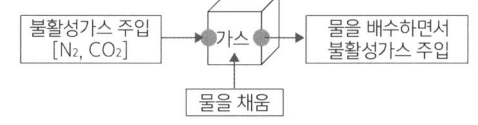

③ 이산화탄소의 저장용기 색깔은 청색이다.
④ 연기입자(0.01~10μm)는 안개입자(50μm)보다 작다.

관련 개념 | 연소성·저장성·독성 및 저장용기 색깔에 따른 분류

연소성에 따른 분류	• 가연성 가스: 아세틸렌, 수소, 메탄, 프로판, 부탄 등 산소와 결합하여 연소하는 가스이다. • 조연성 가스: 산소, 염소, 불소 등 다른 가연성 물질이 잘 연소되도록 도와주는 가스이다. • 불연성 가스: 질소, 네온, 아르곤 등 연소가 되지 않는 가스이다.
저장성에 따른 분류	• 압축가스[임계온도 < 실온(상온)]: 액화하기 어려운 가스로서 산소, 수소, 질소 등이 해당된다. • 액화가스[임계온도 > 실온(상온)]: 액화하기 쉬운 가스로서 프로판, 부탄, 탄산가스(이산화탄소), 염소, 암모니아 등이 해당된다. • 용해가스: 용해하여 압축한 가스로서 아세틸렌 등이 해당된다.
독성에 따른 분류	• 독성가스: 인체에 유해한 가스로서 아크릴로레인, 포스겐, 일산화탄소, 시안화수소, 암모니아 등이 해당된다. • 비독성가스: 인체에 유해하지 않은 가스로서 질소, 산소, 수소 등이 해당된다.
가스저장 용기 색깔	가스 / 저장용기 색깔 / 가스 / 저장용기 색깔 암모니아 / 백색 / 아세틸렌 / 황색 산소 / 녹색 / 염소 / 갈색 수소 / 주황색 / 이산화탄소 / 청색 탄산가스 / 청색 / 그 외(기타) / 회색

참고
- 임계온도: 액체와 기체가 같아지는 온도를 말한다.
- 실온: 일반적인 실내 환경의 온도를 말한다(물리학적으로 대략 20~25℃).

06 연소생성물 47p

001 ①	002 ②	003 ②	004 ①	005 ①
006 ②	007 ③	008 ③	009 ②	010 ④
011 ④	012 ②	013 ③	014 ①	015 ①
016 ①	017 ④	018 ②	019 ④	020 ②
021 ④	022 ③	023 ①	024 ②	025 ②
026 ②	027 ④	028 ②	029 ④	

001 | 연소생성물   답 ①

연소 및 열분해 과정 중에 발생하는 연소생성물은 열, 연기, 화염(불꽃), 연소가스로 구분할 수 있다.

선지분석
② 연소가스 중 압축가스는 상온에서 압축하여도 액화하기 어려운 가스로 임계온도가 상온보다 낮아 상온에서 압축시켜도 액화되지 않고 단지 기체상태로 압축된 가스이다. 대표적인 압축가스는 산소, 수소, 질소 등이 있다.

002 | 화상의 종류   답 ②

수포 화상은 2도 화상에 해당한다.

1도 화상 (홍반성화상, 표피화상)	• 변화가 피부의 표층에 국한되는 것으로 환부가 빨갛게 되며, 가벼운 부음과 통증을 수반하는 화상이다. • 치료 시 흉터 없이 치료된다.
2도 화상 (수포성화상, 부분층화상)	• 화상 부위가 분홍색을 띠고 화상 직후 혹은 하루 이내에 물집(수포)이 생기는 화상이다. • 물집이 터져 진물이 나고 감염의 위험이 있다.
3도 화상 (괴사성화상, 전층화상)	• 피부의 전체층이 죽어 궤양화하는 화상이다. • 피부에 체액이 통하지 않아 화상부위는 건조하며 통증이 없다.
4도 화상 (흑색화상, 증기화상)	화상이 더욱 깊은 피하지방, 근육 또는 뼈까지 도달하는 화상이다(예 감전사고).

003 | 일산화탄소 및 이산화탄소 답 ②

일산화탄소의 농도는 분해생성물의 양에 비례한다.

> **관련 개념 | 이산화탄소(CO_2)**
>
> 1. 허용농도는 5,000ppm이다.
> 2. 무색·무취·무미의 가스로서 공기보다 무거우며, 모든 종류의 유기화합물이 완전연소할 때 발생한다.
> 3. 가스 자체의 독성은 거의 없으나 다량으로 존재할 때 사람의 호흡속도를 증가시킴으로써 유해가스의 흡입을 증가시켜 위험을 가중시킨다.
> 4. 이산화탄소의 농도가 8% 정도일 경우 호흡곤란, 9% 정도일 경우 인체에 미치는 영향은 구토, 감정둔화, 실신 등에 해당된다.

참고

- 일산화탄소(CO) - 최소허용농도[TLV - TWA] 50ppm이며 양에 있어서는 가장 큰 독성가스
- 헤모글로빈이 일산화탄소운반(질식), 염소와 만나면 포스겐가스발생 $CO + Cl_2 = COCl_2$

004 | 암모니아 답 ①

> **관련 개념 | 암모니아(NH_3)**
>
> 1. 허용농도는 25ppm이다.
> 2. 질소성분을 포함하고 있는 나일론, 나무, 실크, 아크릴, 플라스틱, 멜라민수지 등의 물질이 연소할 때 발생하며, 독성과 강한 자극성을 가진 무색의 가연성 가스이고 특유의 자극적인(역한) 냄새가 난다.
> 3. 피부나 점막의 자극 및 부식성이 강하고 그 작용은 체내 조직의 심부에 이르기 쉬우며, 고농도의 암모니아가 접촉되면 점막을 심하게 자극하여 결막부종 및 각막혼탁을 초래하고 점점 시력장해의 후유증을 남기는 경우가 있다.
> 4. 암모니아를 흡입하면 폐수종을 일으키거나 호흡정지를 일으키는 경우도 있다.
> 5. 주로 비료공장 또는 냉동시설의 냉매로 많이 쓰이고 있으므로 냉동창고 화재 시 누출 가능성이 크기 때문에 주의하여야 한다.
> 6. 물에 잘 녹는다(용해된다).

005 | 시안화수소 답 ①

> **관련 개념 | 시안화수소(HCN)**
>
> 1. 허용농도는 10ppm이다.
> 2. 공기보다 약간 가볍고 무색의 특이한 냄새를 가진 가연성 가스로, 일명 청산가스라고도 한다.
> 3. 합성고분자 물질 중 폴리우레탄이 연소 시 많이 발생한다.
> 4. 질소성분을 포함하고 있는 합성수지, 동물의 털, 인조견 등의 섬유가 불완전연소를 할 때에 발생하는 독성 가스로서 0.3%의 농도에서도 즉시 사망할 수 있다.
> 5. 미토콘드리아 세포호흡에 관여하는 단백질의 일종인 사이토크로뮴(Cytochrome)에 작용하는 산화효소(Oxidase)가 시안화염과 결합해 활성을 잃고, 결국 세포호흡이 불가능해진 세포가 죽게 된다. 그래서 시안화물 중독으로 죽은 사람의 혈액은 빨갛고 입술도 맑은 분홍색이다.
> 6. 중독증상
>   ⓐ 눈과 기도에 자극적이다.
>   ⓑ 세포 호흡에 영향을 주어 경련과 무의식을 일으킬 수 있으며, 노출되면 사망할 수 있다. 즉, 가슴이 조이는 듯한 통증과 함께 호흡곤란에 빠지게 되어 사망에 이르게 된다.
>   ⓒ 일산화탄소(CO)보다도 급성으로 고농도의 가스를 흡입하면 거의 순간적으로 허탈해지고 호흡이 정지된다.

006 | 이산화질소 답 ②

> **관련 개념 | 이산화질소(NO_2)**
>
> 1. 독성허용농도는 3~5ppm이다.
> 2. 질소와 산소로 이루어진 적갈색 기체 화합물이다.
> 3. 질산셀룰로오스, 폴리우레탄, 질산암모늄 등과 같은 물질이 연소 또는 분해될 때 생성되는 것으로 독성이 매우 크다.
> 4. 이산화질소를 흡입하면 즉각적으로 인후의 감각신경이 마비되고 그다지 심하게 노출되지 않는 경우에는 독성의 효과가 8시간 전후에 나타나는데 대개는 회복이 어렵고 폐렴 등의 합병증이 유발된다.
> 5. 일산화질소가 산소에 닿으면 생성되는 붉은 갈색의 기체로, 낮은 온도에서는 푸른색 액체로 변하며, 물과 반응하면 질산과 산화질소가 된다.
>
> $$NO + O \rightarrow NO_2$$

참고

- 폴리우레탄 연소 시 생성가스: 시안화수소, 황화수소, 이산화질소
- 폴리염화비닐수지 연소 시 생성가스: 그 외

007 | 폴리염화비닐수지의 연소 답 ③

폴리염화비닐수지(PVC)는 열가소성 수지로, 연소 시 시안화수소는 생성되지 않는다. 시안화수소는 폴리우레탄의 연소 시 생성된다.

> **관련 개념 | 폴리염화비닐수지(PVC) 연소 시 생성가스**
>
> | 단순성 질식가스 | 아세틸렌 |
> | --- | --- |
> | 화학적 질식가스 | 일산화탄소, 이산화탄소 등 |
> | 자극성가스 | 염화수소, 염소가스 등 |

참고

- 폴리우레탄 연소 시 생성가스: 시안화수소, 황화수소, 이산화질소
- 폴리염화비닐수지 연소 시 생성가스: 그 외

참고

시안화수소는 온도에 따라
- 기체[연소생성물]
- 액체[제4류위험물: 제1석유류(수용성)]

008. 염화수소 답 ③

> **관련 개념 | 염화수소(HCl)**
> 1. 허용농도는 5ppm이다.
> 2. 염소성분을 포함하고 있는 무색의 기체로서 수지류 등이 탈 때 발생한다.
> 3. 건축물 내의 전선의 절연재 및 배관재료 등이 탈 때 발생한다.
> 4. 사람이 싫어하는 자극적인 냄새가 나며, 금속을 부식시킬 뿐만 아니라 호흡기 계통도 부식시킨다.
> 5. 합성고분자 물질 중 폴리염화비닐(PVC)이 연소할 때 많이 발생한다.

009. 염화수소 답 ②

염화수소(HCl)는 전선의 절연재, 배관재류 등이 탈 때 생성되는 무색의 기체로서 눈·호흡기에 영향을 주며, 금속에 대한 강한 부식성이 있다. 물에 녹아 염산이 된다.

> **관련 개념 | 염소(Cl)의 특징**
> 1. 염소(Cl)는 조연성·유독성 가스인 물질로서 염소 자체는 폭발하지 않으나 염소와 수소와의 혼합가스는 가열 또는 자외선에 의해 폭발이 일어날 수 있으며(촉매폭발), 유독성 및 부식성이 상당히 크다.
> 2. 할로젠원소가 조연성물질인 이유
> $$H_2 + Cl \rightarrow 2HCl + 44kcal$$
> ⓐ 수소와 염소를 1 : 1 비율로 혼합했을 때 에너지 조건만 갖추어지면 밝은 섬광과 함께 폭발하면서 44kcal의 열을 발생시킨다.
> ⓑ 할로젠원소는 특정물질([예] 수소)과 격렬히 반응하여 폭발할 수 있으므로 조연성물질에 해당된다.

010. 염소가스 답 ④

포스겐($COCl_2$)	• 열가소성 수지인 폴리염화비닐, 수지류 등이 연소할 때 발생되며, 맹독성 가스로서 허용농도가 0.1ppm(맹독성 가스)이다. • 일산화탄소와 염소가 반응하여 생성되기도 한다.
아크롤레인 (아크릴알데히드, CH_2CHCHO)	• 허용농도는 0.1ppm(맹독성 가스)이며, 석유제품, 유지류, 나무, 종이 등이 탈 때 생성된다. • 공기와 접촉하면 아크릴산이 된다.

011. 연소물질과 연소생성가스 답 ④

연소물질	연소생성가스
탄화수소류 등	일산화탄소 및 탄산가스
셀룰로이드, 폴리우레탄 등	질소산화물
질소성분을 갖고 있는 모사, 비단, 피혁 등	시안화수소
PVC, 방염수지, 플루오린화수지, 플루오린화수소 등의 할로겐화물	HF, HCl, HBr, 포스겐 등
멜라민, 나일론, 요소수지 등	암모니아
폴리스티렌(스티로폼) 등	벤젠

012. 반수치사농도 답 ②

LC50(반수치사농도)은 성숙한 흰쥐의 집단에 대해 대기 중에서 1시간 동안의 흡입실험(노출시키는 실험)에 의하여 14일 이내에 실험동물의 50%를 사망시킬 수 있는 가스의 농도를 말한다. 주어진 연소가스의 LC50은 각각 시안화수소 140ppm, 포스겐 5ppm, 포스핀 20ppm, 불소 185ppm이다. 따라서 LC50수치가 가장 낮은 것은 포스겐이다.

> **관련 개념 | 반수치사농도(LC50)**
> 1. 5,000ppm 이하인 것은 독성 가스로 분류한다.
> 2. 200ppm 이하인 것은 맹독성 가스로 분류한다.

> **관련 개념 | 최소허용노출농도(TLV-TWA)**
> 1. 200ppm 이하인 것은 독성 가스로 분류한다.
> 2. 0.1ppm 미만인 것은 맹독성 가스로 분류한다.

013. 유해성 답 ③

시각적 유해성	시야 감퇴로 피난행동과 화재진압활동을 방해한다.
생리적 유해성	연기 속에 포함된 유독가스는 생명에 치명적 영향을 준다.
심리적 유해성	긴장을 유발하고 공포감(Panic)을 가져온다.

014. 연기의 농도 답 ①

연기는 일종의 불완전연소를 말하며, 온도가 낮을수록 액체 상태가 되어 연기의 농도가 진하고, 산소공급이 불충분하게 되면 역시 탄소성분이 생성되어 검은색 연기가 된다.

015. 연기의 농도표시방법 답 ①

절대농도법은 소규모 연기농도측정으로 중량농도법 및 입자농도법으로 측정하고, 상대농도법은 대규모 연기농도측정으로 빛의 산란, 감쇠 또는 전리전류의 감소로 측정한다.

선지분석
② 입자농도법은 정해진 부피의 연기를 모아 광학밀도를 측정하는 방법으로, 단위 체적당 연기입자 수를 연기입자농도(개/m^3)라 한다.
③ 중량농도법은 연기를 여과시켜 입자상 물질의 무게로서 측정하며, 이를 연기중량농도(mg/m^3)라 한다.
④ 연기 속에서 투과되는 빛의 양에 관한 광학적 농도인 감광계수[m^{-1}]에 의한 농도 표시법이다.

016. 감광계수 답 ①

감광계수가 1.0, 가시거리가 1~2m인 경우는 거의 앞이 보이지 않는 상황이다.

📋 관련 개념 | 화재상황에 따른 감광계수 및 가시거리

감광계수(m⁻¹)	가시거리(m)	상황
0.1	20~30	연기감지기가 작동할 정도
0.3	5	건물 내부에 익숙한 사람이 피난에 지장을 느낄 정도의 농도
0.5	3	어두침침한 것을 느낄 정도의 농도
1.0	1~2	거의 앞이 보이지 않을 정도
10	0.2~0.5	화재 최성기 때의 연기농도 또는 유도등이 보이지 않을 정도
30	-	출화실에서 연기가 분출될 때의 농도

017 | 감광계수 답 ④

감광계수 30은 출화실에서 연기가 분출될 때의 농도이다.

018 | 연기유동 답 ②

저층 건물에서는 열, 대류이동, 화재실의 압력과 같은 화재의 직접 영향이 연기유동을 일으키는 주요 원인이 된다.

📋 관련 개념 | 고층 건축물에서 연기유동을 일으키는 주요 원인

1. **굴뚝효과(연돌효과)**: 실내·외 온도차 및 밀도차
2. **온도에 의한 가스팽창**: 온도상승에 의해 증기 팽창
3. **부력**: 비중차(화재의 연기는 가볍다)
4. **외부바람영향(풍력)**: 바람에 의한 압력차
5. **건물 내에서의 강제적인 공기유동**: 공기조화설비(HVAC-SYSTEM)

019 | 연기유동 답 ④

중성대의 상층부는 열과 연기로부터 생존할 수 없는 지역이 되고 중성대의 하층부는 신선한 공기에 의해 생존할 수 있는 지역이 된다. 이것을 토대로 실내의 급기구는 중성대 아래쪽, 배연구(배기구)는 중성대 위쪽에 설치하는 것이다. 이와 같은 것이 자연제연 방식의 기초가 된다.

> 참고

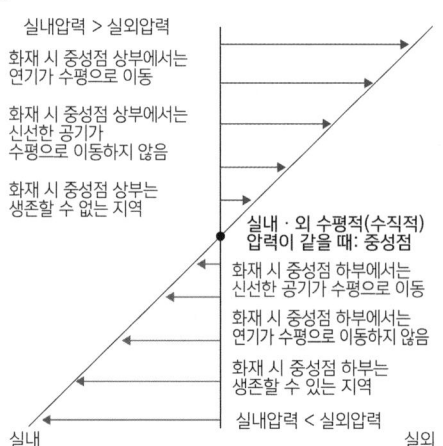

선지분석

① 건물 내·외의 온도차에 의해 부력으로 연기를 상승하게 하는 힘을 굴뚝효과라고 한다.
② 공기흐름과 화염확산의 방향이 같은 경우 풍조확산이라고 한다.
③ 연기의 제어는 희석, 배기, 차단의 세 가지 방법이 있다.
- 희석은 건물 내의 연기를 계속적으로 외부로 배출하거나 다량의 신선한 공기를 유입시킴으로써 연기나 연소생성물을 위험 수준 이하로 희석하는 것이다.
- 고층 건물에서 배기를 효과적으로 하려면 연기의 유동로와 유동력이 필요하게 되며, 유동력은 압력차를 이용하는 것이다.
- 차단은 일정한 장소 내로 연기가 들어오지 않도록 차단하는 것이다.

020 | 굴뚝효과 답 ②

건축물의 내부 온도가 외부 온도보다 높고 밀도가 낮을 때 압력차로 인하여 건물 내부로 들어온 공기는 부력을 받아 아래쪽에서 위쪽으로 이동하게 되는데, 이러한 상향공기 흐름을 굴뚝효과 또는 연돌효과라고 한다.

선지분석

④ 연기는 고체, 액체 미립자이므로 공기보다 무겁다. 그러나 화재가 발생하면 온도 때문에 연기가 상층부로 이동한다.

📋 관련 개념 | 연기의 속도

1. **수평방향**: 0.5~1m/s
2. **수직방향**: 2~3m/s
3. **계단실 등 수직방향**: 3~5m/s
   ⓐ 계단실 등 수직방향(화재초기): 2~3m/s
   ⓑ 계단실 등 수직방향(농연): 3~5m/s

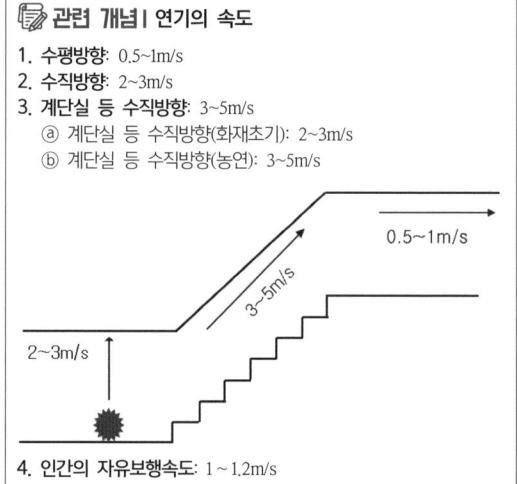

4. **인간의 자유보행속도**: 1~1.2m/s

021 | 연기유동속도 답 ④

일반적으로 계단실 내 연기상승속도의 범위는 약 3~5m/s이다.

수평방향 연기유동속도	약 0.5~1m/s
수직방향 연기유동속도	약 2~3m/s
계단실 연기유동속도	약 3~5m/s

> 참고 인간의 보행속도: 1~1.2m/s

022 인간의 보행속도 및 연기유동속도 답 ③

계단(3~5m/s) - 수직(2~3m/s) - 인간의 보행속도(1~1.2m/s) - 수평(0.5~1m/s) 순으로 연기유동속도가 빠르다.

참고
- 인간의 보행속도가 연기의 수평방향속도보다 빠르다.
- 인간의 보행속도가 연기의 수직방향속도보다 느리다.

023 굴뚝효과 답 ①

건축물의 내부 온도가 외부 온도보다 높고 밀도가 낮을 때 압력차로 인하여 건물 내부로 들어온 공기는 부력을 받아 아래쪽에서 위쪽으로 이동하게 되는데, 이러한 공기 흐름을 굴뚝효과 또는 연돌효과라고 한다.

024 중립면(중립점, 중성점, 중성대) 답 ②

실내 화재가 발생하면 연소열에 의한 기체는 온도가 상승하고 부피가 커지며, 밀도의 변화로 상승기류가 형성되며, 연소가스 등 실내의 기체는 바깥공기보다 가벼워지면서 위로 떠서 밖으로 빠져 나간다. 동시에 실내와 실외는 정압 차이가 나타나며, 이러한 현상에서 실내외 정압이 같아지는 면이 나타나는데 이를 중립면이라 한다.

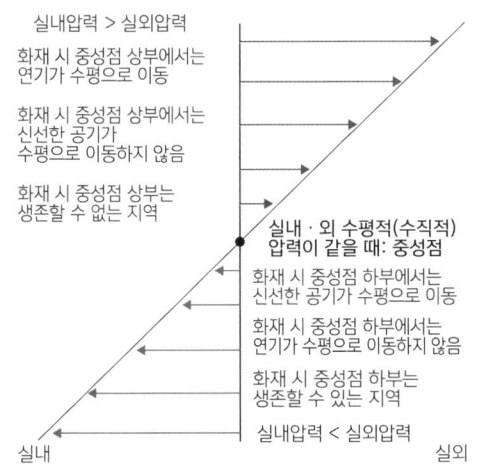

참고
불연속선: 실내의 천장 쪽 고온가스와 바닥 쪽 찬 공기와의 경계선(실내의 상·하 압력이 일치하는 위치)

025 피크의 법칙 답 ②

화재 시 고농도에서 저농도로 이동하는 것을 나타낸 법칙은 피크의 법칙이다. 화재진행에 따라서 연소에 필요한 신선한 공기는 화재실 쪽으로 향하고 공기 전달방향의 반대방향으로 연기가 흐른다.

026 연기 유동 답 ②

연기는 화재가 일어난 발화층(화재층)부터 충만해 간다. 그 이후 직상층으로 올라간다.

선지분석
① 화재실에서 유출된 연기는 일반적으로 화재실의 출구에서 복도, 계단 등을 통하여 위층으로 이동한다.
③ 연기의 온도는 화재가 발생된 방에서 멀어짐에 따라 급속히 내려가고, 연기층의 두께는 연기온도가 내려가도 거의 변하지 않는다.

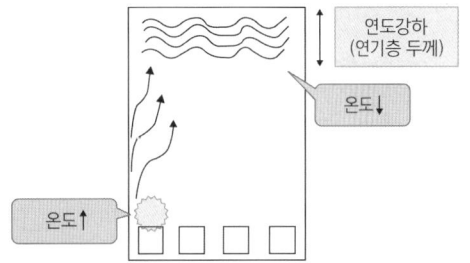

④ 화재진행에 따라서 연소에 필요한 신선한 공기는 화재실 쪽으로 향하고 공기의 전달방향과 반대방향으로 연기가 흐른다(피크법칙: 화재 시 고농도에서 저농도로 이동하는 법칙).

027 연소생성물 답 ④

모두 옳은 내용이다.
ㄱ. 화재 시 인명손실의 원인은 유독한 가스를 포함한 연기의 흡입이며 더불어 피난활동 및 소화활동에 가장 장애가 되는 요소이다. 즉, 주원인은 연소가스이다.
ㄴ. 저장성에 따른 분류
  - 압축가스: 비점이 낮기 때문에 액화하기 어려운 가스로서 산소, 수소, 질소 등이 해당한다.
  - 액화가스: 비점이 높기 때문에 액화하기 쉬운 가스로서 프로판, 부탄, 탄산가스(이산화 탄소), 염소, 암모니아 등이 해당한다.
  - 용해가스: 용해하여 압축한 가스로서 아세틸렌 등이 해당한다.
ㄷ. 제연경계벽

ㅁ. 화재 시 중성대 상부의 개구부를 개방하면 연기가 외부로 배출되어 중성대가 위로 상승하고, 중성대 하부면적이 커져서 소화활동이 용이하게 된다. 건물의 상부에 큰 개구부가 있다면 중성대는 올라갈 것이고, 건물의 하부에 큰 개구부가 있다면 중성대는 내려올 것이다.

028. 연돌효과   답 ②

연돌효과에 영향을 미치는 요인과 가장 거리가 먼 것은 바닥면적이다.

> **관련 개념 | 연돌효과에 영향을 주는 요인**
> 1. 건물의 높이
> 2. 건물 실내·외의 온도차
> 3. 화재실의 온도
> 4. 건물의 외벽의 기밀성
> 5. 건물의 각 층 간 공기 누설

029. 연소생성물   답 ④

중성대 위치를 높이는 방법은 화재실의 온도(압력)를 낮추는 것이다.

---

07 화재론   55p

| 001 ① | 002 ③ | 003 ① | 004 ④ | 005 ③ |
| 006 ② | 007 ③ | 008 ③ | 009 ④ | 010 ③ |

001. 일반화재   답 ①

A급 화재는 목재, 섬유, 고무, 종이 등 연소 후 재를 남기는 화재로서 냉각소화가 가장 효과적이므로 다량의 물(수계 소화약제) 또는 수용액으로 소화할 수 있다.

> **관련 개념 | 가연물별 종류·급수 또는 성상별 화재의 분류(국내기준)**
>
> | 구분 | 성상 | 소화 |
> |---|---|---|
> | A급 화재 | • 일반가연물화재(보통화재)
• 연소 후 재를 남김(고체)
• 연기는 백색 | 냉각[수계소화] |
> | B급 화재 | • 유류화재(가스화재 포함)
• 제4류 위험물 인화성 액체
• 연소 후 재를 남기지 않음(액체)
• 연기는 검정색 | 질식[포소화, 가스계소화] |
> | C급 화재 | • 전기화재(통전 중인 전기시설)
• 전기기기가 설치되어 있는 장소(발전실, 변전실, 분전반실, 전기실, 통신실 등) | 질식[가스계소화] |
> | D급 화재 | • 금속화재
• 알칼리금속[나트륨(Na), 칼륨(K)]
• 알칼리토금속[마그네슘(Mg), 칼슘(Ca)] 등 | 질식
[팽창질석, 팽창진주암, 마른모래, 금속화재용 분말소화기(드라이파우더) 등] |
> | F급 화재 또는 K급 화재 | 주방화재(식용유 화재) | 냉각, 질식, 비누화(야채, 소금, 소다, 상온의 식용유, 뚜껑, 마요네즈, 제1종 분말소화약제), 강화액소화약제 |

> **관련 개념 | 일반화재**
>
> | 급수 | A급 화재로서 보통화재라고도 한다. |
> |---|---|
> | 표시색 | 백색 |
> | 대상물 | • 일반가연물인 면화류, 목모, 대패밥, 넝마, 종이, 사류, 볏짚, 고무, 석탄, 목탄, 목재 등을 말한다.
• 합성고분자인 폴리에스테르, 폴리아크릴, 폴리아미드, 폴리에틸렌, 폴리프로필렌, 폴리우레탄 등을 말한다. |
> | 화재 | 연기는 주로 백색이며, 연소 후에는 재를 남긴다. |
> | 소화 | 냉각효과가 가장 효율이므로 다량의 물 또는 수용액으로 소화를 할 수 있다. |

참고

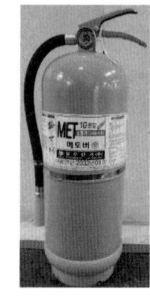

- D급소화기 = 분체(粉體)소화기 = 금속화재용 분말소화기(드라이파우더)
- 염화나트륨, 흑연, 구리 등을 주성분으로 하는 분말 또는 과립 형태의 물질의 소화약제를 사용하는 것으로 D급 화재용으로만 사용되는 소화기이며 소화 가능한 가연성 금속재료의 종류 및 형태, 중량, 면적 등이 용기에 표시되어 있다.

002. 화재분류   답 ③

유류화재는 질식소화를 한다.

구분	소화
일반화재	냉각소화(물)
유류화재	질식소화(포, 가스계)
전기화재	질식소화(가스계)
금속화재	질식소화(마른모래, 팽창질석, 팽창진주암, 금속화재용 분말소화기)

003. 전기화재[C급화재]   답 ①

통전 중인(전기가 흐르고 있는 상태) 전기시설로서 발전실, 변전실, 분전반실, 전기실, 통신실 등을 말한다. 즉, 전기에너지가 발화원으로 작용하는 화재가 아니라 전기가 흐르고 있는 전기설비에서 화재가 난 경우를 말한다.

선지분석
②③④ 일반화재[A급 화재]에 해당된다.

004 K급 화재   답 ④

K급 화재(식용유 화재)의 경우에는 일반 석유류 화재와는 달리 인화점과 발화점의 온도 차이가 적고 발화점이 비점 이하인 기름이 착화되면 유온이 상승하여 바로 발화점 이상이 된다. 이때 유면상의 화염을 제거하여도 기름의 온도가 발화점 이상이기 때문에 곧 재발화(재점화)한다. 따라서 소화하기 위해서 유면의 온도를 발화점 이하로 내려야 소화가 가능한 화재이다.

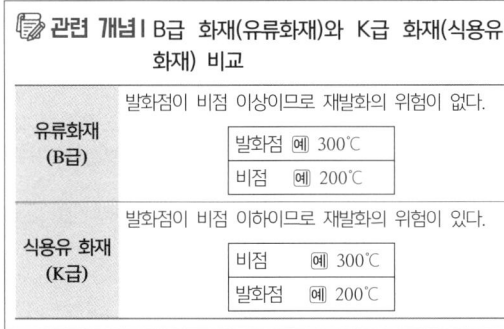

📝 **관련 개념 | 주방화재**
1. K급 소화기를 사용한다.
2. 발화온도를 30℃ 정도 낮추는 냉각효과와 방출 시 비누가 거품을 형성해 액체표면을 덮는 비누화 작용(질식효과)을 통해 소화한다.
3. 제1종 분말소화기, 강화액소화기 사용이 가능하지만 현실에서는 사용하지 않는다.

005 정전기 방지대책   답 ③

접촉하는 전기의 전위차(전압)를 크게하면 정전기가 발생한다.

[선지분석]
① 정전기의 발생이 우려되는 장소에 접지시설을 한다.
② 실내의 공기를 이온화하여(이온전류) 정전기의 발생을 예방한다.
④ 정전기는 습도가 낮거나 압력이 높을 때 많이 발생하므로 공기 중 습도를 70% 이상으로 한다.

📝 **관련 개념 | 정전기 발생**
1. 전하의 발생 → 전하의 축적 → 방전 → 발화
2. **발생원인**: 마찰, 박리, 유동, 분출대전 등

006 박리대전   답 ②

- 박리대전이란 제지, 비닐, 면직물, 인쇄 공장에서 많이 발생되는 대전으로 상호 밀착되어있는 물질이 서로 떨어질 때, 전하의 분리에 의한 정전기 발생현상을 말한다.
- 박리대전은 접착면의 밀착도, 박리속도 등에 의해서 대전량이 변화되며, 일반적으로 마찰대전보다는 상대적으로 큰 정전기가 발생하게 된다.

007 유동대전   답 ③

유동대전은 액체류가 파이프 등 고체와 접촉하면 액체류와 고체와의 경계면에 전기이중층이 형성되어 이때 발생된 전하의 일부가 액체류와 함께 유동하기 때문에 정전기가 발생하는 현상이다.

008 정전기의 발생   답 ③

절연도가 높은 플라스틱류는 부도체를 의미하므로, 정전기 발생량이 많아진다.

[선지분석]
① 정전기 발생: 전하의 발생 → 전하의 축적 → 방전 → 발화
② 대전서열상 두 물질이 서로 가깝게 있으면 정전기의 발생량이 적고, 반대로 먼 위치에 있으면 정전기의 발생량이 많게 된다[대전서열: (+)털가죽-상아-털헝겊-수정-유리-명주-나무-솜-고무-황-셀룰로이드-에보나이트(-)].
④ 전도체물질을 사용하면 전기가 잘 흐르므로 정전기를 방지할 수 있다.

📝 **관련 개념 | 정전기 발생 및 방지법**

정전기 발생	정전기 방지법
• 유속이 빠를 때(석유류 주입 시)	• 접지시설
• 필터를 통과할 때	• 공기 중 습도를 70% 이상
• 압력이 클 때	• 전도체물질을 사용
• 습도가 낮을 때	• 공기를 이온화
• 비전도성(절연체, 부도체) 물질이 많을 때	• 접촉하는 전기의 전위차(전압)를 작게
• 와류가 형성될 때	• 정전기 차폐장치를 설치
• 낙차가 클 때	• 제전기를 사용
• 공기의 부상, 물 등이 침착할 때	• 대전서열을 비교했을 때, 대전서열에 가까울수록
• 대전서열이 멀수록	

009 화재분류   답 ④

전소화재	건물의 70% 이상(입체면적에 대한 비율)이 소실되었거나 또는 그 미만이라도 잔존부분을 보수하여도 재사용이 불가능한 화재
반소화재	전체 대상물의 30% 이상 70% 미만 소실된 화재
부분소화재	전소, 반소화재에 해당하지 아니하는 화재(30% 미만 소실된 화재)

010 산불화재   답 ③

산불화재 중 땅 속의 유기질 층이 연소하는 현상은 지중화이다.

지표화(地表火)	지표(산림지면)를 덮고 있는 잡초·관목·낙엽 등을 태운다.
수간화(樹幹火)	서 있는 나무의 줄기를 태운다(수목이 타는 것).
수관화(樹冠火)	가지나 무성한 잎만 태운다(나무의 지엽이 타는 것).
지중화(地中火)	땅 속의 부식층(유기층)을 태운다.

참고 산불화재

- 수관화: 가지나 잎만 타는 것
- 수간화: 수목이 타는 것
- 지표화: 낙엽, 잡초 등이 타는 것
- 지중화: 땅 속의 부식층이 타는 것

참고
- 침엽수: 소나무, 잣나무, 향나무 등
- 활엽수: 뽕나무, 오동나무 등

08 화재소화 58p

001 ③	002 ④	003 ③	004 ①	005 ③
006 ③	007 ①	008 ②	009 ③	010 ④
011 ②	012 ⑤	013 ②	014 ③	015 ③
016 ①	017 ④			

001 소화방법 답 ③

연소 시에 발생하는 열의 에너지를 흡수하는 매체(물, 비등석 등)를 화염 속에 투입하여 소화하는 방법은 냉각소화이다.

관련 개념 | 소화방법의 종류

물리적 소화	냉각소화	연소에너지 한계에 의한 소화
	질식소화	소화농도 한계에 의한 소화
	제거소화	화염의 불안정화에 의한 소화
화학적 소화	부촉매소화	라디칼(Radical)의 생성을 억제하는 연쇄반응의 중단에 의한 소화

002 화재소화 방법 답 ④

가스버너의 화염에 철망을 대고, 망으로부터 상부의 불꽃이 차츰차츰 꺼지게 하는 소화방법은 냉각소화이다. 즉, 철망이 열을 흡수하면서 분산시키므로 냉각된다.

선지분석
① 식용유 화재 시 주변에 상온의 식용유를 이용하여 소화하는 방법은 냉각소화이다.
② 소화농도 한계에 바탕을 둔 소화방법은 질식소화이다.
③ 석유류용으로 두꺼운 포말 대신 새로운 얇은 피막을 사용하여 소화하는 방법은 유화소화이다.

003 제거소화 답 ③

연료이송, 희석(농도), 교반유동, 전원차단, 바람을 이용한 제거, 밸브차단, 벌목 등을 이용하여 소화하는 방법은 제거소화이다.

선지분석
① 산불화재 시 진행방향의 반대편 나무를 제거하는 것이 아니고 진행방향의 나무를 제거하여야 한다.
②④ 질식소화에 해당된다.

004 제거소화 답 ①

- 유전 화재 시 발생하는 증기가 연소하므로 질소폭탄을 이용하여 순간적으로 폭풍을 일으켜 증기를 날려 보냄으로써 제거소화한다.
- 폭탄을 이용하여 주변공기를 일시에 소진함으로써 질식소화한다.

선지분석
② 유화소화: 비중이 물보다 큰 비수용성 기름화재 시 물을 무상으로 방사하여 유류표면에 유화층이 막을 형성하여 유류의 증발능력을 떨어뜨려 소화한다.
③ 냉각소화: 적상의 물을 이용하여 소화한다.
④ 희석소화: 가연성 기체, 액체, 고체에서 나오는 분해가스의 농도를 엷게 하여 소화한다.

005 희석소화 답 ③

가연성 증기나 산소의 농도를 연소범위 이하로 내려서 소화하는 방법은 희석소화이다.

| 액체에 의한 희석소화 | 수용성 물질에 물을 가하여 농도를 저하시킴으로써 가스발생을 억제하는 방식 |
| 강풍에 의한 희석소화 | • 폭발의 폭발력에 의한 것: 유전화재 시
• 순간 공기압에 의한 것: 촛불을 입으로 불어 끄는 것 |

006 소화의 종류 답 ③

수용성 물질에 물을 가하여 농도를 저하시킴으로써 가스발생을 억제하는 방식은 희석소화이다. 가연성 기체가 연소하려면 그것이 산소와 연소범위에 있는 혼합기를 만들지 않으면 안된다. 따라서 산소나 가연성 물질의 어느 것의 농도가 희박해지면 연소가 지속될 수 없다. 이와 같이 희석소화는 산소 및 가연성 가스의 농도를 작게 하여 연소를 중지시키는 소화를 말한다.

007 냉각소화 답 ①

냉각소화는 연소 시에 발생하는 열에너지를 흡수하는 매체(물, 비등석 등)를 화염 속에 투입하여 소화하는 방법으로, 화염 냉각용 매체로는 고체, 액체, 기체 등을 사용한다. 화염 냉각매체의 열용량 및 투여한 매체의 상변화에 따른 증발잠열을 이용하여 연소하고 있는 가연물의 온도를 발화점 이하로 냉각시켜 줌으로써 연소를 중지시키는 것이다.

008 냉각소화 답 ②

액체 연료탱크에서 화재가 발생하였을 경우, 다른 빈 연료탱크로 연료를 이송하여 연료량을 줄이는(배유, 드레인, 감량) 소화효과는 제거소화이다.

선지분석
① 산소를 차단하여 산소농도가 15% 이하인 소화효과는 질식소화이다.
③ 제5류 위험물인 질산에스테르류, 나이트로셀룰로오스, 다이아조화합물 등의 화재 시 다량의 물을 뿌려 소화할 때 가장 큰 소화효과는 냉각소화이다. 즉, 제5류 위험물의 소화효과는 다량의 주수소화이다.
④ 일반화재(A급 화재)의 합성고분자인 폴리에스테르, 폴리아크릴, 폴리아미드, 폴리에틸렌, 폴리프로필렌, 폴리우레탄 등의 화재 시 다량의 물을 뿌려 소화할 때 가장 큰 소화효과는 냉각소화이다.

009 질식소화 답 ③

질식소화는 공기 중 산소를 차단하여 산소농도가 15% 이하가 되면 연소가 지속될 수 없으므로 이를 이용하여 소화하는 방법을 말한다.

선지분석
① 열을 흡수할 수 있는 매체(물, 비등석 등)를 화염 속에 투입하는 것은 냉각소화이다.
② 전기화재 시 전원을 차단하는 것은 제거소화이다.
④ 가연성 기체의 분출화재 시 주 밸브를 닫아서 연료공급을 차단하는 것은 제거소화이다.

010 질식소화 답 ④

물이 수증기가 될 때 약 1,650배 정도로 부피가 증가하여 공기 중 산소 농도를 줄이며 산소가 화재 진원지로 확산되는 것을 차단하는 소화방법은 질식소화이다.

011 질식소화 답 ②

이황화탄소가 탱크 또는 용기 내부에서 연소하고 있는 경우에는 비중 차를 이용하여 물을 유입하여 질식소화한다.

012 소화 답 ③

옳은 것은 ㄴ, ㄹ이다.

선지분석
ㄱ. 유류화재에 물을 무상의 형태로 방사하는 경우 증발하여 수증기로 되어 원래 물의 용적의 약 1,700배의 불연성 기체가 되는 식으로 소화하는 원리는 주로 질식소화이다.
ㄷ. 스프링클러소화설비는 적상의 물을 방사하여 냉각소화한다.

013 억제소화 답 ②

가연물이 유기화합물인 경우 불꽃연소가 개시되어 열이 발생할 경우 발생된 열은 가연물의 연소형태를 연소가 용이한 중간체(자유라디칼)를 형성하여 연소를 촉진시킨다. 이와 같이 에너지에 의해 연소가 용이한 라디칼은 연쇄적으로 이루어지며, 점화원이 제거되어도 생성된 라디칼이 완전하게 소실되는 시점까지 연소를 지속할 수 있는 현상을 연쇄반응이라 한다. 이러한 연쇄반응을 차단하는 것을 억제소화 또는 부촉매소화라 한다. 즉, 연쇄반응이란 중간체(자유라디칼)인 수소기(H+), 수산기(OH-)에 의해 불꽃연소하므로 중간체(자유라디칼)를 억제하는 억제소화 또는 부촉매소화를 한다.

014 화학적 소화 답 ③

심부화재 물질은 연쇄반응이 일어나지 않으므로 냉각, 질식, 제거에 의한 물리적 소화가 효과적이다.

> **관련 개념 | 화학적소화약제(부촉매소화)**
> 강화액소화약제, 할론소화약제, 할로겐화합물소화약제, 분말소화약제, 고체에어졸소화약제가 해당된다.

015 화학적 소화 답 ③

라디칼(Radical)의 생성을 억제하는 연쇄반응의 중단에 의한 소화는 화학적 작용에 의한 화학적 소화이다.

선지분석
① 연소에너지 한계에 의한 소화 - 냉각소화
② 소화농도한계에 의한 소화 - 질식소화
④ 화염의 불안정화에 의한 소화 - 제거소화

016 화재 소화방법 답 ①

가연물의 수분을 빼앗아 소화하는 방법은 탈수소화라 한다.

> **관련 개념 | 제3종 분말소화약제**
>
> $$NH_4H_2PO_4 \xrightarrow[\Delta]{166°C} H_3PO_4 + NH_3\uparrow$$
>
> 제1인산암모늄   올소인산 암모니아
>
> 올소인산(H_3PO_4)에 의한 섬유소의 탈수·탄화작용: 수분을 빼앗고 난연성의 탄소로 변환하여 A급 화재(일반 화재)에 적응성이 있다.

선지분석
② 연쇄반응을 차단하는 소화방법은 억제(부촉매)소화이며, 화학적 소화방법이다.
③ 화재를 강풍으로 불어서 소화하는 방법은 희석소화, 제거소화이며, 물리적 소화방법이다.
④ 수소기(H+), 수산기(OH-)의 활성화를 차단하는 소화방법은 부촉매소화이며, 화학적 소화방법이다.

017 | 부촉매소화하는 화학적 소화약제   답 ④

- 화학적 소화방법인 부촉매소화(억제소화)는 연소의 4요소 중 연쇄반응을 일으키는 연쇄 연락자인 수소기(H+)나 수산기(OH-) 등의 활성화를 차단하여 소화하는 방법이다.
- 화학적 소화약제(부촉매소화): 강화액 소화약제, 할론 소화약제, 할로겐화합물 소화약제, 분말 소화약제, 고체에어졸 소화약제

선지분석
④ 산·알칼리 소화약제: 봉상주수 - 냉각소화, 무상주수 - 냉각·질식소화이므로 물리적 소화에 해당된다.

---

09 건축물 화재의 성상   63p

001 ③	002 ②	003 ③	004 ③	005 ②
006 ③	007 ④	008 ③	009 ②	010 ②
011 ④	012 ②	013 ③	014 ①	015 ③
016 ③	017 ④	018 ④	019 ④	020 ①
021 ②	022 ④	023 ②	024 ②	025 ②
026 ②	027 ③	028 ①	029 ①	030 ②
031 ④	032 ②	033 ③	034 ②	035 ④
036 ②	037 ③	038 ③	039 ③	040 ②
041 ③	042 ③	043 ③	044 ④	045 ③

---

001 | 건축물 구획화재   답 ③

- 환기량(연소속도, 연소시간)에 따라 연료지배형 화재와 환기지배형 화재로 구분한다.
- 개구부 높이의 평방근에 비례하여 환기량이 많아진다.

관련 개념 | 환기량

$$R = KA\sqrt{H}$$

- R: 연소속도(kg/min)
- K: 계수(콘크리트조 건물의 경우 5.5~60)
- A: 개구부 면적(m²)
- H: 개구부 높이(m)

1. 연소속도는 개구부 면적과 높이 평방근(제곱근, 루트)의 곱($A\sqrt{H}$)은 비례한다.
2. 개구부 면적과 높이 평방근(제곱근, 루트)의 곱($A\sqrt{H}$)을 환기파라메터(환기인자)라 한다.
3. **평방근(제곱근)**: 제곱하여 H로 되는 것 같은 수를 H의 평방이라 한다.
4. 같은 면적의 개구부라도 높이가 긴 개구부일수록 환기량이 많아진다.

---

002 | 환기량   답 ②

$$R = KA\sqrt{H}$$

- R: 연소속도(kg/min)
- K: 계수(콘크리트조 건물의 경우 5.5~60)
- A: 개구부 면적(m²)
- H: 개구부 높이(m)

$R = 10 \times 8\sqrt{4} = 160$(kg/min)

즉, 1min당 가연물 160kg이 연소된다.

---

003 | 건축물 구획화재   답 ③

- 환기지배형 화재인 경우 연소속도가 느리고 연소시간이 길다 (저온장기형).
- 연료지배형 화재인 경우 연소속도가 빠르고 연소시간이 짧다 (고온단기형).

참고 일반적으로 연료지배형 화재의 발생장소는 개방된 공간(목조건물, 개방된 큰 창문 등)에서, 환기지배형 화재의 발생장소는 밀폐된 공간(내화구조건물, 지하층, 무창층 등)에서 발생한다.

---

004 | 건축물 실내화재   답 ③

건축물 실내화재 시 온도가 급상승하는 제2성장기에서 최성기로 넘어가는 분기점에서 실내에 순간적으로 화염이 충만해지는 플래시오버가 발생한다.

참고
- 성장기: 검은연기를 분출하는 시기, 순간적으로 화염이 충만한 시기
- 최성기: 화염이 분출하는 시기, 화염이 충만한 시기

---

005 | 내화건축물 화재   답 ②

화재 성장기 때 고온 상부층과 저온 하부층 두 층류가 형성된다.

선지분석
① 초기: 일반적으로 연료지배형 화재이며, 연기나 훈소가 발생되기도 한다.
③ 최성기: 최고온도의 시기이며, 콘크리트 폭열현상을 일으킨다.
④ 종기: 감쇠기라고도 하며, 가연물의 양이 급속히 줄어들면서 화세가 감소되기 시작한다.

참고
- 내화건축물 - 최성기(환기지배): 실내 산소 부족으로 연소속도가 느려진다.
- 목조건축물 - 최성기(연료지배): 산소 공급이 원활하고 연소속도가 빠르다.

006 목조건축물 화재 답 ③

최성기: 화염의 분출이 강해지고, 대들보나 기둥이 내려앉는 시기이다.

선지분석
① 초기: 연기나 훈소가 발생하며, 개구부에서 하얀 연기가 나오는 시기이다.
② 중기: 온도가 급격하게 증가하며, 연기분출이 강해지고, 순간적으로 화염이 충만한 시기이다.
④ 감쇠기: 대들보나 기둥이 무너져 떨어지고, 백드래프트가 발생하지 않는 시기이다.

007 건축물 화재 답 ④

강렬한 복사열로 인해 인접 건물로 화재가 번질 수 있는 시기는 최성기에 해당한다.

008 건축물 화재 성상 답 ③

복사열의 강도가 클수록 플래시오버가 빨리 발생한다.

선지분석
① 플래시오버는 화재 성장기 또는 성장기에서 최성기로 넘어가는 분기점에서 발생한다.
② 환기지배형 화재일 때 백드래프트 현상이 일어난다.
④ 환기지배형 화재는 화재진행시간이 장시간이다.

009 내화건축물 화재 답 ②

내화건축물은 구조체 자체가 불연재료이며, 통풍이 원활하지 않아 환기지배형 화재의 특징을 가지고 있어 저온 장시간형이다. 목조건축물은 고온 단시간형이다.

참고
- 목조건축물: 고온 단시간형 - 플래시오버(800~900℃) → 최성기(1100℃~1300℃)[30~40분]
- 내화건축물: 저온 장시간형 - FO(600℃) → 최성기(800℃~900℃)[2~3시간]

010 건축물 구획화재 답 ②

옳은 것은 ㄱ, ㄴ, ㄷ이다.

선지분석
ㄹ. 목조건축물의 화재에서 화재의 전기와 후기로 나누는 기준은 출화(발화)에 해당된다.

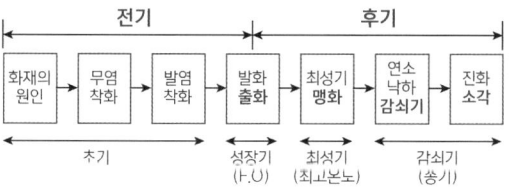

011 실내화재 답 ④

- 내화건축물(연료지배형 화재): 성상 단계 중 최성기에는 연기의 양은 적어지고 화염의 분출이 강해지며 유리가 파손된다.
- 최성기(환기지배): 발열량최대, 발연량최소
- 최성기(연료지배): 발열량최대, 발연량최소

선지분석
① 당량비

공기비	당량비[Φ]	당량비[Φ] 해석
실제 공기량 / 이론 공기량	이론 공기량 / 실제 공기량	• Φ > 1: 공기(산소)부족, 환기지배형 화재, 연소상한계 • Φ < 1: 연료부족(산소과잉), 연료지배형 화재, 연소하한계 • Φ = 1: 화학양론적조성혼합기(완전연소)

② 화재 현장에서는 보통 바람이 불어오는 쪽(풍상)이 공기가 많아 복사에 의한 열전달이 잘 이루어진다. 즉, 복사열은 풍상측이 더 잘 일어난다. 그러나 바람의 세기가 강할수록 풍하측으로 연소확대가 빠르다. 따라서 제연설비는 풍하방향으로 설치하면 효과적이다. 또한, 대피는 풍상측 또는 풍횡측(좌측, 우측)으로 피난한다.

관련 개념 | 풍상측 및 풍하측

1. **풍상**
   ⓐ 바람이 들어오는 것을 말한다.
   ⓑ 복사는 기체일 때 잘 발생하므로 풍상측에서 더 잘 이루어진다.

2. **풍하**
   ⓐ 바람이 나가는 것을 말한다.
   ⓑ 연기가 많기 때문에 복사가 잘 일어나지 않는다.
   ⓒ 바람 때문에 열, 연기는 풍하측으로 이동하므로 연소확대된다. 따라서 선착대의 소방차는 풍하측에 먼저 배치한다.
   ⓓ 제연설비는 풍하측에 설치한다.

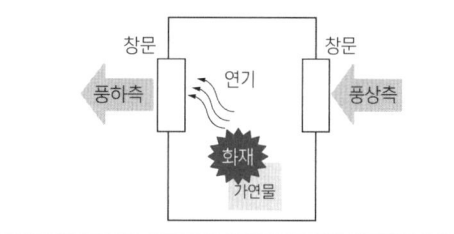

③ • 플래시오버의 발생시간은 피난허용시간을 정하는 목표가 될 수 있다. 즉, 거주자의 피난이 중요한 관점이다(Flash Over Time).
• 백드래프트는 소방관의 인명안전이 중요한 관점이다.

012 플래시오버 답 ②

플래시오버(Flash over)는 건축물 실내화재 시 복사열에 의한 실내의 가연물이 일시에 폭발적으로 착화하는 현상으로, 국부화재로부터 구획 내 모든 가연물이 타기 시작하는 큰 화재로의 전이현상이다. 연료지배형 화재로부터 환기지배형 화재로의 전이현상이며, 전실화재(전체실 화재) 혹은 순발연소라고 한다.

참고
- 전실화재(플래쉬오버) 전 단계: 성장기
- 전실화재(플래쉬오버) 후 단계: 최성기

013 | 플래시오버 답 ③

- 플래시오버의 발생 원인은 복사열의 공급이다.
- 플래시오버의 결과는 바닥에 있는 가연물이 일시에 소진한다.

014 | 플래시오버의 징후 답 ①

일정 공간 내에서 전면적인 자유연소가 진행 중인 상태는 플래시오버의 징후에 해당한다.

선지분석
②③ 백드래프트의 징후이다.
④ 플래시오버의 징후가 아닌 결과이다.

관련 개념 | 플래시오버

1. **플래시오버의 징후**
   ⓐ 고온의 연기가 발생한다.
   ⓑ Roll Over 현상이 관찰된다.
   ⓒ 일정공간의 전체면에서 비교적 자유로운 연소가 일어나고 있다.
   ⓓ 계속적으로 화재가 진행되어 열이 집적되고 실내 모든 가연물이 고온으로 가열되어 있다.
   ⓔ 두껍고 뜨거운 진한 연기가 아래까지 쌓이고 있다(연도강하).
   ⓕ 바닥에서 천정까지 고온상태가 된다.
2. **플래시오버 결과**: 바닥에 있는 가연물이 일시에 소진된다.

015 | 플래시오버 답 ③

실내의 개구부가 아주 작으면 플래시오버는 지연된다.

관련 개념 | 플래시오버(FO)

발생	열축적에 의한 복사열
지연대책	• 가연물(연료) 조절: 두께가 두꺼운 불연재료의 내장재 사용(천장 → 벽 → 바닥 순) 또는 열전도율이 큰 재료를 사용한다. • 화원(불씨)의 크기를 작게: 가연물의 가구 등은 소형으로 분산배치하고, 수용물을 불연화한다. • 산소량 조절: 개구부를 아주 크게 또는 개구부를 아주 작게 한다.
결과	바닥에 있는 가연물이 일시에 소진된다.

016 | 플래시오버 답 ③

플래시오버 현상은 급격한 가연성 가스의 착화로써 폭풍이나 충격파가 동반된 폭발이 발생하지 않는다. 통로를 비가연성물질로 마감하는 것은 플레임오버에 관한 내용이다.

017 | 건축물 화재 답 ④

선지분석
ㄴ. 플래시백(Flash back)은 출입문 등을 개방할 때 산소유입으로 다시 연소가 시작하는 현상을 말한다. 폭발하는 것보다 파괴력은 크지 않지만 재산피해(건물손상 등)와 인명피해를 주기에는 충분하다. 주로 고무나 우레탄 등 합성수지류일 때 잘 발생한다.

관련 개념 | 플래시백, 백드래프트 밀폐의 차이

플래시백	환기가 잘 되지 않는 공간, 역화현상, 폭발이 아님
백드래프트	밀폐된 공간, 역화현상, 폭발현상

ㄷ. 화재 최성기의 화재는 전실화재 후 단계(Post flash over)라고도 하며, 건물의 내화능력의 예측을 가능하게 하는 시기로서 최고온도와 화재 지속시간 등을 예측하여 이를 방화설계에 반영하여 내화온도 및 시간 등을 설정하게 하여 준다.

관련 개념 | 화재가혹도

화재 가혹도 = 최고온도(화재강도) × 화재 지속시간(화재하중)

018 | 플래시오버 답 ④

화원의 크기가 아주 클수록 플래시오버에 도달하는 시간이 빨라진다.

내장재	• 실내의 내장재를 천장, 벽, 바닥 순으로 불연화 한다. • 열전도율이 큰 내장재료를 사용한다.
개구율(산소)	주요 구조부를 내화구조로 하고 개구부의 크기를 제한한다.
화원의 크기	건물 내 가연물의 양을 제한하고 수용 가연물을 불연화 및 난연화한다.

019 | 플래시오버 답 ④

측면공격 지연법은 플래시오버를 지연시키기 위한 방법이 아니라, 백드래프트 지연방법에 해당된다.

관련 개념 | 화재 현장에서 소방전술에 따른 플래시오버 지연방법

배연 지연법	창문 등을 개방하여 배연(환기)함으로써, 공간 내부에 쌓인 열을 방출시켜 플래시오버를 지연시킬 수 있으며 가시성 또한 향상시킬 수 있다.
공기차단 지연법	• 배연(환기)과 반대로 개구부(창문)를 닫아 산소를 감소시킴으로써 연소속도를 줄이고 공간 내 열의 축적 현상도 늦추게 하여 지연시키는 방법을 쓸 수 있다. • 관창호스연결이 지연되거나 모든 사람이 대피했다는 것이 확인된 경우 적합한 방법이다.
냉각 지연법	분말소화기 등 이동식 소화기를 분사하여 화재를 완전하게 진압하는 것은 일시적으로 온도를 낮출 수 있고, 플래시오버를 지연시키고 관창호스를 연결할 시간을 벌 수 있다.

참고 | 백드래프트(BD) 지연방법
- 배연법(지붕환기)
- 급냉법(담금질)
- 측면공격법

020 화재온도곡선 답 ①

복사열에 의한 플래시오버는 2성장기 끝단에서 발생한다. 즉, 2성장기에서 최성기로 넘어가는 분기점에서 발생한다.

참고
- 개구부로 연기가 분출하는 시기, 순간적으로 화염이 충만한 시기: 성장기
- 개구부로 화염이 분출하는 시기, 화염이 충만한 시기: 최성기

021 백드래프트 답 ②

건축물 화재에서 적절하게 배연이 되지 않은 산소가 결핍된 실내화재의 경우, 실내공간은 미연소된 가연성 가스가 충만하게 되고 연소는 산소 결핍으로 인해 천천히 진행하게 된다. 이 때 갑자기 문을 열면 외부로부터 급격하게 공기(산소)가 유입되어 가연성 가스와 공기가 폭발적으로 반응하게 되는 연소 현상이 발생하는데 이를 백드래프트라 한다.

참고
- 실안: 밀폐된 공간 → 산소부족 → 고온의 가연성가득(일산화탄소) → 문 개방 → 화학적폭발
- 백드래프트는 산소 부족이므로 불완전연소, 훈소, 일산화탄소가 발생

022 백드래프트 답 ④

- '백드래프트'란 밀폐된 공간에서 화재 발생 시에 산소 부족으로 불꽃을 내지 못하고 고온의 가연성 가스만 축적되어 있는 상태에서 갑자기 문을 개방하면 신선한 공기가 유입되어 폭발적인 연소가 시작되는 현상(산소 유입에 따른 화학적 폭발 또는 연기폭발)이다.
- 백드래프트는 산소 부족이므로 불완전연소, 훈소, 일산화탄소가 발생한다.

023 백드래프트 답 ④

열폭풍 또는 충격파에 대한 피해가 크다.

024 플래시백 답 ②

출입문 등을 개방할 때 산소유입으로 다시 연소가 시작하는 현상을 말한다. 폭발하는 것보다 파괴력은 크지 않지만 재산피해(건물손상 등)와 인명피해를 주기에는 충분하다. 주로 고무나 우레탄 등 합성수지류일 때 잘 발생한다.

관련 개념 | 플래시백, 백드래프트

플래시백과 백드래프트는 밀폐 여부의 차이이다.

플래시백	환기가 잘 되지 않는 공간, 역화현상, 감쇠기, 폭발이 아님
백드래프트	밀폐된 공간, 역화현상, 감쇠기, 폭발현상

025 백드래프트 답 ②

산소공급이 부족하여 훈소상태에 있는 뜨거운 화재인 경우가 백드래프트 현상의 징후에 해당한다.

관련 개념 | 백드래프트 현상의 징후
1. 연기가 균열된 틈이나 작은 구멍을 통하여 빠져 나오고 건물 안으로 연기가 빨려 들어가는 현상이 발생된 경우
2. 창문을 통해 보았을 때 건물 내에서 연기가 소용돌이 치고 있는 경우
3. 화염은 보이지 않으나 창문이 뜨거운 경우
4. 유리창의 안쪽으로 타르와 유사한 기름성분의 물질이 흘러내리는 경우
5. 산소공급이 부족하여 훈소상태에 있는 뜨거운 화재인 경우

026 백드래프트 답 ②

공기차단법은 플래시오버(Flash over)를 전술적으로 지연시키는 방법에 해당한다.

관련 개념 | 플래시오버 및 백드래프트 지연방법

화재 현장에서 소방 전술에 따른 플래시오버(Flash over) 지연방법	• 배연지연법 • 공기차단지연법 • 냉각지연법
백드래프트(Back draft) 소방전술 예방대책	• 배연법(지붕환기) • 급냉법(담금질) • 측면공격법

027 플레임오버 답 ③

플레임오버 현상은 로비나 복도와 같은 통로공간에서 벽, 바닥 표면의 가연물에 화염이 급속하게 확산되는 현상을 묘사하는 용어이다. 벽, 바닥 또는 천장에 설치된 가연성 물질이 화재에 의해 가열되면 전체 물질 표면을 갑자기 점화할 수 있는 연기와 가연성 가스가 만들어지고 이 때 매우 빠른 속도로 화재가 확산된다. 화염이 연소되지 않은 가연성 가스를 통해 전파되는 현상을 말하기도 한다.

028 플레임오버 답 ①

- 발생시기는 성장기이며, 일반적으로 롤오버 발생 전에 먼저 일어난다.
- 벽면 등의 표면 마감재로 폴리우레탄과 같은 가연성 재료를 사용하는 경우에 종종 플레임오버(Flame over)가 발생할 수 있다. 복도를 통한 인명검색을 하거나 훈소를 진압하고 있는 소방대원은 플레임오버에 의하여 퇴로를 차단당할 수가 있다.

029 | 롤오버 답 ①

롤오버(Roll over)는 화재가 완전히 성장하지 않은 단계에서 발생한 가연성 증기가 화재구획에서 빠져나갈 때 발생한다. 화재현장에서 화재가 발생한 구획의 천장에 실내 가연물의 열분해 등에 의한 가연성 증기층이 형성되면 천장면을 따라 마치 파도 같이 (깃털모양) 빠른 속도로 화염의 확산이 이루어지는 현상이다.

030 | 플래시오버와 롤오버 답 ②

공간 내 모든 가연물이 동시에 발화하는 것은 플래시오버 현상이다.

관련 개념 | 롤오버와 플래시오버

구분	롤오버(Roll-over)	플래시오버(Flash-over)
복사열	열의 복사가 플래시오버에 비해 상대적으로 약하다.	열의 복사가 강하다.
확산 매개체	천정부의 고온증기의 발화	공간 내 모든 가연물의 동시 발화
확대범위	화염선단 부분이 주변공간 (깃털, 파도모양)으로 확대된다.	일순간 전체공간으로 발화 확대된다.

참고 건축물화재시 이상현상

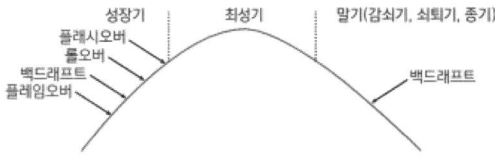

031 | 목조건축물 화재 답 ④

- 목조건축물 화재의 진행단계는 화재원인의 성립 → 무염착화 → 발염착화 → 출화(발화) → 최성기(맹화) → 연소낙하(감쇠기) → 진화(소각)이다.

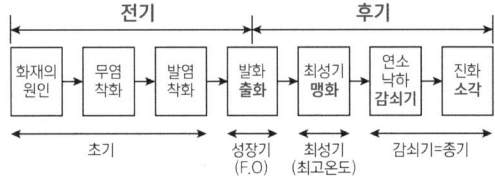

- 발화(출화)를 기준으로 화재전기를 초기화재, 화재후기를 본격화재라고 한다.

032 | 옥외출화 답 ②

목조건축물 화재 시 옥외출화의 시기는 창, 출입구 등에 발염착화된 시기, 건축물 외부 가연재료에 발염착화된 시기이다.

관련 개념 | 옥내·외 출화 비교

옥내출화	옥외출화
• 천장에 발염착화 • 불연천정인 경우 뒷면 판에 발염착화 • 천장 속·벽 속 등에 발염착화	• 창·출입구에 발염착화 • 건축물 외부 가연재료에 발염착화(가옥인 경우에는 벽·지붕에 발염착화, 추녀 밑에 발염착화)

033 | 목조건축물 화재 답 ②

목조건축물 화재 시 천장까지 불이 번져 가옥 전체에 불기가 도는 시기는 발염착화에서 발화(출화)로 넘어가는 시기이다. 하나만 정답을 체크한다면 발화(출화)이다.

관련 개념 | 목조건축물 화재성상

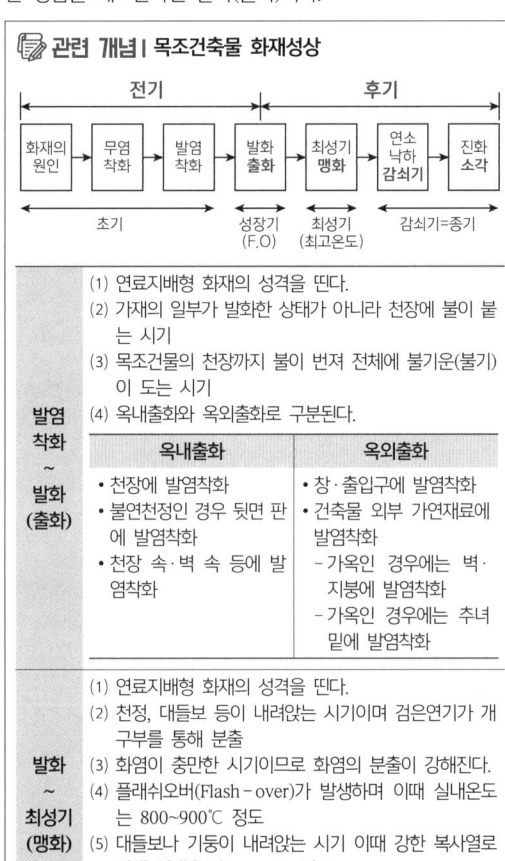

034. 목재의 연소형태 　　답 ②

페인트를 칠한 것보다 칠하지 않은 것이 발화속도가 느리다.

관련 개념 | 목재형태에 따른 발화속도

목재형태 \ 발화속도	빠르다	느리다
건조의 정도	수분이 적을 것	수분이 많을 것
내화성, 방화성	없는 것	있는 것
두께와 크기	얇고 가는 것	두껍고 큰 것
형상	사각인 것	둥근 것
표면	거친 것	매끄러운 것
기름, 페인트	페인트 칠한 것	칠하지 않은 것
색	검정색	백색

035. 화재가혹도(화재세기, 화재심도) 　　답 ④

화재가혹도(Fire severity)는 화재세기, 화재심도라고도 한다. 방호공간 안에서 화재의 세기를 나타내는 것으로서 화재가 진행되는 과정에서 온도 및 지속시간에 따라 변화한다. 발생한 화재가 당해 건물과 그 내부의 수용재산 등을 파괴하거나 손상을 입히는 정도(건물에 손상을 주는 화세의 능력)를 말한다. 화재가혹도의 크기는 최고온도(화재강도)와 화재지속시간(화재하중)의 곱으로 나타낸다.

036. 화재가혹도(화재세기, 화재심도) 　　답 ②

화재가혹도는 방호공간에서 화재의 세기를 나타내는 것으로서 화재가 진행되는 과정에서 온도 및 화재지속시간에 따라 변화한다. 화재가 발생된 당해 건물과 그 내부의 수용재산 등을 파괴하거나 손상을 입히는 능력의 정도를 나타낸다.

037. 화재하중 　　답 ③

- 화재하중은 화재 규모와 주수 시간을 결정하는 요소로서 예상최대 가연물의 양을 말하며, 양이 많을수록 화재 지속시간이 길다. 바닥의 단위 면적당 목재로 환산 시 등가 가연물의 중량(kg/m^2)으로 표현된다.
- 화재하중은 화재규모를 결정하는 요소이며, 화재의 위험성을 나타내는 용어이다.

038. 화재강도 　　답 ③

화재실의 단열성이 클수록 열축적율이 크다.

관련 개념 | 화재강도의 주요소
1. 가연물의 발열량(연소열)
2. 가연물의 연소속도
3. 가연물의 비표면적 및 구조적 특성
4. 공기의 공급조절 및 환기 상태
5. 화재실의 벽·천장·바닥 등의 단열성

참고
- 단열성이 우수하거나, 방열이 적으면 열축적이 용이하므로 화재강도가 증가한다.
- 가연물의 열방출율(화재실의 열방출율)이 클수록 화재강도는 증가한다.
- 단열성: 실내·외 열출입의 크기(열을 차단하는 성능)
- 방열: 실내 열을 내보내거나 내뿜음(열을 방출)

039. 화재하중 　　답 ③

화재하중은 통상 등가 가연물 중량의 최대값을 기준으로 한다.

참고
도서관, 서고: 화재하중 최대값은 $400[kg/m^2]$이다.

040. 화재하중 　　답 ②

화재하중 값을 줄이기 위하여 내장재 및 수용물에 대한 불연화율을 높이면 전체적으로 가연물의 양이 줄어든다.

관련 개념 | 화재하중(q)

$$q = \frac{\sum G_t H_t}{H_0 A} = \frac{\sum Q_t}{4500A}$$

- q: 화재하중(kg/m^2)
- A: 화재실의 바닥면적(m^2)
- G_t: 가연물 중량(kg)
- H_t: 가연물의 단위발열량(kcal/kg)
- $\sum Q_t$: 화재실 내의 가연물의 전발열량(kcal)
- H_0: 목재의 단위발열량(kcal/kg) → 4500(kcal/kg)

041. 화재저항 　　답 ③

화재저항은 화재 진행시간 동안 건축물의 주요 구성요소들이 화재에 대항하여 제 기능을 유지할 수 있는 능력을 말하며, 시험 노에서 표준온도 시간곡선에 의한 표준화재에 폭로시켜 결정한다.

042. 구획화재의 시간인자 　　답 ③

시간인자는 화재실의 바닥면적에 비례하고, 환기인자에 반비례한다.

관련 개념 | 구획화재

환기인자(연소속도)	$A\sqrt{H}$
온도인자(화재강도)	$\dfrac{A\sqrt{H}}{A_t}$
시간인자(화재하중)	$\dfrac{A_f}{A\sqrt{H}}$

- A: 개구부 면적(크기)$[m^2]$
- A_t: 화재실의 전 표면적
- H: 개구부 높이$[m]$
- A_f: 화재실의 바닥면적

043. 구획화재의 온도인자 답 ③

온도인자는 개구부 면적(크기), 개구부 높이의 제곱근에 비례하고 실내의 전체 표면적에 반비례한다.

관련 개념 | 구획화재

환기인자(연소속도)	$A\sqrt{H}$
온도인자(화재강도)	$\dfrac{A\sqrt{H}}{A_t}$
시간인자(화재하중)	$\dfrac{A_f}{A\sqrt{H}}$

- A: 개구부 면적(크기)[m²]
- H: 개구부 높이[m]
- A_t: 화재실의 전 표면적
- A_f: 화재실의 바닥면적

044. 구획화재 답 ④

화재가혹도는 화재실이나 화재구획의 방열에 영향을 받는다.

참고
- 단열성이 우수하거나, 방열이 적으면 열축적이 용이하므로 화재강도가 증가한다.
- 단열성: 실내·외 열출입의 크기(열을 차단하는 성능)
- 방열: 실내 열을 내보내거나 내뿜음(열을 방출)
- 화재가혹도 = 화재강도(질적개념) × 화재하중(양적개념)
- 화재가혹도(주수량) = 화재강도(주수율) × 화재하중(주수시간)

045. 화재변수 답 ③

- 개구부가 클수록 화재강도가 커지고 개구부가 작을수록 지속시간이 길어져 화재하중이 커진다.
- 단열성이 우수하거나, 방열이 적으면 열 축적이 용이하므로 화재강도가 증가한다. 단열성은 열을 차단하는 성질이며, 방열은 열을 내보내거나 내뿜는 것이다.

관련 개념 | 온도 인자(화재강도)

$$\text{온도 인자} = \dfrac{A\sqrt{H}}{A_t}$$

- $A\sqrt{H}$: 환기 인자
- A_t: 화재실(연소실)의 전 표면적

관련 개념 | 시간 인자(화재하중)

$$\text{시간 인자} = \dfrac{A_f}{A\sqrt{H}}$$

- $A\sqrt{H}$: 환기 인자
- A_f: 화재실(연소실)의 바닥면적

10 기타 연소 75p

001 ④ 002 ① 003 ①

001. 열가소성 수지 및 열경화성 수지 답 ④

모두 옳은 설명이다.

열가소성 수지	• 제품화시키면 본인의 성질이 변하지 않는다. • 열을 가하면 쉽게 녹으므로 재성형이 가능하다. • 종류: 폴리에틸렌(PE), 폴리스틸렌(PS), 폴리프로필렌(PP), 폴리염화비닐(PVC), 염화비닐 수지, 아크릴 수지, 초산비닐 수지 등
열경화성 수지	• 제품화시키면 본인의 성질이 변한다. • 열을 가해도 쉽게 녹지 않으므로 재성형이 불가능하다. • 종류: 페놀 수지, 멜라민 수지, 에폭시 수지, 폴리우레탄, 불포화 폴리에스터 수지 등

002. 플라스틱의 특징 답 ①

폴리우레탄 수지는 열경화성 수지이다.

선지분석
② 페놀 수지는 열경화성 수지이다.
③ 폴리염화비닐 수지는 열가소성 수지이다.
④ 에폭시 수지는 열경화성 수지이다.

003. 합성섬유 답 ①

합성섬유인 나일론은 점화원에 의해 녹아내리며, 쉽게 탈 수 있고, 용융점이 160~260℃ 정도이며, 발화점은 425℃ 이상이다. 나일론의 구성요소는 $CO-NH_2$이다.

참고
- 식물성 섬유의 대표적인 물질인 면의 발화점은 400℃이다. 동물성 섬유에 비해 연소시키기 쉽고, 연소속도가 빠르다.
- 동물성 섬유의 대표적인 물질인 모의 발화점은 600℃이다. 식물성 섬유에 비해 연소시키기 어렵고, 연소속도가 느리다.

11	건축방화계획			76p
001 ③	002 ③	003 ①	004 ④	005 ④
006 ③	007 ②	008 ③	009 ②	010 ④
011 ②	012 ②	013 ①	014 ②	015 ④

001 피난계획 — 답 ③

[선지분석]
① 그 말단은 화재로부터 안전한 장소이어야 한다.
② 판별을 위한 색채를 사용한다.
④ 피난동선은 건물 중심부가 아닌 외주부로 피난할 수 있도록 하여야 한다.

관련 개념 | 건축물의 피난계획
1. 피난동선을 일상생활 동선과 같이 계획
2. 평면계획에 대한 복잡성 지양
3. 2방향 이상의 피난로 확보
4. 막다른 골목과 미로를 지양
5. 피난경로의 내장재 불연화
6. 초고층 건축물의 체류 공간 확보(30층마다 피난안전구역 설치)

관련 개념 | 대응방법에 따른 대응성격
1. 공간적 대응
   ⓐ 대항성(구조상 대응, 적극적 대응): 대항성이란 건물의 내화성능, 방화성능, 방화구획성능, 화재방어 대응성, 초기 소화 대응력 등의 화재사상과 대항하여 저항하는 성능 또는 항력을 말한다.
   ⓑ 회피성(재료상 대응, 예방적 대응): 건축물의 난연화, 불연화, 내장재 제한, 구획의 세분화, 방화훈련, 불조심 등 방화유발·확대 등을 저감시키고자 하는 예방적 조치 또는 상황을 말한다.
   ⓒ 도피성(피난 대응): 그 사상과 공간과의 대응관계 사이에서 사람이 궁지에 몰리지 않고 보다 안전하게 재난으로부터 도피·피난할 수 있는 공간성과 시스템 등의 성상을 말한다.
2. 설비적 대응
   ⓐ 대항성: 제연설비, 방화문, 방화셔터, 자동화재탐지설비, 자동소화설비 등의 설비로 보조한다.
   ⓑ 회피성: 방염커텐, 방염블라인드, 수막설비 등을 설치하여 보조한다.
   ⓒ 도피성: 유도등, 비상전원, 피난기구 등을 설치하여 보조한다.

관련 개념 | 고층건축물
1. **준 초고층건축물**: 층수가 30층 이상~49층 이하이거나 높이가 120m 이상~200m 미만인 건축물
2. **초고층건축물**: 층수가 50층 이상이거나 높이가 200m 이상인 건축물

002 피난계획 설계의 원칙 — 답 ③

피난 설비는 고정적인 시설에 따라야 하며, 가반식의 기구와 장치 등은 도피하는 소수의 인원을 위한 것으로서 극히 예외적인 보조수단으로 생각하여야 한다.

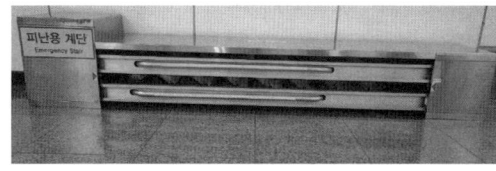

▲ 가반식 기구-피난사다리

003 피난계획 설계의 원칙 — 답 ①

Fool proof 원칙은 비상사태에서는 정신이 혼란하여 동물과 같은 지능상태가 되므로 문자보다 누구나 알아보기 쉬운 그림과 색채를 이용하는 방식이다.

관련 개념 | Fool proof 원칙
1. 소화설비, 경보기기 위치, 유도표지에 쉬운 판별을 위한 색채를 사용한다.
2. 피난방향으로 문을 열 수 있게 해 준다.
3. 도어의 노브는 회전식이 아닌 레버식으로 하여야 한다.
4. 정전 시에도 피난구를 알 수 있도록 외광이 들어오는 위치에 도어를 설치한다.

004 피난계획 설계의 원칙 — 답 ④

Fail safe는 하나의 수단이 고장 등으로 실패하여도 다음의 수단에 의하여 구제할 수 있도록 고려하는 것을 의미한다.

관련 개념 | Fail safe 원칙
1. 2방향 이상 피난경로를 설치하여야 한다.
2. 비상전원 등을 확보한다.
3. 시스템의 여분 또는 병렬화를 확보한다.
4. 화재의 발생이나 확대방지를 위한 안전율을 높인 설계를 한다.
5. 재해 초기부터 서브시스템 일부가 적극적으로 붕괴되도록 해두어 이상사태의 전체파급을 방지한다.

005 피난계획 — 답 ④

- 비상용 엘리베이터(비상용 승강기)는 소방관의 소화활동을 하기 위한 전용통로이므로 피난자가 사용할 수 없다.
- 피난용 엘리베이터(피난용 승강기)는 거주자 즉, 피난자가 사용한다.

[선지분석]
① 피난경로의 내장재의 불연화율을 높인다.
② 초고층 건축물(50층 이상인 건축물)의 경우 30층마다 피난안전구역을 설치한다.
③ 2방향 이상의 피난 경로를 확보한다.

006 | 피난계획 및 피난동선 답 ③

피난동선은 상호 반대 방향으로 다수의 출구와 연결되는 것을 지향해야 한다.

> **관련 개념 | 피난동선의 특징**
> 1. 수평동선과 수직동선으로 구분한다.
> 2. 가급적 단순한 형태가 좋다.
> 3. 상호 반대 방향으로 다수의 출구와 연결되는 것이 좋다.
> 4. 어느 곳에서도 2개 이상의 방향으로 피난할 수 있으며 그 말단은 화재로부터 안전한 장소이어야 한다.
> 5. 피난동선은 비상의 통로 및 계단을 이용한다.

참고
- 수평동선: 복도, 발코니, 전실(부속실) 등
- 수직동선: 계단 등

007 | 피난계획 답 ②

피난 복도의 천장은 가능한 높게 유지하고 내장재는 불연재를 사용한다. 피난 복도의 천장을 낮게 설치하면 연기 등이 금방 체류하므로 복도에 연기가 오염되기 쉽다.

008 | 귀소본능 답 ③

귀소본능은 화재 시 인간이 항상 사용하는 계단 및 엘리베이터 부근에 모이는 경향이다. 따라서 그 곳으로부터 가까운 곳에 비상계단(피난계단)을 설치한다.

009 | 좌회본능 답 ②

일반적으로 오른손잡이인 사람이 많기 때문에 오른손, 오른발이 발달해 어둠 속에서 보행하면 자연히 왼쪽으로 돌게 되는 본능을 좌회본능이라 한다. 방향은 반시계방향에 해당한다.

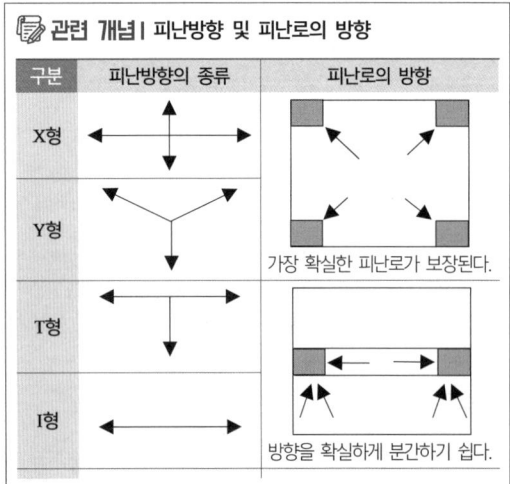

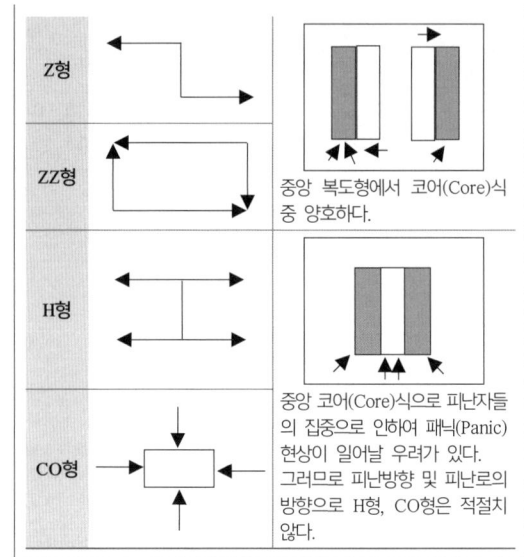

010 | 피난형태 답 ④

H형이나 중앙 코어(Core)식은 피난자들의 집중으로 패닉현상이 일어날 우려가 있다.

011 | 피난속도 답 ②

건축물에 화재 발생 시(피난행동 시) 수평피난(일반적으로 복도)에서의 속도는 군집보행속도[1m/s]를 기준으로 한다.

참고 건축물에 일반행동 시 수평피난(일반적으로 복도)에서의 속도는 자유보행속도[1~1.2m/s]를 기준으로 한다.

012 | 건축방화계획 답 ②

옳은 것은 ㄱ, ㄹ로, 2개이다.
ㄱ. 방화구획은 면적별, 층별, 용도별로 구분한다.
ㄹ. 고층건축물에는 피난용 승강기를 1대 이상 설치해야 한다.

선지분석
ㄴ. 30분 방화문은 연기 및 불꽃을 차단할 수 있는 시간이 30분 이상 60분 미만인 방화문이다.
ㄷ. 화재 시 피난상태에서 평균 군집보행속도는 약 1m/s이다.

자유보행속도	사람이 아무런 제약 없이 생각대로 걷는 보통의 속도는 1.0 ~ 1.2m/s이다(빠른 경우는 2m/s라고도 한다).
군집보행속도	후속보행자가 앞의 보행자의 보행속도에 동조하는 상태로서 1m/s(느린 보행자의 보행속도와 같다)이다.
군집유동계수	협소한 출구에 통과시킬 수 있는 인원을 단위 폭, 단위시간으로 나타낸 것으로 평균 1.33인/m·s이다.

013 안전구획 답 ①

1차 안전구획은 거실에 대하여 복도를 방화, 방연구획하여 피난의 일시적 안전도모가 가능한 곳이다.

관련 개념 | 안전구획

특별피난 계단실 [3차 안전구획]	전실(부속실) [2차 안전구획]	복도 [1차 안전구획]	거실
직통, 피난 계단실 [2차 안전구획]	복도 [1차 안전구획]	거실	

1. 1차 안전구획[일시적인 안전도모]: 복도
2. 2차 안전구획[장시간 피난대기]: 복도에 연결된 계단(직통계단, 피난계단), 발코니, 특별계단의 부속실(전실), 노대
3. 3차 안전구획[최성기에도 안정성 확보]: 현관로비, 특별피난계단의 계단실

014 안전구획 답 ②

장시간 피난 대기가 가능한 곳은 2차 안전구획에 해당하며 복도에 연결된 부속실 등이 있다.

거실	화재실
1차 안전구획	거실에 대하여 복도를 방화, 방연구획하여 피난의 일시적 안전도모가 가능한 곳
2차 안전구획	복도에 연결된 계단 또는 특별피난계단의 부속실, 발코니 등으로서 어느 정도 장시간 피난 대기가 가능한 곳

015 안전구획 답 ④

제3차 안전구획은 특별피난계단의 계단실이 해당하며, 화재 최성기에도 안전성이 확보되어야 한다.

PART 2 소화약제

01	물소화약제			84p
001 ④	002 ①	003 ④	004 ④	005 ④
006 ④	007 ④	008 ④	009 ①	010 ②
011 ②	012 ③	013 ④	014 ③	015 ④
016 ②	017 ④	018 ④		

001 | 물소화약제 답 ④

물소화약제는 물의 열용량·비열 및 증발잠열을 이용한 냉각소화효과가 다른 소화약제에 비하여 탁월한 성능을 발휘한다.

선지분석
① ・적상주수의 대표적인 설비는 스프링클러소화설비이다.
  ・무상주수의 대표적인 설비는 물분무 및 미분무소화설비이다.

📖 관련 개념 | 물의 물리적·화학적 특성

1. 물의 물리적 특성

비열	・어떤 물질 1g을 1℃ 올리는 데 필요한 열량 ・물비열 – 1cal/g·℃(14.5℃의 물을 15.5℃로 1℃ 온도를 상승시키는데 필요한 열량), 얼음비열 – 0.4871cal/g·℃이므로 물이 얼음보다 열을 더 뺏는다.
잠열	・온도변화는 없고 물질상태만 변한다. ・융해열(용융열) – 80cal/g <고체 → 액체> 얼음 0℃ → 물 0℃ ・기화열(증발열) – 539cal/g <액체 → 기체> 물 100℃ → 수증기 100℃
현열	・물질상태는 변화가 없고 온도만 변한다. ・물 0℃ → 물 100℃

2. 물의 화학적 특성
물은 수소 2원자와 산소 1원자로 이루어져 있으며, 이들 사이의 화학결합은 극성 공유 결합(H_2O)이다. 즉, 분자 내에서는 극성공유결합을, 분자 간에는 수소결합을 한다.

002 | 물의 화학적 특성 답 ①

물은 수소 2원자와 산소 1원자로 이루어져 있으며, 이들 사이의 화학 결합은 극성 공유 결합이다. 즉, 분자 내에서는 극성공유결합을, 분자 간에는 수소결합을 한다.

📖 관련 개념 | 물소화약제의 장점

1. 1g 얼음 0℃가 수증기 100℃로 변할 때 열용량은 719cal, 1g 물 0℃가 수증기 100℃로 변할 때 열용량은 639cal이다.
2. 분무상으로 방사 시 일반화재·유류화재·가스화재 및 전기화재에 적합하다.
3. 봉사주수 시 타격소화가 가능하다.

선지분석
④ ・물의 비열이 1일 때 물의 질량이 증가하면 물의 온도는 감소한다.
  ・현열 열용량 $q = 비열[c] \times 질량[m] \times 온도차(t_2 - t_1)$

003 | 물의 특성 답 ④

모두 옳은 내용이다.

004 | 물의 장단점 답 ④

장점	・열용량·비열 및 증발잠열(=기화열)이 커서 냉각효과가 우수하다. ・주변에서 구하기 쉽고 경제적이다. ・펌프, 파이프, 호스 등을 사용하여 운송이 용이하다.
단점	・소화 작업 후 오염의 정도가 심하다. ・동결의 우려가 있어 추운 곳에서 사용할 수 없다. ・주로 일반화재(A급 화재)에 적용한다.

005 | 물의 물리적 특성 답 ④

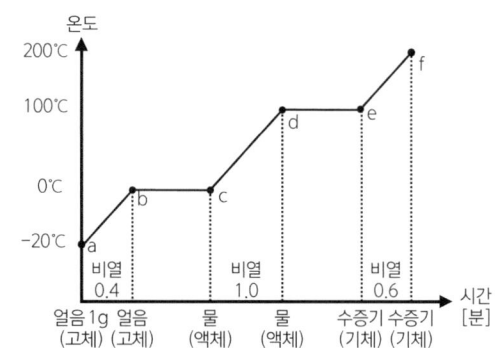

・구간 b~c, 구간 d~e: 잠열(융해, 기화)
・구간 a~b, 구간 c~d, 구간 e~f : 현열
・구간 a~b의 열용량: 8cal
・구간 b~c의 열용량: 80cal
・구간 c~d의 열용량: 100cal
・구간 d~e의 열용량: 539cal
・구간 e~f의 열용량: 60cal
・구간 a~f의 열용량: 8 + 80 + 100 + 539 + 60 = 787cal

얼음 −20℃ → 얼음 0℃ → 물 0℃ → 물 100℃
(고체)   (고체)   (액체)   (액체)
→ 수증기 100℃ → 수증기 200℃
  (기체)   (기체)

참고
- 잠열 열용량 q = 질량[m] × 잠열
- 현열 열용량 q = 비열[c] × 질량[m] × 온도차($t_2 - t_1$)

006 관창 답 ④

- 봉상, 무상으로 사용되는 것은 방사형 관창이다.
- 봉상으로 사용되는 것은 직사형 관창이다.
- 적상으로 사용되는 관창은 없다.

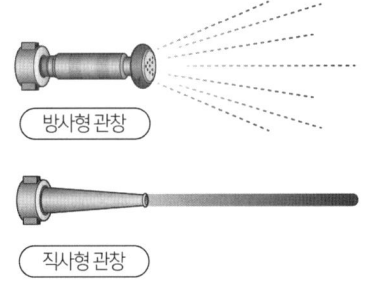

▲ 방사형 관창과 직사형 관창

007 물소화약제 답 ④

물소화약제를 분무노즐을 사용하여 고압으로 방사할 경우에 발생되는 분무상의 미립자가 비수용성 기름이며, 물보다 비중이 큰 제4류 제3석유류 이상인 중유 또는 윤활유 등의 화재에 접촉하면 화재의 표면에 엷은 유화층을 형성하며, 이 유화층의 엷은 막이 공기 중의 산소의 공급을 차단함으로써 화재를 소화한다.

참고
- 유화소화: 비수용성(중유, 벙커C유, 타르, 윤활유 등)
- 희석소화: 수용성(알코올)

008 주수형태 답 ④

- 물소화약제는 D급(금속), K급(주방) 화재에 효과가 없다.
- 물소화약제의 주수형태는 봉상주수(직상주수, 직사주수), 적상주수(살수주수), 무상주수(분무주수)로 나뉜다.

관련 개념 | 소화효과·적응화재 및 주수형태

물의 주수형태	주된 소화	적응화재	적용설비[호스(노즐),헤드]
봉상 (막대기 모양)	냉각	A급 화재	호스: 옥내·외 소화전설비, 연결송수관설비
적상 (물방울 모양)	냉각	A급 화재	헤드: 스프링클러설비, 연결살수설비, 연소방지설비
무상 (안개입자 모양)	냉각, 질식, 유화, 희석	A, B, C급 화재	• 호스: 옥내·외 소화전설비, 연결송수관설비 • 헤드: 물분무 소화설비, 미분무 소화설비

1. 호스는 적상주수 없다.
2. 봉상, 무상(방사형관창): 옥내·외 소화진, 연결송수관

009 타격(파괴)효과 답 ①

일반 가연물 화재(A급 화재)에 적용되며, 화재 시 물소화약제를 고압으로 방사하는 경우 방사노즐로부터 방출되는 고압의 물이 가연물질의 화재위력을 저하시키거나 화재가 확산되는 것을 파괴함으로써 화재가 더 이상 확산되지 않도록 제한하여 소화하는 작용을 말한다.

010 물의 주수방법 답 ②

관련 개념 | 주수방법

집중주수	연소실체 또는 인명구조를 위한 엄호 등 한 곳에 집중적으로 주수하는 경우에 행하며 주수목표에 접근하면서 한다.
확산주수	연소물이나 연소위험이 있는 장소에 되도록 넓게 관창을 상하, 좌우 및 원을 그리듯 휘둘러서 주수하는 방법이다.
반사주수	장애물 등 주수사각으로 인하여 주수목표에 주수할 수 없는 경우에 벽, 천장 등에 물을 반사시켜 주수하는 방법이다.
유하주수	주수압력을 약하게 하여 물 흐르듯이 주수하는 방법으로, 건물 벽에 잠재하는 화세의 잔화처리 등에 이용된다.

011 직사주수 답 ②

직사주수는 주수범위가 좁아 장애물에 대해서도 용이하다.

선지분석
① 사정거리가 길고, 다른 방법에 비해 바람의 영향이 적으므로 화세가 강해 접근할 수 없는 경우에 유효하다.
③ 반동력이 커서 방향전환, 이동주수가 용이하지 않다.
④ 파괴력이 강해 창, 유리, 지붕, 기와 등의 파괴, 제거 및 낙하 위험이 있는 물건의 제거에도 유효하다.

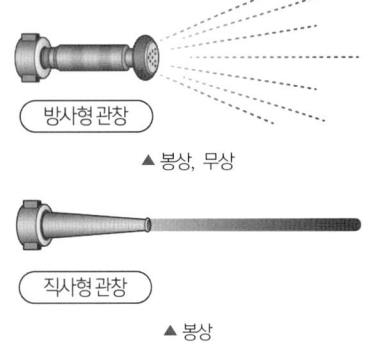

▲ 봉상, 무상

▲ 봉상

012 무상주수 답 ③

물소화약제 중 무상주수 형태일 때 A급·B급·C급 화재에 적응성이 있다. 무상주수는 D급(금속화재), K급(주방화재, 식용유화재) 화재에는 적응성이 없다.

[선지분석]
① 목재공장 화재는 A급 화재이다.
② 크레오소트유 탱크 화재는 B급 화재이다.
④ 발전실 화재는 C급 화재이다.

013 | 물소화약제의 특성   답 ④

물소화약제를 분무상으로 방사하는 경우 소화에 소요되는 시간이 길다.

014 | 침투제   답 ③

물에 1% 이하의 계면활성제를 가해 표면장력을 낮춰 침투효과를 높이기 위한 첨가 물질을 침투제라 하며, 표면장력의 약화는 액체 표면적을 넓게 하여 열 흡수 능력을 증가시킨다.

> **관련 개념 | 물 첨가제**
> 1. 동결방지제
>   ⓐ 물의 응고현상을 방지
>   ⓑ 유기물 계통: 에틸렌글리콜
>   ⓒ 무기물 계통: 염화나트륨, 염화칼슘
> 2. 침투제
>   ⓐ 물의 표면장력을 낮추어 침투성을 강화[속불, 심부, 원면화재]
>   ⓑ 유수(Wet Water): 물+침투제(합성계면활성제)
> 3. 증점제
>   ⓐ 부착성(점착성)을 증가시키기 위한 첨가 물질[산불화재]
>   ⓑ Thick Water: 물+증점제(카르복시메틸셀룰로오스)
> 4. 유동성 보강제
>   ⓐ 호스의 마찰손실을 줄여 방수량을 증가
>   ⓑ Rapid Water: 물+유동제(폴리에틸렌옥사이드)
> 5. 물 첨가제
>   ⓐ 물+동결방지제
>   ⓑ 물+침투제(합성계면활성제) → 유수(Wet Water)
>   ⓒ 물+증점제[카르복시메틸셀룰로오스(CMC)] → Thick Water
>   ⓓ 물+유동제(폴리에틸렌옥사이드) → Rapid Water

[참고] 습윤성은 고체의 표면이 액체와 접촉하여 축축하게 배어드는 성질이다.

015 | 동결방지제   답 ③

무기물 계통의 동결방지제인 염화칼슘과 염화나트륨은 금속에 대한 부식을 일으키므로 배관 부식방지제와 섞어 사용 가능하다.

> **관련 개념 | 동결방지제**
> 1. 물의 빙점(0℃)하에서 동파 및 물의 응고현상을 방지하기 위하여 물에 첨가하는 물질이다.
> 2. 동결방지제 종류
>
> | 유기물 계통 | 에틸렌글리콜, 프로필렌글리콜, 디에틸렌글리콜, 글리세린 등이 사용되며, 에틸렌글리콜을 가장 많이 사용한다. |
> |---|---|
> | 무기물 계통 | 염화나트륨, 염화칼슘 |

016 | 증점제   답 ②

물에 1% 이하의 계면활성제를 가해 표면장력을 낮춰 침투효과를 높이기 위한 첨가 물질은 침투제이다. 표면장력의 약화는 액체 표면적을 넓게 하여 열 흡수 능력을 증가시킨다.

> **관련 개념 | 증점제**
> 1. 가연물질에 대한 물소화약제의 부착성(점착성)을 증가시키기 위한 첨가 물질이다.
> 2. 많은 열을 발생하는 화재(산림화재 등)에 매우 효과적이다.
> 3. Thick water란 물과 증점제를 혼합한 수용액이다.

017 | 유동제   답 ④

- 유동제(Rapid water)는 물의 마찰손실을 줄이기 위한 첨가제이다. 소방활동에서 호스 내의 물의 마찰손실을 줄이면 보다 많은 양의 방수가 가능해지고 가는 호스로도 방수가 가능해진다. Rapid water의 성분은 폴리에틸렌옥사이드로서 물의 점성이 약 70%로 감소하여 방수량이 증가하게 된다.
- 증점제(Viscosity agent)는 가연물질에 대한 물소화약제의 부착성을 증가시키기 위한 첨가 물질을 말한다. 이는 많은 열이 발생하는 화재에 매우 효과적이다.

> **관련 개념 | 유동성 보강제(유동제)**
> 1. 물의 마찰손실을 줄여 방수량을 증가하는 첨가제
> 2. Rapid Water: 물+유동제(폴리에틸렌옥사이드)

018 | 유동제   답 ④

미국 Union Carbide 사에서 Rapid water라는 명칭으로 발매된 첨가제는 물의 마찰손실을 줄이기 위한 첨가제이다. 소방활동에서 호스 내의 물의 마찰손실을 줄이면 보다 많은 양의 방수가 가능해지고 가는 호스로도 방수가 가능해진다. Rapid water의 성분은 폴리에틸렌옥사이드로서 물의 점성이 약 70%로 감소하여 방수량이 증가하게 된다.

[선지분석]
① Wetting agent: 침투제(유수)
② Antifreeze agent: 부동액(에틸렌글리콜)
③ Viscosity agent: 증점제(스틱워터)

02 강화액소화약제 89p

001 ④ 002 ③

001 강화액소화약제의 특징 답 ④

형식승인 및 제품검사기준상 사용온도범위는 영하 20℃ 이상~영상 40℃ 이하이다.

선지분석
③ 강화액소화약제를 무상 방사 시 A급·B급·C급 화재에 적응성이 있다(K급 가능).

📝 **관련 개념 | 강화액소화약제**

1. 비중 1.3~1.4(불보나 부납나)
2. 형식승인 및 제품검사기준 상 응고점(어는점)은 영하 20℃ 이하
3. 사용온도범위는 영하 20℃ 이상 ~ 영상 40℃ 이하(분말소화기도 같음)
4. 강알칼리성으로 독성이 없고 장기 보관에도 분해, 침전, 노화가 일어나지 않는다.
5. 한랭지역 및 겨울철에 사용 가능
6. 물+알칼리금속염류(탄산칼륨, 탄산나트륨, 황산칼륨, 인산암모늄)+침투제+방염제로 혼합
7. 부촉매효과(K^+, Na^+, NH_4^+)와 물보다 침투력이 뛰어나 재연소(재발화)를 방지
8. 무색 또는 황색으로 약간의 점성이 있는 알칼리금속염류의 수용액
9. 소화효과

주수형태	주된 소화	적응화재
봉상	부촉매(억제), 냉각	A급 화재 (B, K급 가능)
무상	부촉매(억제), 냉각, 질식	A, B, C급 화재 (K급 가능)

002 강화액소화약제의 특징 답 ③

강화액소화약제는 액체 소화약제 중 유일하게 부촉매효과가 있다.

선지분석
④ 분말소화약제는 고체 소화약제 중 부촉매효과를 가지는 소화약제이다.

📝 **관련 개념 | 강화액소화약제 주수 형태별 특징**

주수형태	주된 소화	적응화재
봉상	부촉매(억제), 냉각	A급 화재 (B, K급 가능)
무상	부촉매(억제), 냉각, 질식	A, B, C급 화재 (K급 가능)

03 포소화약제 90p

001 ② 002 ① 003 ① 004 ② 005 ④
006 ② 007 ③ 008 ④ 009 ② 010 ①
011 ③ 012 ① 013 ② 014 ①

001 포원액 답 ②

저발포에 사용 가능한 포소화약제 농도는 3%형, 6%형이며, 고발포에 사용 가능한 포소화약제 농도는 1%형, 1.5%형, 2%형이다.

📝 **관련 개념 | 포소화약제의 농도**

저발포에 사용 가능한 포소화약제 농도	3%형, 6%형
고발포에 사용 가능한 포소화약제 농도	1%형, 1.5%형, 2%형

참고 6%형이란 6L의 포원액에 94%의 물을 가하여 100L의 포수용액을 만드는 것을 말한다.

📝 **관련 개념 | 발포방법**

1. 저발포(3%, 6%)(물 97%+포원액 3%=포수용액)
   ⓐ 비수용성
   • 단백포
     - (일반)단백포
     - 불화단백포
   • 합성계면활성제 포
   • 수성막포
   ⓑ 수용성: (내)알코올 포
2. 고발포(1%, 1.5%, 2%)(물 99%+포원액 1%=포수용액): 합성계면활성제 포

002 포소화약제 답 ①

알코올포소화약제의 종류는 금속비누형, 불화단백형, 고분자겔형 포소화약제가 있다. 금속비누형은 현재 거의 사용되지 않고, 불화단백형 알코올포소화약제가 가장 많이 사용되고 있다.

003 단백포소화약제 답 ①

단백포소화약제는 동물의 뼈, 발톱 등으로부터 주원료인 젤라틴을 채취하여 가성소다로 분해하고 중화시켜 농축시킨 소화약제이다. 흑갈색의 특이한 냄새가 나는 점도가 있는 물질로 저발포소화약제에 사용하며, 내열성이 우수하다.

참고 단백포는 흑갈색 끈끈한 액체로서 동물의 뿔·발톱 등으로부터 젤라틴 → 단백질 추출 → 가수분해+황산+제1철염 첨가제로 혼합 제조한 물질이다.

004 | 합성계면활성제포   답 ②

합성계면활성제포는 계면활성제를 기제로 하여 기포 안정제를 첨가하여 제조한 것으로, 고발포용과 저발포용 2가지가 있다. 저발포로 사용할 경우는 내열성 및 내유성이 불량하여 단백포보다 유류화재에 적응성이 낮으며, 이로 인하여 일반적으로는 고발포용(A급 화재)으로 사용한다. 지하상가 또는 창고화재에 적합하다.

005 | 표면하주입방식   답 ④

수성막포 및 불화단백포는 내유성이 우수하여 표면하주입방식을 사용할 수 있다.

> 참고 수성막포, 불화단백포: 표면하주입방식, CDC 분말소화약제에 사용되는 포 약제이다.

006 | 포소화약제   답 ②

옳은 것은 ㄱ, ㄴ이다.

[선지분석]
ㄷ. • 단친매성: 물하고만 친한 성질(친수성)을 뜻하며, 단친매성 물질로 불소를 함유하고 있는 불화단백포, 수성막포가 있다.
   • 양친매성: 물과 기름 모두 친한 성질(친수성+친유성)을 뜻하며, 양친매성 물질로 단백포, 합성계면활성제포가 있다.
ㄹ. 라인프로포셔너 방식(Line Proportioner Type)은 관로혼합방식으로서 혼합기(벤츄리관)의 흡입가능 높이가 낮고 압력손실이 크며 유량범위가 좁다.

> 📗 관련 개념 |
> 1. 펌프프로포셔너 방식
>   ⓐ 사용: 화학소방차
>   ⓑ 특징
>   • 포소화설비 전용펌프 사용
>   • 압력손실이 적고 유지보수가 용이하다.
>   • 압력손실 발생 시 약제탱크쪽으로 물이 역류한다.
>
>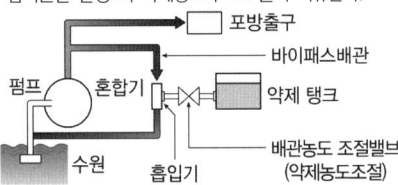
>
> 2. 라인프로포셔너 방식
>   ⓐ 사용: 포소화전
>   ⓑ 특징
>   • 혼합기(벤츄리관)의 흡입가능 높이가 낮다(흡입가능 높이 1.8m 이하).
>   • 혼합기(벤츄리관)의 압력손실이 크며 유량범위가 좁다.
>   • 소형이며 경제적이다(가격이 저렴).
>
>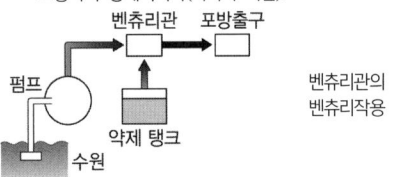
>
> 3. 프레져프로포셔너 방식
>   ⓐ 사용: 대부분 건물(가장 많이 사용)
>   ⓑ 특징
>   • 혼합기(벤츄리관)의 흡입가능 높이가 높다(흡입가능 높이 1.8m 이상).
>   • 혼합기(벤츄리관)의 압력손실이 작고 유량범위가 넓다.
>
>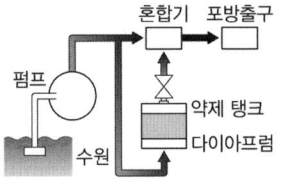
>
> 4. 프레져 사이드 프로포셔너 방식
>   ⓐ 사용: 항공기 격납고, 석유화학공장, 대형설비
>   ⓑ 특징
>   • 혼합기(벤츄리관)의 흡입가능 높이가 높다(흡입가능 높이 1.8m 이상).
>   • 혼합기(벤츄리관)의 압력손실이 작고 유량범위가 넓다.
>   • 가격이 비싸다.
>
>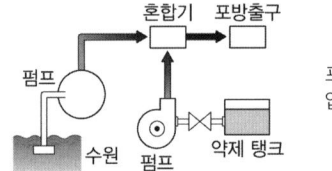
>
> 5. 압축공기포 믹싱챔버 방식
>   ⓐ 사용: 발전기실, 엔진펌프실, 변압기, 전기케이블실, 유압설비
>   ⓑ 특징
>   • 가장 점도가 커서 접착력이 우수하다.
>   • 감전의 우려가 없으므로 C급 화재에 적응성이 있다(물론, A, B급 화재에도 적응성 있음).
>   • 가격이 비싸다.

007 | 수성막포소화약제   답 ③

• 수성막포는 유동성 및 내유성이 우수하여 초기소화속도가 단백포보다 빠르다.
• 수성막포소화약제는 내열성이 약해 윤화현상(Ring fire)이 발생한다. 윤화현상(Ring fire)을 방지하기 위해 탱크벽면에 Water spray(물분무, 미분무소화)를 설치한다.

> 📗 관련 개념 | 수성막포소화약제의 특징
> 1. 유동성이 좋은 포와 수성막이 형성되어 초기 소화속도가 빨라 유출된 기름화재에 가장 적합하다.
> 2. 내유성이 좋아 표면하주입방식을 할 수 있다.
> 3. 분말소화약제와 병용하여 소화 작업을 할 수 있다(CDC분말소화약제).
> 4. 화학적으로 매우 안정되며 장기 보존이 가능하다.
> 5. 소화 후 포와 막의 차단효과로 재연방지에 효과가 있다.
> 6. 영하에서도 포의 유동이 가능하며, 인체에 무해하다.

008 수성막포소화약제와 화학포소화약제 답 ④

화학포는 산성액(황산알루미늄)과 알칼리성액(탄산수소나트륨)의 화학반응에 의해 발생되는 이산화탄소를 핵으로 한 포를 말한다.

[선지분석]
① 수성막포는 일명 '라이트워터'라고도 불리며 기름층이 얇은 유출화재나 항공기의 화재 또는 화학공장의 유출화재에 적합하다. 이 경우 분말과 함께 Twin agent system 방식으로 소화하는 것이 효과적이다.
② 수성막포는 물 또는 기름보다 가벼워서 유류표면에 뜬다.
③ 화학포 저장방식에 따라 1약제 건식설비, 2약제 건식설비, 2약제 습식설비가 있다.

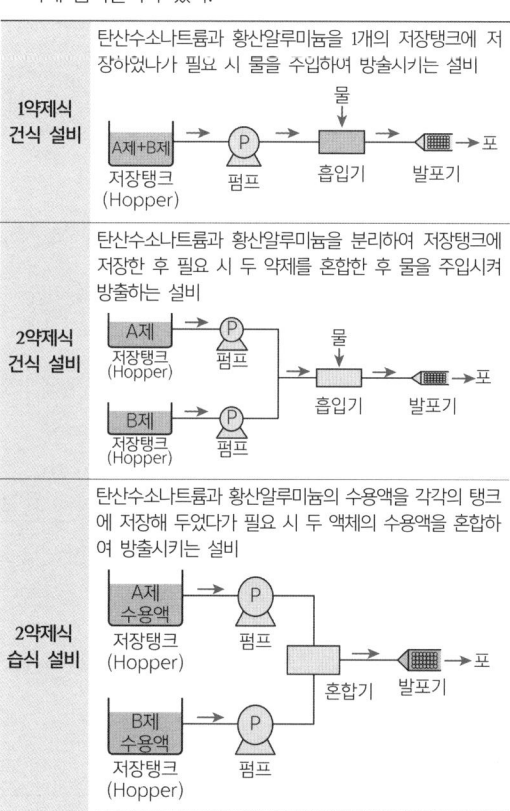

009 소화약제의 병용 답 ②

불화단백포 또는 수성막포소화약제가 분말소화약제(CDC)와 병용하면 유류화재의 재발화를 방지할 수 있다.

관련 개념 | 분말 소화약제와 포 소화약제 장단점 비교

구분	분말 소화약제	포 소화약제
장점	겉 불꽃 소화능력 우수	속 불꽃 소화능력 우수 (재발화 우려 없음)
단점	속 불꽃 소화능력 떨어짐 (재발화 우려)	겉 불꽃 소화능력 떨어짐

010 소화약제 답 ①

[선지분석]
ㄴ. 합성계면활성제포 소화약제는 1903년부터 개발된 가장 오래된 포소화약제로서 주성분은 고급 알코올 황산에스테르 염이다.
ㄷ. 팽창비(발포배율) = $\dfrac{\text{발포 후 포의 체적}}{\text{발포 전 포 수용액의 체적}}$ = $\dfrac{40{,}000\text{L}}{2{,}000\text{L}}$ = 20이다.
ㄹ. 단백포소화약제는 방부제 및 내열성을 높이기 위해 제일철염을 사용한다.

관련 개념 | 위험물탱크(Tank)

CRT (Cone Roof Tank)	• 콘루프탱크 사용[중질유 사용] • I형 방출구(통계단), II형 방출구(반사판), III형 (표면하 주입식 방출구), IV형(반표면하 주입식 방출구)
FRT (Floating Roof Tank)	• 플루팅루프탱크(부상식탱크) 사용[경질유 사용] • 특형 포방출구[굽도리판]

1. I형 방출구: 통계단(활강로, 미끄럼판) 등에 설치한 방출구 방식이고, 콘루프탱크(CRT)에 사용된다.
2. II형 방출구: 반사판(디플렉터) 방출구 방식이고, 콘루프탱크(CRT)에 사용된다.
3. III형 방출구: 표면하 주입식 방출구 방식이고, 콘루프탱크(CRT)에 사용된다.
4. IV형 방출구: 반표면하 주입식 방출구 방식이고, 콘루프탱크(CRT)에 사용된다.
5. 특형 방출구: 플루팅루프탱크(FRT; Floating Roof Tank)의 측면과 굽도리판(방지턱)에 의하여 형성된 환상부분에 포를 방출하는 방식이다.

[참고]
• 상부포 주입방식: I형, II형, 특형 포방출구
• 하부포 주입방식: III형, IV형 방출구

011 프레져 프로포셔너 방식 답 ③

프레져 프로포셔너 방식은 펌프와 발포기의 중간에 설치된 벤츄리관의 벤츄리작용과 펌프 가압수의 포소화약제 저장탱크에 대한 압력에 의하여 포소화약제를 흡입·혼합하는 방식이다.

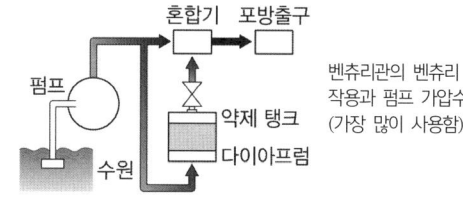

012 프레져사이드 프로포셔너 방식 답 ①

프레져사이드 프로포셔너 방식(Pressure side proportioner type)은 펌프의 토출관에 압입기를 설치하여 포소화약제 압입용 펌프로 포소화약제를 압입시켜 혼합하는 방식이다.

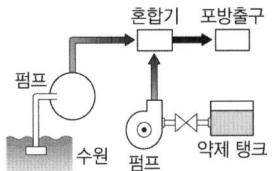

[선지분석]
② 라인 프로포셔너 방식(Line proportioner Type) - 벤츄리관의 벤츄리작용
③ 프레져 프로포셔너 방식(Pressure proportioner Type) - 벤츄리관의 벤츄리작용과 펌프가압수
④ 펌프 프로포셔너 방식(Pump proportioner Type) - 흡입기, 농도조절밸브

013 | 압축공기포 믹싱챔버방식 답 ②

압축공기포 믹싱챔버방식(Compressed air foam mixing chamber type)은 포 수용액(포원액+물)에 가압원으로 압축된 공기 또는 압축질소를 일정비율로 강제 주입·혼합하는 방식을 말한다.

참고 압축공기포 믹싱챔버 방식은 포원액+물+공기(질소)를 미리 혼합한 상태이다.

014 | 기계포소화약제의 혼합방식 답 ①

벤츄리관의 벤츄리작용을 이용하는 기계포소화약제의 혼합방식을 모두 고른 것은 ㄴ, ㄷ이다.

[선지분석]
ㄱ, ㄹ. 펌프 프로포셔너 방식, 프레져사이드 프로포셔너 방식은 벤츄리관의 벤츄리작용을 이용하는 기계포소화약제의 혼합방식에 해당하지 않는다.

> **관련 개념 | 기계포소화약제의 혼합방식**
> 1. **라인 프로포셔너 방식(Line proportioner type)**: 펌프와 발포기의 중간에 설치된 벤츄리관의 벤츄리 작용에 의하여 포소화약제를 흡입·혼합하는 방식이다.
> 2. **프레져 프로포셔너 방식(Pressure proportioner type)**: 펌프와 발포기의 중간에 설치된 벤츄리관의 벤츄리 작용과 펌프 가압수의 포소화약제 저장탱크에 대한 압력에 의하여 포소화약제를 흡입·혼합하는 방식이다.

04 이산화탄소소화약제 95p

001 ④	002 ②	003 ①	004 ①	005 ①
006 ②	007 ②	008 ②	009 ②	010 ②
011 ④	012 ③			

001 | 이산화탄소의 열역학적 상태도 답 ④

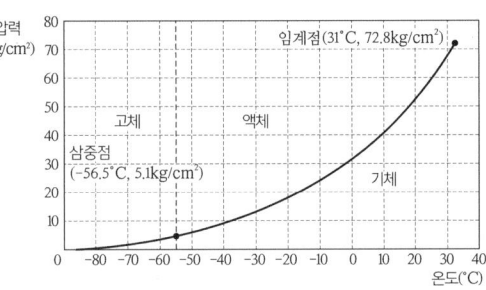

▲ 이산화탄소의 열역학적 상태도(P-T선도)

• 상압(대기압)에서 기체와 고체로만 존재[대기압에서는 액체 볼 수 없음]
• 삼중점: 고체, 액체, 기체가 공존하는 점(-57°C, 5.1기압)
• 삼중점 이하: 액체는 존재하지 않으며 고체, 기체상태로 존재
• 임계점(31°C, 72기압): 액체밀도 = 기체밀도
• 임계온도 이상에서는 기상으로만 존재하며, 액체로 존재할 수 있는 가장 높은 온도이다.

002 | 이산화탄소소화약제의 특징 답 ②

저장용기에 충전하는 경우 고압을 필요로 하는 것은 이산화탄소소화약제의 단점이다.

[선지분석]
③ 무극성 분자: 전기가 흐르지 않는다. 즉, 전기는 불량도체(부도체, 절연체)이다.

003 | 이산화탄소소화약제의 특징 답 ①

전역방출방식으로 할 때에는 일반가연물화재(A급 화재)에도 적용된다.

004 | 이산화탄소소화약제의 소화원리 답 ①

이산화탄소소화약제는 연소의 연쇄반응을 단절하고 반응을 억제하는 효과인 부촉매효과가 없고, 물리적 소화방법 중 질식소화가 주된 소화방법이다.

> 📝 **관련 개념 | 이산화탄소소화약제의 소화원리**

질식소화	연소물질에 대한 질식소화
냉각소화	소화약제 방출 시 증발잠열에 의한 냉각작용
피복소화	공기보다 약 1.53배 무거워 미연소물질의 표면 및 내부로 침투하여 산소공급을 차단하여 화재 시 연소 확대를 방지하는 소화

종별	함량(v%)	수분(wt%)
1종	99 이상	–
2종	99.5 이상	0.05 이하
3종	99.5 이상	0.005 이하

005 이산화탄소 소화원리 답 ①

옳은 것은 ㄱ이다.
ㄱ. • 최소 이산화탄소 소화농도
$$= \frac{\text{방출 후 이산화탄소 체적}}{\text{방호체적} + \text{방출 후 이산화탄소체적}} \times 100[\%]$$
• 최소 이산화탄소 소화농도 $= \frac{21 - O_2\%}{21} \times 100[\%]$이다.

[선지분석]
ㄴ. 가스계소화약제 중 냉각효과가 가장 우수하다.
ㄷ. 방사 시 운무(雲霧) 현상 때문에 가시거리가 짧아질 수 있다.
ㄹ. 액화이산화탄소가 분사노즐에서의 팽창 및 기화 시 줄-톰슨(Joule-Thomson) 효과와 주위로부터의 기화열 흡수에 의하여 영하 83°C까지 하강하게 되므로 냉각에 의한 동상의 위험이 있다.

006 이산화탄소소화약제의 특징 답 ②

장점	단점
• 전역방출방식(실이 밀폐인 경우)으로 할 때에는 일반가연물화재(A급 화재)에도 적용 • 화재를 소화할 때에는 피연소물질의 내부까지 침투(피복소화) • 피연소물질에 피해를 주지 않음(물과 비교) • 증거보존이 가능 • 소화약제의 구입비가 저렴 • 전기의 부도체(비전도성, 불량도체) • 장기간 저장하여도 변질·부패·분해를 일으키지 않음 • 자체압력으로 방출이 가능(외부 동력원 불필요)	• 고압가스에 해당하므로 저장 및 취급 시 주의를 요함 • 소화약제의 방출 시 동상의 우려 • 저장용기에 충전하는 경우 고압을 필요 • 인체의 질식이 우려 • 소화약제 방출 시 소리가 요란함 • 소화시간이 다른 소화약제에 비하여 깊(물리적 소화로서 주된 소화는 질식소화)

007 이산화탄소소화약제의 특징 답 ②

• 표면화재 발생 시 CO_2 설계농도는 34% 이상으로 하여야 한다.
• 심부화재 발생 시 CO_2 설계농도는 50% 이상으로 하여야 한다.

[선지분석]
④ 이산화탄소 소화약제는 순도가 99.5% 이상, 수분의 함량이 0.05wt%(중량%) 이하이어야 한다. 그러므로 액화이산화탄소 품종은 2종과 3종을 말한다.

008 최소 설계농도 답 ②

이산화탄소 설계농도를 구하는 식은 아래와 같다.
• 표면화재: $CO_2(\%) = \frac{21 - O_2\%}{21} \times 100 \times 1.2$
• 심부화재: $CO_2(\%) = \frac{21 - O_2\%}{21} \times 100 \times 1.8$

참고
• 표면화재는 소화농도에 20%를 더한다(가산한다).
• 심부화재는 소화농도에 80%를 더한다(가산한다).
• 심부화재: 목재, 전기설비, 섬유류와 같은 고체 가연물을 말한다.

009 최소 소화농도 답 ②

이산화탄소 소화농도를 구하는 식이
$CO_2(\%) = \frac{21 - O_2\%}{21} \times 100$이므로,

이산화탄소 최소 소화농도는 $\frac{21 - 13}{21} \times 100 \fallingdotseq 38\%$이다.

010 이산화탄소 체적 Q 답 ②

$Q(CO_2)[m^3] = \frac{21 - O_2}{O_2} \times V = \frac{21 - 15}{15} \times 100 = 40[m^3]$

• Q: 이산화탄소 체적[m^3]
• O_2: 한계산소농도[%]
• V: 방호구역 체적[m^3]

011 설계농도 답 ④

이산화탄소 설계농도는 소화농도의 1.2배이므로,
이산화탄소 소화농도 $\times 1.2 = \left(\frac{21 - 15}{21} \times 100\right) \times 1.2 \fallingdotseq 34\%$이다.

> 📝 **관련 개념 | 심부화재 시 설계농도**
>
> 1. 이산화탄소 설계농도
> $=$이산화탄소 소화농도 $\times 1.8 = \left(\frac{21 - 15}{21} \times 100\right) \times 1.8$
> $\fallingdotseq 50\%$
> 2. **심부화재**: 목재, 전기설비, 섬유류와 같은 고체 가연물을 말한다.

012. 최소 설계농도 답 ③

목재, 전기 설비, 섬유류와 같은 심부화재에 해당하는 것은 CO_2 최소 설계농도를 50% 이상으로 유지하여야 한다.

참고 석유는 인화성 액체로서 화재 시 표면화재에 해당하므로, CO_2 최소 설계농도는 34% 이상 유지하여야 한다.

05 할론소화약제 99p

001 ④ 002 ③ 003 ① 004 ④

001. 할론소화약제의 특징 답 ④

대부분 할론(Halon)소화약제는 탄소를 중심으로 한 단일 공유 결합 형성구조이다.

> **관련 개념 | 할론소화약제의 특징**
> 1. 부촉매소화란 가연물질의 연속적인 연소반응을 방해·차단 또는 억제시켜 더 이상 진행하지 못하게 하여 소화하는 효과를 말한다.
> 2. 연쇄반응 차단에 바탕을 둔 소화방법을 화학적 소화라 한다.
> 3. 할론 중 불소는 안정성이 뛰어나고 브로민은 소화강도가 우수하다.
> 4. 할론 1301은 자체증기압이 높지만 할론 1211, 할론 2402는 상대적으로 자체증기압이 낮기 때문에 별도의 가압원인 질소(N_2)가 필요하다.
> 5. 할론소화약제는 산소농도를 낮추는 질식소화가 아니라 연쇄반응을 차단하는 억제소화인 관계로, 분해 부산물을 최대한 억제하기 위하여 할론 설계농도의 제한을 두고 있다.

002. 소화강도 답 ③

할론 원소의 소화 능력을 비교하면 F 화합물 < Cl 화합물 < Br 화합물 < I 화합물이다. 할론소화약제에는 아이오딘이 포함되지 않으므로 브로민(Br)이 소화강도가 가장 우수하다.

선지분석

① ↑ 안전도(안전성) F(불소, 플루오린)
　　전기음성도 　　Cl(염소)
　　↕ 　　　　　　Br(브로민) ↓ 소화효과
　　원자와 전자의 I(아이오딘)
　　결합되는 능력의 척도

- 안정도(안정성) 1위: 불소[F > Cl > Br >I]
- 소화강도 1위: 아이오딘[F < Cl < Br <I]
- 할론소화약제 중 소화강도가 가장 큰 것은 브로민(취소)이다(아이오딘은 할론소화약제로 사용하지 않는다).
- 브로민(취소)Br: 부촉매효과 가장 우수하지만, 오존층을 파괴한다.

② 할론 1301의 분자식은 CF_3Br이다.

할론 1301	CF_3Br
할론 1211	CF_2BrCl
할론 2402	$C_2F_4Br_2$
할론 104	CCl_4

④ 오존파괴지수(ODP)는 3염화불화메탄($CFCl_3$)인 CFC-11이 오존층의 오존을 파괴하는 능력을 1로 기준한다.

참고 지구온난화지수(GWP)는 CO_2 기준으로 물질 1kg당 지구 온난화영향을 상대적으로 나타낸 지표를 기준으로 한다.

003. 소화방법 답 ①

할론소화약제의 소화방법은 화학적 연쇄반응 속도를 줄여 소화시키는 억제소화(부촉매소화)이다.

선지분석
② 이산화탄소소화약제는 산소의 농도를 15% 이하로 줄여 소화시키는 질식소화이다.
③ 포소화약제는 산소의 농도를 15% 이하로 줄여 소화시키는 질식소화이다.
④ 강화액소화약제는 화학적 연쇄반응 속도를 줄여 소화시키는 억제소화(부촉매소화)이다.

004. 할론소화약제의 특징 답 ④

할론(Halon) 1301 및 1211은 상온·상압에서 기체이고, 할론(Halon) 2402 및 104는 상온·상압에서 액체이다.

06 할로겐화합물 및 불활성기체 소화약제 101p

001 ① 002 ① 003 ④ 004 ③ 005 ③
006 ② 007 ④ 008 ① 009 ④ 010 ②

001. 할로겐화합물 및 불활성기체 소화약제 답 ①

할로겐화합물 소화약제는 불소, 염소, 브로민 또는 아이오딘 중 하나 이상의 원소를 포함하고 있는 유기화합물을 기본성분으로 하는 소화약제를 말한다.

> **관련 개념 | NOAEL(노엘)과 LOAEL(로엘)**
> 1. NOAEL(No Observed Adverse Effect Level)
>   ⓐ 무독성량을 뜻하는 것으로서, 인간의 심장에 영향을 주지 않는 최대 허용농도로서 관찰이 불가능한 부작용 수준이라 정의된다.
>   ⓑ 국내기준에서는 농도를 증가시킬 때 아무런 악영향을 감지할 수 없는 최대농도라 정의되어 있다.
> 2. LOAEL(Lowest Observed Adverse Effect Level)
>   ⓐ 사람이 가스에 노출되었을 때 독성 또는 생리적 변화가 관찰되는 최소농도라 정의된다.
>   ⓑ 국내기준에서는 농도를 감소시킬 때 악영향을 감지할 수 있는 최소농도라 정의되어 있다.

> **관련 개념 | 할로겐화합물 및 불활성기체 소화약제의 소화원리**
> 1. **할로겐화합물 소화약제**: 부촉매, 질식, 냉각소화(화학적, 물리적 소화)
> 2. **불활성기체 소화약제**: 질식, 냉각소화(물리적 소화)

002 할로겐화합물 소화약제   답 ①

할로겐화합물 소화약제는 FC계열, HFC계열, HCFC계열, FIC계열, FK계열이다.

> **관련 개념 | 우리나라에서 현재까지 설계 및 시공에 사용되는 약제 6가지 주요 소화약제**

소화약제	화학식
하이드로클로로플루오르카본화제 (HCFC BLEND A) (상품명: NAFS-Ⅲ)	HCFC-123($CHCl_2CF_3$): 4.75% HCFC-22($CHClF_2$): 82% HCFC-124($CHClFCF_3$): 9.5% $C_{10}H_{16}$: 3.75%
펜타플루오르에탄 (HFC-125)	CHF_2CF_3
헵타플루오르프로판 (HFC-227ea) (상품명: FM-200)	CF_3CHFCF_3
트리플루오르메탄 (HFC-23) (상품명: FE-13)	CHF_3
불연성·불활성 기체혼합가스 (IG-541)	N_2: 52% Ar: 40% CO_2: 8%
도데카플루오르-2 -메틸펜탄-3-원 (FK-5-1-12) (상품명: Novec-1230)	$CF_3CF_2C(O)CF(CF_3)_2$

참고

메타(모노)	에타(디)	프로파(트리)	부타(테트라)
1	2	3	4
펜타	헥사	헵타	옥타
5	6	7	8
노나	데카	운데카	도데카
9	10	11	12

003 할로겐화합물 및 불활성기체 소화약제   답 ④

ㄱ. 할로겐화합물 소화약제의 주된 소화원리는 불소, 염소 및 아이오딘에 의한 부촉매소화, 불활성 기체 주된 소화원리는 질식소화이다.
ㄴ. Br(브로민)은 부촉매소화효과 가장 우수하나 오존층을 파괴한다. 그래서 오존층을 보호하는 할로겐화합물에는 Br을 사용하지 않는다.
ㄷ. 할로겐화합물 및 불활성기체 소화약제가 갖추어야 할 조건으로는 독성이 적을수록, 지구온난화에 끼치는 영향이 적을수록, 대기중에 잔존시간이 짧을수록, 오존층 파괴에 미치는 영향이 적을수록 좋다.
ㄹ. 하이드로클로로플루오르카본혼합제(이하 'HCFC BLEND A'라 한다)는
  • HCFC-123($CHCl_2CF_3$): 4.75%
  • HCFC-22($CHClF_2$): 82%
  • HCFC-124($CHClFCF_3$): 9.5%
  • $C_{10}H_{16}$: 3.75%으로 혼합되어 있다.

004 할로겐화합물 및 불활성기체 소화약제   답 ③

할로겐화합물 및 불활성기체 소화약제의 설치 제외 장소는 다음과 같다.
• 사람이 상주하는 곳으로서 최대 허용설계농도를 초과하는 장소(HCFC BLEND A: 10[%], HFC-227ea: 10.5[%], IG-541: 43[%] 등). 예를 들면 IG-541: 43[%] 농도를 초과하면 질식의 우려가 있다.
• 제3류 위험물 및 제5류 위험물을 사용하는 장소

> **관련 개념 | 용어의 정의**
>
> 1. **오존파괴지수(ODP; Ozone Depletion Potential)**
>
> $$ODP = \frac{\text{비교물질 1kg이 파괴하는 오존량}}{\text{CFC-11 1kg이 파괴하는 오존량}}$$
>
> 2. **지구온난화지수(GWP; Global Warming Potential)**
>
> $$GWP = \frac{\text{비교물질 1kg이 기여하는 지구온난화 정도}}{\text{이산화탄소}(CO_2) \text{ 1kg이 기여하는 지구온난화 정도}}$$
>
> 3. **대기잔존년수(ALT; Atmosphere Life Time)**: 어떤 물질이 방사되어 분해되지 않은 채로 존재하는 기간, 즉 대기 중에 존재하는 기간을 년수로 표시한 것이다.
> 4. **NOAEL(No Observed Adverse Effect Level)**: 소화약제를 방출시킨 후 농도를 증가시켰을 때 인체(심장)에 생리학적 또는 독성의 악영향이 감지되지 않는 최대 농도이다.
> 5. **LOAEL(Lowest Observed Adverse Effect Level)**: 공간에 방출된 소화약제의 농도를 감소시켰을 때 인체(심장)에 생리학적 또는 독성의 악영향이 감지되는 최소 농도이다.
> 6. **반수치사농도(LC50; Lethal Concentration 50%)**: 성숙한 흰 쥐의 집단에 대해 대기 중에서 1시간 동안의 흡입실험(노출시키는 실험)에 의하여 14일 이내에 실험동물의 50%를 사망시킬 수 있는 독성물질의 최저 농도이다.
> 7. **근사치사농도(ALC; Approximate Lethal Concentration)**: 실험대상 동물(쥐)의 50%가 15분 이내에 사망하는 농도이다.

005 할로겐화합물 및 불활성기체 소화약제   답 ③

할로겐화합물 및 불활성기체 소화약제의 적응화재는 B급 화재, C급 화재이나, 전역방출방식으로 사용하는 경우 A급 화재에도 적응성이 있다. D급, K급 화재에는 적응성이 없다.

006 할로겐화합물 소화약제 답 ②

FIC-13I1은 트리플루오로이오다이드로, 화학식은 CF_3I이며, 탄소, 아이오딘, 불소로 구성된 할로겐화합물 소화약제이다.

007 할로겐화합물 소화약제 답 ④

할로겐화합물 소화약제는 헵타플루오로프로판(HFC-227ea)이며, 화학식은 CF_3CHCF_3이다.

[선지분석]
① CF_3Br는 할론 1301이다.
② CF_2ClBr는 할론 1211이다.
③ $C_2F_4Br_2$는 할론 2402이다.

008 불활성기체 소화약제 답 ①

불활성기체 소화약제인 IG-55의 성분 및 구성 비율은 질소(50%), 아르곤(50%)이다.

009 할로겐화합물 및 불활성기체 소화약제 답 ④

• 불활성기체 소화약제 화학식

IG-01	Ar
IG-100	N_2
IG-541	N_2(52%), Ar(40%), CO_2(8%)
IG-55	N_2(50%), Ar(50%)

[참고]
• N_2를 포함하지 않은 약제는 IG-01이다.
• CO_2를 포함하고 있는 약제는 IG-541이다.

• 할로겐화합물 소화약제 화학식

펜타플루오로에탄(HFC-125)	CHF_2CF_3
헵타플루오로프로판(HFC-227ea)	CF_3CHCF_3
트리플루오로메탄(HFC-23)	CHF_3

010 IG-541 답 ②

IG-541의 혼합가스 체적 성분비는 N_2: 52%, Ar: 40%, CO_2: 8%이다.

07 분말소화약제 104p

001 ① 002 ③ 003 ① 004 ① 005 ③
006 ② 007 ③ 008 ③ 009 ③ 010 ④
011 ③ 012 ①

001 분말소화약제의 특성 답 ①

차고, 주차장에는 인산염이 주성분인 제3종 분말소화약제만 사용 가능하다.

[선지분석]
② 제2종 분말소화약제인 탄산수소칼륨은 담회색(보라색)으로 착색되어 있다.
③ 미세한 분말로 만들어 유동성을 높인 후 이를 가스압(질소)으로 분출시켜 소화한다. → 외부동력원이 필요하다.
④ 분말소화약제의 사용되는 분말의 입도는 10~75μm 범위이며, 최적의 소화효과를 나타내는 입도는 20~25μm이다.

002 분말소화약제의 종류 및 특성 답 ③

• 제1종 분말소화약제 [B, C급] <백색>
 - 화학식

$$2NaHCO_3 \xrightarrow{270°C} Na_2CO_3 + CO_2\uparrow + H_2O\uparrow - 30.3kcal$$

탄산수소나트륨(중탄산나트륨) / 탄산나트륨 Na^+ 나트륨이온 <부촉매효과, 비누화효과> / 이산화탄소 <질식> / 수증기 / -Q <냉각효과>

 - 생성물: CO_2, H_2O
• 제2종 분말소화약제 [B, C급] <담회색, 보라색>
 - 화학식

$$2KHCO_3 \xrightarrow{190°C} K_2CO_3 + CO_2\uparrow + H_2O\uparrow - 29.82kcal$$

탄산수소칼륨(중탄산칼륨) / 탄산칼륨 K^+ 칼륨이온 <부촉매효과> / 이산화탄소 <질식> / 수증기 / -Q <냉각효과>

 - 생성물: CO_2, H_2O
• 제3종 분말소화약제 [A, B, C급] <담홍색, 노란색>
 - 화학식

$$NH_4H_2PO_4 \xrightarrow{360°C} HPO_3 + NH_3\uparrow + H_2O\uparrow - 76.95kcal$$

제1인산암모늄 / 메타인산 <방진효과> / 암모니아 <질식> NH_4^+ <부촉매효과> / 수증기 <질식> / -Q <냉각효과>

 - 생성물: H_2O

- 제4종 분말소화약제 [B, C급] <회색>
  - 화학식

$$2KHCO_3 + (NH_2)_2CO$$
탄산수소칼륨 　 요소

$$\rightarrow K_2CO_3 + 2NH_3 + 2CO_2\uparrow - Qkcal$$
탄산칼륨　암모니아　이산화　<냉각>
K+　　<질식>　　탄소
<부촉매　NH₄+　<질식>
효과>　<부촉매
　　　　효과>

- 생성물: CO_2
- 방습처리제(발수제)
  - 1종, 2종, 4종(B, C급): 금속의 스테아린산 아연, 스테아린산 마그네슘
  - 3종(A, B, C급): 실리콘유
- 고결방지제(유동제)
  - 1종, 2종, 4종(B, C급): 탄산마그네슘, 인산칼슘
  - 3종(A, B, C급): 활석분, 운모분

003 | 분말소화약제의 표시색상　　답 ①

주성분이 탄산수소나트륨($NaHCO_3$)인 제1종 분말소화약제의 표시색상은 백색이다.

$$2NaHCO_3 \xrightarrow[\triangle]{270°C} Na_2CO_3 + CO_2\uparrow + H_2O\uparrow - 30.3kcal$$
탄산수소　　　탄산나트륨　　이산화　수증기　　-Q
나트륨　　　　Na+　　　　　탄소　　　　　　<냉각효과>
(중탄산　　　나트륨이온　　<질식>
나트륨)　　　<부촉매효과,
　　　　　　비누화효과>

004 | 분말소화약제의 소화효과　　답 ①

제1종 분말소화약제인 중탄산나트륨을 지방이나 기름(식용유)의 화재에 사용할 때 기름의 지방산과 중탄산나트륨의 Na+ 이온이 비누가 되어 연료물질인 기름을 포위하거나 연소생성물의 가스에 의해 거품을 형성하여 소화작용을 돕게 되는데 이를 분말소화약제의 비누화 현상이라 한다.

$$2NaHCO_3 \xrightarrow[\triangle]{270°C} Na_2CO_3 + CO_2\uparrow + H_2O\uparrow - 30.3kcal$$
탄산수소　　　탄산나트륨　　이산화　수증기　　-Q
나트륨　　　　Na+　　　　　탄소　　　　　　<냉각효과>
(중탄산　　　나트륨이온　　<질식>
나트륨)　　　<부촉매효과,
　　　　　　비누화효과>

005 | 분말소화약제　　답 ③

장점	단점
• 주된 소화는 부촉매(억제) 효과이다. • 보조소화는 질식, 냉각, 복사열 차단 효과가 있다.	재착화의 우려가 있다.
• 약제수명이 반영구적이며, 무독성 및 비전도성(불량도체, 부도체) 물질이다. • 진화(소화)시간이 짧다.	배관으로 방출할 때 별도의 외부 동력원(질소 또는 이산화탄소)이 필요하다.
표면화재에 효과가 빠른 속효성이 있다.	• 금속화재(D급)에는 효과가 없다. • 방사된 잔여물이 피연소물질에 피해를 주고, 증거보존이 어렵다. • 습기의 흡입에 주의하여야 한다.

선지분석

ㄹ. 방사된 잔여물이 피연소물질에 피해를 주고, 증거보존이 어렵다.

> **관련 개념 | 제3종 분말소화약제**
>
> 1. 유일한 A, B, C급 화재(차고, 주차장에 사용)
> 2. 인산은 물과의 결합정도에 따라 메타인산, 피로인산, 올소(올트)인산 3가지로 구분한다.
>   ⓐ 메타인산
> $$P_2O_5 + H_2O(물 1개) \rightarrow 2HPO_3$$
>   오산화인
>
>   ⓑ 올소인산
> $$P_2O_5 + H_2O(물 3개) \rightarrow 2H_3PO_4$$
>   오산화인　　　　　　　　⇨ A급 화재 가능
>
> 3. 제3종 분말소화약제
> $$H_3PO_4 + NH_3 \rightarrow NH_4H_2PO_4$$
>   올소인산　암모니아　제1인산암모늄

006 | 제3종 분말소화약제　　답 ②

$$NH_4H_2PO_4 \xrightarrow[\triangle]{166°C} H_3PO_4 + NH_3\uparrow$$
　　　　　　　　　　올소인산
　　　　　　　　　　<탈수, 탄화작용>

$$NH_4H_2PO_4 \xrightarrow[\triangle]{360°C} HPO_3 + NH_3\uparrow + H_2O\uparrow - 76.95kcal$$
제1인산암모늄　　메타인산　암모니아　수증기　　-Q
　　　　　　　　<방진효과><질식>　<질식>　<냉각효과>
　　　　　　　　　　　　　NH₄+
　　　　　　　　　　　　　<부촉매효과>

007 | 제3종 분말소화약제   답 ③

$$NH_4H_2PO_4 \xrightarrow[\Delta]{166°C} H_3PO_4 + NH_3\uparrow$$

올소인산   암모니아
<탈수, 탄화작용>   <질식>
                NH_4^+
                <부촉매효과>

$$NH_4H_2PO_4 \xrightarrow[\Delta]{360°C} HPO_3 + NH_3\uparrow + H_2O\uparrow - 76.95\text{kcal}$$

제1인산암모늄   메타인산   암모니아   수증기   -Q
            <방진효과><질식>   <질식>   <냉각효과>
                      NH_4^+
                      <부촉매효과>

008 | 분말소화약제의 적응력   답 ③

제3종 분말소화약제는 일반건축물 내에 적응성이 우수하다.

선지분석
① 제1종 분말소화약제는 분말소화약제 중 소화성능이 가장 떨어진다.
② 제2종 분말소화약제는 제1종 분말소화약제보다 2배의 소화능력이 있다.
④ 제4종 분말소화약제는 분말소화약제 중 소화성능이 가장 우수하다.

009 | 소화효과   답 ③

$$NH_4H_2PO_4 \xrightarrow[\Delta]{360°C} HPO_3 + NH_3\uparrow + H_2O\uparrow - 76.95\text{kcal}$$

제1인산암모늄   메타인산   암모니아   수증기   -Q
            <방진효과><질식>   <질식>   <냉각효과>
                      NH_4^+
                      <부촉매효과>

인산암모늄을 기재로 한 분말소화약제는 제3종 분말소화약제이다. 제3종 분말소화약제의 열분해 시 생성물질 중에서 질식 소화효과를 나타내는 것은 수증기이다.

010 | 열분해 생성물질   답 ④

제1종 분말소화약제의 열분해 시 생성되는 물질은 탄산나트륨, 이산화탄소, 수증기(물)이다.

$$2NaHCO_3 \xrightarrow[\Delta]{270°C} Na_2CO_3 + CO_2\uparrow + H_2O\uparrow - 30.3\text{kcal}$$

탄산수소나트륨   탄산나트륨   이산화탄소   수증기   -Q
(중탄산나트륨) Na^+ 나트륨이온   <질식>   <냉각효과>
            <부촉매효과, 비누화효과>

011 | 방습처리제 및 고결방지제   답 ③

선지분석
ㄹ. **방습처리제(발수제)**
- 1종, 2종, 4종(B, C급): 금속의 스테아린산 아연, 스테아린산 마그네슘
- 3종(A, B, C급): 실리콘유
- **고결방지제(유동제)**
- 1종, 2종, 4종(B, C급): 탄산마그네슘, 인산칼슘
- 3종(A, B ,C급): 활석분, 운모분

012 | 분말소화약제의 종류 및 특성   답 ①

선지분석
ㄴ, ㄷ. 일반화재(A급, 전역방출방식만 해당), 유류화재(B급), 전기화재(C급)에 사용되는 소화약제는 가스계소화약제이다.
ㄹ. 수증기는 생성되지 않는다.

참고
• 제1종 분말소화약제 [B, C급] <백색>

$$2NaHCO_3 \xrightarrow[\Delta]{270°C} Na_2CO_3 + CO_2\uparrow + H_2O\uparrow - 30.3\text{kcal}$$

탄산수소나트륨   탄산나트륨   이산화탄소   수증기   -Q
(중탄산나트륨) Na^+ 나트륨이온   <질식>   <냉각효과>
            <부촉매효과, 비누화효과>

• 제2종 분말소화약제 [B, C급] <담회색, 보라색>

$$2KHCO_3 \xrightarrow[\Delta]{190°C} K_2CO_3 + CO_2\uparrow + H_2O\uparrow - 29.82\text{kcal}$$

탄산수소칼륨   탄산칼륨   이산화탄소   수증기   -Q
(중탄산칼륨) K^+ 칼륨이온   <질식>   <냉각효과>
            <부촉매효과>

- 제3종 분말소화약제 [A, B, C급] <담홍색, 노란색>

$$NH_4H_2PO_4 \xrightarrow[\triangle]{360℃} HPO_3 + NH_3\uparrow + H_2O\uparrow - 76.95kcal$$

제1산인   메타인산   암모니아 수증기   −Q
암모늄   <방진효과> <질식> <질식> <냉각효과>
                             NH_4^+
                         <부촉매
                         효과>

- 제4종 분말소화약제 [B, C급] <회색>

$2KHCO_3 + (NH_2)_2CO$
탄산수소칼륨   요소

$\rightarrow K_2CO_3 + 2NH_3 + 2CO_2\uparrow - Qkcal$

  탄산칼륨 암모니아 이산화   <냉각>
    K^+ <질식>   탄소
  <부촉매 NH_4^+ <질식>
   효과>   <부촉매
            효과>

PART 3 위험물의 종류별 특성과 소화방법

01 | 제1류 위험물(산화성 고체)   110p

| 001 ① | 002 ② | 003 ② | 004 ③ | 005 ③ |
| 006 ③ | 007 ② | 008 ③ | 009 ③ | 010 ② |

001 | 제1류 위험물의 특성   답 ①

제1류 위험물은 고체로서 산화력의 잠재적인 위험성 또는 충격에 대한 민감성을 판단하기 위하여 소방청장이 정하여 고시하는 시험에서 고시로 정하는 성질과 상태를 나타내는 것을 말한다.

선지분석
② 제5류 위험물
③ 제2류 위험물
④ 제6류 위험물

참고 제1류 위험물의 대표적인 성질은 산화성 고체이다. 모든 품명이 산소를 다량으로 함유한 강력한 산화제이며, 분해하여 산소를 방출한다. 또한 자신은 불연성 물질로서 자체는 연소를 하지 않지만 다른 가연물의 연소를 돕는 조연성 물질이다.

002 | 제1류 위험물의 종류   답 ②

유기과산화물은 제5류 위험물에 해당한다.

관련 개념 | 제1류 위험물
1. 소화방법: 주수(물)소화(무기과산화물 제외)[주수(냉각)소화]
   ⓐ 무기과산화물: [K_2O_2], [Na_2O_2], [MgO_2], [CaO_2], [BaO_2] → 금수성물질
   ⓑ 무기(알칼리금속)과산화물: 마른 모래, 팽창질석, 팽창진주암, 금속화재용분말소화기(드라이파우더) [질식소화]
2. 대부분 무기화합물이다. 대부분 무색의 결정이나 백색의 분말 상태의 고체물질(탄소성분이 없음) → 과망가니즈산염류: 검정색, 다이크로뮴산염류: 황적색(자색)

관련 개념 | 제1류 위험물(산화성고체)

구분	지정수량	위험등급
아염소산염류	50kg	I
염소산염류	50kg	I
과염소산염류	50kg	I
무기과산화물(알칼리금속과산화물)	50kg	I
브로민산염류	300kg	II
아이오딘산염류	300kg	II
질산염류	300kg	II
과망가니즈산염류	1,000kg	III
다이크로뮴산염류	1,000kg	III

003 | 제1류 위험물의 특성   답 ②

제1류 위험물 중 과망가니즈산염류는 흑자색 또는 적자색의 결정(검정색)이고, 다이크로뮴산염류는 대부분 황적색 또는 적색의 결정(자색)이다. 기타 나머지 제1류 위험물은 무색결정 및 백색분말이다.

관련 개념 | 제1류~제6류 위험물의 공통적 성질
1. 대부분 물보다 무겁고 물에 잘 녹는다(제1류, 제6류).
2. 대부분 물보다 무겁고 물에 잘 녹지 않는다(제2류, 제3류, 제5류).
3. 대부분 물보다 가볍고 물에 잘 녹지 않는다(제4류).

004 | 제1류 위험물의 특성   답 ③

제1류 위험물은 대부분 가열, 충격, 마찰에 의해 산소(O_2)가 발생한다. 다만, 무기과산화물(알칼리금속과산화물)의 경우 물과 반응하여 산소(O_2)가 발생하고 발열한다.

005 | 제1류 위험물의 특성   답 ③

염소산나트륨, 과산화나트륨, 질산나트륨은 조해성이 있으므로 습기에 주의하며, 용기는 밀전용기에 저장하여 환기가 잘 되는 찬 곳에 저장하여야 한다.

참고
• 용기 → 밀전·밀봉(통풍이 잘 되는 곳 아님)
• 용기 저장장소 → 통풍이 잘되는 곳(환기가 잘 되는 곳)

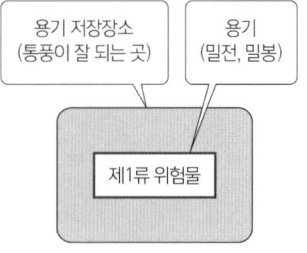

006 | 제1류 위험물의 특성   답 ③

제1류 위험물인 무기과산화물(알칼리금속의 과산화물)은 물과 격렬히 반응하여 산소를 방출하므로 물과의 접촉을 피하여야 한다.

예 $2Na_2O_2 + 4H_2O \rightarrow 4NaOH + 2H_2O + O_2 \uparrow$

007. 제1류 위험물의 특성 — 답 ②

물보다 무겁고 물에 녹는 것이 많다. 조해성이 있는 것이 있으며, 수용액 상태에서도 산화성이 있다.

008. 제1류 위험물의 소화대책 — 답 ③

제1류 위험물 중 무기과산화물(과산화칼륨, 과산화나트륨, 과산화마그네슘, 과산화칼슘, 과산화바륨 등 알칼리금속 과산화물)은 물과 반응하여 산소 가스와 열이 발생한다. 즉, 무기과산화물은 주수소화를 해서는 안 된다.

009. 제1류 위험물의 소화대책 — 답 ③

무기과산화물은 황화인과 접촉 시 자연발화의 위험이 있고, 황린과 접촉 시 폭발의 위험이 있다.

[선지분석]
① 과산화수소: 제6류 위험물이며, 다량의 물로 희석소화한다.
② 황린: 제3류 위험물 자연발화성 물질이며, 물에 의한 냉각소화한다.
③ 무기과산화물: 물과 반응하여 산소와 열을 발생, 위험을 초래하므로 물에 의한 냉각소화를 피하고 소화약제 이외의 것인 마른 모래, 팽창질석, 팽창진주암 등으로 질식소화하는 것이 유효하다.
④ • 무기과산화물: 대통령령으로 정하는 제1류 위험물
• 삼산화크로뮴: 행정안전부령으로 정하는 제1류 위험물

참고 무기과산화물(알칼리금속 과산화물)은 과산화칼륨, 과산화나트륨, 과산화마그네슘, 과산화칼슘, 과산화바륨 등이 있다.

010. 제1류 위험물의 특성 — 답 ②

무기과산화물(알칼리금속 과산화물)은 물과 반응하여 산소와 열을 발생하여 위험을 초래하므로 물에 의한 냉각소화를 피하고 마른 모래, 팽창질석, 팽창진주암, 드라이파우더(Dry powder) 등으로 질식소화하여야 한다.

[선지분석]
③ • 진한 질산: 제6류 위험물
• LPG(액화석유가스), LNG(액화천연가스): 고압가스안전관리법령이므로 위험물안전관리법령상 위험물이 아니다.

---

02 제2류 위험물(가연성 고체) 113p

| 001 | ② | 002 | ② | 003 | ④ | 004 | ④ | 005 | ② |
| 006 | ③ | 007 | ② | 008 | ④ | 009 | ② | | |

---

001. 제2류 위험물의 특성 — 답 ②

제2류 위험물의 대표적인 성질은 가연성 고체 또는 수소를 가까이 하는 환원성 고체이다. 비교적 낮은 온도에서 착화하기 쉬운 이연성, 속연성 물질이다.

관련 개념 | 위험물의 종류

제1류 위험물	산화성 고체(산소를 가까이 하는 산화성 고체)
제2류 위험물	가연성 고체(수소를 가까이 하는 환원성 고체)
제3류 위험물	금수성 물질 및 자연발화성 물질
제4류 위험물	인화성 액체

002. 제2류 위험물의 종류 — 답 ②

특수가연물 중 페놀은 석탄산이라고도 부르며, 무색 결정에 독특한 냄새가 난다. 인화점은 79.8℃, 착화점은 약 715℃이다.

관련 개념 | 제2류 위험물의 품명·위험등급 및 지정 수량

황화인, 적린, 황	위험 II 등급	100kg
철분, 마그네슘, 금속분 (알루미늄분, 아연분, 안티몬분)	위험 III 등급	500kg
인화성 고체(락카퍼티, 고무풀, 고형알코올, 메타알데히드, 제3부틸알코올)	위험 III 등급	1,000kg

참고 제2류 위험물은 위험 I 등급이 없다.

관련 개념 | 특수가연물의 일반적인 성질

1. 1기압 20℃에서 고체 또는 반고체 상태인 물질이다.
2. 가열하면 인화성 증기를 발생한다.
3. 화세가 세어 연소 시 소화가 곤란한 물질이다.
4. 위험성, 저장 및 소화방법이 제4류 위험물과 유사한 것이다.

003. 제2류 위험물의 특성 — 답 ④

제2류 위험물은 비교적 낮은 온도에서 착화(발화)되기 쉬운 이연성, 속연성 물질이다.

참고 일반적으로 고체는 착화(발화), 액체는 인화로 논한다.

004. 제2류 위험물의 종류 — 답 ④

제2류 위험물 중 인화성 고체는 고형알코올, 그 밖에 1기압에서 인화점이 40℃ 미만인 고체를 말한다. 나프탈렌은 특수가연물에 해당하며, 인화점이 40℃ 이상 100℃ 미만인 가연성 고체류를 말한다.

005. 제2류 위험물의 특성 — 답 ②

제2류 위험물은 대부분 비중이 물보다 무겁고 물에 녹지 않는다.

006 | 제2류 위험물의 주의사항 답 ③

옳은 것은 ㄱ, ㄹ이다.

[선지분석]
ㄴ. 강력한 환원제로서 산소와의 결합이 쉬워 산화되기 쉽다. 즉, 저농도의 산소에서도 결합하여 연소열이 크고 연소온도가 높다.
ㄷ. 수납 시 주의사항은 화기주의, 화기엄금, 물기엄금이다.

> **관련 개념 | 금속분, 철분, 마그네슘**
> 1. 제2류 위험물(가연성 고체)
> 2. 위험 Ⅲ등급이며, 지정수량 500kg
> 3. 분진폭발
> 4. 주수소화 금지: 마른 모래, 팽창질석, 팽창진주암, 드라이파우더 등 질식소화

007 | 마그네슘 화재 답 ②

마그네슘은 이산화탄소와 화학반응에 의해 분해된 C(흑연)를 내면서 연소하고, 유독성이면서 가연성 가스인 일산화탄소를 방출한다.

- $2Mg + CO_2 \rightarrow 2MgO + C$
- $Mg + CO_2 \rightarrow MgO + CO \uparrow$

[참고]
- 불연성탄소: 이산화탄소(CO_2)
- 가연성탄소: 일산화탄소(CO)

008 | 금속분(알루미늄, 아연, 안티몬) 답 ④

철분, 마그네슘, 금속분(알루미늄, 아연, 안티몬)은 물과 반응 시, 가연성 가스인 수소가 발생한다.

> **관련 개념 | 제2류 위험물의 반응식**
> 1. $Mg + 2H_2O \rightarrow Mg(OH)_2 + H_2 \uparrow$
> 2. $2Fe + 3H_2O \rightarrow Fe_2O_3 + 3H_2 \uparrow$
> 3. $Al + 2H_2O \rightarrow Al(OH)_2 + H_2 \uparrow$

[선지분석]
① 제3류 위험물인 탄화알루미늄은 물과 반응하여 메테인가스를 발생시킨다.
② 제3류 위험물인 인화칼슘(인화석회)은 물과 반응하여 포스핀(인화수소)가스를 발생시킨다.
③ 제3류 위험물인 탄화칼슘(카바이트)은 물과 반응하여 아세틸렌가스를 발생시킨다.

009 | 제2류 위험물의 성질 답 ②

옳은 것은 ㄴ, ㄹ이다.
ㄴ. 금속분은 산, 물, 할로젠원소와 접촉하면 발화하며, 금수성 물질로 습기와 접촉하면 발열하여 자연발화의 위험이 있다.
ㄹ. • 제1류 위험물: 산소[O], 수소[×], 수용성, 산화성
 • 제2류 위험물: 산소[×], 수소[O], 비수용성, 환원성

[선지분석]
ㄱ. • 금속은 양성 원소이므로 산소와의 결합력이 일반적으로 크고, 이온화 경향이 큰 금속일수록 산화되기 쉽다.
 • 금속(+): 양성원소
 • 비금속(−): 음성원소
ㄷ. 철분이라 함은 철의 분말로서 53마이크로미터의 표준체를 통과하는 것이 50중량퍼센트 미만인 것은 제외한다.

03 제3류 위험물(금수성 및 자연발화성 물질) 116p

001 ④	002 ④	003 ④	004 ④	005 ④
006 ②	007 ①	008 ③	009 ①	010 ②
011 ④				

001 | 제3류 위험물 답 ④

제3류 위험물의 품명·위험등급 및 지정수량을 나타내면 다음과 같다.

품명	위험등급	지정수량
칼륨, 나트륨, 알킬알루미늄, 알킬리튬	위험 Ⅰ등급	10kg
황린	위험 Ⅰ등급	20kg
알칼리금속 및 알칼리토금속(Li, Ca), 유기금속화합물 (알킬알루미늄 및 알킬리튬 제외)	위험 Ⅱ등급	50kg
금속의 수소화물, 금속의 인화물, 칼슘 또는 알루미늄탄화물	위험 Ⅲ등급	300kg

[참고] 제2류 위험물인 철분(Fe), 마그네슘(Mg), 금속분[알루미늄분(Al), 아연분(Zn), 안티몬분(Sb)]의 지정수량: 500kg

002 | 제3류 위험물의 성질 답 ④

제3류 위험물이란 고체 또는 액체로서 공기 중에서 발화할 위험이 있거나 물과 접촉하여 발화하거나 가연성 가스를 발생하는 위험성이 있는 것을 말한다.

[참고] 제3류 위험물은 자연발화성 물질 및 금수성 물질로 구성되어 있다.

003 | 제3류 위험물의 성질 답 ④

황린은 냉각소화(물), 나머지는 질식소화(마른 모래, 팽창질석, 팽창진주암, 드라이파우더 등)이므로 황린은 금수성 물질에 포함되지 않는다.

> **관련 개념 | 제3류 위험물의 특성**
> 1. 대부분 무기물 고체이다.
> 2. 칼륨, 나트륨, 황린, 알칼리금속, 알칼리토금속, 금속수소화합물, 금속인화합물 그리고 칼슘 또는 알루미늄의 탄화물은 무기화합물이며, 알킬알루미늄, 알킬리튬과 유기 금속화합물은 유기화합물로 구성되어 있다(무기화합물과 유기화합물로 구성).
> 3. 자연발화성 물질로서 공기와의 접촉으로 자연발화의 우려가 있다.
> 4. 황린을 제외한 모든 품목은 금수성 물질로서 물과 반응하여 가연성 가스를 발생한다.

004 | 제3류 위험물의 성질 답 ④

황린을 제외한 모든 품목은 물과 반응하여 다양한 가연성 가스가 발생한다.

005 | 황린의 연소 답 ④

적린과 황린은 동소체로서 완전연소하여 오산화인(백색연기)을 생성한다.

$$P_4 + 5O_2 \rightarrow 2P_2O_5$$
황린 산소 오산화인

$$2P + 2.5O_2 \rightarrow P_2O_5$$
적린 산소 오산화인

황린은 공기를 차단하고 260°C로 가열하면 적린으로 변한다.

006 | 황린의 특성 답 ②

황린(P_4)은 자연발화 방지를 위해 약알칼리성(pH9)의 물 속에 저장한다.

> **관련 개념 | 황린(P_4)의 특성**
> 1. 발화점이 상온에 가까울수록 낮아 산화열에 의한 자연발화의 위험이 높다.
> 2. 황린의 보호액: pH9(약 알칼리성)의 물 속에 저장한다. 자연발화 억제, 유독성인 오산화인(P_2O_5)과 가연성·유독성인 포스핀(PH_3) 가스의 발생 억제의 효과를 가진다.
> 3. 지정수량이 20kg이며, 독성 물질이다.
> 4. 공기 중 다량의 백색연기(P_2O_5, 오산화린)를 내면서 연소한다.

참고 산성과 염기성의 세기는 그 용액 속의 H^+나 OH^-의 농도로 결정되는데, 이것을 나타내는 기호가 수소이온지수(pH)이다. pH는 1~14까지 표시하는데 pH가 7보다 작으면 산성, 7보다 크면 염기성(알칼리성)이다.

007 | 제3류 위험물의 반응 답 ①

탄화알루미늄은 물과 반응하여 수산화알루미늄과 메탄(메테인) 가스를 생성한다.

$$Al_4C_3 + 12H_2O \rightarrow 4Al(OH)_3 + 3CH_4 + Q\uparrow$$

선지분석
② 금속나트륨: $2Na + 2H_2O \rightarrow 2NaOH + H_2 + Q\uparrow$
③ 수소화리튬: $LiH + H_2O \rightarrow LiOH + H_2 + Q\uparrow$
④ 금속리튬: $2Li + 2H_2O \rightarrow 2LiOH + H_2 + Q\uparrow$

008 | 제3류 위험물 답 ③

옳지 않은 것은 ㄴ, ㄷ, ㄹ, ㅁ으로, 4개이다.
ㄴ. 물과 반응할 때 아세틸렌가스가 발생하는 물질은 탄화칼슘이다.
ㄷ. 수납 시 화기엄금, 공기접촉엄금, 물기엄금으로 표기한 주의사항 게시판을 설치한다.
ㄹ. 알킬알루미늄, 알킬리튬 및 유기금속화합물은 화재 시 초기에는 석유류와 같은 연소형태에서 후기에는 금속화재와 같은 양상이 되므로 진압 시 특히 주의하여야 한다.
ㅁ. 칼륨, 나트륨, 황린, 알칼리금속, 알칼리토금속, 금속수소화합물, 금속인 화합물 그리고 칼슘 또는 알루미늄의 탄화물은 무기화합물이며, 알킬알루미늄, 알킬리튬과 유기금속화합물은 유기화합물이다.

선지분석
ㄱ. 금속칼륨이나 금속나트륨은 공기, 습기와의 접촉을 방지하기 위하여 반드시 기름(경유, 등유, 유동파라핀 등) 보호액을 넣은 내통에 밀봉하여 저장하고 외부로의 누출방지를 위해 외통을 별도 설치한다.

참고
• 황린의 보호액은 pH9의 물 속 저장(약한 알칼리성 물 속 저장)한다.
• pH9의 물 속 저장하는 이유는 자연발화억제, 유독성인 오산화인(P_2O_5)과 가연성·유독성인 포스핀(PH_3)가스의 발생을 억제하기 위함이다.

009 | 황린의 화학반응식 답 ①

$$P_4 + 5O_2 \rightarrow 2P_2O_5$$
황린 산소 오산화인

010 | 제3류 위험물의 분류 답 ②

황린은 제3류 위험물(금수성 및 자연발화성 물질) 중 자연발화성 물질에 해당한다.
참고 탄화칼슘은 제3류 위험물(금수성 및 자연발화성 물질) 중 금수성 물질에 해당한다.

011 | 알킬알루미늄 답 ④

선지분석
ㄱ. 공기 또는 물과 접촉하여 반응하는 자연발화성 및 금수성물질이다.
ㄴ. 알킬알루미늄은 주로 액체로서 트리부틸알루미늄까지만 공기 중에서 자연발화한다.

ㄷ. 트리프로필알루미늄은 물과 반응 시 프로페인(프로판)가스가 발생한다.
ㄹ. 염소화규소화합물은 행정안전부령으로 정하는 위험물에 해당된다.

> **관련 개념 | 알킬알루미늄(R_3Al)**
>
> 1. 알킬알루미늄(R_3Al): 알킬기(R: C_nH_{2n+1})와 알루미늄(Al)의 화합물
>
> | 종류 | 화학식 | 상태 | 물과 접촉 시 생성가스 |
> |---|---|---|---|
> | 트리메틸알루미늄 | $(CH_3)_3Al$ | 무색 액체 | 메탄(CH_4) |
> | 트리에틸알루미늄 | $(C_2H_5)_3Al$ | 무색 액체 | 에탄(C_2H_6) |
> | 트리프로필알루미늄 | $(C_3H_7)_3Al$ | 무색 액체 | 프로판(C_3H_8) |
> | 트리부틸알루미늄 | $(C_4H_9)_3Al$ | 무색 액체 | 부탄(C_4H_{10}) |
>
> 참고 여기서 n은 탄소수를 말한다.
>
> 2. 탄소수 $C_1 \sim C_4$까지는 공기 중에서 자연발화한다.
> 3. C_5부터는 자연발화가 일어나지 않는다.
> 4. 트라펜틸알루미늄[$(C_5H_{11})_3Al$]부터는 자연발화가 일어나지 않는다.

04 제4류 위험물(인화성 액체)   120p

| 001 ④ | 002 ① | 003 ④ | 004 ③ | 005 ④ |
| 006 ① | 007 ③ | 008 ② | 009 ① | |

001 | 제4류 위험물의 특성   답 ④

물과 접촉하면 가연성 가스가 발생하므로 화기로부터 멀리 해야 하는 것은 제3류 위험물의 공통성질에 해당한다.

선지분석
① 일반적으로 물보다 가볍고 물에 잘 녹기 어렵다.
② 증기는 공기와 약간 혼합되어도 연소의 우려가 있다.
  예 가솔린의 연소범위는 1.4~7.6 이므로 1.4라는 증기만 있어도 공기와 혼합하여 연소의 우려가 있다.
③ 대부분 증기비중은 공기보다 무겁다(시안화수소 제외).

002 | 제4류 위험물의 특성   답 ①

'알코올류'라 함은 지정수량이 400L이며, 1분자를 구성하고 있는 탄소원자의 수가 1개 내지 3개까지인 포화가 알코올(변성알코올 포함)을 말한다. 즉, 알코올류는 메틸 알코올, 에틸 알코올, 프로필 알코올, 변성 알코올이다.

선지분석
② 제1석유류 다음에 알코올류가 있는 이유는 제1석유류와 성질이 비슷하기 때문이다.
③ 제2석유류의 지정수량은 1000ℓ(비수용성)이며, 2000ℓ(수용성)
④ 제1석유류의 지정수량은 200ℓ(비수용성)이며, 400ℓ(수용성)

003 | 제4류 위험물의 특성   답 ④

제4류 위험물의 위험등급 및 지정수량을 나타내면 다음과 같다.

특수인화물류	위험 I 등급	50L
제1석유류	위험 II 등급	200L(400L)
알코올류	위험 II 등급	400L
제2석유류	위험 III 등급	1,000L(2,000L)
제3석유류	위험 III 등급	2,000L(4,000L)
제4석유류	위험 III 등급	6,000L
동식물류	위험 III 등급	10,000L

> **관련 개념 | 제4류 위험물의 기준 - 인화점으로 구분**
>
>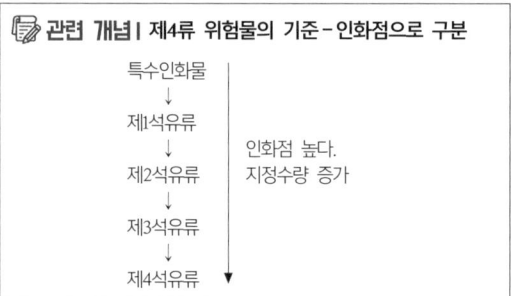

004 | 제4류 위험물의 저장 및 취급 방법   답 ③

증기는 높은 곳으로 배출하여야 한다.

> **관련 개념 | 제4류 위험물의 저장 및 취급 방법**
>
> 1. 용기는 밀전하여 통풍이 잘 되는 찬 곳에 저장할 것
> 2. 화기 및 점화원으로부터 먼 곳에 저장할 것
> 3. 인화점 이상 가열하여 취급하지 말 것
> 4. 인화성 액체는 비전도성(부도체)이므로 정전기의 발생에 주의하여 저장·취급할 것
> 5. 증기 및 액체의 누설에 주의하여 저장할 것
> 6. 증기는 높은 곳으로 배출할 것

005 | 제4류 위험물의 종류   답 ④

윤활유(기어유, 실린더유)는 제4석유류에 해당된다.

> **관련 개념 | 제4류 위험물의 품명**
>
> | 특수인화물 | 이소프렌, (디에틸)에테르, 아세트알데히드, 산화프로필렌, 이황화탄소 등 |
> |---|---|
> | 제1석유류 | 가솔린(휘발유), 아세톤, 벤젠, 톨루엔, 메틸에틸케톤, 피리딘, 시안화수소 등 |
> | 제2석유류 | 등유, 경유, 개미산, 초산(아세트산), 하이드라진, 테라핀유, 크실렌, 클로로벤젠, 장뇌유 등 |
> | 제3석유류 | 중유, 크레오소트유(타르유), 나이트로벤젠, 아닐린, 에틸렌글리콜, 글리세린 등 |

참고 **인화점**
- 이소프렌[영하 54℃], (디에틸)에테르[영하 45℃], 아세트알데히드[영하 38℃], 산화프로필렌[영하 37℃], 이황화탄소[영하 30℃], 가솔린(휘발유)[영하 43℃~영하 20℃], 아세톤[영하 18℃], 벤젠[영하 11℃], 톨루엔[영상 4℃]
- 인화점 순서: 이디아산이 가아벤톨

006 | 특수인화물의 성질   답 ①

유기화합물로서 증기는 공기보다 무겁다.

007 | 제4류 위험물의 착화온도   답 ③

동식물유 중 건성유는 아이오딘값이 130 이상이다. 반건성유는 아이오딘값이 100 초과 ~ 130 미만이며, 불건성유는 아이오딘값이 100 이하이다.

선지분석
① 인화점이 낮은 순서는 디에틸에테르(특수인화물) < 가솔린(제1석유류) < 등유(제2석유류) < 중유(제3석유류) < 윤활유(제4석유류)이다.
② 이황화탄소 연소 시 유독성인 아황산가스(이산화황)가 발생한다.
④ 특수인화물류 중 이황화탄소(CS_2)는 발화점이 약 100℃로서 제4류 위험물 중 착화점(발화점)이 가장 낮다.

008 | 제4류 위험물의 위험성   답 ②

인화점은 이소프렌, 디에틸에테르, 아세트알데히드, 산화프로필렌, 이황화탄소, 가솔린, 아세톤, 벤젠, 톨루엔 순으로 낮다.

참고 **인화점**
- 이소프렌[영하 54℃], (디에틸)에테르[영하 45℃], 아세트알데히드[영하 38℃], 산화프로필렌[영하 37℃], 이황화탄소[영하 30℃], 가솔린(휘발유)[영하 43℃~영하 20℃], 아세톤[영하 18℃], 벤젠[영하 11℃], 톨루엔[영상 4℃]
- 인화점 순서: 이디아산이 가아벤톨

009 | 제4류 위험물의 성질   답 ①

옳은 것은 ㄱ, ㄹ이다.

선지분석
ㄱ. 소화대책
- 비수용성 – 포[(불)단, 합, 수], 가스계, 물분무, 미분무: 질식소화
- 수용성
  - 포[(내)알코올 포]: 질식소화
  - 다량의 물: 희석소화
ㄴ. 위험 Ⅱ 등급인 제1석유류는 인화점 및 연소하한이 낮아 화재예방에 주의하여야 한다.
ㄷ. 아세트알데히드, 산화프로필렌은 은, 수(~니), 마그네슘, 수은을 피하여, 알루미늄이나 철의 용기에 저장한다.

05 제5류 위험물(자기반응성 물질)   123p

| 001 ④ | 002 ① | 003 ① | 004 ④ | 005 ④ |
| 006 ② | 007 ④ | | | |

001 | 제5류 위험물의 성질   답 ④

자기반응성 물질이란 고체 또는 액체로서 폭발의 위험성 또는 가열분해의 격렬함을 판단하기 위하여 고시로 정하는 시험에서 고시로 정하는 성질과 상태를 나타내는 것을 말하며, 위험성유무와 등급에 따라 제1종 또는 제2종으로 분류한다. 비교적 저온에서 열분해가 일어나기 쉽기에 불안정하고 위험성이 높은 물질이다.

구분	지정수량	위험등급	품명
유기과산화물	제1종: 10kg	Ⅰ: 지정수량 10kg	과산화벤조일[$(C_6H_5CO)_2O_2$], 과산화메틸에틸케톤[$(CH_3COC_2H_5)_2O_2$, MEKPO]
질산에스터류			질산메틸[CH_3ONO_2], 질산에틸[$C_2H_5ONO_2$], 나이트로셀룰로오스[$C_{24}H_{29}O_9(ONO_2)_{11}$, $(C_6H_7O_2(ONO_2)_3)n$] 나이트로글리세린[$C_3H_5(ONO_2)_3$]
나이트로화합물			트리나이트로톨루엔[$C_6H_2CH_3(NO_2)_3$] → TNT, 트리나이트로페놀[$C_6H_2OH(NO_2)_3$] = 피크린산 → TNP
나이트로소화합물	제2종: 100kg	Ⅱ: 지정수량 100kg	파라다이나이트로소벤젠[$C_6H_4(NO)_2$]
아조화합물			아조벤젠[$C_6H_5N = NC_6H_5$], 하이드록시아조벤젠[$C_6H_5N = NC_6H_4OH$]
다이아조화합물			다이아조메탄[CH_2N_2], 다이아조카르복실산에스터르
하이드라진 유도체			페닐하이드라진[$C_6H_5NHNH_2$], 하이드라조벤젠[$C_6H_5NHHNC_6H_5$]
하이드록실아민			하이드록실아민[NH_2OH]
하이드록실아민염류			황산하이드록실아민[$(NH_2OH)_2 \cdot H_2SO_4$]

선지분석
② 자기반응성 물질로서 아조화합물 및 다이아조화합물이 있다.
③ 나이트로화합물은 나이트로기가 많을수록 분해가 용이하고, 가열·충격 등에 민감해지면 분해 발열량도 크며 폭발력도 커진다.

참고 유기과산화물 – 액체, 나머지 – 고체

002 | 제5류 위험물의 성질   답 ①

제5류 위험물의 일부는 액체이고 대부분이 고체이며, 모두 물보다 무겁다.

003. 제5류 위험물의 성질　　　답 ①

제5류 위험물은 무기화합물과 유기화합물로 구성되었으며, 유기과산화물을 제외한 나머지는 질소를 함유한 유기·무기질소화합물이다. 즉, 유기화합물[C], 유기·질소화합물[C, N], 무기·질소화합물[N]로 구성되어 있다.

> **관련 개념 | 제5류 위험물의 소화방법**
> 1. 질식소화효과는 없다.
> 2. 분말, CO_2, 할로젠화합물 소화약제는 소화효과가 없다.
> 3. 일반적으로 다량의 주수에 의한 냉각소화가 양호하다.

004. 제5류 위험물의 특징　　　답 ④

제5류 위험물 중 하이드라진(N_2H_4)유도체는 산소를 함유하고 있지 않고, 압력변화에 의한 분해폭발을 한다.

참고
- 유기과산화물~나이트로화합물: 가연성이면서 산소를 함유하고 있음
- 아조화합물~하이드록실아민염류: 가연성이면서 산소를 함유하고 있지 않음

005. 위험물의 연소　　　답 ④

자기반응성 물질인 제5류 위험물은 외부로부터 공기 중의 산소공급 없이도 가열·충격 등에 의해 발열 분해를 일으켜 급속한 가스의 발생이나 폭발을 일으키는 물질이다.

선지분석
① 화재 발생 시 소화가 곤란하므로 가급적 소분하여 저장하고, 용기의 파손 및 위험물의 누출을 방지한다.
② 제3류 위험물은 공기 중에서 단시간에 걸쳐 산화열이 축적하여 자연발화가 발생하지만 제5류 위험물인 유기질소화합물은 불안정하여 분해가 용이하고 공기 중에서 장시간에 걸쳐 분해열이 축적되면서 자연발화한다.
③ 클로로벤젠, 나이트로벤젠은 제4류 위험물의 품명이며, 나이트로셀룰로오스, 나이트로글리세린은 제5류 위험물의 품명이다.

006. 제5류 위험물의 소화방법　　　답 ②

일반적으로 다량의 주수에 의한 냉각소화가 양호하다. 액상인 것은 일부 마른 모래나 분말로 소화할 수 있고 화재초기이거나 소량화재인 경우 화염 제거를 위해 분말로 소화할 수 있으나 최종적으로는 다량의 물로 냉각소화하여야 한다. 그 이후에는 연소확대 방지에 주력하여야 한다.

007. 제5류 위험물의 저장 및 취급방법　　　답 ④

제5류 위험물의 용기는 밀전, 밀봉하고 포장 외부에 화기엄금, 충격주의 등 주의사항 표시를 한다.

06. 제6류 위험물(산화성 액체)　　125p

| 001 ④ | 002 ② | 003 ① | 004 ③ | 005 ④ |
| 006 ② | 007 ① | 008 ④ | | |

001. 제6류 위험물의 성질　　　답 ④

제6류 위험물은 산화성 액체이므로 환원되기 쉬운 물질이다.

> **관련 개념 | 산화제와 환원제**
> | 산화제 | 환원되기 쉬운 물질(제1류 위험물, 제6류 위험물) |
> | 환원제 | 산화되기 쉬운 물질(제2류 위험물) |

선지분석
② 제6류 위험물은 불연성물질이면서 산소를 가지고 있는 조연성 물질로서 연소 및 폭발하지 않는다.
참고 할로젠 간 화합물: 삼불화브로민, 오불화브로민, 오불화아이오딘 등이 있으며 일반적으로 불안정하나 연소(폭발)하지 않는다.

002. 제6류 위험물의 종류　　　답 ②

과염소산 염류는 제6류 위험물에 해당하지 않고, 제1류 위험물에 해당한다.

003. 제6류 위험물의 성질　　　답 ①

제6류 위험물은 모두 무기화합물이며, 물보다 무겁고 물에 녹기 쉽다.

> **관련 개념 | 제6류 위험물의 특징**
> 1. 대표적인 성질은 산화성 액체이다.
> 2. 모두 불연성 물질로서 강산화제이다.
> 3. 모두 무기화합물이며, 물보다 무겁고 물에 녹기 쉽다.
> 4. 산소를 많이 포함하여 다른 가연물의 연소를 돕는다.
> 5. 물과 만나면 심하게 발열한다(과산화수소 제외).
> 6. 과산화수소를 제외하고 분해 시 유독성 가스를 발생한다.

004. 제6류 위험물의 특징　　　답 ③

제6류 위험물은 과산화수소를 제외하고 분해 시 유독성 가스를 발생하며, 부식성이 강하여 피부와 접촉 시 점막을 부식시킨다.

005. 위험물의 수납　　　답 ④

제4류 위험물 수납 시의 주의사항은 화기엄금이다.

관련 개념 | 위험물 수납 시 주의사항

제1류 위험물	• 알칼리금속의 과산화물 또는 이를 함유한 것: 화기·충격주의, 물기엄금 및 가연물접촉주의 • 그 밖의 것: 화기·충격주의 및 가연물접촉주의
제2류 위험물	• 황화인, 철분·금속분·마그네슘 또는 이를 함유한 것: 화기주의 및 물기엄금 • 인화성 고체: 화기엄금 • 그 밖의 것: 화기주의
제3류 위험물	• 자연발화성 물질: 화기엄금 및 공기접촉엄금 • 금수성 물질: 물기엄금
제4류 위험물	화기엄금
제5류 위험물	화기엄금 및 충격주의
제6류 위험물	가연물 접촉주의

참고
- 제1류, 제6류 위험물은 화기엄금이 없다.
- 제1류, 제5류 위험물만 충격주의가 있다.

006 | 위험물의 혼재 기준   답 ②

제2류 위험물과 제3류 위험물은 혼재할 수 없다.

구분	제1류	제2류	제3류	제4류	제5류	제6류
제1류		×	×	×	×	○
제2류	×		×	○	○	×
제3류	×	×		○	×	×
제4류	×	○	○		○	×
제5류	×	○	×	○		×
제6류	○	×	×	×	×	

참고
- 제1류, 제6류 → 혼재 가능
- 제2류, 제4류, 제5류 → 혼재 가능
- 제3류, 제4류 → 혼재 가능

007 | 지정수량   답 ①

둘 이상 위험물의 지정수량(같은 장소에서 저장 또는 취급하는 경우)의 계산은 다음과 같다.

$$\text{둘 이상 위험물의 지정수량} = \frac{\text{A품목 저장수량}}{\text{A품목 지정수량}} + \frac{\text{B품목 저장수량}}{\text{B품목 지정수량}} + \frac{\text{C품목 저장수량}}{\text{C품목 지정수량}} \cdots$$

- 지정수량 $= \frac{\text{A품목 저장수량}}{\text{A품목 지정수량}} + \frac{\text{B품목 저장수량}}{\text{B품목 지정수량}} + \cdots$

  $= \frac{200}{200} + \frac{2000}{1000} + \frac{4000}{2000} = 5$배

- 지정수량은 가솔린: 200ℓ, 등유: 1000ℓ, 중유: 2000ℓ이다.

008 | 특수가연물   답 ④

넝마 및 종이부스러기: 1,000킬로그램 이상

관련 개념 | 특수가연물

1. 「소방기본법」에서 정의하는 바와 같이 불연성 또는 난연성이 아닌 물질로서 위험물보다 화재의 위험은 낮지만 화재가 발생하면 높은 연소열량으로 인해 연소확대가 빠르고 소화가 곤란한 물질을 말한다.

2. 특수가연물의 종류

품명		수량
면화류		200kg 이상
나무껍질 및 대팻밥		400kg 이상
넝마 및 종이부스러기		1,000kg 이상
사류(絲類)		1,000kg 이상
볏짚류		1,000kg 이상
가연성 고체류		3,000kg 이상
석탄·목탄류		10,000kg 이상
가연성 액체류		2m³ 이상
목재가공품 및 나무부스러기		10m³ 이상
고무류·플라스틱류	발포시킨 것	20m³ 이상
	그 밖의 것	3,000kg 이상

PART 4 화재조사

01 화재조사의 개설 130p

001 ④ 002 ③ 003 ③ 004 ①

001 화재패턴 답 ④

화재 패턴에 X형 패턴은 없다. ④는 U형 패턴이다.

V형 패턴	화재가 발생하면 주위공기가 뜨거워져 연소가스와 공기는 위로 올라가고 더불어 화도도 위로 향하면서 주변으로 확대되는 연소형태로서 가장 일반적인 화재패턴이다.
역 V형 패턴	유동성이 있는 가연성(인화성) 액체에서 발생하는 연소형태로, 불기둥이 천장에 도달하지 않을 때 발생한다.
모래시계형 패턴	유동성이 있는 가연성(인화성) 액체에서 발생하는 연소형태로, 천장이 낮아서 천장에 불기둥이 도달하면 발생한다.
U형 패턴	연소확대 과정에서 형성되기 때문에 복사열의 영향을 크게 받아 확대되는 연소형태이다.

참고 **화재패턴**

▲ V형 패턴

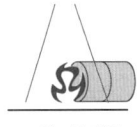
▲ 역V형 패턴

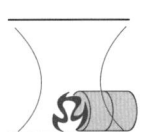
▲ 모래시계형 패턴

002 화재조사 답 ③

창조성 및 경제성은 화재조사의 특징에 해당하지 않는다.

> **관련 개념 | 화재조사의 특징**
> 1. 현장성을 갖는다.
> 2. 신속성을 유지해야 한다.
> 3. 정밀과학성을 요구한다.
> 4. 보존성을 갖는다.
> 5. 안전성이 반드시 보호되어야 한다.
> 6. 강제성을 지닌다.
> 7. 프리즘식으로 진행된다.

003 훈소흔, 주염흔 답 ③

- 훈소흔(燻燒痕), 무염흔(無焰痕)은 발열체가 목재면에 밀착되었을 때 그 발열체의 이면 목재면에 훈소흔이 남는다. 즉, 발열체에 의한 목재면의 흔적을 말한다.
- 주염흔(走焰痕)은 불이 물처럼 흘러가며, 공간 속에서 열과 연소로 남긴 불길의 흔적을 말한다.

> **관련 개념 | 목재의 표면 노출 온도조건에 따른 균열흔 (龜裂痕)**
> 균열흔이란 목재표면에 고온의 화염을 받아 겉 표면에 분출되는 흔적이 되는 흔, 즉 목재가 갈라진 흔적을 말한다. 균열흔은 형성과 모양에 따라 완소흔(緩燒痕), 강소흔(强燒痕), 열소흔(裂燒痕)으로 구분된다.
>
> | 완소흔 (緩燒痕) | • 700 ~ 800℃ 정도에서 비교적 천천히 더디게 타고 난 후 표면에 남는 갈라진 흔적을 말한다.
• 대체적으로 갈라진 틈의 폭이 넓지 않고, 골이 얕으며, 부분 모양이 삼각형 또는 사각형의 형태를 보인다. |
> |---|---|
> | 강소흔 (强燒痕) | • 불의 영향을 강하게 받아 심하게 탄 흔적을 말한다.
• 불의 온도가 약 900℃ 수준에서 연소되었을 때 나타나는 형상으로서 나무가 갈라져서 파인 골의 깊이가 깊은 편이며, 골의 테두리 모양은 각이 없는 반원형에 가깝다. |
> | 열소흔 (裂燒痕) | • 나무가 약 1,100℃ 수준의 온도에서 탈 때 표면이 갈라진 흔적을 말한다.
• 나무에 패인 홈의 깊이가 가장 깊고, 홈의 폭이 넓으며, 부분 형태는 구형에 가깝도록 볼록해진다.
• 열소흔은 대형화재 시와 같이 가연물이 많은 장소에서 볼 수 있다. |

004 화재패턴 답 ①

[선지분석]
② 스플래시패턴(Splash pattern): 인화성 액체가 쏟아지면서 주변으로 튀거나, 연소되면서 발생하는 열에 의해 스스로 가열되어 액면이 끓고, 주변으로 튄 액체가 포어패턴의 미연소 부분에서 국부적으로 점처럼 연소된 흔적을 말한다.
③ 원형패턴(Circular shaped pattern): 천장에 보이는 패턴으로 중심부가 깊게 탄화되고 열분해가 심하게 나타나면 원형패턴 중심부 아래에서 강한 열원이 작용했다는 단서가 된다.
④ 틈새연소패턴(Seam burn pattern): 목재 마루 및 타일 등 바닥재의 틈새 및 모서리에서 인화성액체가 쏟아지는 경우 틈새를 따라 흘러가거나 더 많은 액체가 고이게 되고, 이 액체가 연소되면 타 부위에 비해 더 강하게 더 오래 연소하게 된다. 고스트마크와 외형상 유사하나 바닥이 아닌 마감재 표면에서 나타나며, 단순히 인화성 액체의 연소라는 점, 주로 화재초기에 나타나며 플래시오버와 강한 복사열에서는 쉽게 사라질 수 있는 특징이 있다.

02	소방의 화재조사에 관한 법률	132p
001 ③	002 ①	003 ③	004 ③	005 ④

001 화재조사전담부서   답 ③

소방관서장은 화재조사전담부서(소방청, 소방본부, 소방서)를 설치·운영하여야 하며, 화재조사전담부서에 화재조사관을 2명 이상 배치해야 한다.

참고 소방관서장은 소방청장, 소방본부장, 소방서장을 말한다.

선지분석
① 화재조사의 목적 예를 들면
화재원인: 전기화재 → 화재성장· 주방기름 → 화지확산: 방화문, 방화샷다 고장(복도확산) → 피해현황: 인명피해, 재산피해 → 과학적·전문적 조사 → 화재예방, 소방정책에 활용
④ 소방관서장은 화재합동조사단을 구성·운영할 수 있다.
• 소방청장: 사상자가 30명 이상이거나 2개 시·도 이상에 걸쳐 발생한 화재(임야화재는 제외한다)
• 소방본부장: 사상자가 20명 이상이거나 2개 시·군·구 이상에 발생한 화재
• 소방서장: 사망자가 5명 이상이거나 사상자가 10명 이상 또는 재산피해액이 100억원 이상 발생한 화재

002 화재조사권자   답 ①

화재조사권자는 소방관서장(소방청장, 소방본부장, 소방서장)이다.

003 강제조사권   답 ③

방화 및 실화 혐의자에 대한 체포권은 수사기관에 부여된 권한이다.

📝 관련 개념 | 강제조사권

소방관서장은 화재조사를 하기 위하여 필요한 경우
1. 관계인에게 ⓐ 보고 및 자료제출 명령권
2. 화재조사관 ⓑ 출입 조사권
              ⓒ 관계인에게 질문권

004 화재조사관   답 ③

화재조사관은 화재조사의 전문성을 인정받아 화재조사업무를 수행하는 소방공무원을 말한다.

005 화재조사 범위   답 ④

모두 옳은 내용이다. 화재조사 범위는 다음과 같다.
• 화재원인에 관한 사항
• 화재로 인한 인명·재산피해상황

• 대응활동에 관한 사항
  예 소방대의 대응활동(화재진압, 구조, 구급 등), 관계기관의 대응활동
• 소방시설 등의 설치·관리 및 작동 여부에 관한 사항
• 화재발생 건축물과 구조물, 화재유형별 화재위험성 등에 관한 사항
  예 화재 위험성, 화재위험 유발요인, 화재확산 요인 등
• 그 밖에 대통령령으로 정하는 사항

03	화재조사 및 보고규정상의 화재조사	134p
001 ④	002 ②	003 ①	004 ②	005 ②
006 ③	007 ②	008 ②	009 ①	010 ③
011 ②	012 ②	013 ②	014 ②	015 ②

001 용어의 정의   답 ④

선착대란 화재현장에 가장 먼저 도착한 소방대를 말한다.

참고 다매체
문자, 앱, 영상통화 등 다양한 방법으로 119신고

002 발화지점   답 ②

• 1건의 화재란 1개의 발화지점에서 확대된 것으로 발화부터 진화까지를 말한다.
• 발화지점이 한 곳인 화재현장이 둘 이상의 관할구역에 걸친 화재는 발화지점이 속한 소방서에서 1건의 화재로 산정한다. 다만, 발화지점 확인이 어려운 경우에는 화재피해금액이 큰 관할구역 소방서의 화재 건수로 산정한다.

003 잔불정리, 재발화감시   답 ①

• 잔불정리: 화재 초진 후 잔불을 점검하고 처리하는 것을 말한다. 이 단계에서는 열에 의한 수증기나 화염 없이 연기만 발생하는 연소현상이 포함될 수 있다.
• 재발화감시: 화재를 진화한 후 화재가 재발되지 않도록 감시조를 편성하여 일정 시간 동안 감시하는 것을 말한다.

004 화재조사 및 보고규정   답 ②

소방은 재난안전상황실은 없으나, 119종합상황실은 있다.

📝 관련 개념 | 상시 재난안전상황실 설치목적 및 설치·운영 권자

행정안전부장관, 시·도지사 및 시장·군수·구청장은 재난정보의 수집·전파, 상황관리, 재난발생 시 초동조치 및 지휘 등의 업무를 수행하기 위하여 상시 재난안전상황실을 설치·운영하여야 한다.

1. **행정안전부장관**: 중앙재난안전상황실
2. **시·도지사 및 시장·군수·구청장**: 시·도별 및 시·군·구별 재난안전상황실

> 참고 **필요 시 재난안전상황실 설치·운영자**
> - 중앙행정기관의 장
> - 재난관리책임기관의 장

005 | 감정, 최종잔가율의 정의   답 ②

- '감정'은 화재와 관계되는 물건의 형상, 구조, 재질, 성분, 성질 등 이와 관련된 모든 현상에 대하여 과학적 방법에 따라 필요한 실험을 행하고 그 결과를 근거로 화재원인을 밝히는 자료를 얻는 것을 말한다.
- '최종잔가율'은 피해물의 경제적 내용연수가 다한 경우 잔존하는 가치의 재구입비에 대한 비율을 말한다.

006 | 화재조사의 원칙   답 ③

관계인 등에게 질문을 할 때에는 시기, 장소 등을 고려하여 진술하는 사람으로부터 임의진술을 얻도록 해야 하며 진술의 자유 또는 신체의 자유를 침해하여 임의성을 의심할 만한 방법을 취해서는 아니 된다.

007 | 화재출동대원 협조   답 ②

- 화재현장에 출동하는 소방대원은 조사에 도움이 되는 사항을 확인하고, 화재현장에서도 소방활동 중에 파악한 정보를 조사관에게 알려주어야 한다.
- 화재현장의 선착대 선임자는 철수 후 지체 없이 국가화재정보시스템에 별지 제2호 서식 화재현장출동보고서를 작성·입력해야 한다.

008 | 화재피해금액 산정   답 ②

㉠은 20%, ㉡은 10%이다.

> 「화재조사 및 보고규정」【화재피해금액 산정】 ① 화재피해금액은 화재 당시의 피해물과 동일한 구조, 용도, 질, 규모를 재건축 또는 재구입하는데 소요되는 가액에서 경과연수 등에 따른 감가공제를 하고 현재가액을 산정하는 실질적·구체적 방식에 따른다. 다만, 회계장부상 현재가액이 입증된 경우에는 그에 따른다.
> ② 제1항의 규정에도 불구하고 정확한 피해품목을 확인하기 곤란한 경우에는 소방청장이 정하는 「화재피해금액 산정매뉴얼」(이하 "매뉴얼"이라 한다)의 간이평가방식으로 산정할 수 있다.
> ③ 건물 등 자산에 대한 최종잔가율은 건물·부대설비·구축물·가재도구는 20%로 하며, 그 이외의 자산은 10%로 정한다.
> ④ 건물 등 자산에 대한 내용연수는 매뉴얼에서 정한 바에 따른다.
> ⑤ 대상별 화재피해금액 산정기준은 별표 2에 따른다.
> ⑥ 관계인은 화재피해금액 산정 결과에 이의가 있는 경우 별지 제12호 서식 또는 별지 제12호의2 서식에 따라 관할 소방관서장에게 재산피해신고를 할 수 있다.
> ⑦ 제6항에 따른 신고서를 접수한 관할 소방관서장은 화재피해금액을 재산정해야 한다.

009 | 화재조사   답 ①

> 선지분석
> ② 전소화재란 건물의 70% 이상(입체면적에 대한 비율을 말한다)이 소실되었거나 또는 그 미만이라도 잔존부분을 보수하여도 재사용이 불가능한 것을 말한다.
> ③ 발화일시의 결정은 관계인 등의 화재발견 상황통보(인지)시간 및 화재발생 건물의 구조, 재질 상태와 화기취급 등의 상황을 종합적으로 검토하여 결정한다. 다만, 자체진화 등 사후인지 화재로 그 결정이 곤란한 경우에는 발화시간을 추정할 수 있다.
> ④ 조사는 물적 증거를 바탕으로 과학적인 방법을 통해 합리적인 사실의 규명을 원칙으로 한다.

010 | 화재합동조사단 운영 및 종료   답 ③

사망자가 5명 이상이거나 사상자가 10명 이상 또는 재산피해액이 100억원 이상 발생한 화재에는 소방서장이 화재합동조사단을 구성하여 운영할 수 있다.

> 관련 개념 | 화재합동조사단 운영 및 종료
> 1. 소방관서장은 「소방의 화재조사에 관한 법률 시행령」 제7조 제1항에 해당하는 화재가 발생한 경우 다음에 따라 화재합동조사단을 구성하여 운영하는 것을 원칙으로 한다.
>   ⓐ 소방청장: 사상자가 30명 이상이거나 2개 시·도 이상에 걸쳐 발생한 화재(임야화재는 제외한다. 이하 같다)
>   ⓑ 소방본부장: 사상자가 20명 이상이거나 2개 시·군·구 이상에 발생한 화재
>   ⓒ 소방서장: 사망자가 5명 이상이거나 사상자가 10명 이상 또는 재산피해액이 100억원 이상 발생한 화재
> 2. 1.에도 불구하고 소방관서장은 영 제7조 제1항 제2호 및 「소방기본법 시행규칙」 제3조 제2항 제1호에 해당하는 화재에 대하여 화재합동조사단을 구성하여 운영할 수 있다.
> 3. 소방관서장은 영 제7조 제2항 및 영 제7조 제4항에 해당하는 자 중에서 단장 1명과 단원 4명 이상을 화재합동조사단원으로 임명하거나 위촉할 수 있다.
> 4. 화재합동조사단원은 화재현장 지휘자 및 조사관, 출동 소방대원과 협력하여 조사와 관련된 정보를 수집할 수 있다.
> 5. 소방관서장은 화재합동조사단의 조사가 완료되었거나, 계속 유지할 필요가 없는 경우 업무를 종료하고 해산시킬 수 있다.

011 | 건물동수 산정   답 ②

독립된 건물과 건물 사이에 차광막, 비막이 등의 덮개를 설치하고 그 밑을 통로 등으로 사용하는 경우는 다른 동으로 한다.

> 선지분석
> ① 건물의 외벽을 이용하여 실을 만들어 헛간, 목욕탕, 작업실, 사무실 및 기타 건물 용도로 사용하고 있는 것은 주건물과 같은 동으로 본다.
> ③ 구조에 관계없이 지붕 및 실이 하나로 연결되어 있는 것은 같은 동으로 본다.
> ④ 내화조 건물의 옥상에 목조 또는 방화구조 건물이 별도 설치되어 있는 경우는 다른 동으로 한다. 다만, 이들 건물의 기능상 하나인 경우(옥내 계단이 있는 경우)는 같은 동으로 한다.

관련 개념 | 건물동수 산정

1. 주요구조부가 하나로 연결되어 있는 것은 1동으로 한다. 다만 건널복도 등으로 2 이상의 동에 연결되어 있는 것은 그 부분을 절반으로 분리하여 각 동으로 본다.
2. 건물의 외벽을 이용하여 실을 만들어 헛간, 목욕탕, 작업실, 사무실 및 기타 건물 용도로 사용하고 있는 것은 주건물과 같은 동으로 본다.

3. 구조에 관계없이 지붕 및 실이 하나로 연결되어 있는 것은 같은 동으로 본다.

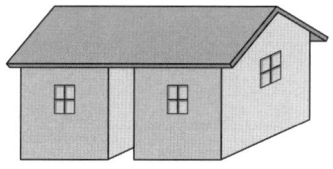

4. 목조 또는 내화조 건물의 경우 격벽으로 방화구획이 되어 있는 경우도 같은 동으로 한다.

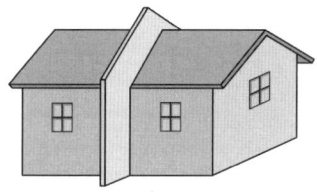

5. 독립된 건물과 건물 사이에 차광막, 비막이 등의 덮개를 설치하고 그 밑을 통로 등으로 사용하는 경우는 다른 동으로 한다.

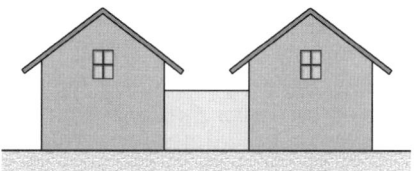

6. 내화조 건물의 옥상에 목조 또는 방화구조 건물이 별도 설치되어 있는 경우는 다른 동으로 한다. 다만, 이들 건물의 기능상 하나인 경우(옥내 계단이 있는 경우)는 같은 동으로 한다.
7. 내화조 건물의 외벽을 이용하여 목조 또는 방화구조 건물이 별도 설치되어 있고 건물 내부와 구획되어 있는 경우 다른 동으로 한다. 다만, 주된 건물에 부착된 건물이 옥내로 출입구가 연결되어 있는 경우와 기계설비 등이 쌍방에 연결되어 있는 경우 등 건물 기능상 하나인 경우는 같은 동으로 한다.

012 사상자 답 ②

경상은 중상 이외의(입원치료를 필요로 하지 않는 것도 포함) 부상을 말한다. 다만, 병원치료를 필요로 하지 않고 단순하게 연기를 흡입한 사람은 제외한다.

관련 개념 | 부상의 정도

중상	3주 이상의 입원치료를 필요로 하는 부상을 말한다.
경상	중상 이외의(입원치료를 필요로 하지 않는 것도 포함) 부상을 말한다. 다만, 병원치료를 필요로 하지 않고 단순하게 연기를 흡입한 사람은 제외한다.

013 전소화재 및 소실면적 기준 답 ②

- 전소화재는 건물의 70% 이상(입체면적에 대한 비율)이 소실되었거나 또는 그 미만이라도 잔존부분을 보수하여도 재사용이 불가능한 것을 말한다.
- 건물의 소실면적 산정은 소실 바닥면적으로 산정한다.

「화재조사 및 보고규정」【화재의 소실정도】① 건축·구조물화재의 소실정도는 3종류로 구분하며 그 내용은 다음의 각 호에 따른다.
1. 전소: 건물의 70% 이상(입체면적에 대한 비율을 말한다. 이하 같다)이 소실되었거나 또는 그 미만이라도 잔존부분을 보수하여도 재사용이 불가능한 것
2. 반소: 건물의 30% 이상 70% 미만이 소실된 것
3. 부분소: 전소, 반소화재에 해당되지 아니하는 것

014 화재조사 답 ②

옳은 것은 ㄱ, ㄷ, ㄹ이다.
ㄱ. 사망자가 5인 이상 발생하거나 사상자가 10인 이상 발생한 화재에는 화재 발생일로부터 30일 이내에 보고해야 한다. -「소방기본법 시행규칙」제3조 제2항 제1호에 해당하는 화재
ㄷ. 언론에 보도된 재난상황은 화재 발생일로부터 15일 이내에 보고해야 한다. -「소방기본법 시행규칙」제3조 제2항 제1호 외에 해당하는 화재
ㄹ. 소방관서장에게 사전 보고를 한 후 필요한 기간만큼 조사보고일을 연장할 수 있다.
- 법 제5조 제1항 단서에 따른 수사기관의 범죄수사가 진행 중인 경우
- 화재감정기관 등에 감정을 의뢰한 경우
- 추가 화재현장조사 등이 필요한 경우

조사 보고일을 연장한 경우 그 사유가 해소된 날부터 10일 이내에 소방관서장에게 조사결과를 보고해야 한다.

선지분석
ㄴ. 통제단장의 현장지휘가 필요한 재난상황의 화재에는 화재 발생일로부터 15일 이내에 보고해야 한다. -「소방기본법 시행규칙」제3조 제2항 제1호 외에 해당하는 화재

관련 개념 | 조사보고

1. 조사관이 조사를 시작한 때에는 소방관서장에게 지체 없이 별지 제1호 서식 화재·구조·구급상황보고서를 작성·보고해야 한다.
2. 조사의 최종 결과보고는 다음에 따른다.
   ⓐ 「소방기본법 시행규칙」 제3조 제2항 제1호에 해당하는 화재: 별지 제1호 서식 내지 제11호 서식까지 작성하여 화재 발생일로부터 30일 이내에 보고해야 한다.
   ⓑ ⓐ에 해당하지 않는 화재: 별지 제1호 서식 내지 제11호 서식까지 작성하여 화재 발생일로부터 15일 이내에 보고해야 한다.
3. 2.에도 불구하고 다음과 같은 정당한 사유가 있는 경우에는 소방관서장에게 사전 보고를 한 후 필요한 기간만큼 조사 보고일을 연장할 수 있다.
   ⓐ 법 제5조 제1항 단서에 따른 수사기관의 범죄수사가 진행 중인 경우
   ⓑ 화재감정기관 등에 감정을 의뢰한 경우
   ⓒ 추가 화재현장조사 등이 필요한 경우
4. 3.에 따라 조사 보고일을 연장한 경우 그 사유가 해소된 날부터 10일 이내에 소방관서장에게 조사결과를 보고해야 한다.
5. 치외법권지역 등 조사권을 행사할 수 없는 경우는 조사 가능한 내용만 조사하여 제21조 각 호의 조사 서식 중 해당 서류를 작성·보고한다.
6. 소방본부장 및 소방서장은 제2항에 따른 조사결과 서류를 영 제14조에 따라 국가화재정보시스템에 입력·관리해야 하며 영구보존방법에 따라 보존해야 한다.

참고 「소방기본법 시행규칙」 제3조 제2항

1. 다음 각목의 1에 해당하는 화재
   가. 사망자가 5인 이상 발생하거나 사상자가 10인 이상 발생한 화재
   나. 이재민이 100인 이상 발생한 화재
   다. 재산피해액이 50억원 이상 발생한 화재
   라. 관공서·학교·정부미도정공장·문화재·지하철 또는 지하구의 화재
   마. 관광호텔, 층수가 11층 이상인 건축물, 지하상가, 시장, 백화점, 지정수량의 3천배 이상의 위험물의 제조소·저장소·취급소, 층수가 5층 이상이거나 객실이 30실 이상인 숙박시설, 층수가 5층 이상이거나 병상이 30개 이상인 종합병원·정신병원·한방병원·요양소, 연면적 1만5천제곱미터 이상인 공장 또는 화재예방강화지구에서 발생한 화재
   바. 철도차량, 항구에 매어둔 총 톤수가 1천톤 이상인 선박, 항공기, 발전소 또는 변전소에서 발생한 화재
   사. 가스 및 화약류의 폭발에 의한 화재
   아. 다중이용업소의 화재
   ⇨ 화재 발생일로부터 30일 이내에 보고
2. 통제단장의 현장지휘가 필요한 재난상황
   ⇨ 화재 발생일로부터 15일 이내에 보고
3. 언론에 보도된 재난상황
   ⇨ 화재 발생일로부터 15일 이내에 보고
4. 그 밖에 소방청장이 정하는 재난상황
   ⇨ 화재 발생일로부터 15일 이내에 보고

015 화재피해금액 산정기준   답 ②

선지분석

① 건물 피해산정추정액 = 신축단가(m²당)×소실면적×[1 - (0.8×경과연수/내용연수)]×손해율
③ 영업시설 피해산정추정액 = m²당 표준단가×소실면적×[1 - (0.9×경과연수/내용연수)]×손해율
④ 잔존물제거 피해산정추정액 = 화재피해금액×10%

참고 화재피해금액 산정기준(제18조 관련)

산정대상	산정기준
건물	「신축단가(m²당)×소실면적×[1 - (0.8×경과연수/내용연수)]×손해율」의 공식에 의하되, 신축단가는 한국감정원이 최근 발표한 '건물신축단가표'에 의한다.
부대설비	「건물신축단가×소실면적×설비종류별 재설비 비율×[1 - (0.8×경과연수/내용연수)]×손해율」의 공식에 의한다. 다만 부대설비 피해금액을 실질적·구체적 방식에 의할 경우 「단위(면적·개소 등)당 표준단가×피해단위×[1 - (0.8×경과연수/내용연수)]×손해율」의 공식에 의하되, 건물표준단가 및 부대설비 단위당 표준단가는 한국감정원이 최근 발표한 '건물신축단가표'에 의한다.
구축물	「소실단위의 회계장부상 구축물가액×손해율」의 공식에 의하거나 「소실단위의 원시건축비×물가상승률×[1 - (0.8×경과연수/내용연수)]×손해율」의 공식에 의한다. 다만 회계장부상구축물가액 또는 원시건축비의 가액이 확인되지 않는 경우에는 「단위(m, m², m³)당 표준단가×소실단위×[1 - (0.8×경과연수/내용연수)]×손해율」의 공식에 의하되, 구축물의 단위당 표준단가는 매뉴얼이 정하는 바에 의한다.
영업시설	「m²당 표준단가×소실면적×[1 - (0.9×경과연수/내용연수)]×손해율」의 공식에 의하되, 업종별m²당 표준단가는 매뉴얼이 정하는 바에 의한다.
잔존물제거	「화재피해금액×10%」의 공식에 의한다. 철골조 건물, 기계장치, 공구 및 기구, 차량 및 운반구, 예술품 및 귀중품, 동물 및 식물의 피해금액은 잔존물 제거비 산정에 있어 화재피해금액에 산입하지 않는다. → 삭제
기계장치 및 선박·항공기	「감정평가서 또는 회계장부상 현재가액×손해율」의 공식에 의한다. 다만 감정평가서 또는 회계장부상 현재가액이 확인되지 않아 실질적·구체적 방법에 의해 피해금액을 산정 하는 경우에는 「재구입비×[1 - (0.9×경과연수/내용연수)]×손해율」의 공식에 의하되, 실질적·구체적 방법에 의한 재구입비는 조사자가 확인·조사한 가격에 의한다.
공구 및 기구	「회계장부상 현재가액×손해율」의 공식에 의한다. 다만 회계장부상 현재가액이 확인되지 않아 실질적·구체적 방법에 의해 피해금액을 산정하는 경우에는 「재구입비×[1 - (0.9×경과연수/내용연수)]×손해율」의 공식에 의하되, 실질적·구체적 방법에 의한 재구입비는 물가정보지의 가격에 의한다.
집기비품	「회계장부상 현재가액×손해율」의 공식에 의한다. 다만 회계장부상 현재가액이 확인되지 않는 경우에는 「m²당 표준단가×소실면적×[1 - (0.9×경과연수/내용연수)]×손해율」의 공식에 의하거나 실질적·구체적 방법에 의해 피해금액을 산정하는 경우에는 「재구입비×[1 - (0.9×경과연수/내용연수)]×손해율」의 공식에 의하되, 집기비품의 m²당 표준단가는 매뉴얼이 정하는 바에 의하며, 실질적·구체적 방법에 의한 재구입비는 물가정보지의 가격에 의한다.

가재도구	「(주택종류별·상태별 기준액×가중치)+(주택면적별 기준액×가중치)+(거주인원별 기준액×가중치)+(주택가격(m²당)별 기준액×가중치)」의 공식에 의한다. 다만 실질적·구체적 방법에 의해 피해금액을 가재도구 개별품목별로 산정하는 경우에는 「재구입비×[1-(0.8×경과연수/내용연수)]×손해율」의 공식에 의하되, 가재도구의 항목별 기준액 및 가중치는 매뉴얼이 정하는 바에 의하며, 실질적·구체적 방법에 의한 재구입비는 물가정보지의 가격에 의한다.
차량, 동물, 식물	전부손해의 경우 시중매매가격으로 하며, 전부손해가 아닌 경우 수리비 및 치료비로 한다.
재고자산	「회계장부상 현재가액×손해율」의 공식에 의한다. 다만 회계장부상 현재가액이 확인되지 않는 경우에는 「연간매출액÷재고자산회전율×손해율」의 공식에 의하되, 재고자산회전율은 한국은행이 최근 발표한 '기업경영분석' 내용에 의한다.
회화(그림), 골동품, 미술공예품, 귀금속 및 보석류	전부손해의 경우 감정가격으로 하며, 전부손해가 아닌 경우 원상복구에 소요되는 비용으로 한다.
임야의 입목	소실전의 입목가격에서 소실한 입목의 잔존가격을 뺀 가격으로 한다. 다만, 피해산정이 곤란 할 경우 소실면적 등 피해 규모만 산정 할 수 있다.
기타	피해당시의 현재가를 재구입비로 하여 피해금액을 산정한다.

적용요령

1. 피해물의 경과연수가 불분명한 경우에 그 자산의 구조, 재질 또는 관계인등의 진술 기타 관계자료 등을 토대로 객관적인 판단을 하여 경과연수를 정한다.
2. 공구 및 기구·집기비품·가재도구를 일괄하여 재구입비를 산정하는 경우 개별 품목의 경과연수에 의한 잔가율이 50%를 초과하더라도 50%로 수정할 수 있으며, 중고구입기계장치 및 집기비품으로서 그 제작연도를 알 수 없는 경우에는 그 상태에 따라 신품가액의 30% 내지 50%를 잔가율로 정할 수 있다.
3. 화재피해금액 산정매뉴얼은 본 규정에 저촉되지 아니하는 범위에서 적용하여 화재피해금액을 산정한다.

PART 5 재난 및 안전관리 기본법

01 재난관리 이론 142p

001 ①   002 ③   003 ②   004 ④   005 ②
006 ②   007 ④

001 | 재난분류 답 ①

아네스(Anesth)의 재난분류는 자연재해, 인위재해로 이분(二分)한다.

관련 개념 | 존스(Jones)의 재난분류

자연재해			준자연재해	인위재해
지구물리학적 재해			생물학적 재해	
지질학적 재해	지형학적 재해	기상학적 재해		
지진, 화산, 쓰나미 등	산사태, 염수토양 등	안개, 눈, 해일, 번개, 토네이도, 폭풍, 태풍, 가뭄, 이상기온 등	세균질병, 유독식물, 유독동물 등	스모그현상, 온난화현상, 사막화현상, 염수화현상, 눈사태, 산성화, 홍수, 토양 침식 등	공해, 광화학연무, 폭동, 교통사고, 폭발사고, 태업, 전쟁 등

관련 개념 | 아네스(Anesth)의 재난분류

대분류	세분류	재해의 종류
자연재해	기후성 재해	태풍
	지진성 재해	지진, 화산폭발, 해일
인위재해	사고성 재해	• 교통사고(자동차, 철도, 항공, 선박사고) • 산업사고(건축물 붕괴) • 폭발사고(갱도, 가스, 화학, 폭발물) • 화재사고 • 생물학적 재해(박테리아, 바이러스, 독혈증) • 화학적 재해(부식성 물질, 유독 물질) • 방사능재해
	계획적 재해	테러, 폭동, 전쟁

002 | 재난관리 답 ③

통합관리방식은 통합적 관리방식으로서 모든 재난을 관리한다. 2004년 재난의 통합관리 필요성에서 「재난 및 안전관리 기본법」 제정과 함께 재난을 유형별로 관리하던 방식에서 통합관리방식으로 제도가 바뀌었다.

광의의 재난관리	재난예방 → 재난대비 → 재난대응 → 재난복구
협의의 재난관리	재난대응 → 재난복구

관련 개념 | 재난의 관리방식별 장단점 비교

구분	분산관리 방식	통합관리 방식
성격	유형별 관리	통합적 관리
관련부처(기관)의 수	다수 부처 및 기관의 단순병렬	단일(소수) 부처 조정하의 병렬적 다수 부처 및 기관
책임성	책임의 분산	과도한 책임(부담)
활동범위	특정 재난	모든 재난
정보의 전달(지휘체계)	다양화	단일화(일원화)
제도적 장치(관리체계)	복잡	보다 간편
재난에 대한 인지능력	미약, 단편적	강력, 종합적
장점	• 한 부처가 지속적으로 담당하므로 경험 축적 및 전문성 제고가 용이 • 업무의 과다 방지	• 자원동원과 신속한 대응성 확보 • 가용자원(인적 자원)의 효과적 활용
단점	• 각 부처 간 업무의 중복 및 연계 미흡 • 복잡한 재난에 대한 대처능력에 한계 • 재원마련과 배분의 복잡성	• 종합관리체계의 구축의 어려움(전문성이 떨어짐) • 업무 및 책임이 과도함

003 | 자연재난과 사회재난 답 ②

자연재난은 넓은 지역에서 발생하지만, 사회재난은 국소 지역에서 발생한다.

구분	자연재난	사회(인위)재난
피해 가시성	가시적으로 환경의 손상초래	가시적으로 피해가 나타나지 않는 경우 존재
예측 가능성	• 어느 정도의 사전예측 가능 • 어느 정도의 경고가 가능	• 사전예측이 거의 불가능 • 피난의 여지가 거의 없음
발생 규모	넓은 지역(광범위한 지역)에서 발생	국소지역에서 발생
상황 전환점	식별 가능한 분명한 상황전환점이 존재하고, 이 시점 이후 시간 경과에 따라 상황이 개선되는 경향이 있음	분명한 상황전환점이 존재할 수도 있으나, 유독물질 사고의 경우 시간 경과에 따라 상황이 호전되지 않을 수도 있음
통제 인식성	통제 불가능한 것으로 인식	통제 가능한 것으로 인식

영향 범위성	재난의 희생자에 국한	직접적 피해를 받지 않은 사람에게도 영향
발생 기간	비교적 장기적이며, 완만함	비교적 단기적이며, 급격함 (예외: 코로나바이러스 19 등)

004 | 재난관리(예방 → 대비 → 대응 → 복구) 답 ④

- 재난예방
  - 재난 발생 전 활동단계로서 사회와 그 구성원의 건강, 안전, 복지에 대한 위험이 있는지 미리 알아보고 위험요인을 줄여서 재해발생의 가능성을 낮추는 활동을 수행하는 단계를 말한다.
  - 위험성분석 및 위험지도 작성, 재해보험, 토지이용관리, 안전관련기준·법규 제정 및 정비, 시설 및 지역의 안전점검 및 긴급안전점검 등의 활동이 해당한다.
- 재난대비
  - 예방 및 완화단계의 제반활동에도 불구하고 재난발생확률이 높아진 경우, 재해발생 후에 효과적으로 대응할 수 있도록 사전에 대응활동을 위한 메커니즘을 구성하는 등 운영적인 준비 장치들을 갖추는 단계를 말한다.
  - 재난상황에 적절한 계획 수립, 부족한 대응자원에 대한 보강작업, 비상연락망과 통신망을 정비하여 유사 시 활용할 수 있는 경보시스템 구축, 일반 국민에 대한 홍보 및 대응요원에 대한 훈련 등의 활동이 해당한다.
- 재난대응
  - 재해가 발생한 경우 신속한 대응활동을 통하여 재해로 인한 인명 및 재산피해를 최소화하고 재해의 확산을 방지하며, 순조롭게 복구가 이루어질 수 있도록 활동하는 단계로, 재난관리 행정체제의 영역이 크게 확장되며 다수의 이질적인 기관이 참여하므로 지휘체계와 참여기관들 간의 협력이 매우 중요한 단계이다.
  - 재난사태선포, 재난대응계획 및 위기관리매뉴얼에서 정하는 바에 따라 응급처치 실행, 재난 안전대책본부 활동개시, 긴급대피계획의 실천, 위기경보발령, 긴급대피계획의 실천, 긴급의 약품조달, 피난처제공, 이재민 수용 및 보호 등 긴급구조 활동이 해당한다.
- 재난복구
  - 재해 상황이 어느 정도 안정된 후 취하는 활동단계로 재해로 인한 피해 지역을 재해 이전의 상태로 회복시키는 활동을 말한다.
  - 방역, 재난으로 발생한 폐기물, 위험물의 제거, 실업자에 대한 직업소개, 임시주민시설 마련, 주택과 시설의 원상회복 등 지역의 개발사업과 연계시켜 복구활동, 장·단기 복구계획 수립, 피해자 보상 및 배상관리, 복구 우선순위 결정, 피해상황 집계 등의 활동이 해당한다.

005 | 재해발생비율 답 ②

재해발생비율에 따를 때, 상해 또는 질병이 1건 발생한 경우 경상(물적, 인적상해) 사고의 발생건수는 10건이다.

관련 개념 | 프랭크 버드(Frank Bird)의 재해(사고)구성 비율

1. 상해 또는 질병: 1
2. 경상(물적, 인적 상해): 10
3. 무상해 사고(물적 손실 발생): 30
4. 무상해 무사고 고장(위험순간): 600

참고
- 버드(Bird)의 1 : 10 : 30 : 600의 법칙 → 641건
- 하인리히(Heinrich)의 1 : 29 : 300의 법칙 → 330건

006 | 재해발생비율 답 ②

하인리히(H. W. Heinrich)의 도미노 이론의 5단계 중 사고의 직접원인이 되는 2단계에 해당하는 것은 개인적 결함이다.

관련 개념 | 도미노 이론의 5단계

1. Ⅰ단계 – 사회적 또는 가정적(유전적) 결함: 바람직하지 못한 사회적 또는 가정환경에 의한 결함으로, 공중도덕이나 준법정신의 결여, 인명경시 풍조 등을 들 수 있다(예 무단횡단 등을 하는 집안 분위기 등).
2. Ⅱ단계 – 개인적 결함: 개인적으로 신체적 또는 정신적으로 결함이 있거나, 안전에 대한 의식이 미흡하거나, 기능이 부족한 경우 등이 해당한다(예 개인적으로 무단횡단에 대한 안전의식 미흡 등).
3. Ⅲ단계 – 불안전한 상태 또는 거동: 안전하지 못한 상태라고 하는 것은, 예컨대 위험물이나 위험한 장소가 정리 정돈되지 않고 방치되어 있거나 안전장치가 구비되어 있지 않는 등의 상태를 말하며, 불안전 거동은 안전 수칙을 지키지 않거나 기계를 잘못 사용하는 경우 등이 해당한다(예 안전의식 미흡의 습관으로 안전수칙을 지키지 않음 등).
4. Ⅳ단계 – 사고: 한 개 이상의 위험요인, 즉 사회적 또는 가정적 결함, 개인적 결함, 불안전한 상태 또는 거동 간의 상호작용에 의한 인명피해나 경제적 가치의 손해를 일으키는 사상(Event)을 말한다.
5. Ⅴ단계 – 재난: 사고발생의 최종결과로 큰 재해(인적·물적 손실)를 가져온다.

007 | 재해원인 분석방법 답 ④

안전교육 및 훈련의 부족은 관리적 요인에 해당한다.

관련 개념 | 재해의 기본원인

4M[작업자(Man), 기계(Machine), 매체(Media), 관리(Management)]으로 분류한다. 또한 버드의 신도미노 이론 5단계 중 2단계에 해당한다.

1. Man(인간적인 요인, 인적, 사람, 작업자)
   ⓐ 심리적 원인: 망각, 무의식행동, 착오 등
   ⓑ 생리적 원인: 수면부족 등 피로, 질병 등
   ⓒ 직장의 원인: 직장의 인간관계, 의사소통, 통솔력 등
2. Machine(기계적 요인)
   ⓐ 기계, 설비의 설계상의 결함
   ⓑ 점검, 정비의 불량 등
   ⓒ 근원적인 표준화* 부족
   * 표준화: 자재나 제품 등의 종류, 규격, 품질, 모양 따위가 일정한 기준에 따라 통일됨

3. Media(매체, 정보)
    ⓐ 작업정보의 부적절
    ⓑ 작업환경조건의 불량 등
4. Management(관리)
    ⓐ 안전관리조직 및 계획의 결함
    ⓑ 안전교육 및 훈련의 부족

참고 버드(Frank Bird)의 신도미노 이론(5단계)
- 제1단계: 제어부족(관리부재) – 안전관리계획
- 제2단계: 기본원인(기원) – 지식 및 기능부족, 육체적 및 정신적 문제 등
- 제3단계: 직접원인(징후) – 재해발생의 근본적인 문제를 확인하지 않는 경우 연속적으로 재해가 발생함
- 제4단계: 사고(접촉) – 일반적으로 물적손해를 의미함
- 제5단계: 재해, 상해(손실) – 인적손실(경상해, 중상해)을 의미함

참고 근원적인 사고를 방지하기 위해서는
- 하인리히는 3단계인 불안전한 행동 및 상태를 제거
- 프랭크 버드는 2단계인 기본원인 제거

---

02 재난 및 안전관리 기본법의 개설 145p

001 ④	002 ②	003 ③	004 ③	005 ②
006 ④	007 ①	008 ①	009 ③	010 ③
011 ③	012 ②	013 ②	014 ①	015 ③

001 재난 및 안전관리 기본법   답 ④

기본이념: 재난을 예방하고 재난이 발생한 경우 그 피해를 최소화하여 일상으로 회복할 수 있도록 지원하는 것이 국가와 지방자치단체의 기본적 의무임을 확인한다.

「재난 및 안전관리 기본법」【목적】이 법은 각종 재난으로부터 국토를 보존하고 국민의 생명·신체 및 재산을 보호하기 위하여 국가와 지방자치단체의 재난 및 안전관리체제를 확립하고, 재난의 예방·대비·대응·복구와 안전문화활동, 그 밖에 재난 및 안전관리에 필요한 사항을 규정함을 목적으로 한다.
【기본이념】이 법은 재난을 예방하고 재난이 발생한 경우 그 피해를 최소화하여 일상으로 회복할 수 있도록 지원하는 것이 국가와 지방자치단체의 기본적 의무임을 확인하고, 모든 국민과 국가·지방자치단체가 국민의 생명 및 신체의 안전과 재산보호에 관련된 행위를 할 때에는 안전을 우선적으로 고려함으로써 국민이 재난으로부터 안전한 사회에서 생활할 수 있도록 함을 기본이념으로 한다.

002 용어의 정의   답 ②

'재난안전의무보험'이란 재난이나 그 밖의 각종 사고로 사람의 생명·신체 또는 재산에 피해가 발생한 경우 그 피해를 보상하기 위한 보험 또는 공제(共濟)로서 「재난 및 안전관리 기본법」이나 다른 법률에 따라 일정한 자에 대하여 가입을 강제하는 보험 또는 공제를 말한다.

003 재난관리정보   답 ③

'재난관리정보'란 재난관리를 위하여 필요한 재난상황정보, 동원가능 자원정보, 시설물정보, 지리정보를 말한다.

선지분석
① '안전취약계층'이란 어린이, 노인, 장애인, 저소득층 등 신체적·사회적·경제적 요인으로 인하여 재난에 취약한 사람을 말한다.
② '재난안전통신망'이란 재난관리책임기관·긴급구조기관 및 긴급구조지원기관이 재난 및 안전관리 업무에 이용하거나 재난현장에서의 통합지휘에 활용하기 위하여 구축·운영하는 통신망을 말한다.
④ '해외재난'이란 대한민국의 영역 밖에서 대한민국 국민의 생명·신체 및 재산에 피해를 주거나 줄 수 있는 재난으로서 정부차원에서 대처할 필요가 있는 재난을 말한다.

관련 개념 | 재난현장 긴급통신수단의 마련
재난관리책임기관의 장은 재난의 발생으로 인하여 통신이 끊기는 상황에 대비하여 미리 유선이나 무선 또는 위성통신망을 활용할 수 있도록 긴급통신수단을 마련하여야 한다.

004 긴급구조   답 ③

- '긴급구조'란 재난이 발생할 우려가 현저하거나 재난이 발생하였을 때에 국민의 생명·신체 및 재산을 보호하기 위하여 긴급구조기관과 긴급구조지원기관이 하는 인명구조, 응급처치, 그 밖에 필요한 모든 긴급한 조치를 말한다.
- 긴급구조에 필요한 인력·시설 및 장비, 운영체계 등 긴급구조능력을 보유한 기관이나 단체로서 대통령령으로 정하는 기관과 단체는 긴급구조지원기관이다.

005 재난관리책임기관   답 ②

긴급구조기관은 재난관리책임기관에 해당하지 않는다.

「재난 및 안전관리 기본법」【정의】이 법에서 사용하는 용어의 뜻은 다음과 같다.
  5. "재난관리책임기관"이란 재난관리업무를 하는 다음 각 목의 기관을 말한다.
    가. 중앙행정기관 및 지방자치단체(「제주특별자치도 설치 및 국제자유도시 조성을 위한 특별법」 제10조 제2항에 따른 행정시를 포함한다)
    나. 지방행정기관·공공기관·공공단체(공공기관 및 공공단체의 지부 등 지방조직을 포함한다) 및 재난관리의 대상이 되는 중요시설의 관리기관 등으로서 대통령령으로 정하는 기관
  5의2. "재난관리주관기관"이란 재난이나 그 밖의 각종 사고에 대하여 그 유형별로 예방·대비·대응 및 복구 등의 업무를 주관하여 수행하도록 대통령령으로 정하는 관계 중앙행정기관을 말한다.
  7. "긴급구조기관"이란 소방청·소방본부 및 소방서를 말한다. 다만, 해양에서 발생한 재난의 경우에는 해양경찰청·지방해양경찰청 및 해양경찰서를 말한다.

006 재난관리주관기관 답 ④

- 재난관리주관기관이란 재난이나 그 밖의 각종 사고에 대하여 그 유형별로 예방·대비·대응 및 복구 등의 업무를 주관하여 수행하도록 대통령령으로 정하는 관계 중앙행정기관을 말한다.
- 자연재난 유형별 재난관리주관기관과 사회재난 유형별 재난관리주관기관으로 구분된다.

관련 개념 | 사회재난 유형별 재난관리주관기관

재난관리주관기관	재난 및 사고의 유형
행정안전부 및 소방청	• 「소방기본법」 제2조 제1호에 따른 소방대상물의 화재로 인해 발생하는 대규모 피해 • 「위험물안전관리법」 제2조 제항 제1호에 따른 위험물의 누출·화재·폭발 등으로 인해 발생하는 대규모 피해
중소벤처기업부	「전통시장 및 상점가 육성을 위한 특별법」 제2조 제1호에 따른 전통시장의 화재등으로 인해 발생하는 대규모 피해
해양수산부 및 해양경찰청	「해양환경관리법」 제2조 제2호에 따른 해양오염으로 인해 발생하는 대규모 피해
보건복지부 및 질병관리청	「감염병의 예방 및 관리에 관한 법률」 제2조 제1호에 따른 감염병의 확산으로 인한 피해

007 긴급구조기관 답 ①

행정안전부는 「재난 및 안전관리 기본법」에서 정하는 긴급구조기관에 해당하지 않는다.

「재난 및 안전관리 기본법」 【정의】 이 법에서 사용하는 용어의 뜻은 다음과 같다.
7. "긴급구조기관"이란 소방청·소방본부 및 소방서를 말한다. 다만, 해양에서 발생한 재난의 경우에는 해양경찰청·지방해양경찰청 및 해양경찰서를 말한다.

008 긴급구조지원기관 답 ①

소방청은 긴급구조지원기관에 해당하지 않는다.

「재난 및 안전관리 기본법 시행령」 【긴급구조지원기관】 법 제3조 제8호에서 "대통령령으로 정하는 기관과 단체"란 다음 각 호의 기관과 단체를 말한다.
1. 교육부, 과학기술정보통신부, 국방부, 산업통상자원부, 보건복지부, 환경부, 국토교통부, 해양수산부, 방송통신위원회, 경찰청, 산림청, 질병관리청 및 기상청
2. 국방부장관이 법 제57조 제3항 제2호에 따른 탐색구조부대로 지정하는 군부대와 그 밖에 긴급구조지원을 위하여 국방부장관이 지정하는 군부대
3. 「대한적십자사 조직법」에 따른 대한적십자사
4. 「의료법」 제3조 제2항 제3호마목에 따른 종합병원
4의2. 「응급의료에 관한 법률」 제2조제5호에 따른 응급의료기관, 같은 법 제25조에 따른 중앙응급의료센터, 같은 법 제27조에 따른 응급의료지원센터 및 같은 법 제44조 제1항 제1호·제2호에 따른 구급차등의 운용자
5. 「재해구호법」 제29조에 따른 전국재해구호협회
6. 법 제3조제7호에 따른 긴급구조기관과 긴급구조활동에 관한 응원협정을 체결한 기관 및 단체
7. 그 밖에 긴급구조에 필요한 인력과 장비를 갖춘 기관 및 단체로서 행정안전부령으로 정하는 기관 및 단체

009 재난관리주관기관 답 ③

과학기술정보통신부 및 우주항공청이 담당하는 재난 및 사고유형은 자연우주물체의 추락·충돌 등으로 인해 발생하는 재해, 우주전파재난이다.

선지분석
① 자연재해로서 낙뢰, 가뭄, 폭염 및 한파로 인해 발생하는 재해: 행정안전부
② 황사로 인해 발생하는 재해: 기후에너지환경부
④ 산사태로 인해 발생하는 재해: 산림청

관련 개념 | 재난 및 그 밖의 각종 사고 유형별 재난관리주관기관 <개정 2025.10.1.>

1. 자연재난 유형별 재난관리주관기관

재난관리주관기관	자연재난 유형
가. 과학기술정보통신부 및 우주항공청	1) 「우주개발 진흥법」 제2조 제3호 나목에 따른 자연우주물체의 추락·충돌 등으로 인해 발생하는 재해 2) 「전파법」 제51조에 따른 우주전파재난
나. 행정안전부	1) 「자연재해대책법」 제2조 제2호에 따른 자연재해로서 낙뢰, 가뭄, 폭염 및 한파로 인해 발생하는 재해 2) 「자연재해대책법」 제2조 제3호에 따른 풍수해(조수로 인해 발생하는 재해는 제외한다) 3) 「지진·화산재해대책법」 제2조 제1호에 따른 지진재해 4) 「지진·화산재해대책법」 제2조 제2호에 따른 화산재해
다. 기후에너지환경부	1) 황사로 인해 발생하는 재해 2) 하천·호소 등의 조류 대발생으로 인해 발생하는 재해
라. 해양수산부	1) 「농어업재해대책법」 제2조 제3호에 따른 어업재해 중 적조현상 및 해파리의 대량발생으로 인해 발생하는 수산양식물 및 어업용 시설의 피해 2) 「자연재해대책법」 제2조 제3호에 따른 풍수해 중 조수로 인해 발생하는 재해
마. 산림청	「산림보호법」 제2조 제10호에 따른 산사태로 인해 발생하는 재해
바. 비고 제1호 및 제3호에 따른 중앙행정기관	가목부터 마목까지의 규정에 따른 자연재난 유형 외의 자연재난
사. 비고 제2호 및 제3호에 따른 중앙행정기관	가목부터 바목까지의 규정에 따른 자연재난 유형으로 인해 발생하는 재해로서 각종 시설 및 장소(이하 "시설등"이라 한다)에서 발생하는 재해

비고
1. 바목에 따른 자연재난 유형의 경우에는 「정부조직법」, 관계 법령 및 중앙행정기관별 직제(이하 "정부조직법등"이라 한다)에 따라 해당 재난에 관한 사무를 관장하는 중앙행정기관(이하 "재난사무관장기관"이라 한다)이 재난관리주관기관이 된다.
2. 사목에 따른 자연재난 유형의 경우에는 정부조직법등에 따라 해당 시설등의 관리 등 관련 사무를 관장하는 중앙행정기관(이하 "시설사무관장기관"이라 한다)이 재난관리주관기관이 된다.
3. 제1호 및 제2호에도 불구하고 재난사무관장기관 및 시설사무관장기관이 불분명한 경우에는 행정안전부장관이 조정하여 재난관리주관기관을 정한다.
4. 가목부터 사목까지의 규정에 따른 자연재난 유형이 복합적으로 발생하는 경우에는 각 자연재난 유형별 재난사무관장기관 또는 시설사무관장기관이 각각 재난관리주관기관이 된다.
5. 제4호에도 불구하고 자연재난 유형이 복합적으로 발생하는 경우로서 특별히 신속하고 긴급한 예방·대비·대응 또는 복구 등(이하 "신속대응등"이라 한다)이 필요한 경우에는 신속대응등이 필요한 사무를 주관하는 재난관리주관기관이 신속대응등을 우선적으로 수행해야 한다.
6. 제5호에도 불구하고 신속대응등의 필요 여부 및 신속대응등을 우선적으로 수행하는 재난관리주관기관(이하 "신속대응주관기관"이라 한다)이 불분명한 경우에는 행정안전부장관이 조정하여 신속대응등의 필요 여부 및 신속대응주관기관을 정한다.

2. 사회재난 유형별 재난관리주관기관

재난관리주관기관	사회재난 유형
가. 과학기술정보통신부	1) 「방송통신발전 기본법」 제35조에 따른 방송통신재난(자연재난은 제외한다) 2) 「연구실 안전환경 조성에 관한 법률」 제2조 제12호에 따른 연구실사고로 인해 발생하는 국가 또는 지방자치단체 차원의 대처가 필요한 인명 또는 재산의 피해 등 이 영 제2조에 따른 피해(이하 "대규모 피해"라 한다) 3) 「전파법」 제2조 제1호에 따른 전파의 혼신(같은 법 제9조의 주파수분배에 따른 위성항법시스템 관련 전파의 혼신으로 한정한다)으로 인해 발생하는 대규모 피해
나. 과학기술정보통신부 및 우주항공청	「우주개발 진흥법」 제2조 제3호 가목에 따른 인공우주물체의 추락·충돌 등으로 인해 발생하는 피해
다. 교육부	1) 「교육시설 등의 안전 및 유지관리 등에 관한 법률」 제2조 제1호에 따른 교육시설(「연구실 안전환경 조성에 관한 법률」 제2조 제2호에 따른 연구실은 제외한다)의 화재·붕괴·폭발·다중운집인파사고 등(이하 "화재등"이라 한다)으로 인해 발생하는 대규모 피해 2) 「영유아보육법」 제2조 제3호에 따른 어린이집의 화재등으로 인해 발생하는 대규모 피해
라. 외교부	해외재난
마. 법무부	1) 다음의 어느 하나에 해당하는 시설 및 그 밖에 이와 유사한 시설의 화재등으로 인해 발생하는 대규모 피해 　가) 「형의 집행 및 수용자의 처우에 관한 법률」 제2조 제1호에 따른 교정시설 　나) 「보호관찰 등에 관한 법률」 제14조에 따른 보호관찰소 및 같은 법 제65조 제3항에 따른 갱생보호시설 　다) 「보호소년 등의 처우에 관한 법률」 제3조 제2항에 따른 소년원 및 같은 조 제2항에 따른 소년분류심사원 　라) 「치료감호 등에 관한 법률」 제16조의2에 따른 치료감호시설 2) 다음의 어느 하나에 해당하는 시설 및 그 밖에 이와 유사한 시설의 화재등으로 인해 발생하는 대규모 피해 　가) 「난민법」 제41조에 따른 난민신청자의 주거시설 및 같은 법 제45조에 따른 난민지원시설 　나) 「출입국관리법」 제2조 제12호에 따른 외국인보호실 및 같은 조 제13호에 따른 외국인보호소
바. 국방부	「국방·군사시설 사업에 관한 법률」 제2조 제1호에 따른 국방·군사시설의 화재등으로 인해 발생하는 대규모 피해
사. 행정안전부[4) 및 6)의 경우에는 각 각 관계 법령에 따라 해당 정보시스템의 구축·운영에 관한 사무 및 해당 청사의 관리에 관한 사무를 관장하는 중앙행정기관을 말한다]	1) 「승강기 안전관리법」 제48조 제1항에 따른 승강기의 사고 또는 고장으로 인해 발생하는 대규모 피해 2) 「유선 및 도선 사업법」 제28조 및 제29조에 따른 사고로 인해 발생하는 대규모 피해 3) 「전자정부법」 제2조 제13호에 따른 정보시스템(행정안전부장관이 구축·운영하는 정보시스템으로 한정한다)의 장애로 인해 발생하는 대규모 피해 4) 「전자정부법」 제2조 제13호에 따른 정보시스템(행정안전부장관이 구축·운영하는 정보시스템은 제외한다)의 장애로 인해 발생하는 대규모 피해 5) 「정부청사관리규정」 제2조에 따른 청사[6)에 따른 청사는 제외한다]의 화재등으로 인해 발생하는 대규모 피해 6) 「정부청사관리규정」 제3조에 따라 행정안전부장관이 관리하지 않는 청사의 화재등으로 인해 발생하는 대규모 피해
아. 행정안전부 및 경찰청	일반인이 자유로이 모이거나 통행하는 도로, 광장 및 공원의 다중운집인파사고로 인해 발생하는 대규모 피해
자. 행정안전부 및 소방청	1) 「소방기본법」 제2조 제1호에 따른 소방대상물의 화재로 인해 발생하는 대규모 피해 2) 「위험물안전관리법」 제2조 제1항 제1호에 따른 위험물의 누출·화재·폭발 등으로 인해 발생하는 대규모 피해
차. 문화체육관광부	1) 「관광진흥법」 제4조에 따라 야영장업의 등록을 한 자가 관리하는 야영장의 화재등으로 인해 발생하는 대규모 피해 2) 「관광진흥법」 제33조의2 제1항에 따른 테마파크시설의 중대한 사고로 인해 발생하는 대규모 피해 3) 「공연법」 제2조 제4호에 따른 공연장의 화재등으로 인해 발생하는 대규모 피해 4) 「체육시설의 설치·이용에 관한 법률」 제5조에 따른 전문체육시설 및 같은 법 제6조에 따른 생활체육시설의 화재등으로 인해 발생하는 대규모 피해

카. 농림축산식품부	1) 「가축전염병 예방법」 제2조 제2호에 따른 가축전염병의 확산으로 인한 피해 2) 「농어촌정비법」 제2조 제6호에 따른 농업생산기반시설 중 저수지의 붕괴·파손 등으로 인해 발생하는 대규모 피해 3) 「농수산물 유통 및 가격안정에 관한 법률」 제2조 제2호에 따른 농수산물도매시장(축산물도매시장은 포함하며, 수산물도매시장은 제외한다) 및 같은 조 제12호에 따른 농수산물종합유통센터(수산물종합유통센터는 제외한다)의 화재등으로 인해 발생하는 대규모 피해
타. 산업통상부	1) 「고압가스 안전관리법」 제26조 제1항, 「도시가스사업법」 제41조 제3항 및 「액화석유가스의 안전관리 및 사업법」 제56조 제1항에 따른 가스사고로 인해 발생하는 대규모 피해 2) 「석유 및 석유대체연료 사업법」 제2조 제1호에 따른 석유의 정제시설·비축시설 및 같은 법 시행령 제2조 제3호에 따른 주유소의 화재등으로 인해 발생하는 대규모 피해 3) 「에너지법」 제2조 제1호에 따른 에너지의 중대한 수급 차질로 인해 발생하는 대규모 피해 4) 「유통산업발전법」 제2조 제3호에 따른 대규모점포의 화재등으로 인해 발생하는 대규모 피해 5) 삭제 <2025.10.1.> 6) 「제품안전기본법」 제15조에 따른 제품사고(「어린이제품 안전 특별법」 제2조 제13호에 따른 안전관리대상어린이제품 및 「전기용품 및 생활용품 안전관리법」 제3조 제1항 제1호에 따른 안전관리대상제품으로 인한 사고로 한정한다)로 인해 발생하는 대규모 피해
파. 보건복지부	1) 다음의 어느 하나에 해당하는 시설의 화재등으로 인해 발생하는 대규모 피해 가) 「노인복지법」 제31조에 따른 노인복지시설 나) 「아동복지법」 제52조 제1항에 따른 아동복지시설 다) 「장애인복지법」 제58조에 따른 장애인복지시설(「의료법」 제3조 제2항 제3호 라목에 따른 요양병원에 해당하는 장애인 의료재활시설은 제외한다) 2) 「의료법」 제3조 제2항 제3호에 따른 병원급 의료기관의 화재등으로 인해 발생하는 대규모 피해
하. 보건복지부 및 질병관리청	「감염병의 예방 및 관리에 관한 법률」 제2조 제1호에 따른 감염병의 확산으로 인한 피해
거. 기후에너지환경부	1) 「댐건설·관리 및 주변지역지원 등에 관한 법률」 제2조 제1호에 따른 댐[산업통상자원부 소관의 발전(發電)용 댐은 제외한다]의 붕괴·파손 등으로 인해 발생하는 대규모 피해 2) 「미세먼지 저감 및 관리에 관한 특별법」 제2조 제1호에 따른 미세먼지로 인한 피해
	3) 「수도법」 제3조 제5호에 따른 수도의 화재등으로 발생하는 대규모 피해 4) 「먹는물관리법」 제3조 제1호에 따른 먹는물의 수질오염으로 인해 발생하는 대규모 피해 5) 「생활화학제품 및 살생물제의 안전관리에 관한 법률」 제3조 제4호에 따른 안전확인대상생활화학제품 및 같은 조 제6호에 따른 살생물제 관련 사고(「제품안전기본법」 제15조에 따른 제품사고에 해당하는 경우로 한정한다)로 인해 발생하는 대규모 피해 6) 「화학물질관리법」 제2조 제13호에 따른 화학사고로 인해 발생하는 대규모 피해 7) 「환경오염시설의 통합관리에 관한 법률」 제2조 제1호에 따른 오염물질등으로 인한 환경오염(「먹는물관리법」 제3조 제1호에 따른 먹는물의 수질오염은 제외한다)으로 인해 발생하는 대규모 피해 8) 「에너지법」 제2조 제1호에 따른 전기 등 에너지의 중대한 수급차질로 인해 발생하는 대규모 피해 9) 「전기안전관리법 시행령」 제15조에 따른 전기사고로 인해 발생하는 대규모 피해
너. 고용노동부	「산업안전보건법」 제2조 제1호 및 제44조 제1항에 따른 산업재해 및 중대산업사고로 인해 발생하는 대규모 피해
더. 국토교통부[3)의 경우에는 공동구에 공동 수용되는 공급설비 및 통신시설 등으로서 화재등의 원인이 되는 설비·시설 등의 관리에 관한 사무를 관장하는 중앙행정기관을 포함한다]	1) 「건축물관리법」 제2조 제1호에 따른 건축물의 붕괴·전도 등으로 인해 발생하는 대규모 피해 2) 「공항시설법」 제2조 제3호에 따른 공항의 화재등으로 인해 발생하는 대규모 피해 3) 「국토의 계획 및 이용에 관한 법률」 제2조 제9호에 따른 공동구의 화재등으로 인해 발생하는 대규모 피해 4) 「도로법」 제2조 제1호에 따른 도로의 화재등으로 인해 발생하는 대규모 피해 5) 「물류시설의 개발 및 운영에 관한 법률」 제7조 및 제21조의2에 따라 국토교통부장관에게 등록한 복합물류터미널사업자 및 물류창고업자가 관리하는 물류시설(다른 중앙행정기관 소관의 시설은 제외한다)의 화재등으로 인해 발생하는 대규모 피해 6) 「지하안전관리에 관한 특별법」 제2조 제2호에 따른 지반침하(다른 중앙행정기관 소관의 지하시설물로 인해 발생하는 지반침하는 제외한다)로 인해 발생하는 대규모 피해 7) 「철도안전법」 제2조 제11호에 따른 철도사고로 인해 발생하는 대규모 피해 8) 「항공안전법」 제2조 제6호부터 제8호까지의 규정에 따른 항공기사고, 경량항공기사고 및 초경량비행장치사고로 인해 발생하는 대규모 피해
러. 해양수산부	1) 「농수산물 유통 및 가격안정에 관한 법률」 제2조 제2호에 따른 농수산물도매시장(수산물도매시장으로 한정한다) 및 같은 조 제12호에 따른 수산물종합유통

		센터(수산물종합유통센터로 한정한다)의 화재등으로 인해 발생하는 대규모 피해
		2) 「항만법」 제2조 제1호에 따른 항만의 화재등으로 인해 발생하는 대규모 피해
		3) 「해수욕장의 이용 및 관리에 관한 법률」 제2조 제1호에 따른 해수욕장의 안전사고로 인해 발생하는 대규모 피해
		4) 「해양사고의 조사 및 심판에 관한 법률」 제2조 제1호에 따른 해양사고(해양에서 발생한 사고로 한정하며, 해양오염은 제외한다)로 인해 발생하는 대규모 피해
머. 해양수산부 및 해양경찰청		「해양환경관리법」 제2조 제2호에 따른 해양오염으로 인해 발생하는 대규모 피해
버. 중소벤처기업부		「전통시장 및 상점가 육성을 위한 특별법」 제2조 제1호에 따른 전통시장의 화재등으로 인해 발생하는 대규모 피해
서. 성평등가족부		1) 「청소년복지 지원법」 제31조에 따른 청소년복지시설의 화재등으로 인해 발생하는 대규모 피해
		2) 「청소년활동 진흥법」 제10조 제1호에 따른 청소년수련시설의 화재등으로 인해 발생하는 대규모 피해
어. 금융위원회		「금융위원회의 설치 등에 관한 법률」 제38조에 따른 기관(이하 "금융기관"이라 한다) 중 「정보통신기반 보호법」 제2조 제1호에 따른 정보통신기반시설을 관리하는 금융기관의 화재등으로 인해 발생하는 대규모 피해
저. 원자력안전위원회		1) 「원자력시설 등의 방호 및 방사능 방재 대책법」 제2조 제8호에 따른 방사능재난
		2) 인접 국가의 방사능 누출로 인해 발생하는 대규모 피해
처. 국가유산청		1) 「문화유산의 보존 및 활용에 관한 법률」 제2조 제1항에 따른 문화유산·같은 조 제5항에 따른 보호구역·같은 조 제6항에 따른 보호물과 문화유산 보관시설의 화재등으로 인해 발생하는 대규모 피해
		2) 「자연유산의 보존 및 활용에 관한 법률」 제2조 제1호에 따른 자연유산·같은 조 제6호에 따른 보호물 및 같은 조 제7호에 따른 보호구역의 화재등으로 인해 발생하는 대규모 피해
커. 산림청		1) 「사방사업법」 제2조 제3호에 따른 사방시설의 붕괴·파손 등으로 인해 발생하는 대규모 피해
		2) 「산림보호법」 제2조 제7호에 따른 산불로 인해 발생하는 대규모 피해
터. 법 제26조 제1항에 따라 해당 국가핵심기반을 지정하는 중앙행정기관		국가핵심기반의 마비(「노동조합 및 노동관계조정법」 제2조 제6호에 따른 쟁의행위 또는 이에 준하는 행위로 인한 마비를 포함한다)로 인한 피해
퍼. 행사를 주최·주관하는 중앙행정기관 (주최·주관하는 중앙행정기관이 다수인 경우에는 주최·주관의 주된 역할을 담당하는 중앙행정기관을 말한다)		중앙행정기관이 주최·주관하는 각종 행사가 개최되는 시설등에서 발생하는 대규모 피해
허. 비고 제1호 및 제3호에 따른 중앙행정기관		가목부터 퍼목까지의 규정에 따른 사회재난 유형란의 시설등 외의 시설등에서 발생하는 대규모 피해
고. 비고 제2호 및 제3호에 따른 중앙행정기관		가목부터 허목까지의 규정에 따른 사회재난 유형 외의 사회재난

비고
1. 허목에 따른 사회재난 유형의 경우에는 시설사무관장기관이 재난관리주관기관이 된다.
2. 고목에 따른 사회재난 유형의 경우에는 재난사무관장기관이 재난관리주관기관이 된다.
3. 제1호 및 제2호에도 불구하고 시설사무관장기관 및 재난사무관장기관이 불분명한 경우에는 행정안전부장관이 조정하여 재난관리주관기관을 정한다.
4. 가목부터 고목까지의 규정에 따른 사회재난 유형이 복합적으로 발생하는 경우에는 각 사회재난 유형별 시설사무관장기관 또는 재난사무관장기관이 각각 재난관리주관기관이 된다.
5. 제4호에도 불구하고 사회재난 유형이 복합적으로 발생하는 경우로서 신속대응등이 필요한 경우에는 신속대응등이 필요한 사무를 주관하는 재난관리주관기관이 신속대응등을 우선적으로 수행해야 한다.
6. 제5호에도 불구하고 신속대응등의 필요 여부 및 신속대응주관기관이 불분명한 경우에는 행정안전부장관이 조정하여 신속대응등의 필요 여부 및 신속대응주관기관을 정한다.

3. 그 밖의 각종 사고 유형별 재난관리주관기관

재난관리주관기관	사고 유형
제2호 각 목에 따른 해당 중앙행정기관	제2호 각 목에 따른 사회재난 유형으로 인해 발생하거나 해당 시설등에서 발생하는 인명 또는 재산의 피해로서 사회재난에 해당하지 않는 피해

비고
1. 사고 유형에 따른 재난관리주관기관 등이 불분명한 경우에는 제2호 비고를 준용한다.
2. 사고 유형에 따른 재난관리주관기관은 필요한 범위에서 사고의 예방·대비·대응 및 복구 등의 사무를 적극적으로 수행해야 한다.

010 재난관리주관기관 답 ③

소방대상물의 화재로 인해 발생하는 대규모 피해, 위험물의 누출·화재·폭발 등으로 인해 발생하는 대규모 피해의 재난관리주관기관은 행정안전부 및 소방청이다.

선지분석

①		
	사. 행정안전부[4) 및 6)의 경우에는 각각 관계 법령에 따라 해당 정보시스템의 구축·운영에 관한 사무 및 해당 청사의 관리에 관한 사무를 관장하는 중앙행정기관을 말한다]	1) 「승강기 안전관리법」 제48조 제1항에 따른 승강기의 사고 또는 고장으로 인해 발생하는 대규모 피해
		2) 「유선 및 도선 사업법」 제28조 및 제29조에 따른 사고로 인해 발생하는 대규모 피해
		3) 「전자정부법」 제2조 제13호에 따른 정보시스템(행정안전부장관이 구축·운영하는 정보시스템으로 한정한다)의 장애로 인해 발생하는 대규모 피해
		4) 「전자정부법」 제2조 제13호에 따른 정보시스템(행정안전부장관이 구축·운영하는 정보시스템은 제외한다)의 장애로 인해 발생하는 대규모 피해
		5) 「정부청사관리규정」 제2조에 따른 청사[6)에 따른 청사는 제외한다]의 화재등으로 인해 발생하는 대규모 피해

	6)「정부청사관리규정」제3조에 따라 행정안전부장관이 관리하지 않는 청사의 화재등으로 인해 발생하는 대규모 피해
④ 타. 산업통상자원부	1)「고압가스 안전관리법」제26조 제1항,「도시가스사업법」제41조 제3항 및「액화석유가스의 안전관리 및 사업법」제56조 제1항에 따른 가스사고로 인해 발생하는 대규모 피해 2)「석유 및 석유대체연료 사업법」제2조 제1호에 따른 석유의 정제시설·비축시설 및 같은 법 시행령 제2조 제3호에 따른 주유소의 화재등으로 인해 발생하는 대규모 피해 3)「에너지법」제2조 제1호에 따른 에너지의 중대한 수급 차질로 인해 발생하는 대규모 피해 4)「유통산업발전법」제2조 제3호에 따른 대규모점포의 화재등으로 인해 발생하는 대규모 피해 5)「전기안전관리법 시행령」제15조에 따른 전기사고로 인해 발생하는 대규모 피해 6)「제품안전기본법」제15조에 따른 제품사고(「어린이제품 안전 특별법」제2조 제13호에 따른 안전관리대상어린이제품 및「전기용품 및 생활용품 안전관리법」제3조 제1항 제1호에 따른 안전관리대상제품으로 인한 사고로 한정한다)로 인해 발생하는 대규모 피해

011 사회재난   답 ③

사회재난의 종류
㉠ 대통령령으로 정하는 규모 이상에 피해를 주는 재난: 화재·붕괴·폭발·교통사고(항공사고 및 해상사고를 포함한다)·화생방사고·환경오염사고·다중운집인파사고 등으로 인하여 발생하는 재난
㉡ 국가핵심기반의 마비를 주는 재난
㉢ 감염병 또는 가축전염병의 확산으로 인한 피해를 주는 재난
㉣ 미세먼지 등으로 인한 피해
㉤ 인공우주물체의 추락·충돌 등으로 인한 피해

> 「재난 및 안전관리 기본법」【정의】이 법에서 사용하는 용어의 뜻은 다음과 같다.
> 1. "재난"이란 국민의 생명·신체·재산과 국가에 피해를 주거나 줄 수 있는 것으로서 다음 각 목의 것을 말한다.
>   가. 자연재난: 태풍, 홍수, 호우(豪雨), 강풍, 풍랑, 해일(海溢), 대설, 한파, 낙뢰, 가뭄, 폭염, 지진, 황사(黃砂), 조류(藻類) 대발생, 조수(潮水), 화산활동, 「우주개발 진흥법」에 따른 자연우주물체의 추락·충돌, 그 밖에 이에 준하는 자연현상으로 인하여 발생하는 재해
>   나. 사회재난: 화재·붕괴·폭발·교통사고(항공사고 및 해상사고를 포함한다)·화생방사고·환경오염사고·다중운집인파사고 등으로 인하여 발생하는 대통령령으로 정하는 규모 이상의 피해와 국가핵심기반의 마비, 「감염병의 예방 및 관리에 관한 법률」에 따른 감염병 또는 「가축전염병예방법」에 따른 가축전염병의 확산, 「미세먼지 저감 및 관리에 관한 특별법」에 따른 미세먼지, 「우주개발 진흥법」에 따른 인공우주물체의 추락 등으로 인한 피해

> **참고**
> • 교통사고 - 대통령령으로 정하는 규모 이상의 피해를 주는 재난
> • 교통수송 - 국가핵심기반의 마비를 주는 재난
> • 황사 - 자연재난(재난관리주관기관: 기후에너지 환경부)
> • 미세먼지 - 사회재난(재난관리주관기관: 기후에너지 환경부)

012 사회재난   답 ②

국가핵심기반이란 에너지, 정보통신, 교통수송, 보건의료 등 국가경제, 국민의 안전·건강 및 정부의 핵심기능에 중대한 영향을 미칠 수 있는 시설, 정보기술시스템 및 자산 등을 말한다.

선지분석
④ 대통령령으로 정하는 규모 이상의 피해: 화재·붕괴·폭발·교통사고(항공사고 및 해상사고를 포함한다)·화생방사고·환경오염사고·다중운집인파사고 등으로 인하여 발생하는 피해

013 사회재난   답 ②

대통령령으로 정하는 규모이상의 피해를 주는 사회재난은 화재·붕괴·폭발·교통사고·화생방사고·환경오염사고 등으로 인하여 발생하는 재난에 해당한다.

> **참고** 교통수송은 국가핵심기반의 마비로 인한 피해를 주는 재난에 해당된다.

014 재난 및 안전관리   답 ①

행정안전부장관은 국가 및 지방자치단체가 행하는 재난 및 안전관리 업무를 총괄·조정한다.

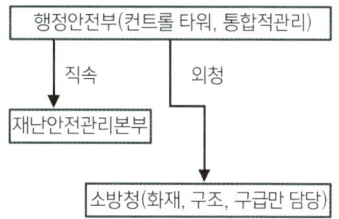

> **관련 개념 | 재난의 특성**
> 1. **불확실성**: 재해가 발생할 확률, 규모 및 시기가 사전에 알려지지 않은 상태
> 2. **누적성**: 오랜 시간동안 누적되어 온 위험요인
> 3. **상호작용성(복잡성)**: 실세로 재난이 발생한 경우 재해 자체와 피해주민 및 피해지역의 기반시설이 서로 영향을 미치면서 여러 가지 사건이 전개될 수 있음
>   예 2019.11.17. 코로나 바이러스 감염증(COVID-19 → 소상공인 생계가 막막함)
> 4. **인지성**: 위험에 대한 체감도는 각 조직마다 각 개인마다 다름 (언어학적과 관련)
>   예 코로나 바이러스 감염증이 감소추세로 전환되어 개방된 공간에서는 마스크를 벗어도 된다. 그러나 개개인마다 위험에 대한 체감도가 다르므로 마스크를 쓰고 있는 사람도 있다.

015 재난유형에 따른 재난관리주관기관 답 ③

[선지분석]
① 금융위원회 - 「금융위원회의 설치 등에 관한 법률」 제38조에 따른 기관(이하 "금융기관"이라 한다) 중 「정보통신기반보호법」 제2조 제1호에 따른 정보통신기반시설을 관리하는 금융기관의 화재등으로 인해 발생하는 대규모 피해
② 행정안전부 및 경찰청 - 일반인이 자유로이 모이거나 통행하는 도로, 광장 및 공원의 다중운집인파사고로 인해 발생하는 대규모 피해
④ 문화체육관광부 - 「관광진흥법」 제33조의2 제1항에 따른 테마파크시설의 중대한 사고로 인해 발생하는 대규모 피해

03 안전관리기구 및 기능 150p

001 ①	002 ④	003 ②	004 ③	005 ②
006 ②	007 ④	008 ①	009 ④	010 ④
011 ①	012 ④	013 ④	014 ③	015 ②
016 ③	017 ②	018 ④	019 ③	020 ④
021 ①	022 ③	023 ③		

001 재난 및 안전관리 심의기구 답 ①

지역안전관리위원회는 지역별 재난 및 안전관리에 관한 사항을 심의·조정하기 위하여 특별시장·광역시장·특별자치시장·도지사·특별자치도지사 소속으로 시·도 안전관리위원회를 두고, 시장(「제주특별자치도 설치 및 국제자유도시 조성을 위한 특별법」 제11조 제1항에 따른 행정시장을 포함한다)·군수·구청장 소속으로 시·군·구 안전관리위원회를 둔다.

「재난 및 안전관리 기본법」【중앙안전관리위원회】 ① 재난 및 안전관리에 관한 다음 각 호의 사항(생략)을 심의하기 위하여 국무총리 소속으로 중앙안전관리위원회를 둔다.
【안전정책조정위원회】 ① 중앙위원회에 상정될 안건을 사전에 검토하고 다음 각 호의 사무(생략)를 수행하기 위하여 중앙위원회에 안전정책조정위원회를 둔다.
【지역안전관리위원회】 ① 지역별 재난 및 안전관리에 관한 다음 각 호의 사항(생략)을 심의·조정하기 위하여 특별시장·광역시장·특별자치시장·도지사·특별자치도지사 소속으로 시·도 안전관리위원회를 두고, 시장(「제주특별자치도 설치 및 국제자유도시 조성을 위한 특별법」 제11조 제1항에 따른 행정시장을 포함한다)·군수·구청장 소속으로 시·군·구 안전관리위원회를 둔다.
【중앙재난안전대책본부 등】 ① 대통령령으로 정하는 대규모 재난의 대응·복구 등에 관한 사항을 총괄·조정하고 필요한 조치를 하기 위하여 행정안전부에 중앙재난안전대책본부를 둔다.
「재난 및 안전관리 기본법 시행령」【실무위원회의 구성·운영 등】
② 실무위원회는 다음 각 호의 사항을 심의한다.
1. 재난 및 안전관리를 위하여 관계 중앙행정기관의 장이 수립하는 대책에 관하여 협의·조정이 필요한 사항
2. 재난 발생 시 관계 중앙행정기관의 장이 수행하는 재난의 수습에 관하여 협의·조정이 필요한 사항

[참고]

구분	중앙위원회	조정위원회	실무위원회
위원장	국무총리	행정안전부장관	재난안전관리본부장
간사	행정안전부장관	재난안전관리본부장	-

002 중앙안전관리위원회의 기능 답 ④

중앙행정기관의 장이 시행하는 대통령령으로 정하는 재난 및 사고의 예방사업 추진에 관한 사항은 중앙안전관리위원회 기능에 해당한다.

「재난 및 안전관리 기본법」【중앙안전관리위원회】 ① 재난 및 안전관리에 관한 다음 각 호의 사항을 심의하기 위하여 국무총리 소속으로 중앙안전관리위원회(이하 "중앙위원회"라 한다)를 둔다.
1. 재난 및 안전관리에 관한 중요 정책에 관한 사항 심의
2. 국가안전관리기본계획에 관한 사항심의
2의2. 제10조의2에 따른 재난 및 안전관리 사업 관련 중기사업계획서, 투자우선순위 의견 및 예산요구서에 관한 사항
3. 중앙행정기관의 장이 수립·시행하는 계획, 점검·검사, 교육·훈련, 평가 등 재난 및 안전관리업무의 조정에 관한 사항심의
3의2. 안전기준관리에 관한 사항
4. 재난사태의 선포에 관한 사항심의
5. 특별재난지역의 선포에 관한 사항심의
6. 재난이나 그 밖의 각종 사고가 발생하거나 발생할 우려가 있는 경우 이를 수습하기 위한 관계 기관 간 협력에 관한 중요 사항 심의
6의2. 재난안전의무보험의 관리·운용 등에 관한 사항
7. 중앙행정기관의 장이 시행하는 대통령령으로 정하는 재난 및 사고의 예방사업 추진에 관한 사항심의
8. 「재난안전산업 진흥법」에 따른 기본계획에 관한 사항
9. 그 밖에 위원장이 회의에 부치는 사항 심의

003 중앙안전관리위원회의 기능 답 ②

집행계획의 심의는 안전정책조정위원회의 기능이다.

중앙안전관리위원회 심의 기능	안전정책조정위원회 심의 기능
1. 재난 및 안전관리에 관한 중요 정책에 관한 사항 심의	1. 중앙위원회에 상정될 안건을 사전에 검토
2. 국가안전관리기본계획에 관한 사항 심의	2. 제9조 제1항 제3호, 제6호 및 제7호의 사항에 대한 사전 조정
2의2. 제10조의2에 따른 재난 및 안전관리 사업 관련 중기사업계획서, 투자우선순위 의견 및 예산요구서에 관한 사항	3. 집행계획의 심의
3. 중앙행정기관의 장이 수립·시행하는 계획, 점검·검사, 교육·훈련, 평가 등 재난 및 안전관리 업무의 조정에 관한 사항 심의	4. 국가핵심기반의 지정에 관한 사항의 심의
3의2. 안전기준관리에 관한 사항	5. 재난 및 안전관리기술 종합계획의 심의
	6. 그 밖에 중앙위원회가 위임한 사항

4. 재난사태의 선포에 관한 사항 심의
5. 특별재난지역의 선포에 관한 사항 심의
6. 재난이나 그 밖의 각종 사고가 발생하거나 발생할 우려가 있는 경우 이를 수습하기 위한 관계 기관 간 협력에 관한 중요 사항 심의
6의2. 재난안전의무보험의 관리·운용 등에 관한 사항
7. 중앙행정기관의 장이 시행하는 대통령령으로 정하는 재난 및 사고의 예방사업 추진에 관한 사항 심의
8. 「재난안전산업 진흥법」에 따른 기본계획에 관한 사항
9. 그 밖에 위원장이 회의에 부치는 사항 심의

실무위원회 심의 기능
1. 재난 및 안전관리를 위하여 관계중앙행정기관의 장이 수립하는 대책
2. 재난 발생 시 관계중앙행정기관의 장이 수행하는 재난의 수습에 관하여 협의·조정이 필요한 사항
3. 그 밖의 실무위원장이 회의에 부치는 사항

참고
- 행정안전부장관은 재난 및 안전관리기술개발 종합계획을 조정위원회의 심의와 국가과학기술자문회의의 심의를 거쳐 5년마다 수립한다.
- 국무총리는 국가안전관리기본계획을 중앙안전관리위원회 심의를 거쳐 5년마다 수립한다.

004 | 중앙안전관리위원회의 구성   답 ③

조정위원회의 업무를 효율적으로 처리하기 위하여 조정위원회에 실무위원회를 둘 수 있다.

「재난 및 안전관리 기본법」【중앙안전관리위원회】① 재난 및 안전관리에 관한 다음 각 호의 사항을 심의하기 위하여 국무총리 소속으로 중앙안전관리위원회(이하 "중앙위원회"라 한다)를 둔다.
② 중앙위원회의 위원장은 국무총리가 되고, 위원은 대통령령으로 정하는 중앙행정기관 또는 관계 기관·단체의 장이 된다.
③ 중앙위원회의 위원장은 중앙위원회를 대표하며, 중앙위원회의 업무를 총괄한다.
④ 중앙위원회에 간사 1명을 두며, 간사는 행정안전부장관이 된다.

참고 중앙위원회에 상정될 안건을 사전에 검토하고 사무를 수행하기 위하여 중앙위원회에 안전정책조정위원회(이하 "조정위원회"라 한다)를 둔다.

005 | 중앙안전관리위원회 직무 대행   답 ②

중앙위원회의 위원장이 사고 또는 부득이한 사유로 직무를 수행할 수 없을 때에는 행정안전부장관, 대통령령으로 정하는 중앙행정기관의 장의 순서로 위원장의 직무를 대행한다.

중앙위원회위원장(국무총리) → 행정안전부장관 → 중앙행정기관의 장 순

중앙위원회간사(행정안전부장관) → 재난안전관리본부장

「재난 및 안전관리 기본법」【중앙안전관리위원회】⑤ 중앙위원회의 위원장이 사고 또는 부득이한 사유로 직무를 수행할 수 없을 때에는 행정안전부장관, 대통령령으로 정하는 중앙행정기관의 장 순으로 위원장의 직무를 대행한다.
⑥ 제5항에 따라 행정안전부장관 등이 중앙위원회 위원장의 직무를 대행할 때에는 행정안전부의 재난안전관리사무를 담당하는 본부장이 중앙위원회 간사의 직무를 대행한다.

006 | 안전정책조정위원회의 기능   답 ②

조정위원회의 업무를 효율적으로 처리하기 위하여 조정위원회에 두는 기구는 실무위원회이다.

참고 시·도위원회와 시·군·구위원회(이하 "지역위원회"라 한다)의 회의에 부칠 의안을 검토하고, 재난 및 안전관리에 관한 관계 기관간의 협의·조정 등을 위하여 지역위원회에 안전정책실무조정위원회를 둘 수 있다.

007 | 안전정책조정위원회의 기능   답 ④

특정관리대상지역 및 재난방지시설은 조정위원회의 심의 사항이 아니다.

관련 개념 | 안전정책조정위원회의 사전조정 및 심의기능

사전조정	• 중앙행정기관의 장이 수립·시행하는 계획, 점검·검사, 교육·훈련, 평가, 안전기준 등 재난 및 안전관리 업무의 조정에 관한 사항에 대한 사전조정 • 안전기준관리에 관한 사항에 대한 사전조정 • 재난이나 그 밖의 각종 사고가 발생하거나 발생할 우려가 있는 경우 이를 수습하기 위한 관계 기관 간 협력에 관한 중요 사항에 대한 사전조정 • 재난안전의무보험의 관리·운용 등에 관한 사항 • 중앙행정기관의 장이 시행하는 대통령령으로 정하는 재난 및 사고의 예방사업 추진에 관한 사항에 대한 사전조정
심의기능	• 집행계획의 심의 • 국가핵심기반의 지정에 관한 사항의 심의 • 재난 및 안전관리기술 종합계획의 심의 • 그 밖에 중앙위원회가 위임한 사항

「재난 및 안전관리 기본법」【안전정책조정위원회】① 중앙위원회에 상정될 안건을 사전에 검토하고 다음 각 호의 사무를 수행하기 위하여 중앙위원회에 안전정책조정위원회(이하 "조정위원회"라 한다)를 둔다.
1. 중앙위원회에 상정될 안건을 사전에 검토
2. 제9조 제1항 제3호, 제3호의2, 제6호, 제6호의2 및 제7호의 사항에 대한 사전 조정
3. 제23조에 따른 집행계획의 심의
4. 제26조에 따른 국가핵심기반의 지정에 관한 사항의 심의
5. 제71조의2에 따른 재난 및 안전관리기술 종합계획의 심의
6. 그 밖에 중앙위원회가 위임한 사항

008 안전정책조정위원회의 구성 및 운영   답 ①

조정위원회의 위원은 대통령으로 정하는 중앙행정기관의 차관 또는 차관급 공무원과 재난 및 안전관리에 관한 지식과 경험이 풍부한 사람 중에서 위원장이 임명하거나 위촉하는 사람이 된다.

> 「재난 및 안전관리 기본법」【안전정책조정위원회】② 조정위원회의 위원장은 행정안전부장관이 되고, 위원은 대통령으로 정하는 중앙행정기관의 차관 또는 차관급 공무원과 재난 및 안전관리에 관한 지식과 경험이 풍부한 사람 중에서 위원장이 임명하거나 위촉하는 사람이 된다.
> ③ 조정위원회에 간사위원 1명을 두며, 간사위원은 행정안전부의 재난안전관리사무를 담당하는 본부장이 된다.
> ④ 조정위원회의 업무를 효율적으로 처리하기 위하여 조정위원회에 실무위원회를 둘 수 있다.
>
> 「재난 및 안전관리 기본법 시행령」【안전정책조정위원회의 구성·운영 등】① 중앙위원회에 두는 안전정책조정위원회(이하 "조정위원회"라 한다)의 위원은 다음 각 호의 사람이 된다.
> 1. 기획재정부차관, 교육부차관, 과학기술정보통신부차관, 외교부차관, 통일부차관, 법무부차관, 국방부차관, 행정안전부의 재난안전관리사무를 담당하는 본부장, 문화체육관광부차관, 농림축산식품부차관, 산업통상자원부차관, 보건복지부차관, 환경부차관, 고용노동부차관, 여성가족부차관, 국토교통부차관, 해양수산부차관 및 중소벤처기업부차관. 이 경우 복수차관이 있는 기관은 재난 및 안전관리 업무를 관장하는 차관으로 한다.
> 2. 국가정보원의 재난 및 안전관리 업무를 관장하는 차장, 방송통신위원회 상임위원, 국무조정실의 재난 및 안전관리 업무를 관장하는 차장 및 금융위원회 부위원장
> 3. 그 밖에 재난 및 안전관리에 관한 지식과 경험이 풍부한 사람 중에서 조정위원회 위원장이 임명하거나 위촉하는 사람

009 안전관리기구 및 기능   답 ④

옳은 것은 ㄷ, ㄹ이다.

선지분석
ㄱ. 해당 지역에 대한 재난 및 안전관리정책에 관한 사항은 지역위원회 심의를 거쳐야 한다.
ㄴ. 조정위원회의 위원장은 재난 및 안전관리에 관한 민관 협력관계를 원활히 하기 위하여 중앙안전관리민관협력위원회를 구성·운영할 수 있다.

010 안전정책조정위원회의 보고사항   답 ④

> 「재난 및 안전관리 기본법」【안전정책조정위원회】⑤ 조정위원회의 위원장은 제1항에 따라 조정위원회에서 심의·조정된 사항 중 대통령령으로 정하는 중요 사항에 대해서는 조정위원회의 심의·조정 결과를 중앙위원회의 위원장에게 보고하여야 한다.
>
> 「재난 및 안전관리 기본법 시행령」【조정위원회 심의 결과의 중앙위원회 보고】"대통령령으로 정하는 중요 사항"이란 다음 각 호의 어느 하나에 해당하는 사항을 말한다.
> 1. 집행계획의 심의
> 2. 국가핵심기반의 지정에 관한 사항의 심의
> 3. 그 밖에 중앙위원회로부터 위임받아 심의한 사항 중 조정위원회 위원장이 필요하다고 인정하는 사항

011 위원회 및 본부의 장   답 ①

옳은 것은 ㄱ, ㄴ, ㄷ이다.

선지분석
ㄹ. 실무위원회 위원장 - 행정안전부의 재난안전사무를 담당하는 본부장(재난안전관리본부장)

012 중앙민관협력위원회   답 ④

> 「재난 및 안전관리 기본법」【중앙민관협력위원회의 기능 등】① 중앙민관협력위원회의 기능은 다음 각 호와 같다.
> 1. 재난 및 안전관리 민관협력활동에 관한 협의
> 2. 재난 및 안전관리 민관협력활동사업의 효율적 운영방안의 협의
> 3. 평상시 재난 및 안전관리 위험요소 및 취약시설의 모니터링·제보
> 4. 재난 발생 시 재난관리 자원의 동원, 인명구조·피해복구 활동 참여, 피해주민 지원서비스 제공 등에 관한 협의
> ② 중앙민관협력위원회의 회의는 다음 각 호의 어느 하나에 해당하는 경우에 공동위원장이 소집할 수 있다.
> 1. 제14조 제1항에 따른 대규모 재난의 발생으로 민관협력 대응이 필요한 경우
> 2. 재적위원 4분의 1 이상이 회의 소집을 요청하는 경우
> 3. 그 밖에 공동위원장이 회의 소집이 필요하다고 인정하는 경우
> ③ 재난 발생 시 신속한 재난대응 활동 참여 등 중앙민관협력위원회의 기능을 지원하기 위하여 중앙민관협력위원회에 대통령령으로 정하는 바에 따라 재난긴급대응단을 둘 수 있다.

013 지역위원회 등   답 ④

㉠은 행정안전부장관, ㉡은 시·도지사이다.

> 「재난 및 안전관리기본법」【지역위원회 등에 대한 지원 및 지도】행정안전부장관은 시·도위원회의 운영과 지방자치단체의 재난 및 안전관리업무에 대하여 필요한 지원과 지도를 할 수 있으며, 시·도지사는 관할 구역의 시·군·구위원회의 운영과 시·군·구의 재난 및 안전관리업무에 대하여 필요한 지원과 지도를 할 수 있다.

014 중앙안전관리민관협력위원회   답 ③

중앙안전관리민관협력위원회의 구성·운영권자는 조정위원회 위원장이며, 위원은 공동위원장 2명을 포함하여 민간위원 35명 이내로 구성한다. 단, 민간위원의 임기는 2년으로 한다.

> **관련 개념 | 중앙안전관리민관협력위원회**
> 1. 구성·운영권자: 조정위원회위원장(행정안전부장관)
> 2. 공동위원장
>   ⓐ 재난안전관리본부장
>   ⓑ 위촉된 민간위원 중 중앙민관협력위원회의 의결을 거쳐 행정안전부장관이 지명하는 사람

015 재난 및 안전관리 사업예산   답 ②

관계 중앙행정기관의 장은 기획재정부장관에게 제출하는 예산요구서 중 재난 및 안전관리 사업 관련 예산요구서를 매년 5월 31일까지 행정안전부장관에게 제출하여야 한다.

「재난 및 안전관리 기본법」【재난 및 안전관리 사업예산의 사전협의 등】① 관계 중앙행정기관의 장은 「국가재정법」 제28조에 따라 기획재정부장관에게 제출하는 중기사업계획서 중 재난 및 안전관리 사업(행정안전부장관이 기획재정부장관과 협의하여 정하는 사업을 말한다. 이하 이 조 및 제10조의3에서 같다)과 관련된 중기사업계획서와 해당 기관의 재난 및 안전관리 사업에 관한 투자우선순위 의견을 매년 1월 31일까지 행정안전부장관에게 제출하여야 한다.
② 관계 중앙행정기관의 장은 기획재정부장관에게 제출하는 「국가재정법」 제31조 제1항에 따른 예산요구서 중 재난 및 안전관리 사업 관련 예산요구서를 매년 5월 31일까지 행정안전부장관에게 제출하여야 한다.
③ 행정안전부장관은 제1항 및 제2항에 따른 중기사업계획서, 투자우선순위 의견 및 예산요구서를 검토하고, 중앙위원회의 심의를 거쳐 다음 각 호의 사항을 매년 6월 30일까지 기획재정부장관에게 통보하여야 한다.
1. 재난 및 안전관리 사업의 투자 방향
2. 관계 중앙행정기관별 재난 및 안전관리 사업의 투자우선순위, 투자적정성, 중점 추진방향 등에 관한 사항
3. 재난 및 안전관리 사업의 유사성·중복성 검토결과
4. 그 밖에 재난 및 안전관리 사업의 투자효율성을 높이기 위하여 필요한 사항
④ 기획재정부장관은 국가재정상황과 재정운용원칙에 부합하지 아니하는 등 부득이한 사유가 있는 경우를 제외하고 제3항에 따라 통보받은 결과를 토대로 재난 및 안전관리 사업에 관한 예산안을 편성하여야 한다.

참고 **관계중앙행정기관의 장이 행정안전부장관에게 제출하는 재난 및 안전관리 사업**
1. 재난 및 안전관리 사업과 관련된 중기사업계획서: 매년 1월 31일
2. 재난 및 안전관리 사업에 관한 투자우선순위 의견: 매년 1월 31일
3. 재난 및 안전관리 사업 관련 예산 요구서: 매년 5월 31일 행정안전부장관에게 제출 → 중앙위원회의 심의를 거친 사항을 매년 6월 30일까지 기획재정부장관에게 통보하여야 한다.

016 지역위원회의 기능   답 ③

제36조에 따른 재난사태의 선포에 관한 사항(시·군·구위원회는 제외한다)

「재난 및 안전관리 기본법」【지역위원회】① 지역별 재난 및 안전관리에 관한 다음 각 호의 사항을 심의·조정하기 위하여 특별시장·광역시장·특별자치시장·도지사·특별자치도지사(이하 "시·도지사"라 한다) 소속으로 시·도 안전관리위원회(이하 "시·도위원회"라 한다)를 두고, 시장(「제주특별자치도 설치 및 국제자유도시 조성을 위한 특별법」 제11조 제1항에 따른 행정시장을 포함한다. 이하 같다)·군수·구청장 소속으로 시·군·구 안전관리위원회(이하 "시·군·구위원회"라 한다)를 둔다.
1. 해당 지역에 대한 재난 및 안전관리정책에 관한 사항
2. 시·도 및 시·군·구에 따른 안전관리계획에 관한 사항
2의2. 제36조에 따른 재난사태의 선포에 관한 사항(시·군·구위원회는 제외한다)
3. 해당 지역을 관할하는 재난관리책임기관(중앙행정기관과 상급 지방자치단체는 제외한다)이 수행하는 재난 및 안전관리업무의 추진에 관한 사항
4. 재난이나 그 밖의 각종 사고가 발생하거나 발생할 우려가 있는 경우 이를 수습하기 위한 관계 기관 간 협력에 관한 사항
5. 다른 법령이나 조례에 따라 해당 위원회의 권한에 속하는 사항
6. 그 밖에 해당 위원회의 위원장이 회의에 부치는 사항

참고
- 재난사태선포
  - 선포권자, 해제권자: 행정안전부장관
    단, 관할 구역 긴급한 조치: 시·도지사가 선포, 해제할 경우 행정안전부장관에게 통보
  - 심의, 승인: 중앙위원회. 단, 시·도위원회
  - 조치권자: 행정안전부장관, 지방자치단체의 장(시·도지사, 시장, 군수, 구청장)
- 재난사태 선포권자·해제권자 및 조치권자: 행정안전부장관. 단, 시·도지사

017 지역위원회의 구성 및 운영   답 ④

지역위원회 및 안전정책실무조정위원회의 구성과 운영에 필요한 사항은 해당 지방자치단체의 조례로 정한다.

「재난 및 안전관리 기본법」【지역위원회】① 지역별 재난 및 안전관리에 관한 다음 각 호의 사항(생략)을 심의·조정하기 위하여 특별시장·광역시장·특별자치시장·도지사·특별자치도지사(이하 "시·도지사"라 한다) 소속으로 시·도 안전관리위원회(이하 "시·도위원회"라 한다)를 두고, 시장(「제주특별자치도 설치 및 국제자유도시 조성을 위한 특별법」 제11조 제1항에 따른 행정시장을 포함한다. 이하 같다)·군수·구청장 소속으로 시·군·구 안전관리위원회(이하 "시·군·구위원회"라 한다)를 둔다.
② 시·도위원회의 위원장은 시·도지사가 되고, 시·군·구위원회의 위원장은 시장·군수·구청장이 된다.
③ 시·도위원회와 시·군·구위원회(이하 "지역위원회"라 한다)의 회의에 부칠 의안을 검토하고, 재난 및 안전관리에 관한 관계 기관 간의 협의·조정 등을 위하여 지역위원회에 안전정책실무조정위원회를 둘 수 있다.

018 중앙재난안전대책본부   답 ④

- 중앙재난안전대책본부장은 해당 대규모 재난의 수습에 필요한 범위에서 중앙사고수습본부장 및 지역재난안전대책본부장을 지휘할 수 있다.
- 중앙사고수습본부장은 지역재난안전대책본부장을 지휘할 수 있다.

참고 지역재난안전대책본부장은 중앙사고수습본부장을 지휘할 수 없다.

019 중앙재난안전대책본부   답 ③

차장·총괄조정관·대변인·통제관 및 담당관은 행정안전부 소속 공무원 중에서 행정안전부장관이 지명하는 사람, 특별대응단장 등은 해당 재난과 관련한 민간전문가 중에서 행정안전부장관이 위촉하는 사람, 부대변인은 재난관리주관기관 소속 공무원 중에서 소속 기관의 장이 추천하여 행정안전부장관이 지명하는 사람이 된다.

> 참고

- 중앙대책본부의 구성 및 담당자
  - 소속: 행정안전부
  - 본부장: 행정안전부장관
  - 차장, 총괄조정관, 대변인, 통제관, 담당관: 행정안전부 소속 공무원 중에서 행정안전부장관이 지명하는 사람
  - 특별대응단장 등*: 해당 재난과 관련한 민간전문가 중에서 행정안전부장관이 위촉하는 사람
  - 부대변인: 재난관리주관기관 소속 공무원 중에서 소속 기관의 장의 추천을 받아 행정안전부장관이 지명하는 공무원
  * 특별대응단장 등: 특별대응단장 또는 특별보좌관
- 중앙대책본부장의 권한
  - 중앙대책본부장은 중앙대책본부의 업무를 총괄하고 필요하다고 인정하면 중앙재난안전대책본부회의를 소집할 수 있다.
  - 해외재난의 경우에는 외교부장관이 중앙대책본부장의 권한을 행사
  - 방사능재난의 경우에는 중앙방사능 방재대책본부의 장*이 각각 중앙대책본부장의 권한을 행사한다.
  * 중앙방사능 방재대책본부의 장: 원자력안전위원회 위원장
- 재난을 효과적인 수습을 위하여 국무총리가 범정부적 차원의 통합대응이 필요하다고 인정하는 경우에는 국무총리가 중앙대책본부장의 권한을 행사한다.
  - 조건에 따른 중앙대책본부장: 행정안전부장관, 외교부장관, 중앙방사능 방재대책본부장, 국무총리
- 재난의 효과적인 수습을 위한 국무총리의 중앙대책본부장 권한 행사
  - 이 경우 행정안전부장관, 외교부장관(해외재난의 경우에 한정) 또는 원자력안전위원회 위원장(방사능 재난의 경우에 한정)이 차장이 된다.
  - 위 사항에도 불구하고 국무총리가 필요하다고 인정하여 지명하는 중앙행정기관의 장은 행정안전부장관, 외교부장관(해외재난의 경우에 한정한다) 또는 원자력안전위원회 위원장(방사능 재난의 경우에 한정한다)과 공동으로 차장*이 된다.
  * 공동차장: 행정안전부장관 + 중앙행정기관의 장, 외교부장관 + 중앙행정기관의 장, 원자력안전위원회 위원장 + 중앙행정기관의 장
- 국무총리가 중앙대책본부장 권한 행사
  - 총괄조정관, 통제관, 담당관: 차장이 소속 중앙행정기관 공무원 중에서 지명하는 사람
  - 대변인: 차장이 소속 중앙행정기관 공무원 중에서 추천하여 국무총리가 지명하는 사람
  - 특별대응단장 등: 차장이 해당 재난과 관련한 민간전문가 중에서 국무총리가 위촉하는 사람
  - 부대변인: 재난관리주관기관 소속 공무원 중에서 소속 기관의 장이 추천하여 국무총리가 지명하는 사람
- 국무총리가 필요하다고 인정하여 지명하는 중앙행정기관의 장이 공동으로 차장이 되는 경우
  - 총괄조정관, 통제관, 담당관: 공동차장이 각각 소속 중앙행정기관 공무원 중에서 지명하는 사람
  - 특별대응단장 등: 공동차장이 해당 재난과 관련한 민간전문가 중에서 국무총리가 위촉하는 사람
  - 대변인, 부대변인: 공동차장이 각각 소속 중앙행정기관 공무원 중에서 추천하여 국무총리가 지명하는 사람

020 | 중앙재난안전대책본부 답 ③

범정부적 차원의 통합 대응이 필요하다고 인정하는 경우 국무총리가 중앙대책본부장의 권한 행사를 할 수 있다.

「재난 및 안전관리 기본법」【중앙재난안전대책본부 등】① 대통령령으로 정하는 대규모 재난(이하 "대규모재난"이라 한다)의 대응·복구(이하 "수습"이라 한다) 등에 관한 사항을 총괄·조정하고 필요한 조치를 하기 위하여 행정안전부에 중앙재난안전대책본부(이하 "중앙대책본부"라 한다)를 둔다.
② 중앙대책본부에 본부장과 차장을 둔다.
③ 중앙대책본부의 본부장(이하 "중앙대책본부장"이라 한다)은 행정안전부장관이 되며, 중앙대책본부장은 중앙대책본부의 업무를 총괄하고 필요하다고 인정하면 중앙재난안전대책본부회의를 소집할 수 있다. 다만, 해외재난의 경우에는 외교부장관이, 「원자력시설 등의 방호 및 방사능 방재 대책법」 제2조 제1항 제8호에 따른 방사능 재난의 경우에는 같은 법 제25조에 따른 중앙방사능방재대책본부의 장이 각각 중앙대책본부장의 권한을 행사한다.
④ 제3항에도 불구하고 재난의 효과적인 수습을 위하여 다음 각 호의 어느 하나에 해당하는 경우에는 국무총리가 중앙대책본부장의 권한을 행사할 수 있다. 이 경우 행정안전부장관, 외교부장관(해외재난의 경우에 정한다) 또는 원자력안전위원회 위원장(방사능 재난의 경우에 한정한다)이 차장이 된다.
1. 국무총리가 범정부적 차원의 통합 대응이 필요하다고 인정하는 경우
2. 행정안전부장관이 국무총리에게 건의하거나 제15조의2 제2항에 따른 수습본부장의 요청을 받아 행정안전부장관이 국무총리에게 건의하는 경우
⑤ 제4항에도 불구하고 국무총리가 필요하다고 인정하여 지명하는 중앙행정기관의 장은 행정안전부장관, 외교부장관(해외재난의 경우에 한정한다) 또는 원자력안전위원회 위원장(방사능 재난의 경우에 한정한다)과 공동으로 차장이 된다.
⑥ 중앙대책본부장은 대규모재난이 발생하거나 발생할 우려가 있는 경우에는 대통령령으로 정하는 바에 따라 실무반을 편성하고, 중앙재난안전대책본부상황실을 설치하는 등 해당 대규모재난에 대하여 효율적으로 대응하기 위한 체계를 갖추어야 한다. 이 경우 제18조 제1항 제1호에 따른 중앙재난안전상황실과 인력, 장비, 시설 등을 통합·운영할 수 있다.
⑦ 제1항에 따른 중앙대책본부, 제3항에 따른 중앙재난안전대책본부회의의 구성과 운영에 필요한 사항은 대통령령으로 정한다.

021 | 중앙재난안전대책본부 및 중앙사고수습본부 답 ①

중앙재난안전대책본부에 대변인은 행정안전부 소속 공무원 중에서 행정안전부장관이 지명하는 사람이며, 부대변인은 재난관리주관기관 소속 공무원 중에서 소속 기관의 장의 추천을 받아 행정안전부장관이 지명하는 공무원을 말한다.

> 관련 개념 | 중앙재난안전대책본부

1. **본부장**: 행정안전부장관
2. **차장, 총괄조정관, 대변인, 통제관, 담당관**: 행정안전부 소속 공무원 중에서 행정안전부장관이 지명하는 사람
3. **부대변인**: 재난관리주관기관 소속 공무원 중에서 소속 기관의 장의 추천을 받아 행정안전부장관이 지명하는 공무원
4. **특별대응단장 등**: 해당 재난과 관련한 민간전문가 중에서 행정안전부장관이 위촉하는 사람

관련 개념 | 중앙사고수습본부의 설치·운영

1. 재난관리주관기관(행정각부 및 그 소속 청이 별표 1의3에 따라 공동으로 동일 재난 유형에 따른 재난관리주관기관이 되는 경우에는 행정각부인 재난관리주관기관을 말한다)의 장은 재난이 발생하거나 발생할 우려가 있는 경우로서 다음 어느 하나에 해당하는 경우에는 법 제15조의2 제1항에 따른 중앙사고수습본부(이하 "수습본부"라 한다)를 신속하게 설치·운영해야 한다. 다만, ⓒ의 경우로서 중앙대책본부장이 재난관리주관기관의 장과 동일한 경우(법 제14조 제4항에 따라 국무총리가 중앙대책본부장의 권한을 행사하는 경우를 포함한다)에는 수습본부를 설치·운영하지 않을 수 있다.
   ⓐ 국가 차원의 대처가 필요하다고 인정하는 경우
   ⓑ 지역대책본부장의 건의를 받아 수습본부의 설치·운영이 필요하다고 인정하는 경우
   ⓒ 중앙대책본부가 설치·운영되는 경우
2. 재난관리주관기관의 장은 수습본부를 효율적으로 운영하기 위하여 수습본부의 구성과 운영 등에 필요한 사항(이하 "수습본부운영규정"이라 한다)을 미리 정하여야 한다. 이 경우 행정안전부장관과 협의를 거쳐야 한다.
3. 행정안전부장관은 수습본부운영규정에 관한 표준안을 작성하여 재난관리주관기관의 장에게 수습본부운영규정에 반영할 것을 권고할 수 있다.

022 | 중앙대책본부회의   답 ③

중앙대책본부회의의 심의·협의 사항은 다음과 같다.
- 재난예방대책에 관한 사항
- 재난응급대책에 관한 사항
- 국고지원 및 예비비 사용에 관한 사항
- 그 밖의 중앙대책본부장이 회의에 부치는 사항

023 | 재난안전상황실의 운영   답 ③

「재난 및 안전관리 기본법」【재난안전상황실】 ① 행정안전부장관, 시·도지사 및 시장·군수·구청장은 재난정보의 수집·전파, 상황관리, 재난발생 시 초동조치 및 지휘 등의 업무를 수행하기 위하여 다음 각 호의 구분에 따른 상시 재난안전상황실을 설치·운영하여야 한다.
1. 행정안전부장관: 중앙재난안전상황실
2. 시·도지사 및 시장·군수·구청장: 시·도별 및 시·군·구별 재난안전상황실

참고 소방은 재난안전상황실은 없지만, 119종합상황실은 있다.

04 안전관리계획   158p

001 ④   002 ④   003 ④   004 ①

001 | 국가안전관리기본계획의 수립   답 ④

- 국무총리는 재난 및 사고로부터 국민의 생명·신체 및 재산을 보호하기 위하여 5년마다 국가의 재난 및 안전관리업무에 관한 기본계획(이하 "국가안전관리기본계획"이라 한다)을 수립하여야 한다.
- 관계 중앙행정기관의 장은 통보받은 국가안전관리기본계획에 따라 매년 그 소관 업무에 관한 집행계획을 작성하여 조정위원회의 심의를 거쳐 확정한다.

관련 개념 | 국가안전관리기본계획과 집행계획의 비교

구분	국가안전관리기본계획	집행계획
기간	5년	1년 - 매년 10월 31일까지 작성
수립	국무총리	-
수립지침	행정안전부장관	-
작성	행정안전부장관	관계중앙행정기관의 장
심의	중앙위원회	조정위원회
확정	국무총리	관계중앙행정기관의 장

- 시·도 안전관리계획의 수립지침 작성·통보·수립확정
  - 시·도지사가 시·도안전관리계획 수립, 확정(전년도 12월 31일까지) 행정안전부장관이 수립지침을 작성하여 시·도지사에게 통보 → 시·도지사가 시·도안전관리계획 작성 → 시·도위원회 심의를 거쳐 확정 → 시·도지사는 행정안전부장관에게 보고, 재난관리책임기관의 장에게 통보
- 시·군·구 안전관리계획의 수립지침 작성·통보·수립확정
  - 시장·군수·구청장이 시·군·구안전관리계획 수립, 확정(해당 연도 2월 말일까지) 시·도지사가 수립지침을 작성하여 시장·군수·구청장에게 통보 → 시장·군수·구청장이 시·군·구안전관리계획 작성 → 시·군·구위원회 심의를 거쳐 확정 → 시장·군수·구청장은 시·도지사에게 보고, 재난관리책임기관의 장에게 통보

「재난 및 안전관리 기본법」【국가안전관리기본계획의 수립 등】 ① 국무총리는 재난 및 사고로부터 국민의 생명·신체 및 재산을 보호하기 위하여 5년마다 국가의 재난 및 안전관리업무에 관한 기본계획(이하 "국가안전관리기본계획"이라 한다)을 수립하여야 한다.
② 국무총리는 행정안전부장관으로 하여금 국가안전관리기본계획의 수립지침을 작성하여 관계 중앙행정기관의 장에게 통보하도록 하여야 한다.
③ 관계 중앙행정기관의 장은 제2항에 따른 수립지침에 따라 5년마다 그 소관에 속하는 재난 및 안전관리업무에 관한 기본계획을 작성한 후 행정안전부장관에게 제출하여야 한다.
④ 행정안전부장관은 제3항에 따라 관계 중앙행정기관의 장이 제출한 기본계획을 종합하여 국가안전관리기본계획안을 작성한 후 국무총리에게 제출하고, 국무총리는 중앙위원회의 심의를 거쳐 국가안전관리기본계획을 확정한다.
⑤ 행정안전부장관은 제4항에 따라 확정된 국가안전관리기본계획을 지체 없이 관계 중앙행정기관의 장에게 통보하여야 한다.
⑥ 관계 중앙행정기관의 장은 제5항에 따라 통보받은 국가안전관리기본계획 중 그 소관 사항을 관계 재난관리책임기관(중앙행정기관과 시방자치단체는 제외한다)의 장에게 통보하여야 한다.

⑦ 국무총리는 사회적·경제적 여건의 변화 등으로 인하여 국가안전관리기본계획을 변경할 필요가 있다고 인정하거나 관계 중앙행정기관의 장이 그 변경을 요청하는 경우에는 이를 변경할 수 있다. 이 경우 변경되는 사항을 소관하는 관계 중앙행정기관의 장으로 하여금 국가안전관리기본계획의 변경안을 작성하여 행정안전부장관에게 제출하도록 하여야 한다.
⑧ 제7항에 따른 국가안전관리기본계획의 변경에 관하여는 제4항부터 제6항까지를 준용한다. 다만, 대통령령으로 정하는 경미한 사항을 변경하는 경우에는 중앙위원회의 심의를 거치지 아니한다.
⑨ 국가안전관리기본계획과 제23조의 집행계획, 제24조의 시·도안전관리계획 및 제25조의 시·군·구안전관리계획은 「민방위기본법」 제10조에 따른 민방위 계획 중 재난관리분야의 계획으로 본다.

【집행계획의 수립 등】 ① 관계 중앙행정기관의 장은 제22조 제5항에 따라 통보받은 국가안전관리기본계획에 따라 매년 그 소관 업무에 관한 집행계획을 작성하여 조정위원회의 심의를 거쳐 확정한다.
② 관계 중앙행정기관의 장은 확정된 집행계획을 행정안전부장관, 시·도지사 및 제3조 제5호 나목에 따른 재난관리책임기관의 장에게 각각 통보하여야 한다.
③ 제3조 제5호 나목에 따른 재난관리책임기관(「지방공기업법」 제3조 제1항에 따른 지방공기업 등 대통령령으로 정하는 재난관리책임기관은 제외한다. 이하 이 항에서 같다)의 장은 제2항에 따라 통보받은 집행계획에 따라 매년 세부집행계획을 작성하여 관할 시·도지사와 협의한 후 소속 중앙행정기관의 장의 승인을 받아 이를 확정하여야 한다. 이 경우 그 재난관리책임기관의 장이 공공기관이나 공공단체의 장인 경우에는 그 내용을 지부 등 지방조직에 통보하여야 한다.

002 | 국가안전관리기본계획의 수립 답 ④

- 행정안전부장관은 재난 및 안전관리에 관한 과학기술의 진흥을 위하여 5년마다 관계중앙행정기관의 재난 및 안전관리기술개발에 관한 계획을 종합하여 조정위원회의 심의와 「국가과학기술자문회의법」에 따른 국가과학기술자문회의의 심의를 거쳐 재난 및 안전관리기술개발 종합계획을 수립하여야 한다.
- 국무총리는 중앙안전관리위원회 심의를 거쳐 국가안전관리기본계획을 5년마다 수립해야 한다.

관련 개념 | 재난 및 안전관리기술개발 종합계획과 국가안전관리기본계획 비교

구분	수립	연도	심의
재난 및 안전관리기술개발 종합계획	행정안전부장관	5년마다	(안전정책)조정위원회 및 국가과학기술자문회의
국가안전관리기본계획	국무총리	5년마다	중앙(안전관리)위원회

003 | 국가안전관리기본계획 답 ④

「재난 및 안전관리 기본법」 국가안전관리기본계획에는 다음 각 호의 사항이 포함되어야 한다.
1. 재난 및 안전관리의 중장기 목표 및 기본방향
2. 재난 및 안전관리 현황 및 여건 변화, 전망에 관한 사항
3. 재난 및 안전관리를 위한 법령·제도의 마련 등 재난 및 안전관리체계 확립에 관한 사항
4. 재난의 예방·대비·대응 및 복구에 필요한 기반 조성에 관한 사항
5. 그 밖에 재난 및 안전관리에 관한 사항으로서 대통령령으로 정하는 사항
* 대통령령으로 정하는 사항
   1) 제3조의2 및 별표 1의3에 따라 재난관리주관기관이 규정된 재난 및 그 밖의 각종 사고의 안전관리에 관한 사항
   2) 재난 및 안전관리 사업의 투자 계획 및 중점 추진방향 등에 관한 사항
   3) 그 밖에 재난 및 안전관리업무의 개선과 체계적·효율적 수행을 위하여 행정안전부장관이 필요하다고 인정하는 사항

004 | 시·도 및 시·군·구 안전관리계획 답 ①

- 시·도안전관리계획의 수립
① 시·도지사는 재난 및 사고로부터 관할 구역 주민의 생명·신체 및 재산을 보호하기 위하여 국가안전관리기본계획에 따라 지역 여건을 고려하여 매년 시·도의 재난 및 안전관리업무에 관한 계획(이하 "시·도안전관리계획"이라 한다)을 수립하여야 한다.
② 행정안전부장관은 국가안전관리기본계획과 제23조 제1항에 따른 집행계획에 따라 매년 시·도안전관리계획의 수립지침을 작성하여 시·도지사에게 통보하여야 한다.
③ 시·도의 전부 또는 일부를 관할 구역으로 하는 제3조 제5호 나목에 따른 재난관리책임기관의 장은 매년 그 소관 재난 및 안전관리업무에 관한 계획을 작성하여 관할 시·도지사에게 제출하여야 한다.
④ 시·도지사는 제2항에 따라 통보받은 수립지침과 제3항에 따라 제출받은 재난 및 안전관리업무에 관한 계획을 종합하여 시·도안전관리계획을 작성하고 시·도위원회의 심의를 거쳐 확정한다.
⑤ 시·도지사는 제4항에 따라 확정된 시·도안전관리계획을 행정안전부장관에게 보고하고, 제3항에 따른 재난관리책임기관의 장에게 통보하여야 한다.

- 시·군·구안전관리계획의 수립
① 시장·군수·구청장은 재난 및 사고로부터 관할 구역 주민의 생명·신체 및 재산을 보호하기 위하여 시·도안전관리계획에 따라 지역 여건을 고려하여 매년 시·군·구의 재난 및 안전관리업무에 관한 계획(이하 "시·군·구안전관리계획"이라 한다)을 수립하여야 한다.
② 시·도지사는 시·도안전관리계획에 따라 매년 시·군·구안전관리계획의 수립지침을 작성하여 시장·군수·구청장에게 통보하여야 한다.
③ 시·군·구의 전부 또는 일부를 관할 구역으로 하는 제3조 제5호 나목에 따른 재난관리책임기관의 장은 매년 그 소관 재난 및 안전관리업무에 관한 계획을 작성하여 관할 시장·군수·구청장에게 제출하여야 한다.
④ 시장·군수·구청장은 제2항에 따라 통보받은 수립지침과 제3항에 따라 제출받은 재난 및 안전관리업무에 관한 계획을 종합하여 시·군·구안전관리계획을 작성하고 시·군·구위원회의 심의를 거쳐 확정한다.
⑤ 시장·군수·구청장은 제4항에 따라 확정된 시·군·구안전관리계획을 시·도지사에게 보고하고, 제3항에 따른 재난관리책임기관의 장에게 통보하여야 한다.

참고
- 시·도 안전관리계획의 수립지침 작성·통보·수립확정
  - 시·도지사가 시·도안전관리계획 수립. 확정(전년도 12월 31일까지) 행정안전부장관이 수립지침을 작성하여 시·도지사에게 통보 → 시·도지사가 시·도안전관리계획 작성 → 시·도위원회 심의를 거쳐 확정 → 시·도지사는 행정안전부장관에게 보고, 재난관리책임기관의 장에게 통보
- 시·군·구 안전관리계획의 수립지침 작성·통보·수립확정
  - 시장·군수·구청장이 시·군·구안전관리계획 수립. 확정(해당 연도 2월 말일까지) 시·도지사가 수립지침을 작성하여 시장·군수·구청장에게 통보 → 시장·군수·구청장이 시·군·구안전관리계획 작성 → 시·군·구위원회 심의를 거쳐 확정 → 시장·군수·구청장은 시·도지사에게 보고, 재난관리책임기관의 장에게 통보

05 재난의 예방 160p

001 ①   002 ④   003 ①   004 ③   005 ③
006 ③

001 재난예방조치 답 ①

국가핵심기반은 관계중앙행정기관의 장이 조정위원회 심의를 거쳐 지정한다.

「재난 및 안전관리 기본법」【재난관리책임기관의 장의 재난예방조치 등】① 재난관리책임기관의 장은 소관 관리대상 업무의 분야에서 재난 발생을 사전에 방지하기 위하여 다음 각 호의 조치를 하여야 한다.
1. 재난에 대응할 조직의 구성 및 정비
2. 재난의 예측 및 예측정보 등의 제공·이용에 관한 체계의 구축
3. 재난 발생에 대비한 교육·훈련과 재난관리예방에 관한 홍보
4. 재난이 발생할 위험이 높은 분야에 대한 안전관리체계의 구축 및 안전관리규정의 제정
5. 제26조에 따라 지정된 국가핵심기반의 관리
6. 제27조 제2항에 따른 특정관리대상지역에 관한 조치
7. 제29조에 따른 재난방지시설의 점검·관리
7의2. 제34조에 따른 재난관리자원의 관리
7의3. 재난 및 안전관리에 필요한 영상정보처리기기(「개인정보 보호법」 제2조 제7호에 따른 고정형 영상정보처리기기 및 같은 조 제7호의2에 따른 이동형 영상정보처리기기를 말한다. 이하 같다)의 설치·운영
8. 그 밖에 재난을 예방하기 위하여 필요하다고 인정되는 사항

참고
- 재난의 예방의 활동내역: 국가핵심기반의 지정 및 관리
- 재난관리책임기관의 장의 재난예방조치사항: 국가핵심기반의 관리

002 재난예방 실시권자 답 ④

- 재난관리책임기관의 재난관리체계 등에 대한 평가 등의 실시권자: 행정안전부장관
- 공공기관에 대한 재난관리체계 등에 대한 평가 등의 실시권자: 관할 중앙행정기관의 장
- 시·군·구에 대한 재난관리체계 등에 대한 평가 등의 실시권자: 시·도지사

003 특정관리대상지역의 지정 답 ①

중앙행정기관의 장 또는 지방자치단체의 장은 재난이 발생할 위험이 높거나 재난예방을 위하여 계속적으로 관리할 필요가 있다고 인정되는 지역을 대통령령으로 정하는 바에 따라 특정관리대상지역으로 지정할 수 있다.

「재난 및 안전관리 기본법」【특정관리대상지역의 지정 및 관리 등】
① 중앙행정기관의 장 또는 지방자치단체의 장은 재난이 발생할 위험이 높거나 재난예방을 위하여 계속적으로 관리할 필요가 있다고 인정되는 지역을 대통령령으로 정하는 바에 따라 특정관리대상지역으로 지정할 수 있다.
② 재난관리책임기관의 장은 제1항에 따라 지정된 특정관리대상지역에 대하여 대통령령으로 정하는 바에 따라 재난 발생의 위험성을 제거하기 위한 조치 등 특정관리대상지역의 관리·정비에 필요한 조치를 하여야 한다.

참고
- 재난관리책임기관
  - 가목: 중앙행정기관, 지방자치단체
  - 나목: 가목 외
- 재난관리주관기관: 관계중앙행정기관
- 국가핵심기반
  - 심의: 조정위원회
  - 지정, 해제: 관계중앙행정기관의 장
- 특정관리대상지역
  - 지정: 중앙행정기관의 장 또는 지방자치단체의 장
  - 관리: 재난관리책임기관의 장
- 재난방지시설관리: 관리 – 재난관리책임기관의 장
- 재난예방을 위한 긴급안전점검: 실시권자 – 행정안전부장관 또는 재난관리책임기관의 장(행정기관만을 말한다)
- 재난예방을 위한 안전조치: 명령권자 – 행정안전부장관 또는 재난관리책임기관의 장(행정기관만을 말한다)
- 재난관리

지정, 취소(해제)권자 등	· 중앙행정기관, 지방자치단체 · 관계중앙행정기관(재난관리주관기관)

점검, 관리, 정비, 조치 등	· 재난관리책임기관
	  – 중앙행정기관, 지방자치단체
	  – 지방행정기관, 공공기관 등 다수

004 국가핵심기반의 심의 및 지정 답 ③

관계중앙행정기관의 장은 조정위원회의 심의를 거쳐 국가핵심기반을 지정 및 취소할 수 있다.

「재난 및 안전관리 기본법」【재난예방을 위한 긴급안전점검 등】
① 행정안전부장관 또는 재난관리책임기관(행정기관만을 말한다. 이하 이 조에서 같다)의 장은 대통령령으로 정하는 시설 및 지역에 재난이 발생할 우려가 있는 등 대통령령으로 정하는 긴급한 사유가 있으면 소속 공무원으로 하여금 긴급안전점검을 하게 하고, 행정안전부장관은 다른 재난관리책임기관의 장에게 긴급안전점검을 하도록 요구할 수 있다. 이 경우 요구를 받은 재난관리책임기관의 장은 특별한 사유가 없으면 요구에 따라야 한다.

【재난예방을 위한 안전조치】 ① 행정안전부장관 또는 재난관리책임기관(행정기관만을 말한다. 이하 이 조에서 같다)의 장은 제30조에 따른 긴급안전점검 결과 재난 발생의 위험이 높다고 인정되는 시설 또는 지역에 대하여는 대통령령으로 정하는 바에 따라 그 소유자·관리자 또는 점유자에게 다음 각 호의 안전조치를 할 것을 명할 수 있다.

【정부합동 안전 점검】 ① 행정안전부장관은 재난관리책임기관의 재난 및 안전관리 실태를 점검하기 위하여 대통령령으로 정하는 바에 따라 정부합동안전점검단(이하 "정부합동점검단"이라 한다)을 편성하여 안전 점검을 실시할 수 있다.

【재난관리체계 등에 대한 평가 등】 ① 행정안전부장관은 재난관리책임기관에 대하여 대통령령으로 정하는 바에 따라 다음 각 호의 사항을 정기적으로 평가할 수 있다.
1. 대규모재난의 발생에 대비한 단계별 예방·대응 및 복구과정
2. 제25조의2 제1항 제1호에 따른 재난에 대응할 조직의 구성 및 정비 실태
3. 제25조의2 제4항에 따른 안전관리체계 및 안전관리규정
4. 제68조에 따른 재난관리기금의 운용 현황
② 제1항에도 불구하고 공공기관에 대하여는 관할 중앙행정기관의 장이 평가를 하고, 시·군·구에 대하여는 시·도지사가 평가를 한다.

005 | 특정관리대상지역의 안전등급 및 안전점검 등 　답 ③

재난관리 안전등급은 A~E의 5개의 등급으로 구분한다. D등급은 안전도가 미흡한 경우이며, E등급은 안전도가 불량한 경우에 해당한다.

📝 **관련 개념 | 특정관리대상지역의 안전등급 및 안전점검 등**

1. 재난관리책임기관의 장은 지정된 특정관리대상지역을 안전등급의 평가기준에 따른 안전등급 구분을 하고 관리한다.
   ⓐ A등급: 안전도가 우수한 경우
   ⓑ B등급: 안전도가 양호한 경우
   ⓒ C등급: 안전도가 보통인 경우
   ⓓ D등급: 안전도가 미흡한 경우
   ⓔ E등급: 안전도가 불량한 경우
2. 재난관리책임기관의 장은 다음의 구분에 따라 특정관리대상지역에 대한 안전점검을 실시하여야 한다.
   ⓐ 정기안전점검
      • A등급, B등급 또는 C등급에 해당하는 특정관리대상지역: 반기별 1회 이상
      • D등급에 해당하는 특정관리대상지역: 월 1회 이상
      • E등급에 해당하는 특정관리대상지역: 월 2회 이상
   ⓑ 수시안전점검: 재난관리책임기관의 장이 필요하다고 인정하는 경우

006 | 예방의 활동내역 　답 ③

• 재난관리책임기관의 재난 및 안전관리 실태를 점검하기 위하여 대통령령으로 정하는 바에 따라 정부합동점검단을 편성하여 안전점검을 실시할 수 있다.

• 실시권자: 행정안전부장관
• 정부합동점검단의 단장: 행정안전부장관이 지명

06 재난의 대비　162p

| 001 ④ | 002 ③ | 003 ③ | 004 ② | 005 ② |
| 006 ① | 007 ④ | 008 ③ | 009 ④ | 010 ② |
| 011 ④ |

001 | 재난의 대비 　답 ④

기능별 재난대응 활동계획의 작성·활용이다.

📝 **관련 개념 | 재난의 대비**

1. 재난관리자원의 관리
2. 재난현장 긴급통신수단의 마련
3. 국가재난관리기준의 제정·운영 등
4. 기능별 재난대응 활동계획의 작성·활용
5. 재난분야 위기관리 매뉴얼 작성·운용(위기관리표준매뉴얼, 위기대응실무매뉴얼, 현장조치행동매뉴얼)
6. 다중이용시설 등의 위기상황 매뉴얼 작성·관리 및 훈련
7. 안전기준의 등록 및 심의 등
8. 재난안전통신망의 구축·운영
9. 재난대비훈련 기본계획수립
10. 재난대비훈련 실시(훈련주관기관, 훈련참여기관)

002 | 재난관리자원 　답 ③

재난관리책임기관의 장은 재난관리를 위하여 필요한 물품, 재산 및 인력 등의 물적·인적자원(이하 "재난관리자원"이라 한다)을 비축하거나 지정하는 등 체계적이고 효율적으로 관리하여야 한다.

참고

• 예방 – 제34조에 따른 재난관리자원 관리: 제34조에 따른 재난관리자원 관리하여 재난관리책임기관의 장이 재난발생을 사전에 방지하자는 의미이다.
• 대비 – 재난관리자원의 관리: 재난관리자원의 관리는 재난발생을 사전에 방지를 했지만 인적·물적자원을 효율적으로 관리하자는 의미이다.
• 만약 시험문제에서
  1) 재난관리책임기관의 장은 소관 관리대상 업무의 분야에서 재난 발생을 사전에 방지하기 위하여 조치를 하여야 한다. 하면서, 재난관리자원이라는 문구 있으면 "예방"이다.
  2) 재난관리자원이라고 하면 "대비"이다.

003 | 재난의 대비 　답 ③

국가핵심기반의 지정 및 관리는 재난의 예방에 해당한다.

004 재난관리 활동 답 ②

안전기준의 등록 및 심의 등은 재난대비에 해당한다. 나머지는 재난예방에 해당한다.

005 국가재난관리기준 답 ②

- 국가재난관리기준을 제정·운영하는 사람은 행정안전부장관이다.
- "기능별 재난대응활동계획 및 위기관리매뉴얼의 체계 정립"은 국가재난관리기준에 포함되지 않는다.

> 「재난 및 안전관리 기본법」【국가재난관리기준의 제정·운용 등】
> ① 행정안전부장관은 재난관리를 효율적으로 수행하기 위하여 다음 각 호의 사항이 포함된 국가재난관리기준을 제정하여 운용하여야 한다. 다만, 「산업표준화법」 제12조에 따른 한국산업표준을 적용할 수 있는 사항에 대하여는 한국산업표준을 반영한다.
> 1. 재난분야 용어정의 및 표준체계 정립
> 2. 국가재난 대응체계에 대한 원칙
> 3. 재난경감·상황관리·자원관리·유지관리 등에 관한 일반적 기준
> 4. 그 밖의 대통령령으로 정하는 사항
>   ① 재난에 관한 예보·경보의 발령 기준
>   ② 재난상황의 전파
>   ③ 재난 발생 시 효과적인 지휘·통제 체제 마련
>   ④ 재난관리를 효과적으로 수행하기 위한 관계 기관 간 상호협력 방안
>   ⑤ 재난관리체계에 대한 평가 기준이나 방법
>   ⑥ 그 밖에 재난관리를 효율적으로 수행하기 위하여 행정안전부장관이 필요하다고 인정하는 사항

006 위기관리매뉴얼 답 ①

재난대응활동계획과 위기관리매뉴얼의 작성·운용자는 재난관리책임기관의 장이다.

> 「재난 및 안전관리 기본법」【재난분야 위기관리 매뉴얼 작성·운용】
> ① 재난관리책임기관의 장은 재난을 효율적으로 관리하기 위하여 재난유형에 따라 다음 각 호의 위기관리 매뉴얼을 작성·운용하여야 한다. 이 경우 재난대응활동계획과 위기관리 매뉴얼이 서로 연계되도록 하여야 한다.

구분	작성·운용자	내용
위기관리 매뉴얼	재난관리 책임기관의 장	–
위기관리 표준매뉴얼	재난관리 주관기관의 장	• 국가적 차원에서 관리가 필요한 재난에 대하여 재난관리 체계와 관계 기관의 임무와 역할을 규정한 문서로 위기대응 실무매뉴얼의 작성기준이 된다. • 다만, 다수의 재난관리주관기관이 관련되는 재난에 대해서는 관계 재난관리주관기관의 장과 협의하여 행정안전부장관이 위기관리 표준매뉴얼을 작성할 수 있다.
위기대응 실무매뉴얼	재난관리 주관기관의 장과 관계 기관의 장	• 위기관리 표준매뉴얼에서 규정하는 기능과 역할에 따라 실제 재난대응에 필요한 조치사항 및 절차를 규정한 문서이다.
		• 이 경우 재난관리주관기관의 장은 위기대응 실무매뉴얼과 제1호에 따른 위기관리 표준매뉴얼을 통합하여 작성할 수 있다.
현장조치 행동매뉴얼	위기대응 실무매뉴얼을 작성한 기관의 장이 지정한 기관의 장	• 재난현장에서 임무를 직접 수행하는 기관의 행동조치 절차를 구체적으로 수록한 문서이다. • 다만, 시장·군수·구청장은 재난유형별 현장조치 행동매뉴얼을 통합하여 작성할 수 있다(현장조치 행동매뉴얼 작성 기관의 장이 다른 법령에 따라 작성한 계획·매뉴얼 등에 재난유형별 현장조치 행동매뉴얼에 포함될 사항이 모두 포함되어 있는 경우 해당 재난유형에 대해서는 현장조치 행동매뉴얼이 작성된 것으로 본다).

007 위기관리 표준매뉴얼 답 ④

위기관리 표준매뉴얼은 국가적 차원에서 관리가 필요한 재난에 대하여 재난관리 체계와 관계 기관의 임무와 역할을 규정한 문서로 위기대응 실무매뉴얼의 작성 기준이 된다.

> 「재난 및 안전관리 기본법」【재난분야 위기관리 매뉴얼 작성·운용】
> ① 재난관리책임기관의 장은 재난을 효율적으로 관리하기 위하여 재난유형에 따라 다음 각 호의 위기관리 매뉴얼을 작성·운용하여야 한다. 이 경우 재난대응활동계획과 위기관리 매뉴얼이 서로 연계되도록 하여야 한다.
> 1. 위기관리 표준매뉴얼: 국가적 차원에서 관리가 필요한 재난에 대하여 재난관리 체계와 관계 기관의 임무와 역할을 규정한 문서로 위기대응 실무매뉴얼의 작성 기준이 되며, 재난관리주관기관의 장이 작성한다. 다만, 다수의 재난관리주관기관이 관련되는 재난에 대해서는 관계 재난관리주관기관의 장과 협의하여 행정안전부장관이 위기관리 표준매뉴얼을 작성할 수 있다.

008 현장조치 행동매뉴얼 답 ③

현장조치 행동매뉴얼은 재난현장에서 임무를 직접 수행하는 기관의 행동조치 절차를 구체적으로 수록한 문서를 말한다.

> 「재난 및 안전관리 기본법」【재난분야 위기관리 매뉴얼 작성·운용】
> ① 재난관리책임기관의 장은 재난을 효율적으로 관리하기 위하여 재난유형에 따라 다음 각 호의 위기관리 매뉴얼을 작성·운용하여야 한다. 이 경우 재난대응활동계획과 위기관리 매뉴얼이 서로 연계되도록 하여야 한다.
> 3. 현장조치 행동매뉴얼: 재난현장에서 임무를 직접 수행하는 기관의 행동조치 절차를 구체적으로 수록한 문서로 위기대응 실무매뉴얼을 작성한 기관의 장이 지정한 기관의 장이 작성하되, 시장·군수·구청장은 재난유형별 현장조치 행동매뉴얼을 통합하여 작성할 수 있다. 다만, 현장조치 행동매뉴얼 작성 기관의 장이 다른 법령에 따라 작성한 계획·매뉴얼 등에 재난유형별 현장조치 행동매뉴얼에 포함될 사항이 모두 포함되어 있는 경우 해당 재난유형에 대해서는 현장조치 행동매뉴얼이 작성된 것으로 본다.

009 매뉴얼의 작성 및 운용   답 ④

위기관리 표준매뉴얼의 작성 및 운용자는 재난관리주관기관의 장이다.

참고 위기대응 실무매뉴얼을 작성한 기관의 장
재난관리주관기관의 장과 관계기관의 장

010 재난대비훈련주관기관   답 ②

지방행정기관은 재난대비훈련참여기관이다.

> 「재난 및 안전관리 기본법」【재난대비훈련 실시】① 행정안전부장관, 중앙행정기관의 장, 시·도지사, 시장·군수·구청장 및 긴급구조기관(이하 이 조에서 "훈련주관기관"이라 한다)의 장은 대통령령으로 정하는 바에 따라 매년 정기적으로 또는 수시로 재난관리책임기관, 긴급구조지원기관 및 군부대 등 관계 기관(이하 이 조에서 "훈련참여기관"이라 한다)과 합동으로 재난대비훈련(제34조의5에 따른 위기관리 매뉴얼의 숙달훈련을 포함한다)을 실시하여야 한다.

참고
- 재난대비 훈련주관기관 및 장
  - 행정안전부: 행정안전부장관
  - 중앙행정기관: 중앙행정기관의 장
  - 시·도: 시·도지사
  - 시·군·구: 시장·군수·구청장
  - 긴급구조기관: 긴급구조기관의 장
- 훈련참여기관
  - 재난관리책임기관
  - 긴급구조지원기관
  - 군부대 등 관련기관

011 재난대비훈련참여기관   답 ④

재난대비훈련참여기관은 재난관리책임기관(지방행정기관, 공공기관, 공공단체 및 재난관리의 대상이 되는 중요시설의 관리기관 등), 긴급구조지원기관 및 군부대 등 관계 기관이다.

참고 재난대비훈련 기본계획 수립
행정안전부장관은 매년 재난대비훈련 기본계획을 수립하고 재난관리책임기관의 장에게 통보하여야 한다.

---

07 재난의 대응   166p

001 ③	002 ①	003 ④	004 ④	005 ①
006 ②	007 ①	008 ②	009 ②	010 ④
011 ①	012 ④	013 ③	014 ②	

001 재난의 대응   답 ③

기능별 재난대응활동계획 작성·활용은 재난의 대비에 해당한다.

관련 개념 | 재난대응의 활동 내역

응급조치에 대한 활동 내역	• 재난사태선포 • 응급조치 • 위기경보발령 등 • 재난예보·경보체계 구축·운영 • 동원명령 등 • 대피명령 • 위험구역 설정 • 강제대피조치 • 통행제한 • 응원요청 • 응급부담 • 시·도지사가 실시하는 응급조치 등 • 재난관리책임기관의 장의 응급조치 등 • 지역통제단장의 응급조치 등
긴급구조에 대한 활동 내역	• 긴급구조(긴급구조기관, 긴급구조지원기관) • 긴급구조통제단 운영(중앙, 지역) • 긴급구조지휘대 운영 • 통제선 설치 • 긴급대응협력관 지정·운영 • 현장지휘소 • 긴급구조활동에 대한 평가 • 긴급구조대응계획의 수립·시행(기본계획, 기능별 긴급구조대응계획, 재난유형별 긴급구조대응계획) • 긴급구조에 관한 교육 • 긴급구조지휘대의 구성 및 기능 • 긴급구조관련 특수번호 전화서비스의 통합·연계 • 재난대비능력 보강 • 현장응급의료소 • 해상에서의 긴급구조 • 항공기 등 조난사고 시의 긴급구조 등

002 재난의 대응   답 ①

재난피해 신고 및 조사는 재난복구 활동에 해당한다.

003 재난의 대응   답 ④

응원요청권자는 시장·군수·구청장이다.

관련 개념 | 재난대응 선포권자·발령권자·조치권자·명령권자·요청권자 등

재난사태 선포 및 해제권자	행정안전부장관 (단, 관할구역 긴급: 시·도지사)
위기경보 발령권자	재난관리주관기관의 장 (단, 국가적 차원에서 발령: 행정안전부장관)
동원명령 등	중앙대책본부장, 시장·군수·구청장
응원	시장·군수·구청장
대피명령, 위험구역의 설정, 응급조치, 강제대피조치, 통행제한 등, 응급부담	시장·군수·구청장, 지역통제단장

004 | 위기경보의 발령   답 ④

위기경보 발령권자는 재난관리주관기관의 장이다.

「재난 및 안전관리 기본법」【위기경보의 발령 등】① 재난관리주관기관의 장은 대통령령으로 정하는 재난에 대한 징후를 식별하거나 재난발생이 예상되는 경우에는 그 위험 수준, 발생 가능성 등을 판단하여 그에 부합되는 조치를 할 수 있도록 위기경보를 발령할 수 있다. 다만, 국가적 차원에서 관리가 필요한 재난상황인 경우에는 행정안전부장관이 위기경보를 발령할 수 있다.

관련 개념 | 위기경보

관심(Blue)	징후가 있으나 그 활동수준이 낮으며 가까운 기간 내에 국가위기로 발전할 가능성도 비교적 낮은 상태
주의(Yellow)	징후활동이 비교적 활발하고 국가위기로 발전할 수 있는 일정 수준의 경향성이 나타나는 상태
경계(Orange)	징후활동이 매우 활발하고 전개속도, 경향성 등이 현저한 수준으로서 국가위기로의 발전 가능성이 농후한 상태
심각(Red)	징후활동이 매우 활발하고 전개속도, 경향성 등이 심각한 수준으로서 위기 발생이 확실시되는 상태

재난관리주관기관의 장은 심각경보를 발령 또는 해제 할 경우 행정안전부장관과 사전에 협의하여야 한다.

005 | 동원명령   답 ①

중앙대책본부장과 시장·군수·구청장은 재난이 발생하거나 발생할 우려가 있다고 인정하면 동원명령을 할 수 있다. 동원예비군 지원 요청은 해당 조치에 포함되지 않는다.

「재난 및 안전관리 기본법」【동원명령 등】① 중앙대책본부장과 시장·군수·구청장(시·군·구대책본부가 운영되는 경우에는 해당 본부장을 말한다. 이하 제40조부터 제45조까지에서 같다)은 재난이 발생하거나 발생할 우려가 있다고 인정하면 다음 각 호의 조치를 할 수 있다.
1. 「민방위기본법」 제26조에 따른 민방위대의 동원
2. 응급조치를 위하여 재난관리책임기관의 장에 대한 관계 직원의 출동 또는 재난관리자원의 동원 등 필요한 조치의 요청
3. 동원 가능한 재난관리자원 등이 부족한 경우에는 국방부장관에 대한 군부대의 지원 요청

006 | 대피명령   답 ②

대피명령권자는 시장·군수·구청장과 지역통제단장(소방본부장과 소방서장)이다.

「재난 및 안전관리 기본법」【대피명령】① 시장·군수·구청장과 지역통제단장(대통령령으로 정하는 권한을 행사하는 경우에만 해당한다. 이하 이 조에서 같다)은 재난이 발생하거나 발생할 우려가 있는 경우에 사람의 생명 또는 신체나 재산에 대한 위해를 방지하기 위하여 필요하면 해당 지역 주민이나 그 지역 안에 있는 사람에게 대피하도록 명하거나 선박·자동차 등을 그 소유자·관리자 또는 점유자에게 대피시킬 것을 명할 수 있다. 이 경우 미리 대피장소를 지정할 수 있다.
② 제1항에 따른 대피명령을 받은 경우에는 즉시 명령에 따라야 한다.
【과태료】① 다음 각 호의 어느 하나에 해당하는 사람에게는 200만원 이하의 과태료를 부과한다.
2. 제40조 제1항(제46조 제1항에 따른 경우를 포함한다)에 따른 대피명령을 위반한 사람

참고 재난대응 선포권자, 발령권자, 조치권자, 명령권자, 요청권자 등

1. 재난사태 선포 및 해제권자 - 행정안전부장관(단, 관할구역 긴급: 시·도지사)
2. 응급조치 - 시장·군수·구청장, 지역통제단장
3. 위기경보 발령권자 - 재난관리주관기관의 장(단, 국가: 행정안전부장관)
4. 동원명령등 - 중앙대책본부장, 시장·군수·구청장
5. 대피명령 - 시장·군수·구청장, 지역통제단장
6. 위험구역의 설정 - 시장·군수·구청장, 지역통제단장
7. 강제대피조치 - 시장·군수·구청장, 지역통제단장
8. 통행제한 등 - 시장·군수·구청장, 지역통제단장
9. 응원 - 시장·군수·구청장
10. 응급부담 - 시장·군수·구청장, 지역통제단장
• 중앙대책본부장(행정안전부장관)
  재난관리주관기관의 장(관계중앙행정기관의 장)
  지역통제단장(소방본부장, 소방서장)

007 | 위험구역의 설정   답 ①

위험구역 설정권자는 시장·군수·구청장 및 지역통제단장(소방본부장과 소방서장)이다.

「재난 및 안전관리 기본법」【위험구역의 설정】① 시장·군수·구청장과 지역통제단장(대통령령으로 정하는 권한을 행사하는 경우에만 해당한다. 이하 이 조에서 같다)은 재난이 발생하거나 발생할 우려가 있는 경우에 사람의 생명 또는 신체에 대한 위해 방지나 질서의 유지를 위하여 필요하면 위험구역을 설정하고, 응급조치에 종사하지 아니하는 사람에게 다음 각 호의 조치를 명할 수 있다.
1. 위험구역에 출입하는 행위나 그 밖의 행위의 금지 또는 제한
2. 위험구역에서의 퇴거 또는 대피
② 시장·군수·구청장과 지역통제단장은 제1항에 따라 위험구역을 설정할 때에는 그 구역의 범위와 제1항 제1호에 따라 금지되거나 제한되는 행위의 내용, 그 밖에 필요한 사항을 보기 쉬운 곳에 게시하여야 한다.

③ 관계 중앙행정기관의 장은 재난이 발생하거나 발생할 우려가 있는 경우로서 사람의 생명 또는 신체에 대한 위해 방지나 질서의 유지를 위하여 필요하다고 인정되는 경우에는 시장·군수·구청장과 지역통제단장에게 위험구역의 설정을 요청할 수 있다.

【벌칙】 다음 각 호의 어느 하나에 해당하는 자는 1년 이하의 징역 또는 1천만원 이하의 벌금에 처한다.
4. 정당한 사유 없이 제41조 제1항 제1호(제46조 제1항에 따른 경우를 포함한다)에 따른 위험구역에 출입하는 행위나 그 밖의 행위의 금지명령 또는 제한명령을 위반한 자

【과태료】 ① 다음 각 호의 어느 하나에 해당하는 사람에게는 200만원 이하의 과태료를 부과한다.
3. 제41조 제1항 제2호(제46조 제1항에 따른 경우를 포함한다)에 따른 위험구역에서의 퇴거명령 또는 대피명령을 위반한 사람

008 | 재난사태 선포권자 답 ②

㉠은 행정안전부장관, ㉡은 시·도지사이다.

「재난 및 안전관리 기본법」【재난사태 선포】 ① 행정안전부장관은 대통령령으로 정하는 재난이 발생하거나 발생할 우려가 있는 경우 사람의 생명·신체 및 재산에 미치는 중대한 영향이나 피해를 줄이기 위하여 긴급한 조치가 필요하다고 인정하면 중앙위원회의 심의를 거쳐 재난사태를 선포할 수 있다. 다만, 행정안전부장관은 재난상황이 긴급하여 중앙위원회의 심의를 거칠 시간적 여유가 없다고 인정하는 경우에는 중앙위원회의 심의를 거치지 아니하고 재난사태를 선포할 수 있다.
② 행정안전부장관은 제1항 단서에 따라 재난사태를 선포한 경우에는 지체 없이 중앙위원회의 승인을 받아야 하고, 승인을 받지 못하면 선포된 재난사태를 즉시 해제하여야 한다.
③ 제1항에도 불구하고 시·도지사는 관할 구역에서 재난이 발생하거나 발생할 우려가 있는 등 대통령령으로 정하는 경우 사람의 생명·신체 및 재산에 미치는 중대한 영향이나 피해를 줄이기 위하여 긴급한 조치가 필요하다고 인정하면 시·도위원회의 심의를 거쳐 재난사태를 선포할 수 있다. 이 경우 시·도지사는 지체 없이 그 사실을 행정안전부장관에게 통보하여야 한다.
④ 제3항에 따른 재난사태 선포에 대한 시·도위원회 심의의 생략 및 승인 등에 관하여는 제1항 단서 및 제2항을 준용한다. 이 경우 "행정안전부장관"은 "시·도지사"로, "중앙위원회"는 "시·도위원회"로 본다.
⑤ 행정안전부장관 및 지방자치단체의 장은 제1항에 따라 재난사태가 선포된 지역에 대하여 다음 각 호의 조치를 할 수 있다.
1. 재난경보의 발령, 재난관리자원의 동원, 위험구역 설정, 대피명령, 응급지원 등 이 법에 따른 응급조치
2. 해당 지역에 소재하는 행정기관 소속 공무원의 비상소집
3. 해당 지역에 대한 여행 등 이동 자제 권고
4. 「유아교육법」 제31조, 「초·중등교육법」 제64조 및 「고등교육법」 제61조에 따른 휴업명령 및 휴원·휴교 처분의 요청
5. 그 밖에 재난예방에 필요한 조치
⑥ 행정안전부장관 또는 시·도지사는 재난으로 인한 위험이 해소되었다고 인정하는 경우 또는 재난이 추가적으로 발생할 우려가 없어진 경우에는 선포된 재난사태를 즉시 해제하여야 한다.

참고

「재난 및 안전관리 기본법 시행령」【재난사태의 선포대상 재난】 ① 법 제36조 제1항 본문에서 "대통령령으로 정하는 재난"이란 재난 중 극심한 인명 또는 재산의 피해가 발생하거나 발생할 것으로 예상되어 시·도지사가 행정안전부장관에게 재난사태의 선포를 건의하거나 행정안전부장관이 재난사태의 선포가 필요하다고 인정하는 재난(「노동조합 및 노동관계조정법」 제4장에 따른 쟁의행위로 인한 국가핵심기반의 일시 정지는 제외한다)을 말한다.

② 법 제36조 제3항 전단에서 "관할 구역에서 재난이 발생하거나 발생할 우려가 있는 등 대통령령으로 정하는 경우"란 관할 구역에서 극심한 인명 또는 재산의 피해가 발생하거나 발생할 것으로 예상되어 시장·군수·구청장이 시·도지사에게 재난사태의 선포를 건의하거나 시·도지사가 재난사태의 선포가 필요하다고 인정하는 경우를 말한다.

참고

- 선포권자, 해제권자: 행정안전부장관. 단, 관할 구역 긴급한 조치인 경우에는 시·도지사
- 심의, 승인: 중앙안전관리위원회. 단, 시·도위원회
- 조치권자: 행정안전부장관(중앙재난안전대책본부장), 시·도지사, 시장·군수·구청장(지방자치단체의 장)

009 | 재난사태에 대한 조치 답 ②

「재난 및 안전관리 기본법」【재난사태 선포】 ③ 행정안전부장관 및 지방자치단체의 장은 제1항에 따라 재난사태가 선포된 지역에 대하여 다음 각 호의 조치를 할 수 있다.
1. 재난경보의 발령, 재난관리자원의 동원, 위험구역 설정, 대피명령, 응급지원 등 이 법에 따른 응급조치
2. 해당 지역에 소재하는 행정기관 소속 공무원의 비상소집
3. 해당 지역에 대한 여행 등 이동 자제 권고
4. 「유아교육법」 제31조, 「초·중등교육법」 제64조 및 「고등교육법」 제61조에 따른 휴업명령 및 휴원·휴교 처분의 요청
5. 그 밖에 재난예방에 필요한 조치

010 | 응급부담 답 ④

「재난 및 안전관리 기본법」【응급부담】 시장·군수·구청장과 지역통제단장(대통령령으로 정하는 권한을 행사하는 경우에만 해당한다)은 그 관할 구역에서 재난이 발생하거나 발생할 우려가 있어 응급조치를 하여야 할 급박한 사정이 있으면 해당 재난현장에 있는 사람이나 인근에 거주하는 사람에게 응급조치에 종사하게 하거나 대통령령으로 정하는 바에 따라 다른 사람의 토지·건축물·인공구조물, 그 밖의 소유물을 일시 사용할 수 있으며, 장애물을 변경하거나 제거할 수 있다.

011 | 대피명령 및 응원요청 조치사항 답 ①

응원요청 조치사항은 다른 시·군·구이다.

관련 개념 | 대피명령 및 응원명령 조치사항

대피명령	• 해당 지역 주민 • 그 지역 안에 있는 사람 • 선박, 자동차 등: 이 경우 미리 대피장소를 지정할 수 있으며, 그 소유자·관리자 또는 점유자에게 대피시킬 것을 명할 수 있다. 대피명령을 받은 경우에는 즉시 명령에 따라야 한다.
응원명령	• 다른 시·군·구나 관할 구역에 있는 군부대 및 관계 행정기관의 장 • 그 밖의 민간기관·단체의 장에게 인력·장비·자재 등 필요한 응원(應援)을 요청할 수 있다.

012 응급조치 답 ④

지역통제단장은 진화에 관한 응급조치, 긴급수송 및 구조 수단의 확보, 현장지휘통신체계의 확보 조치만 취할 수 있다. 즉, 시장·군수·구청장 및 지역통제단장(시·도 긴급구조통제단 및 시·군·구 긴급구조통제단의 단장)이 같이 실시할 수 있는 응급조치사항이다.

> 「재난 및 안전관리 기본법」【응급조치】 ① 제50조 제2항에 따른 시·도 긴급구조통제단 및 시·군·구 긴급구조통제단의 단장(이하 "지역통제단장"이라 한다)과 시장·군수·구청장은 재난이 발생할 우려가 있거나 재난이 발생하였을 때에는 즉시 관계 법령이나 재난대응활동계획 및 위기관리 매뉴얼에서 정하는 바에 따라 수방(水防)·진화·구조 및 구난(救難), 그 밖에 재난 발생을 예방하거나 피해를 줄이기 위하여 필요한 다음 각 호의 응급조치를 하여야 한다. 다만, 지역통제단장의 경우에는 제2호 중 진화에 관한 응급조치와 제4호 및 제6호의 응급조치만 하여야 한다.
> 1. 경보의 발령 또는 전달이나 피난의 권고 또는 지시
> 1의2. 제31조에 따른 안전조치
> 2. 진화·수방·지진방재, 그 밖의 응급조치와 구호
> 3. 피해시설의 응급복구 및 방역과 방범, 그 밖의 질서 유지
> 4. 긴급수송 및 구조 수단의 확보
> 5. 급수 수단의 확보, 긴급피난처 및 구호품의 확보
> 6. 현장지휘통신체계의 확보
> 7. 그 밖에 재난 발생을 예방하거나 줄이기 위하여 필요한 사항으로서 대통령령으로 정하는 사항

013 재난 및 안전관리 답 ③

옳지 않은 것은 ㄱ, ㄴ, ㄷ으로 3개이다.
ㄱ. 시장·군수·구청장과 소방본부장, 소방서장은 응급조치에 필요한 물자를 긴급히 수송하거나 진화·구조 등을 하기 위하여 통행을 제한할 수 있다.
ㄴ. 시·군·구 재난안전대책본부의 장은 재난현장의 총괄·조정 및 지원을 위하여 재난현장에 통합지원본부를 설치·운영할 수 있다.
ㄷ. 행정안전부장관은 매년 재난대비훈련 기본계획을 수립하고 재난관리책임기관의 장에게 통보하여야 한다.

[선지분석]
ㄹ. 중앙재난안전대책본부장은 행정안전부장관이며 중앙긴급구조통제단장은 소방청장이다.

014 응급조치 등 답 ②

시·도지사가 실시 가능한 응급조치 등 사항은 응급조치, 동원명령, 대피명령, 위험구역설정, 강제대피조치, 통행제한, 응원, 응급부담이다.

> 관련 개념 | 시·도지사가 실시하는 응급조치 제외사항
> 재난사태선포, 위기경보발령, 재난예보·경보체계 구축·운영 등

---

08 긴급구조 170p

001 ②	002 ③	003 ③	004 ②	005 ②
006 ③	007 ①	008 ④	009 ①	010 ①
011 ②	012 ①	013 ④	014 ①	015 ④
016 ④				

001 중앙긴급구조통제단 답 ②

중앙긴급구조통제단(중앙통제단)의 단장은 소방청장, 부단장은 소방청 차장이다. 중앙통제단장이 직무를 수행할 수 없을 때 부단장이 대행한다.

> 「재난 및 안전관리 기본법」【중앙긴급구조통제단】 ① 긴급구조에 관한 사항의 총괄·조정, 긴급구조기관 및 긴급구조지원기관이 하는 긴급구조활동의 역할 분담과 지휘·통제를 위하여 소방청에 중앙긴급구조통제단(이하 "중앙통제단"이라 한다)을 둔다.
> ② 중앙통제단의 단장은 소방청장이 된다.
> ③ 중앙통제단장은 긴급구조를 위하여 필요하면 긴급구조지원기관 간의 공조체제를 유지하기 위하여 관계 기관·단체의 장에게 소속 직원의 파견을 요청할 수 있다. 이 경우 요청을 받은 기관·단체의 장은 특별한 사유가 없으면 요청에 따라야 한다.
> ④ 중앙통제단의 구성·기능 및 운영에 필요한 사항은 대통령령으로 정한다.

참고 중앙통제단의 부서 구성
- 대응계획부: 통합 지휘·조정, 상황분석·보고, 작전계획 수립, 연락관소집·파견, 공보, 지원기관 연락관
- 현장지휘부: 위험진압, 수색·구조, 응급의료, 항공·현장통제, 안전관리, 자원대기소 운영
- 자원지원부: 물품·급식 지원, 회복지원, 장비관리, 자원집결지 운영, 긴급복구지원, 오염방제지원의 업무를 담당한다.

002 중앙긴급구조통제단 답 ③

중앙통제단의 기능은 긴급구조지원기관 간의 역할분담 등 긴급구조를 위한 현장활동계획의 수립이다.

> 「재난 및 안전관리 기본법 시행령」【중앙통제단의 기능】 중앙통제단은 다음 각 호의 기능을 수행한다.
> 1. 국가 긴급구조대책의 총괄·조정
> 2. 긴급구조활동의 지휘·통제(긴급구조활동에 필요한 긴급구조기관의 인력과 장비 등의 동원을 포함한다)
> 3. 긴급구조지원기관 간의 역할분담 등 긴급구조를 위한 현장활동계획의 수립
> 4. 긴급구조대응계획의 집행
> 5. 그 밖에 중앙통제단의 장(이하 "중앙통제단장"이라 한다)이 필요하다고 인정하는 사항

참고 긴급구조현장지휘대의 기능
1. 통제단이 가동되기 전 재난초기 시 현장지휘
2. 주요 긴급구조지원기관과의 합동으로 현장지휘의 조정·통제
3. 광범위한 지역에 걸친 재난발생시 전진지휘
4. 화재 등 일상적 사고의 발생 시 현장지휘

003 지역긴급구조통제단   답 ③

중앙긴급구조통제단은 소방청에 설치하며, 단장은 소방청장이다. 즉 지역긴급구조통제단과는 상관이 없다.

구분	지역긴급구조통제단
권한	지역별 긴급구조에 관한 사항의 총괄·조정, 해당 지역에 소재하는 긴급구조기관 및 긴급구조지원기관 간의 역할분담과 재난현장에서의 지휘·통제
소속	• 시·도의 소방본부 → 시·도 긴급구조통제단 • 시·군·구의 소방서 → 시·군·구 긴급구조통제단
단장	• 시·도 통제단 단장 → 소방본부장 • 시·군·구 통제단 단장 → 소방서장

「재난 및 안전관리 기본법」【지역긴급구조통제단】 ① 지역별 긴급구조에 관한 사항의 총괄·조정, 해당 지역에 소재하는 긴급구조기관 및 긴급구조지원기관 간의 역할분담과 재난현장에서의 지휘·통제를 위하여 시·도의 소방본부에 시·도 긴급구조통제단을 두고, 시·군·구의 소방서에 시·군·구 긴급구조통제단을 둔다.
② 시·도 긴급구조통제단과 시·군·구 긴급구조통제단(이하 "지역통제단"이라 한다)에는 각각 단장 1명을 두되, 시·도 긴급구조통제단의 단장은 소방본부장이 되고 시·군·구 긴급구조통제단의 단장은 소방서장이 된다.
③ 지역통제단장은 긴급구조를 위하여 필요하면 긴급구조지원기관 간의 공조체제를 유지하기 위하여 관계 기관·단체의 장에게 소속 직원의 파견을 요청할 수 있다. 이 경우 요청을 받은 기관·단체의 장은 특별한 사유가 없으면 요청에 따라야 한다.
④ 지역통제단의 기능과 운영에 관한 사항은 대통령령으로 정한다.

004 긴급구조 현장지휘   답 ②

중앙통제단장은 대통령령으로 정하는 대규모 재난이 발생하거나 그 밖에 필요하다고 인정하면 직접 현장지휘를 할 수 있다.

「재난 및 안전관리 기본법」【긴급구조 현장지휘】 ① 재난현장에서는 시·군·구 긴급구조통제단장이 긴급구조활동을 지휘한다. 다만, 치안활동과 관련된 사항은 관할 경찰관서의 장과 협의하여야 한다.
② 제1항에 따른 현장지휘는 다음 각 호의 사항에 관하여 한다.
1. 재난현장에서 인명의 탐색·구조
2. 긴급구조기관 및 긴급구조지원기관의 긴급구조요원·긴급구조지원요원 및 재난관리자원의 배치와 운용
3. 추가 재난의 방지를 위한 응급조치
4. 긴급구조지원기관 및 자원봉사자 등에 대한 임무의 부여
5. 사상자의 응급처치 및 의료기관으로의 이송
6. 긴급구조에 필요한 재난관리자원의 관리
7. 현장접근 통제, 현장 주변의 교통정리, 그 밖에 긴급구조활동을 효율적으로 하기 위하여 필요한 사항
③ 시·도 긴급구조통제단장은 필요하다고 인정하면 제1항에도 불구하고 직접 현장지휘를 할 수 있다.
④ 중앙통제단장은 대통령령으로 정하는 대규모 재난이 발생하거나 그 밖에 필요하다고 인정하면 제1항 및 제3항에도 불구하고 직접 현장지휘를 할 수 있다.

005 중앙긴급구조통제단   답 ②

중앙통제단에는 부단장을 두고, 부단장은 중앙통제단장을 보좌하며 중앙통제단장이 부득이한 사유로 직무를 수행할 수 없을 경우에는 그 직무를 대행한다.

「재난 및 안전관리 기본법 시행령」【중앙통제단의 구성 및 운영】
① 중앙통제단장은 중앙통제단을 대표하고, 그 업무를 총괄한다.
② 중앙통제단에는 부단장을 두고, 부단장은 중앙통제단장을 보좌하며 중앙통제단장이 부득이한 사유로 직무를 수행할 수 없을 경우에는 그 직무를 대행한다.
③ 제2항에 따른 부단장은 소방청 차장이 되며, 중앙통제단에는 대응계획부·현장지휘부·자원지원부를 둔다.
④ 제1항부터 제3항까지에서 규정한 사항 외에 중앙통제단의 구성 및 운영에 필요한 사항은 행정안전부령으로 정한다.

선지분석
① 부서는 대응계획부, 현장지휘부, 자원지원부로 구성되어 있다.
③ 중앙통제단의 구성·기능 및 운영에 필요한 사항은 대통령령으로 정한다.
④ 대응계획부의 업무는 통합지휘·조정, 현장지휘부의 업무는 위험진압, 수색구조 등이 있다.

참고 중앙통제단 조직도

006 중앙긴급구조통제단   답 ③

「재난 및 안전관리 기본법」에서 행정안전부장관과 관련이 없는 것은 중앙긴급구조통제단이다. 중앙긴급구조통제단장은 소방청장이다.

007 현장지휘관   답 ①

재난현장에서 긴급구조의 업무를 지휘하는 현장지휘관은 중앙통제단장, 지역통제단장, 통제단장의 사전명령이나 위임에 따라 현장지휘를 하는 소방관서 선착대의 장 또는 긴급구조현장지휘대의 장이다.

008 긴급구조현장지휘대 구성 요원 답 ④

대응지원요원은 긴급구조현장지휘대의 구성요원에 해당하지 않는다.

> 「재난 및 안전관리 기본법 시행령」【긴급구조현장지휘대 구성·운영】① 긴급구조현장지휘대는 다음 각 호의 사람으로 구성하여야 한다.
> 1. 현장지휘요원
> 2. 자원지원요원
> 3. 통신지원요원
> 4. 안전관리요원
> 5. 상황조사요원
> 6. 구급지휘요원

관련 개념 | 긴급구조현장지휘대의 기능
1. 통제단이 가동되기 전 재난초기 시 현장지휘
2. 주요 긴급구조지원기관과의 합동으로 현장지휘의 조정·통제
3. 광범위한 지역에 걸친 재난발생시 전진지휘
4. 화재 등 일상적 사고의 발생 시 현장지휘

009 긴급구조현장지휘대 답 ①

옳은 것은 ㄱ이다.

선지분석
- ㄴ. 긴급구조기관의 장은 긴급구조지원기관의 장에게 평상시 해당 긴급구조지원기관의 긴급구조대응계획 수립 및 재난관리자원의 관리, 재난대응업무의 상호 협조 및 재난현장 지원업무 총괄 업무를 수행하는 긴급대응협력관을 대통령령으로 정하는 바에 따라 지정·운영하게 할 수 있다.
  - 긴급대응협력관 지정·운영권자: 긴급구조기관의 장
- ㄷ. 현장지휘소는 중앙긴급구조통제단장, 시·도긴급구조통제단장 또는 시·군·구긴급구조통제단장이 재난현장에서 기관별지휘소를 총괄하여 지휘·조정 또는 통제하는 등의 재난현장지휘를 효과적으로 수행하기 위하여 설치·운영하는 장소 또는 지휘차량·선박·항공기 등을 말한다.
  - 현장지휘소설치·운영권자: 통제단장
- ㄹ. 긴급구조기관의 장은 재난이 발생하는 경우 긴급구조기관과 긴급구조지원기관이 신속하고 효율적으로 긴급구조를 수행할 수 있도록 대통령령으로 정하는 바에 따라 재난의 규모와 유형에 따른 긴급구조대응계획을 수립·시행하여야 한다.
  - 긴급구조대응계획 수립·시행권자: 긴급구조기관의 장

010 권역현장지휘대 답 ①

2개 이상 4개 이하의 소방본부별로 소방청장이 1개를 설치·운영하는 지휘대는 권역현장지휘대이다.

> 「재난 및 안전관리 기본법 시행령」【긴급구조현장지휘대 구성·운영】② 법 제55조 제2항에 따른 긴급구조현장지휘대는 소방서현장지휘대, 방면현장지휘대, 소방본부현장지휘대 및 권역현장지휘대로 구분하되, 구분된 긴급구조지휘대의 설치기준은 다음 각 호와 같다.
> 1. 소방서현장지휘대: 소방서별로 설치·운영
> 2. 방면현장지휘대: 2개 이상 4개 이하의 소방서별로 소방본부장이 1개를 설치·운영
> 3. 소방본부현장지휘대: 소방본부별로 현장지휘대 설치·운영
> 4. 권역현장지휘대: 2개 이상 4개 이하의 소방본부별로 소방청장이 1개를 설치·운영

011 긴급구조대응계획 답 ②

긴급구조활동을 원활하게 하기 위한 긴급구조차량 접근도로의 복구 등에 관한 긴급구조대응계획은 긴급복구이다.

> 「재난 및 안전관리 기본법 시행령」【긴급구조대응계획의 수립】
> ① 법 제54조에 따라 긴급구조기관의 장이 수립하는 긴급구조대응계획은 기본계획, 기능별 긴급구조대응계획, 재난유형별 긴급구조대응계획으로 구분하되, 구분된 계획에 포함되어야 하는 사항은 다음 각 호와 같다.
> 2. 기능별 긴급구조대응계획
>   가. 지휘통제: 긴급구조체제 및 중앙통제단과 지역통제단의 운영체계 등에 관한 사항
>   나. 비상경고: 긴급대피, 상황 전파, 비상연락 등에 관한 사항
>   다. 대중정보: 주민보호를 위한 비상방송시스템 가동 등 긴급 공공정보 제공에 관한 사항 및 재난상황 등에 관한 정보 통제에 관한 사항
>   라. 피해상황분석: 재난현장상황 및 피해정보의 수집·분석·보고에 관한 사항
>   마. 구조·진압: 인명 수색 및 구조, 화재진압 등에 관한 사항
>   바. 응급의료: 대량 사상자 발생 시 응급의료서비스 제공에 관한 사항
>   사. 긴급오염통제: 오염 노출 통제, 긴급 감염병 방제 등 재난현장 공중보건에 관한 사항
>   아. 현장통제: 재난현장 접근 통제 및 치안 유지 등에 관한 사항
>   자. 긴급복구: 긴급구조활동을 원활하게 하기 위한 긴급구조차량 접근 도로 복구 등에 관한 사항
>   차. 긴급구호: 긴급구조요원 및 긴급대피 수용주민에 대한 위기상담, 임시 의식주 제공 등에 관한 사항
>   카. 재난통신: 긴급구조기관 및 긴급구조지원기관 간 정보통신체계 운영 등에 관한 사항

012 긴급구조대응계획 답 ①

긴급구조대응계획의 운영책임에 관한 사항은 재난현장에서 재난 유형별 긴급구조대응계획에 포함되는 것이 아니라, 기본계획에 해당된다.

> 「재난 및 안전관리 기본법 시행령」【긴급구조대응계획의 수립】
> ① 법 제54조에 따라 긴급구조기관의 장이 수립하는 긴급구조대응계획은 기본계획, 기능별 긴급구조대응계획, 재난유형별 긴급구조대응계획으로 구분하되, 구분된 계획에 포함되어야 하는 사항은 다음 각 호와 같다.
> 1. 기본계획
>   가. 긴급구조대응계획의 목적 및 적용범위
>   나. 긴급구조대응계획의 기본방침과 절차
>   다. 긴급구조대응계획의 운영책임에 관한 사항
> 3. 재난유형별 긴급구조대응계획
>   가. 재난 발생 단계별 주요 긴급구조 대응활동 사항
>   나. 주요 재난유형별 대응 매뉴얼에 관한 사항
>   다. 비상경고 방송메시지 작성 등에 관한 사항

013 긴급구조   답 ④

지역긴급구조통제단장은 소방본부장 또는 소방서장이며, 지역재난안전대책본부장은 시·도지사 또는 시장, 군수, 구청장이다.

관련 개념 | 통제단 및 재난안전대책본부

통제단	• 중앙긴급구조통제단장: 소방청장 • 지역긴급구조통제단장 - 시·도 긴급구조통제단 단장: 소방본부장 - 시·군·구 긴급구조통제단 단장: 소방서장
재난안전 대책본부	• 중앙재난안전대책본부장: 행정안전부장관 • 지역재난안전대책본부장 - 시·도 재난안전대책본부장: 시·도지사 - 시·군·구 재난안전대책본부장: 시장, 군수, 구청장

014 긴급구조현장지휘대   답 ①

긴급구조현장지휘대의 기능은 통제단이 가동되기 전 재난 초기 시 현장지휘이다.

관련 개념 | 중앙통제단 및 긴급구조현장지휘대

긴급구조현장지휘대의 기능	중앙통제단의 기능
• 통제단이 가동되기 전 재난 초기 시 현장지휘 • 주요 긴급구조지원기관과의 합동으로 현장지휘의 조정·통제 • 광범위한 지역에 걸친 재난 발생 시 전진지휘 • 화재 등 일상적 사고의 발생 시 현장지휘	• 국가 긴급구조대책의 총괄·조정 • 긴급구조활동의 지휘·통제 • 긴급구조지원기관 간의 역할분담 등 긴급구조를 위한 현장활동계획의 수립 • 긴급구조대응계획의 집행 • 그 밖에 중앙통제단장이 필요하다고 인정하는 사항
긴급구조현장지휘대 구성 요원	통제단조직 구성
• 현장지휘요원 • 자원지원요원 • 통신지원요원 • 안전관리요원 • 상황조사요원 • 구급지휘요원	• 대응계획부 • 현장지휘부 • 자원지원부

015 긴급구조현장지휘대   답 ④

통제단의 해당부서 배치는 아래와 같다.

긴급구조현장지휘대	통제단
현장지휘요원	현장지휘부
자원지원요원	자원지원부
통신지원요원	현장지휘부
안전관리요원	현장지휘부
상황조사요원	대응계획부
구급지휘요원	현장지휘부

016 긴급구조대응계획심의위원회   답 ④

「긴급구조대응활동 및 현장지휘에 관한 규칙」【심의위원회의 구성 및 운영】① 긴급구조기관의 장은 긴급구조대응계획을 수립하는 경우에는 긴급구조기관에 긴급구조대응계획심의위원회(이하 "위원회"라 한다)를 구성하여 위원회의 심의를 거쳐 확정하여야 한다.
② 위원회의 위원장은 긴급구조기관의 장이 되고, 위원은 긴급구조지원기관의 장으로 구성하되 위원장을 포함하여 7인 이상 11인 이하로 한다.
③ 그 밖에 위원회의 구성 및 운영에 관한 사항은 각 긴급구조기관의 장이 정한다.

09 재난의 복구   175p

001 ②   002 ④   003 ④   004 ④   005 ②
006 ②

001 복구   답 ②

• 복구활동내역은 재난피해조사 및 복구계획, 특별재난지역 선포 및 지원이 해당된다.
• 즉, 재난이 끝나면
 - 재난의 피해조사하고 복구계획을 세운다.
 - 복구계획을 세우는데 지자체예산으로 복구가 힘들면 특별재난지역 선포한다.

관련 개념 | 특별재난사태 선포

대통령령으로 정하는 규모의 재난이 발생하여 국가의 안녕 및 사회질서의 유지에 중대한 영향을 미치거나 피해를 효과적으로 수습하기 위하여 특별한 조치가 필요하다고 인정하는 경우 국가나 지방자치단체는 재난으로 피해를 입은 시설의 복구와 피해주민의 생계 안정을 위한 지원 외에 응급대책 및 재난구호와 복구에 필요한 행정상·재정상·금융상의 특별지원을 한다. 이는 빠른 시간 내에 재해 이전으로 상태로 되돌리기 위한 복구 단계에 해당한다.

002 특별재난사태 선포   답 ④

시·도지사 또는 시장·군수·구청장은 특별재난지역 피해에 대하여 관할구역의 피해상황을 종합하는 재난복구계획을 수립한 후 수습본부장 및 관계 중앙행정기관의 장과 협의를 거쳐 중앙대책본부장에게 제출하여야 한다.

「재난 및 안전관리 기본법」【재난피해 신고 및 조사】① 재난으로 피해를 입은 사람은 피해상황을 행정안전부령으로 정하는 바에 따라 시장·군수·구청장(시·군·구대책본부가 운영되는 경우에는 해당 본부장을 말한다. 이하 이 조에서 같다)에게 신고할 수 있으며, 피해 신고를 받은 시장·군수·구청장은 피해상황을 조사한 후 중앙대책본부장에게 보고하여야 한다.
② 재난관리책임기관의 장은 재난으로 인하여 피해가 발생한 경우에는 피해상황을 신속하게 조사한 후 그 결과를 중앙대책본부장에게 통보하여야 한다.

③ 중앙대책본부장은 재난피해의 조사를 위하여 필요한 경우에는 대통령령으로 정하는 바에 따라 관계 중앙행정기관 및 관계 재난관리책임기관의 장과 합동으로 중앙재난피해합동조사단을 편성하여 재난피해 상황을 조사할 수 있다.
④ 중앙대책본부장은 제3항에 따른 중앙재난피해합동조사단을 편성하기 위하여 관계 재난관리책임기관의 장에게 소속 공무원이나 직원의 파견을 요청할 수 있다. 이 경우 요청을 받은 관계 재난관리책임기관의 장은 특별한 사유가 없으면 요청에 따라야 한다.
⑤ 제1항 및 제2항에 따른 피해상황 조사의 방법 및 기준 등 필요한 사항은 중앙대책본부장이 정한다.

【재난복구계획의 수립·시행】 ① 재난관리책임기관의 장은 사회재난으로 인한 피해[사회재난 중 제60조 제4항에 따라 특별재난지역으로 선포된 지역의 사회재난으로 인한 피해(이하 이 조에서 "특별재난지역 피해"라 한다)는 제외한다]에 대하여 제58조 제2항에 따른 피해조사를 마치면 지체 없이 자체복구계획을 수립·시행하여야 한다.
② 시·도지사 또는 시장·군수·구청장은 특별재난지역 피해에 대하여 관할구역의 피해상황을 종합하는 재난복구계획을 수립한 후 수습본부장 및 관계 중앙행정기관의 장과 협의를 거쳐 중앙대책본부장에게 제출하여야 한다.
③ 제2항에도 불구하고 긴급하게 복구를 실시하여야 하는 등 대통령령으로 정하는 특별한 사유가 있는 경우에는 수습본부장이 특별재난지역 피해에 대한 재난복구계획을 직접 수립하여 중앙대책본부장에게 제출할 수 있다.
④ 중앙대책본부장은 제2항 또는 제3항에 따라 제출받은 재난복구계획을 제14조 제3항 본문에 따른 중앙재난안전대책본부회의의 심의를 거쳐 확정하고, 이를 관계 재난관리책임기관의 장에게 통보하여야 한다.
⑤ 재난관리책임기관의 장은 제4항에 따라 재난복구계획을 통보받으면 그 재난복구계획에 따라 지체 없이 재난복구를 시행하여야 한다. 이 경우 지방자치단체의 장은 재난복구를 위하여 필요한 경비를 지방자치단체의 예산에 계상(計上)하여야 한다.

【재난복구계획에 따라 시행하는 사업의 관리】 ① 재난관리책임기관의 장은 제59조 제1항에 따른 자체복구계획 또는 같은 조 제4항에 따른 재난복구계획에 따라 시행하는 사업이 체계적으로 관리되도록 하여야 한다.
② 중앙대책본부장은 제59조 제4항에 따른 재난복구계획에 따라 시행하는 사업이 효율적으로 추진될 수 있도록 대통령령으로 정하는 사업에 대하여 지도·점검하고, 필요하면 시정명령 또는 시정요청(현지 시정명령과 시정요청을 포함한다)을 할 수 있다. 이 경우 시정명령 또는 시정요청을 받은 관계 기관의 장은 정당한 사유가 없으면 이에 따라야 한다.
③ 제2항에 따른 지도·점검 등에 필요한 사항은 대통령령으로 정한다.

003 특별재난지역의 선포 및 복구 　답 ④

시·도지사 및 시장·군수·구청장은 재난상황의 기록을 재난복구가 끝난 해의 다음 해부터 5년간 보관하여야 한다.

관련 개념 | 재난사태 선포권자 및 해제권자

재난사태 선포권자 및 해제권자는 행정안전부장관이다.

행정안전부장관	→	중앙위원회	→	행정안전부장관
건의		심의		선포

관련 개념 | 재난사태지역과 특별재난지역비교

구분	재난사태지역	특별재난지역
재난관리	대응	복구
심의	중앙안전관리위원회	중앙안전관리위원회
선포	행정안전부장관	대통령

004 특별재난지역선포 　답 ④

• ㉠은 중앙대책본부장이고, ㉡은 중앙위원회이다.

【특별재난지역의 선포】 ① 중앙대책본부장은 대통령령으로 정하는 규모의 재난이 발생하여 국가의 안녕 및 사회질서의 유지에 중대한 영향을 미치거나 피해를 효과적으로 수습하기 위하여 특별한 조치가 필요하다고 인정하거나 지역대책본부장의 요청이 타당하다고 인정하는 경우에는 중앙위원회의 심의를 거쳐 해당 지역을 특별재난지역으로 선포할 것을 대통령에게 건의할 수 있다. 건의를 받은 대통령은 해당 지역을 특별재난지역으로 선포할 수 있다.
② 제1항에도 불구하고 대규모 인명피해가 발생하는 등 시급하게 특별재난지역으로 선포할 필요가 있는 경우로서 중앙대책본부장의 요청(국무총리가 중앙대책본부장의 권한을 행사하는 경우는 제외)을 받아 중앙위원회의 심의를 거칠 시간적 여유가 없다고 중앙위원회의 위원장이 인정하는 경우 중앙대책본부장은 중앙위원회의 심의를 거치지 아니하고 해당 지역을 특별재난지역으로 선포할 것을 대통령에게 건의할 수 있다.

005 특별재난 　답 ②

㉠은 2.5, ㉡은 4분의 1이다.

「재난 및 안전관리 기본법 시행령」【특별재난의 범위 및 선포 등】
① "대통령령으로 정하는 규모의 재난"이란 다음 각 호의 어느 하나에 해당하는 재난을 말한다.
1. 자연재난으로서 「자연재난 구호 및 복구 비용 부담기준 등에 관한 규정」 제5조 제1항에 따른 국고 지원 대상 피해 기준금액의 2.5배를 초과하는 피해가 발생한 재난
1의2. 자연재난으로서 「자연재난 구호 및 복구 비용 부담기준 등에 관한 규정」 제5조 제1항에 따른 국고 지원 대상에 해당하는 시·군·구의 관할 읍·면·동에 같은 항 각 호에 따른 국고 지원 대상 피해 기준금액의 4분의 1을 초과하는 피해가 발생한 재난
2. 사회재난의 재난 중 재난이 발생한 해당 지방자치단체의 행정능력이나 재정능력으로는 재난의 수습이 곤란하여 국가적 차원의 지원이 필요하다고 인정되는 재난
3. 그 밖에 재난 발생으로 인한 생활기반 상실 등 극심한 피해의 효과적인 수습 및 복구를 위하여 국가적 차원의 특별한 조치가 필요하다고 인정되는 재난

참고 대구지역은 코로나바이러스 19의 확산으로 인해 지방자치단체에서 복구하는 것이 힘들기 때문에 특별재난지역으로 선포되었다. 감염병으로는 첫 특별재난지역으로 선포되었다.

006 | 재난구호 및 재난복구 비용 부담기준   답 ②

주생계수단은 그 수입액이 해당 가구 총 수입액의 50퍼센트(%) 이상을 차지하는 생계수단이다.

> 「자연재난 구호 및 복구 비용 부담기준 등에 관한 규정」【정의】
> 이 영에서 사용하는 용어의 뜻은 다음과 같다.
> 1. "주생계수단"이란 그 수입액이 해당 가구 총수입액의 50퍼센트 이상을 차지하는 생계수단을 말한다.
> 2. "재난지원금"이란 국가 또는 지방자치단체가 법 제3조 제1호 가목에 따른 자연재난으로 인하여 사망하거나 실종된 사람, 부상을 당한 사람, 주택이나 주생계수단인 농업·어업·임업·소금생산업에 재해를 입은 자에 대하여 재난복구 및 이재민 구호를 위하여 지원하는 금액을 말한다.

10 보칙 및 벌칙   178p

| 001 ② | 002 ③ | 003 ④ | 004 ④ | 005 ④ |
| 006 ② | 007 ② | | | |

001 | 재난관리기금   답 ②

- 재난관리기금의 매년도 최저 적립액은 최근 3년 동안의 「지방세법」에 의한 보통세의 수입결산액의 평균 연액의 100분의 1에 해당하는 금액으로 한다.
- 시·도지사 및 시장·군수·구청장은 법 제67조 제2항에 따른 매년도 최저적립액(이하 "최저적립액"이라 한다)의 100분의 15 이상의 금액(이하 "의무예치금액"이라 한다)을 금융회사 등에 예치하여 관리하여야 한다.

> 「재난 및 안전관리 기본법」【재난관리기금의 적립】① 지방자치단체는 재난관리에 드는 비용에 충당하기 위하여 매년 재난관리기금을 적립하여야 한다.
> ② 제1항에 따른 재난관리기금의 매년도 최저적립액은 최근 3년 동안의 「지방세법」에 의한 보통세의 수입결산액의 평균연액의 100분의 1에 해당하는 금액으로 한다.
> 「재난 및 안전관리 기본법 시행령」【재난관리기금의 운용·관리】
> ② 시·도지사 및 시장·군수·구청장은 법 제67조 제2항에 따른 매년도 최저적립액(이하 "최저적립액"이라 한다)의 100분의 15 이상의 금액(이하 "의무예치금액"이라 한다)을 금융회사 등에 예치하여 관리하여야 한다. 다만, 의무예치금액의 누적 금액이 해당 연도를 기준으로 법 제67조 제2항에 따른 매년도 최저적립액의 10배를 초과한 경우에는 해당 연도의 의무예치금액을 매년도 최저적립액의 100분의 5로 낮추어 예치할 수 있다.
> ⑩ 보통세의 수입결산액의 평균을 10,000,000원으로 가정할 때,
> 재난관리기금 최저적립액 = $10,000,000 \times \frac{1}{100}$ = 100,000원
> 금융회사에 예치해야 할 금액 = $100,000 \times \frac{15}{100}$ = 15,000원이다.

002 | 3년 이하의 징역 또는 3천만원 이하의 벌금   답 ③

재난예방을 위한 안전조치를 이행하지 아니한 자는 3년 이하의 징역 또는 3천만원 이하의 벌금에 처한다.

안전조치명령을 이행하지 아니한 자	
1) 정밀안전진단(시설만 해당한다) 2) 보수(補修) 또는 보강 등 정비 3) 재난을 발생시킬 위험요인의 제거	긴급안전점검 결과 다중운집으로 인하여 재난이나 각종 사고 발생의 위험이 크다고 인정하는 경우에는 안전조치를 할 것을 명할 수 있다.

참고
- 2년 이하의 징역 또는 2천만원 이하의 벌금: 업무상 알게 된 연구개발사업 관련 자료 또는 정보를 누설 ~
- 1년 이하의 징역 또는 1천만원 이하의 벌금: 재난안전의무보험 관련 자료 또는 정보를 누설 ~
- 500만원 이하의 벌금: 직무상 알게 된 재난관리정보를 누설 ~

003 | 1년 이하의 징역 또는 1천만원 이하의 벌금   답 ④

> 「재난 및 안전관리 기본법」【벌칙】다음 각 호의 어느 하나에 해당하는 자는 1년 이하의 징역 또는 1천만원 이하의 벌금에 처한다.
> 1. 삭제<2017.1.17.>
> 2. 정당한 사유 없이 제30조 제1항에 따른 긴급안전점검을 거부 또는 기피하거나 방해한 자
> 3. 삭제<2016.1.7.>
> 4. 정당한 사유 없이 제41조 제1항 제1호(제46조 제1항에 따른 경우를 포함한다)에 따른 위험구역에 출입하는 행위나 그 밖의 행위의 금지명령 또는 제한명령을 위반한 자
> 5. 정당한 사유 없이 제74조의3 제1항에 따른 행정안전부장관, 시·도지사 또는 시장·군수·구청장의 요청에 따르지 아니한 자
> 6. 정당한 사유 없이 제74조의3 제2항에 따른 행정안전부장관, 시·도지사 또는 시장·군수·구청장의 요청에 따르지 아니한 자
> 6의2. 제75조의3 제7항을 위반하여 다른 사람에게 자격증을 빌려주거나 빌린 자 또는 이를 알선한 자
> 7. 제76조의4 제4항을 위반하여 업무상 알게 된 재난안전의무보험 관련 자료 또는 정보를 누설하거나 권한 없이 다른 사람이 이용하도록 제공하는 등 부당한 목적으로 사용한 자

참고
- 제74조의3 제1항
  행정안전부장관, 시·도지사 또는 시장·군수·구청장은 재난의 예방·대비와 신속한 재난 대응을 위하여 필요한 경우 재난으로 인하여 생명·신체에 대한 피해를 입은 사람과 생명·신체에 대한 피해 발생이 우려되는 사람(이하 "재난피해자 등"이라 한다)에 대한 다음 각 호에 해당하는 정보의 제공을 관계 중앙행정기관(그 소속기관 및 책임운영기관을 포함한다)의 장, 지방자치단체의 장, 공공기관의 장, 전기통신사업자, 그 밖의 법인·단체 또는 개인에게 요청할 수 있으며, 요청을 받은 자는 정당한 사유가 없으면 이에 따라야 한다.
  1. 성명, 주민등록번호, 주소 및 전화번호(휴대전화번호를 포함한다)
  2. 재난피해자등의 이동경로 파악 및 수색·구조를 위한 다음 각 목의 정보

가. 「개인정보 보호법」 제2조 제7호에 따른 고정형 영상정보처리기기를 통하여 수집된 정보
나. 「대중교통의 육성 및 이용촉진에 관한 법률」 제2조 제6호에 따른 교통카드의 사용명세
다. 「여신전문금융업법」 제2조 제3호·제6호 및 제8호에 따른 신용카드·직불카드·선불카드의 사용일시, 사용장소(재난 발생 지역 및 그 주변 지역에서 사용한 내역으로 한정한다)
라. 「의료법」 제17조에 따른 처방전의 의료기관 명칭, 전화번호 및 같은 법 제22조에 따른 진료기록부상의 진료일시

• 제74조의3 제2항
행정안전부장관, 시·도지사 또는 시장·군수·구청장은 재난피해자등의 위치정보의 보호 및 이용 등에 관한 법률」 제2조 제2호에 따른 개인위치정보의 제공을 「전기통신사업법」 제2조 제8호에 따른 전기통신사업자와 「위치정보의 보호 및 이용 등에 관한 법률」 제2조 제6호에 따른 위치정보사업을 하는 자에게 요청할 수 있고, 요청을 받은 자는 「통신비밀보호법」 제3조에도 불구하고 정당한 사유가 없으면 이에 따라야 한다.

004 | 500만원 이하의 벌금   답 ④

직무상 알게 된 재난관리정보를 누설하거나 권한 없이 다른 사람이 이용하도록 제공하는 등 부당한 목적으로 사용한 자는 500만원 이하의 벌금에 처한다.

> 「재난 및 안전관리 기본법」【벌칙】다음 각 호의 어느 하나에 해당하는 자는 500만원 이하의 벌금에 처한다.
> 1. 정당한 사유 없이 제45조(제46조 제1항에 따른 경우를 포함한다)에 따른 토지·건축물·인공구조물, 그 밖의 소유물의 일시 사용 또는 장애물의 변경이나 제거를 거부 또는 방해한 자
> 2. 제74조의2 제3항을 위반하여 직무상 알게 된 재난관리정보를 누설하거나 권한 없이 다른 사람이 이용하도록 제공하는 등 부당한 목적으로 사용한 자
> 3. 정당한 사유 없이 제74조의3 제7항 행정안전부장관 또는 지방자치단체의 장의 요청에 따르지 아니한 자

참고 제74조의3 제7항
행정안전부장관 또는 지방자치단체의 장은 특정 지역에서 다중운집으로 인하여 재난이나 각종 사고가 발생하거나 발생할 우려가 있는 경우 해당 지역에 있는 불특정 다수인의 기지국(「전파법」 제2조 제1항 제6호에 따른 무선국 중 기지국을 말한다) 접속 정보의 제공을 제2항에 따른 전기통신사업자 또는 위치정보사업을 하는 자에게 요청할 수 있고, 요청을 받은 자는 정당한 사유가 없으면 이에 따라야 한다.

005 | 200만원 이하의 과태료   답 ④

다음에 해당하는 자는 300만원 이하의 과태료를 부과한다.
• 보험 또는 공제에 가입하지 않은 자
• 재난취약시설보험 등의 가입에 관한 계약체결을 거부한 보험사업자

> 「재난 및 안전관리 기본법」【과태료】① 다음 각 호의 어느 하나에 해당하는 사람에게는 200만원 이하의 과태료를 부과한다.
> 1. 제34조의6 제1항 본문에 따른 위기상황 매뉴얼을 작성·관리하지 아니한 소유자·관리자 또는 점유자
> 1의2. 제34조의6 제2항 본문에 따른 훈련을 실시하지 아니한 소유자·관리자 또는 점유자
> 1의3. 제34조의6 제3항에 따른 개선명령을 이행하지 아니한 소유자·관리자 또는 점유자
> 2. 제40조 제1항(제46조 제1항에 따른 경우를 포함한다)에 따른 대피명령을 위반한 사람
> 3. 제41조 제1항 제2호(제46조 제1항에 따른 경우를 포함한다)에 따른 위험구역에서의 퇴거명령 또는 대피명령을 위반한 사람

006 | 2년 이하의 징역 또는 2천만원 이하의 벌금   답 ②

재난 예방·대비·대응 이외의 목적으로 정보를 사용하거나 업무가 종료되었음에도 해당 정보를 파기하지 아니한 자는 2년 이하의 징역 또는 2천만원 이하의 벌금에 처한다.

> 「재난 및 안전관리 기본법」【벌칙】재난 예방·대비·대응 이외의 목적으로 정보를 사용하거나 업무가 종료되었음에도 해당 정보를 파기하지 아니한 자는 2년 이하의 징역 또는 2천만원 이하의 벌금에 처한다.

• 2년 이하의 징역 또는 2천만원 이하의 벌금: 재난예방·대비·대응 이외의 목적~
• 1년 이하의 징역 또는 1천만원 이하의 벌금: 업무상 알게 된 재난안전의무보험 관련정보 누설~
• 500만원 이하의 벌금: 직무상 알게 된 재난관리정보를 누설~

007 | 지역축제 개최 시 안전관리조치   답 ②

옳은 것은 ㄱ, ㄷ, ㅁ으로, 3개이다.
ㄱ. 행정안전부장관 – 안전정보통합 관리시스템 구축·운영
ㄷ. 행정안전부장관은 재난안전 분야 전문가 및 전문기관 등이 공동으로 참여하는 정부합동 재난원인조사단을 편성하고, 이를 현지에 파견하여 재난원인조사를 실시할 수 있으며, 정부합동 재난원인조사단은 재난원인조사단의 단장을 포함한 50명 이내의 조사단원으로 편성한다.
ㅁ. 국무총리 – 안전관리헌장 제정·고시

선지분석
ㄴ. 중앙행정기관의 장 또는 지방자치단체의 장은 대통령령으로 정하는 지역축제를 개최하려면 해당 지역축제가 안전하게 진행될 수 있도록 지역축제 안전관리계획을 수립하고, 그 밖에 안전관리에 필요한 조치를 하여야 한다.
ㄹ. 행정안전부장관 – 재난안전의무보험 종합정보시스템 구축·운영
ㅂ. 행정안전부장관 – 공인재난관리사 자격증 교부

관련 개념 | 지역축제

1. 중앙행정기관의 장 또는 지방자치단체의 장은 대통령령으로 정하는 지역축제를 개최하려면 해당 지역축제가 안전하게 진행될 수 있도록 지역축제 안전관리계획을 수립하고, 그 밖에 안전관리에 필요한 조치를 하여야 한다.
2. 중앙행정기관의 장 또는 지방자치단체의 장 외의 자가 대통령령으로 정하는 지역축제를 개최하려는 경우에는 해당 지역축제가 안전하게 진행될 수 있도록 지역축제 안전관리계획을 수립하여 대통령령으로 정하는 바에 따라 관할 시장·군수·구청장에게 사전에 통보하고, 그 밖에 안전관리에 필요한 조치를 하여야 한다. 지역축제 안전관리계획을 변경하려는 때에도 또한 같다.
3. 중앙행정기관의 장 또는 지방자치단체의 장 외의 지역축제를 개최하려는 자는 지역축제 안전관리계획을 수립하여 축제 개최일 3주 전까지 관할 시장·군수·구청장에게 제출해야 한다. 이 경우 지역축제 안전관리계획을 변경하려는 경우에는 해당 축제 개최일 7일 전까지 변경된 내용을 제출해야 한다.

관련 개념 | 대통령령으로 정하는 지역축제

1. 축제기간 중 순간 최대 관람객이 1천명 이상이 될 것으로 예상되는 지역축제
2. 축제장소나 축제에 사용하는 재료 등에 사고 위험이 있는 지역축제로서 다음의 어느 하나에 해당하는 지역축제
   ⓐ 산 또는 수면에서 개최하는 지역축제
   ⓑ 불, 폭죽, 석유류 또는 가연성 가스 등의 폭발성 물질을 사용하는 지역축제

참고
- 국무총리: 국가안전관리기본계획 수립지침 작성자, 안전관리헌장 제정·고시자
- 행정안전부장관: 국가재난관리기준 고시자

PART 6 소방시설

01 소방시설의 개설 184p

| 001 ③ | 002 ③ | 003 ④ | 004 ① | 005 ① |
| 006 ④ | 007 ① | 008 ③ | 009 ③ | |

001 | 물분무등소화설비 답 ③

물분무등소화설비는 소화설비 중 산소를 차단하는 질식소화를 가질 수 있는 설비이다. 옥외소화전설비는 해당하지 않는다.

관련 개념 | 물분무등소화설비의 구분

수계	물분무소화설비
	미분무소화설비
	포소화설비
	강화액소화설비
가스계	이산화탄소소화설비
	할론소화설비
	할로겐화합물 및 불활성기체 소화설비
	분말소화설비
	고체에어로졸소화설비

참고 물분무등소화설비: 옥내, 옥외, 스프링클러(SP)는 없다.

002 | 소방시설의 종류 답 ③

'소화활동설비'란 화재를 진압하거나 인명구조활동을 위하여 사용하는 설비로서 제연설비, 연결송수관설비, 연결살수설비, 비상콘센트설비, 무선통신보조설비, 연소방지설비가 있다.

관련 개념 | 소방시설

1. **소화설비**: 물 또는 그 밖의 소화약제를 사용하여 소화하는 기계·기구 또는 설비로서 다음의 것
   ⓐ 소화기구
      - 소화기
      - 간이소화용구: 에어로졸식 소화용구, 투척용 소화용구, 소공간용 소화용구 및 소화약제 외의 것을 이용한 간이소화용구
      - 자동확산소화기
   ⓑ 자동소화장치
      - 주거용 주방자동소화장치
      - 상업용 주방자동소화장치
      - 캐비닛형 자동소화장치
      - 가스자동소화장치
      - 분말자동소화장치
      - 고체에어로졸자동소화장치
   ⓒ 옥내소화전설비(호스릴옥내소화전설비를 포함한다)
   ⓓ 스프링클러설비등
      - 스프링클러설비
      - 간이스프링클러설비(캐비닛형 간이스프링클러설비를 포함한다)
      - 화재조기진압용 스프링클러설비
   ⓔ 물분무등소화설비
      - 물분무소화설비
      - 미분무소화설비
      - 포소화설비
      - 이산화탄소소화설비
      - 할론소화설비
      - 할로겐화합물 및 불활성기체 소화설비
      - 분말소화설비
      - 강화액소화설비
      - 고체에어로졸소화설비
   ⓕ 옥외소화전설비

2. **경보설비**: 화재발생 사실을 통보하는 기계·기구 또는 설비로서 다음의 것
   ⓐ 단독경보형 감지기
   ⓑ 비상경보설비
      - 비상벨설비
      - 자동식사이렌설비
   ⓒ 시각경보기
   ⓓ 자동화재탐지설비
   ⓔ 비상방송설비
   ⓕ 자동화재속보설비
   ⓖ 통합감시시설
   ⓗ 누전경보기
   ⓘ 가스누설경보기
   ⓙ 화재알림설비

3. **피난구조설비**: 화재가 발생할 경우 피난하기 위하여 사용하는 기구 또는 설비로서 다음의 것
   ⓐ 피난기구
      - 피난사다리
      - 구조대
      - 완강기
      - 그 밖에 법 제9조 제1항에 따라 소방청장이 정하여 고시하는 화재안전기준으로 정하는 것
   ⓑ 인명구조기구
      - 방열복, 방화복(안전모, 보호장갑 및 안전화를 포함한다)
      - 공기호흡기
      - 인공소생기
   ⓒ 유도등
      - 피난유도선
      - 피난구유도등
      - 통로유도등
      - 객석유도등
      - 유도표지
   ⓓ 비상조명등 및 휴대용비상조명등

4. **소화용수설비**: 화재를 진압하는 데 필요한 물을 공급하거나 저장하는 설비로서 다음의 것
   ⓐ 상수도소화용수설비
   ⓑ 소화수조·저수조, 그 밖의 소화용수설비

5. **소화활동설비**: 화재를 진압하거나 인명구조활동을 위하여 사용하는 설비로서 다음의 것
   ⓐ 제연설비
   ⓑ 연결송수관설비
   ⓒ 연결살수설비
   ⓓ 비상콘센트설비
   ⓔ 무선통신보조설비
   ⓕ 연소방지설비

003 소화활동설비   답 ④

소화활동설비는 화재를 진압하거나 인명구조활동을 위하여 사용하는 설비를 말한다.

화재진압	• 연결송수관설비 • 연결살수설비 • 연소방지설비
인명구조활동	• 제연설비 • 비상콘센트설비 • 무선통신보조설비

참고 소방용수시설은 소화전, 급수탑, 저수조를 말하며 시·도지사가 설치하고 유지·관리한다.

004 스프링클러설비 등   답 ①

호스릴 스프링클러설비는 스프링클러설비 등에 해당하지 않는다.

관련 개념 | 스프링클러설비 등
1) 스프링클러설비
2) 간이스프링클러설비(캐비닛형 간이스프링클러설비를 포함한다)
3) 화재조기진압용 스프링클러설비

005 경보설비   답 ①

경보설비는 화재발생 사실을 통보하는 기계·기구 또는 설비를 말한다. 화재알림설비와 가스누설경보기는 경보설비에 해당한다.

선지분석
② 연결살수설비는 소화활동설비에 해당한다.
③ 옥내소화전은 소화설비에 해당한다.
④ 연결송수관설비는 소화활동설비에 해당한다.

006 유도등   답 ④

해당하는 것은 ㄱ, ㄴ, ㄷ, ㄹ, ㅁ으로, 5개이다.
비상조명등(휴대용비상조명등 포함)은 유도등에 해당하지 않는다.

007 소방설비   답 ①

방화설비는 소방시설에 해당하지 않고, 연결살수설비는 소화설비에 해당하지 않는다.

선지분석
ㄱ. 소방시설의 종류는 소화설비, 경보설비, 피난구조설비, 소화용수설비, 소화활동설비로 구분된다.
ㄴ. 연결살수설비는 소화활동설비에 해당된다.

008 소화활동설비   답 ③

연소방지설비, 연결송수관설비, 제연설비, 연결살수설비는 소화활동설비에 해당한다.

선지분석
ㄴ. 완강기는 피난구조설비의 피난기구에 해당한다.
ㄹ. 스프링클러설비는 소화설비에 해당한다.

009 주택용 소방시설   답 ③

주택용 소방시설은 소화기와 단독경보형감지기이다.

「소방시설 설치 및 관리에 관한 법률 시행령」【주택용 소방시설】
법 제8조 제1항 각 호(생략) 외의 부분에서 "대통령령으로 정하는 소방시설"이란 소화기 및 단독경보형감지기를 말한다.

02 소화설비   187p

001 ②	002 ②	003 ②	004 ③	005 ①
006 ①	007 ③	008 ③	009 ③	010 ①
011 ④	012 ②	013 ③	014 ①	015 ④
016 ②	017 ①	018 ②	019 ①	020 ③
021 ②	022 ②	023 ③	024 ②	025 ②
026 ②	027 ②	028 ③	029 ③	030 ②
031 ④	032 ②	033 ③	034 ②	035 ②
036 ②	037 ③	038 ②	039 ③	040 ①
041 ②	042 ②	043 ①	044 ③	045 ④
046 ②	047 ②	048 ①	049 ④	050 ③
051 ②	052 ①	053 ④	054 ②	055 ③

001 소화기구   답 ②

가스식 자동소화장치는 소화기구가 아니라 자동소화장치에 해당한다.

관련 개념 | 소화기구
1. 소화기
2. 간이소화용구: 에어로졸식 소화용구, 투척용 소화용구, 소공간용 소화용구 및 소화약제 외의 것을 이용한 간이소화용구(마른모래, 팽창질석, 팽창진주암)
3. 자동확산소화기

002 소화기구 및 자동소화장치 　　　답 ②

자동소화장치는 소화약제를 자동으로 방사하는 고정된 소화장치로서 형식승인이나 성능인증을 받은 유효설치 범위(설계방호체적, 최대설치높이, 방호면적 등을 말한다) 이내에 설치하여 소화하는 장치를 말한다.

선지분석
① • 자동확산소화기란 화재를 감지하여 자동으로 소화약제를 방출확산시켜 국소적으로 소화하는 소화기를 말한다. 자동확산소화기 종류는 일반화재용자동확산소화기, 주방화재용자동확산소화기, 전기설비용자동확산소화기가 있다.
  • "일반화재용자동확산소화기"란 보일러실, 건조실, 세탁소, 대량화기취급소 등에 설치되는 자동확산소화기를 말한다.
  • "주방화재용자동확산소화기"란 음식점, 다중이용업소, 호텔, 기숙사, 의료시설, 업무시설, 공장 등의 주방에 설치되는 자동확산소화기를 말한다.
  • "전기설비용자동확산소화기"란 변전실, 송전실, 변압기실, 배전반실, 제어반, 분전반등에 설치되는 자동확산소화기를 말한다.
③ 소화기는 소화약제를 압력에 따라 방사하는 기구로서 사람이 수동으로 조작하여 소화하는 것을 말한다. 지시압력계가 부착되어 있는 축압식소화기는 분말약제와 질소가스 등이 함께 충전되어 있는 소화기로서 사람이 수동으로 조작하여 소화하는 것을 말한다.
④ 소화약제는 소화기구에 사용되는 소화성능이 있는 고체·액체 및 기체의 물질을 말한다.

003 간이소화용구의 종류 　　　답 ②

소화약제에 의한 간이소화용구	• 투척식 소화용구 • 소공간용 소화용구 • 에어로졸식 소화용구
소화약제 외의 것을 이용한 간이소화용구	• 마른 모래 • 팽창질석 및 팽창진주암

004 주거용 주방자동소화장치 　　　답 ③

'주거용 주방자동소화장치'란 주거용 주방에 설치된 열발생 조리기구의 사용으로 인한 화재 발생 시 열원(전기 또는 가스)을 자동으로 차단하며 소화약제를 방출하는 소화장치를 말한다.

005 주방용 자동소화장치 　　　답 ①

주방용 자동소화장치는 소화약제 방출구, 감지부, 탐지부, 차단장치(가스), 수신부, 자동소화기로 구성된다.

006 소화기 능력단위 　　　답 ①

대형 소화기는 A급 10단위 이상, B급 20단위 이상이며, 보행거리가 30m 이내가 되도록 배치하여야 한다.

「소화기구 및 자동소화장치의 화재안전기준(NFSC 101)」【설치기준】 ① 소화기구는 다음 각 호의 기준에 따라 설치하여야 한다.
4. 소화기는 다음 각 목의 기준에 따라 설치할 것
  가. 각층마다 설치하되, 특정소방대상물의 각 부분으로부터 1개의 소화기까지의 보행거리가 소형소화기의 경우에는 20m 이내, 대형소화기의 경우에는 30m 이내가 되도록 배치할 것. 다만, 가연성물질이 없는 작업장의 경우에는 작업장의 실정에 맞게 보행거리를 완화하여 배치할 수 있으며, 지하구의 경우에는 화재발생의 우려가 있거나 사람의 접근이 쉬운 장소에 한하여 설치할 수 있다.
  나. 특정소방대상물의 각 층이 2 이상의 거실로 구획된 경우에는 가목의 규정에 따라 각 층마다 설치하는 것 외에 바닥면적이 33㎡ 이상으로 구획된 각 거실(아파트의 경우에는 각 세대를 말한다)에도 배치할 것
5. 능력단위가 2단위 이상이 되도록 소화기를 설치하여야 할 특정소방대상물 또는 그 부분에 있어서는 간이소화용구의 능력단위가 전체 능력단위의 2분의 1을 초과하지 아니하게 할 것. 다만, 노유자시설의 경우에는 그렇지 않다.
6. 소화기구(자동확산소화기를 제외한다)는 거주자 등이 손쉽게 사용할 수 있는 장소에 바닥으로부터 높이 1.5m 이하의 곳에 비치하고, 소화기에 있어서는 "소화기", 투척용소화용구에 있어서는 "투척용소화용구", 마른모래에 있어서는 "소화용모래", 팽창질석 및 팽창진주암에 있어서는 "소화질석"이라고 표시한 표지를 보기 쉬운 곳에 부착할 것

007 소화약제별 적응성 　　　답 ③

소화기구의 소화약제별 적응성에서 A급 화재에 사용이 불가능한 약제는 다음과 같다.
• 이산화탄소 소화약제
• 중탄산염류 소화약제(분말 1종, 2종, 4종)

참고 이산화탄소 소화약제는 전역방출방식일 경우 A급 화재에 사용 가능

008 소화기구의 능력단위기준 　　　답 ③

소화기구의 능력단위를 바닥면적 30제곱미터마다 1단위 이상으로 해야 할 특정소방대상물은 위락시설이다.

관련 개념 | 소화기구의 능력단위기준

위락시설	해당 용도의 바닥면적 30㎡마다 능력단위 1단위 이상
공연장, 집회장, 관람장, 문화재, 장례식장, 의료시설	해당 용도의 바닥면적 50㎡마다 능력단위 1단위 이상
근린생활시설, 판매시설, 운수시설, 숙박시설, 노유자시설, 전시장, 공동주택, 업무시설, 방송통신시설, 공장, 창고시설, 항공기 및 자동차 관련 시설 및 관광휴게시설	해당 용도의 바닥면적 100㎡마다 능력단위 1단위 이상

건축물의 주요구조부가 내화구조이고, 벽 및 반자의 실내 면하는 부분이 불연재료, 준불연료, 난연재료인 경우 표의 기준의 2배이다.
예 위락시설: 30㎡×2=60㎡마다 능력단위 1단위 이상

009 | 소화기 답 ③

소화기 사용방법	소화기 사용 시 유의점
1. 소화기를 불이 난 곳으로 옮긴다.	화점에 너무 가까이 접근하여 화상을 입지 않도록 주의한다(통상 2~3m 떨어짐).
2. 소화기를 바닥에 내려놓은 후 한 손은 소화기 몸통을 잡고 다른 한 손은 안전핀을 잡아 당긴다.	손잡이를 쥐고 안전핀을 제거하거나 안전핀 제거 중 소화기가 쓰러지지 않도록 주의한다.
3. 한 손은 손잡이를, 다른 한 손은 노즐을 잡고 화점을 향하게 한다.	손잡이를 누르자마자 놓거나 간헐적으로 누르지 않도록 주의하며, 소화 작업 시는 바람을 등지고 화점을 향하여 비로 쓸 듯이 골고루 방사한다.
4. 소화가 완전히 될 때까지 약제를 화점을 향하여 골고루 방사한다.	노즐을 잡지 않거나 노즐이 다른 방향을 향하지 않도록 주의한다.

010 | 옥내소화전설비 답 ①

예비펌프란 주펌프와 동등 이상의 성능이 있는 별도의 펌프를 말한다.

참고
- 위치표시등: 항상 점등상태(적색등)
- 기동표시등: 평소 소등, 펌프작동 시 점등상태(적색등)

참고 관창

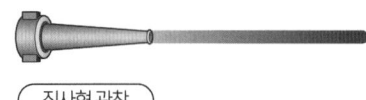

▲ 직사형 관창(봉상주수)

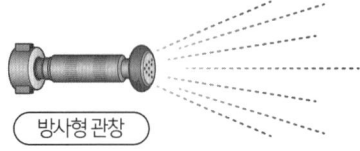

▲ 방사형 관창[봉상, (분)무상주수]

011 | 옥내소화전설비의 가압송수방식 답 ④

옥내소화전설비는 2인 1조로 소화하는 초기소화설비이다(호스릴 방식은 혼자 가능).

참고 호스릴 방식

012 | 수조방식 답 ①

구조물 또는 지형지물 등에 설치하여 자연낙차의 압력으로 급수하는 수조는 고가수조방식이다.

고가수조방식	• 구조물 또는 지형지물 등에 설치하여 자연낙차의 압력으로 급수하는 수조(일반건물에 거의 사용되지 못하고 있다) • 구성기기: 수조, 배수관, 급수관, 수위계, 맨홀, 오버플로우관 등
압력수조방식	• 소화용수와 공기를 채우고 일정압력 이상으로 가압하여 그 압력으로 급수하는 수조(탱크의 설치위치에 구애받지 않는 장점이 있다) • 구성기기: 수조, 배수관, 급수관, 수위계, 맨홀, 안전장치 및 압력저하 방지를 위한 자동식 공기압축기, 압력계 등
가압수조방식	• 가압원인 압축공기 또는 불연성 고압기체에 따라 소방용수를 가압시키는 수조(전원 필요 없다) • 구성기기: 가압수조, 압력계, 급기관, 안전장치 등
펌프수조방식	• 펌프의 토출압력을 이용하여 가압송수하는 방식(펌프기동방식으로 가장 많이 사용하고 있다) • 구성기기: 수조, 모터 등

013 | 옥내소화전 구성기기 답 ③

- 수원의 수위가 펌프의 위치보다 높은 경우 물올림장치, 풋밸브, 연성계 또는 진공계를 설치하지 아니할 수 있다.

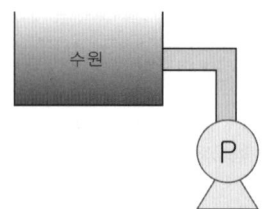

- 수원의 수위가 펌프의 위치보다 낮은 경우 물올림장치, 풋밸브, 연성계 또는 진공계를 설치한다.

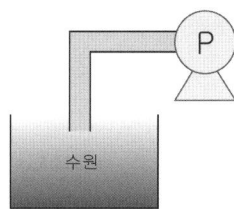

선지분석
① 기동용 수압 개폐장치는 소화설비의 배관 내 압력변동을 검지하여 펌프를 자동으로 기동 및 정지시키는 것으로, 압력챔버(압력탱크), 기동용 압력스위치가 있다.
② 충압펌프(보조펌프)는 배관 내 압력손실에 따른 주 펌프의 빈번한 기동을 방지하기 위하여 충압역할을 하는 펌프를 말한다. 순서는 충압펌프가 작동하고 그 다음 주펌프가 작동한다.
④ 방수압 측정에 의한 방수량 산정방법은 다음과 같다.

$$Q = 2.065 \times D^2 \times \sqrt{P} = 4^2 \times \sqrt{2} = 16\sqrt{2}$$

- Q: 분당 방수량[L/min]
- D: 관경(노즐의 구경)[mm]
- P: 방수압력[Mpa]

014 물올림장치   답 ①

물올림장치(호수조, Priming tank)는 흡입측 배관에 보충수를 공급하여 공동현상 발생을 방지하고 펌프의 원활한 운전을 하기 위해 수원의 수위가 펌프보다 낮은 경우에 한하여 설치한다. 펌프의 후드밸브 고장으로 펌프실 및 흡입관 내의 물이 수조로 빠져 내려가면 펌프를 작동시켜도 물이 흡입되지 않으므로 이 경우에 펌프 케이싱에서 후드밸브까지 물을 공급하여 항상 펌프만 작동하면 물이 흡입될 수 있도록 대비시켜 주는 장치이다.

015 펌프성능시험배관 및 순환배관   답 ④

- 펌프성능시험배관은 정기적으로 펌프의 성능을 시험하여 펌프의 성능곡선의 양부·펌프의 방수압(토출압) 및 토출량(방수량)을 검사하기 위하여 설치한다.
- 순환배관은 펌프의 체절운전 시 수온이 상승하여 펌프 및 모터에 무리가 발생하므로 순환배관상의 릴리프밸브를 통해 과압을 방출하여 수온상승을 방지하기 위해서 설치한다.

016 개폐표시형 밸브   답 ②

개폐표시형 밸브는 밸브의 개폐여부를 외부에서 식별하기 위하여 설치하며, 종류는 OS & Y형 개폐밸브, 버터플라이밸브가 있다.

선지분석
③ 체크밸브: 물이 한쪽방향으로만 흐르게 하기 위한 밸브이다. 체크밸브의 목적은 역류방지이다.

017 옥내소화전   답 ①

ㄱ. 옥내소화전설비는 2개까지 사용하며, 소화용수(수원의 양)는 N(개)×2.6(m³)이다. 따라서 2(개)×2.6(m³) = 5.2m³이다.

관련 개념 | 수원의 양

29층 이하 (2개까지 사용)	N×2.6m³ (130L/min×20min)
30층 이상 49층 이하 (5개까지 사용)	N×5.2m³ (130L/min×40min)
50층 이상 (5개까지 사용)	N×7.8m³ (130L/min×60min)

ㄴ. 기동용수압개폐장치를 일반적으로 압력챔버 방식을 사용하였으나 압력챔버의 누수 등 유지관리의 어려움과 기동정지의 압력값이 미세하게 세팅이 가능한 장점으로 최근에는 설치 및 관리가 용이한 전자식 기동용압력스위치 방식도 사용하고 있다. 또한 설치도 간단하다.

선지분석
ㄷ. 옥내소화전설비의 함에는 그 표면에 "소화전"이라고 표시를 해야 하며, 함 가까이 보기 쉬운 곳에 그 사용 요령을 기재한 표지판을 붙여야 하며, 표지판을 함의 문에 붙이는 경우에는 문의 내부 및 외부 모두에 붙여야 한다(사용요령은 외국어와 시각적그림을 포함하여 작성).
ㄹ. 동력제어반 및 감시제어반 모두 "자동(또는 연동)"의 위치에 놓여 있어야 소화전 사용 시 자동으로 펌프가 기동하여 소화수를 공급할 수 있다.

018 공동현상   답 ②

공동현상을 방지하기 위해서는 펌프의 회전수를 낮추어야 한다.

관련 개념 | 공동현상(Cavitation) 방지대책
1. 펌프의 설치높이를 낮추어 흡입양정을 짧게 한다.
2. 수직펌프를 사용하고 회전차(Impeller)를 수중에 완전히 감기게 한다.
3. 펌프의 회전수를 낮추어 흡입속도를 줄이고, 흡입측 관경을 크게 한다.
4. 양흡입 펌프를 사용한다(원심펌프).
5. 2대 이상의 펌프를 사용한다.
6. 흡입측 마찰손실수두를 줄인다.

관련 개념 | 공동현상 발생 및 방지

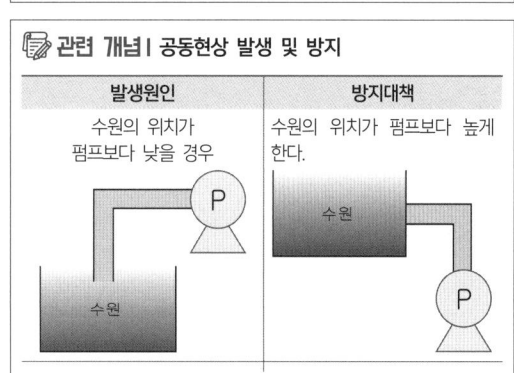

발생원인	방지대책
수원의 위치가 펌프보다 낮을 경우	수원의 위치가 펌프보다 높게 한다.

유체가 고온일 경우 (배관 내 온도가 높은 경우)	배관 내 온도를 낮게 한다.
펌프의 흡입압력이 액체의 증기압보다 낮을 경우	펌프의 흡입압력이 액체의 증기압보다 높게 한다.
펌프의 흡입측 수두(양정)가 긴 경우	펌프의 흡입측 수두(양정)를 짧게 한다.
펌프의 흡입측 수두(양정)관경의 마찰 손실이 큰 경우 (펌프의 흡입관경을 작은 경우)	펌프의 흡입관경을 크게 한다.
펌프의 임펠러속도가 큰 경우 (펌프의 회전속도가 큰 경우)	펌프의 회전속도를 작게 한다.
단흡입펌프 사용	양흡입펌프 사용

019 수격현상 답 ①

수격현상은 물이 파이프 속에 꽉 차서 흐를 때, 정전 등의 원인으로 유속이 급격히 변하면서 물에 심한 압력 변화가 생기고 큰 소음이 발생하는 현상이다.

관련 개념 | 수격현상(Water hammer)

1. 개념
   ⓐ 물이 파이프 속에 꽉 차서 흐를 때, 정전 등의 원인으로 유속이 급격히 변하면서 물에 심한 압력 변화가 생기고 큰 소음이 발생하는 현상이다.
   ⓑ 펌프의 급정지 또는 밸브 급폐쇄 등으로 인해 물의 흐름이 정지되면 물의 관성력 때문에 급격한 압력변동이 발생하여 부압과 고압이 번갈아 발생한다.

2. 수격현상 원인
   ⓐ 정전 등으로 갑자기 펌프가 정지할 경우
   ⓑ 밸브를 급폐쇄할 경우

3. 방지방법
   ⓐ 배관 내 유속을 감소시켜 압력변동치를 감소시킨다.
   ⓑ 밸브 조작을 완만히 한다.
   ⓒ 플라이휠을 달아 펌프 속도 변화를 완만히(억제) 한다.
   ⓓ 서지탱크를 관로에 설치한다.
   ⓔ 밸브를 가능한 펌프 송출구 가까이에 달고 밸브조작을 적절히 한다.
   ⓕ 수격을 흡수하는 수격방지기를 설치한다.

선지분석
② 공동현상이란 펌프에 기포가 발생하는 현상을 말한다.
③ 수격현상이란 강한 수압으로 배관을 치는 현상을 말한다.
④ 릴리프밸브란 체절운전 시 과압을 방출하는 밸브를 말한다.

020 맥동현상 답 ③

펌프가 운전 중에 한숨을 쉬는 것과 같은 상태가 되어 펌프의 입구와 출구에 부착된 진공계와 압력계의 지침이 흔들리고 동시에 토출유량이 변화를 가져오는 현상은 맥동현상이다.

관련 개념 | 맥동현상(Surging)

1. 펌프가 운전 중에 한숨을 쉬는 것과 같은 상태가 되어 펌프의 입구와 출구에 부착된 진공계와 압력계의 지침이 흔들리고 동시에 토출유량이 변화를 가져오는 현상이다.
2. 펌프 운전 중에 압력과 토출량이 주기적으로 변동한다.
3. 흡입 및 토출 배관의 주기적인 진동과 소음을 수반한다.

021 기동용 수압개폐장치(압력챔버, 압력탱크방식) 답 ④

기동용 수압개폐장치의 기능으로 옳지 않은 것은 압력변동에 따른 제어반 보호이다.

관련 개념 | 기동용 수압개폐장치(압력챔버, 압력탱크방식)의 기능

1. 배관 내 설정압력 유지(펌프의 자동기동 및 정지)
2. 압력변동의 완충작용(상부의 공기가 완충작용을 하여 공기의 압축 및 팽창으로 인하여 급격한 압력변화를 방지)
3. 압력변동에 따른 설비의 보호(상부의 공기가 완충역할을 하여 주변기기의 충격과 손상을 방지)

- 압축공기: $\frac{1}{3}$
- 물: $\frac{2}{3}$

022 스프링클러설비 답 ④

- 스프링클러설비는 타 설비보다 시공이 비교적 복잡하다.
- 스프링클러설비는 초기 소화에 효과가 높고, 오동작이 적으며, 경제적인 소화약제인 물을 사용하고, 사용 후 설비 복구가 비교적 용이한 소방시설이다. 또한 조작이 간편하고 안전하며 야간 시간대에도 자동으로 화재를 감지하고 경보를 발령하여 자동으로 소화할 수 있는 설비이다.

참고 스프링클러설비의 단점
1. 초기 시공비가 많이 소요된다.
2. 다른 소화설비보다 시공이 복잡하다.
3. 가스계소화설비에 비해 진화 후 물로 인한 피해가 크다.

참고 수계 방수량·방수압 및 방수시간

구분	방수량<L/min>	방수압<Mpa>	방수시간
옥내 소화전	130	0.17~0.7	20분 이상
옥외 소화전	350	0.25~0.7	
스프링클러 설비	80	0.1~1.2	

023. 스프링클러설비　　　　　　답 ③

- 급수배관이란 수원 및 옥외송수구로부터 스프링클러헤드에 급수하는 배관을 말한다.
- 가지배관이란 스프링클러헤드가 설치되어 있는 배관을 말한다.

참고
- 헤드 감도에 따른 분류
  - 조기반응형: RTI 50 이하
  - 특수반응형: RTI 50 초과, 80 이하
  - 표준반응형: RTI 80 초과, 350 이하
- 반응시간지수(RTI)란 기류의 온도, 속도 및 작동시간에 대하여 스프링클러헤드의 반응을 예상한 지수이다. 즉, 어떤 장소에서 빨리 동작하거나 늦게 동작하는 시간지수를 뜻한다.
- 조기반응형 스프링클러헤드 설치장소(습식 유수검지 장치를 실시할 것)
  - 공동주택·노유자 시설의 거실
  - 오피스텔·숙박시설의 침실
  - 병원·의원의 입원실

024. 습식 스프링클러설비　　　　　답 ②

- 습식 스프링클러설비란 가압송수장치에서 폐쇄형 스프링클러헤드까지 배관 내에 항상 물이 가압되어 있다가 화재로 인한 열로 폐쇄형 스프링클러헤드가 개방되면 배관 내에 유수가 발생하여 습식 유수검지장치가 작동하게 되는 스프링클러설비를 말한다.
- 동작순서: 화재발생 → 헤드 개방 및 방수 → 2차측 배관 압력저하 → 1차측 압력에 의해 습식 유수검지장치의 클래퍼 개방 → 습식 유수검지장치의 압력스위치 작동 → 사이렌경보, 감시제어반의 화재표시등, 밸브개방표시등 점등 → 배관 내 압력 저하로 기동용수압개폐장치의 압력스위치 작동 → 펌프 기동

📝 관련 개념 | 스프링클러설비의 비교

설비종류	유수검지장치	배관(1차측/2차측)	헤드	감지기
습식 설비	습식밸브 알람체크밸브	가압수/가압수	폐쇄형 헤드	×
건식 설비	건식밸브 드라이밸브	가압수/압축공기·질소가스	폐쇄형 헤드	×
준비작동식 설비	준비작동식밸브 프리액션밸브	가압수/저압·무압	폐쇄형 헤드	○ (교차회로 방식)
일제살수식 설비	일제개방밸브 델류지밸브	가압수/대기압	개방형 헤드	○ (교차회로 방식)
부압식 설비	준비작동식밸브 프리액션밸브	가압수/부압	폐쇄형 헤드	○ (교차회로 방식 아님)

025. 부압식 스프링클러설비　　　　답 ④

부압식 스프링클러설비란 가압송수장치에서 준비작동식 유수검지장치의 1차측까지는 항상 정압의 물이 가압되고 2차측 폐쇄형 스프링클러헤드까지는 소화수가 부압되어 있다가 화재 시 감지기의 작동에 의해 정압으로 변하여 유수가 발생하면 작동하는 스프링클러설비를 말한다.

즉, 2차측 부압(-) → 감지기 작동 → 2차측 부압(-)에서 정압(+) → 폐쇄형헤드 개방 순으로 작동한다.

026. 일제살수식 설비　　　　　　답 ④

일제살수식 스프링클러설비란 가압송수장치에서 일제개방밸브 1차측까지 배관 내에 항상 물이 가압되어 있고 2차측에서 개방형 스프링클러헤드까지 대기압으로 있다가 화재 발생 시 자동감지장치 또는 수동식 기동장치의 작동으로 일제개방밸브가 개방되면 스프링클러헤드까지 소화용수가 송수되는 방식의 스프링클러설비를 말한다.

📝 관련 개념 | 스프링클러설비

1. 스프링클러설비 중요사항
   ⓐ 개방형헤드만 사용하는 스프링클러설비: 일제살수식 스프링클러설비
   ⓑ 감지기를 사용하는 스프링클러설비: 준비작동식, 일제살수식, 부압식 스프링클러설비
   ⓒ 교차회로방식의 감지기를 사용하는 스프링클러설비: 준비작동식, 일제살수식 스프링클러설비
   ⓓ 헤드와 감지기 모두 감열체가 있는 스프링클러설비: 준비작동식, 부압식 스프링클러설비
   ⓔ 전자밸브(SV), 수동기동장치(SVP)를 사용하는 스프링클러설비: 준비작동식, 일제살수식, 부압식 스프링클러설비

2. 스프링클러설비 동작
   ⓐ 습식, 건식: 폐쇄형헤드 개방 시 밸브를 개방한다.
   ⓑ 준비작동식, 일제살수식, 부압식: 감지기 또는 수동기동장치(SVP) 작동하면 솔레노이드밸브(전자밸브)가 동작하여 밸브를 개방한다.

027. 일제살수식 설비　　　　　　답 ②

무대부 또는 연소할 우려가 있는 개구부에 있어서는 개방형 스프링클러헤드를 설치하며, 설비 종류는 일제살수식이다.

- 무대부: 밀폐된 공간 안에 사람, 조명설비, 나무 등 인테리어가 많아서 위험하다.
- 연소할 우려가 있는 개구부: 창문, 에스컬레이터 등은 중앙을 관통하므로 위험하다.

▲ 연소할 우려가 있는 개구부

028 | 스프링클러설비 답 ③

ㄴ. 창고시설에는 라지드롭형 스프링클러헤드를 습식으로 설치하여야 한다.
ㄷ. 조기반응형 스프링클러헤드를 설치하는 장소(습식유수검지장치를 설치)
  1) 공동주택·노유자시설의 거실
  2) 오피스텔·숙박시설의 침실
  3) 병원·의원의 입원실

선지분석
ㄱ. 건식 스프링클러설비는 건식 유수검지장치 2차측에 압축공기 또는 질소 등의 기체로 충전된 배관에 폐쇄형 스프링클러헤드가 부착된 스프링클러설비로서, 폐쇄형 스프링클러헤드가 개방되어 배관 내의 압축공기 등이 배출되면 건식 유수검지장치 1차측의 수압에 의하여 건식 유수검지장치가 작동하게 되는 스프링클러설비를 말한다. 건식 설비의 긴급개방장치(급속개방기구)에는 액셀레이터(가속기), 익죠스터(공기배출기)가 있다.
ㄹ. 준비작동식, 일제살수식 스프링클러설비는 교차회로방식의 감지기로 하여야 한다.

029 | 준비작동식 스프링클러설비 답 ③

감지기(교차회로방식) 및 헤드 모두 감열체를 이용하여 화재를 제어하는 스프링클러설비는 준비작동식 스프링클러설비와 부압식 스프링클러설비이다.

선지분석
① 습식 스프링클러설비 헤드에만 감열체를 이용한다.
② 건식 스프링클러설비 헤드에만 감열체를 이용한다.
④ 일제살수식 스프링클러설비 감지기(교차회로방식)에만 감열체를 이용한다.

030 | 스프링클러설비의 종류 답 ④

부압식 설비는 준비작동식 밸브, 부압, 폐쇄형 헤드이다.

> **관련 개념 | 스프링클러설비의 설비종류·배관상태·헤드**
> 1. 습식 - 습식밸브 - 가압수 - 폐쇄형헤드
> 2. 건식 - 건식밸브 - 압축공기 - 폐쇄형헤드
> 3. 준비작동식 - 준비작동식밸브 - 대기압·저압 - 폐쇄형헤드
> 4. 부압식 - 준비작동식밸브 - 부압 - 폐쇄형헤드
> 5. 일제살수식 - 일제개방밸브 - 대기압 - 개방형헤드

031 | 스프링클러설비의 종류 답 ④

일제살수식 설비에는 감지기(교차회로방식)가 있어야 한다.

> **관련 개념 | 스프링클러설비**
> 1. 습식 - 폐쇄형헤드
> 2. 건식 - 폐쇄형헤드
> 3. 준비작동식 - 폐쇄형헤드 - 감지기(교차회로방식)
> 4. 부압식 - 폐쇄형헤드 - 감지기
> 5. 일제살수식 - 개방형헤드 - 감지기(교차회로방식)

032 | 교차배관 답 ②

교차배관은 가지배관에 급수하는 배관이다.

033 | 유수검지장치의 시험장치 답 ③

- 유수검지장치를 시험할 수 있는 시험장치를 설치하여야 할 스프링클러설비의 종류는 습식 설비, 건식 설비, 부압식 설비이다.
- 2차측 배관이 대기압인 경우에는 유수검지장치를 시험할 수 있는 시험장치가 없다(준비작동식, 일제살수식은 없다).

034 | 가지배관 답 ②

분기배관이란 배관측면에 구멍을 뚫어, 둘 이상의 관로가 생기도록 가공한 배관을 말한다. 확관형분기배관, 비확관형분기배관이 있다.

> **관련 개념 | 가지배관과 교차배관**
> 1. 가지배관은 교차배관에서 공급되는 소화수를 스프링클러헤드까지 공급하는 역할을 하는 것으로서 스프링클러헤드가 설치되어 있는 배관을 말한다.
> 2. 교차배관에서 분기되는 지점을 기점으로 한쪽 가지배관에 설치되는 헤드의 개수는 8개 이하로 하여야 한다. 규약배관방식에 의하여 배관구경을 산정하는 경우에 한쪽 가지배관에 설치되는 스프링클러헤드의 개수를 8개 이하로 제한하는 이유는 가지배관의 구경이 커질 경우 가지배관으로 인한 살수장애의 초래, 마찰손실의 증대, 배관의 유지관리 등을 고려한 것으로 해석된다.

035 수원의 저수량　　　답 ②

수원의 저수량을 구하는 식은 다음과 같다.

29층 이하	$N \times 1.6m^3$ (80L/min×20min)
30층 이상 49층 이하	$N \times 3.2m^3$ (80L/min×40min)
50층 이상	$N \times 4.8m^3$ (80L/min×60min)

여기서 N은 스프링클러헤드의 개수를 말한다.

[선지분석]
① 수동기동장치[슈퍼비죠리판넬(SVP)] - 화재를 수동으로 기동하는 장치: 준비작동식, 일제살수식, 부압식 스프링클러설비 사용
④ • 상향형 헤드(Upright type)
　- 일반적으로 반자가 없는 곳에 적용한다.
　- 하방살수 목적으로 분사 패턴이 가장 우수하다.
　• 하향형헤드(Pendent type)
　- 습식설비에 사용하며 일반적으로 반자가 있을 경우 적용한다.
　- 상방살수 목적으로 분사패턴이 상향형보다 못하다.

036 회향식 배관　　　답 ②

회향식 배관은 배관 내 부식에 따른 침전물로 인한 헤드 막힘을 방지하기 위하여 가지배관 상부에서 분기한다.

037 신축배관　　　답 ③

신축배관은 가지배관과 스프링클러헤드를 연결하는 구부림이 용이하고 유연성을 가진 배관을 말한다.

038 전자밸브(SV)　　　답 ②

• 전자밸브(SV)를 사용하지 않는 설비는 습식과 건식스프링클러 설비이다.
• 전자밸브(SV)를 사용하는 설비는 준비작동식, 일제살수식, 부압식설비이다.

📎 **관련 개념 | 스프링클러설비 배관**

주배관, 수평주행배관, 교차배관, 가지배관이 있다.

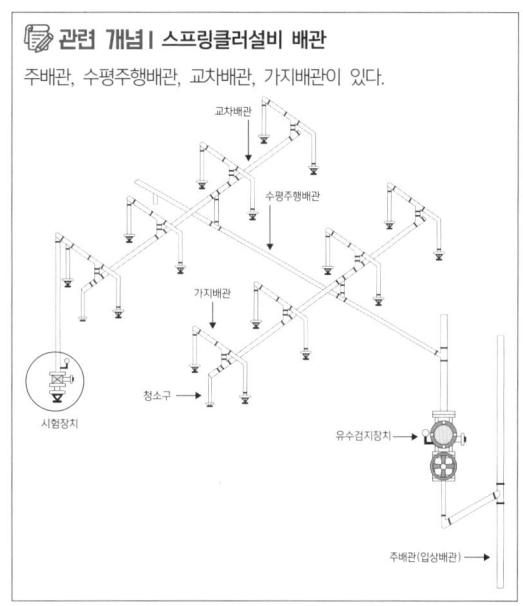

039 펌프성능시험기준　　　답 ③

펌프성능시험기준은 소화펌프의 성능은 체절운전 시 정격토출압력의 140%를 초과하지 아니하고 정격토출량의 150%로 운전 시 정격토출압력의 65% 이상이 되어야 한다.

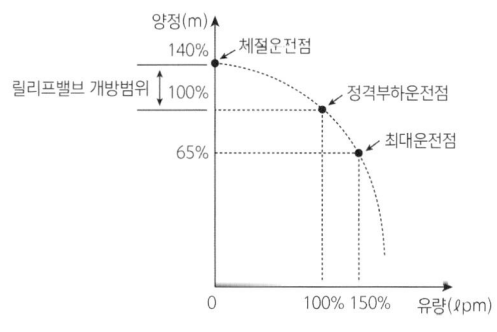

▲ 펌프성능시험곡선

참고 유량측정장치는 펌프 정격토출량의 175% 이상 측정할 수 있는 성능이 되어야 한다.

040 준비작동식 스프링클러설비 답 ①

준비작동식 스프링클러설비의 작동순서는 ㄱ → ㄴ → ㄷ → ㄹ → ㅁ → ㅂ → ㅅ이다.

041 특수가연물 저장소 소화설비 답 ②

특수가연물을 저장·취급하는 공장 또는 창고에 설치 가능한 포소화설비의 종류는 포워터스프링클러설비, 포헤드설비, 고정포(고발포)방출설비, 압축공기포소화설비이다.

관련 개념 | 소방대상물별 적용설비

소방대상물	적용 포소화설비
특수가연물을 저장·취급하는 공장 또는 창고	• 포워터스프링클러설비 • 포헤드설비 • 고정포방출설비(고발포) • 압축공기포소화설비
차고 또는 주차장	• 포워터스프링클러설비 • 포헤드설비 • 고정포방출설비(고발포) • 압축공기포소화설비 • 호스릴포소화설비 • 옥내포소화전설비
항공기 격납고	• 포워터스프링클러설비 • 포헤드설비 • 고정포방출설비(고발포) • 압축공기포소화설비 • 호스릴포소화설비
발전기실, 엔진펌프실, 변압기, 전기케이블실, 유압설비	압축공기포소화설비

042 포 방출구 답 ④

플루팅루프 탱크에 적용하는 포 방출구는 특형 포 방출구이다.

선지분석
① 반사판(디플렉터) 방출구 방식은 Ⅱ형 방출구이다.
② 통계단(활강로, 미끄럼판) 등에 설치한 방출구 방식은 Ⅰ형 방출구이다.
③ 콘루프탱크에 사용하는 표면하주입방식 Ⅲ형 방출구이다.

관련 개념 | 위험물 옥외탱크 종류에 따른 적용 포 방출구

CRT(Cone Roof Tank)	콘루프탱크 사용 [중질유 사용]	Ⅰ형 방출구(통계단), Ⅱ형 방출구(반사판), Ⅲ형(표면하주입식) 방출구, Ⅳ형(반표면하주입식) 방출구
FRT(Floating Roof Tank)	플루팅루프탱크 (부상식 탱크) 사용 [경질유 사용]	특형 포 방출구(굽도리판)

1. **Ⅰ형 방출구**: 통계단(활강로, 미끄럼판) 등에 설치한 방출구 방식이고, 콘루프탱크[CRT(Cone Roof Tank)]에 사용된다.
2. **Ⅱ형 방출구**: 반사판(디플렉터) 방출구 방식이고, 콘루프탱크[CRT(Cone Roof Tank)]에 사용된다.
3. **Ⅲ형 방출구**: 표면하 주입식 방출구 방식이고, 콘루프탱크(CRT)에 사용된다.
4. **Ⅳ형 방출구**: 반표면하 주입식 방출구 방식이고, 콘루프탱크(CRT)에 사용된다.
5. **특형 방출구**: 플루팅루프탱크[FRT(Floating Roof Tank)]의 측면과 굽도리판(방지턱)에 의하여 형성된 환상부분에 포를 방출하는 방식이다.

참고
• 상부포 주입방식: Ⅰ형 방출구, Ⅱ형 방출구, 특형 포방출구
• 하부포 주입방식: Ⅲ형 방출구, Ⅳ형 방출구

043 펌프 프로포셔너 방식 답 ①

펌프 프로포셔너 방식(Pump proportioner type)은 펌프의 토출관과 흡입관 사이의 배관 도중에 설치한 흡입기에 펌프에서 토출된 물의 일부를 보내고, 농도 조정밸브에서 조정된 포소화약제의 필요량을 포소화약제 탱크에서 펌프 흡입측으로 보내어 이를 혼합하는 방식이다.

044 프레져 프로포셔너 방식 답 ③

• 프레져 프로포셔너 방식(Pressure proportioner type)은 펌프와 발포기의 중간에 설치된 벤츄리관의 벤츄리 작용과 펌프 가압수의 포소화약제 저장탱크에 대한 압력에 의하여 포소화약제를 흡입·혼합하는 방식이다.
• 펌프 토출측 관로에 배관이 설치되고 포소화약제 탱크가 접속되며 송수된 압력수의 일부는 포소화약제 탱크 내로 도입되어, 벤츄리관의 흡입작용과 도입된 물의 압력을 이용하여 혼합하는 방식이다.
• 프레져 프로포셔너 방식은 혼합기에 의한 압력손실이 적고, 혼합 가능한 유량의 범위가 넓어 한 개의 혼합기로 여러 개의 소방대상물에 사용할 수 있다. 종류로는 압입식과 압송식이 있다.

045 프레져사이드 프로포셔너 방식(압입혼합장치) 답 ④

프레져사이드 프로포셔너 방식(Pressure side proportioner type)은 펌프의 토출관에 압입기를 설치하여 포소화약제 압입용 펌프로 포소화약제를 압입시켜 혼합하는 방식이다.

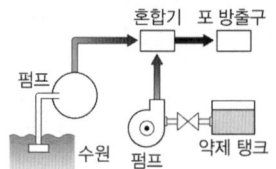

선지분석
① 라인 프로포셔너 방식(관로혼합장치)이다.
② 펌프 프로포셔너 방식(펌프혼합장치)이다.
③ 프레져 프로포셔너 방식(차압혼합장치)이다.

046 라인 프로포셔너 방식 답 ②

- 라인 프로포셔너 방식(Line proportioner type, 관로 혼합 방식)은 펌프와 발포기의 중간에 설치된 벤츄리관의 벤츄리 작용에 의하여 포소화약제를 흡입·혼합하는 방식이다.
- 주로 초고층 빌딩에 설치되어 있는 헬리포트에 설치하며, 가장 단순하고 경제적인 반면에 혼합 가능한 유량의 범위가 좁고 혼합기의 흡입 가능한 높이가 낮은 혼합방식이기도 하다.

참고 라인프로포셔너방식과 프레져프로포셔너방식 비교

라인 프로포셔너 방식	프레져 프로포셔너 방식
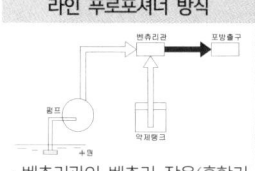	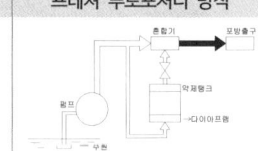
• 벤츄리관의 벤츄리 작용(혼합기의 흡입가능 높이가 낮음) • 특징 - 혼합기(벤츄리관)의 흡입가능 높이가 낮음(흡입가능 높이 1.8m 이하) - 혼합기(벤츄리관)의 압력손실이 크며 유량범위가 좁다. - 소형이며 경제적이다(가격이 저렴).	• 벤츄리관의 벤츄리 작용과 펌프 가압수(가장 많이 사용함) • 특징 - 혼합기(벤츄리관)의 흡입가능 높이가 높음(흡입가능 높이 1.8m 이상) - 혼합기(벤츄리관)의 압력손실이 작고 유량범위가 넓다.

047 미분무소화설비 답 ④

미분무소화설비는 저압, 중압, 고압 미분무 소화설비로 구분한다.

관련 개념 | 소화특성
1. 분사된 액적이 화재공간 내에서 단시간 내 완전증발에 의한 냉각효과
2. 액적이 기화하면서 팽창된 증기가 화염원에 침투하여 산소차단을 하는 질식효과
3. 분사된 액적에 의한 화염주변의 복사열 차단효과
4. 화재 시 발생된 매연 등 오염된 공기 세정효과

선지분석
① 미분무소화설비는 가압된 물이 헤드 통과 후 미세한 입자로 분무됨으로써 소화성능을 가지는 설비를 말하며, 소화력을 증가시키기 위해 강화액 등을 첨가할 수 있다.
② 미분무란 헤드로부터 방출되는 물입자 중 99%의 누적분포가 400μm 이하로 분무되는 것이다.
③ 미분무소화설비는 A, B, C급 화재에 적응성을 갖는다.

048 물분무소화설비 답 ①

봉상에 비해 높은 압력이 필요하다.

관련 개념 | 물분무헤드 종류
1. 충돌형
2. 분사형
3. 디플렉디형
4. 슬리트형

관련 개념 | 물분무소화설비 장·단점

장점	단점
• 소량의 물로 소화하므로 저장 및 방사량을 줄일 수 있다. • 무상주수(부도체)이므로 인화성 액체 또는 고압전기 등 화재에 유효하다. • 폭발제어 및 가스화재에 사용 가능하다. • 연소확대 방지에 효과적이다.	• 가벼워서 바람의 영향을 받는다. • 무상주수이므로 파괴소화가 불가능하다. • 봉상에 비해 높은 압력이 필요하다. • 헤드 가격이 고가이다.

관련 개념 | 봉상, 무상: 고압 / 적상: 저압
1. **봉상 및 무상주수**: 옥내·외 소화전설비, 연결송수관설비
2. **적상**: 스프링클러설비, 연결살수설비, 연소방지설비
3. **무상**: 물분무소화설비, 미분무소화설비[Water Spray]

049 이산화탄소소화설비의 장점 답 ④

이산화탄소소화설비의 특징 중 질식의 위험이 있어 용도에 따라 사용이 제한되는 것은 단점에 해당한다.

관련 개념 | 이산화탄소소화설비의 장점
1. 방사 후 약제의 잔존물이 없다.
2. 기화잠열이 크므로 열 흡수에 의한 냉각작용이 크다.
3. 전기에 대해 비전도성이므로 C급 화재에 매우 효과적이다.
4. 공기보다 비중이 1.53배 크며, 가스상태로 물질 심부까지 침투가 용이하다.
5. 약제 수명이 반영구적이며, 가격이 저렴하다.

050 가스계 소화설비 답 ③

- 분말소화약제에 사용하는 정압작동장치란 가압용 질소가스가 약제 저장용기 내 유입되면 분말약제와 가스가 소화하기 적당한 상태로 혼합된 후 내압이 소정의 방출압력에 도달하는 시간이 보통 15~30초가 소요되는데, 이 시간이 경과 후 주밸브를 자동적으로 개방시키기 위하여 설치하는 작동장치를 말한다.
- 정압작동장치의 방식은 압력스위치방식, 스프링방식, 릴레이방식이 있다.

관련 개념 | 가스계 소화설비 소화약제 방출방식

전역방출방식	고정식 이산화탄소 공급장치에 배관 및 분사헤드를 고정 설치하여 밀폐 방호구역 내에 이산화탄소를 방출하는 설비
국소방출방식	고정식 이산화탄소 공급 장치에 배관 및 분사헤드를 설치하여 직접 화점에 이산화탄소를 방출하는 설비로, 화재발생부분에만 집중적으로 소화약제를 방출하도록 설치하는 방식
호스릴방식	분사헤드가 배관에 고정되어 있지 않고 소화약제 저장용기에 호스를 연결하여 사람이 직접 화점에 소화약제를 방출하는 이동식 소화설비

참고 **분말소화설비 구성기기**
가스계소화설비 주요구성요소에 정압작동장치, 압력조정기, 클리닝장치만 추가하면 된다.

051 할로겐화합물 및 불활성기체 소화설비의 설치 장소　답 ②

할로겐화합물 및 불활성기체 소화약제 소화설비의 설치 제외장소는 사람이 상주하는 곳으로 최대 허용설계농도를 초과하는 장소와 제3류 및 제5류 위험물을 사용하는 장소이다. 다만, 소화 성능이 인정되는 위험물은 예외이다.

참고 **용어의 정의**
- "할로겐화합물 및 불활성기체소화약제"란 할로겐화합물(할론 1301, 할론 2402, 할론 1211 제외) 및 불활성기체로서 전기적으로 비전도성이며 휘발성이 있거나 증발 후 잔여물을 남기지 않는 소화약제를 말한다.
- "할로겐화합물소화약제"란 불소, 염소, 브로민 또는 아이오딘 중 하나 이상의 원소를 포함하고 있는 유기화합물을 기본성분으로 하는 소화약제를 말한다.
- "불활성기체소화약제"란 헬륨, 네온, 아르곤 또는 질소가스 중 하나 이상의 원소를 기본성분으로 하는 소화약제를 말한다.
- "충전밀도"란 소화약제의 중량과 소화약제 저장용기의 내부 용적과의 비(중량/용적)를 말한다.
- "방화문"이란 「건축법 시행령」 제64조의 규정에 따른 60분+ 방화문, 60분 방화문 또는 30분 방화문을 말한다.
- "교차회로방식"이란 하나의 방호구역 내에 2 이상의 화재감지기회로를 설치하고 인접한 2 이상의 화재감지기가 화재를 감지하는 때에 소화설비가 작동하는 방식을 말한다.
- "방호구역"이란 소화설비의 소화범위 내에 포함된 영역을 말한다.
- "별도 독립방식"이란 소화약제 저장용기와 배관을 방호구역 별로 독립적으로 설치하는 방식을 말한다.
- "선택밸브"란 2 이상의 방호구역 또는 방호대상물이 있어 소화수 또는 소화약제를 해당하는 방호구역 또는 방호대상물에 선택적으로 방출되도록 제어하는 밸브를 말한다.
- "설계농도"란 방호대상물 또는 방호구역의 소화약제 저장량을 산출하기 위한 농도로서 소화농도에 안전율을 고려하여 설정한 농도를 말한다.
- "소화농도"란 규정된 실험 조건의 화재를 소화하는 데 필요한 소화약제의 농도(형식승인대상의 소화약제는 형식승인된 소화농도)를 말한다.
- "집합관"이란 개별 소화약제(가압용 가스 포함) 저장용기의 방출관이 연결되어 있는 관을 말한다.
- "최대허용 설계농도"란 사람이 상주하는 곳에 적용하는 소화약제의 설계농도로서, 인체의 안전에 영향을 미치지 않는 농도를 말한다.

052 저장용기 설치기준　답 ①

이산화탄소소화약제 저장용기는 방호구역 외 장소에 설치하여야 한다.

관련 개념 | 가스계 소화설비의 저장용기 설치기준

가스계 소화설비(이산화탄소, 할론, 할로겐화합물 및 불활성기체, 분말)의 저장용기 설치기준은 동일하다. 단, 할로겐화합물 및 불활성기체 소화약제의 저장용기는 온도가 55℃ 이하여야 한다.

053 이산화탄소소화설비 설치장소　답 ④

수동조작함(수동기동장치)은 화재 시 수동조작에 의해 소화약제를 방출하는 기능의 기동스위치와 오작동 시 방출을 지연시킬 수 있는 방출지연스위치, 전원표시등, 보호장치 등이 내장된 조작함이다.

[선지분석]
① 감지기는 교차회로방식으로 하여야 한다. 그러나, 불꽃, 정온식 감지선형, 분포형, 복합형, 광전식분리형, 아날로그방식, 다신호방식, 축적방식감지기는 제외한다.
② 솔레노이드밸브(전자밸브)가 작동하면 파괴침이 기동용기밸브의 봉판을 파괴하고 기동용가스가 방출된다.

③ 방출헤드는 전역방출방식인 경우 넓은 지역에 균일하게 확산, 방사하는 천장형과 국소지점만 방사하는 혼(나팔형), 측벽형 등이 있다.

054 이산화탄소소화설비　답 ①

압력스위치는 방출표시등을 점등시키는 역할이며, 방출표시등은 실외 출입구 상부에 설치한다.

기구	설치위치	설치목적
수동조작함(RM) - 기동스위치 - 방출지연스위치	조작자가 누르고 쉽게 피난할 수 있는 위치(실외 출입구 근처)	• 기동스위치: 약제를 수동으로 기동 • 방출지연스위치: 약제를 지연하기 위해
사이렌	실 안(방호구역 안)	약제가 방출되므로 실외로 대피경보
방출표시등	실외 출입구 상부	약제가 방출되므로 실내 진입금지

참고 충전비란 소화약제 저장용기의 내부용적과 소화약제의 중량과의 비율을 말한다.

예) 용기용적 68(ℓ), 중량 45(kg)일 때, 충전비는

$$\frac{용기의\ 용적(\ell)}{소화약제의\ 저장중량(kg)} = \frac{68(\ell)}{45(kg)} = 1.51 \approx 1.5 이다.$$

055 할로겐화합물 소화설비의 작동순서   답 ③

할로겐화합물 소화설비의 작동순서는 화재발생 → 감지기(A, B) 동시작동 또는 수동기동장치작동 → 수신반에 화재등, 지구등 (감지기A, B) 점등 → 사이렌경보(음향경보장치) → t초후 기동용솔레노이드 밸브작동(전자밸브작동) → 기동용기개방 → 선택밸브 개방 → 저장용기밸브 개방 → 약제방출 → 압력스위치 작동 → 수신반 신호 후 방출표시(확인)등 점등

참고
- 스프링클러소화설비(준비작동식, 일제살수식, 부압식): 전자밸브(솔레노이드밸브)가 동작하면 밸브가 개방한다.

▲ 전자밸브(솔레노이드밸브)

- 가스계소화설비(이산화탄소, 할론, 할로겐화합물 및 불활성기체 등): 전자밸브(솔레노이드밸브)가 동작하면 기동용기가 개방한다.

 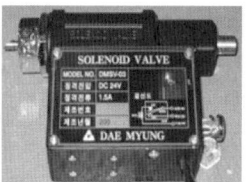

▲ 전자밸브(솔레노이드밸브)

03 경보설비   207p

001 ②	002 ④	003 ④	004 ③	005 ②
006 ④	007 ②	008 ①	009 ②	010 ②
011 ①	012 ④	013 ③	014 ④	015 ④
016 ①	017 ④	018 ④	019 ②	

001 경보설비의 종류   답 ②

감지기는 화재를 자동으로 검출, 발신기는 화재를 수동으로 검출하여 수신기에 신호를 보내는 기기이다.

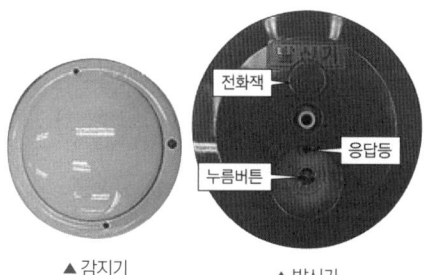

▲ 감지기   ▲ 발신기

📒 관련 개념 | 경보설비의 종류

경보설비는 화재발생 사실을 통보하는 기계·기구 또는 설비이다.
1. 단독경보형감지기
2. **비상경보설비**
   ⓐ 비상벨설비
   ⓑ 자동식사이렌설비
3. 시각경보기
4. 자동화재탐지설비
5. 비상방송설비
6. 자동화재속보설비
7. 통합감시시설
8. 가스누설경보기
9. 누전경보기
10. 화재알림설비

선지분석
① 시각경보기, 통합감시시설, 단독경보형 감지기는 경보설비에 해당한다.
③ 수신기란 감지기나 발신기에서 발하는 화재신호를 직접 수신하거나 중계기를 통하여 수신하여 화재의 발생을 표시하거나 경보하여 주는 장치이다.

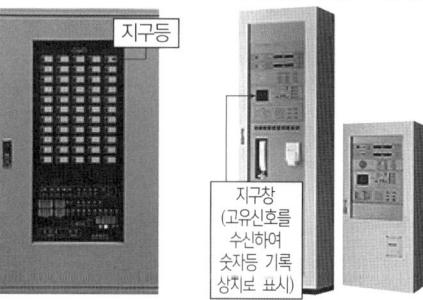

▲ 수신기

④ 중계기란 감지기·발신기 또는 전기적 접점 등의 작동에 따른 신호를 받아 이를 수신기의 제어반에 전송하는 기기이다.

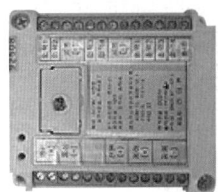
▲ 중계기

참고
- 지하공동구 - 경보설비인 통합감시시설 설치
- 지하공동구 - 소화활동설비인 연소방지설비 설치

002 ㅣ 자동화재탐지설비   답 ④

자동화재탐지설비 하나의 경계구역의 면적은 600m² 이하로 하고, 한 변의 길이는 50m 이하로 하여야 한다. 다만, 해당 특정소방대상물의 주된 출입구에서 그 내부 전체가 보이는 것에 있어서는 한 변의 길이가 50m의 범위 내에서 1,000m² 이하로 할 수 있다.

003 ㅣ 자동화재탐지설비   답 ④

시각경보장치는 자동화재탐지설비에서 발하는 화재신호를 시각경보기에 전달하여 청각장애인에게 점멸형태의 시각경보를 하는 것을 말한다.

경계구역	특정소방대상물 중 화재신호를 발신하고 그 신호를 수신하거나 유효하게 제어할 수 있는 구역
수신기	감지기나 발신기에서 발하는 화재신호를 직접 수신하거나 중계기를 통하여 수신하여 화재의 발생을 표시 및 경보하여 주는 장치
중계기	감지기·발신기 또는 전기적 접점 등의 작동에 따른 신호를 받아 이를 수신기의 제어반에 전송하는 장치
감지기	화재 시 발생하는 열, 연기, 불꽃 또는 연소생성물을 자동적으로 감지하여 수신기에 발신하는 장치

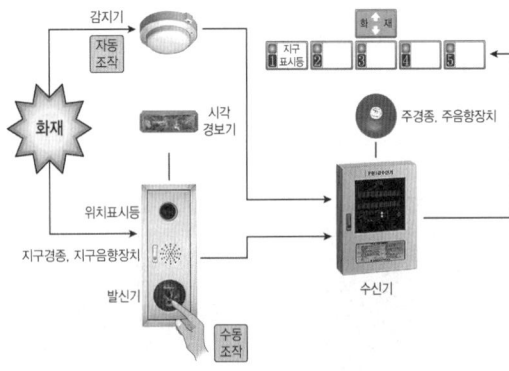
▲ 자동화재탐지설비 작동원리

📖 관련 개념 ㅣ 감지기

열, 연기, 불꽃, 연소생성물을 자동으로 감지

1. 열감지기

차동식 [일정상승율(급격한 온도 상승률) 이상] 예) 사무실, 거실, 축전지실 등	스포트형	공기팽창방식(1종, 2종)
		열기전력(열전기)방식(1종, 2종)
		열반도체방식(1종, 2종)
	분포형	공기관식(1종, 2종, 3종)
		열전대식(1종, 2종, 3종)
		열반도체식(1종, 2종, 3종)
정온식 (일정한 온도 이상, 공칭작동온도 ≥ 최고주위온도보다 +20°C) 예) 주방, 보일러실, 탕비실, 도로터널 등	스포트형	바이메탈활곡방식(특종, 1종, 2종)
		바이메탈반전방식(특종, 1종, 2종)
		금속팽창계수차방식(특종, 1종, 2종)
		액체 또는 기체팽창방식(특종, 1종, 2종)
		금속의 용융방식(특종, 1종, 2종)
		열반도체소자방식(특종, 1종, 2종)
	감지선형	특종, 1종, 2종
보상식(차동식+정온식 기능, 정온점 ≥ 최고주위온도보다 +20°C)	스포트형	1종, 2종

2. 연기감지기

이온화식(이온전류에 의해 동작) 예) 복도, 계단, 경사로 등	스포트형(1종, 2종, 3종)
광전식(빛에 의해 동작, 광전소자에 의해 동작) 예) 복도, 계단, 경사로 등	스포트형(1종, 2종, 3종)
	분리형(1종, 2종, 3종)
	공기흡입형(1종, 2종, 3종)

3. 복합형감지기
  ⓐ 열복합형: 차동식+정온식 보유하는 감지기로서 동시에 동작 또는 각각 동작하면 작동
  ⓑ 연기복합형: 이온화식+광전식 보유하는 감지기로서 동시에 동작 또는 각각 동작하면 작동
  ⓒ 열·연기복합형: 차동식+광전식 보유하는 감지기로서 동시에 동작 또는 각각 동작하면 작동

4. 특수감지기: 불꽃, 아날로그식, 다신호식 등

004 ㅣ 경계구역(수평적, 수직적)   답 ③

- 수평적 구역: 각 층, 거실, 복도 등
- 수직적 구역: 계단, 경사로(에스컬레이터 경사로 포함), 엘리베이터승강로(권상기실이 있는 경우 권상기실 포함), 린넨슈트, 파이프피트 및 덕트 기타 이와 유사한 부분은 별도로 경계구역을 설정한다.

005 ㅣ 수신반(수신기)   답 ②

R형 수신반은 회로의 증설, 변경이 용이하다.

관련 개념 | P형과 R형의 비교

항목	P형	R형
신호전송 방식	개별신호방식 (1:1 접점방식)	다중전송방식
신호형태	공통신호	고유신호
화재표시	램프	액정표시
경제성	수신반의 가격이 저렴하나 선로수가 많아 설치공사비가 큼	수신반의 가격이 고가이나 선로수가 적어 설치공사비가 저렴
회로 증설·변경	별도의 배관, 배선, 기기 증설 등 어려움	증설(변경) 등이 용이함
용도	중·소형	대형

006 | G·P형 수신기 답 ④

- G·P형 수신기(Gas - Proprietary): P형 수신기 + 가스누설경보기의 수신부
- G·R형 수신기(Gas - Record): R형 수신기 + 가스누설경보기의 수신부
- 복합형 수신기: P, R, G·P, G·R형 수신기 + 자동소화설비의 제어반

종별	성능
P형 복합식	P형 수신기 + 자동소화설비의 제어반
R형 복합식	R형 수신기 + 자동소화설비의 제어반
G·P형 복합식	G·P형 수신기 + 자동소화설비의 제어반
G·R형 복합식	G·R형 수신기 + 자동소화설비의 제어반

▲ P형 복합형 수신기

007 | 열 및 연기식 감지기 답 ②

- 열감지기의 종류는 차동식(스포트형, 분포형), 정온식(스포트형, 감지선형), 보상식(스포트형)이다.
- 연기감지기의 종류는 이온화식(스포트형), 광전식(스포트형, 분리형, 공기흡입형)이다.

[선지분석]
① 차동식 분포형 감지기 - 열감지기
③ 보상식 스포트형 감지기 - 열감지기
④ 정온식 감지선형 감지기 - 열감지기

008 | 정온식 감지기 답 ①

- 정온식 감지선형 감지기는 일국소의 주위온도가 일정한 온도 이상이 되는 경우에 작동하는 것으로서 외관이 전선으로 되어 있는 것을 말하며, 감지소자는 가용절연물로 절연한 2개의 전선을 이용한다. 주로 도로터널, 지하공동구 등에 설치한다.
- 정온식 스포트형 감지기는 일국소의 주위온도가 일정한 온도 이상이 되는 경우에 작동하는 것으로서 외관이 전선으로 되어 있지 않은 것을 말하는 것으로 감지소자는 바이메탈과 열 반도체(서미스터)를 이용한다. 주로 주방, 보일러실, 기름탱크실, 발전기실 등 다량의 화기를 취급하는 장소에 설치한다.

참고
- 차동식 스포트형: 일반적인 사무실
- 차동식 분포형: 축전지실
- 정온식 스포트형: 주방, 보일러실, 탕비실
- 정온식 감지선형: 도로터널, 지하공동구

009 | 차동식 분포형 감지기 답 ②

- 차동식 분포형 감지기는 주위온도가 일정상승률 이상이 되는 경우에 작동하는 것으로서 넓은 범위에서의 열 효과의 누적에 의하여 작동되는 것을 말한다. 감지소자에 따라 공기관식, 열전대식, 열반도체식이 있으나 우리나라에서는 차동식 분포형 공기관식 감지기가 일반적으로 사용되고 있다.
- 차동식 분포형 감지기는 검출부와 수열부로 구분된다.

참고 광전식감지기는 발광부와 수광부로 구분된다.

010 | 다신호식 감지기 답 ②

감지원리가 같은 1개의 감지기 내에 서로 다른 종별 또는 감도 등의 기능을 갖춘 것으로서 일정시간 간격을 두고 각각 다른 2개 이상의 화재신호를 발하는 감지기를 말한다. 현재는 시중에 판매가 되고 있지 않다.

참고 보상식, 열복합형, 다신호식 감지기 비교

·보상식 감지기 ── OR → 단신호

수신반신호

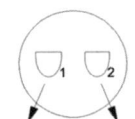

- 열복합형[OR - 다신호]: 감지원리가 다른 소자의 조합
- 다신호식[OR - 다신호]: 감지원리가 같은 소자의 조합(종별, 감도 다름)

011 정온식 스포트형 감지기   답 ①

정온식 스포트형 감지기는 일국소의 주위온도가 일정한 온도 이상이 되는 경우에 작동하며, 외관이 전선으로 되어 있지 않은 것이다.

선지분석
② 차동식 스포트형 감지기는 주위온도가 일정상승률 이상이 되는 경우에 일국소에서의 열 효과에 의하여 작동하는 것이다.
③ 정온식 감지선형 감지기는 일국소의 주위온도가 일정한 온도 이상이 되는 경우에 작동하는 것으로서 외관이 전선으로 되어 있는 것을 말한다.
④ 보상식 스포트형 감지기는 차동식 스포트형 감지기와 정온식 스포트형 감지기의 성능을 겸한 것으로, 두 가지의 성능 중 어느 한 기능이 작동되면 신호를 발하도록 되어 있는 감지기이다.

012 광전식 감지기   답 ④

광전식 감지기는 연기가 빛을 차단하거나 반사하는 원리를 이용한 것으로서 빛을 발산하는 발광소자와 빛을 전기로 환원시키는 광전소자를 이용하며, 종류로는 스포트형, 분리형, 공기흡입형이 있다.

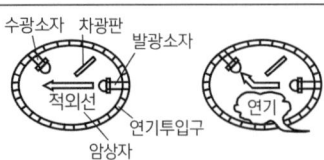

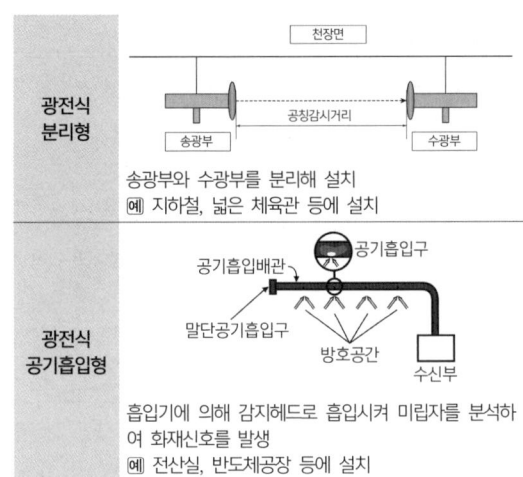

송광부와 수광부를 분리해 설치
예) 지하철, 넓은 체육관 등에 설치

흡입기에 의해 감지헤드로 흡입시켜 미립자를 분석하여 화재신호를 발생
예) 전산실, 반도체공장 등에 설치

013 감지기의 부착높이   답 ③

부착높이가 8m 이상 15m 미만인 경우 사용 가능한 감지기는 이온화식 1·2종, 광전식(스포트형, 분리형, 공기흡입형) 1·2종, 연기복합형, 불꽃, 차동식 분포형 감지기이다.

참고 부착높이가 8m 이상 15m 미만인 경우 사용 가능한 감지기: 불꽃, 연기식 1·2종, 연기복합형, 차동식분포형 감지기

> **관련 개념 | 감지기 부착높이**
> 1. 20m↑: 불꽃, 광전식 분리형 아날로그, 광전식 공기흡입형 아날로그
> 2. 15m↑, 20m↓: 불꽃, 연기식 1종, 연기 복합형
> 3. 8m↑, 15m↓: 불꽃, 연기식 1·2종, 연기 복합형, 차동식 분포형
> 4. 4m↑, 8m↓: 정온식 2종, 연기식 3종 이외 감지기
> 5. 4m↓: 모든 감지기

014 감지기의 부착높이   답 ④

부착높이가 20m 이상인 경우 사용가능한 감지기는 불꽃 감지기, 광전식(분리형, 공기흡입형) 중 아날로그방식 감지기이다.

> **관련 개념 | 감지기 부착높이**
> 1. 20m↑: 불꽃, 광전식 분리형 아날로그, 광전식 공기흡입형 아날로그
> 2. 15m↑, 20m↓: 불꽃, 연기식 1종, 연기 복합형
> 3. 8m↑, 15m↓: 불꽃, 연기식 1·2종, 연기 복합형, 차동식 분포형
> 4. 4m↑, 8m↓: 정온식 2종, 연기식 3종 이외 감지기
> 5. 4m↓: 모든 감지기

015 열감지기   답 ④

다이아프램을 이용한 차동식스포트형 감지기와 바이메탈을 이용한 정온식 스포트형 감지기는 열감지기에 해당된다.

[선지분석]

① 차동식 스포트형 감지기는 주위온도가 일정상승률 이상이 되는 경우 일국소에서의 열 효과에 의하여 작동하는 것을 말한다.
② 정온식 감지기는 감도에 따라 특종, 1종, 2종으로 구분한다.
③ 차동식은 화재 시 온도가 빠르게 증가하면 초기에 화재를 감지할 수 있으나 온도가 빨리 증가하지 않는 지연화재*의 경우에는 화재감지가 늦어질 수 있다는 단점이 있다. 즉, 천천히 오르는 열은 동작하지 않는다.
 * 지연화재: 온도가 빨리 증가하지 않는 화재.

관련 개념 | 차동식 스포트형 감지기 동작원리

1. 방식에 따라 공기팽창방식, 열기전력방식, 열반도체 방식으로 구분한다.
2. 천천히 오르는 열에는 동작하지 않는다.
3. **공기식 구조**: 감열실, 다이아 프레임, 리크구멍, 접점 등으로 구분
4. **공기식 동작원리**: 화재시 온도상승 → 감열실 내의 공기가 팽창 → 다이아프램을 압박 → 회로접점 접촉하여 수신기에 보냄

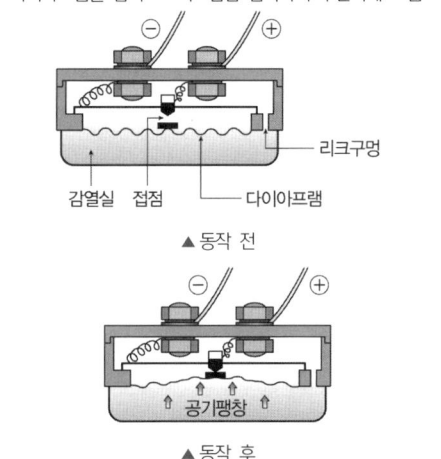

관련 개념 | 정온식 스포트형 감지기 동작원리

1. **구조**: 바이메탈, 감열판 및 접점 등으로 구분
2. **동작원리**: 화재시 감열판에 열전달 → 바이메탈이 휘어져 기동접점으로 이동 → 접점이 붙어 발신신호를 수신기에 보냄

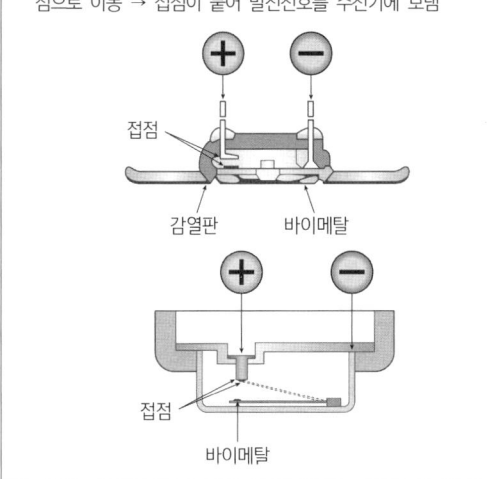

참고 오동작

- 비화재보: 화재가 아닌데 수신기에는 화재인 것처럼 동작
- 실보: 화재가 발생했는데 수신기에는 화재가 아닌 것처럼 동작

016 | 오동작방지기 답 ①

일시적으로 발생한 열·연기 또는 먼지 등 때문에 감지기가 화재신호를 발신할 우려가 있다면 축적기능의 수신기를 설치하여 비화재보를 방지할 수 있는 오동작방지기를 설치한다.

참고 오동작

- 비화재보: 화재가 아닌데 수신기에는 화재인 것처럼 동작
- 실보: 화재가 발생했는데 수신기에는 화재가 아닌 것처럼 동작

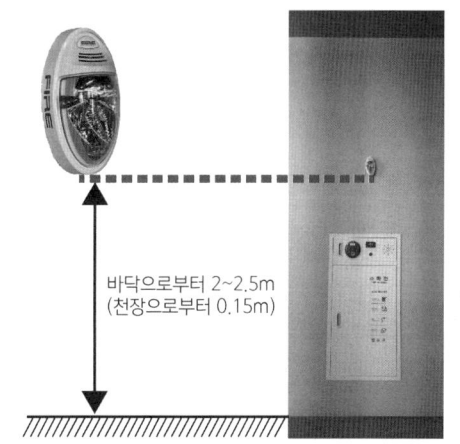

017 | 자동화재탐지설비 답 ④

수신기의 전원은 직류 24[V]에 의해 동작한다.

관련 개념 | 차동식 스포트형(공기팽창 이용방식) 감지기

1. 구조

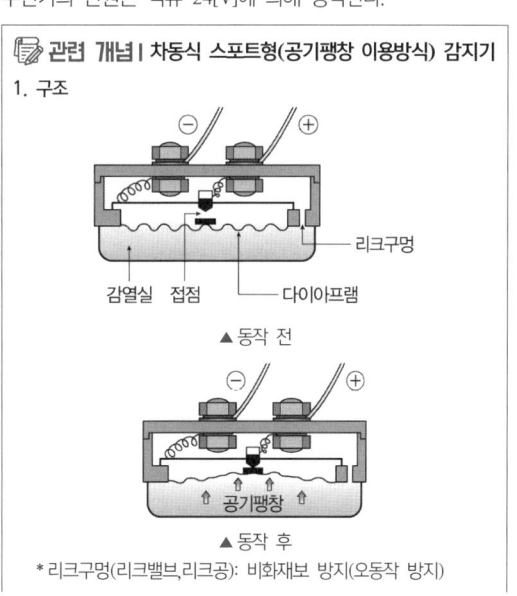

2. 11층(공동주택의 경우 16층) 이상인 소방대상물의 우선경보방식

화재층	경보를 발하는 층
2층 이상	발화층 및 그 직상4개층
1층	발화층·그 직상4개층 및 지하층
지하층	발화층·그 직상층 및 그 밖의 지하층

018 | 누전경보기 답 ④

누전경보기란 내화구조가 아닌 건축물로서 벽, 바닥 또는 천장의 전부나 일부를 불연재료 또는 준불연재료가 아닌 재료에 철망을 넣어 만든 건물의 전기설비로부터 누설전류를 탐지하여 경보를 발하며, 변류기와 수신부로 구성된 것을 말한다.

참고 누전경보기는 1급과 2급으로 구분된다.

019 | 비화재보와 실보 답 ②

비화재보	실보
화재가 아닌데 수신기에는 화재인 것처럼 동작	화재가 발생했는데 수신기에는 화재가 아닌 것처럼 동작

04 피난구조설비 214p

| 001 | ③ | 002 | ① | 003 | ④ | 004 | ① | 005 | ③ |
| 006 | ③ | 007 | ③ | 008 | ③ | 009 | ④ | | |

001 | 피난구조설비의 종류 답 ③

피난구조설비에는 피난기구, 인명구조기구, 유도등, 비상조명등 및 휴대용 비상조명등이 해당한다. 비상조명등이란 화재발생 등에 의한 정전 시에 피난자가 안전하고 원활하게 피난활동을 할 수 있도록 도움을 주는 기기 또는 설비를 말한다.

002 | 승강식 피난기 답 ①

승강식 피난기는 사용자의 몸무게에 의하여 자동으로 하강하고, 내려서면 스스로 상승하여 연속적으로 사용할 수 있는 무동력 승강식 피난기를 말한다.

설치장소	유도등 및 유도표지의 종류
공연장·집회장·관람장·운동시설·유흥주점영업시설	• 대형피난구유도등 • 통로유도등 • 객석유도등

003 | 통로유도등 답 ④

통로유도등이란 피난 통로를 안내하기 위한 유도등으로 복도통로유도등, 거실통로유도등, 계단통로유도등을 말하며, 통로유도등은 백색바탕에 녹색으로 피난 방향을 표시한다.

> **관련 개념 | 객석유도등**
> 1. **개념**: 객석유도등이란 객석의 통로, 바닥 또는 벽에 설치하는 유도등을 말한다.
> 2. **설치개수**
> $$\text{객석유도등 설치개수 } N = \frac{\text{직선부분길이(m)}}{4} - 1$$

004 | 피난구유도등 답 ①

피난구유도등은 피난구 또는 피난경로로 사용되는 출입구를 표시하여 피난을 유도하는 등을 말한다. 피난구유도등은 녹색바탕에 백색문자로 표시한다.

> **관련 개념 | 피난구유도등의 설치 장소**
> 1. 옥내로부터 직접 지상으로 통하는 출입구 및 그 부속실의 출입구
> 2. 직통계단·직통계단의 계단실 및 그 부속실의 출입구
> 3. 1.과 2.에 따른 출입구에 이르는 복도 또는 통로로 통하는 출입구
> 4. 안전구획된 거실로 통하는 출입구

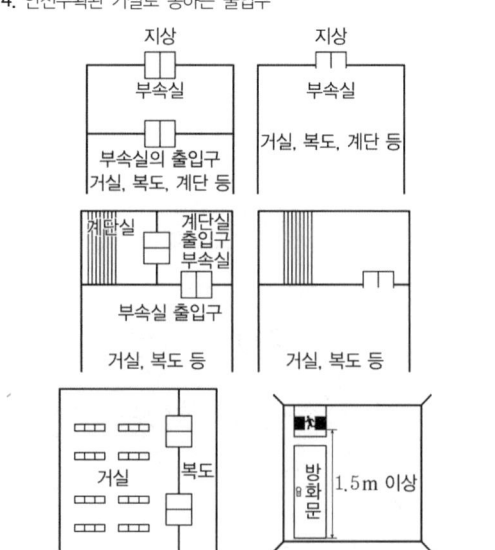

005 유도등의 전원   답 ③

지하층을 제외한 층수가 11층 이상인 층의 비상전원 용량은 60분 이상으로 하여야 한다.

[선지분석]
① 유도등의 (상용)전원은 축전지, 전기저장장치 또는 교류전압의 옥내간선으로 하고, 전원까지의 배선은 전용으로 하여야 한다.

> **관련 개념 | 비상전원의 설치기준**
>
> 1. 축전지로 할 것
> 2. 유도등을 20분 이상 유효하게 작동시킬 수 있는 용량으로 할 것 (다만, 다음의 특정소방대상물의 경우 유도등을 60분 이상 유효하게 작동시킬 수 있는 용량으로 할 것)
>   ⓐ 지하층을 제외한 층수가 11층 이상의 층
>   ⓑ 지하층 또는 무창층으로서 용도가 도매시장·소매시장·여객자동차터미널·지하역사 또는 지하상가

참고 유도등 및 비상조명등 비교

구분	유도등	비상조명등
평상 시	점등상태	소등상태
화재 시	점등상태	점등상태
비상전원 종류	축전지	축전지, 전기저장장치, 자가발전설비

비상전원 용량	• 60분 이상
	  - 지하층을 제외한 11층 이상의 층
	  - 도매시장, 소매시장, 여객자동차터미널, 지하역사, 지하상가
	• 20분 이상
	  - 60분 이외(기타)	

006 피난기구의 종류   답 ③

옳은 것은 ㄱ, ㄴ, ㄷ이다.

[선지분석]
ㄹ. 피난교는 건축물의 옥상층 또는 그 이하층에서 화재발생 시 옆 건축물로 피난하기 위해 설치하는 피난기구를 말한다.

> **관련 개념 | 피난기구의 종류**
>
> | | |
> | --- | --- |
> | 승강식 피난기 | 사용자의 몸무게에 의하여 자동으로 하강하고, 내려서면 스스로 상승하여 연속적으로 사용할 수 있는 무동력 승강식 피난기 |
> | 하향식 피난구용 내림식 사다리 | 하향식 피난구 해치에 격납하여 보관하고, 사용 시에는 사다리 등이 소방대상물과 접촉되지 아니하는 내림식 사다리 |
> | 다수인 피난장비 | 화재 시 2인 이상의 피난자가 동시에 해당 층에서 지상 또는 피난층으로 하강하는 피난기구 |
> | 완강기 | 사용자의 몸무게에 따라 자동적으로 내려올 수 있는 기구 중 사용자가 교대하여 연속적으로 사용할 수 있는 것 |
> | 피난용트랩 | 화재층과 직상층을 연결하는 계단형태의 피난기구 |

007 피난구조설비   답 ③

비상조명등	휴대용 비상조명등
화재 발생 등에 의한 정전 시에 안전하고 원활한 피난활동을 할 수 있도록 거실 및 피난통로 등에 설치하는 조명등	화재 발생 등으로 정전 시 안전하고 원활한 피난을 위하여 피난자가 휴대할 수 있는 조명등

[선지분석]
④ • 피난구유도등: 녹색바탕, 백색문자
  • 통로유도등: 백색바탕, 녹색문자

008 유도등 점검   답 ③

3선식배선 가능한 장소
• 특정소방대상물 또는 그 부분에 사람이 없는 장소
• 외부의 빛에 의해 피난구 또는 피난방향을 쉽게 식별할 수 있는 장소
• 공연장, 암실 등으로서 어두워야 할 필요가 있는 장소
• 특정소방대상물의 관계인 또는 종사원이 주로 사용하는 장소

009 경보설비 및 피난구조설비   답 ④

모두 옳은 내용이다.
ㄱ. 피난구유도등의 설치높이는 바닥으로부터 1.5m 이상이며 녹색바탕에 백색문자로 표시한다.
ㄴ. 입체형유도등이란 표시면을 2면 이상으로 하고 각 면마다 피난유도표시가 있는 것을 말한다.

ㄷ. • 지하 3층~ 지상 11층 건축물에서 1층에서 발화한 경우 지상(1~5층) 및 지하(1~3층) 경보를 발하여야 한다.

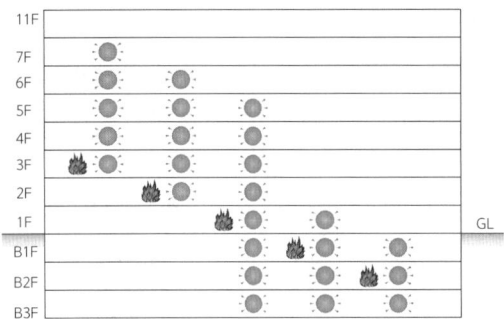

- 직상발화 우선경보방식(구분명동방식)
  - 2층 이상의 층: 발화층 및 그 직상 4개층 경보
  - 1층: 발화층, 그 직상 4개층 및 지하층 경보
  - 지하층: 발화층, 그 직상층 및 그 밖의 지하층 경보
ㄹ. 화재로 인하여 하나의 층의 지구음향장치 또는 배선이 단락되어도 다른 층의 화재통보에 지장이 없도록 각 층 배선상에 유효한 조치를 하여야 한다. 즉 단락보호장치를 설치한다.
ㅁ. 발신기의 위치를 표시하는 표시등은 함의 상부에 설치하되, 그 불빛은 부착면으로부터 15도 이상의 범위 안에서 부착지점으로부터 10미터 이내의 어느 곳에서도 쉽게 식별할 수 있는 적색등으로 하여야 한다.

관련 개념 | 유도등

1. 유도등의 종류

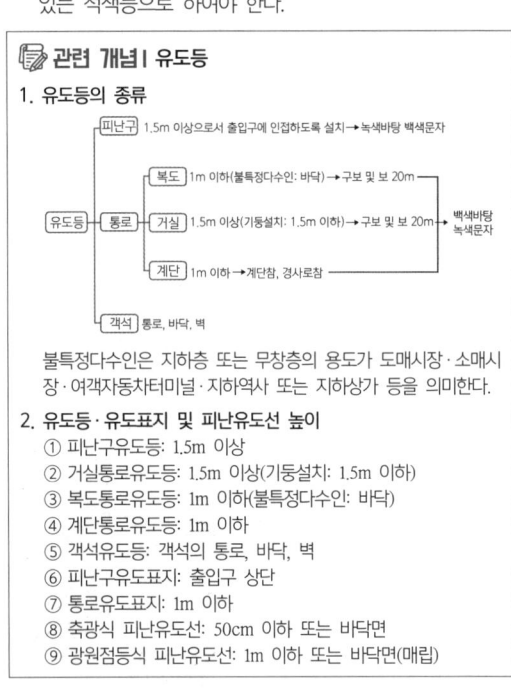

불특정다수인은 지하층 또는 무창층의 용도가 도매시장·소매시장·여객자동차터미널·지하역사 또는 지하상가 등을 의미한다.

2. 유도등·유도표지 및 피난유도선 높이
① 피난구유도등: 1.5m 이상
② 거실통로유도등: 1.5m 이상(기둥설치: 1.5m 이하)
③ 복도통로유도등: 1m 이하(불특정다수인: 바닥)
④ 계단통로유도등: 1m 이하
⑤ 객석유도등: 객석의 통로, 바닥, 벽
⑥ 피난구유도표지: 출입구 상단
⑦ 통로유도표지: 1m 이하
⑧ 축광식 피난유도선: 50cm 이하 또는 바닥면
⑨ 광원점등식 피난유도선: 1m 이하 또는 바닥면(매립)

05	소화활동설비 및 소화용수설비			217p
001 ②	002 ③	003 ④	004 ④	005 ③
006 ③	007 ②	008 ④	009 ④	

001 | 제연설비   답 ②

제연설비는 화재 시 연기가 피난경로인 복도, 계단, 전실 및 거실 등에 침입하는 것을 방지하고 거주자를 유해한 연기로부터 보호하여 안전하게 피난시키는 동시에 소화활동을 유리하게 할 수 있도록 돕는 데 그 목적이 있다. 제연설비는 거실제연설비와 특별피난계단의 계단실 및 부속실 제연설비(전실제연, 부속실제연)로 크게 분류된다.

002 | 연결송수관설비   답 ③

일반적으로 거실에서 화재 시 거실에서 가장 가까운 통로인 복도에 설치하는 초기 소화설비는 옥내소화전설비이며, 어느 정도 화재가 진행되는 중에 사용하는 본격소화활동설비인 연결송수관설비는 계단실이나 전실 등에 설치한다. 즉, 높은 건물에 화재가 발생했을 경우 소방대가 도착하여 화재를 진압하기 위하여 설치하는 설비이다.

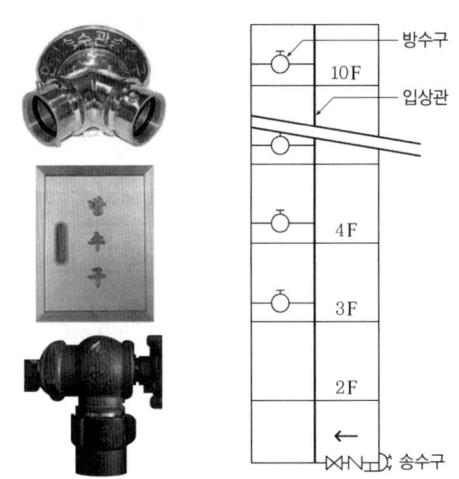

선지분석
① 무선통신보조설비

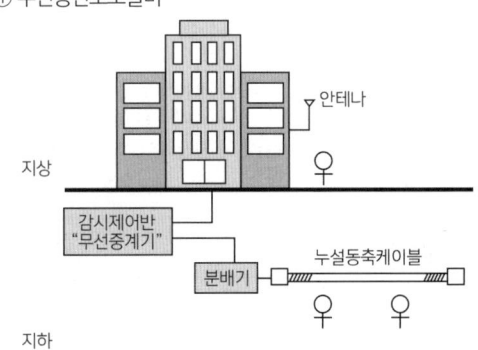

② 비상콘센트설비

④ 연결살수설비

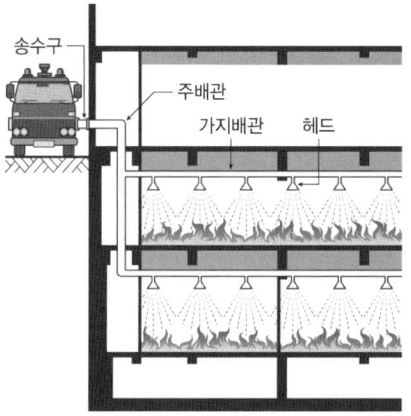

003 연소방지설비
답 ④

연소방지설비는 지하구의 연소방지를 위한 것으로 연소방지설비 전용헤드나 폐쇄형 스프링클러헤드를 천장 또는 벽면에 설치하여 지하구의 화재를 방지하는 설비이다.

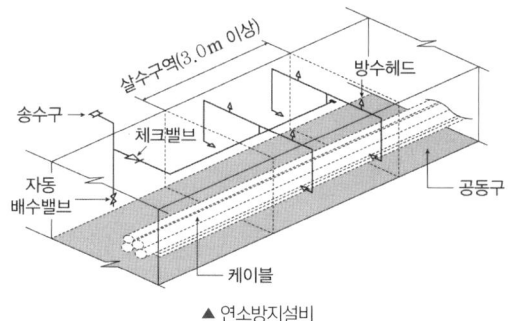

▲ 연소방지설비

참고
- 지하 공동구에 설치하는 소화활동설비 - 연소방지설비
- 지하 공동구에 설치하는 경보설비 - 통합감시시설

004 제연방식의 종류
답 ④

모두 옳은 내용이다.
ㄱ. 자연제연방식은 가연물질의 연소생성물인 연기가 부력 또는 외부의 바람에 의한 흡출효과로 실의 상부에 설치된 창·발코니 또는 전용의 배연구에 의해서 옥외로 배출되는 방식의 제연방식이다.

ㄴ. 스모크타워 제연방식은 소방대상물에 제연샤프트를 설치하고 난방 등에 의한 소방대상물 내·외부의 온도차나 화재로 인한 온도상승에 의해 발생한 부력 및 최상부에 설치한 루프 모니터 등의 외풍에 의한 흡인력을 통기력으로 하여 제연하는 방식이다.

ㄹ. 제2종 제연방식은 송풍기+배기구 방식으로 가압방연방식·가압차연방식 또는 압입방연방식이라고 부르며, 과잉공기가 공급되면 화재실의 화재를 확대시킬 우려가 있다. 열기류나 연기류가 복도로 역류하여 위험하게 되므로 일반적으로 사용되고 있지 않다(특별피난계단, 비상용 승강기 승강장 등에 사용한다).

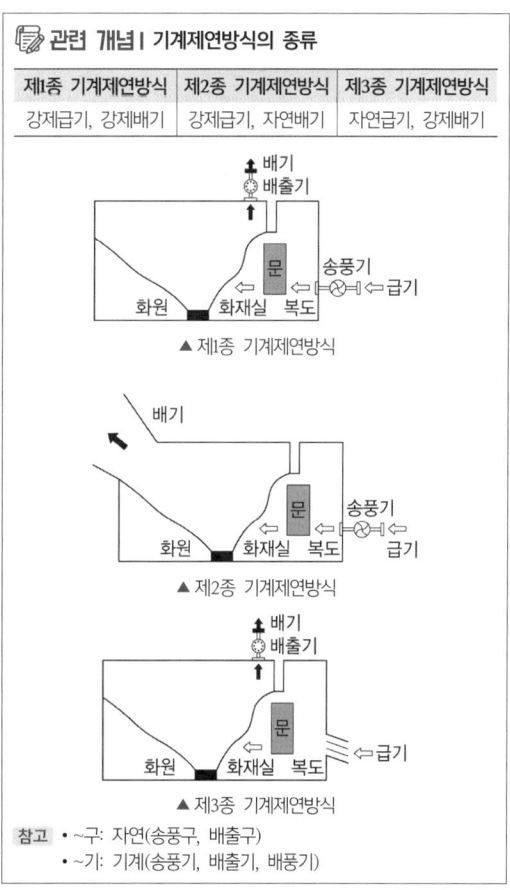

005 거실제연설비
답 ③

거실제연설비의 설치장소의 제연구역기준은 다음과 같다.
- 하나의 제연구역의 면적은 1,000m^2 이내로 할 것
- 거실과 통로(복도를 포함)는 각각 제연구획할 것
- 통로상의 제연구역은 보행중심선의 길이가 60m를 초과하지 않을 것
- 하나의 제연구역은 직경 60m 원 내에 들어갈 수 있을 것
- 하나의 제연구역은 둘 이상 층에 미치지 않도록 할 것. 다만, 층의 구분이 불분명한 부분은 그 부분을 다른 부분과 별도로 제연구획해야 한다.

006 | 소화용수설비   답 ③

소화용수설비란 화재를 진압하는 데 필요한 물을 공급하거나 저장하는 설비를 말한다. 소화용수설비의 종류는 상수도소화용수설비와 소화수조·저수조, 그 밖의 소화용수설비가 있다.

007 | 상수도소화용수설비   답 ②

상수도소화용수설비는 상수도 배관에 연결되어 소방차의 소화용수 공급을 위한 설비이다.

▲ 소화전

008 | 용어의 정의   답 ④

"자동차압급기댐퍼"란 제연구역과 옥내 사이의 차압을 압력센서 등으로 감지하여 제연구역에 공급되는 풍량의 조절로 제연구역의 차압 유지를 자동으로 제어할 수 있는 댐퍼를 말한다.

참고 용어의 정의

- "제연구역"이란 제연하고자 하는 계단실 또는 부속실을 말한다.
- "방연풍속"이란 옥내로부터 제연구역 내로 연기의 유입을 유효하게 방지할 수 있는 풍속을 말한다.
- "급기량"이란 제연구역에 공급해야 할 공기의 양을 말한다.
- "누설량"이란 틈새를 통하여 제연구역으로부터 흘러나가는 공기량을 말한다.
- "보충량"이란 방연풍속을 유지하기 위하여 제연구역에 보충해야 할 공기량을 말한다.
- "플랩댐퍼"란 제연구역의 압력이 설정압력범위를 초과하는 경우 제연구역의 압력을 배출하여 설정압력 범위를 유지하게 하는 과압방지장치를 말한다.
- "유입공기"란 제연구역으로부터 옥내로 유입하는 공기로서 차압에 따라 누설하는 것과 출입문의 개방에 따라 유입하는 것 등을 말한다.
- "거실제연설비"란 「제연설비의 화재안전성능기준(NFPC 501)」에 따른 옥내의 제연설비를 말한다.
- "자동차압급기댐퍼"란 제연구역과 옥내 사이의 차압을 압력센서 등으로 감지하여 제연구역에 공급되는 풍량의 조절로 제연구역의 차압 유지를 자동으로 제어할 수 있는 댐퍼를 말한다.
- "자동폐쇄장치"란 제연구역의 출입문 등에 설치하는 것으로서 화재 시 화재감지기의 작동과 연동하여 출입문을 자동적으로 닫히게 하는 장치를 말한다.
- "과압방지장치"란 제연구역의 압력이 설정압력을 초과하는 경우 자동으로 압력을 조절하여 과압을 방지하는 장치를 말한다.
- "굴뚝효과"란 건물 내부와 외부 또는 내부 공간 상하간의 온도 차이에 의한 밀도 차이로 발생하는 건물 내부의 수직 기류를 말한다.
- "기밀상태"란 일정한 공간에 있는 유체가 누설되지 않는 밀폐상태를 말한다.
- "누설틈새면적"이란 가압 또는 감압된 공간과 인접한 공간 사이에 공기의 흐름이 가능한 틈새의 면적을 말한다.
- "송풍기"란 공기의 흐름을 발생시키는 기기를 말한다.
- "수직풍도"란 건축물의 층간에 수직으로 설치된 풍도를 말한다.
- "외기취입구"란 옥외로부터 옥내로 외기를 취입하는 개구부를 말한다.
- "제어반"이란 각종 기기의 작동 여부 확인과 자동 또는 수동 기동 등이 가능한 장치를 말한다.

009 | 제연구역   답 ④

제연구역 선정기준은 다음과 같다.
- 계단실 및 그 부속실을 동시에 제연하는 것
- 부속실을 단독으로 제연하는 것
- 계단실을 단독으로 제연하는 것

PART 7 소방조직 및 역사

01	한국소방의 역사 및 소방조직			222p
001 ②	002 ③	003 ④	004 ③	005 ③
006 ④	007 ③	008 ①	009 ④	010 ④
011 ④	012 ②	013 ②	014 ④	015 ④
016 ①	017 ④	018 ④	019 ③	020 ③
021 ①	022 ④	023 ③	024 ③	025 ④
026 ③	027 ④	028 ③		

001 소방역사   답 ②

도시와 성곽이 발달하기 시작하면서 대형화재가 발생하였고, 화재를 사회적 재앙으로 인식하여 국가적인 관심사가 된 시기는 삼국시대이다.

참고
- 삼국시대에는 도시와 성곽이 발달하기 시작하면서 대형화재도 발생하였고, 화재를 사회적 재앙으로 인식하여 국가적 관심사로 등장하게 되었으며, 금화의식이 생겨났다.
- 통일신라시대에는 도시는 물론 상업의 발달과 함께 화재도 증가하였으며, 특히 사찰이나 민가밀집지 등에서의 화재가 많았다. 초가를 기와로 교체하고, 나무를 사용하지 않고 숯을 사용하여 밥을 짓는 등 금화의식을 가졌다.

참고
- 삼국시대: 금화의식이 생겨나는 시기
- 통일신라시대: 금화의식을 가지는 시기
- 고려시대: 소방행정의 근원이 되는 시기
- 조선전기시대: 소방이 전문적인 소방행정분야로 분화되는 시기

002 조선전기의 소방역사   답 ③

ㄷ. 1423년 6월(세종 5년): 금화조건 → 1426년 2월(세종 8년): 금화도감 → 1426년 6월(세종 8년): 수성금화도감 → 1431년 (세종 13년): 금화군 → 1467년(세조 13년): 멸화군 → 1481년 (성종 12년): 수성금화사
ㄹ. 5가 작통제: 화적민을 대비하여 민가에 다섯 집마다(5가) 1통으로 묶어서 우물을 파고 물통을 준비하여 화재예방 및 진압을 하였다.

선지분석
ㄱ. 금화도감: 세종 7년(1425년)에 종로 인경각 근처에서 대화재가 발생하고 1426년 세종 8년 2월에는 이러한 계속된 화재를 계기로 병조에 금화도감이 설치되었다. 금화도감은 오늘날과 같은 상비소방제도는 아니지만 화재를 방비할 독자적인 소방관리부서로서 우리나라 최초의 소방관서이다.
ㄴ. 수성금화도감: 1426년 세종 8년 6월 금화도감기구가 다른 직을 겸하고 있는 자들로만 구성됨으로써 업무의 계속성을 유지하지 못하고 실제적으로 방화대책을 강구할 수 없기 때문에 금화도감을 설치한지 4개월 만에 성문도감과 금화도감을 병합하여 공조소속의 수성금화도감을 설치하고 금화사를 전직(專職)으로 하는 관리를 배치하게 되었다.
수성금화도감은 성을 수리하고, 화재를 금하고, 하천을 소통시키고, 길과 다리를 수리하는 일을 하였다.

003 조선전기의 소방제도   답 ④

1481년 성종 12년 3월 수성금화도감이 폐지된 후 다시 정식 관청인 수성 금화사로 부활하였다.

선지분석
① 1426년 세종 8년 2월에 병조소속으로 금화도감을 설치하였다. 1426년 세종 8년 6월 공조소속으로 금화도감과 성문도감을 합쳐 수성금화도감으로 개편하였다.
② 세종 13년(1431년) 금화도감을 설치한 후에도 화재가 그치지 아니하여 의금부, 육조, 한성부, 금화도감제조 등이 논의하여 노비 등을 충원한 후 금화군을 편성하였다.
③ 1460년 세조 6년 5월 기구를 폐지하고 관원 수를 감하는 관제의 개편이 있었는데, 이때 수성은 공조로, 금화는 한성부로 사무이관이 되었다.

참고 조선시대 전기
1423년 6월(세종 5): 금화조건 → 1426년 2월(세종 8): 금화도감 → 1426년 6월(세종 8) 수성금화도감 → 1431년(세종 13): 금화군 → 1467년(세조 13): 멸화군 → 1481년(성종 12): 수성금화사

004 소방역사   답 ③

금화령은 태종 17년(1417년) 11월 10일 호조에서 실화자의 처벌을 제정하여 이를 전국에 명한 것이다.

관련 개념 | 금화조건
1. 조선시대 한성의 부내나 각 궁궐의 화재를 예방하고 화재가 났을 때 효율적으로 불을 끄기 위해 이를 평소 대비하여 관리들이나 군대, 백성들에게 진화에 대한 역할을 분담한 것을 말한다.
2. 1423년 세종 5년 6월 주로 궁궐에서 화재가 났을 때의 금화방법을 13개 조항으로 구체적으로 규정하였다.

005 | 소방역사 답 ③

1894년 갑오경장(구한말, 조선시대 후기)을 통하여 개화를 추진하는 과정에서 한성 5부의 경찰사무를 관장하는 경무청에서 화재에 관한 사무를 관장하였다. 1895년 4월 29일 경무청 직제를 제정하면서 그 소속인 총무국에서 수화·소방에 관한 사항을 분장토록 하였으며, 이때 만들어진 경무청 처리세칙에서 '수화·소방은 난파선 및 출화·홍수 등에 계하는 구호에 관한 사항'으로 성격 지었는데 여기에서 소방이라는 용어가 역사상 처음 쓰이게 되었다.

006 | 조선후기의 소방역사 답 ④

스톡홀롬제의 가솔린 펌프 1대가 들어온 것은 1912년으로, 일제강점기 시대이며, 우리나라에 들어온 최초의 소방차이다.

관련 개념 | 조선후기의 소방역사

1. **1894년 갑오경장 전후**
   ⓐ 1894년 갑오경장을 계기로 일본은 포도청(捕盜廳)을 없애고 한성 5부의 경찰사무를 합쳐 경무청을 설치하였다.
   ⓑ 1895년 관제를 개혁하면서 내부에 경찰관계 내국을 신설하였으며, 경찰과 소방은 내무부 지방국에서 관장하도록 하였다.
   ⓒ 1895년 4월 29일 경무청 직제를 제정하면서 경무청처리세칙에서 "수화·소방은 난파선 및 출화·홍수 등에 계하는 구호에 관한 사항"이라고 정했는데 여기에서 소방이라는 용어가 처음으로 등장하였다.
   ⓓ 1908년 일본인 통감부가 우리나라 최초의 화재보험회사를 설치하였다.
   ⓔ 1909년 수도급수규칙을 제정하면서 수도를 설치할 때 소화전을 설치하도록 하였다.

2. **일제강점기 시대**
   ⓐ 1912년 스톡홀롬제의 가솔린 펌프 1대를 구입하였는데 이것은 우리나라에 들어온 최초의 소방장비(소방차)이다.
   ⓑ 1915년 상비소방수제도 시행(소방관 배치)
   • 소방조 소속 상비소방수
   • 경무부 소속 상비소방수
   ⓒ 1925년 경성(현 종로)에 우리나라 최초의 소방서를 설치하였고, 이후 1939년 부산소방서(62명)와 평양소방서(88명)가 각각 설치되었으며, 청진(1941년), 인천(1944년), 함흥(1944년), 용산(1944년), 성동(1945년)에 소방서가 증설되었다.
   ⓓ 1935년 일본에서 119 전화기를 도입하여 119 전화 설치
   ⓔ 1939년 경방단 규칙을 공포하여 소방조와 수방단을 통합하여 경방단을 설치
   * 수방단: 수재(장마, 홍수)를 막기위한 단체

007 | 조선후기의 소방역사 답 ③

우리나라 최초의 소방서가 설치된 것은 일제강점기인 1925년이다.

선지분석
① 경찰과 소방을 내무지방국에서 관장하였다.
   → 갑오경장 전후(1895년)
② 우리나라 최초의 화재보험주식회사가 설립되었다.
   → 갑오경장 전후(1908년)
④ 소방이라는 용어를 역사상 처음 쓰게 되었다.
   → 갑오경장 전후(1895년)

008 | 조선후기 소방역사 답 ①

대한민국 정부수립 이전 소방역사에 대한 설명으로 옳은 것은 없다.

선지분석
ㄱ. 1946년 군정법 제66호에 따라 소방부 및 소방위원회를 설치하고 소방조직 및 업무를 경찰로부터 완전 독립하여 자치소방체제로 전환하였다.
ㄴ. 1935년 일제강점기 때 119전화기를 도입하여 119전화를 설치하였다.
ㄷ. 금화도감의 조직은 제조 7명, 사 5명, 부사 6명, 판관 6명으로 구성하였다.
ㄹ. 고려시대에 화통도감을 신설하여 특별관리하였다.

009 | 일제강점기의 소방제도 답 ④

소방위원회가 설치된 것은 미군정시대(1945~1948년)이다. 1946년 군정법 제66호에 따라 소방부 및 소방위원회를 설치하고 소방조직 및 업무를 경찰로부터 완전 독립하여 자치소방체제로 전환하였다. 한편 소방위원회는 중앙소방위원회, 각 도의 소방위원회로 구분하여 운영되었다.

관련 개념 | 일제강점기(1910~1945년) 소방제도

1. 1912년 궁정소방대에 우리나라 최초로 외국에서 수입한 소방자동차인 스웨덴산 휘발유 펌프 1대를 구입하였다.
2. 1915년 소방조소속의 상비소방수제도, 경무부소속의 상비소방수제도가 있었다.
3. 1925년에는 조선총독부 지방 관제를 개정, 우리나라 최초의 근대식 소방서인 경성소방서가 탄생하였다.
4. 1935년 일본에서 119 전화기를 도입하여 119 전화를 설치하였다.

010 | 소방역사 답 ④

1972년 6월 서울과 부산에 소방본부를 설치하여 소방업무를 자치소방체제로 유지하고, 기타 시·도의 경우 소방업무를 경찰국 소방과에서 담당하는 국가소방체제로 유지함으로써 이원적 소방행정체제를 유지하였다.

011 | 소방역사 답 ④

1948년 8월 15일 대한민국 정부수립 이후 1948년 11월 내무부직제에 따라 중앙소방조직의 소방업무는 내무부 치안국 소방과에서 관장하고, 각 시·도의 소방업무는 경찰국 소방과에서 관장하였다.

012 | 소방역사 답 ②

1958년 3월 11일 소방법이 최초로 단행 법률로 제정되었고, 2003년 5월 30일 1년 후 시행계획으로 「소방기본법」 등 4개 법률이, 2022년 12월 1일 「소방기본법」 등 6개 법률이 제정되었다.

선지분석
④ • 1994년 성수대교 붕괴 이후에 방재국이 신설되고, 1995년 삼풍백화점 붕괴사고를 계기로 「재난관리법」이 제정되었다.
• 대구지하철 방화사건 이후 2004년 3월 11일 재난 및 안전관리 기본법을 공포하였다.
• 2004년 6월 1일 최초의 재난관리 전담기구인 소방방재청이 개청하였다.

관련 개념 | 경방단

1. 일제강점기 말기에, 치안을 강화하기 위하여 소방대와 방호단을 통합한 단체를 말한다.
2. 일본은 중일전쟁의 개시와 함께 전시체제를 강화하기 위하여 1937년 11월 18일 방공법조선시행령을 제정·공포하였다. 이어 1939년 7월 3일에는 조선총독부령 제104호로 방공법규칙을 제정 공포하고 소방조와 수방단을 해체하여 경방단으로 통합하기로 하여 구한말 이래 조직되어 왔던 소방조는 제도상의 모습을 감추고 새로운 경방단조직으로 소방활동을 시작하게 되었다. 경방단의 설치구역은 부·읍·면구성단위로 설치하는 것을 원칙으로 하고 있어 소방조직의 설치구역과 같으며, 경방단원은 지원형식에 의하되 18세 이상 50세 이하의 남자로서 실제 활동능력이 있는 사람으로 선발하도록 하였으며, 경방단 소방부의 임무는 경찰서장 또는 소방서장의 지휘를 받아 평시에 있어서는 수·화재, 전시에 있어서는 공습에 의한 화재를 경계·방어하여 이로 인한 피해를 방지하는 데 있다.

참고
• 1995년: 재난관리법
• 2004년: 재난 및 안전관리기본법
• 2004년 소방방재청: 소방 + 재난 – 재난통합관리체제
• 2017년 소방청: 화재, 구조, 구급만 담당

013 소방역사 답 ②

• 1426년 2월 한성부 대화재를 계기로 금화도감을 설치하게 되었는데, 이것은 최초의 소방책임수행기관으로 오늘날 상비소방제도의 기능이라 할 수 있으며 최초의 관서이다.
• 최초의 상비소방제도는 일제강점기이다. 일제강점기 시대에 경무부 소속의 상비소방수제도가 있었으며, 더불어 국내 소방 기본조직은 일본의 민간소방조직체를 모방한 소방조였다.

014 소방역사 및 조직 답 ④

ㄱ. 1895년 '소방'이라는 용어가 역사상 처음으로 쓰였다.
ㄴ. 1915년 각 지방의 청년을 중심으로 민간소방대를 조직하였다. → 의용소방대의 시발점
ㄷ. 1946년 소방부 및 소방위원회를 설치하고 자치소방체제로 전환되었다.
ㄹ. 1972년 서울과 부산에 소방본부를 설치하여 소방사무를 관장하였으며, 기타 시·도는 정부수립 이후 초창기처럼 국가에서 관리하는 국가 소방체제를 유지(경찰소속)하였다 (국가·자치 이원체제 유지).
ㅁ. 1992년 각 시·도에 소방본부가 설치되었다.
ㅂ. 2004년 소방방재청이 개청하였다.
따라서 모두 옳은 내용이다.

015 소방행정조직 답 ③

미군정시대인 1946년 군정법 제66호에 따라 소방부 및 소방위원회를 설치하고 소방조직 및 업무를 경찰로부터 완전 독립하여 자치소방체제로 전환하였다. 소방위원회는 중앙소방위원회, 각 도의 소방위원회로 구분하여 운영되었다. 우리나라 소방행정조직이 자치소방체제인 시기는 미군정시대인 1945 ~ 1948년이다.

관련 개념 | 소방행정조직의 변천과정

미군정시대(1945 ~ 1948년)	자치소방행정체제
대한민국 정부수립 이후 (초창기 1948 ~ 1970년)	국가소방행정체제
1970 ~ 1992년	국가·자치 이원소방행정체제
1992 ~ 2020년	광역시·도 자치소방행정체제
2020년 ~ 현재	국가소방행정체제

016 소방행정조직 답 ①

소방행정조직이 국가소방체제에 해당하는 시기는 대한민국 정부수립 이후인 1948 ~ 1970년이다.

선지분석
① 1948 ~ 1970년 – 국가소방체제(경찰소속)
② 1970 ~ 1992년 – 국가·자치이원체제
③ 1992 ~ 2020년 – 광역소방체제
④ 2020년 ~ 현재 – 국가소방체제(소방소속)

017 소방행정조직의 역사 답 ③

ㄱ. 소방부 및 소방위원회가 설치된 것은 1946년이다.
ㄴ. 소화전이 설치된 것은 1909년이다.
ㄷ. 경성소방서가 개서한 때는 1925년이다.
ㄹ. 소방이라는 용어가 처음 등장한 때는 1895년이다.
ㅁ. 중앙은 내무부 치안국 소방과, 지방은 경찰국 소방과로 이전한 때는 1948년이다.
따라서 소방행정조직의 역사를 순서대로 나열하면 ㄹ → ㄴ → ㄷ → ㄱ → ㅁ이다.

018 소방공무원 조직 답 ④

1977년 「소방공무원법」 제정, 1978년 시행 시 소방직 공무원의 신분은 단일화가 이루어졌으며, 임용권자에 따라 국가직 소방공무원과 지방직 공무원으로 이원화되어서 2020년 3월 31일까지 시행되었다.

관련 개념 | 소방공무원 조직

1. 1949년 8월 12일 ~ 1969년 1월 6일은 일반직 공무원에 해당하였다.
2. 1969년 1월 7일 ~ 1982년 12월 28일은 별정직 공무원에 해당하였다.
3. 1983년 1월 1일 ~ 현재는 특정직 공무원에 해당한다.
4. 1977년 12월 31일 「소방공무원법」 제정, 1978년 3월 시행 시 소방직 공무원의 신분은 단일화가 이루어졌으며, 임용권자에 따라 국가직 소방공무원과 지방직 공무원으로 이원화되어서 2020년 3월 31일까지 시행되었다.

5. 2020년 4월 1일부터 현재까지 국가직 소방공무원으로 시행되고 있다.

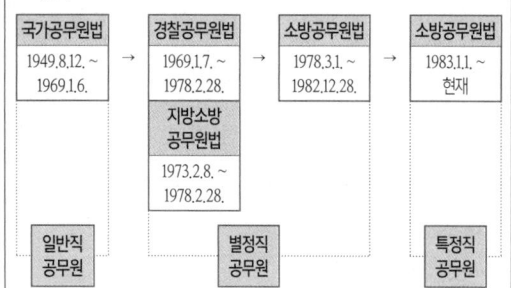

참고
소방공무원: 경력직 공무원 중 특정직 공무원이다.

019 | 소방공무원 조직   답 ③

우리나라 소방공무원의 신분은 일반직 공무원(1949년 8월 12일 ~ 1969년 1월 6일) → 별정직 공무원(1969년 1월 7일 ~ 1982년 12월 28일) → 특정직 공무원(1983년 1월 1일 ~ 현재)으로 변화하였다.

020 | 소방행정조직   답 ③

1961년 12월 8일 법률 제827호에는 「지방세법」을 개정, 소방공동시설세가 신설되어 소방재원이 확보되었다.

021 | 소방법 제정   답 ①

- 1958년 3월 11일 「소방법」이 최초로 단행 법률로 제정되었으며, 2003년 5월에 소방법을 세분화하여 4분법으로 제정하였다. 시행일은 2004년 5월이다. 그 이후 2022년 12월에 6분법으로 제정하였다.
- 1958년 3월 11일 「소방법」은 화재, 풍수해, 설해 등 예방, 경계, 진압, 방어까지 소방업무로 규정하였으나, 1967년 「풍수재해대책법」의 제정으로 자연재해업무가 이관되어 소방업무는 화재의 예방, 경계, 진압, 방어로 축소되었다.

참고
- 1995년 삼풍백화점사건 이후 「재난관리법」 제정
- 2003년 대구지하철 방화사건 이후 「재난 및 안전관리기본법」 제정
- 소방방재청: 2004년 6월 1일
- 국민안전처 중앙소방본부: 2014년 11월 19일
- 소방청: 2017년 7월 26일

022 | 소방행정의 변천   답 ④

ㄱ. 소방공동시설세가 신설된 것은 1961년이다.
ㄴ. 소방공무원의 신분이 이원화된 것은 1973년이다.
ㄷ. 광역소방행정체제가 실시된 것은 1992년이다.
ㄹ. 「소방법」이 최초로 단행 법률로 제정된 것은 1958년이다.
따라서 순서대로 옳게 나열한 것은 ㄹ → ㄱ → ㄴ → ㄷ이다.

023 | 소방조직의 변천   답 ③

ㄱ. 1992년 16개 시·도 소방본부를 설치하고, 시·군에는 소방서를 설치하였다.
ㄴ. 119구급대는 1982년에 몇 개 소방서에 시범적으로 발촉되었고, 1983년에는 119구급대를 법제화하여 설치하였다. 119구조대는 1988년에 몇 개 소방서에 시범적으로 발촉되었고, 1989년에는 119구조대를 법제화하여 설치하였다.
ㄷ. 2004년 소방방재청을 설립하고 소방업무 및 민방위 재난·재해업무까지 관장하였다.
ㄹ. 2014년 세월호 침몰사건으로 인하여 국민안전처를 개설하였으나 소방과 재난을 분리하여 관장하였다.
ㅁ. 2024년 행정안전부 및 소방청은 소방대상물의 화재로 인해 발생하는 대규모 피해, 위험물의 누출·화재·폭발 등으로 인해 발생하는 대규모 피해를 담당하고 있다.

024 | 직접강제   답 ③

구분	직접강제	즉시강제
개념	• 의무자가 의무준수사항을 불이행 시 집행기관이 의무자의 의사에 관계없이 강제로 권리의 내용을 실현하는 일을 의미한다. • 의무불이행을 전제로 하며 벌칙이 있다.	• 긴급한 상황 및 미리 의무를 이행할 시간적 여유가 없을 때를 의미한다. • 의무불이행을 전제로 하지 않으며 벌칙이 없다.
예시	소속공무원이 위험한 물건의 소유자, 관리자, 점유자에게 옮기거나 치우게 명령을 하였으나 의무불이행하여 소속공무원이 위험한 물건을 옮기거나 치움	위험한 물건의 소유자, 관리자, 점유자를 알 수 없어 소속공무원이 위험한 물건을 옮기거나 치우게 함

025 | 소방행정행위   답 ④

준법률행위적 행정행위에는 확인, 공증, 통지, 수리가 있다.

📖 관련 개념 | 소방행정행위

1. **법률행위적 행정행위**
   ⓐ 명령적 행정행위: 소방하명, 소방허가, 소방면제
   ⓑ 형성적 행정행위: 특허, 인가 및 대리

2. **준법률행위적 행정행위**

확인	소방관련 자격합격자 결정, 방화관리자 자격 인정 등
공증	소방시설의 완비증명, 소방안전관리자 수첩교부 등
통지	각종 입찰공고, 조세체납장 대한 독촉 등
수리	각종 허가 신청서, 원서, 신고의 수리 등

3. **소방하명**: 작위, 부작위, 급부, 수인을 명하는 행정행위를 말한다.
   ⓐ 작위하명: 특정한 행위를 적극적으로 해야 할 의무를 명하는 행정행위
      예) 화재예방조치명령, 피난명령, 소방대상물의 특별조치명령, 화재현장에서 소화종사 명령, 화재예방강화지구에 대한 명령, 소방시설 및 방염에 관한 명령, 위험물제조소 등의 예방규정 변경 명령, 무허가 위험물 시설의 조치 명령, 소방특별조사를 위한 보고 및 자료제출 명령, 위험물제조소 등의 감독 명령

ⓑ 부작위하명: 특정한 행위를 금지하도록 하는 의무를 명하는 행정행위
  예 소방용수시설의 불법사용 금지, 소방대상물의 사용금지, 화기취급금지, 소방시설공사의 정지
ⓒ 급부하명: 소방의 목적으로 금전, 물품, 노력 등을 제공할 의무를 명하는 행정행위
  예 각종 인·허가의 수수료 납부통지(세금납부)
ⓓ 수인하명: 행정주체(행정청)의 권한행사에 대하여 저항하지 아니할 의무를 명하는 행정행위
  예 행정대집행의 집행, 화재진화를 위한 강제처분, 소방자동차의 우선통행 등

026 소방전술 등 답 ③

물을 주수하는 방법 중 확산주수란 연소물이나 연소위험이 있는 장소에 되도록 넓게 관창을 상하, 좌우 및 원을 그리듯 휘둘러서 주수하는 방법이다.

선지분석
① 중점주의의 원칙이란 화재진압 중 가장 피해가 적은 것을 희생하더라도 중요한 부분을 중점적으로 방어한다는 원칙이다.
② 블록전술이란 건물4면 중 연소확대가 가능한 면을 방어하는 전술이다.
④ 선착대의 임무는 인명검색 및 구조활동 우선시 하고 화점 직근의 소방용수시설을 점유한다.

관련 개념 | 소방전술

1. 소방전술의 기본원칙
  ⓐ 신속대응의 원칙
  ⓑ 인명구조 최우선의 원칙
  ⓒ 선착대 우위의 원칙: 선착대의 역할을 존중한다.
  ⓓ 포위공격의 원칙: 소방대가 상하, 좌우 포위해서 진입한다.
  ⓔ 중점주의의 원칙: 화재진압 중 가장 피해가 적은 것을 희생하더라도 중요한 부분을 중점적으로 방어한다.

2. 소방전술
  ⓐ 포위전술: 소방대가 상하, 좌우 포위하는 전술
  ⓑ 블록전술: 건물 4면 중 연소확대가 가능한 면을 방어하는 전술
  ⓒ 중점전술: 중요한 부분을 중점적으로 진압 및 방어하는 전술
  ⓓ 집중전술: 위험물탱크화재인 경우 집중적으로 진입하는 전술

3. 물의 주수방법
  ⓐ 집중주수: 연소실체 또는 인명구조를 위한 엄호 등 한 곳에 집중적으로 주수하는 경우에 행하며 주수목표에 접근하면서 한다.
  ⓑ 확산주수: 연소물이나 연소위험이 있는 장소에 되도록 넓게 관창을 상하, 좌우 및 원을 그리듯 휘둘러서 주수하는 방법이다.
  ⓒ 반사주수: 장해물 등 주수사각으로 인하여 주수목표에 주수할 수 없는 경우에 벽, 천장 등에 물을 반사시켜 주수하는 방법이다.
  ⓓ 유하주수: 주수압력을 약하게 하여 물 흐르듯이 주수하는 방법으로, 건물 벽에 잠재하는 화세의 잔화처리 등에 이용된다.

4. 선착대와 후착대의 임무
  ⓐ 선착대의 임무
   • 인명검색 및 구조활동 우선시 한다.
   • 연소위험이 가장 큰 방면을 포위한다.
   • 화점 직근의 소방용수시설을 점유한다.
   • 사전 대응매뉴얼을 충분히 고려하여 행동한다.
   • 인명피해위험 및 화재확대위험 등을 파악하여 신속한 상황보고 및 정보제공을 한다.
  ⓑ 후착대의 임무
   • 선착대와 함께 인명구조활동 등 중요임무 수행을 지원한다.

• 화재방어는 인접건물 및 선착대가 진입하지 않는 곳을 우선한다.
• 화재방어가 필요없는 경우는 지휘자의 명령에 의해 급수, 비화경계, 수손방지 등의 업무를 수행한다.
• 화재를 진압할 때 불필요한 파괴는 하지 않는다.

027 소방행정 답 ④

소방대란 소방공무원, 의무소방원, 의용소방원을 말한다.

028 직접강제와 즉시강제 답 ③

즉시강제는 긴급한 상황 및 미리 의무를 이행할 시간적 여유가 없을 때를 의미하며, 의무불이행을 전제로 하지 않고 벌칙이 없다.

관련 개념 | 직접강제와 즉시강제 비교

구분	직접강제	즉시강제
개념	• 의무자가 의무준수사항을 불이행 시 집행기관이 의무자의 의사에 관계없이 강제로 권리의 내용을 실현하는 일 • 의무불이행을 전제로 하며 벌칙이 있음	• 긴급한 상황 및 미리 의무를 이행할 시간적 여유가 없을 때를 의미함 • 의무불이행을 전제로 하지 않으며 벌칙이 없음
예시	소속공무원이 위험한 물건의 소유자, 관리자, 점유자에게 옮기거나 치우게 명령을 하였으나 의무불이행하여 소속공무원이 위험한 물건을 옮기거나 치움	위험한 물건의 소유자, 관리자, 점유자를 알 수 없어 소속공무원이 위험한 물건을 옮기거나 치우게 함

참고 소방조직의 기본원리에는 계선의 원리, 계층제의 원리, 업무조정의 원리, 명령통일의 원리, 분업의 원리, 통솔범위의 원리가 있다.

02 국가공무원법 및 소방공무원법 232p

001 ②	002 ③	003 ④	004 ③	005 ②
006 ③	007 ④	008 ④	009 ④	010 ①
011 ③	012 ④	013 ①	014 ②	015 ②
016 ②	017 ③	018 ③	019 ①	020 ①
021 ②	022 ①	023 ④	024 ③	025 ①

001 공무원의 분류 답 ②

우리나라 소방공무원은 경력직 공무원 중 특정직 공무원에 해당한다.

관련 개념 | 우리나라 공무원 구분에 따른 분류

1. **경력직 공무원**: 실적과 자격에 의해 임용되고, 그 신분이 보장되며 평생 동안(근무기간을 정하여 임용하는 공무원의 경우에는 그 기간) 공무원으로 근무할 것이 예정되는 공무원을 말한다.

일반직 공무원	기술·연구 또는 행정 일반에 대한 업무를 담당하는 공무원
특정직 공무원	법관, 검사, 외무공무원, 경찰공무원, 소방공무원, 교육공무원, 군인, 군무원, 헌법재판소 헌법연구관, 국가정보원의 직원, 경호공무원과 특수 분야의 업무를 담당하는 공무원으로서 다른 법률에서 특정직 공무원으로 지정하는 공무원

2. **특수경력직 공무원**: 경력직 공무원 외의 공무원을 말한다.

정무직 공무원	• 선거로 취임하거나 임명할 때 지방의회의 동의가 필요한 공무원 • 고도의 정책결정업무를 담당하거나 이러한 업무를 보조하는 공무원으로서 법령 또는 조례에서 정무직으로 지정하는 공무원
별정직 공무원	비서관·비서 등 보좌업무 등을 수행하거나 특정한 업무 수행을 위하여 법령에서 별정직으로 지정하는 공무원

002 | 소방공무원 임용권자 답 ③

소방공무원 임용권자에 행정안전부장관은 없다.

「소방공무원법」【임용권자】① 소방령 이상의 소방공무원은 소방청장의 제청으로 국무총리를 거쳐 대통령이 임용한다. 다만, 소방총감은 대통령이 임명하고, 소방령 이상 소방준감 이하의 소방공무원에 대한 전보, 휴직, 직위해제, 강등, 정직 및 복직은 소방청장이 한다.
② 소방경 이하의 소방공무원은 소방청장이 임용한다.

참고 소방공무원은 소방령 이상은 대통령이 임용하고, 소방경 이하는 소방청장이 임용한다.

003 | 소방공무원 임용권자 답 ④

- 소방령 이상 소방준감 이하의 소방공무원에 대한 전보, 휴직, 직위해제, 강등, 정직 및 복직은 소방청장이 한다.
- 소방령의 승진임용권자는 대통령이 한다.
- 소방경의 승진임용권자는 소방청장이 한다.
- 소방총감은 대통령이 임명하고 소방령 이상의 소방공무원은 소방청장의 제청으로 국무총리를 거쳐 대통령이 임용한다. 소방경 이하의 소방공무원은 소방청장이 임용한다.

004 | 소방공무원 임용권 위임 답 ③

임용권 위임	임용 사항
대통령 → 소방청장	소방공무원 중 소방청과 그 소속기관의 소방정 및 소방령에 대한 임용권과 소방정인 지방소방학교장에 대한 임용권을 소방청장에 위임
대통령 → 시·도지사	시·도 소속 소방령 이상의 소방공무원(소방본부장, 지방소방학교장 제외)에 대한 임용권을 시·도지사에 위임
소방청장 → 시·도지사	• 시·도 소속 소방령 이상 소방준감 이하의 소방공무원(소방본부장 및 지방소방학교장은 제외)에 대한 전보, 휴직, 직위해제, 강등, 정직 및 복직에 관한 권한 • 소방정인 지방소방학교장에 대한 휴직, 직위해제, 정직 및 복직에 관한 권한 • 시·도 소속 소방경 이하의 소방공무원에 대한 임용권

「소방공무원법」【임용권자】③ 대통령은 제1항에 따른 임용권의 일부를 대통령령으로 정하는 바에 따라 소방청장 또는 시·도지사에게 위임할 수 있다.
④ 소방청장은 제1항 단서 후단 및 제2항에 따른 임용권의 일부를 대통령령으로 정하는 바에 따라 시·도지사 및 소방청 소속기관의 장에게 위임할 수 있다.
⑤ 시·도지사는 제3항 및 제4항에 따라 위임받은 임용권의 일부를 대통령령으로 정하는 바에 따라 그 소속기관의 장에게 다시 위임할 수 있다.

「소방공무원 임용령」【임용권의 위임】⑤ 소방청장은 법 제6조 제4항에 따라 다음 각 호의 권한을 시·도지사에게 위임한다.
1. 시·도 소속 소방령 이상 소방준감 이하의 소방공무원(소방본부장 및 지방소방학교장은 제외한다)에 대한 전보, 휴직, 직위해제, 강등, 정직 및 복직에 관한 권한
2. 소방정인 지방소방학교장에 대한 휴직, 직위해제, 정직 및 복직에 관한 권한
3. 시·도 소속 소방경 이하의 소방공무원에 대한 임용권

참고 소방청 소속기관: 중앙소방학교, 중앙119구조본부, 국립소방연구원

005 | 소방공무원 임용권자 답 ②

119센터장은 일반적으로 소방경이므로 소방청장이 임용한다. 즉 소방경 이하의 소방공무원은 소방청장이 임용한다.

선지분석
① 소방령 이상은 대통령이 임용한다.
③ 소방서 행정과장은 일반적으로 소방령이므로 대통령이 임용한다.
④ 소방서장은 일반적으로 소방정이므로 대통령이 임용한다.

006 | 시보임용기간 답 ③

시보임용기간이 만료된 다음 날에 정규 소방공무원으로 임용한다.

「소방공무원법」【시보임용】① 소방공무원을 신규채용할 때에는 소방장 이하는 6개월간 시보로 임용하고, 소방위 이상은 1년간 시보로 임용하며, 그 기간이 만료된 다음 날에 정규 소방공무원으로 임용한다. 다만, 대통령령으로 정하는 경우에는 시보임용을 면제하거나 그 기간을 단축할 수 있다.
② 휴직기간, 직위해제기간 및 징계에 의한 정직처분 또는 감봉처분을 받은 기간은 제1항의 시보임용 기간에 포함하지 아니한다.
③ 소방공무원으로 임용되기 전에 그 임용과 관련하여 소방공무원 교육훈련기관에서 교육훈련을 받은 기간은 제1항의 시보임용 기간에 포함한다.
④ 시보임용 기간 중에 있는 소방공무원이 근무성적 또는 교육훈련성적이 불량할 때에는 「국가공무원법」제68조 또는 제70조에도 불구하고 면직시키거나 면직을 제청할 수 있다.

007 신규채용시험 실시기관 답 ④

소방공무원의 신규채용시험 및 승진시험과 소방간부후보생 선발시험은 소방청장이 실시한다.

> 「소방공무원법」【시험실시기관】 소방공무원의 신규채용시험 및 승진시험과 소방간부후보생 선발시험은 소방청장이 실시한다. 다만, 소방청장이 필요하다고 인정할 때에는 대통령령으로 정하는 바에 따라 그 권한의 일부를 시·도지사 또는 소방청 소속기관의 장에게 위임할 수 있다.

008 소방기관의 범위 답 ④

소방본부, 119안전센터, 소방박물관은 소방기관이 아니다.

참고 소방본부는 시·도에 소속된 부서로, 소방기관이 아니다.

> 「소방공무원 임용령」【정의】 이 영에서 사용되는 용어의 정의는 다음과 같다.
> 3. "소방기관"이라 함은 소방청, 특별시·광역시·특별자치시·도·특별자치도(이하 "시·도"라 한다)와 중앙소방학교·중앙119구조본부·국립소방연구원·지방소방학교·서울종합방재센터·소방서·119특수대응단 및 소방체험관을 말한다.

009 임용의 종류 답 ④

감봉은 보수를 감하는 징계의 일종으로 신분관계에는 변경을 주지 않는다. 즉, 경징계는 임용과 관련 없다(감봉, 견책).

> 「소방공무원 임용령」【정의】 이 영에서 사용되는 용어의 정의는 다음과 같다.
> 1. "임용"이라 함은 신규채용·승진·전보·파견·강임·휴직·직위해제·정직·강등·복직·면직·해임 및 파면을 말한다.

공무원관계의 발생	신규채용
공무원관계의 변경	승진, 전보, 파견, 강임, 휴직, 직위해제, 정직, 강등, 복직
공무원관계의 소멸	면직, 해임, 파면

010 소방공무원 근속승진 답 ①

소방사를 소방교로 근속승진 임용하려는 경우는 해당 계급에서 4년 이상 근속한 경우이다.

> 「소방공무원법」【근속승진】 ① 제14조 제2항에도 불구하고 해당 계급에서 다음 각 호의 기간 동안 재직한 사람은 소방교, 소방장, 소방위, 소방경으로 근속승진임용을 할 수 있다. 다만, 인사교류 경력이 있거나 주요 업무의 추진 실적이 우수한 공무원 등 소방행정 발전에 기여한 공이 크다고 인정되는 경우에는 대통령령으로 정하는 바에 따라 그 기간을 단축할 수 있다.
> 1. 소방사를 소방교로 근속승진임용하려는 경우: 해당 계급에서 4년 이상 근속자
> 2. 소방교를 소방장으로 근속승진임용하려는 경우: 해당 계급에서 5년 이상 근속자
> 3. 소방장을 소방위로 근속승진임용하려는 경우: 해당 계급에서 6년 6개월 이상 근속자
> 4. 소방위를 소방경으로 근속승진임용하려는 경우: 해당 계급에서 8년 이상 근속자

> ② 제1항에 따라 근속승진한 소방공무원이 근무하는 기간에는 그에 해당하는 계급의 정원이 따로 있는 것으로 보고, 종전 계급의 정원은 감축된 것으로 본다.
> ③ 제1항에 따른 근속승진임용의 기준, 절차 등에 관하여 필요한 사항은 대통령령으로 정한다.

참고 소방사에서 소방경까지 근속승진은 23년 6개월이 걸린다.

011 소방공무원법 용어 답 ③

'면직'이란 해당 직위에서 물러나는 것을 말한다. 동종의 직무 내에서 하위의 직위에 임명하는 것은 '강임'이다.

> 「소방공무원법」【정의】 이 법에서 사용하는 용어의 뜻은 다음과 같다.
> 1. "임용"이란 신규채용·승진·진보·파견·강임·휴직·직위해제·정직·강등·복직·면직·해임 및 파면을 말한다.
> 2. "전보"란 소방공무원의 같은 계급 및 자격 내에서의 근무기관이나 부서를 달리하는 임용을 말한다.
> 3. "강임"이란 동종의 직무 내에서 하위의 직위에 임명하는 것을 말한다.
> 4. "복직"이란 휴직·직위해제 또는 정직(강등에 따른 정직을 포함한다) 중에 있는 소방공무원을 직위에 복귀시키는 것을 말한다.

012 소방공무원법 답 ④

'강임'이란 동종의 직무 내에서 하위의 직위에 임명하는 것을 말한다. '강등'이란 1계급 아래의 직급으로 임명하는 것을 말한다.

> 「소방공무원법」【복제】 ① 소방공무원은 제복을 착용하여야 한다.
> ② 소방공무원의 복제(服制)에 관한 사항은 행정안전부령으로 정한다.
> 【복무규정】 소방공무원의 복무에 관하여는 이 법이나 국가공무원법에 규정된 것을 제외하고는 대통령령으로 정한다.
> 【정년】 ① 소방공무원의 정년은 다음과 같다.
> 1. 연령정년: 60세
> 2. 계급정년
>   소방감: 4년
>   소방준감: 6년
>   소방정: 11년
>   소방령: 14년

참고
- 소방령 이상 ~ 소방감 이하는 연령정년, 계급정년이 있다.
- 소방경 이하, 소방정감, 소방총감은 연령정년은 있지만, 계급정년은 없다.

013 소방공무원 신분변화 답 ①

1983년 1월 1일부터 소방공무원법이 개정됨에 따라 별정직의 소방공무원이 특정직으로 전환되었다.

참고 소방공무원 신분
1. 일반직 공무원: 1949년 8월 12일~1969년 1월 6일
2. 별정직 공무원: 1969년 1월 7일~1982년 12월 31일
3. 특정직 공무원: 1983년 1월 1일~현재

014 소방공무원 계급 순서   답 ②

소방공무원 계급 순서는 소방총감 → 소방정감 → 소방감 → 소방준감 → 소방정 → 소방령 → 소방경 → 소방위 → 소방장 → 소방교 → 소방사 순으로 구분한다.

015 소방공무원 인사(人事) 위원   답 ②

소방공무원 인사(人事)위원은 인사위원회가 설치된 기관의 장이 소속 소방정 이상의 소방공무원 중에서 임명한다.

> 「소방공무원법」【소방공무원인사위원회의 설치】① 소방공무원의 인사(人事)에 관한 중요사항에 대하여 소방청장의 자문에 응하게 하기 위하여 소방청에 소방공무원인사위원회(이하 "인사위원회"라 한다)를 둔다. 다만, 제6조 제3항 및 제4항에 따라 특별시장·광역시장·특별자치시장·도지사·특별자치도지사(이하 "시·도지사"라 한다)가 임용권을 행사하는 경우에는 특별시·광역시·특별자치시·도·특별자치도(이하 "시·도"라 한다)에 인사위원회를 둔다.
> ② 인사위원회의 구성 및 운영에 필요한 사항은 대통령령으로 정한다.
>
> 「소방공무원 임용령」【임용권의 위임】① 대통령은 소방공무원법(이하 "법"이라 한다) 제6조 제3항에 따라 소방청과 그 소속기관의 소방정 및 소방령에 대한 임용권과 소방정인 지방소방학교장에 대한 임용권을 소방청장에게 위임하고, 시·도 소속 소방령 이상의 소방공무원(소방본부장 및 지방소방학교장은 제외한다)에 대한 임용권을 특별시장·광역시장·특별자치시장·도지사·특별자치도지사(이하 "시·도지사"라 한다)에게 위임한다.

관련 개념 | 징계위원회 구성

징계위원회는 공무원위원과 민간위원으로 구성한다. 이 경우 민간위원의 수는 위원장을 제외한 위원 수의 2분의 1 이상이어야 한다.
1. **소방청 징계위원회**: 위원장 1명을 포함하는 17명 이상 33명 이하의 위원
2. 중앙소방학교·중앙119구조본부·국립소방연구원·지방소방학교·서울종합방재센터·소방서·119특수대응단 및 소방체험관에 설치된 징계위원회, 시·도에 설치된 징계위원회: 위원장 1명을 포함하는 9명 이상 15명 이하의 위원
3. 민간위원의 임기는 3년으로 하며, 한 차례만 연임할 수 있다.

016 소방공무원 인사위원회   답 ②

회의는 재적위원의 3분의 2 이상 출석과 출석위원 과반수 찬성으로 의결한다.

관련 개념 | 소방공무원 인사위원회 구성 및 위원장

1. 소방공무원 인사위원회 구성: 위원장을 포함한 5명 이상 7명 이하의 위원으로 구성한다.
2. **위원장**
   ⓐ 소방청에 설치된 인사위원회의 위원장: 소방청차장
   ⓑ 시·도에 설치된 인사위원회의 위원장: 소방본부장
3. 위원은 인사위원회가 설치된 기관의 장이 소속 소방정 이상의 소방공무원 중에서 임명한다.
4. 위원장은 인사위원회의 회의를 소집하고 그 의장이 된다.
5. 회의는 재적위원의 3분의 2 이상 출석과 출석위원 과반수 찬성으로 의결한다.

017 소방공무원의 징계   답 ③

소방공무원의 징계를 무거운 순으로 나열하면 파면 > 해임 > 강등 > 정직 > 감봉 > 견책이다.

관련 개념 | 징계

중징계	파면	• 공무원의 신분을 배제(박탈) • 퇴직급여(수당)의 1/2 감액(5년 미만 재직자는 퇴직급여의 1/4 감액) • 5년간 공무원에 임용될 수 없음
	해임	• 공무원의 신분을 배제(박탈) • 퇴직급여(수당) 전액 지급(5년 미만 재직자는 퇴직급여의 1/8 감액) • 3년간 공무원에 임용될 수 없음
	강등	• 1계급 아래로 직급을 내리고 공무원신분은 보유하나 3개월간 직무에 종사하지 못하며 그 기간 중 보수의 전액을 감함 • 승급제한(처분기간 3월+18개월)
경징계	정직	• 1개월 이상 3개월 이하의 기간으로 하고 그 기간 중 공무원의 신분은 보유하나 직무에 종사하지 못하며 그 기간 중 보수의 전액을 감함 • 승급제한(정직처분기간+18개월)
	감봉	• 1개월 이상 3개월 이하의 기간으로 하고 그 기간 중 보수 1/3을 감함 • 승급제한(감봉처분기간+12개월)
	견책	• 전과에 대하여 훈계하고 회개함 • 승급제한(6개월)

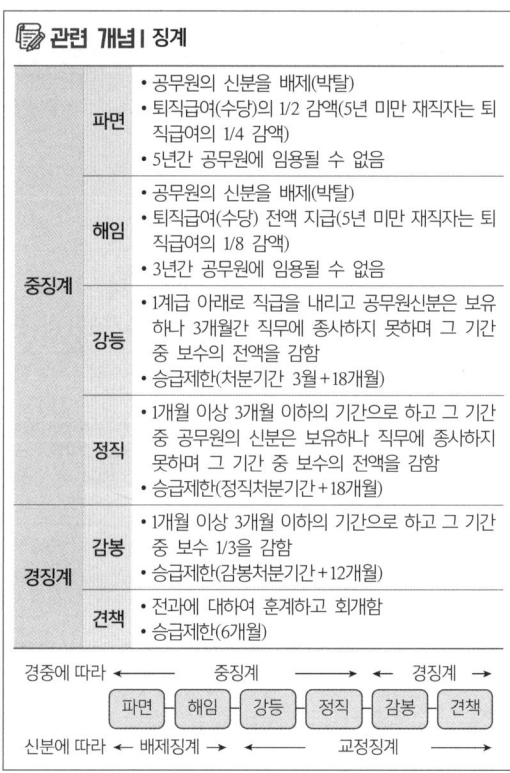

018 의용소방대   답 ③

전국의용소방대연합회(이하 "전국연합회"라 한다)는 각 시·도 지역연합회의 대표 2명씩으로 구성한다.

관련 개념 | 전국의용소방대연합회의 구성

1. 전국의용소방대연합회(이하 "전국연합회"라 한다)는 각 시·도 지역연합회의 대표 2명씩으로 구성한다.
2. 전국연합회에 회장 1명, 부회장 2명, 감사 2명 및 사무총장 1명을 두되(회장, 부회장 및 사무총장은 임원으로 한다), 회장, 부회장 및 감사는 총회에서 선출하고, 사무총장은 회장이 임명한다.
3. **전국연합회 임원 및 감사의 임기**
   ⓐ 회장의 임기는 3년으로 하고 한 번만 연임할 수 있다.
   ⓑ 부회장 및 사무총장의 임기는 3년으로 한다.
   ⓒ 감사의 임기는 3년으로 한다. 다만, 시·도 지역연합회 대표의 임기가 종료되는 경우 감사의 임기도 만료되는 것으로 한다.

019 의용소방대   답 ①

의용소방대원은 비상근(非常勤)으로 한다.

> 「의용소방대 설치 및 운영에 관한 법률」【목적】 이 법은 화재진압, 구조·구급 등의 소방업무를 체계적으로 보조하기 위하여 의용소방대 설치 및 운영 등에 필요한 사항을 규정함을 목적으로 한다.

【의용소방대의 설치 등】 ① 특별시장·광역시장·특별자치시장·도지사·특별자치도지사(이하 "시·도지사"라 한다) 또는 소방서장은 재난현장에서 화재진압, 구조·구급 등의 활동과 화재예방활동에 관한 업무(이하 "소방업무"라 한다)를 보조하기 위하여 의용소방대를 설치할 수 있다.
② 제1항에 따른 의용소방대는 특별시·광역시·특별자치시·도·특별자치도(이하 "시·도"라 한다), 시·읍 또는 면에 둔다.
③ 시·도지사 또는 소방서장은 필요한 경우 관할 구역을 따로 정하여 그 지역에 의용소방대를 설치할 수 있다.
④ 시·도지사 또는 소방서장은 필요한 경우 제2항 또는 제3항에 따른 의용소방대를 화재진압 등을 전담하는 의용소방대(이하 "전담의용소방대"라 한다)로 운영할 수 있다. 이 경우 관할 구역의 특성과 관할 면적 또는 출동거리 등을 고려하여야 한다.
⑤ 그 밖에 의용소방대의 설치 등에 필요한 사항은 행정안전부령으로 정한다.

【정년】 의용소방대원의 정년은 65세로 한다.

【임무】 의용소방대의 임무는 다음 각 호와 같다.
1. 화재의 경계와 진압업무의 보조
2. 구조·구급 업무의 보조
3. 화재 등 재난 발생 시 대피 및 구호업무의 보조
4. 화재예방업무의 보조
5. 그 밖에 행정안전부령으로 정하는 사항

【의용소방대원의 근무 등】 ① 의용소방대원은 비상근(非常勤)으로 한다.
② 소방본부장 또는 소방서장은 소방업무를 보조하게 하기 위하여 필요한 때에는 의용소방대원을 소집할 수 있다.

관련 개념 | 의용소방대

1. 의용소방대 설치 등
   ⓐ 의용소방대: 시·도, 시·읍·면에 둔다(군, 구는 없음).
   ⓑ 의용소방대 임무: 화재예방, 경계, 진압, 구조, 구급업무를 보조한다.
   ⓒ 의용소방대 설치: 시·도지사, 소방서장
   ⓓ 전담의용소방대 운영: 시·도지사, 소방서장
   ⓔ 의용소방대 소집: 소방본부장, 소방서장
   ⓕ 의용소방대 지도, 감독: 소방본부장, 소방서장
   ⓖ 의용소방대 대장, 부대장 임명: 소방서장 추천으로 시·도지사 임명
   ⓗ 의용소방대 정년: 65세
   ⓘ 의용소방대 경비: 시·도지사

2. 의용소방대 정원
   ⓐ 시·도: 60명 이내
   ⓑ 시·읍: 60명 이내
   ⓒ 면: 50명 이내
   ⓓ 관할 구역을 따로 정한 지역: 50명 이내
   ⓔ 전문의용소방대: 50명 이내

020 | 의용소방대   답 ①

의용소방대는 일제 강점기인 1939년 경방단을 설치 → 일제 강점기가 종결되면서 경방단이 해체되고 다시 소방조가 조직 → 1958년 소방법 제정 시 의용소방대 설치근거를 마련 → 1975년 민방위 발족 후에는 시·군 조례로 의용소방대 활동 → 1992년 광역자치체제로 전환되면서 시·도 조례에 의한 의용소방대 활동하였다.

선지분석
② 시·도 의용소방대 정원은 60명 이내이며, 필요한 경비는 시·도지사가 부담한다.
③ 시·도지사 또는 소방서장은 화재진압 등을 전담하는 전담 의용소방대를 운영할 수 있다.
④ 의용소방대원의 정년은 65세로 한다.

관련 개념 | 의용소방대 정원

1. 시·도: 60명 이내
2. 시·읍: 60명 이내
3. 면: 50명 이내
4. 관할 구역을 따로 정한 지역: 50명 이내
5. 전문의용소방대: 50명 이내

021 | 소방안전관리자의 업무   답 ②

자체소방대 운용은 소방안전관리자의 업무에 해당하지 않는다.

「소방시설 설치·유지 및 안전관리에 관한 법률」【특정소방대상물의 소방안전관리】⑥ 특정소방대상물(소방대상물은 제외한다)의 관계인과 소방안전관리대상물의 소방안전관리자의 업무는 다음 각 호와 같다. 다만, 제1호·제2호 및 제4호의 업무는 소방안전관리대상물의 경우에만 해당한다.
1. 제21조의2에 따른 피난계획에 관한 사항과 대통령령으로 정하는 사항이 포함된 소방계획서의 작성 및 시행
2. 자위소방대(自衛消防隊) 및 초기대응체계의 구성·운영·교육
3. 제10조에 따른 피난시설, 방화구획 및 방화시설의 유지·관리
4. 제22조에 따른 소방훈련 및 교육
5. 소방시설이나 그 밖의 소방 관련 시설의 유지·관리
6. 화기(火氣) 취급의 감독
7. 그 밖에 소방안전관리에 필요한 업무

관련 개념 | 소방안전관리자

1. 소방안전관리자의 업무(소방안전관리대상물)
   ⓐ 피난계획에 관한 사항과 대통령령으로 정하는 사항이 포함된 소방계획서의 작성 및 시행
   ⓑ 자위소방대(自衛消防隊) 및 초기대응체계의 구성·운영·교육
   ⓒ 피난시설, 방화구획 및 방화시설의 관리
   ⓓ 소방시설이나 그 밖의 소방 관련 시설의 관리
   ⓔ 소방훈련 및 교육
   ⓕ 화기(火氣) 취급의 감독
   ⓖ 행정안전부령으로 정하는 바에 따른 소방안전관리에 관한 업무수행에 관한 기록·유지(ⓒ, ⓓ, ⓕ의 업무를 말한다)
   ⓗ 화재발생 시 초기대응
   ⓘ 그 밖에 소방안전관리에 필요한 업무

   참고
   관계인의 업무: 소방안전관리자의 업무의 ⓒ, ⓓ, ⓕ, ⓗ, ⓘ

2. 관계인의 업무(특정소방대상물)
   ⓐ 피난시설, 방화구획 및 방화시설의 관리
   ⓑ 소방시설이나 그 밖의 소방 관련 시설의 관리
   ⓒ 화기(火氣) 취급의 감독
   ⓓ 화재발생 시 초기대응
   ⓔ 그 밖에 소방안전관리에 필요한 업무

022 | 국립소방연구원 등 답 ①

ㄱ. 소방청장의 관장 사무를 지원하기 위하여 소방청장 소속의 책임운영기관으로 국립소방연구원을 둔다.
ㄴ. 화재예방조치명령권자는 소방관서장이며 화재예방강화지구 지정권자는 시·도지사이다.

[선지분석]
ㄷ. 임용심사위원회는 위원장 1명을 포함하여 5명 이상 8명 이하의 위원으로 구성한다.
ㄹ. 소방조직의 구조는 기능중심 조직, 분업중심 조직, 애드호크라시 조직으로 구분한다.
ㅁ. 위험물안전관리자는 해임 및 퇴직할 때에는 30일 이내에 선임하여야 하고, 14일 이내 소방본부장과 소방서장에게 신고하여야 한다.

「국립소방연구원 기본운영규정」【소관 업무】 연구원은 시험·연구개발 및 기술지원 등에 관하여 다음 각 호의 사업을 수행한다.
1. 소방 및 안전 관련 정책 연구 및 제도개선에 관한 사항
2. 소방 및 안전 관련 기술의 연구 개발 및 보급에 관한 사항
3. 소방 및 안전 관련 연구·개발 종합계획의 수립·총괄·조정의 지원
4. 소방공무원 보건안전 및 복지에 관한 연구
5. 화재에 대한 과학적 조사(감식·감정) 및 제도개선에 관한 사항
6. 위험물 판정·시험 및 국가화재안전기준에 관한 연구
7. 소방현장 대응기술에 관한 연구
8. 소방현장 문제해결을 위한 연구개발 및 현장 실용화에 관한 사항
9. 소방드론 개발 연구 및 교육훈련 지원에 관한 사항
10. 소방 및 안전 관련 국제교류협력 및 국내·외 연구기관 공동연구
11. 국가기관 또는 지방자치단체가 요청하는 소방관련 연구개발 사업의 수행
12. 기타 연구원의 사업목표 달성을 위해 필요한 사업

관련 개념 | 화재의 예방조치 등
1. 누구든지 화재예방강화지구 및 이에 준하는 대통령령으로 정하는 장소에서는 다음 어느 하나에 해당하는 행위를 하여서는 아니 된다. 다만, 행정안전부령으로 정하는 바에 따라 안전조치를 한 경우에는 그러하지 아니하다.
   ⓐ 모닥불, 흡연 등 화기의 취급
   ⓑ 풍등 등 소형열기구 날리기
   ⓒ 용접·용단 등 불꽃을 발생시키는 행위
   ⓓ 그 밖에 대통령령으로 정하는 화재 발생 위험이 있는 행위
2. 소방관서장은 화재 발생 위험이 크거나 소화 활동에 지장을 줄 수 있다고 인정되는 행위나 물건에 대하여 행위 당사자나 그 물건의 소유자, 관리자 또는 점유자에게 다음의 명령을 할 수 있다.
   ⓐ 1. 중 어느 하나에 해당하는 행위의 금지 또는 제한
   ⓑ 목재, 플라스틱 등 가연성이 큰 물건의 제거, 이격, 적재 금지 등
   ⓒ 소방차량의 통행이나 소화 활동에 지장을 줄 수 있는 물건의 이동

관련 개념 | 화재예방강화지구(火災警戒地區)
시·도지사는 화재발생 우려가 크거나 화재가 발생할 경우 피해가 클 것으로 예상되는 지역에 대하여 화재의 예방 및 안전관리를 강화하기 위해 지정·관리하는 지역을 말한다.
• 화재예방조치 명령권자: 소방관서장(소방청장, 소방본부장, 소방서장)
• 화재예방강화지구 지정권자: 시·도지사

023 | 소방신호 답 ④

소방신호의 목적은 화재예방, 소방활동 또는 소방훈련이다.

관련 개념 | 소방신호의 종류

경계신호	화재예방상 필요하다고 인정되거나 화재위험경보 시
발화신호	화재가 발생한 때
해제신호	소화활동이 필요없다고 인정되는 때
훈련신호	훈련상 필요하다고 인정되는 때

관련 개념 | 방염성능기준
1. 버너의 불꽃을 제거한 때부터 불꽃을 올리며 연소하는 상태가 그칠 때까지 시간은 20초 이내일 것[잔염시간]
2. 버너의 불꽃을 제거한 때부터 불꽃을 올리지 아니하고 연소하는 상태가 그칠 때까지 시간은 30초 이내일 것[잔신시간]
3. 탄화(炭化)한 면적은 50제곱센티미터 이내, 탄화의 길이는 20센티미터 이내일 것
4. 불꽃에 의하여 완전히 녹을 때까지 불꽃의 접촉 횟수는 3회 이상일 것
5. 소방청장이 정하여 고시한 방법으로 발연량(發煙量)을 측정하는 경우 최대연기밀도는 400 이하일 것

024 | 자체소방대 답 ③

자체소방대에 두는 화학소방자동차 및 인원은 다음과 같다.

사업소의 구분	화학소방자동차	자체소방대원의 수
제조소 또는 일반취급소에서 취급하는 제4류 위험물의 최대수량의 합이 지정수량의 3천 배 이상 12만 배 미만인 사업소	1대	5인
제조소 또는 일반취급소에서 취급하는 제4류 위험물의 최대수량의 합이 지정수량의 12만 배 이상 24만 배 미만인 사업소	2대	10인
제조소 또는 일반취급소에서 취급하는 제4류 위험물의 최대수량의 합이 지정수량의 24만 배 이상 48만 배 미만인 사업소	3대	15인
제조소 또는 일반취급소에서 취급하는 제4류 위험물의 최대수량의 합이 지정수량의 48만 배 이상인 사업소	4대	20인
옥외탱크저장소에 저장하는 제4류 위험물의 최대수량이 지정수량의 50만배 이상인 사업소	2대	10인

비고: 화학소방자동차에는 행정안전부령으로 정하는 소화능력 및 설비를 갖추어야 하고, 소화활동에 필요한 소화약제 및 기구(방열복 등 개인장구를 포함한다)를 비치하여야 한다.

025 | 소방업무에 관한 종합계획 답 ①

소방청장은 화재, 재난, 재해, 그 밖의 위급한 상황으로부터 국민의 생명·신체 및 재산을 보호하기 위하여 소방업무에 관한 종합계획을 5년마다 수립·시행하여야 하고, 이에 필요한 재원을 확보하도록 노력하여야 한다.

PART 8 구조 및 구급

01	119구조·구급에 관한 법률			242p
001 ③	002 ③	003 ②	004 ④	005 ①
006 ④	007 ③	008 ②	009 ③	010 ④
011 ③	012 ③	013 ①	014 ④	

001 | 119구조대의 편성과 운영   답 ③

119구조·구급대의 편성·운영권자는 소방청장 등(소방청장, 소방본부장, 소방서장)이다.

「119구조·구급에 관한 법률」【119구조대의 편성과 운영】 ① 소방청장·소방본부장 또는 소방서장(이하 "소방청장 등"이라 한다)은 위급상황에서 요구조자의 생명 등을 신속하고 안전하게 구조하는 업무를 수행하기 위하여 대통령령으로 정하는 바에 따라 119구조대(이하 "구조대"라 한다)를 편성하여 운영하여야 한다.
② 구조대의 종류, 구조대원의 자격기준, 그 밖에 필요한 사항은 대통령령으로 정한다.
③ 구조대는 행정안전부령으로 정하는 장비를 구비하여야 한다.

선지분석
① 119구조견대의 편성·운영 - 소방청장, 소방본부장
② 119항공대의 편성·운영 - 소방청장, 소방본부장
④ 국제구조·구급대의 편성·운영 - 소방청장

002 | 119구급대의 정의   답 ③

119구급대란 구급활동에 필요한 장비를 갖추고 소방공무원으로 편성된 단위조직을 말한다.

「119구조·구급에 관한 법률」【정의】 이 법에서 사용하는 용어의 뜻은 다음과 같다.
1. "구조"란 화재, 재난·재해 및 테러, 그 밖의 위급한 상황(이하 "위급상황"이라 한다)에서 외부의 도움을 필요로 하는 사람(이하 "요구조자"라 한다)의 생명, 신체 및 재산을 보호하기 위하여 수행하는 모든 활동을 말한다.
3. "구급"이란 응급환자에 대하여 행하는 상담, 응급처치 및 이송 등의 활동을 말한다.
4. "119구급대"란 구급활동에 필요한 장비를 갖추고 소방공무원으로 편성된 단위조직을 말한다.
7. "구급차 등"이란 응급의료에 관한 법률 제2조 제6호의 구급차 등을 말한다.

「응급의료에 관한 법률」【정의】 이 법에서 사용하는 용어의 뜻은 다음과 같다.
6. "구급차 등"이란 응급환자의 이송 등 응급의료의 목적에 이용되는 자동차, 선박 및 항공기 등의 이송수단을 말한다.

참고 119구조·구급대란 소방공무원으로 편성된 단위조직을 말한다.

003 | 119구조대의 설치장소   답 ②

특수구조대는 소방대상물, 지역 특성, 재난 발생 유형 및 빈도 등을 고려하여 시·도의 규칙으로 정하는 바에 따라 지역을 관할하는 소방서에 설치한다.

관련 개념 | 구조대의 종류

일반구조대		시·도의 규칙으로 정하는 바에 따라 소방서마다 1개 대(隊) 이상 설치하되, 소방서가 없는 시·군·구의 경우에는 해당 시·군·구 지역의 중심지에 있는 119안전센터에 설치할 수 있다.
특수구조대	소방서	화학구조대: 화학공장이 밀집한 지역에 설치한다.
		수난구조대: 내수면지역에 설치한다.
		산악구조대: 자연공원 등 산악지역에 설치한다.
		고속국도구조대: 고속국도에 설치한다.
		지하철구조대: 도시철도의 역사(驛舍) 및 역 시설에 설치한다.
직할구조대		대형·특수 재난사고의 구조, 현장 지휘 및 지원 등을 위하여 소방청 또는 소방본부에 설치한다.
테러대응구조대		• 테러 및 특수재난에 전문적으로 대응하기 위하여 필요한 경우 소방청 또는 시·도 소방본부에 각각 설치한다. • 필요한 경우 화학구조대와 직할구조대를 테러대응구조대로 지정할 수 있다.

004 | 테러대응구조대   답 ④

테러대응구조대는 테러 및 특수재난에 전문적으로 대응하기 위하여 필요한 경우 소방청 또는 소방본부에 설치한다. 필요한 경우 화학구조대와 직할구조대를 테러대응구조대로 지정할 수 있다.

「119구조·구급에 관한 법률 시행령」【119구조대의 편성과 운영】
4. 테러대응구조대: 테러 및 특수재난에 전문적으로 대응하기 위하여 소방청과 시·도 소방본부에 각각 설치하며, 시·도 소방본부에 설치하는 경우에는 시·도의 규칙으로 정하는 바에 따른다.

005 | 119구조·구급대 편성 및 운영권자   답 ①

소방서장은 119구조대, 119구급대에 대해서만 편성 및 운영권을 갖는다. 국제구조·구급대 편성 및 운영권이 있는 사람은 소방청장이다.

> **관련 개념 | 「119 구조·구급에 관한 법률」에서 정한 편성·운영권자**

소방청장	119구조대, 119구급대, 국제구조대, 국제구급대, 119항공대, 119구조견대
소방본부장	119구조대, 119구급대, 119항공대, 119구조견대
소방서장	119구조대, 119구급대

참고 **편성운영권자**
- 119구조대, 119구급대: 소방청장 등(소방청장, 소방본부장, 소방서장)
- 119항공대, 119구조견대: 소방청장, 소방본부장
- 국제구조대, 국제구급대: 소방청장

006 구급대 자격기준   답 ④

구급대원이 되기 위해서는 소방청장이 실시하는 구급업무에 관한 교육을 받아야 한다.

> **「119구조·구급에 관한 법률 시행령」【구급대원의 자격기준】** 구급대원은 소방공무원으로서 다음 각 호의 어느 하나에 해당하는 자격을 갖추어야 한다. 다만, 제4호에 해당하는 구급대원은 구급차 운전과 구급에 관한 보조업무만 할 수 있다.
> 1. 「의료법」 제2조 제1항에 따른 의료인
> 2. 「응급의료에 관한 법률」 제36조 제2항에 따라 1급 응급구조사 자격을 취득한 사람
> 3. 「응급의료에 관한 법률」 제36조 제3항에 따라 2급 응급구조사 자격을 취득한 사람
> 4. 소방청장이 실시하는 구급업무에 관한 교육을 받은 사람

007 구조·구급기본계획   답 ③

구조·구급기본계획은 중앙구조·구급정책협의회를 거쳐 5년마다 수립하여야 한다.

008 구급출동 요청 거절 사유   답 ②

섭씨 38도 이상의 고열 또는 호흡곤란이 있는 경우에는 단순 감기 환자여도 구급출동 요청 거절 사유에 해당하지 않는다.

> **「119구조·구급에 관한 법률 시행령」【구조·구급 요청의 거절】**
> ② 구급대원은 법 제13조 제3항에 따라 구급대상자가 다음 각 호의 어느 하나에 해당하는 비응급환자인 경우에는 구급출동 요청을 거절할 수 있다. 이 경우 구급대원은 구급대상자의 병력·증상 및 주변 상황을 종합적으로 평가하여 구급대상자의 응급 여부를 판단하여야 한다.
> 1. 단순 치통환자
> 2. 단순 감기환자. 다만, 섭씨 38도 이상의 고열 또는 호흡곤란이 있는 경우는 제외한다.
> 3. 혈압 등 생체징후가 안정된 타박상 환자
> 4. 술에 취한 사람. 다만, 강한 자극에도 의식이 회복되지 아니하거나 외상이 있는 경우는 제외한다.
> 5. 만성질환자로서 검진 또는 입원 목적의 이송 요청자
> 6. 단순 열상(裂傷) 또는 찰과상(擦過傷)으로 지속적인 출혈이 없는 외상환자
> 7. 병원 간 이송 또는 자택으로의 이송 요청자. 다만, 의사가 동승한 응급환자의 병원 간 이송은 제외한다.

009 국제구조·구급대   답 ③

소방청장은 외교부장관과 협의를 거쳐 국제구조대 및 국제구급대를 재난발생국에 파견할 수 있다.

참고 **국제구조대 및 구급대 편성·운영권자: 소방청장**

010 119구급상황관리센터 근무자격 기준   답 ④

응급의료정보센터에서 2년 이상 응급의료에 관한 상담 경력이 있는 사람은 119구급상황관리센터에서 근무할 수 있다.

> **「119구조·구급에 관한 법률 시행령」【119구급상황관리센터의 설치 및 운영】** ① 법 제10조의2 제1항에 따른 119구급상황관리센터(이하 "구급상황센터"라 한다)에는 다음 각 호의 어느 하나에 해당하는 자격을 갖춘 사람을 배치하여 24시간 근무체제를 유지하여야 한다.
> 1. 「의료법」 제2조 제1항에 따른 의료인
> 2. 「응급의료에 관한 법률」 제36조 제2항에 따라 1급 응급구조사 자격을 취득한 사람
> 3. 「응급의료에 관한 법률」 제36조 제3항에 따라 2급 응급구조사 자격을 취득한 사람
> 4. 「응급의료에 관한 법률」에 따른 응급의료정보센터(이하 "응급의료정보센터"라 한다)에서 2년 이상 응급의료에 관한 상담 경력이 있는 사람

011 119구급상황관리센터의 설치 및 운영   답 ③

119구급상황관리센터의 설치 및 운영권자는 소방청장이다.

> **「119구조·구급에 관한 법률」【119구급상황관리센터의 설치·운영 등】** ① 소방청장은 119구급대원 등에게 응급환자 이송에 관한 정보를 효율적으로 제공하기 위하여 소방청과 시·도 소방본부에 119구급상황관리센터(이하 "구급상황센터"라 한다)를 설치·운영하여야 한다.

> **관련 개념 | 119구급상황관리센터 업무**
> 1. 응급환자에 대한 안내·상담 및 지도
> 2. 응급환자를 이송 중인 사람에 대한 응급처치의 지도 및 이송병원 안내
> 3. 위 내용과 관련된 정보의 활용 및 제공
> 4. 119구급이송 관련 정보망의 설치 및 관리·운영
> 5. 제23조의2 제1항에 따른 감염병환자등의 이송 등 중요사항 보고 및 전파
> 6. 재외국민, 영해·공해상 선원 및 항공기 승무원·승객 등에 대한 의료상담 등 응급의료서비스 제공

참고
- 119구급상황관리센터의 설치·운영: 소방청, 시·도 소방본부
- 119구급상황관리센터의 설치·운영자: 소방청장

012 119항공대   답 ③

119항공대 업무는 다음과 같다.
- 인명구조 및 응급환자의 이송
- 화재진압, 장기이식환자 및 장기의 이송
- 항공수색 및 구조활동
- 공중 소방 지휘통제 및 소방에 필요한 인력·장비 등의 운반

- 방역 또는 방재업무의 지원, 그 밖에 재난관리를 위하여 필요한 업무

013 | 특수구조대 답 ①

특수 구조대	소방서	화학구조대	화학공장이 밀집한 지역에 설치한다.
		수난구조대	내수면지역에 설치한다.
		산악구조대	자연공원 등 산악지역에 설치한다.
		고속국도 구조대	고속국도에 설치한다.
		지하철 구조대	도시철도의 역사(驛舍) 및 역 시설에 설치한다.

014 | 국제구조·구급대 답 ④

소방청장은 국제구조대·국제구급대의 효율적 운영을 위하여 필요한 경우 국제구조대·국제구급대를 소방청에 설치하는 직할구조대에 설치할 수 있다.

> 「119구조·구급에 관한 법률 시행령」【국제구조대·국제구급대의 편성 및 운영】① 소방청장은 법 제9조 제1항 및 제10조의4 제1항에 따라 국제구조대·국제구급대를 편성·운영하는 경우 다음 각 호의 구분에 따른 임무를 수행할 수 있도록 구성해야 한다.
> 1. 국제구조대: 인명 탐색 및 구조, 안전평가, 상담, 응급처치, 응급이송, 시설관리, 공보연락 등의 임무
> 2. 국제구급대: 안전평가, 상담, 응급처치, 응급이송, 시설관리, 공보연락 등의 임무
> ② 소방청장은 국제구조대·국제구급대의 효율적 운영을 위하여 필요한 경우 국제구조대·국제구급대를 제5조 제1항 제3호에 따라 소방청에 설치하는 직할구조대에 설치할 수 있다.
> ③ 국제구조대·국제구급대의 파견 규모 및 기간은 재난유형과 파견지역의 피해 등을 종합적으로 고려하여 외교부장관과 협의하여 소방청장이 정한다.
> ④ 제1항부터 제3항까지에서 규정한 사항 외에 국제구조대·국제구급대의 편성·운영에 필요한 사항은 소방청장이 정한다.
>
> 【국제구조대원·국제구급대원의 교육훈련】① 소방청장은 법 제9조 제3항(법 제10조의4 제2항에 따라 준용되는 경우를 포함한다)에 따라 교육훈련을 실시하는 경우 다음 각 호의 구분에 따른 내용을 포함시켜야 한다.
> 1. 국제구조대원
>   가. 전문 교육훈련: 붕괴건물 탐색 및 인명구조, 방사능 및 유해 화학물질 사고 대응, 유엔재난평가조정요원 교육 등의 내용
>   나. 일반 교육훈련: 응급처치, 기초통신, 구조 관련 영어, 국제구조대 윤리 등의 내용
> 2. 국제구급대원
>   가. 전문 교육훈련: 국제 항공이송 관련 교육, 해외 응급의료체계 등의 내용
>   나. 일반 교육훈련: 기초통신, 구급 관련 영어, 국제구급대 윤리 등의 내용
> ② 소방청장은 국제구조대원의 재난대응능력 및 국제구급대원의 구급대응능력을 높이기 위하여 필요한 경우에는 국외 교육훈련을 실시할 수 있다.

02 응급의료에 관한 법률 246p

001	③	002	③	003	④	004	①	005	②
006	④	007	④	008	①	009	①	010	①
011	④	012	①	013	③	014	③	015	④
016	④	017	①	018	③	019	④	020	③

001 | 응급처치의 정의 답 ③

- 응급의료란 응급환자가 발생한 때부터 생명의 위험에서 회복되거나 심신상의 중대한 위해가 제거되기까지의 과정에서 응급환자를 위하여 하는 상담·구조(救助)·이송·응급처치 및 진료 등의 조치를 말한다.
- 응급처치란 응급의료행위의 하나로서 응급환자의 기도를 확보하고 심장박동의 회복, 그 밖에 생명의 위험이나 증상의 현저한 악화를 방지하기 위하여 긴급히 필요로 하는 처치를 말한다.

> 「응급의료에 관한 법률」【정의】이 법에서 사용하는 용어의 뜻은 다음과 같다.
> 1. "응급환자"란 질병, 분만, 각종 사고 및 재해로 인한 부상이나 그 밖의 위급한 상태로 인하여 즉시 필요한 응급처치를 받지 아니하면 생명을 보존할 수 없거나 심신에 중대한 위해(危害)가 발생할 가능성이 있는 환자 또는 이에 준하는 사람으로서 보건복지부령으로 정하는 사람을 말한다.
> 2. "응급의료"란 응급환자가 발생한 때부터 생명의 위험에서 회복되거나 심신상의 중대한 위해가 제거되기까지의 과정에서 응급환자를 위하여 하는 상담·구조(救助)·이송·응급처치 및 진료 등의 조치를 말한다.
> 3. "응급처치"란 응급의료행위의 하나로서 응급환자의 기도를 확보하고 심장박동의 회복, 그 밖에 생명의 위험이나 증상의 현저한 악화를 방지하기 위하여 긴급히 필요로 하는 처치를 말한다.
> 7. "응급의료기관 등"이란 응급의료기관, 구급차등의 운용자 및 응급의료지원센터를 말한다.

002 | 구조 시 유의점 답 ③

요구조자에게 비록 실망스러운 것이라 할지라도 거짓을 말하는 것은 자제하는 것이 좋다.

003 | 응급구조사의 업무 답 ④

척추 고정기 사용은 2급 응급구조사도 수행할 수 있는 업무이다.

> 관련 개념 | 응급구조사의 업무범위(「응급의료에 관한 법률 시행규칙」 별표 14)
>
> 1. 1급 응급구조사의 업무범위
>   가. 심폐소생술의 시행을 위한 기도유지(기도기(airway)의 삽입, 기도삽관(intubation), 후두마스크 삽관 등을 포함한다)
>   나. 정맥로의 확보
>   다. 인공호흡기를 이용한 호흡의 유지
>   라. 약물투여: 저혈당성 혼수시 포도당의 주입, 흉통시 니트로글리세린의 혀아래(설하) 투여, 쇼크시 일정량의 수액투여, 천식발작시 기관지확장제 흡입
>   마. 심정지 시 에피네프린 투여

바. 아나필락시스 쇼크 시 자동주입펜을 이용한 에피네프린 투여
　사. 정맥로의 확보 시 정맥혈 채혈
　아. 심전도 측정 및 전송(의료기관 안에서는 응급실 내에 한함)
　자. 응급 분만 시 탯줄 결찰 및 절단(현장 및 이송 중에 한하며, 지도의사의 실시간 영상의료지도 하에서만 수행)
　차. 제2호에 따른 2급 응급구조사의 업무
2. 2급 응급구조사의 업무범위
　가. 구강내 이물질의 제거
　나. 기도기(airway)를 이용한 기도유지
　다. 기본 심폐소생술
　라. 산소투여
　마. 부목·척추고정기·공기 등을 이용한 사지 및 척추 등의 고정
　바. 외부출혈의 지혈 및 창상의 응급처치
　사. 심박·체온 및 혈압 등의 측정
　아. 쇼크방지용 하의 등을 이용한 혈압의 유지
　자. 자동심장충격기를 이용한 규칙적 심박동의 유도
　차. 흉통시 니트로글리세린의 혀아래(설하) 투여 및 천식발작시 기관지확장제 흡입(환자가 해당약물을 휴대하고 있는 경우에 한함)
* 에피네프린: 심정지 약물
* 아나필락시스: 알레르기 항원에 노출되어 생기는 알레르기 반응 (예: 땅콩잼을 먹은 후 피부발진 및 가려움 등)

004. 응급구조사의 업무   답 ①

응급구조사는 의사의 지시 없이 약물투여를 할 수 없다.

> 「응급의료에 관한 법률」【업무의 제한】 응급구조사는 의사로부터 구체적인 지시를 받지 아니하고는 제41조에 따른 응급처치를 하여서는 아니 된다. 다만, 보건복지부령으로 정하는 응급처치를 하는 경우와 급박한 상황에서 통신의 불능(不能) 등으로 의사의 지시를 받을 수 없는 경우에는 그러하지 아니하다.

005. 응급구조사의 업무   답 ②

저혈당성 혼수 시 포도당 주입은 1급 응급구조사의 업무범위에 해당한다.

> **관련 개념 | 2급 응급구조사의 업무범위**
> 가. 구강내 이물질의 제거
> 나. 기도기(airway)를 이용한 기도유지
> 다. 기본 심폐소생술
> 라. 산소투여
> 마. 부목·척추고정기·공기 등을 이용한 사지 및 척추 등의 고정
> 바. 외부출혈의 지혈 및 창상의 응급처치
> 사. 심박·체온 및 혈압 등의 측정
> 아. 쇼크방지용 하의 등을 이용한 혈압의 유지
> 자. 자동심장충격기를 이용한 규칙적 심박동의 유도
> 차. 흉통시 니트로글리세린의 혀아래(설하) 투여 및 천식발작시 기관지확장제 흡입(환자가 해당약물을 휴대하고 있는 경우에 한함)

006. 119감염관리실   답 ④

소방서별로 119감염관리실을 1개소 이상 설치해야 한다.

007. 구조활동의 우선순위   답 ④

구조활동은 구명 → 신체구출 → 정신적·육체적 고통경감 → 재산보전 순으로 우선순위를 정한다. 따라서 순서대로 나열하면 ㄷ → ㄴ → ㄱ → ㄹ이다.

008. 환자평가   답 ①

기도유지 평가, 호흡평가, 순환평가는 환자의 1차 평가에 해당한다.

> **관련 개념 | 환자평가**
> 1. 환자의 1차평가
>   첫 인상평가 → 의식유무상태 평가 → 기도유지 평가 → 호흡평가 → 순환평가(혈액순환) → 노출 순이다. 그 다음 이송의 우선순위를 결정한다.
> 2. 환자의 2차평가(SAMPLE력 - 환자 병력 평가)
>   ⓐ S(Signs/Symptoms): 증상 및 징후
>   ⓑ A(Allergies): 알레르기
>   ⓒ M(Medications): 복용한 약물
>   ⓓ P(Pertinent past medical history): 관련 있는 과거력
>   ⓔ L(Last oral intake): 마지막 구강(음식) 섭취
>   ⓕ E(Events): 질병이나 손상을 야기한 사건

009. 응급처치단계   답 ①

응급처치 단계는 주변상황정리 → 의식유무확인 → 구조요청 → 기도(Airway) 유지 → 호흡 → 순환 → 약물요법 → 병원이송 순이다.

010. 환자평가   답 ①

환자평가(ABCDE)에 대한 환자 분류는 다음과 같다.

기도유지 (A, Airway)	기도가 개방되어 있는지 여부를 평가한다. 기도개방이 적절하지 못한 경우에는 하악견인법, 두부후굴 하악거상법, 흡인 또는 구인두기도나 비인두기도기를 삽입하여 기도를 개방한다.
호흡확인 (B, Breathing)	• 숨을 쉬는지 여부를 평가하는데 쉽게 관찰되지 않을 수도 있으므로 5~10초 정도 충분히 눈으로 가슴을 보고, 귀로 숨소리를 듣고 뺨으로는 숨을 느낀다. • 호흡이 없으면 가슴이 올라오는 정도로 2번 숨을 불어 넣어준다. • 숨은 쉬지만 반응이 없다면 왼쪽을 밑으로 회복자세를 취해준다.
순환확인 혈액순환 (C, Circulation)	• 순환기능은 어떤지를 평가한다. • 맥박을 확인하고 맥박이 없으면 심폐소생술을 시행한다. • 출혈이 발견되면 직접압박이나 붕대로 지혈한다. • 손톱, 입술, 눈꺼풀 등의 색은 순환기능을 평가하기 좋은 척도이다. • 구조자의 손등이나 손목 같은 민감한 부위로 환자의 체온과 피부가 건조한지 습한지 살펴본다.

의식상태 평가 신경학적 검사 (D, Disability)	• 의식유무와 의식의 정도를 파악한다. • 척추손상을 확인한다. • 손가락, 발가락의 감각, 움직임, 맥박을 확인한다. • PMS확인: P(Pulse), M(Motor, Movement), S(Sence)
노출 (E, Expose)	외상에 있어서 중요한 출혈, 잠재적인 호흡이상과 그 외의 생명을 위협하는 손상들을 평가하기 위해 빠르게 전신을 노출시켜 평가하는 방법이다.

011 환자 이송 순위   답 ④

중증도에 따른 환자 분류에서 이송 순위는 긴급환자 → 응급환자 → 비응급환자 → 지연환자 순으로 이송 순위를 정한다.

치료 순서	색깔	심볼	부상 정도	특성 및 증상
1	적색	토끼	긴급	• 수 분, 수 시간 이내 응급처치를 요하는 환자 • 기도폐쇄, 호흡곤란(호흡정지), 심장마비가 인지된 심정지(심장이상), 조절 안 되는 출혈(대량출혈), 개방성 흉부, 긴장성 기흉, 골반골 골절을 동반한 복부손상, 심각한 두부손상, 쇼크, 기도화상을 동반한 중증의 화상, 내과적 이상, 경추손상이 의심되는 경우[척추손상(경추 포함)], 저체온증, 지속적인 천식, 지속적인 경련 등
2	황색	거북이	응급	• 수 시간 이내 응급처치를 요하는 환자 • 중증의 출혈, 중증의 화상, 경추를 제외한 부위의 척추골절[척추손상(경추 제외)], 다발성 주요골절, 단순두부손상 등
3	녹색	구급차에 ×표시	비응급	• 수 시간, 수일 후 치료해도 생명에 지장이 없는 환자 • 소량의 출혈, 경증의 화상, 타박상 및 찰과상 등 연부조직손상, 단순골절, 정신과적인 문제 등
4	흑색	십자가 표시	지연	• 사망, 생존 가능성이 없는 환자 • 20분 이상 호흡이나 맥박이 없는 환자, 두부나 몸체가 절단된 경우, 심폐소생술을 시도하여도 효과가 없다고 판단되는 경우

012 중증도에 따른 환자 분류   답 ①

환자 분류	색깔
긴급환자	적색
응급환자	황색
비응급환자	녹색
지연환자	흑색

013 중증도에 따른 환자 분류   답 ③

경추손상이 의심되는 경우는 긴급환자에 해당한다. 응급환자는 거북이 심볼, 황색으로 분류하며, 응급환자의 상태는 중증화상, 경추를 제외한 부위의 척추손상, 중증출혈, 다발성골절 상태이다.

014 중증도에 따른 환자 분류   답 ③

지연환자

선지분석
①, ②, ④ 비응급환자

015 중증도에 따른 환자 분류   답 ④

응급환자의 상태는 중증화상, 경추를 제외한 부위의 척추손상, 중증출혈, 다발성골절 상태이다.

016 심폐소생술   답 ④

심폐소생술은 심정지가 의심되는 환자에게 인공으로 호흡과 혈액순환을 유지하게 함으로써 조직으로의 산소공급을 유지시켜 생물학적 사망으로의 전환을 지연시키고자 하는 전환조치이다.

관련 개념 | 자동심장충격기

심폐소생술을 할 수 있는 응급장비

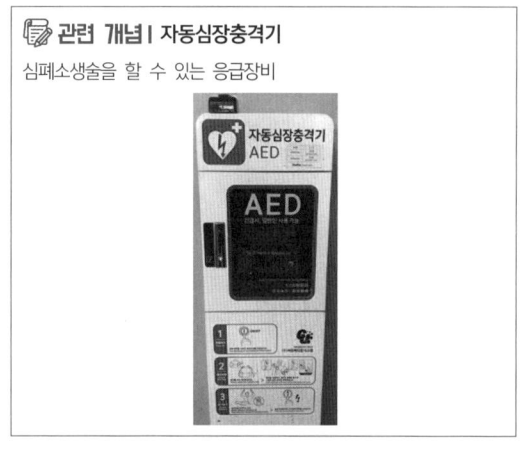

017 심폐소생술   답 ①

심폐소생술 처치 순서는 의식유무 확인 → 도움 요청 → 흉부압박(30회) → 기도유지 → 인공호흡(2회)이다.

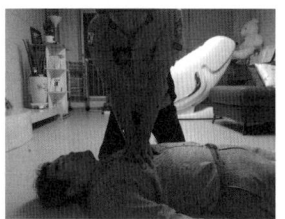

018 | 하악거상법(머리를 젖히고 턱을 들기법) 답 ③

두부후굴 하악거상법은 머리를 젖히고 턱을 들어올리는 기법이다. 구급대원이 한 손으로 환자의 머리를 등 쪽으로 밀어주고 손이 턱 주위를 압박하면 오히려 기도가 폐쇄될 수 있으므로 반드시 하악골을 받쳐주도록 주의해야 하며, 엄지 손가락으로 턱을 밀지 않도록 한다. 소아는 성인과 기도구조가 다르므로 아래턱만 살며시 들어준다. 가장 기본적인 기도확보방법이지만 경추손상을 초래할 수 있으므로 경추손상이 의심되는 환자에게는 사용하지 않는다.

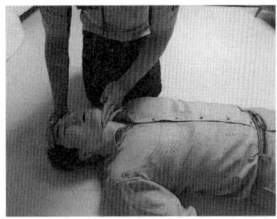

📋 관련 개념 | 하악견인법(턱 들어올리기법)

턱을 들어올려 기도를 유지하는 방법이다. 머리, 목, 척추 손상환자의 경우에 사용하며, 환자의 머리 위쪽에 위치하여 두 손으로 환자의 하악골을 잡고 밀어올린다. 이때 구조자의 팔꿈치는 바닥에 닿도록 한다.

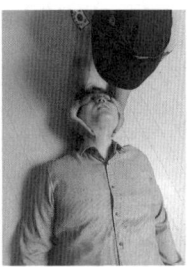

019 | 하임리히법 답 ④

부상자가 의식이 있는 상태에서 말을 못하고 기침이나 호흡이 불가능할 때는 하임리히법(복부 밀쳐 올리기)을 실시한다.

환자가 서 있거나 앉아있는 경우 (복부 밀쳐올리기) (하임리히법)	환자의 뒤에 서서 한 손은 주먹을 쥐고 다른 한 손은 주먹 쥔 손을 감싼 다음 환자의 배꼽과 명치 사이에 위치시킨 후 힘껏 누르면서 위쪽으로 당긴다(4 ~ 5회 실시).
	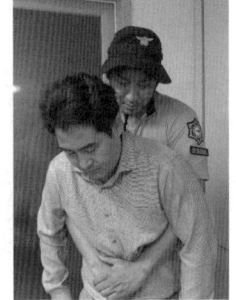
환자가 누워있는 경우 (가슴 밀어내기) (하임리히법 아님)	환자를 바로 눕힌 후 골반과 다리 사이에 위치한 다음 환자의 배꼽과 명치 사이에 손바닥을 댄 상태에서 위쪽으로 민다(4 ~ 5회 실시).
	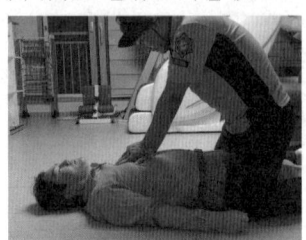

020 | 로프 매듭법 답 ③

로프를 고리에 쉽게 넣기 위해서는 매듭의 크기를 작게 하여야 한다.

📋 관련 개념 | 로프 매듭법

1. **좋은 매듭의 조건**
   ⓐ 묶기 쉬워야 한다.
   ⓑ 연결이 튼튼하여 자연적으로 풀리지 않아야 한다(작업도중).
   ⓒ 사용 후 간편하게 해체되어야 한다(작업 후).

2. **매듭 주의사항**
   ⓐ 매듭법을 많이 아는 것보다 잘 쓰이는 매듭을 정확히 숙지하는 것이 더욱 중요하다.
   ⓑ 될 수 있으면 매듭의 크기가 작은 방법을 선택(고리에 쉽게 넣기 위해서)한다.
   ⓒ 매듭의 끝 부분이 빠지지 않도록 주매듭을 묶은 후 옭매듭 등으로 다시 마감해 준다.

3. **매듭 분류(3가지로 분류)**
   ⓐ 결절매듭(마디짓기): 로프의 끝이나 중간에 마디나 매듭·고리를 만드는 방법
   ⓑ 결합매듭(이어매기): 한 로프를 다른 로프와 서로 연결하는 방법
   ⓒ 결착매듭(움켜매기): 로프를 지지물 또는 특정 물건에 묶는 방법(대표적으로 말뚝매기)

결절매듭(마디짓기)	· 엄지매듭(옭매듭) · 8자매듭 · 절반매듭 · 나비매듭 · 한겹8자매듭 · 두겹8자매듭 · 에반스매듭 · 줄사다리매듭 · 8자줄사다리매듭 · 고정매듭(두겹고정매듭, 세겹고정매듭)
결합매듭(이어매기)	· 바른매듭 · 한겹매듭 · 두겹매듭 · 아카데미매듭 · 피셔면매듭 · 테이프매듭
결착매듭(움켜매기)	· 말뚝매기 · 반말뚝매기 · 감아매기 · 터벅매듭 · 바흐만매듭

부록 실전동형모의고사

제1회 실전동형모의고사　　254p

01 ④	02 ③	03 ④	04 ②	05 ①
06 ①	07 ①	08 ②	09 ①	10 ②
11 ②	12 ③	13 ①	14 ②	15 ④
16 ④	17 ①	18 ②	19 ④	20 ③
21 ②	22 ②	23 ④	24 ③	25 ④

01 최소 발화 에너지　　답 ④

가연성 가스의 조성이 화학양론적 조성(완전연소 조성) 부근일 경우 최소 발화 에너지(MIE)는 최저가 된다. 이것보다 상한계나 하한계로 향함에 따라 최소 발화 에너지(MIE)는 증가한다.

02 중앙재난안전대책본부　　답 ③

중앙대책본부장은 행정안전부장관, 중앙사고수습본부장은 해당 재난관리주관기관의 장이다.

> 「재난 및 안전관리 기본법」【중앙재난안전대책본부 등】③ 중앙대책본부의 본부장(이하 "중앙대책본부장"이라 한다)은 행정안전부장관이 되며, 중앙대책본부장은 중앙대책본부의 업무를 총괄하고 필요하다고 인정하면 중앙재난안전대책본부회의를 소집할 수 있다. 다만, 해외재난의 경우에는 외교부장관이, 「원자력시설 등의 방호 및 방사능 방재 대책법」 제2조 제1항 제8호에 따른 방사능재난의 경우에는 같은 법 제25조에 따른 중앙방사능방재대책본부의 장이 각각 중앙대책본부장의 권한을 행사한다.
> 【중앙 및 지역사고수습본부】① 재난관리주관기관의 장은 재난이 발생하거나 발생할 우려가 있는 경우에는 재난상황을 효율적으로 관리하고 재난을 수습하기 위한 중앙사고수습본부(이하 "수습본부"라 한다)를 신속하게 설치·운영하여야 한다.
> ② 수습본부의 장(이하 "수습본부장"이라 한다)은 해당 재난관리주관기관의 장이 된다.

03 징계의 종류　　답 ④

파면, 해임, 강등, 정직은 중징계, 감봉과 견책은 경징계이다. 해임은 배제징계에 해당한다.

배제징계	공무원 신분을 배제(박탈)하는 징계 예 파면, 해임
교정징계	공무원 신분은 보유하나 신분적 이익 일부를 제한하는 징계 예 강등, 정직, 감봉, 견책

04 연소방정식　　답 ②

에테인 화학(연소)반응식은 $C_2H_6 + 3.5O_2 \rightarrow 2CO_2 + 3H_2O$ 이다.

05 기계포소화약제의 혼합방식　　답 ①

포수용액에 가압원으로 압축된 공기 또는 질소를 일정비율로 혼합하는 방식은 압축공기포 믹싱챔버 방식이다.

관련 개념 | 기계포소화약제의 혼합방식

1. 펌프 프로포셔너 방식

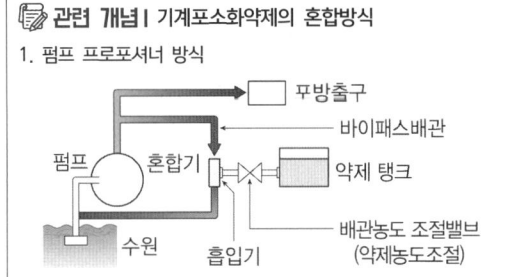

2. 라인 프로포셔너 방식

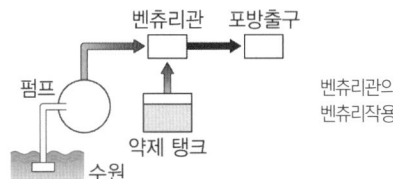

벤츄리관의 벤츄리작용

3. 프레져 프로포셔너 방식

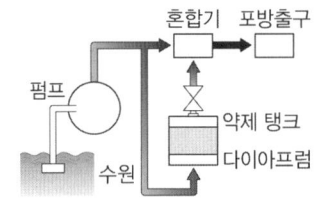

벤츄리관의 벤츄리 작용과 펌프 가압수 (가장 많이 사용함)

4. 프레져사이드 프로포셔너 방식

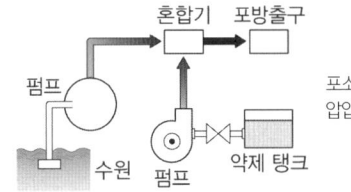

포소화약제 압입용 펌프

5. 압축공기포 믹싱챔버 방식

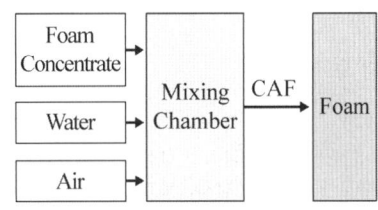

ⓐ 압수될 공기 또는 질소 가압
ⓑ 유일하게 A, B, C급 사용 가능
ⓒ 포 원액+물+공기(질소)를 미리 혼합한 상태

06 | 발화 및 연소범위　　답 ①

옳은 것은 ㄱ, ㄴ이다.

선지분석
ㄷ. 일산화탄소는 압력이 높아지면 연소하한은 약간만 미치고 연소상한이 좁아진다.
ㄹ. 위험도가 가장 높은 것은 이황화탄소이며, 연소범위가 가장 넓은 것은 아세틸렌이다.

07 | 재난사태　　답 ①

행정안전부장관은 대통령으로 정하는 재난이 발생하거나 발생할 우려가 있는 경우 사람의 생명·신체 및 재산에 미치는 중대한 영향이나 피해를 줄이기 위하여 긴급한 조치가 필요하다고 인정하면 중앙위원회의 심의를 거쳐 재난사태를 선포할 수 있다.

08 | 섭씨온도와 화씨온도　　답 ②

메테인(CH_4)증기비중 = $\dfrac{\text{메탄의 분자량}}{\text{공기의 분자량}} = \dfrac{\text{메탄의 분자량}}{29} = \dfrac{16}{29}$

$= 0.55$

선지분석
① $°F = \left(\dfrac{9}{5} \times °C\right) + 32$이므로 $°C = \dfrac{5}{9} \times (°F - 32)$이다.

따라서 $°C = \dfrac{5}{9} \times (36 - 32) = 2.22°C$이다.

③ • 스테판-볼츠만 법칙: $q = \sigma AT^4 = \varepsilon\sigma AT^4$. $q \propto T^4$.

$q = \left(\dfrac{273°C + 273}{0°C + 273}\right)^4 = \left(\dfrac{546}{273}\right)^4 = 16$배

• 켈빈온도 $K = °C + 273$

④ 몰(mol) = $\dfrac{\text{입자수}}{6.02 \times 10^{23}(\text{개})} = \dfrac{\text{질량}}{\text{분자량}} = \dfrac{\text{부피}}{22.4(\ell)}$

몰(mol) = $\dfrac{44.8(\ell)}{22.4(\ell)} = 2(\text{mol})$

여기서 0°C 1기압일 때 기체 1(mol)부피는 22.4(ℓ)이다.

09 | 중성대　　답 ①

건물의 내·외 압력이 같으면(실내정압 = 실외정압) 공기는 정체하므로 압력이 0이 된다. 압력이 0인 지대를 중성대(중성점, 중립점, 중립면)라고 한다.

10 | 화재조사 보고규정　　답 ②

선지분석
ㄷ. 발화지점이 한 곳인 화재현장이 둘 이상의 관할구역에 걸친 화재는 발화지점이 속한 소방서에서 1건의 화재로 산정한다. 다만, 발화지점 확인이 어려운 경우에는 화재피해금액이 큰 관할구역 소방서의 화재 건수로 산정한다.

ㄹ. 의사의 진단을 기초로 하여 3주 이상의 입원치료를 필요로 하는 부상은 중상에 해당된다.

11 | 위험물의 성질　　답 ②

제3류 위험물인 황린의 소화대책은 주수소화한다.

관련 개념 | 위험물의 분류

구분	명칭	상태
제1류	산화성 고체	고체
제2류	가연성 고체	고체
제3류	금수성 물질 및 자연발화성	고체, 액체
제4류	인화성 액체	액체
제5류	자기반응성 물질	고체, 액체
제6류	산화성 액체	액체

12 | 의용소방대　　답 ③

의용소방대의 지방조직 단위에 군, 구는 해당하지 않는다.

「의용소방대 설치 및 운영에 관한 법률」【의용소방대의 설치 등】
① 특별시장·광역시장·특별자치시장·도지사·특별자치도지사(이하 "시·도지사"라 한다) 또는 소방서장은 재난현장에서 화재진압, 구조·구급 등의 활동과 화재예방활동에 관한 업무(이하 "소방업무"라 한다)를 보조하기 위하여 의용소방대를 설치할 수 있다.
② 제1항에 따른 의용소방대는 특별시·광역시·특별자치시·도·특별자치도(이하 "시·도"라 한다), 시·읍 또는 면에 둔다.
【임무】의용소방대의 임무는 다음 각 호와 같다.
1. 화재의 경계와 진압업무의 보조
2. 구조·구급 업무의 보조
3. 화재 등 재난 발생 시 대피 및 구호업무의 보조
4. 화재예방업무의 보조
5. 그 밖에 행정안전부령으로 정하는 사항

13 | 보일오버　　답 ①

보일오버(Boil over)는 유류화재 시 탱크 저부에 물이 끓어 부피가 팽창하여 상부에 불붙은 기름이 넘치는 현상을 말한다.

14 | 백드래프트　　답 ②

백드래프트(Back draft) 현상은 밀폐된 장소에 산소가 부족하거나 훈소상태에 있는 실내에 산소가 일시적으로 다량 공급될 때 가연성 가스가 공기와 폭발적으로 발화하는 현상을 말한다.

15 | 소방제도의 역사　　답 ④

갑오경장 전후(1894 ~ 1910년, 광무시대)에 소방이라는 용어가 처음 등장하였다.

[선지분석]
① 최초로 독립 자치소방제도를 시행한 것은 미군정시대(과도기 1945~1948년)이다.
②③ 우리나라 최초의 소방서를 설치하고, 상비소방수제도를 시행한 것은 일제강점기(1910~1945년)이다.

16 | 소방시설의 종류   답 ④

소화수조는 소화용수설비에 해당되며, 연소방지설비는 소화활동설비에 해당된다.

17 | 불활성기체 소화약제   답 ①

IG-10은 불활성기체 소화약제에 해당하지 않는다.

관련 개념 | 불활성기체 소화약제의 종류

IG-01	Ar
IG-100	N_2
IG-541	N_2 (52%), Ar (40%), CO_2 (8%)
IG-55	N_2 (50%), Ar (50%)

18 | 연소관련 기초이론   답 ②

게이뤼삭의 법칙은 부피가 일정하면 압력과 온도는 비례한다.

관련 개념 | 기체 법칙

기체 법칙에서 기체의 상태를 기술하는 데는 (절대)온도(T), (절대)압력(P), 부피(V), 물질의 양(mol) 4가지의 변수를 사용한다. 이때, 1mol은 묶음의 단위로서, 1mol은 원자 6.02×10^{23}개를 의미한다.

보일의 법칙(T 일정)	• $P \propto \dfrac{1}{V}$ • 온도가 일정한 상태에서 기체의 압력과 부피는 반비례한다. • 주사기, 풍선 등
샤를의 법칙(P 일정)	• $T \propto V$ • 압력이 일정한 상태에서 기체의 부피와 온도는 비례한다. • 탁구공, 열기구 등
샤를의 법칙(V 일정) 또는 게이뤼삭의 법칙	• $P \propto T$ • 부피가 일정한 상태에서 기체의 압력과 온도는 비례한다.
보일-샤를의 법칙	$\dfrac{P_1 V_1}{T_1} = \dfrac{P_2 V_2}{T_2}$

19 | 화재하중   답 ④

관련 개념 | 화재하중 산출식

$$q = \frac{\Sigma G_t H_t}{H_0 A} = \frac{\Sigma Q_t}{4{,}500 A}$$

- q: 화재하중[kg/m²]
- A: 화재실의 바닥면적[m²]
- G_t: 가연물 중량[kg]
- H_t: 가연물의 단위발열량[kcal/kg]
- ΣQ_t: 화재 실내 가연물의 전발열량[kcal]
- H_0: 목재의 단위발열량[kcal/kg]

[선지분석]
① '화재가혹도'란 화재발생으로 당해 건물과 내부 수용재산 등을 파괴하거나 손상을 입히는 정도를 말한다.
② 화재실의 벽·천장·바닥 등의 단열성이 우수하면 화재강도는 커진다.
③ 화재실의 단위 시간당 축적되는 열의 양을 '화재강도'라 한다.

20 | 소화방법   답 ③

옳은 것은 ㄱ, ㄷ, ㄹ이다.

[선지분석]
ㄴ. • 산불화재 시 방화선 구축: 제거소화
   • 이산화탄소: 질식, 냉각, 피복소화

21 | 펌프성능시험   답 ②

펌프성능시험배관은 유량측정장치를 기준으로 전단 직관부에는 개폐밸브를, 후단 직관부에는 유량조절밸브를 설치하여야 한다.

▲ 펌프성능시험배관

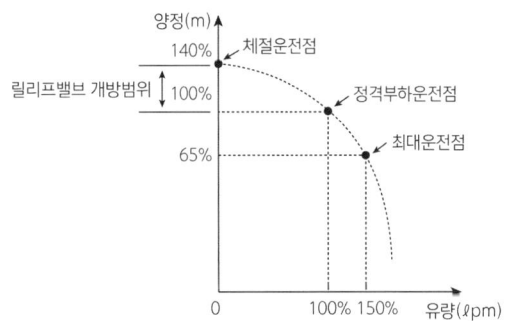

▲ 펌프성능시험곡선

22 | 피난설비   답 ②

피난설비는 고정시설이 원칙이며 이동식 기구와 이동식 장치(피난기구) 등은 탈출에 늦은 소수 사람에 대한 극히 예외적인 보조 수단으로 고려한다.

23 | 산소공급원   답 ④

제1류 위험물과 제6류 위험물은 산소공급원 역할을 하므로 제1류 위험물에 해당하는 과산화나트륨, 질산암모늄, 제6류 위험물에 해당하는 과산화수소는 산소공급원이 될 수 있다. 탄화칼슘은 제3류 위험물인 금수성 및 자연발화성물질 중 금수성물질에 해당된다.

24 | 위험물 혼재   답 ③

- 1류 - 6류   → 혼재 가능
- 2류 - 5류 - 4류   → 혼재 가능
- 3류 - 4류   → 혼재 가능

25 | 이산화황(SO_2)   답 ④

황의 화학반응식은 $2S + 2O_2 \rightarrow 2SO_2$ 이므로,
이산화황 발생량 = $2 \times [(32 \times 1) + (16 \times 2)] = 128g$ 이다.

참고
- 황의 화학반응식: $S + O_2 \rightarrow SO_2$
- 황[S]몰(mol) = $\dfrac{질량}{분자량} = \dfrac{64}{32} = 2[mol]$

제2회 실전동형모의고사   259p

01 ②	02 ②	03 ①	04 ①	05 ②
06 ②	07 ②	08 ④	09 ②	10 ④
11 ①	12 ④	13 ④	14 ②	15 ③
16 ②	17 ③	18 ①	19 ②	20 ④
21 ④	22 ③	23 ②	24 ②	25 ③

01 | 화재패턴   답 ②

V형 패턴으로 화재는 B에서 A로 진행되었다.

V형 패턴	• 화재가 발생하면 주위공기가 뜨거워져 연소가스와 공기는 위로 올라가고 더불어 화염도 위로 향하면서 주변으로 확대되는 연소형태이다. • 일반적인 화재패턴이다.
U형 패턴	연소확대과정에서 형성되기 때문에 복사열의 영향을 크게 받아 확대되는 연소형태이다.

02 | 연소생성물   답 ②

이산화황(SO_2) = 아황산가스
- 허용농도는 5ppm이다.
- 황(S) 성분을 포함하고 있는 유기화합물이 완전연소할 때 발생한다.
- 동물의 털, 고무, 나무 일부가 탈 때 생성되지만, 그 양이 적어 크게 위험하지는 않다.
- 공기보다 무겁고 무색의 자극성 냄새를 가진 유독성 기체로서 눈 및 호흡기 등의 점막을 상하게 하고 질식사할 우려가 있다.
- 1만 2,000여 명의 목숨을 앗아간 런던 스모그 사건의 주범이다.

03 | 제4류 위험물   답 ①

인화성 액체일 경우 대기압이 높으면 인화점이 높아지고, 대기압이 낮으면 인화점이 낮아진다. 제4류 위험물은 인화성 액체로서 인화점이 낮을수록 증기발생이 용이하다.

04 | 물의 상태변화   답 ①

물이 얼음보다 비열이 크다(물비열: 1, 얼음비열: 0.4).

선지분석
④ 현열[e ~ f] 열용량 = 비열 × 질량 × 온도차
               = $0.6 \times 1g \times (200 - 100) = 60cal$

관련 개념 | 물의 상태 변화

1. 물의 융해열은 80cal/g, 기화열은 539cal/g이다.
2. 얼음 0℃(고체) → 물 0℃(액체) → 물 100℃(액체) → 수증기 100℃(기체) 변화를 생각하면,

   얼음 0℃(고체) $\xrightarrow{1g}$ 수증기 100℃(기체)
   열용량 q = 80cal + 100cal + 539cal
              융해열 현열   기화열
            = 719cal

   물 0℃(액체) $\xrightarrow{1g}$ 수증기 100℃(기체)
   열용량 q = 100cal + 539cal = 639cal
              현열   기화열

3. 따라서 1g 얼음(0℃)이 수증기 100℃로 변할 때 열용량은 719cal, 1g 물(0℃)이 수증기 100℃로 변할 때 열용량은 639cal이다.

05 | 재난대비   답 ②

국가핵심기반의 지정 및 관리는 재난예방에 해당한다.

관련 개념 | 재난대비

1. 재난관리자원의 비축 · 관리
2. 재난현장 긴급통신수단의 마련
3. 국가재난관리기준의 제정 · 운용
4. 기능별 재난대응 활동계획의 작성 · 활용
5. 재난분야 위기관리 매뉴얼 작성 · 운영
6. 다중이용시설 등의 위기상황 매뉴얼 작성 · 관리 · 훈련
7. 안전기준의 등록 및 심의 등
8. 재난안전통신망의 구축 · 운영
9. 재난대비훈련 기본계획 수립
10. 재난대비훈련 실시

06. 유도발화 및 자연발화 답 ②

자연발화의 발생 및 방지법은 다음과 같다.

구분	발생	방지법
열 축적	밀폐된 공간, 열전도율·증기압력·휘발성↓, 분말	개방된 공간, 열전도율·증기압력·휘발성↑, 괴상(덩어리)
열 발생속도	온도↑, 수분↑ (고온다습), 발열량↑, 표면적↑	온도↓, 수분↓ (저온건조), 발열량↓, 표면적↓

07. 제3종 분말소화약제 답 ②

제3종 분말소화약제의 생성물에는 CO_2가 없고, 제4종 분말소화약제의 생성물에는 H_2O가 없다.

> **관련 개념 | 제3종 분말소화약제 화학식**
>
> $NH_4H_2PO_4 \xrightarrow{360℃} + HPO_3 + NH_3\uparrow + H_2O\uparrow - 76.95kcal$
>
> 제1인산암모늄 메타인산 암모니아 수증기 $-Q$
> 　　　　　　　방진효과　<질식>
> 　　　　　　　　　　　　NH_4^+
> 　　　　　　　부촉매효과　질식　냉각효과

1. 수증기에 의한 질식효과로 제3종 분말소화약제를 A급 화재(나무 등)에 적용할 수 있다.
2. 메타인산(HPO_3)의 방진작용이 작용한다(방진마스크).
3. 올쏘인산(H_3PO_4)의 탈수·탄화작용에 의해 물과 난연성의 탄소로 변환된다.
4. 제3종 분말소화약제는 본연의 물질에 C(탄소)가 없기 때문에 CO_2가 없다.

08. 플래시오버 답 ④

성장기 상태에서 가연물이 연소하면서 발생한 열에너지가 대류현상을 통하여 천장 부분의 공기층을 600℃ 이상 가열하게 되면 여기서 발생하는 복사열이 실내의 연소 가능한 모든 물질들을 분해시켜 가연성 가스를 방출시킴으로써 실 전체에 화재가 전파되는데, 이러한 실내 화재 상태를 플래시오버(Flash over, 전실화재)라 한다.

09. 경보설비 답 ②

[선지분석]
① 하나의 경계구역이 2개 이상의 층에 미치지 아니하도록 하여야 한다(다만, 500m² 이하의 범위 안에서는 2개의 층을 하나의 경계구역으로 할 수 있다).
③ 11층(공동주택의 경우에는 16층) 이상인 특정소방대상물에서 1층에서 발화한 경우 발화층·그 직상4개층 및 지하층을 우선적으로 경보를 발하여야 한다.
④ 보상식 스포트형 감지기는 차동식 스포트형 감지기와 정온식 스포트형 감지기의 성능을 겸한 것으로, 두 가지의 성능 중 어느 한 기능이 작동되면 신호를 발하도록 되어 있는 감지기이다.

10. 재난 및 안전관리 기본법 답 ④

「재난 및 안전관리 기본법」【재난관리책임기관의 장의 재난예방조치 등】① 재난관리책임기관의 장은 소관 관리대상 업무의 분야에서 재난 발생을 사전에 방지하기 위하여 다음 각 호의 조치를 하여야 한다.
6. 제27조 제2항에 따른 특정관리대상지역에 관한 조치
7. 제29조에 따른 재난방지시설의 점검·관리

【특정관리대상지역의 지정 및 관리 등】① 중앙행정기관의 장 또는 지방자치단체의 장은 재난이 발생할 위험이 높거나 재난예방을 위하여 계속적으로 관리할 필요가 있다고 인정되는 지역을 대통령령으로 정하는 바에 따라 특정관리대상지역으로 지정할 수 있다.

【재난예방을 위한 긴급안전점검 등】① 행정안전부장관 또는 재난관리책임기관(행정기관만을 말한다. 이하 이 조에서 같다)의 장은 대통령령으로 정하는 시설 및 지역에 재난이 발생할 우려가 있는 등 대통령령으로 정하는 긴급한 사유가 있으면 소속 공무원으로 하여금 긴급안전점검을 하게 하고, 행정안전부장관은 다른 재난관리책임기관의 장에게 긴급안전점검을 하도록 요구할 수 있다. 이 경우 요구를 받은 재난관리책임기관의 장은 특별한 사유가 없으면 요구에 따라야 한다.

11. 폭굉과 폭연 답 ①

폭굉(Detonation)은 충격파에 의한 반응으로서 연소의 전파속도가 음속보다 빠른 폭발현상이다. 즉 초음속이다.

구분	폭연	폭굉
화염 전파속도	0.1~10m/s로서 음속 이하 [아음속(亞音速)]	1,000~3,500m/s로서 음속 이상 [초음속(超音速)]
화염 전파에 필요한 에너지	열전달인 전도, 대류, 복사	충격파에 의한 압력
폭발압력	8배까지	10배 이상 (통상적으로 20배 이상)
화재의 파급효과	크다.	작다.
충격파	발생하지 않는다.	발생한다.
파면에서 온도, 압력, 밀도	• 연속적(난류확산) • 연소파를 수반하는 난류확산	• 불연속적 • 충격파를 수반하는 불연속적
에너지 방출속도	물질전달속도에 기인한다.	물질전달속도에 기인하지 않고 아주 짧은 시간 내에 방출한다.

12. 중증도에 따른 환자의 분류 답 ④

응급환자로 구분되는 상태는 척추손상(경추 제외), 다발성 주요 골절, 중증의 화상, 단순두부손상 상태이다.

관련 개념 | 중증도 분류 기준

치료 순서	색깔	심볼	부상 정도	특성
1	적색	토끼	긴급	기도, 호흡, 심장이상, 조절 안 되는 출혈, 개방성 흉부, 복부손상, 심각한 두부손상, 쇼크, 기도화상, 내과적 이상, 척추손상(경추 포함)
2	황색	거북이	응급	척추손상(경추 제외), 다발성 주요골절, 중증의 화상, 단순 두부손상
3	녹색	구급차에 ×표시	비응급	경상의 합병증 없는 골절, 외상, 손상, 화상, 정신과적인 문제
4	흑색	십자가	지연	사망, 생존불능

13. 행정행위   답 ④

준법률행위적 행정행위는 확인, 공증, 통지, 수리이다. 특허는 법률행위적 행정행위 중 형성적 행정행위에 해당된다.

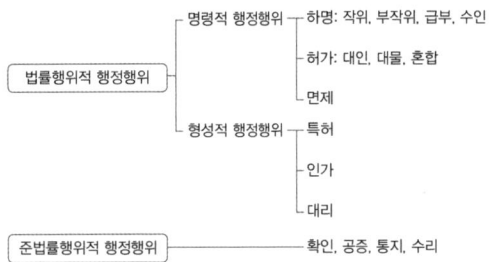

관련 개념 | 소방하명

소방의 목적을 달성하기 위하여 국민에게 작위, 부작위, 급부, 수인을 명하는 행정행위를 말한다.

14. 표면연소와 훈소   답 ④

훈소는 물질이 불꽃 없이 연기만 내면서 타다가 어느 정도 시간이 경과한 후에 발염될 때까지의 연소상태를 말한다. 연소의 외관적인 형태는 작열연소이지만, 가연성 가스가 발생하는 연소이다.

관련 개념 | 표면연소와 훈소의 비교

구분	표면연소	훈소
연소의 외관적 형태	작열연소(화염이 없음)	작열연소(화염이 없음)
화학반응	표면반응	표면반응
화염연소 가능성	발생하지 않는다.	조건에 따라 발생할 수 있다.
연소 형태	심부로 타들어가는 형태 (심부연소)	심부로 타들어가는 형태 (심부연소)
가연성 가스 발생 여부	가연성 가스가 발생하지 않는다.	가연성 가스가 발생한다.

발생원인	고체가연물에서 가연성 가스가 발생하지 않고 물질 자체가 계면에서 산소와 직접 반응하는 상태이다.	온도가 낮거나 산소부족으로 가연성 증기에 착화가 곤란한 상태이다(느린 산화반응).
연기	연기가 발생하지 않는다.	연기 발생량이 많다
가연물	숯, 코크스, 금속분, 목탄 등 가연성 증기가 발생하지 않는 가연물	담배, 솜뭉치, 나무, 식물성 섬유, 종이 등 셀룰로오스가 포함된 물질

15. 연료지배형 화재   답 ③

최성기는 발열량 최대, 발연량 최소의 상태이다.

관련 개념 | 연료지배형 실내화재 성상 (일반적으로 목조건축물)

초기(화원) → 중기(성장기) → 최성기 → 감쇠기(쇠퇴기, 종기)
연료지배형   연료지배형   연료지배형   연료지배형

단계	연기색상	특징
초기 (Incipient stage)	하얀색 (백색)	창 등 개구부에서 하얀 연기가 나온다.
중기(성장기, Fire growth stage)	검정색 (흑색)	개구부에서 세력이 강한 검은 연기가 분출한다.
최성기 (Fully developed fire)	검정색 (흑색)	• 연기양은 적어지고 화염의 분출이 강해지며 유리가 파손된다. • 실내 전체에 화염이 충만하여 연소가 최고조(최고온도)에 달한다. • 발열량 최대, 발연량 최소인 상태이다(산소량↑, 연기량↓). • 강력한 복사열로 인해 인접 건축물로 연소가 확산된다. • 건축구조물이 낙하(도괴, 붕괴)할 수 있다.
감쇠기(감쇄기, 쇠퇴기, 말기, Decay period)	하얀색 (백색)	• 대들보나 기둥이 무너져 떨어진다. • 연기는 흑색에서 백색으로 변한다. • 화세가 쇠퇴하고 연소확산의 위험이 없지만 낙하 등의 위험이 있다.

16. 위험물의 성질   답 ②

제2류 위험물인 철분, 마그네슘, 금속분(알루미늄분, 아연분, 안티몬분)은 지정수량이 500kg이다.

17. 소방시설   답 ③

슈퍼바이저리패널(Supervisory panel)은 준비작동식 및 일제살수식 스프링클러설비의 구성요소이다.

18 재난 및 안전관리 — 답 ①

중앙통제단의 부서는 대응계획부, 현장지휘부, 자원지원부로 구성되어 있다. 긴급구조지휘대 구성은 현장지휘요원, 자원지원요원, 통신지원요원, 안전관리요원, 상황조사요원, 구급지휘요원이다.

선지분석
② 에너지, 정보통신, 교통수송, 보건의료 등 국가핵심기반의 마비를 주는 재난은 사회재난이다.
③ 특별재난지역은 중앙위원회가 심의하고 대통령이 선포한다.
④ 재난대비 훈련참여기관은 재난관리책임기관, 긴급구조지원기관, 군부대 등 관련기관이다.

19 소방의 역사 — 답 ②

수성금화도감(공조 소속)이 설치된 것은 세종 8년 6월이다.

20 연소 및 화재 — 답 ④

주방화재, 식용유 화재는 K급 화재이다. 식용유의 경우에는 인화점과 발화점의 온도 차이가 적고 발화점이 비점 이하인 기름이 착화되면 유온이 상승하여 바로 발화점 이상이 된다. 이때 유면상의 화염을 제거하여도 기름의 온도가 발화점 이상이기 때문에 곧 재발화한다. 따라서 끓는 기름의 온도(발화점)를 낮추어야만 소화할 수 있다.

21 체절운전 — 답 ④

체절운전이란 펌프토출측배관이 모두 막힌 상태, 즉 물이 전혀 방출되지 않고 펌프가 계속 작동되어서 압력을 낼 수 있는 최상점으로 압력이 더 올라갈 수 없는 상태에서 펌프가 공회전하는 것을 말한다.

22 긴급구조대응계획 수립 · 시행 — 답 ③

긴급구조기관의 장은 재난이 발생하는 경우 긴급구조기관과 긴급구조지원기관이 신속하고 효율적으로 긴급구조를 수행할 수 있도록 대통령령으로 정하는 바에 따라 재난의 규모와 유형에 따른 긴급구조대응계획을 수립·시행하여야 한다.

참고 긴급구조기관의 장: 소방청장, 소방본부장, 소방서장

23 경계구역 — 답 ②

경계구역은 면적: 600m², 한 변의 길이: 50m이므로
- 면적: 10m × 60m = 600m². $\frac{600m^2}{600m^2}$ = 1경계구역
- 길이: 한 변의 길이가 60m. $\frac{60m}{50m}$ = 1.2 = 2경계구역

경계구역은 큰 것으로 산정하므로 2경계구역이다.

24 전도(Fourier 법칙) — 답 ②

두 물체 사이에서 단위시간에 전도되는 열량은 두 물체의 온도 차와 접촉된 면적에 비례하고 길이(두께)에 반비례한다는 것이다.

$$q = -KA \cdot \frac{\Delta T}{\Delta L}$$

- q: 단위시간당 전도에 의한 열이동량 = 열유동률 = 열이동량[W, kW, J/s, kJ/s, kcal/hr]
- K: 각 물질의 열전도도(열전도율)[W/m·K]
- A: 접촉된 단면적[m²]
- ΔT: 물체의 온도 차(내·외부 온도차)[K, °C]
- ΔL: 길이(두께) 차[m]

25 화재하중 — 답 ③

$$q = \frac{\sum G_t H_t}{H_0 A} = \frac{\sum Q}{4500A}$$

$$= \frac{(1000 \times 4500) + (2000 \times 720)}{4500 \times 300} = 4.40 kg/m^2$$

- q : 화재하중(kg/m²)
- A : 화재실의 바닥면적(m²)
- G_t : 가연물 중량(kg)
- H_t : 가연물의 단위발열량(kcal/kg)
- $\sum Q_t$: 화재실내의 가연물의 전발열량(kcal)
- H_0 : 목재의 단위발열량(kcal/kg)

제3회 실전동형모의고사 265p

01 ④	02 ④	03 ④	04 ②	05 ③
06 ①	07 ②	08 ③	09 ④	10 ④
11 ①	12 ②	13 ②	14 ④	15 ④
16 ③	17 ③	18 ①	19 ②	20 ④
21 ④	22 ②	23 ①	24 ②	25 ④

01 연소 및 폭발 — 답 ④

관경이 작을수록 폭굉유도거리는 짧아진다.

관련 개념 | 폭굉유도거리가 짧아지는 요인
1. 압력이 높을수록
2. 주위온도가 높을수록
3. 점화원의 에너지가 강할수록
4. 연소속도가 큰 가스일수록
5. 관경이 작을수록
6. 관경이 가늘거나 장애물이 있는 경우

02 중성대 답 ④

중성대의 위치는 건물 내·외의 온도차가 클수록 내려간다.

> **관련 개념 | 중성대(중성점, 중립면, 중립점)**
> 1. 건물의 내·외 압력이 같으면(실내정압 = 실외정압) 공기는 정체한다. 즉, 중성대는 압력이 0인 지대이다.
> 2. 보통 개구부의 중앙보다 약간 아래쪽으로 형성된다.
> 3. 중성대의 위치는 건물내·외의 온도차가 클수록 내려간다.
> 4. 중성대가 올라와 있는 경우
>   ⓐ 실내·외 온도차가 크게 벌어지지 않을 때
>   ⓑ 인명피해를 최소화
>   ⓒ 재료의 불연화
>   ⓓ 가연물의 양 줄임
>   ⓔ 제연설비 구축

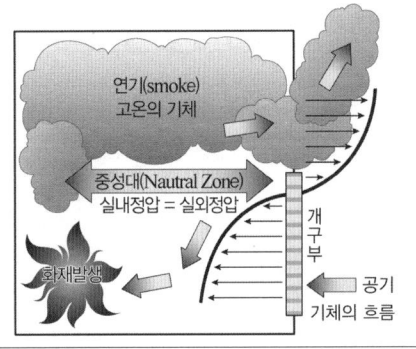

03 제4류 위험물 답 ④

ㄱ. 특수인화물이라 함은 이황화탄소, 디에틸에테르 그 밖에 1atm에서 발화점이 100℃ 이하인 것 또는 인화점이 -20℃ 이하이고 비점이 40℃ 이하인 것을 말한다.
ㄴ. 제1석유류라 함은 아세톤, 휘발유 그 밖에 1atm에서 인화점이 21℃ 미만인 것을 말한다.
ㄷ. 제3석유류라 함은 중유, 크레오소트유 그 밖에 1atm에서 인화점이 70℃ 이상 200℃ 미만인 것을 말한다. 다만, 도료류 그 밖의 물품은 가연성 액체량이 40중량퍼센트 이하인 것은 제외한다.
ㄹ. 건성유는 아이오딘값 130 이상, 반건성유는 아이오딘값 100 이상에서 130 미만, 불건성유는 아이오딘값 100 이하이다.
ㅁ. 제4류 위험물(인화성 액체)은 전기가 잘 흐르지 않는 비전도성 물질이다.

> **관련 개념 | 제4류 위험물 및 지정수량**
> 1. 제4류 위험물은 인화성 액체이다.
> 2. 지정 수량
>
> | 특수인화물 | | 50L |
> |---|---|---|
> | 제1석유류 | 비수용성액체 | 200L |
> | | 수용성액체 | 400L |
> | 알코올류 | | 400L |
> | 제2석유류 | 비수용성액체 | 1,000L |
> | | 수용성액체 | 2,000L |
> | 제3석유류 | 비수용성액체 | 2,000L |
> | | 수용성액체 | 4,000L |
> | 제4석유류 | | 6,000L |
> | 동식물유류 | | 10,000L |

04 차동식 스포트형 감지기 답 ②

리크구멍(리크밸브)은 비화재보방지(오동작 방지)를 하기 위한 장치이다.

> **관련 개념 | 차동식 스포트형 감지기(공기팽창이용방식)**
> 1. 구성
>
> | 접점 | 접촉되어 화재신호 발신 |
> |---|---|
> | 리크구멍(리크밸브) | 비화재보방지(오동작 방지) |
> | 다이아프램 | 공기팽창에 의해서 접점이 올라가도록 함 |
> | 감열실(공기실) | 유효하게 열을 받음 |
>
> 2. 동작원리
> 주위 온도가 일정상승율 이상 되는 경우 감열실 내 공기가 팽창하여 다이아프램을 밀어 올려 접점을 폐로시켜 수신기로 화재 송신한다.

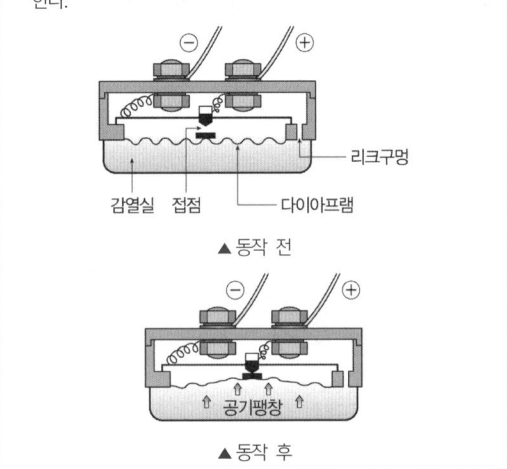

▲ 동작 전

▲ 동작 후

05 방폭구조 답 ③

안전증 방폭구조란 정상적인 운전 중에는 불꽃, 아크 또는 과열이 생겨서는 안 될 부분에 이러한 것의 발생을 방지하기 위하여 구조와 온도 상승에 대하여 특히 안전도를 증가시킨 구조를 말한다(2종 장소에 설치). 정상시 및 사고시에 발생하는 스파크, 아크 또는 고온부에 의하여 발생되는 전기적 에너지를 제한하여 전기적 점화원 발생을 억제하고, 만약 점화원이 발생하더라도 위험물질을 점화할 수 없다는 것이 시험을 통하여 확인된 구조는 본질안전증 방폭구조이다(0종 장소에 설치).

06. 제2류 위험물 답 ①

가연성 고체라 함은 고체로서 화염에 의한 발화의 위험성 또는 인화의 위험성을 판단하기 위하여 고시로 정하는 시험에서 고시로 정하는 성질과 상태를 나타내는 것을 말한다. 고형알코올, 그 밖에 1atm에서 인화점이 40℃ 미만인 고체는 인화성 고체이다.

07. 소방시설 답 ②

옳은 것은 ㄱ, ㄷ, ㅁ이다.

선지분석
- ㄴ. 옥내소화전설비는 소화설비, 연결살수설비는 소화활동설비이다.
- ㄹ. 통로유도등은 복도, 거실, 계단으로 구분된다.

08. 연기의 유동력 답 ③

저층 건축물에서 연기유동을 일으키는 원인은 열, 대류이동, 화재실의 압력이다. 굴뚝효과(연돌효과)는 고층 건축물에서 연기유동을 일으키는 원인에 해당한다.

관련 개념 | 연기유동력

저층 건축물	• 열 • 대류이동 • 화재실의 압력
고층 건축물	• 굴뚝효과(연돌효과) • 온도에 의한 가스팽창 • 부력 • 외부 바람(풍력) • 건물 내에서의 강제적인 공기유동[공기조화설비 (HVAC-SYSTEM)]

09. 프로스오버 답 ④

점성이 큰 뜨거운 유류표면 아래에서 물이 끓을 때 화재를 수반하지 않고 유류가 넘치는 현상을 프로스오버(Froth over)라 한다.

10. 연소가스 답 ④

계란 썩는 냄새가 나는 연소가스는 황화수소(H_2S)이다.

관련 개념 | 시안화수소(HCN)
1. 허용농도는 10ppm이다.
2. 공기보다 약간 가볍고 무색의 특이한 냄새를 가진 가연성 가스로, 일명 청산가스라고도 한다.
3. 질소성분을 포함하고 있는 합성수지, 동물의 털, 인조견 등의 섬유가 불완전연소를 할 때에 발생하는 독성가스로서 0.3%의 농도에서도 즉시 사망을 할 수가 있게 됨을 보인다.
4. 일산화탄소와는 다르게 헤모글로빈과 결합하지 않고 세포에 의한 산소의 이동을 막아 순간적으로 호흡이 정지되는 가스이다.
5. 대량 흡입되면 전신경련, 호흡정지, 심맥 통성시도 사망에 이른다.
6. 합성고분자 물질 중 폴리우레탄 연소 시 많이 발생한다.

11. 블레비 현상 답 ①

블레비(BLEVE) 현상은 고압의 액화가스용기(탱크로리, 탱크 등) 등이 외부 화재에 의해 가열되면 탱크 내 액체가 비등하고 증기가 팽창하면서 폭발을 일으키는 현상을 말한다.

12. 화재조사 답 ②

소방관서장은 영 제7조 제1항에 해당하는 화재가 발생한 경우 사상자가 30명 이상이거나 2개 시·도 이상에 걸쳐 발생한 화재(임야화재는 제외)에는 소방청장이 화재합동조사단을 구성하여 운영하는 것을 원칙으로 한다.

13. 소화 방법 답 ②

불활성기체 소화약제는 주로 질식소화작용을 한다.

관련 개념 | 화학적 소화(부촉매)
할론소화약제, 할로겐화합물소화약제, 분말소화약제, 강화액소화약제, 고체에어졸소화약제가 해당된다.

14. 소방제도의 역사 답 ④

소방공무원을 신규채용할 때 시보임용기간이 만료된 다음 날에 정규 소방공무원으로 임용한다. 다만, 대통령령으로 정하는 경우에는 시보임용을 면제하거나 그 기간을 단축할 수 있다.

15. 한계산소지수(LOI) 답 ④

- 한계산소지수(LOI) $= \dfrac{\text{산소}[O_2]\text{체적}}{\text{산소}[O_2]+\text{불활성가스}[N_2]\text{체적}} \times 100[\%]$
  $= \dfrac{3.8}{3.8+6.2} \times 100 = 38$

- 연소방지 도료는 공기 중의 산소가 38% 이상일 때 연소가 가능하다는 의미이다. 즉, 한계산소지수가 클수록 안전도 증가한다.

16. 긴급구조대응계획 답 ③

긴급구조대응계획의 운영책임에 관한 사항은 재난유형별 긴급구조대응계획에 해당하지 않는다.

「재난 및 안전관리 기본법 시행령」 【긴급구조대응계획의 수립】
① 법 제54조에 따라 긴급구조기관의 장이 수립하는 긴급구조대응계획은 기본계획, 기능별 긴급구조대응계획, 재난유형별 긴급구조대응계획으로 구분하되, 구분된 계획에 포함되어야 하는 사항은 다음 각 호와 같다.
  3. 재난유형별 긴급구조대응계획
    가. 재난 발생 단계별 주요 긴급구조 대응활동 사항
    나. 주요 재난유형별 대응 매뉴얼에 관한 사항
    다. 비상경고 방송메시지 작성 등에 관한 사항

17 | 재난관리주관기관 답 ③

황사로 인해 발생하는 재해, 하천·호소 등의 조류 대발생으로 인해 발생하는 재해의 재난관리주관기관은 기후에너지 환경부이다.

18 | 재난 및 안전관리 답 ①

중앙긴급구조통제 부단장은 소방청 차장이다.

19 | 최소산소농도 답 ②

최소산소농도(MOC) = 산소의 양론계수($\frac{산소몰수}{연소가스의 몰수}$) × 연소하한계(폭발하한계)

- 부탄가스의 산소몰수: $2C_4H_{10} + 13O_2 \rightarrow 8CO_2 + 10H_2O$
- 부탄가스의 연소범위: 1.8 ~ 8.4%
- 부탄가스의 최소산소농도(MOC) = $\frac{13}{2} \times 1.8 = 11.7\%$

20 | 실내화재성상 답 ④

일반적으로 연료지배형 화재는 개방된 공간(목조건물, 개방된 큰 창문 등)에서, 환기지배형 화재는 밀폐된 공간(내화구조건물, 지하층, 무창층 등)에서 발생한다.

21 | 질산 답 ④

질산은 불연성이면서 산소를 방출하는 제6류 위험물이므로 충격 및 열을 가하면 연소하지 않지만, 산소를 방출하므로 유기물질과 혼합하면 발화의 위험성이 있다.

22 | 위험물의 지정수량 답 ②

선지분석
① 알킬알루미늄 - 제3류 위험물로서 지정수량은 10kg이다.
② 황화인 - 제2류 위험물로서 지정수량은 100kg이다.
③ 과염소산염류 - 제1류 위험물로서 지정수량은 50kg이다.
④ 황린 - 제3류 위험물로서 지정수량은 20kg이다.

23 | 내화표준 시간 - 온도 답 ①

내화표준 시간	내화표준 온도
30분 내화	약 840°C
1시간 내화	약 925°C
2시간 내화	약 1,010°C
3시간 내화	약 1,050°C
4시간 내화	약 1,095°C

내화표준 시간 - 온도 곡선은 재료의 내화성 평가기준으로 사용되고 있으며, ISO 835 곡선이라고도 한다.

24 | 포소화약제 답 ②

포소화약제는 환원시간(drainage time)이 길수록 내열성이 우수하다.

참고
- 25% 환원시간 시험: 25%가 다시 포수용액상태로 환원되는 시간이다.
- 물소화약제는 가연물과 화학반응이 일어나지 않으므로 물리적 소화한다.

25 | 프로페인 이론산소량 답 ④

- 프로페인 화학방정식: $C_3H_8 + 5O_2 \rightarrow 3CO_2 + 4H_2O$
- 프로페인 1몰일 때 산소는 5몰이다.
  그러면, 프로페인 22g일 경우
  프로페인몰수 = $\frac{질량}{분자량} = \frac{22}{44} = 0.5$몰
  1몰 : 5몰 = 0.5몰 : X몰. X = 2.5몰. 산소몰수는 2.50이다.

<풀이과정1>
(산소)몰수 = $\frac{(산소)질량}{(산소)분자량}$ ⇒ $2.5 = \frac{X}{32}$ ⇒ X = 80g

<풀이과정2>
프로페인 화학방정식 $C_3H_8 + 5O_2 \rightarrow 3CO_2 + 4H_2O$
⇓ ⇓
분자량: 44g ; 160g
44g : 160g = 22g : x, x = 80g

MEMO

MEMO